Indoeuropeos

La revolución científica que está reescribiendo su historia

J. P. Mallory

DESPERTA FERRO
EDICIONES

Indoeuropeos
Mallory, J. P.
Indoeuropeos / Mallory, J. P. [traducción de Diego Suárez Martínez].
Madrid: Desperta Ferro Ediciones, 2025 – 456 p., 23,5 cm – (Otros títulos) – 1.ª ed.
D. L: M-15929-2025
ISBN: 978-84-129846-8-2
94(3)
81:572

INDOEUROPEOS
La revolución científica que está reescribiendo su historia
J. P. Mallory

Título original: *The Indo-Europeans Rediscovered*
ISBN: 978-0-500-02863-6
Published by arrangement with Thames & Hudson Ltd, London,
The Indo-Europeans Rediscovered © 2025 J. P. Mallory
Publicado según el acuerdo con Thames & Hudson Ltd, Londres,
The Indo-Europeans Rediscovered © 2025 J. P. Mallory

© de esta edición:
Indoeuropeos
Desperta Ferro Ediciones SLNE
Paseo del Prado, 12 - 1.º derecha
28014 Madrid
www.despertaferro-ediciones.com

ISBN: 978-84-129846-8-2
D.L.: M-15929-2025

Traducción: Diego Suárez Martínez
Diseño y maquetación: Raúl Clavijo Hernández
Coordinación editorial: Mónica Santos del Hierro

Primera edición: septiembre 2025

Ilustraciones de las págs. VI y 418: Sellos de piedra que representan animales de la civilización del valle del Indo en Mohenjo-Daro, *ca.* 2300 a. C. Bridgeman Images.

Impreso por: Anzos

Impreso y encuadernado en España – *Printed and bound in Spain*

Indoeuropeos

Para Niamh y Áine

Índice

Prefacio

> Rastrear a los escurridizos indoeuropeos ha sido uno de los deportes favoritos de arqueólogos y filólogos desde los tiempos de los hermanos Grimm y, seguramente, parte de su capacidad para narrar cuentos de hadas fascinantes también ha permeado en dichos sucesores filológicos y arqueológicos.
>
> R. W. Hutchinson, 1950

Más de tres mil millones de personas, aproximadamente la mitad de la población de la Tierra, habla lenguas surgidas a partir de una única raíz común conocida como protoindoeuropeo, que dio lugar a una familia de cientos de lenguas diferentes. Podemos apreciar mejor esto en una escala humana con el siguiente dato: por increíble que parezca, la gente en Islandia, Irlanda, Inglaterra, España, Noruega, Alemania, Lituania, Italia, Grecia, Ucrania, Irán y la India conversan en lenguas que hace unos 5000 años eran una única lengua común. O podemos pensar que la lengua que hablan con su acento particular un vaquero texano o un *cockney* londinense está emparentada con las lenguas que encontramos en *Beowulf*, en las sagas vikingas, en las novelas de Tolstói, en los discursos de Cicerón, en los diálogos de Platón, en los himnos del profeta Zaratustra, en el *Rig Veda* de la India o en los textos sagrados de los antiguos hititas. Ya en la Antigüedad, la familia lingüística indoeuropea se extendía desde las costas más occidentales del Atlántico hasta las áridas fronteras de China y el golfo de Bengala. Dónde surgió esta familia y cómo se expandió son preguntas que han agitado la curiosidad humana desde el Génesis hasta los números más recientes de nuestras revistas científicas de mayor impacto y han llamado la atención de cientos de investigadores de diferentes disciplinas científicas. Pero, a pesar de la ingente cantidad de libros y artículos que se han dedicado a descubrir el origen de esta familia lingüística, no hay ninguna solución completamente satisfactoria y convincente. Entonces, ¿cómo acabé enredado en esta controversia sin un fin aparente?

Al reseñar un libro acerca de los orígenes de los indoeuropeos escrito por V. Gordon Childe (1892-1957), el sarcástico director del departamento de lingüística de Harvard, Joshua Whatmough (1897-1964), decía lo siguiente:

> Y así, después de 200 páginas de pura especulación y discusión arqueológica, el lector llega agotado a una conclusión inconcluyente [¿quizá Alemania?, ¿quizá el sur de Rusia?]. Sin duda, el lector tiene todo el derecho del mundo a que se le diga esto al principio, en el primer capítulo. O incluso en el prefacio. Y luego decida por sí mismo si merece la pena seguir leyendo.[1]

Hace cincuenta años, compartía la frustración de Whatmough y estaba decidido a dar una respuesta concluyente a la pregunta: ¿en qué lugar y en qué momento podemos situar el origen de la familia lingüística más grande del mundo? Me había curtido durante varios años como estudiante de Grado en Estudios Indoeuropeos en la Universidad de California, en Los Ángeles, a la que había entrado con la intención inicial de especializarme en arqueología y lingüística celta. En esos años solo escuché una ponencia acerca del problema del origen indoeuropeo y lo pasé por alto. Pero cuando tuve que elegir un tema para un trabajo de una asignatura de historia de la arqueología abordé el asunto y, para mi sorpresa, mi ensayo se publicó en 1973.[2]

Tras haber aprobado todas las asignaturas y haber sobrevivido de milagro a mis exámenes de doctorado en arqueología europea, lingüística indoeuropea, mitología comparada y cuatro lenguas indoeuropeas antiguas (sánscrito védico, griego homérico, nórdico e irlandés antiguos), recibí el peculiar título intermedio de Candidato en Filosofía* y tuve que elegir un tema para mi tesis doctoral. Si hubiese centrado mis estudios puramente en cuestiones indoeuropeas, probablemente nunca me habría enfrentado al problema del origen indoeuropeo. Pero también había elegido asigna-

* N. del T.: En las universidades de Estados Unidos, título que se otorga a estudiantes de doctorado que aún no han defendido la tesis.

turas de teoría y metodología arqueológica impartidas por Jim Hill y Jim Sackett, dos acérrimos de la arqueología procesual en un tiempo en el que la escuela procesual todavía brillaba. La arqueóloga, ahora legendaria, Marija Gimbutas había llenado la mitad de mi cerebro con un entendimiento muy tradicional de la prehistoria europea. La otra mitad bullía con una multitud de nuevas metodologías, maceradas con la creencia optimista de que todavía ni siquiera habíamos empezado a entender hasta dónde podía llegar la arqueología. Whatmough había señalado que «todavía algún investigador osado puede combinar, si es capaz, la arqueología y la lingüística para resolver el rompecabezas de los orígenes indoeuropeos». Una tarde tuve la idea de que aplicaría la metodología de la arqueología procesual a un problema que había permanecido sin solución en los libros académicos desde 1786. Aceptaría el reto de Whatmough y resolvería el problema del origen indoeuropeo. ¡Era un completo idiota!

Whatmough estaba molesto porque Childe no llegó a ninguna conclusión en un sentido o en el otro. Pero ¿acaso Whatmough se habría sentido satisfecho si Childe hubiera dado como ganador al norte de Europa en la cuestión del origen indoeuropeo? Él mismo abogaba en su reseña por un origen danubiano. El problema aquí es que buscar el origen de los indoeuropeos no es como buscar las fuentes del Nilo. Es un puzle interdisciplinar en el que cada campo de estudio implicado tiene derecho a opinar en cuanto a la validez de la solución, pero carece de las herramientas suficientes para determinar esa solución por sí mismo. Es más, en cada una de estas disciplinas hay un amargo debate en torno a qué metodologías se deberían emplear. En resumidas cuentas, tratar de resolver el problema del origen de los indoeuropeos es el equivalente académico a intentar poner orden en una jaula de grillos; nadie lo ha resuelto en al menos doscientos treinta años años porque ha sido imposible llegar a una solución que satisfaga a tantos investigadores tan distintos y tan increíblemente tercos e irascibles. Las afirmaciones de que «al fin» ha sido resuelto el entuerto en revistas científicas internacionales a menudo se refieren a soluciones que o bien ignoran a la mayoría de los partidistas contrarios, o bien creen que desestimar una o dos críticas es suficiente para acallar más de un siglo de debates acalorados.

He utilizado aquí la palabra «partidista» y verán que usaré a menudo el concepto de «problema de partidismo» a lo largo de este libro. Intentaré dar un ejemplo, aunque es algo extremo, de a qué me refiero con «partidistas». Imaginemos que se les ha encargado a dos detectives resolver el asesinato del señor Black, cuyo cuerpo sin vida ha sido hallado en su biblioteca con un gran puñal clavado en el corazón. El inspector A descubre que había una cámara de vigilancia que grabó todo el asesinato.

Después de pasar la filmación por un programa de reconocimiento facial obtiene una identificación positiva: el coronel Mustard. Sin embargo, el inspector B toma huellas de toda la sala y encuentra las huellas dactilares del profesor Plum incluso en el mango del puñal. No encuentra ni una huella del coronel Mustard. Lo que tenemos aquí es a dos grupos partidistas que no solo han llegado a conclusiones totalmente opuestas, sino que es difícil imaginar de qué manera uno de los dos bandos podría convencer al otro de que está equivocado. Todos aquellos que tengan fe en la tecnología de reconocimiento facial harán campaña para defender al inspector A, mientras que aquellos que creen en la evidencia de las huellas dactilares apoyarán al inspector B. Este partidismo podría continuar durante siglos. En la búsqueda del origen de los indoeuropeos descubriremos, a menudo, situaciones similares. Esta es una de las razones por las que el problema no ha tenido solución durante siglos.

Ahora bien, si el lector se pregunta si al final sacaré un sobre que diga «el origen de los indoeuropeos estaba con total certeza ubicado en...», la respuesta es no. Aunque trataré de dar la mejor respuesta que pueda.[3] Es más, en algún lugar del camino tropezaré con la cuestión del origen real de los indoeuropeos, aunque tan solo sea porque es imposible evitarlo: hasta el último recoveco de este planeta se ha sugerido y defendido como posible cuna. Justo lo que hace que el problema del origen sea tan fascinante. ¿Cómo es posible que tantos investigadores tan talentosos hayan llegado a soluciones tan dispares en más de dos siglos? La búsqueda de los orígenes nos invita a explorar un desfile de debates, desde los más ingeniosos hasta los más locos. También nos muestra a generaciones de investigadores que llevan a sus disciplinas –o a su lógica– al límite. Así que, al menos para mí, que este viaje alcance su destino nunca ha sido tan importante como los paisajes del camino. El título de este libro habla de «volver a escribir» su historia. Espero justificarlo mostrando cómo los investigadores han pasado su vida evocando, precisamente, los mismos debates o refutaciones que habían sido empleados generaciones atrás, sin darse cuenta, en apariencia, de que, de ese modo, están perpetuando un día de la marmota epistemológico. Al final de este libro puede que ustedes no estén completamente seguros de dónde está el lugar de origen –pero estarán muy cerca de tener una respuesta–, aunque espero que lleguen a encontrarse en una posición para evaluar ustedes mismos la próxima afirmación de que el problema «al fin» ha sido resuelto.

En 1989, en mi libro *In Search of the Indo-Europeans*, intenté por primera vez un acercamiento a las evidencias lingüísticas, mitológicas y arqueológicas de los indoeuropeos y de la dispersión de sus ramas lingüísticas principales. Desde entonces, he resistido la presión de publicar una segunda edición para evitar volver al mismo lugar y navegar por la gran cantidad de literatura relacionada con los orígenes y las migraciones de cada una de las ramas: he tenido bastante con meterme en los debates acerca de los orígenes celtas[4] y tocarios.[5] No obstante, el escenario intelectual del origen de los indoeuropeos se ha visto muy alterado en la última década debido a los avances en la paleogenética, que ha llegado para dominar el debate actual. Ahora bien, soy perfectamente consciente de que el ciclo de publicación de una monografía es mucho más largo que el de la publicación de artículos acerca de genética, lo que hace casi imposible para cualquier autor producir un libro que esté de verdad actualizado. De todos modos, he pensado que podría ser útil probar suerte en la redacción de un libro para el público general que examine de manera conjunta el problema de los orígenes de los indoeuropeos desde una perspectiva histórica amplia y las pruebas genéticas que hay a fecha de mayo de 2024.

Este libro está dividido en tres partes. En la Primera, se describe el descubrimiento de la familia lingüística indoeuropea. Luego, se muestran las tendencias y los tropos en la historia del problema del origen y el increíble rango de soluciones que se han dado (Capítulos 1 y 2).

En la Segunda Parte se exploran distintos acercamientos que han empleado los buscadores del origen indoeuropeo en los últimos dos siglos, empezando por cómo los debates históricos moldearon algunos de los intentos iniciales de resolver el problema y cómo las lecciones de la historia se han usado para evaluar las posibles soluciones (Capítulo 3). Después, nos aventuramos en la variedad de técnicas que los lingüistas han diseñado para localizar una protolengua indoeuropea en el tiempo y en el espacio (Capítulo 4). El Capítulo 5 nos lleva a los intentos de localizar lenguas prehistóricas sobre la base de topónimos, en especial los hidrónimos, que a menudo se han visto como las reliquias lingüísticas más antiguas del paisaje. Le sigue un examen de las distintas vías por las que los lingüistas han intentado descubrir la cuna de los indoeuropeos con la identificación de sus vecinos lingüísticos (Capítulo 6). El último capítulo que expone las evidencias lingüísticas muestra el tema plagado de partidistas de la paleolingüística (Capítulo 7), a partir de la cual el vocabulario cultural del protoindoeuropeo se ha empleado para situar a sus hablantes en el tiempo y en el espacio. En el Capítulo 8 consideramos las contribuciones hechas por los antropólogos culturales, quienes han buscado el origen en los mitos fundacionales y en la reconstrucción de las formas culturales de los indoeuropeos. A continuación, en el Capítulo 9, se presentan las distintas propuestas acerca del origen basadas en las evidencias arqueológicas. Al final de esta parte, en el Capítulo 10, se traza la aplicación de la antropología física desde sus primeros días, en busca del origen en la pigmentación de la gente y en las mediciones del cráneo humano, hasta la llegada de las técnicas genéticas modernas.

La Tercera, y última, Parte empieza con un resumen de la publicación revolucionaria de una serie de estudios en 2015 que empleaban muestras de ADN antiguo (ADNa) para ayudar a resolver la cuestión del origen indoeuropeo (Capítulo 11). Seguidamente, se hace una introducción general a cómo la paleogenética podría ser un actor fundamental en la búsqueda del origen (Capítulo 12). Luego, examinamos en detalle cómo la evidencia genética afecta a las propuestas principales relacionadas con el tema: Anatolia (Capítulo 13), el Cáucaso (Capítulo 14) y las estepas (Capítulo 15). En el último capítulo (16) intento revisitar todo el arco de soluciones dadas a la cuestión de los orígenes y dar algunas claves de las incógnitas que todavía nos quedan por resolver.

Puesto que llevo en este juego medio siglo, he acumulado una considerable deuda social de agradecimientos. Al menos intentaré dar las gracias a muchos de los que me han enseñado y ayudado, aunque buena parte ya no estén con nosotros. Culpo a Scott Littleton por atraerme al estudio de los indoeuropeos. De quienes me enseñaron arqueología, me gustaría mostrar mi agradecimiento sobre todo a Marija Gimbutas, pero también a Lilli Kaelas, Jim Hill y Jim Sackett, y en lo que se refiere a técnicas de campo a Gene Sterud. Siempre he insistido en que no soy lingüista y tengo profesores que pueden demostrarlo, entre los que cito a Raimo Anttila (indoeuropeo), J. Caerwyn Williams y Pat Ford (celta), Hans-Peter Schmidt (sánscrito), Ken Chapman (nórdico antiguo) y Evelyn Venable Mohr (griego homérico); y en mitología comparada (Jaan Puhvel y Scott Littleton). Me he beneficiado de haber pasado varias semanas tuteladas generosamente cada una de ellas por Nikolai Merpert (Moscú), Igor Vasiliev (Samara) y mi amigo Dmytro Telehin (Kiev), con quienes, junto con Alexander Häusler (Halle), he disfrutado de muchos años de intercambios cruciales de libros. Un agradecimiento especial también a Doug Adams, Martin Huld, John Koch, Victor Mair, Vaclav Blažek, Malcolm Lillie y David Anthony por toda su generosidad durante mi carrera, así como al difunto Colin Renfrew, que estuvo atrapado como mi compañero de discusiones el último medio siglo. Además de a mis anteriores profesores y colegas, tengo que dar las gracias a mi exalumno John Day, quien me dio noticia de algunas de las soluciones más «audaces» al problema del origen; y a Tibor Fehér por su ayuda en algunas de las tablas genéticas. También debo mostrar mi agradecimiento a Martyn Jope y a Mike Baillie, quienes ayudaron a garantizar que un arqueólogo con un conjunto de habilidades académicas inusual lograse escapar de la cola del paro y encontrara trabajo en la Queen's University Belfast.

Un primer borrador de este libro lo leyeron Peter Schrijver (Utrecht), Lara Cassidy (Trinity, Dublín) y Fintan Mallory (Durham). No son, de ninguna manera, responsables si alguna metedura de pata ha logrado colarse. Por último, me gustaría agradecer a Libby Mulqueeny su eterna paciencia al preparar las ilustraciones y a Colin Ridler y Joanne Murray por sobrevivir a la descomunal edición del manuscrito.

Cargacreevy, condado de Down.

NOTAS

1 Whatmough, J., 1928, 130-131.
2 Mallory, J. P., 1973.
3 Alerta, destripe: si llegan al final del profundo examen del problema indoeuropeo que hace Jean-Paul Demoule, aprenderán que «la respuesta es que (al menos hoy) no hay una respuesta definitiva». (Demoule, J.-P., 2023, 449).
4 Mallory, J. P., 2013; Mallory, J. P., 2016.
5 Mallory, J. P. y Mair, V. H., 2000; Mallory, J. P., 2015.

PARTE I

La preparación del escenario

CAPÍTULO 1

DESCUBRIR LA FAMILIA LINGÜÍSTICA MÁS GRANDE DEL MUNDO

Un hecho, que el filósofo alemán Georg Wilhelm Friedrich Hegel (1770-1831) comparó con el «descubrimiento de un nuevo mundo»,[1] sucedió en una conferencia celebrada en Calcuta, India, el 2 de febrero de 1786. En su *Discurso por el tercer aniversario* de la Royal Asiatic Society of Bengal, una sociedad que él mismo había fundado, *sir* William Jones (1746-1794) se dispuso a sondear las cinco naciones –indios, chinos, tártaros, árabes y persas– que, según él, constituían los pueblos de Asia. Comenzando por la India, habló escuetamente acerca de su geografía y de algunas de las primeras referencias a su territorio para pasar a reseñar las fuentes históricas principales en torno al pasado del país. Después de introducir el tema del sánscrito, la lengua antigua de los hindúes, soltó la que muchos han apodado «la cita más trascendental de antaño».[2] Ante todas las personalidades del mundo civil, soldados y comerciantes que constituían la sociedad, Jones exclamó:

> El *sánscrito*,* independientemente de cuál sea su antigüedad, es una lengua con una estructura maravillosa; más perfecta que el *griego*, más abundante en léxico que el *latín*, y más exquisitamente refinada que estas dos; pero guardando con ellas una

* N. del T.: Se han respetado las cursivas originales del autor en todo el texto.

> afinidad más fuerte, tanto en las raíces verbales como en las formas gramaticales, de lo que la casualidad podría haber producido; tan fuerte, de hecho, que ningún filólogo podría examinar estas tres lenguas sin llegar a la conclusión de que manan de una misma fuente, la cual, quizás, ya no exista. La misma lógica puede aplicarse, aunque no de manera tan evidente, para suponer que tanto el *gótico* como el *céltico*, aunque mezclados con un idioma muy distinto, tuvieron un origen común con el *sánscrito*; y el *persa antiguo* podría añadirse a esa familia [...][3]

El momento crucial de la intervención de Jones fue decir que las lenguas antiguas de la India, Grecia y Roma eran tan parecidas que tenían que provenir de una lengua común, incluso que esta lengua común no solo era el antepasado compartido de las lenguas clásicas, sino también del gótico (las lenguas germánicas, incluyendo el inglés, el alemán, el holandés y las lenguas escandinavas), del celta (irlandés, galés, etc.) y de la lengua antigua de Persia –el Irán moderno–. El historiador de la Antigüedad Gerald Henry Rendall (1851-1945) capturó la originalidad de esta afirmación en 1889 cuando escribió que «por un momento pareciera que la lengua primitiva, y quizá universal, de la humanidad hubiese sido desenterrada y que la India fuera su hogar».[4] Hoy, llamamos a esta lengua común protoindoeuropeo o protoanatolio.

Sir William Jones basó sus conclusiones en las similitudes entre las raíces verbales del sánscrito y de las lenguas clásicas, pero no incluyó ninguna tabla en este ni en sus discursos anuales posteriores. Sin embargo, estoy bastante convencido de que si *sir* William hubiese tenido acceso a PowerPoint habría incluido una diapositiva parecida a la Figura 1.1.

sánscrito		**griego**		**latín**	
ádmi	«comer»	*édō*	«comer»	*edō*	«comer»
dádami	«dar»	*didōmi*	«dar»	*dō*	«dar»
émi	«ir»	*eîmi*	«ir»	*eō*	«ir»
pátami	«volar»	*pétomai*	«volar»	*petō*	«volar»
pūyami	«pudrirse»	*púthō*	«pudrirse»	*pūteō*	«pudrirse»
sárpami	«reptar»	*hérpō*	«reptar»	*serpō*	«reptar»
tanómi	«estirar»	*tanúō*	«estirar»	*tendō*	«estirar»

Figura 1.1: Algunas equivalencias entre verbos en sánscrito, griego y latín.

Hasta este punto, las conclusiones de Jones son correctas y, desde una perspectiva contemporánea, solo trastabilló cuando al identificar el origen común de estas lenguas sugirió que «quizá, ya no exista». El «quizá» puede explicarse por el contexto histórico de la lingüística en el siglo XVIII. Otros, como el médico y naturalista James Parsons (1705-1779), que también «descubrió» la familia lingüística indoeuropea, creían que algunas poblaciones indoeuropeas después de su dispersión original «habían mantenido su lengua original incorrupta hasta nuestros días, en su morada definitiva en Gran Bretaña e Irlanda».[5]

Por tanto, la afirmación de *sir* William tiene las virtudes y los defectos de una gran cita histórica. Su autor era un hombre de una habilidad extraordinaria, especialmente en el estudio de las lenguas de Asia; algunas de sus conclusiones son correctas y revelan un razonamiento muy audaz. Por otro lado, su conferencia también estaba plagada de errores graves.[6] Además, las observaciones que eran correctas era difícil que pudieran ser cosecha propia. Pero, como veremos después, Jones nos da un buen pie para introducirnos en uno de los debates más fascinantes y que ha causado más división en la investigación prehistórica.

ANTES DE *SIR* WILLIAM JONES

Aunque el descubrimiento semioficial de la familia lingüística indoeuropea se sitúa en 1786, la relación genética entre las lenguas indoeuropeas se ha subrayado en múltiples ocasiones con anterioridad. Los antiguos romanos difícilmente eran ajenos a las similitudes obvias entre el latín y el griego vistas en la Figura 1.1. Solían explicar estas equivalencias asumiendo que el latín había surgido a partir del griego y que era, en esencia, una forma degradada del griego. La prioridad de la historia de la literatura griega y el prestigio de su aprendizaje aseguraban que nadie pensara en lo contrario, que el griego derivaba del latín. Esto daba como resultado una estructura piramidal en la que el griego estaba en la cima, seguido del latín y después el resto de las lenguas europeas que parecían tener alguna relación con el latín. Por ejemplo, Michalo Lituanus (1490-1560) compendió setenta y cuatro palabras en latín y lituano que se parecían. Explicó esta similitud con el argumento de que los lituanos eran originarios de Italia.[7]

Mientras que uno podría analizar la diversidad lingüística de Europa a partir del modelo «clásico», el impacto de la tradición bíblica estableció una hipótesis alternativa, con una lengua primigenia distinta a la griega. En el inicio del Génesis, Dios usa el lenguaje para llevar a cabo la creación de la luz (hebreo, *yehi'ohr*; latín, *fiat lux*) y en el quinto versículo ya estaba dando nombres al «día» y a la «noche». Después de crear a Adán, también dio un nombre a todas las criaturas del Jardín del Edén. Con esta historia, no es de extrañar que tanto la tradición judía como los primeros teólogos cristianos como san Agustín tuvieran pocas dudas a la hora de identificar la lengua original de la humanidad con el hebreo.[8] Algunos arguyeron que el hebreo fue la única lengua hasta los sucesos narrados en el segundo capítulo del Génesis, cuando el intento de construir la Torre de Babel resultó en la dispersión de naciones y lenguas por todo el mundo. Aunque esto explicaba por qué las lenguas eran diferentes, todavía se mantenía la idea de que la lengua primigenia era el hebreo, y los académicos de toda Europa vieron los retazos de la lengua de Adán en sus propias lenguas. Listados de palabras en hebreo fueron vertidos por defensores de esta teoría, quienes buscaron en sus propias lenguas alguna equivalencia que pudiera indicar que un pedazo de la lengua de Adán había sobrevivido en la suya. El autoengaño llegó a cotas tan altas que, por ejemplo, en 1690, el teólogo francés Louis Thomassin (1619-1695) afirmó que el hebreo y el francés eran «una única lengua».[9]

Por supuesto, no todos creían que el hebreo era la lengua original. El lingüista holandés Marcus van Boxhorn (1612-1653) observó correctamente que apenas había similitudes entre el hebreo y las lenguas europeas. Fue uno de los primeros, si no el primero, en descubrir lo que tiempo después conoceríamos como la familia lingüística indoeuropea, ya que derivó el griego, alemán, latín y persa de una lengua común extinta. Por otro lado, no todos los críticos con la teoría hebrea iban por el camino acertado. Un buen ejemplo es el lingüista y médico holandés Jan Gerartsen van Gorp (1519-1572), más conocido por su nombre en latín, Johannes Goropius Becanus, que dedujo que la lengua originaria también debía de ser la más primitiva y, por tanto, tendría que contener las palabras más cortas. Encontró el mejor candidato a lengua original de la humanidad en... ¡sorpresa!, su propia lengua, el flamenco, y pensó que el Jardín del Edén había estado cerca de Amberes, en Bélgica. Apuntaló su extraña teoría con imaginativas etimologías que rastreaban palabras en otras lenguas «hasta llegar» al holandés.[10] Descrito por un crítico del siglo XVII como «inútilmente imaginativo y laboriosamente inepto»,[11] su legado es el termino peyorativo «goropianismo», que los primeros lingüistas aplicaron a quienes proponían intentos igual de disparatados por recuperar una lengua original. Pero no era el único. Ya en el siglo XVII había sobre la mesa una selección de alternativas igual de extrañas. Por ejemplo, un estudioso sugirió que Dios usó el español para prohibir a Adán y Eva comer del fruto prohibido, pero fueron tentados por una serpiente italoparlante y después fueron a pedir perdón a Dios en francés. El filósofo sueco Andreas Kempe (1622-1689) halló todo esto muy divertido y publicó un panfleto satírico en 1688 en el que indicaba que Adán en realidad hablaba danés y Dios sueco –cómo no–, mientras que, en una clara apelación a los prejuicios anglosajones, el elocuente Diablo hablaba francés.[12]

Cualquier modelo que comenzara con el hebreo, un miembro de una familia lingüística completamente diferente de las lenguas europeas,[13] es difícil que pudiera avanzar en el estudio de las relaciones lingüísticas. Pero la Biblia también ofrecía otro modelo potencial anterior a Babel: la dispersión de los humanos después del Diluvio Universal, cuando los hijos de Noé –Sem, Cam y Jafet– partieron a colonizar el mundo. Sem era conocido como el fundador de los pueblos semitas –que incluían a los que hablaban hebreo y, según algunos, los únicos que participaron en la construcción de la Torre de Babel–. Cam era visto como el padre de los pueblos camíticos del norte de África. Los europeos descendían de Jafet. En los siglos XVII y XVIII, el término «jafético» se usaba como una etiqueta para las lenguas de Europa. Alternativamente, desde el tiempo de los Primeros Padres de la Iglesia, los descendientes de Jafet se habían asociado con los escitas en especial, unas gentes de la Edad del Hierro que ocupaban el norte del mar Negro. Con el tiempo, el término «escita» adquirió una connotación cada vez mayor cuando Escitia fue identificada como el origen de los pueblos de Europa.

De modo que las lenguas de Europa, con independencia de sus relaciones internas, podían etiquetarse como jaféticas o como escitas (o a veces como tracias). Mientras que uno hiciera comparaciones solo entre lenguas jaféticas o escitas había esperanza de un progreso real, ya que la mayoría de las lenguas habladas en Europa en ese tiempo estaban claramente emparentadas. Aunque el gran polímata Joseph Scaliger (1540-1609) pensó que estas lenguas se podían dividir en once grupos diferentes sin relación entre sí, encontró motivos para agrupar muchas de ellas en cuatro «matrices» principales partiendo de cómo expresaban la palabra «dios». Los cuatro grupos eran el griego (*theos*), el latín (*deus*) y las lenguas romances, el holandés (*god*) y las otras lenguas germánicas y el ruso (*bog*) y las otras lenguas eslavas. Más comparaciones, por ejemplo, las del gran *über-polímata* Gottfried Wilhelm Leibniz (1646-1716), que halló los fundamentos para unificar los disparatados grupos de Scaliger de manera que el griego, el latín, el germánico y el celta pudieran derivar de una única lengua traída por los escitas según se desplazaban hacia el oeste por Europa.[14]

El verdadero punto de inflexión llegó cuando las lenguas europeas se compararon con lenguas emparentadas de Asia. Recuerden que Jones enfatizó que las equivalencias no se limitaban solo a las similitudes en el vocabulario, sino que también se podían apreciar en su morfología –esto es, en sus sistemas gramaticales–. Si vamos a la Figura 1.2, de un vistazo cualquiera podrá ver que las dos lenguas con más similitudes entre sí son el sánscrito –la lengua antigua de la India– y el avéstico –la antigua lengua litúrgica de Irán– y que las otras, aunque son menos parecidas, también están emparentadas de manera sistemática.

	sánscrito	**avéstico**	**griego**	**latín**	**gótico**	**irlandés antiguo**
sg. 1.	*bhár**ā**mi*	*bar**ā**mi*	*phér**ō***	*fér**ō***	*baír**a***	*bir**u***
2.	*bhára**si***	*bara**hi***	*phérei**s***	*fer**s***	*baíri**s***	*biri*
3.	*bhára**t**i*	*barai**t**i*	*phérei*	*fer**t***	*baíri**þ***	*beri**d***
pl. 1.	*bhárā**mas***	*barā**mahi***	*phéro**men***	*féri**mus***	*baíri**m***	*ber**mae***
2.	*bhára**tha***	*bara**þa***	*phére**te***	*fér**tis***	*baíri**þ***	*beir**the***
3.	*bhára**nti***	*barə**nti***	*phérousi*	*féru**nt***	*baíra**nd***	*bera**it***

Figura 1.2: Comparación entre las conjugaciones verbales de *bher* («llevar»). Obsérvese que la *s* sánscrita corresponde a la *h* avéstica; *þ* es un sonido /th/ anglosajón.

Algunas comparaciones limitadas se llevaron a cabo entre lenguas europeas como el alemán y el persa –una lengua irania– a finales del siglo XVI. Tal vez las primeras las hicieron Frans van Ravelingen (1539-1597), también conocido como Franciscus Raphelengius, y Bonaventure de Smet (1538-1614), alias Bonaventura Vulcanis, que también fue el primero en publicar evidencias de la lengua gótica. Aunque el impacto real de las lenguas asiáticas se vio estimulado por el descubrimiento europeo del vasto corpus de documentos en sánscrito. Casi desde su primer encuentro con el sánscrito, los occidentales subrayaron su similitud con las lenguas clásicas.[15] Una vez que la enormidad y complejidad de la cultura india fue apreciada, la lengua sánscrita vino a desafiar el papel protagonista que el hebreo y el escita habían ocupado antes. La relación entre el sánscrito y las lenguas de Europa, tal y como sugirió Hegel, demostraba que «la India [...] fue el centro de la emigración para todo el mundo occidental». Todo el concepto de lo indoeuropeo vendría a desafiar las hipótesis bíblicas y a forzar a los europeos a abandonar casi dos mil años de creencias y a reconsiderar sus propios orígenes.

Por tanto, los precursores de *sir* William Jones fueron muchos (Figura 1.3).[16] Para algunos, por ejemplo para el reverendo sueco Andreas Jäger (1660-1730), la relación entre las lenguas emparentadas se concebía de manera más imaginativa. En 1686, Jäger no estaba buscando ninguna lengua que quizá todavía existiera, sino una «lengua antigua» que «hubiera dejado de ser hablada y que no hubiese dejado ninguna muestra» más que una serie de lenguas derivadas.[17] De los precursores, un número significativo dejó por escrito sus afirmaciones en cartas y en trabajos publicados de manera póstuma. Incluso Jones había resaltado la conexión entre las lenguas europeas y las iranias en una carta escrita siete años antes de su famosa conferencia.[18] De hecho, la fecha de nacimiento de los estudios indoeuropeos es un constructo posterior, pues la afirmación inicial de Jones tardó en llegar a Europa y propagarse entre quienes estaban fascinados por los nuevos descubrimientos de la India.[19] El auténtico trabajo de establecer los pilares de la familia lingüística indoeuropea a partir de principios filológicos sólidos fue obra del lingüista danés Rasmus Rask (1787-1832)[20] y del lingüista alemán Franz Bopp (1791-1867),[21] quienes crearon gramáticas comparadas de varias lenguas.

		lenguas europeas					lenguas indoiranias	
autor	**fecha**	**celta**	**latín**	**germánico**	**eslavo**	**griego**	**iranio**	**indoario**
T. Stephens	1583	0	X	0	0	X	0	X
F. Sassetti	1586	0	X	0	0	0	0	X
B. de Smet	1597	0	?	X	0	0	X	0
A. Van der Mijl	1612	0	X	X	0	X	X	0
M. Boxhorn	1640	X	X	X	X	X	X	X
C. Salmasius	1643	0	X	X	0	X	X	X
G. Stiernhielm	1671	X	X	X	X	X	X	?
A. Jäger	1686	X	X	X	X	X	X	0
G. Leibniz	1704	X	X	X	X	X	X	0
B. Schulze	1725	0	X	X	0	0	0	X
G.-L. Coeurdoux	1767	0	X	0	0	X	0	X
J. Parsons		X	X	X	X	X	X	X
J. Burnett, Lord Monboddo	1773	X	X	X	0	X	X	0
N. Brassey	1778	0	X	0	0	X	0	X
W. Jones	1779	X	X	?	?	X	X	0
W. Jones	1786	X	X	X	0	X	X	X

Figura 1.3: Identificación de lenguas emparentadas por *sir* William Jones y algunos de sus precursores. X denota aquellas ramas que cada estudioso consideraba relacionadas con las otras en la fila.

LA FAMILIA LINGÜÍSTICA INDOEUROPEA

Aunque algunos de los nombres iniciales como «jafética», «escita» o «tracia» perduraron durante un tiempo, varios académicos empezaron a sugerir nuevos términos para esta familia de lenguas emparentadas. Básicamente, había dos acercamientos: el geográfico y el étnico. En 1810, el geógrafo Conrad Malte-Brun (1755-1826) observó que, puesto que las lenguas en cuestión se extendían desde el Ganges hasta Islandia, usaría el término «indogermánico».[22] A pesar de que el islandés sí era una lengua germánica, era cuestionable que se usara para definir el límite occidental de los antiguos indoeuropeos porque Islandia no se pobló hasta la Edad Media. Para más inri, a muchos les parecía que el término «indogermánico» privilegiaba al alemán sobre las otras lenguas europeas –a pesar de que los alemanes llaman a su lengua *deutsch*–.[23] Y si uno limitaba la definición a la Europa antigua, podría argumentar que la lengua celta debería haber sido el grupo más occidental. Por ello, «indocelta» fue propuesto como el nombre para la familia lingüística, aunque nunca tuvo éxito (*Finnegans Wake*, de James Joyce, publicada en 1939, acuñó el término «iro-europeo»[24]). Una de las razones es que, inicialmente, había quienes consideraban que la lengua celta no entraba dentro de esta familia.

Hoy, «indogermánico» es todavía la forma estándar empleada en publicaciones en alemán, pero es poco frecuente hallarla en otras lenguas. La forma más común es «indoeuropeo». Hay buenas razones para atribuir su acuñación al renombrado científico inglés Thomas Young (1773-1829), que utilizó el término por primera vez en 1813 en una extensa semblanza de uno de los mayores compendios de lenguas en la Tierra. Se podría señalar que hay quienes han visto el término «indoeuropeo» como errado, ya que parece que privilegia al grupo indoario (o índico) a expensas de los otros grupos de lenguas asiáticas como las iranias.

Sin embargo, el elefante en la habitación de las lenguas fue otro término muy popular, uno que, además, tenía la reivindicación de uso más antigua. En vez de forjar un nombre a partir de los extremos geográficos de la familia lingüística, Abraham Hyacinthe Anquetil-Duperron (1731-1805), el principal estudioso francés de la cultura índica y del Avesta iranio –el libro sagrado del profeta Zaratustra–, usó la etiqueta autoimpuesta tanto por los indios como por los iranios, que se llamaban «arios». Este nombre tampoco se consideraba apropiado, puesto que se restringía a los grupos indoiranios, pero, tal y como apuntaron los críticos, tenía la ventaja de ser una etiqueta más corta que las otras, por lo que gozó de una popularidad cada vez mayor.[25] Sin embargo, casi desde el principio empezó a adquirir connotaciones racistas, que culminaron en el auge de la ideología nazi en Alemania y del supremacismo blanco en otros lugares.

Durante el siglo XIX y en las primeras décadas del XX las lenguas englobadas en la familia indoeuropea crecieron hasta constituir en la actualidad doce ramas bien conocidas (Figura 1.4) y una serie de lenguas extintas y, por lo general, muy poco conocidas. Desde Occidente a Oriente podemos empezar en la Europa atlántica con las lenguas celtas, que en la Antigüedad eran el galo (principalmente en Francia, pero también en Bélgica, Alemania, Austria, Suiza e Italia), hispano-celta (en Iberia) y lepóntico (en el norte de Italia). Las principales lenguas de esta zona que sobreviven en la actualidad son el gaélico (irlandés y escocés), el galés y el bretón (Figura 1.5).

Figura 1.4: Distribución de las principales ramas antiguas de las lenguas indoeuropeas en torno al año 500 a. C.

Figura 1.5: La distribución de las lenguas celtas. Las ramas principales en la Antigüedad están indicadas en mayúsculas y las lenguas celtas modernas supervivientes (o resucitadas) en minúsculas. Entre las últimas también se incluiría el manés. Las migraciones de hablantes celtas tan al este como Anatolia (gálata) también se pueden rastrear.

La mayoría del área celta de la Europa atlántica ha sido sustituida por miembros de la rama itálica, principalmente el latín y sus lenguas romances derivadas (italiano, español, portugués, francés y, en el este, rumano). El latín no era la única lengua itálica. Hay vestigios de época clásica de otras lenguas itálicas extintas hace mucho tiempo como el osco y el umbro (Figura 1.6).

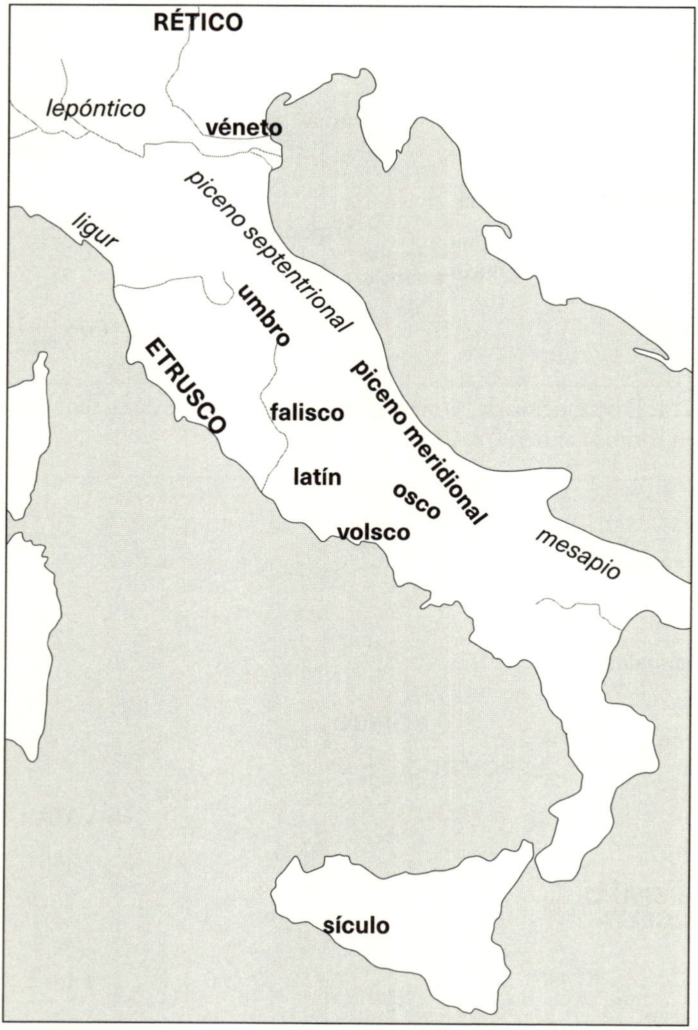

Figura 1.6: El complicado paisaje lingüístico de la Italia antigua englobaba las lenguas itálicas (latín, falisco, volsco, osco, umbro y piceno meridional). El sículo también podría haber sido una lengua itálica. El véneto a veces se clasifica como una lengua itálica; otros defienden que es una rama independiente que comparte características con la rama itálica y la germánica. El mesapio es una lengua intrusa indoeuropea llevada por el mar desde los Balcanes. En Toscana y más al norte estaban los etruscos, no indoeuropeos, y las lenguas relacionadas con el rético (en mayúsculas). El poco conocido piceno septentrional también se sospecha que no es indoeuropeo. El lepóntico era una lengua intrusa celta, mientras que el ligur desafía a la clasificación lingüística.

En el norte de Europa hallamos las primeras muestras de lenguas germánicas (Figura 1.7), que incluían el grupo del gótico antiguo, las lenguas de Escandinavia (islandés, noruego, sueco y danés) y el alemán, el holandés y el inglés.

Figura 1.7: La distribución de las lenguas germánicas. Algunas de las localizaciones de los principales grupos germánicos en la Antigüedad están indicadas en mayúsculas; las lenguas modernas germánicas están indicadas en *cursiva*.

Más al este están las lenguas bálticas, que ocupaban un área sustancial del nordeste de Europa, pero que ahora están confinadas a Lituania y Letonia; el prusiano antiguo, extinto, también pertenece al grupo báltico. Todavía más al este y al sur están las lenguas eslavas (polaco, checo, ruso, bielorruso, ucraniano, eslovaco, esloveno, serbio, croata, bosnio y montenegrino, macedonio y búlgaro).

Las lenguas eslavas se han expandido hacia el este y hacia el sur y han reemplazado a los ahora extintos ilirio –en la antigua Yugoslavia– y tracio –en Bulgaria–, mientras que el rumano ha sustituido al dacio. De las antiguas lenguas de los Balcanes, solo sobrevive el albanés (Figura 1.8).

Figura 1.8: La distribución de las lenguas bálticas (letón, lituano y el extinto prusiano antiguo en *cursiva*) y eslavas (en redonda). BCMS engloba el bosnio, croata, serbio y montenegrino, que sustituye a la antigua etiqueta «serbocroata».

Podemos descender geográficamente hacia Grecia y luego al este hasta un grupo de lenguas antiguas de Anatolia, especialmente el hitita y el luvita, y después el invasor frigio. De las primeras lenguas indoeuropeas de esta región solo sobrevive el armenio en el sur del Cáucaso.

Irán y las regiones vecinas de Asia Central, así como las grandes praderas de buena parte de la estepa euroasiática, eran el hogar de hablantes de lenguas iranias. Estrechamente relacionados estaban los indoarios de los dos tercios septentrionales de la India, quienes nos han legado un vasto corpus de literatura en sánscrito y sus numerosas lenguas modernas descendientes, como el hindi, el guyaratí, etc. Finalmente, en el este de Turquestán, la provincia de la China moderna Sinkiang, tenemos vestigios de dos lenguas tocarias extintas (Figura 1.9).

Las lenguas anatolias ocupan una rama disputada del árbol indoeuropeo. La gramática de la lengua indoeuropea más antigua que se puede reconstruir ya había sido resuelta antes de que se conocieran las lenguas anatolias. A medida que los lingüistas empezaron a conocer mejor las lenguas anatolias, las fueron viendo como la primera rama indoeuropea en separarse de la protolengua –en cuyo caso todavía podían denominarse «indoeuropeas»–. Sin embargo, otros argumentaron que la rama anatolia no era «hija», sino «hermana» del protoindoeuropeo, puesto que todas las otras ramas del indoeuropeo –del indoeuropeo nuclear– habían compartido una serie de innovaciones comunes que evolucionaron *después* de que el protoanatolio se separara.

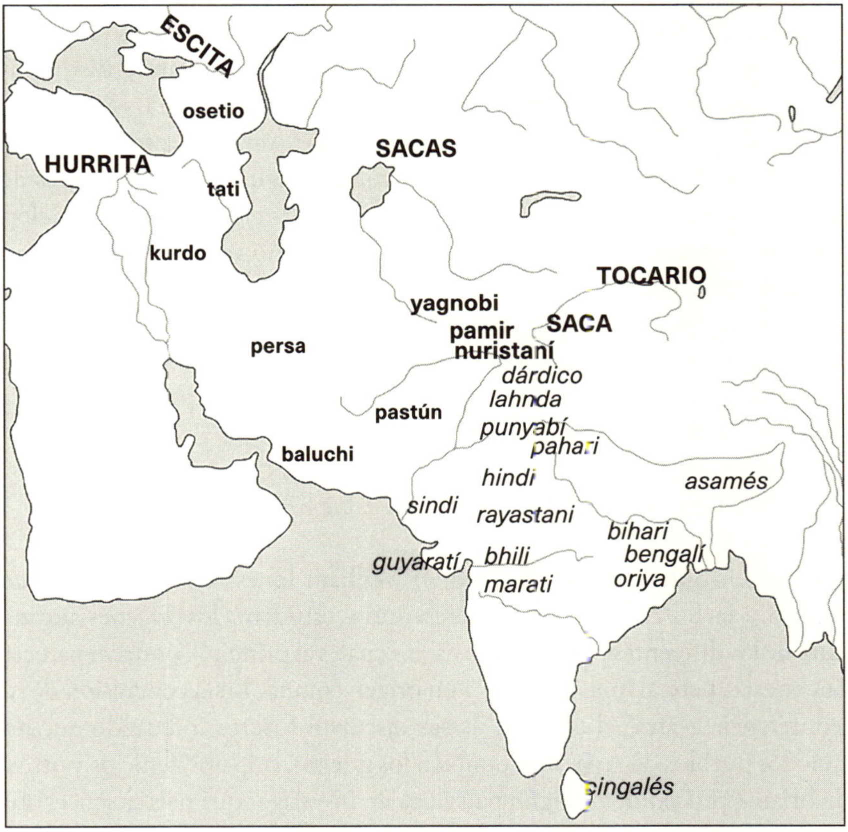

Figura 1.9: La distribución de las lenguas tocarias e indoiranias. Las lenguas iranias principales (en redonda) ocupan el norte y noroeste e incluyen las lenguas antiguas de los escitas y de los sacas. Las lenguas indoarias (en *cursiva*) ocupan los dos tercios superiores de la India, mientras que la mayoría del tercio inferior está habitado por hablantes no indoeuropeos de lenguas dravídicas. Las primeras evidencias del indoario se encuentran en nombres personales y préstamos en la lengua de los de Mitani, no indoeuropeos. Las lenguas nuristaníes se sitúan entre las ramas irania e indoaria. La rama tocaria ocupa la cuenca del Tarim, en el lejano oeste de la China contemporánea.

Decían que las diferencias eran tan significativas que se necesitaba un nuevo nombre para el ancestro de las ramas anatolia y la posterior indoeuropea y esta etiqueta común es «indohitita», o, preferiblemente, «indoanatolio». Esto lleva al tipo de horrible ambigüedad lingüística o imprecisión que uno sufre cuando alguien de Estados Unidos dice ser americano –a expensas de todos los demás que viven en América–, o la injusticia lingüístico-geográfica que los neerlandeses han sufrido durante mucho tiempo por parte de extranjeros anglófonos que reducen su país a Holanda en vez de los Países Bajos. A lo largo de este trabajo usaré el término más conocido de «indoeuropeo» para referirme a todas las ramas, *incluyendo la anatolia*. Aunque, cuando la ocasión lo demande, distinguiré entre protoindoanatolio para todas las ramas indoeuropeas incluyendo la anatolia, e indoeuropeo nuclear para todas las ramas excepto la anatolia.

Hoy, el número de hablantes nativos de lenguas indoeuropeas es de unos tres mil millones, más o menos un 45 por ciento de la población mundial –la siguiente familia, que incluye el chino y sus lenguas vecinas, es hablada, aproximadamente, por un 21 por ciento–. Los indoeuropeos comparten Europa con otras familias lingüísticas o grupos, principalmente, miembros de la familia urálica (finlandés, sami, estonio y húngaro), la semítica (maltés) y el euskera, que es comúnmente aceptado como una lengua aislada sin parentescos cercanos.

EN BUSCA DE VERDADES INTERESANTES

Al comienzo de su tercer discurso, *sir* William Jones reveló sus planes de futuro: «en busca de verdades interesantes», estudiaría los orígenes de cada uno de los diferentes pueblos de Asia, los cuales al principio podrían parecer inconexos, pero al final llevarían a un origen común. En la conclusión de su conferencia avanzó el objetivo de sus discursos futuros indicando que no solo los pueblos de Asia, sino también los griegos, egipcios, fenicios y otros, habrían «procedido de algún país nuclear. Investigar qué país es será el objetivo de mis discursos futuros». Dedicó sus siguientes discursos anuales a explorar de dónde habían venido y concluyó la búsqueda con su noveno discurso, en 1792 –*Sobre el origen y la fundación de las naciones*–. Recordemos que sus predecesores en el descubrimiento de la familia lingüística indoeuropea también habían sugerido un lugar de origen, aunque normalmente este lugar tenía que encajar en el modelo jafético o escita. Por ejemplo, Jäger situaba a los que hoy llamaríamos indoeuropeos en la cordillera caucásica, que luego migraron en oleadas por Europa y Asia.[26]

En sus discursos posteriores, Jones pormenorizó sus razones para localizar el lugar de origen de los indoeuropeos. La mayoría de sus argumentos están anclados en lo que podríamos llamar el «paradigma histórico»: la creencia en que todo lo que se puede saber del pasado deriva de fuentes históricas y, puesto que la Biblia relata toda la historia al retrotraerse a la creación del mundo, es la primera fuente histórica. Además, Jones no estaba simplemente intentando rastrear a los que podríamos denominar indoeuropeos hasta su hogar, sino, en esencia, a todos los pueblos del mundo.

En su sexto discurso, Jones ofreció varios indicios para localizar el origen de los indoeuropeos y de otros pueblos. Se basó en fuentes históricas para decir que la monarquía más antigua del mundo se hallaba en Irán. Por tanto, allí es donde podríamos encontrar la sociedad más antigua.[27] Si la historia comienza en Irán –lo cual no es cierto; los completamente ajenos sumerios pueden reclamar que son la primera civilización con alfabeto–, ¿cuáles de los varios pueblos de Jones –hindúes, árabes o tártaros– estaban relacionados con los primeros gobernantes? Un examen de la primera lengua litúrgica de Irán (el avéstico) sugería que estaba estrechamente relacionada con el sánscrito, ya que había cientos de palabras iranias que podrían leerse como puro sánscrito y había ejemplos muy claros de similitudes gramaticales (*vid.* Figura 1.2). Casi con toda la razón señaló que las palabras en cuestión no eran préstamos lingüísticos obvios pertenecientes a productos culturalmente exóticos, sino vocabulario básico, como los nombres de partes del cuerpo y elementos de la naturaleza, que es poco probable que hubieran sido prestados. Concluyó –por desgracia, erróneamente– que el persa antiguo era un «dialecto» del sánscrito –en vez de una rama «independiente» que derivaba de la misma fuente que el sánscrito–.

Para la pregunta esencial de si los iranios habían emigrado desde la India, o los indios desde Irán, Jones –un jurista que era una autoridad en el estudio del código legislativo antiguo de la India– introdujo como evidencia la antigua ley india que prohibía a los sacerdotes hindúes –brahmanes– abandonar el país. Esto generó un problema de lógica que, en función del punto de vista, revela una lógica ingeniosa o un juego de manos argumentativo. Para Jones tenía más sentido asumir que los indios –y sus sacerdotes– surgieron en Irán, adonde se les prohibió regresar –¿por qué?–; de lo contrario, si hubieran tenido su origen en la India, es presumible que su código legislativo los hubiera confinado al subcontinente y los indoeuropeos todavía estarían atrapados, sujetos a las leyes de Manu, en la India.

Jones también señalo que la *Crónica anglosajona* situaba el origen de los británicos en Armenia y otros textos rastreaban a los góticos y los escitas hasta Irán; la tradición irlandesa llevaba sus propios orígenes a las costas del mar Caspio. Todas estas fuentes situaban el origen de diferentes pueblos –los «góticos» y los «celtas» de su «discurso de tercer aniversario»– en los escitas o en algún lugar en torno a Irán. Jones tomó estas especulaciones medievales como pruebas irrefutables, pues las veía como «una coincidencia de conclusiones de personas de distintos contextos completamente desconectadas entre sí, lo cual difícilmente podría haber sucedido si no estuvieran basadas en principios sólidos». Por supuesto, esta variedad de mitos fundacionales no estaba basada en «principios sólidos», sino que eran simples variaciones locales del mismo motivo judeocristiano que rastreaba el origen de los europeos en Jafet y los escitas. Concluyó que «la lengua del primer imperio persa era madre» del sánscrito, las lenguas iranias, el griego, el latín y el gótico.

Esto responde a los orígenes de quienes llamaríamos indoeuropeos, pero Jones continuó su misión de localizar los orígenes de todas sus razas y lenguas. Aquí propuso un argumento histórico-geográfico. Observó que Irán fue ocupada por las tres razas o lenguas: asirios (semitas), los descendientes del Sem bíblico; los tártaros (turcos), a los que asignó como descendientes de Jafet; y lo que llamaríamos indoeuropeos, a los que, para sorpresa de nadie, derivó de Cam –incluyendo también a los egipcios–.[28] Como Irán era un lugar central y se situaba contiguo a las regiones principales de los semitas (Arabia) en el sur y los turcos en el norte, y contenía elementos de los tres grupos dentro de sus fronteras, estaba claro que, según lo que podríamos reconocer como el principio de la mínima acción, el punto de inicio de las tres razas principales de Eurasia también estaba en el medio. Es decir, Irán. Así, para Jones todos los pueblos y todas las lenguas «procedían de Irán, desde donde migraron por primera vez con sus grandes colonias».[29]

Hemos visto que la observación de las relaciones genéticas entre la mayoría de las lenguas de Europa y algunas de las principales de Oriente Próximo llevó al descubrimiento de la familia lingüística indoeuropea e inició la búsqueda de su origen lingüístico común. *Sir* William Jones creía que había resuelto el problema de los orígenes de los protoindoeuropeos –y de otros tantos pueblos de la Antigüedad–. En realidad, la búsqueda del origen no había hecho más que empezar.

NOTAS

1 Hegel, G. W. F., 1900, 142.
2 Campbell, L. y Poser, W., 2008, 32.
3 Jones, W., 1798, 422-423.
4 Rendall, G., 1889, 7.
5 Parsons, J., 1767, 80.

6 Fournet, A., 2010. En el tercer discurso sugirió que el dios nórdico Odín y Buda eran la misma persona (Jones, W., 1807, 37) y que los indicios de un culto solar paralelo indicaban que los indios y los incas eran pueblos de la «misma raza» (*ibid.*, 39). Otros aciertos y errores se detallan en Trautmann, T., 1997, 47-50; Campbell, L. y Poser, W., *op. cit.*, 37-41.

7 Pedersen, H., 1962 (1931), 7. La idea de que los lituanos surgieron de los romanos empezó al menos ya en el siglo XV (Dini, P. U., 2010).

8 Olender, M., 1992, 1.

9 Olender, M., 1997, 53.

10 En su defensa, los «etimologistas» neerlandeses del siglo XVII también propusieron que la filiación lingüística debería basarse en las comparaciones del vocabulario básico, correspondencias sonoras y estructura gramatical, los pilares de la aproximación comparativa moderna (Campbell, L. y Poser, W., *op. cit.*, 17).

11 Skinner, 1671, *inaniter subtilem & operose ineptum* (citado en Metcalf, G., 1974, 241).

12 Olender, M., 1997, 53-54.

13 Con la excepción obvia del maltés, que también es una lengua semítica.

14 Fournet, A., *op. cit.*, 5.

15 El primer texto sánscrito transmitido a Europa fue registrado en una carta de san Francisco Javier en la que señalaba que era el equivalente al latín en Europa (Amaladass, A., 1992, 212) y los jesuitas tuvieron un papel fundamental en llamar la atención de los eruditos europeos acerca del sánscrito. Parece que el jesuita inglés Thomas Stephens (1549-1619) fue el primero en reconocer el parentesco entre el sánscrito, el latín y el griego.

16 La fuente principal para la historia de esta investigación es Borst, A., 1957-1963.

17 Metcalf, G., *op. cit.*, 233. El título del trabajo de Jäger es *De Lingua Vetustissima Europae Scytho-Celtica et Gothica.*

18 En 1779, en una carta dirigida al príncipe Adam Czartoryski (Jones, W., 1807, 94), Jones escribió: «No sé con certeza cuántas palabras europeas se cuelan en la lengua persa [...] Muchos reconocidos investigadores de la antigüedad están completamente convencidos de que una lengua muy antigua y casi primigenia se usaba entre las naciones del norte, de la que no solo los dialectos celtas, también incluso el griego y el latín, derivan; de hecho, encontramos *patèr* y *metèr* en persa, *thugatèr* no está tan lejos de *dickter*, e incluso *onoma* y *nomen* de *nam*, como para ridiculizar la suposición de que surgieron de la misma raíz. Debemos confesar que estas investigaciones son muy oscuras y resbaladizas».

19 Aarsleff, H., 1982, 328, la nota al pie 44 relata brevemente su diseminación y recepción.

20 Rask, R., 1818.

21 Bopp, F., 1833.

22 Aunque este es el registro más antiguo que se tiene del uso de este término, es poco probable que Malte-Brun acuñara el término (Koerner, K., 1971, 164).

23 En 1818, Rasmus Rask incluso lo veía cuestionable como etiqueta para lo que hoy llamaríamos las lenguas «germánicas», a las cuales prefería llamar «góticas» (Rask, R., 2013, 67-69).

24 James Joyce dice «iro-europeo» en Joyce, J., 1968.

25 Taylor, I., 1886, ed.1892; Morris, C., 1888, 33. *Vid.* Kellens, J., 2005 para una discusión detallada acerca de su uso como etiqueta étnica.

26 Metcalf, G., *op. cit.*, 233.

27 Esto se basaba, de hecho, en una fuente muy poco histórica, un volumen de propaganda sufí (App, W., 2009, 68).

28 Jones rechazó la asociación tradicional de Jafet con las lenguas europeas y de Cam con las camíticas, dado que seguía los escritos de Jacob Bryant y las historias musulmanas (*vid.* Trautmann, T., *op. cit.*, 37-61).

29 Jones tenía mucha motivación para incorporar a los «indoeuropeos» en un proyecto mucho más grande para reconciliar las tradiciones redescubiertas del este con el modelo de mosaico de la creación y las expansiones humanas (*vid.* Trautmann, T., *op. cit.*, 37-61).

CAPÍTULO 2

Breve historia del rastreo de la cuna y la naturaleza de nuestra presa

Desde finales del siglo XVIII académicos y no tan académicos han buscado la cuna de los indoeuropeos. Lo que en alemán se conoce como *Urheimat* [patria original]. El significado de hallar este lugar iba mucho más allá de satisfacer el deseo intelectual de posicionar una lengua extinta en el espacio y en el tiempo. Después de todo, el *Urheimat* había reemplazado al Arca de Noé o a la Torre de Babel y más de uno imaginó la procedencia de los indoeuropeos como un Jardín del Edén ario. Es más, a medida que el estudio de las lenguas indoeuropeas ha sido secuestrado cada vez más por quienes tenían otras agendas, nacionales o raciales en particular, situar los orígenes en su propio país no era solo una cuestión de orgullo nacional. También se podía aprovechar para subrayar su puridad lingüística, cultural o racial y su superioridad –asumiendo, como algunos hicieron, que los indoeuropeos eran los «elegidos»–. También habría que apuntar que la búsqueda del origen de los indoeuropeos no era única; desde el siglo XIX los lingüistas y los arqueólogos intentaron rastrear todas las familias lingüísticas principales, prácticamente, hasta su origen. Al tiempo que el lugar de procedencia de los indoeuropeos ha atraído a la mayoría de la investigación y el debate, los investigadores han derramado «sangre» académica más que suficiente en el intento por determinar la procedencia de las lenguas afroasiáticas (semíticas), urálicas, altaicas, bantúes, japonesas y de todas las distintas familias lingüísticas principales de América.

Pero, vamos al grano: ¿dónde estaba la cuna de los indoeuropeos? Después de unos dos siglos de especulaciones y debate, los argumentos han sido desde ingeniosos a ingenuos, pasando por directamente absurdos. Antes de continuar, por tanto, tengan en cuenta tres puntos clave. El primero –la buena noticia, si quieren verlo así– es que el origen de los indoeuropeos al final ha sido localizado.

Aunque no aplaudan todavía.

El segundo punto –la mala noticia– es que el primero no se basa en ningún argumento conclusivo, sino en un enorme abanico de soluciones probables. ¿Quién podría imaginar el *Urheimat* más al norte que el polo norte, o más al sur que la Antártida? Se ha encontrado a lo largo de Eurasia desde el océano Atlántico hasta las costas de Pacífico y, según el «hitlerismo esotérico» expuesto por el diplomático chileno y fascista Miguel Serrano (1917-2009), los indoeuropeos vinieron de fuera de nuestra galaxia. Esto cubre, básicamente, todas las opciones, al menos en nuestra dimensión. Les dejo a otros la búsqueda en el multiverso. Para ilustrar este punto, vuelvan la mirada a las Figuras 2.1, 2.2 y 2.3 (y *vid.* el Apéndice para más detalles), con el fin de tener ante los ojos un mapeo extenso, aunque ciertamente parcial, de los lugares de origen más mediáticos a lo largo del tiempo.

El tercer punto –y la mala noticia de verdad– es que después de más de dos siglos de debate todavía no hay una solución completamente convincente con respecto al asunto del origen que explique por entero la procedencia y las expansiones de todas las lenguas indoeuropeas. Sin embargo, antes de perder la esperanza al comienzo de la partida, la revolución traída por la aplicación del ADN antiguo (ADNa) a la cuestión nos ha llevado tentadoramente cerca de una solución de común acuerdo, tal y como descubriremos al final –aunque recuerden que he dicho «cerca»–.

Ahora viene una historia extremadamente breve de las varias soluciones con respecto al lugar de origen y los nombres de algunos de los buscadores más influyentes conectados a estas soluciones, que cubren lo que podríamos denominar el relato canónico, así como una muestra de los tesoros ocultos del material apócrifo

EL RASTREO DE LA CUNA: EL RELATO CANÓNICO

El relato canónico (Figura 2.4) es como sigue. Al principio (1805), fascinados por la antigüedad y la abundancia del sánscrito, la cuna indoeuropea se situó en la propia India (Friedrich von Schlegel; *vid.* Capítulo 3), o al menos no muy lejos de la India, por lo general en algún sitio en los alrededores de la antigua Bactria, entre Afganistán y el Hindú Kush (Adolphe Picet; *vid.*

Capítulo 7), y aquí se quedó normalmente hasta la década de 1880. En gran parte esta idea estaba impulsada por una firme convicción articulada por el barón editor alemán Hans Paul von Wolzogen (1848-1938): «los tiempos cambian. La gente cambia. Pero la creencia en la cuna asiática nunca ha cambiado».[1] De aquí surgen dos de las teorías clásicas del origen que llamaremos el **modelo de la India** –hoy conocido como OIT*– y el **modelo bactriano.**

En la década de 1850, el etnólogo inglés Robert Gordon Latham (1812-1888) sugirió un origen europeo, pero fue descartado como parte de los desvaríos de un excéntrico (*vid.* págs. 26-27 y Capítulo 4). Muchos otros lingüistas, como Theodor Benfey[2] (1809-1881), también defendieron un origen en la estepa europea, aunque sus argumentos también cayeron en saco roto. En 1878, Theodor Poesche (1825-1899), un antropólogo alemán que había emigrado a América, publicó un influyente libro[3] en el que argumentaba, basándose, fundamentalmente, en la evidencia de las descripciones físicas de los primeros indoeuropeos en la literatura clásica e india, que el lugar de origen estaba donde hallásemos la mayor concentración de gente rubia y con los ojos azules. Al confundir el albinismo con la piel clara, situó la cuna en las marismas de Pinsk, entre el sur de Bielorrusia y el norte de Ucrania –la tienda de recuerdos podría haber estado en la central nuclear de Chernobyl–. Así se bosquejó el primer punto de inflexión real. Además de los argumentos de la antropología física, Poesche también apuntó un segundo argumento: el lituano parece ser la lengua indoeuropea que menos ha cambiado, por lo que habría que situar el lugar de procedencia cerca de Lituania. Esto apunta a uno de los argumentos principales para apoyar el **modelo báltico**.

En cualquier caso, en esos tiempos, el centro de atención giró rápidamente hacia los trabajos de Karl Penka (1847-1912), profesor en un instituto masculino de Viena que –a pesar de algunos críticos que lo habían catalogado de aficionado– había publicado con anterioridad una monografía relativa a las declinaciones de los sustantivos indoeuropeos. Penka rechazó el intento de Poesche de sumergir su noble raza aria en una ciénaga y publicó algunas obras extremadamente influyentes que relacionaban los orígenes indoeuropeos con el aspecto físico nórdico.[4] Esto ayudó a popularizar el tropo de que los indoeuropeos eran nórdicos altos, rubios y de ojos azules originarios del sur de Escandinavia o del norte de Alemania, lo cual, por supuesto, se convirtió en el **modelo nórdico**, una doctrina apoyada categóricamente hasta 1945 –y que aún persiste entre supremacistas blancos–.

* N. del T.: Las siglas OIT hacen referencia en inglés a *Out-of-India Theory*, que en español es conocido por los especialistas como «hipótesis OIT».

Para ser justo, de vez en cuando también tenía defensores por razones que no eran políticas. El creciente apoyo a alguna forma de la teoría nórdica se vio reforzado con los influyentes argumentos arqueológicos de Gustaf Kossinna (1858-1931)[5] a principios del siglo XX, los cuales encontraron un alineamiento entre las pruebas antropológicas y las arqueológicas. Kossinna, educado tanto como lingüista como arqueólogo, fue una figura clave en la arqueología europea de los primeros años del siglo XX (como veremos en el Capítulo 9).

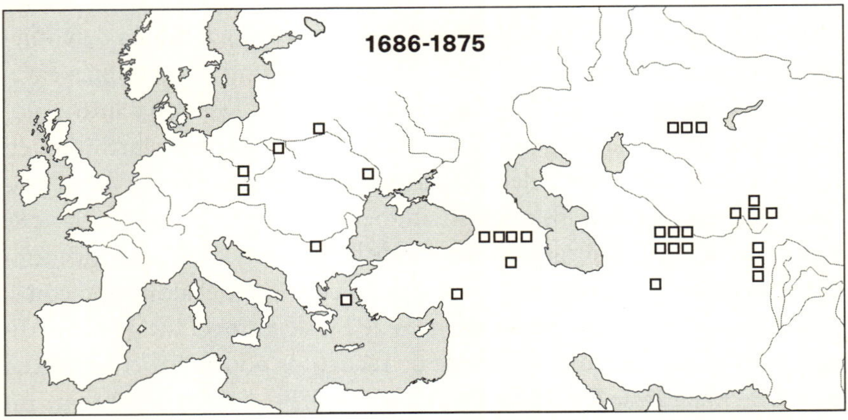

Figura 2.1: Las primeras cunas propuestas se solían situar en Asia, bien entre el norte de la India y Afganistán sobre la base de la supuesta antigüedad del sánscrito, o bien cerca del Cáucaso, el último lugar de descanso del Arca de Noé. Como el origen asiático era la explicación por defecto, todavía está sumamente infrarrepresentada en este mapa. Los pocos candidatos europeos tienden a ser más recientes y fueron ampliamente ignorados o rechazados de mala manera.

A lo largo de la década de 1890 el lingüista e historiador cultural alemán Otto Schrader (1855-1919) empezó a defender un origen al norte del mar Negro.[6] A pesar de que otros antes ya habían sugerido una localización parecida, es con Schrader con quien se asocia tradicionalmente el surgimiento del **modelo de la estepa**. Schrader es también uno de los popes de la investigación en torno a los orígenes y las instituciones culturales de los indoeuropeos. Sin embargo, su trabajo acerca del lugar de origen tuvo poco seguimiento en su época.[7] Al mismo tiempo en que el modelo nórdico y el de la estepa estaban entrando en escena, el biólogo inglés Thomas Huxley (1825-1895) se aventuró en el debate y resolvió el problema proponiendo una cuna que iba desde el Báltico hasta los Urales.[8] Esta solución, a la que denominaré **el modelo nórdico-estepario**, ha resurgido de vez en cuando y la defiende en la actualidad el arqueólogo ucraniano Leonid Zaliznyak.

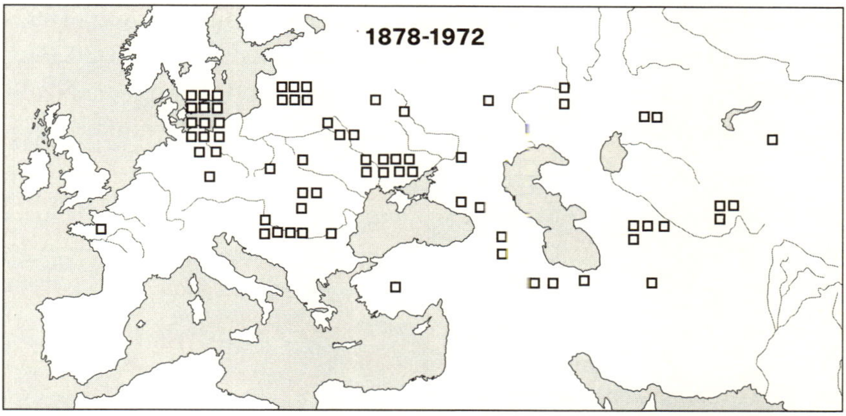

Figura 2.2: En un periodo intermedio en la búsqueda de la cuna se dio un gran desplazamiento de Asia a Europa, donde los lugares de origen se proponían, principalmente, en Escandinavia sobre la base de argumentos raciales, el Báltico sobre la base del conservadurismo del lituano, el Danubio por la importancia de la cultura de la cerámica de bandas y la estepa póntica debido a su centralidad geográfica y las reconstrucciones de la cultura indoeuropea temprana. Sin embargo, todavía había quienes defendían un origen asiático.

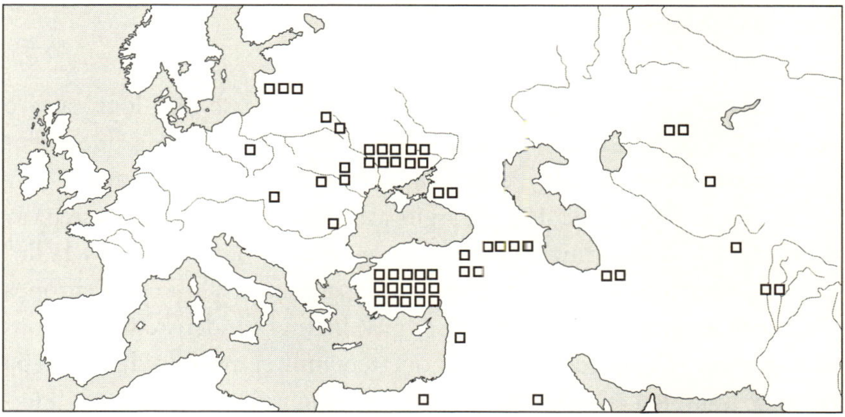

Figura 2.3: La última fase de las cunas sugeridas vio la dominación de la teoría de la estepa como la solución europea, mientras que un *Urheimat* asiático volvió a ser popular, ahora centrado en los orígenes de la agricultura en Anatolia o en pruebas genéticas más recientes en cuanto a poblaciones situadas en torno al Cáucaso.

Durante la primera mitad del siglo XX una serie de diferentes propuestas compitió con la nórdica. Además de la localización en el mar del Norte o los alrededores, el modelo báltico todavía estaba siendo defendido por lingüistas como el filólogo americano Harold Bender (1882-1951),[9] sobre la base de la supuesta antigüedad o conservadurismo de la lengua lituana. También había un **modelo danubiano**, apoyado de manera intermitente en 1922 por el lingüista escocés Peter Giles (1860-1935),[10] mucho después por el célebre lingüista italiano Giacomo Devoto (1897-1974)[11] y luego por el arqueólogo húngaro János Makkay (1933-2023).[12] Este modelo se centraba en la cultura de la cerámica de bandas del Neolítico, que se extendía por Europa desde el Atlántico hasta Ucrania.

Figura 2.4: Los principales candidatos históricos para la cuna indoeuropea. Hay quien ha propuesto lugares de origen que engloban varias zonas. Por ejemplo, la continuidad paleolítica y la estepa nórdica.

También en la década de 1920 el modelo de la estepa logró apoyo del arqueólogo V. Gordon Childe (1892-1957)[13] y de otros arqueólogos y geógrafos como Harold Peake (1867-1946) y Herbert Fleure (1877-1969). En la década de 1930, surgió asimismo una solución esteparia alternativa, basada, principalmente, en la antropología cultural y la lingüística. Esta buscaba el origen en la estepa asiática y no en la europea (Wilhelm Koppers, *vid.* Capítulo 8;[14] y Wilhelm Brandenstein[15] y Alfons Nehring, *vid.* Capítulo 7[16]), por lo que tenemos el **modelo de la estepa asiática**. También en la década de 1930 el gran arqueólogo alemán Herbert Kühn (1895-1980) abordó el problema del *Urheimat.* Trabajando hacia atrás en el tiempo, halló que no hay ninguna cultura uniforme que sea anterior de modo factible a los indoeuropeos antes del Paleolítico y conjeturó que la cuna podría estar en el Auriñaciense, una fase cultural del Paleolítico superior. Esto nos da un buen ejemplo de lo que ha venido a llamarse el **modelo de la continuidad paleolítica**,[17] el cual –a duras penas– sobrevive en la actualidad.

Durante la segunda mitad del siglo XX, la arqueóloga lituana de nacimiento Marija Gimbutas (1921-1994) insufló mucha fuerza al modelo de la estepa, lo cual generó un amplio consenso en torno a este.[18] La hipótesis de la estepa, revisada y actualizada, siguió recibiendo apoyo monográfico por parte de los arqueólogos,[19] cuya versión más detallada es actualmente la de los trabajos de David Anthony.[20] Aunque muchos lingüistas parecían estar convencidos con la solución de la estepa de Gimbutas, dos grandes desafíos surgieron en la década de 1980. El primero de ellos, defendido ya en 1972, llegó en forma de monografía monumental publicada en 1984 y de una serie de artículos de los lingüistas Tamaz Gamkrelidze (1929-2021) y el ruso Vyacheslav Ivanov (1929-2017). Defendían la procedencia en el sur del Cáucaso (la Gran Armenia) y remarcaban la influencia de las lenguas afroasiáticas y kartvelianas (por ejemplo, el georgiano) en la formación del indoeuropeo.[21] Esta hipótesis, a la que llamaremos **modelo de la Gran Armenia**, fue rechazada por el lingüista británico Peter Kitson como «una hipótesis excéntrica que pone el *Urheimat* en el Cáucaso»[22] –similar al rechazo a la hipótesis del origen europeo de Latham–. Hay que admitir que esta solución tuvo mucho más impacto en publicaciones en ruso que en Occidente. Kitson también afirmaba que la hipótesis «incluía movimientos de pueblos que todos los arqueólogos que conozco consideran imposibles»[23] y que además de ser empleada para defender un origen en Oriente Próximo para los indoiranios,[24] carecía de apoyo serio por parte de los arqueólogos hasta que fue defendida por Stanislav Grigoriev.[25] Asimismo, se granjeó una importante crítica por parte del reputado lingüista e historiador de la Antigüedad ruso Ígor Diákonov (1915-1999), que la refutó con argumentos a favor de un **modelo balcánico** inusualmente raro.

Tan solo unos años después de la publicación rusa, el arqueólogo británico Colin Renfrew (1937-2024) lanzó su monografía en 1987 acerca de los orígenes del indoeuropeo, *Arqueología y lenguaje. La cuestión de los orígenes indoeuropeos* (*vid.* Bibliografía), la cual enmarcó en una tesis mayor según la cual muchas de las familias lingüísticas más grandes estaban asociadas con los distintos lugares de procedencia y dispersión de la agricultura. De esta manera, la expansión de las primeras sociedades agrarias desde Anatolia –el **modelo anatolio**– al resto de Europa fue vista como el germen y el vector de la difusión de las lenguas indoeuropeas.[26] En los primeros años del siglo XXI buena parte de la discusión en torno al asunto del lugar de origen se ha centrado en varios intentos de «comparar» el modelo anatolio y el de la estepa y emplea acercamientos cuantitativos para tratar de estimar el lugar y el momento de la expansión indoeuropea a partir de las evidencias léxicas.[27]

Este relato canónico trata de mostrar la trayectoria de aquellas teorías que han sido defendidas por estudiosos reconocidos cuya investigación era ampliamente aceptada dentro del núcleo de los estudios indoeuropeos en el momento de la publicación. Es probable que debiera subrayar que un estudioso perfectamente competente podría haber ideado una solución a la cuestión del origen que, por una razón u otra, sencillamente no tuvo éxito; el fracaso a la hora de obtener rédito y popularidad en el mundo académico no se refleja por necesidad en la calidad o la validez de la investigación. En resumen, en casi todo el siglo XVIII y en el XIX, la posición con más consenso fue la del origen asiático. Después de 1870 hubo una aceptación creciente hacia una cuna en el norte de Europa, la cual floreció hasta 1945. Desde más o menos 1900 la estepa póntica empezó a ganar popularidad y se mantuvo así hasta después de la caída del modelo nórdico; alcanzó su punto álgido desde más o menos 1960, aunque recibió múltiples desafíos del modelo báltico y del danubiano. Hacia 1980 había dos nuevos competidores, el modelo de la Gran Armenia de Gamkrelidze e Ivanov y, más conocido, el modelo anatolio. En el siglo XXI, la mayoría del debate relacionado con la cuestión del origen ha girado en torno a la comparación de los méritos del modelo de la estepa y el anatolio. Después, en 2015, llegó la revolución que transformó todo la discusión. Este cambio radical en nuestro entendimiento de las aproximaciones al problema del origen es el foco de atención de la última parte de este libro, cuando nos acerquemos a la situación actual de cada solución para esta cuestión.

EL RASTREO DE LA CUNA: UNA SELECCIÓN DE LOS TEXTOS APÓCRIFOS

Aquí ofrezco una historia alternativa de la búsqueda del origen y concedo relevancia a algunas de las teorías más «atrevidas» que han decorado nuestro camino. Este epígrafe está pensado más para disfrutarse que para estudiarse; ¡no entra en el examen!

En un mundo de académicos completamente seguros de que la cuna de los indoeuropeos estuvo en Asia (Central), cualquiera que propusiera algo distinto, con independencia de lo reputado que fuese, podría deslegitimarse. Tal fue el caso de Robert Gordon Latham, que, desde 1850 en adelante, defendió un origen europeo con fundamentos que podrían no ser totalmente conclusivos, pero que al menos eran muy defendibles académicamente. Latham era reputado en los campos de la etnología y de la lingüística. Ya en 1851 presentó una hipótesis que, admitió, «probablemente encontrará más favor entre los naturalistas que entre los académicos» –¡una distinción interesante!–. En ella propuso un origen en Europa porque el sentido común en las ciencias naturales dictaba que una única rama asiática relativamente uniforme (la indoirania, una «especie» lingüística) era más probable que constituyera el fruto de las lenguas europeas (un «género» lingüístico), sustancialmente más diferenciadas, que no al revés.[28] Mantuvo esta afirmación –y la creencia en una cuna en algún sitio al este de la frontera de Lituania–,[29] lo cual llevó a que lo etiquetaran de británico excéntrico y chiflado, «para detrimento perpetuo de su reputación».[30]

El reverendo Dunbar Isidore Heath (1816-1888) tenía experiencia en el debate y la retórica, pues había sido miembro de los Apóstoles de Cambridge,* una asociación estudiantil de debate que, tiempo después, incluyó a Bertrand Russell, John Maynard Keynes y Ludwig Wittgenstein. Heath fue un egiptólogo competente y editó el *Journal of Anthropology*; también fue procesado en 1861 por hereje –no estoy seguro de si esto habla a su favor o en su contra–. Cinco años después, dio un entretenido discurso en la Anthropological Society,[31] en el que mantenía que los indoeuropeos habían llegado a Europa desde el este –Asia o la Atlántida, era indiferente– y que habían difundido no solo las quinientas raíces conocidas por aquel entonces para la protolengua indoeuropea, sino la lengua en sí misma, ya que las poblaciones paleolíticas y mesolíticas de Europa habían evolucionado localmente a partir de los simios anteriores y eran mudos, una raza inferior que iba a ser esclavizada por los indoeuropeos, superiores, de los que aprendieron su lengua.

En 1888 el estadounidense Charles Morris (1833-1922), antiguo «catedrático» en la Academia de Filadelfia de Lenguas Antiguas y Modernas y autor de noveluchas y libros de divulgación científica e histórica, publicó la que, según él, constituía la primera monografía completa acerca de los indoeuropeos, los cuales eran «la cima del desarrollo humano y el punto culminante de la larga evolución del hombre».[32] Aseguraba que los ancestros de los indoeuropeos eran, en origen, miembros de la raza mongoloide que se desplazaron primero hacia el oeste por la estepa póntica y luego hacia el Cáucaso, donde desarrollaron la agricultura, perfeccionaron la lengua y obtuvieron pigmentación blanca, acrecentada por una infusión de entusiasmo e imaginación de razas más meridionales, antes de dispersarse por toda Eurasia. En el mismo año, el canónigo (de York) Isaac Taylor (1829-1901), anticuario y filólogo, también parecía estar de acuerdo con Morris en que «los arios debieron de tener ancestros que no eran arios», pero no los buscó entre los mongoles, sino en la región báltica entre los pueblos urálicos y describió a los indoeuropeos como «una raza mejorada de finlandeses».[33]

* N. del T.: También conocida como Cambridge Conversazione Society.

Sin embargo, estos estudiosos estaban buscando en el lugar equivocado. Al menos según Daniel Garrison Brinton (1837-1899), el distinguido catedrático de antropología en la Universidad de Harvard, que había publicado mucho en torno a la literatura y las lenguas de América, entre ellos *Rig Veda Americana*, una colección de poemas en náhuatl (azteca). Creía que los orígenes de la protolengua indoeuropea habrían requerido la fusión entre una lengua aglutinante –que entonces se pensaba que era una lengua con una estructura más primitiva, como por ejemplo, y lo siento mucho, el finlandés– y una lengua semifusionante. Para ello recurrió a un matrimonio lingüístico y cultural entre bereberes y vascos –estaba seguro de que los antiguos indoeuropeos no eran rubios nórdicos, sino morenos– y es uno de los pocos que situó el origen en la Europa atlántica.[34] Es uno de los primeros representantes de lo que podríamos llamar la escuela *Mischsprache* [lengua mixta] (*vid.* pág. 37).

En 1897, el conocido médico y antropólogo austriaco Franz Tappeiner (1816-1902) aseguró convencido que los cráneos de los europeos del prepleistoceno debían de haber sido los de los indoeuropeos –léase arios– porque la perfección de la familia lingüística indoeuropea era tal que requería que el cerebro ario tuviera «la mayor capacidad y la mejor construcción»;[35] Tappeiner legó su colección de estos excelentísimos cráneos arios al Museo de Historia Natural de Viena y al Museo Estatal del Tirol. El reputado historiador del derecho romano Rudolf von Ihering (1818-1892) falleció antes de completar su monografía acerca de los orígenes indoeuropeos, aunque sus amigos y colegas le hicieron a su reputación un flaco favor cuando publicaron póstumamente lo que había escrito en 1897. Aquí, encontramos una serie de argumentos que defiende que los primeros indoeuropeos surgieron en un clima cálido –Ihering estaba pensando en Asia Central–. Uno de los argumentos centrales derivaba de una práctica del derecho romano según la cual un romano, si acusaba a un vecino de robo, solo podía inspeccionar la casa del supuesto sospechoso si vestía un pesado cíngulo. Después de rechazar casi todas las explicaciones lógicas para esta práctica, Ihering concluyó que el cinturón era una reliquia del «vestido tradicional de los antiguos arios» y esto solo tendría sentido si vivían en climas cálidos.[36] Otra contribución interesante al problema del origen indoeuropeo era que, aunque el autor no podía indicar en qué siglo se inició la dispersión, estaba seguro de que lo hizo un 1 de marzo, el día en el que los romanos empezaban a celebrar el *ver sacrum*, un festival que, en parte, consistía en la expulsión o el sacrificio de una porción de la población más joven, lo cual se ha interpretado como un recuerdo de migraciones pasadas.[37]

Aunque no todo el mundo asociaba a los primeros indoeuropeos con un clima cálido, sobre todo cuando uno tiene en cuenta la investigación de Bal Gangadhar Tilak (1856-1920), «el padre de la India moderna» –según Mahatma Gandhi–. En 1903, uno de los líderes principales del movimiento por la independencia india[38] publicó su monografía, que fusionaba la evidencia de la geología –según la cual antes del final de la última glaciación hubo una fase interestadial con un clima cálido en la parte más septentrional de Eurasia– y la astronómica, recopilada de los Vedas y el Avesta. A partir de estos textos, Tilak sugirió que fueron compuestos en una zona donde el sol salía por el sur, las estrellas revoloteaban en torno al polo en vez de salir y ponerse y el año consistía en un único día seguido de una única noche, por lo que concluyó que la cuna de los indoeuropeos estaba en las regiones polares. Al final de la fase interestadial, las temperaturas bajo cero llevaron a los indoeuropeos hacia el sur hasta sus localizaciones históricas. Una vez que hipótesis como esta empiezan –y variaciones acerca de la Atlántida polar han existido desde hace mucho tiempo–, tienden a ganar apoyo en algunos círculos. Así, en 1906, el autor alemán Georg Biedenkapp (1868-1924) publicó otra monografía que apoyaba el origen polar y añadió que los mitos del dragón/serpiente que aparecen en varias tradiciones indoeuropeas –Vṛtra en la antigua India, la serpiente Midgard en la mitología nórdica– se habían inspirado en las líneas ondulantes que uno ve en las auroras boreales.[39] Después, el renombrado lingüista indio Irach Taraporewala (1884-1956) añadió otro bloque al iglú al interpretar la ley zoroastriana contra el enterramiento de los cuerpos «hasta que los pájaros vuelen» como una referencia al ambiente helado del lugar de procedencia, donde las tumbas no se podían excavar hasta la primavera.[40]

A estos argumentos se podrían añadir algunos intentos iniciales fallidos de derivar la palabra protoindoeuropea para «oso» (*h$_2$r̥tḱos) de *h$_2$r̥ǵ, «blanco», lo que significaría que el lugar de origen estaría poblado de osos polares. El **modelo polar** persistió y, parafraseando a Conan Doyle, «disfrutó de cierta moda soviética» tanto en Rusia como en Alemania[41] y variaciones de este modelo sobrevivieron al menos hasta finales del siglo XX. A todo esto tendríamos que añadir al controvertido y abiertamente racista historiador del arte polaco Josef Strzygowski (1862-1941), que, en 1936, publicó su perspectiva acerca del problema del lugar de origen e hizo hincapié en cómo el arte nórdico es el pilar del arte del mundo clásico. Concluía diciendo que lo que llamamos indoeuropeo era una corriente artística que había llegado desde el norte, por Groenlandia, durante un periodo interglaciar.[42] Finalmente, molesto por la vasta antigüedad atribuida a la cultura indoeuropea en el trabajo de Tilak, y por el hecho de que, según la evidencia geológica, los primeros indoeuropeos de Tilak debieron de estar tratando de no hundirse en el agua durante varios milenios, el estadounidense Charles Hapgood (1904-1982) sugirió una solución mucho más «lógica» al relocalizar la cuna en el polo sur. Defendió en una serie de libros de éxito que una gran civilización mundial había existido hasta que la Antártida se congeló en algún momento entre hace diez mil y quince mil años.[43]

Otra ruta hacia una procedencia septentrional vino de la mano de Alexander Jóhannesson (1888-1965), que produjo un mastodóntico diccionario etimológico del islandés y fue rector de la Universidad de Islandia. Al ser un firme creyente en que el lenguaje se originó por medio de la imitación de sonidos de la naturaleza, el autor volvió la atención a los orígenes indoeuropeos y publicó una breve monografía en 1943.[44] En ella, examinaba varias raíces indoeuropeas como **ker-*, que, según él, era la base del mayor número de palabras en nórdico antiguo y que veía como una palabra creada para imitar el urajeo del cuervo. De igual modo, otras raíces que empiezan con un sonido velar o gutural, como **kel-*, **gel-* o **gher-*, significaban el ruido estridente y la conmoción de la naturaleza hostil del norte de Europa, aunque, al final, Jóhannesson optó por una cuna báltica (Lituania) en vez de escandinava.

Aunque tendremos que lidiar con algunas teorías cuestionables acerca de la relación entre antropología física y los indoeuropeos en un capítulo posterior, este es, probablemente, el lugar adecuado para traer a colación el estudio de 1913 de Horst Maurus, *Die «natürlichen» Grundstämme Der Menschheit* [Las tribus «naturales» de la humanidad], que, al menos, nos propone cuáles fueron los ancestros más antiguos de los indoeuropeos.[45] Dividió las «tribus» principales de los humanos modernos en tres: siroides, sinoides y euroides, cada una con sus lenguas asociadas (las euroides incluían a las camíticas, africanas occidentales e inuit junto con las indoeuropeas). Las siroides descendían de los armadillos pasando por los gorilas, mientras que los ancestros de los chinos fueron alguna vez orangutanes y antes puercoespines. Por su parte, el árbol familiar de las euroides, que incluían a los indoeuropeos, proviene de los chimpancés, que evolucionaron a partir de los lémures, los cuales venían de los osos hormigueros –apuesto a que esta no la veían venir–. Antes de que pregunten, sí, podemos reconstruir una palabra para «hormiga» en protoindoeuropeo (**morwi-* ~ **morm-* ~ **mouro-*), pero, por desgracia, el léxico reconstruido no aporta ninguna evidencia acerca de nuestros ancestros los osos hormigueros.

Para nuestros ancestros los chimpancés, otro «erudito» abordó sus habilidades lingüísticas y su relación con los indoeuropeos en 1932.

Georg Schwidetzky (1875-1952) publicó su contribución principal a los estudios indoeuropeos –prohibida por los nazis– en su *Schimpansisch, Urmongolisch, Indogermanisch* [chimpancé, protomongol, indoeuropeo]. Aprendemos, primero de todo, el alcance del vocabulario de los chimpancés (por ejemplo, la alegría al comer una manzana (*kha kha*), pan de centeno (*khak khak*) o al zamparse un plátano (*m m ngahk m m*) y luego tenemos listas de palabras que comparan el protochimpancé con una variedad de otras lenguas, que incluyen el indoeuropeo. Por ejemplo, el protochimpancé *ka ka, mgak, ngak* («náusea» o «hacer de vientre») puede compararse con el griego *kakkaō* y el latín *caccō*, que significan «defecar».[46] Su hija fue Ilse Schwidetzky (1907-1997), una antropóloga física muy conocida cuyo trabajo relativo a las migraciones indoeuropeas nos lo encontraremos después (*vid.* pág. 239).

En 1981, un origen proximooriental o norteafricano fue propuesto por el especialista en lenguas afroasiáticas Carleton Hodge (1917-1998), sobre la base de lo que él creía que eran cognados –palabras relacionadas porque tienen un origen común y no son solo préstamos unas de otras– en indoeuropeo y egipcio antiguo, lo cual apuntaba hacia una cuna común para ambas en el Nilo. Supuestamente, los indoeuropeos migraron hacia el norte antes de 13 000 a. C. y se desplazaron por Palestina y Siria hasta Anatolia, donde podrían encontrar hueco en el modelo anatolio, o seguir hacia el norte para ser parte del modelo de la estepa.[47] Muchos de estos elementos han sido resucitados de forma inconsciente por los lingüistas ucranianos Valentin Taranets e Inna Stupak. Los dos han rastreado el origen del indoeuropeo en África –donde tiene raíces profundas en el bantú y otras lenguas africanas– y después fue llevado a Anatolia hacia 7000 a. C. Allí dejó las ramas anatolia, griega, armenia y albanesa, mientras que el resto se desplazó al mar Caspio para dispersarse por el resto de Europa, después de experimentar los efectos de un sustrato de la cultura de Cucuteni –una cultura neolítica del noroeste del mar Negro–.[48]

Una procedencia oriental, y me refiero a un oriente muy lejano, parece surgir en un intento del historiador y arqueólogo A. K. Narain (1925-2013) por determinar los orígenes de los tocarios, quienes, aseguraba el autor, tenían un origen local, seguramente en la región de Gansú, al oeste de China. Esto arrastraba el origen del indoeuropeo al río Amarillo.[49] Si no quieren ir hacia el este, también pueden dirigirse hasta el sur. Siguiendo una antigua, pero difícilmente venerable, tradición de cribar lenguas modernas, en este caso el sajón y el latín, para descubrir sus raíces en el árabe clásico, T. A. Ismail concluyó en 1989 que estaba demostrado que esta lengua era el ancestro de la familia lingüística indoeuropea y que los indoeuropeos fueron expulsados de su tierra natal en la península arábiga a causa de la sequía –¡larga vida al goropianismo!–. Invocando una de las herramientas analíticas que examinaremos después, Ismail defendía que, puesto que el árabe era la lengua con menos cambios, sus hablantes se habían mantenido en su lugar de origen o cerca de él.[50]

Finalmente, debo confesar que he omitido varias teorías místicas nazis que relacionaban la patria aria con la Atlántida –la cual está en las Azores–[51] o con una raza perdida del Himalaya,[52] pero podríamos acabar con las teorías de Miguel Serrano, que fue embajador chileno en la India, Yugoslavia, Bulgaria, Rumanía y Austria. Es conocido por tener entre sus amigos a Carl Jung (1875-1961) y al premio Nobel Herman Hesse (1877-1962). También fue un considerable antisemita y creía que Hitler era una encarnación de uno de los dioses hindúes –Visnú o Siva–, o del dios germánico Wotan, que había escapado del búnker hasta un submarino y que había vivido el resto de su vida en una base secreta subterránea en la Antártida. Propuso que los dioses verdaderos habían surgido en los rayos de un Sol Negro –uno invisible que no es el nuestro–, pero, con el fin de aplastar una rebelión de un dios joven arribista que había poblado la Tierra con criaturas corruptas, se aprovecharon de una puerta astral a través del planeta Venus para establecerse en la región polar y mantener su sangre pura –Hitler había tomado este mismo camino para regresar al Sol Negro–. Estos, según Serrano, son los ancestros de los arios, quienes, debido a una colisión cósmica que volteó los polos, fueron forzados a buscar refugio en el polo sur. Así que uno puede defender una cuna indoeuropea en el polo que quiera y en la galaxia en la que quiera que esté el Sol Negro de los arios.[53]

TROPOS ACERCA DEL LUGAR DE ORIGEN

Si regresamos a la historia canónica de la búsqueda del origen de los indoeuropeos, se revela una serie de temas recurrentes o problemas que hacen que una respuesta geográfica simple como «la cuna estaba localizada en Afganistán» sea una solución inadecuada. Aquí introduciré brevemente algunos de los temas principales, o tropos académicos, que tienen influencia en cualquier solución a la cuestión de la procedencia, la cual exploraremos con más detalle en capítulos sucesivos.

Urheimat contra *Ausgangsland*

Los rastreadores de la cuna a menudo han distinguido entre el territorio en el que una familia lingüística se formó –Otto Schrader lo identificaba como el *Urheimat*, la «casa original»; el lingüista austriaco Wolfgang Dressler empleaba el término *Keimzelle*, o «célula germinal»;[54] y el médico militar y arqueólogo alemán Georg Wilke (1859-1938) usaba *Geburtsland*, o «tierra de nacimiento»–[55] y la última región en la que se habló la protolengua antes de desintegrarse –Schrader la llamaba *Ausgangsland*, mientras que el conocido lingüista estadounidense Isidore Dyen (1913-2008), que tenía afición por inventar seudónimos o acrónimos para fenómenos lingüísticos, lo llamó PLD (proto-lengua-desintegrada, o la última fase de una protolengua antes de dividirse)–.[56] Entonces, uno se imagina una protolengua formándose en un territorio restringido y luego, después de siglos, ve cómo sus límites se expanden a medida que los antiguos dialectos evolucionan en distintas lenguas. El inicio y el final de este proceso son problemáticos.

Empecemos con «una protolengua en formación». Recordemos que no hay absolutamente ninguna diferencia lingüística intrínseca entre una protolengua y cualquier otra lengua. El latín vulgar es una protolengua, ya que produjo un número suficiente de distintas lenguas derivadas, las lenguas romances; el armenio no es una protolengua porque no es la lengua madre de más de una lengua. La diferencia es histórica, no lingüística: los hablantes del latín tenían ejércitos que les permitieron construir un imperio cuya población dio lugar a una variedad de lenguas distintas; los armenios han gastado la mayor parte de su existencia defendiéndose de vecinos más grandes que ellos y no han dado lugar a lenguas derivadas. En resumen, cualquier lengua capaz de generar lenguas derivadas puede ser una protolengua.

Una vez que asumimos que una protolengua no es nada intrínsecamente especial, debemos darnos cuenta de que las protolenguas no tienen un punto de inicio, sino que son una simple continuación de la evolución lingüística. Nunca nadie supo que estaba hablando lo que los lingüistas en el futuro definirían como una protolengua. Los irlandeses medievales afirmaban que su lengua había sido formada con los mejores elementos de las setenta y dos lenguas habladas en la Torre de Babel. Algunos estudiosos del siglo XIX parecía que creían que el protoindoeuropeo se había construido en un lugar remoto, como el Cáucaso o el Himalaya, y solo después de haber sido «perfeccionado» se convirtió en el producto estrenado para todo el mundo. Incluso bien entrado el siglo XX un lingüista distinguido como James Marchand (1926-2021) podía pensar que el protoindoeuropeo era, en origen, una lengua homogénea, sin dialectos y, al igual que el latín, es probable que confinada a un área reducida.[57]

Sin embargo, las lenguas reales no suelen funcionar de esta manera y a menudo tienen lenguas vecinas emparentadas, o si sus vecinas no están relacionadas, sus lenguas son permeables a préstamos de estas. Así, a menos que tengan un mecanismo social que prescriba una lengua estándar, es probable que vayan a tener dialectos o alguna otra forma de variación entre hablantes. El balance final aquí es que hubo una lengua real, con unos límites geográficos y temporales tan difusos como los de cualquier lengua real conocida hoy, que alguna vez fue hablada en algún sitio. Con el tiempo, esta lengua se expandió para formar las diferentes lenguas indoeuropeas.

Tenemos que abordar ahora el concepto, más lioso aún, de la «última área en la que la protolengua se habló antes de desintegrarse». Como esto no es un acontecimiento, sino un proceso –y, como veremos en los siguientes capítulos, la naturaleza de este proceso a menudo rige nuestra habilidad o inhabilidad para localizar un lugar de origen– nos hallamos ante un problema que nos fríe el cerebro y que no podemos cubrir por completo aquí. Tan solo aportaré una simple ilustración de su dificultad con un ejemplo familiar. Sabemos que las lenguas romances modernas (italiano, francés, español, portugués, rumano, etc.) derivan del latín. También sabemos que no derivan del latín clásico, sino del latín vulgar que hablaba el vulgo desde, más o menos, 200 a. C. en adelante. Para el surgimiento de las lenguas romances ya diferenciadas, solemos fijarnos en 800 d. C., cuando la Iglesia, al reconocer que las masas ya no podían comprender los sermones en latín, urgió a los sacerdotes a usar las lenguas comunes rústicas (las formas primigenias del francés, español, etc.) en sus respectivas regiones. En 200 a. C. el latín vulgar estaba, básicamente, confinado a Italia. En 200 d. C. cubría el territorio desde Gran Bretaña hasta el mar Negro y Oriente Próximo. Así, ¿dónde está la cuna de las lenguas romances? ¿Es solo una pequeña porción de Italia? ¿Toda Italia? ¿Todo el Imperio romano? ¿O algo entremedias? Regresaremos a este problema.

La profundidad temporal

El inglés no es una protolengua, pero podría haberlo sido. Y siempre está la posibilidad de que, en algún momento, llegue a serlo. Una combinación de alfabetización casi universal y comunicaciones globales ha frenado el nivel de diferenciación entre las variedades del inglés habladas en el Reino Unido, Irlanda, Norteamérica, India, Sudáfrica, Australia, Nueva Zelanda y el resto de sitios, lo que impide que lleguen a ser tan diferentes unas de otras como podrían haberlo sido. Aunque siempre me he preguntado cómo de bien podrían conversar un frutero de Bombay y un taxista de Cork. Pero, aun si consideráramos a todos estos como simples dialectos del inglés, está claro que no derivan de la lengua que aparece en el *Beowulf* o en Chaucer, aunque también sean formas del inglés. Del mismo modo, la evidencia lingüística deja claro que la India no fue invadida por Alfredo el Grande, ni las tropas de Ricardo Corazón de León lograron colonizar Norteamérica. Todas las formas del inglés actuales derivan del inglés moderno desde, aproximadamente, 1600 en adelante. Si los angloparlantes del mundo quisieran hacer una peregrinación al lugar en el que comenzó su lengua y estuvieran en un Centro de Interpretación de la Cuna Lingüística en Stonehenge, que ofreciera a los turistas una auténtica experiencia del inglés original, habría razones de peso para quejarse. Incluso aunque el lugar sea el correcto, si el tiempo es el incorrecto entonces no es la cuna.

Por la misma razón, la cuna del indoeuropeo no es un simple problema de espacio, sino de espacio-tiempo. No obstante, al contrario que la situación del inglés, para el que tenemos un registro escrito de sus diferentes estadios antes de sus expansiones como una potencia colonial, no tenemos este tipo de indicios del protoindoeuropeo más allá de algunos intentos polémicos de reconstruir estados pasados de la protolengua mediante reconstrucciones internas. Cualquier intento de asignar cronologías absolutas al primer periodo de dispersiones se basa en metodologías que son, en el mejor de los casos, problemáticas, como veremos en el Capítulo 7. Aunque la mayoría de los rastreadores del lugar de origen ha buscado a su presa en algún momento entre el Neolítico final y la Edad del Bronce inicial (*ca.* 4500-3000 a. C.), hay escuelas de pensamiento relevantes que prefieren el Neolítico inicial (7000-6000 a. C.) y una mucho más reducida que busca la cuna en el Paleolítico o en el Mesolítico.

Filogenia de la migración

En bastantes de los primeros intentos de localizar la cuna del indoeuropeo se imaginó que fue dentro de esa área inicial donde todas las ramas emergieron y se expandieron, cada una caminando o cabalgando en su forma ya consolidada. Por ejemplo, Charles Morris[58] defendía que los indoeuropeos se pusieron en fila según la distancia que tuvieran que recorrer, por lo que los celtas, que tenían que viajar más lejos, naturalmente salieron los primeros, seguidos de los germanos, luego de los itálicos y los griegos y, finalmente, los baltos y los eslavos. Por otro lado, el lingüista escocés Alexander Murray (1775-1813)[59] había defendido en un libro publicado en 1823 que las ramas lingüísticas hicieron fila según la complejidad de sus sistemas gramaticales, por lo que la más simple (que para él era la germánica) salía la primera y luego le siguió la celta, un poco más compleja, y, por último, los indoarios salieron llevando consigo el sistema flexivo más perfecto. Hasta cierto punto esto presagia las aproximaciones actuales que están basadas en la filogenia –el árbol genealógico de las lenguas indoeuropeas–, ordenadas en términos evolutivos: las anatolias se separan primero; luego, argumentado de forma más precaria, les siguen las tocarias; después –quizá– las celtas e itálicas y demás. Las «ventanas» de salida todavía son un tema de debate considerable y puede afectar seriamente a cada solución del problema del lugar de origen, en especial a las dispersiones.

Cunas secundarias

En todo momento desde el siglo XIX los rastreadores del lugar de origen no se han contentado con proponer una única cuna de la que todas las ramas partieron, una reminiscencia de mapas anteriores que muestran el Arca de Noé con flechas que señalan los caminos de sus tres hijos y su prole. Por ejemplo, Rudolf von Ihering –el que fechó las migraciones el 1 de marzo– defendía que la cuna estaba en Bactria, aunque había una *zweite Heimat* («un segundo hogar» o «una segunda cuna») que estaba entre el Danubio y el Don.[60] Las segundas cunas tienen que lidiar con el problema de la filogenia de la migración al asignar localizaciones espaciotemporales a los ancestros de múltiples ramas derivadas de la cuna inicial. Su creación fue una consecuencia de diferentes asuntos que han perseguido a la búsqueda del lugar de origen desde el siglo XIX.

El primero de estos surgió de la reconstrucción de la protolengua. Se consideraba que todos los indoeuropeos habían compartido un vasto vocabulario común para el ganado domesticado y, sin embargo, aunque había, al menos, una red de términos comunes para las plantas y los árboles domesticados en las lenguas europeas, había menos indicios de la existencia de términos agrícolas comunes en las lenguas indoiranias.[61] Por ello, se propusieron lugares de origen en los que o bien las ramas europeas o bien las indoiranias reflejaban la cultura y el entorno de la cuna principal y las otras quedaban relegadas a una cuna secundaria más reciente. O bien los protoindoeuropeos vivieron en una región pastoril pura en la que su vocabulario económico fue preservado por las lenguas indoiranias, mientras que los futuros europeos se movían hacia el oeste y adoptaban la agricultura en una segunda cuna europea, o bien los protoindoeuropeos eran agricultores sedentarios en Europa cuyos colegas asiáticos partieron rumbo al este a través de la estepa euroasiática y de Asia Central, donde olvidaron tanto la agricultura como el vocabulario asociado a ella. Con el descubrimiento de las lenguas tocarias y las anatolias los problemas se enturbiaron aún más, sobre todo porque el sustrato de términos agrícolas tanto en anatolio como en tocario[62] es bastante limitado.

La segunda, y es probable que más obvia, fuerza impulsora es que si uno divide las lenguas indoeuropeas en diferentes ramas como la celta, germánica, eslava y demás, entonces surge una urgencia casi incontrolable de dotar a cada rama con su propia cuna, lo que genera múltiples lugares de origen o centros de operaciones para las diversas ramas. Después debatiremos si esta urgencia ha de ser cultivada o suprimida.

Ur-urheimaten y *Mischsprachen*

Aunque el reverendo Isaac Taylor tenía la cuestión de la raza en mente cuando escribió que «los arios deben de haber tenido ancestros que no eran arios», esto tiene mucho más sentido si se toma en un sentido lingüístico. Como hemos visto, muchos imaginaron que el protoindoeuropeo fue la creación lingüística más perfecta regalada a la gente de la Tierra y tenía que haber sido manufacturada por dioses en algún lugar remoto antes de ser lanzada, lo cual significa que el *Urheimat* requería de una cuna todavía más anterior. Como Taylor señaló, tenía que haber algo anterior de lo que el indoeuropeo evolucionó. Ha habido al menos dos aproximaciones a esta cuestión. Una es asumir que el indoeuropeo es en sí mismo una rama de una protolengua más antigua que ha dejado vestigios de su existencia tanto en la familia indoeuropea como en otras familias lingüísticas. Así, el indoeuropeo ha sido visto como una lengua descendiente de, por ejemplo, el indourálico (una lengua madre común para el indoeuropeo y para el urálico), el euroasiático (indoeuropeo, urálico, altaico y otras lenguas del norte de Asia) o de la macrofamilia nostrática, que abraza no solo a las lenguas euroasiáticas, sino también a lenguas más meridionales como las afroasiáticas, el elamita y el dravídico.[63]

Una segunda propuesta surgió ya a finales del siglo XIX cuando Daniel Brinton sugirió que el indoeuropeo era el resultado de la fusión de dos tipos lingüísticos y desde la década de 1930 hubo lingüistas defendiendo que el indoeuropeo era un *Mischsprache*, una lengua mixta, producido por la colisión de una lengua «septentrional» y una «meridional». Muchos lingüistas rechazaron todo el concepto de lengua mixta –ya en 1871 Max Müller (1823-1900) declaró que *es gibt keine Mischsprache*, «no hay una lengua mixta»,[64] mientras que Sigmund Feist (1865-1943) defendía que había un obvio *Mischsprache*[65]–. Aunque el inglés mantiene residuos de sus orígenes germánicos en la gramática y el vocabulario básico, se estima que su herencia de vocabulario germánico se sitúa alrededor de solo el 20-30 por ciento y que el 80 por ciento del vocabulario deriva, en gran medida, de préstamos del francés (*ca.* 30 por ciento), latín (*ca.* 30 por ciento), griego y nórdico antiguo. En cualquier caso, esto es emplear el concepto de lengua mixta de manera muy general, ya que es difícil que haya una lengua que no haya tomado préstamos de alguna forma de otras lenguas. De hecho, el número de lenguas mixtas reales –en las que mucha de la gramática, no del vocabulario, se ha creado a partir de una unión tan pura de dos lenguas que no tiene un claro ancestro genético– es extremadamente bajo. La idea de que el protoindoeuropeo era en sí mismo una de estas lenguas mixtas ha sido históricamente una iniciativa minoritaria. De todos modos, veremos que, una vez más, la idea tiene un lugar en la mesa de debate actual acerca de la cuestión de los orígenes.

Cuna granulada

Antes del auge de la arqueología, la propuesta de una cuna lingüística podía describirse con el empleo de la evidencia ambiental y cultural deducida solo a partir de fuentes lingüísticas. Un círculo en un mapa podía rellenarse con protoindoeuropeos imaginarios cuyo mundo podía haber estado limitado únicamente por algunas evidencias del entorno natural, como la distribución de una especie de árbol o de animal que se creía que era conocida por dicha población. Sin embargo, a medida que la arqueología empezó a aportar pruebas de culturas prehistóricas con fechas cerradas, reveló lo inadecuado que era, simplemente, coger un rotulador y un mapa, definir un área y etiquetarla como «el lugar de origen». Obviamente, poner tu cuna en el polo norte, donde nunca ha habido evidencia de asentamiento humano, iba a ser difícil de vender. Aunque casi cualquier otra región iba a ofrecer pruebas mucho más detalladas y, a menudo, contradictorias. Cuando Rudolf von Ihering localizó su cuna secundaria entre el Danubio y el Don –un área popular para muchos rastreadores del lugar de origen–, la estaba situando en un territorio ocupado al mismo tiempo por los pueblos agrícolas más grandes de Europa (al oeste del río Dniéper) y por sociedades pastoriles que apenas dejaban rastro de los campamentos y mucho menos mostraban conocimiento de la domesticación del cereal. Con la evidencia de la antropología física y ahora de la paleogenética –pruebas de ADNa–, las sociedades humanas y sus mezclas y redes culturales han añadido otra dimensión a las soluciones de la cuestión del origen. Es más, ningún *Urheimat* posible puede ganar peso si no puede ofrecer pruebas solventes –lingüísticas, arqueológicas *y* genéticas– de que una lengua se ha expandido desde el lugar de procedencia propuesto y se ha dispersado por todas las regiones en las que encontramos sus lenguas derivadas. Solucionar solo uno o dos de estos problemas nunca será suficiente para mandar a la cuestión del lugar de origen a la cama.

Difusión y desplazamiento de las lenguas

En este momento, podemos ver que una posible cuna solo sirve si está situada en un lugar y en un momento convincentes y con evidencias claras de que la lengua se expandió desde este centro para conformar las diversas lenguas indoeuropeas. Al contrario que rastrear la difusión de una lengua escrita, donde seguimos la expansión de pruebas documentales –inscripciones y documentos escritos–, perseguir una lengua antes de que haya sido escrita es, como mínimo, un pequeño desafío. Desde la perspectiva de un rastreador de la cuna, la mayoría de los que se han dedicado a ello en los últimos dos siglos ha intentado usar pruebas indirectas para la lengua –arqueología y antropología física (presentada a menudo como «historia racial»)– para rastrear a los indoeuropeos hasta la cuna. Excepto algunos académicos fanáticos, cualquiera que usara este tipo de pruebas se daba cuenta de que estaba ante pruebas circunstanciales. Entendían que no tenía que haber una relación directa entre la decoración del recipiente del que uno comía o el ancho del cráneo con la lengua que hablara. Más bien se decía que cuando descubríamos un pueblo que usaba un estilo particular de cerámica hecha a mano –se entendía que la había hecho una mujer y que había enseñado a sus hijas a hacerla. Ups... los estereotipos de género–, si, a lo largo del tiempo –y con alguna evolución estilística–, parecía haberse expandido al territorio contiguo, entonces la lengua que hablaran las primeras madres había pasado, de nuevo con alguna evolución, a sus hijas, sus nietas, etcétera. Entonces, el arqueólogo podía crear un diagrama de la prehistoria cultural de una gran área, definido por una serie de culturas –identificadas, principalmente, por su cerámica– y del que uno podía intentar leer trayectorias de expansión cultural y migración.

Los mismos argumentos se podrían utilizar con respecto a la dispersión aparente de rasgos físicos humanos –normalmente definidos en términos de forma craneal–, que se creía que eran heredados fundamentalmente. Así, uno podía seguir una cadena de descendientes emparentados genéticamente que, es presumible, hablaban lenguas emparentadas genéticamente. Siempre ha habido mucho debate entre los que argumentan que es difícil que pudiera haber alguna evidencia física indirecta para identificar una lengua prehistórica[66] y aquellos que defienden que una frontera cultural o genética de gran amplitud cronológica entre dos pueblos diferentes es posible que refleje una «identidad persistente» y podría haber constituido también una frontera lingüística. Pero, aunque dejemos a un lado esta parte de un debate casi interminable, el rastreo de las dispersiones saca a la luz, en última instancia, la pregunta de que, incluso aunque pudiésemos discernir el movimiento de comunidades prehistóricas, ¿quién gana cuando dos lenguas entran en contacto?

La evidencia histórica sugiere que las poblaciones en Eurasia tienen un historial muy fuerte de cambio de lenguas, por medio de los cuales las comunidades anteriores adoptaban la lengua de los nuevos pobladores. Ni el ibero ni el celta han sobrevivido en España; la lengua de los galos ha desaparecido de Francia; la de los antiguos britanos en Inglaterra ya no está (aunque sobrevive en Gales); mientras que la lengua de Bohemia es ahora el checo y no el celta. Ahora podemos movernos hacia el este a través de Europa hasta la tierra de los tracios, un pueblo que Heródoto afirmaba que era el más extenso del mundo, quienes hoy hablan una lengua eslava –llamada así por una tribu turca que intentó dominar el territorio–. Desde allí podemos ir hacia el este por Ucrania y el sur de Rusia, donde los ríos principales –el Dniéper, el Dniéster y el Don– todavía llevan sus antiguos nombres iranios, aunque la gente habla eslavo, a pesar de que buena parte del territorio alguna vez acogió hablantes de turco. Imaginar que el desplazamiento de lenguas no ocurría en tiempos antiguos simplemente porque no podemos basarnos en documentos históricos parece una idea perversa. Pero, entonces, ¿cómo podemos escoger ganadores y perdedores en el registro prehistórico?

La aproximación tradicional al desplazamiento de una lengua ha sido invocar uno de estos dos mecanismos: o bien los invasores alteraron en gran medida el equilibrio de población despoblando el territorio –al menos de varones– o mezclándose con los locales; o bien se engranaron en la élite dominante y el vulgo adoptó la lengua de la élite privilegiada. Esta última fue la explicación genérica de muchas, si no la mayoría, de las soluciones a la cuestión del origen en los siglos XIX y XX. Los críticos replicaron con evidencia empírica de élites que adoptaban la lengua de la población local conquistada. Por ejemplo, los turcos de Bulgaria que adoptaron el eslavo, o los francos germánicos y vikingos de habla nórdica, que adoptaron el francés. Las discusiones implicaban a arqueólogos y lingüistas históricos, pero el punto común del debate eran asuntos que concernían a un tipo completamente distinto de lingüistas: los sociolingüistas. Son los sociolingüistas y los antropólogos lingüísticos los que estudian los procesos culturales sucedidos en el desplazamiento de una lengua. Por desgracia, creo que la mayoría estaría de acuerdo con Susan Gal en que «la búsqueda directa de los correlatos sociales del desplazamiento y mantenimiento de una lengua ha sido infructuosa».[67] Podemos intentar desgranar las variables y los procesos que podrían llevar a una población a abandonar su propia lengua y, después de un periodo de bilingüismo, adoptar otra,[68] pero en ausencia de auténticas reglas predictivas, obtenidas por quienes han estudiado estos asuntos entre poblaciones actuales, nuestras conclusiones siempre serán debatibles.

La cuna del indoeuropeo se ha buscado tan al norte como las regiones polares y tan al sur como la Antártida, desde el Atlántico hasta el Pacífico y más allá del sistema solar. Cualquiera que sea la solución propuesta, en este capítulo he listado solo algunas de las cuestiones que acosan la búsqueda del origen con «problemas partidistas», los cuales han atraído a numerosos campos académicos que han defendido enérgicamente conclusiones que son diametralmente opuestas a las de otros campos. Nos los encontraremos a menudo en los siguientes capítulos. Con el fin de hallar una localización de la cuna que satisfaga –casi– a todo el mundo, tendremos que navegar por un mar de tropos que plantean problemas no resueltos hasta ahora y que han dejado a menudo al mundo académico amargamente dividido.

NOTAS

1 *Die Zeiten anderen sich. Die Menschen anderen sich. Aber der Glaube an die asiatische Wiege hat sich nicht geandert*, Wolzogen, H. von, 1875, 2.
2 Benfey, T., 1869.
3 Poesche, T., 1878.
4 Penka, K., 1883; Penka, K., 1886.
5 Kossinna, G., 1902; Kossinna, G., 1921.
6 Schrader, O., 1883; la teoría de la estepa apareció en la segunda edición, de 1890, y en la tercera, de 1907.
7 Feist, S., 1913. Feist creía que la «solución de la estepa» en ese tiempo estaba *ziemlich isoliert* [bastante aislada].
8 Huxley, T. H., 1890.
9 Bender, H., 1922.
10 Giles, P., 1922.
11 Devoto, G., 1962.
12 Makkay, J., 1987.
13 Childe, V. G., 1926; Peake, H. y Fleure, H. J., 1928; Sulimirski, T., 1933, reimpr. en Scherer, A., 1968, 117-140.
14 Koppers, W. (ed.), 1936; Koppers, W. (ed.), 1936b.
15 Brandenstein, W., 1936.
16 Nehring, A., 1936.
17 Kühn, H., 1932.
18 Gimbutas, M., 1963, Gimbutas, M., 1974, Gimbutas, M., 1994; *vid.* especialmente el compendio de publicaciones en Gimbutas, M., 1997.
19 Por ejemplo, Mallory, J. P., 1989.
20 Anthony, D., 2007.
21 Gamkrelidze, T. e Ivanov, V., 1984.
22 Kitson, P., 1997, 186

23 *Ibid.*, 196.
24 Sarianidi, S., 1999.
25 Grigoriev, S. A., 1999; Grigoriev, S. A., 2002; Grigoriev, S. A., 2002b; Grigoriev, S. A., 2021.
26 Renfrew, C., 1987.
27 Bouckaert, R. *et alii*, 2012; Chang, W. *et alii*, 2015; Pereltsvaig, A. y Lewis, M., 2015.
28 Latham, R. G., 1851, 161-163.
29 Latham, R. G., 1862, 611.
30 Stocking, G., 1987, 58.
31 Heath, D., 1866.
32 Morris, C., 1888.
33 Taylor, I., 1886, ed. de 1888, 250.
34 Brinton, D., 1890, 147-149.
35 Tappeiner, F., 1897.
36 Ihering, R. von, 1897, 2-5.
37 *Ibid.*, 249-300.
38 Tilak, L. B. G., 1903.
39 Biedenkapp, G., 1906, 161-164.
40 Taraporewala, I., 1933.
41 Godwin, J., 1993.
42 Strzygowski, J., 1936.
43 Hapgood, C., 1979 (1966), 229.
44 Jóhannesson, A., 1943.
45 Maurus, H., 1913.
46 Schwidetzky, G., 1932.
47 Hodge, C. T., 1981.
48 Taranets, V. y Stupak, I., 2018.
49 Narain, A. K., 1987; Narain, A. K., 2000.
50 Ismail, T. A., 1989, 32.
51 Zschaetzsch, K., 1922.
52 Demoule, J.-P., 2023, 132-140.
53 Goodrick-Clarke, N., 2002, 89-92.
54 Dressler, W., 1965, 27.
55 Wilke, G., 1918, 17.
56 Dyen, I., 1969, 510. *Véase también* Crossland, R., 1971, 826.
57 Marchand, J., 1955.
58 Morris, C., *op. cit.*, 64-71.
59 Murray, A., 1823.
60 Ihering, R. von, 1894, 467-486; Ihering, R. von, 1897.
61 Mallory, J. P., 2018.
62 Peyrot, M., 2018.
63 Bomhard, A., 2012.
64 Müller, M., 1871, 86.
65 Feist, S., 1933.
66 Ehret, C., 1988; Anthony, D., 2001.
67 Gal, S., 1996, 588.
68 Mallory, J. P., 2016.

PARTE II

Las técnicas fundamentales del rastreo de la cuna

CAPÍTULO 3

Aplicar las lecciones de la historia

Antes de empezar, deberíamos tener en cuenta que la primera evidencia de escritura proviene de Mesopotamia alrededor de 3000 a. C. Además, los registros más antiguos relativos a la existencia de indoeuropeos son de nombres personales anatolios, que suelen datarse en torno a 2000 a. C., aunque recientemente se ha sugerido que podría haber evidencias de 2300 a. C.[1] También hay evidencias del indoario de, aproximadamente, 1500 a. C. y del griego micénico de 1400 a. C. La fecha última para las dispersiones de los indoeuropeos se suele fijar en torno a 2500 a. C., aunque una datación tan reciente encontraría la oposición de la mayoría aplastante de los rastreadores de la cuna, quienes se fijarían en una anterior a 3000 a. C. En resumen, la cuna indoeuropea se sitúa, cronológicamente, *antes* de la existencia de registros escritos relevantes. Es un problema prehistórico, no histórico. En cualquier caso, los primeros intentos de localizar el *Urheimat* surgieron en un momento en el que el conocimiento del pasado estaba confinado a solo lo que apareciera en las fuentes históricas. Como se pensaba que la Biblia relataba toda la «historia» hasta la creación del mundo, aportaba una cronología conveniente para todo discurso histórico. Con independencia de si la fecha escogida es la de la Creación según la tradición judía (3924 a. C.), la fecha ligeramente anterior calculada por el arzobispo Ussher de Armagh que se recogió en la versión de la Biblia del rey Jacobo (4004 a. C.), o la cronología todavía más antigua de san Jerónimo

(5199 a. C.), toda la existencia terrestre podía caber en los últimos seis o siete mil años. El encuentro de Occidente con la literatura de las religiones orientales no fue visto inicialmente como un reto a esta cronología. De hecho, fue una oportunidad para encontrar apoyo adicional para la tradición bíblica.[2]

La cronología bíblica fue defendida por, entre otros, *sir* William Jones, que no podía hallar pruebas en su contra. Al igual que un abogado que coacciona verbalmente a un jurado, escribió: «no encontramos ningún monumento seguro, ni siquiera una tradición probable, de naciones establecidas, imperios y Estados fundados, leyes promulgadas, ciudades construidas, navegación mejorada, comercio fomentado, artes inventadas, o letras ideadas más allá de, como mucho, quince o dieciséis siglos antes del nacimiento de Cristo».[3] Esto ayuda a entender cómo Jones pudo unir los orígenes indoeuropeos con la fundación de la monarquía persa y, también, cómo le sirvió para reconciliar el relato indio con la Biblia. Aparte, Jones también fue víctima de un astuto investigador y traductor indio al que, después de haber sido informado acerca de los puntos básicos de la narrativa de la cultura occidental, se le encargó investigar la literatura india en busca de sucesos comparables. Supuestamente, inventó unos versos en sánscrito antiguo que representaban una gran inundación a la que sobrevivió el patriarca indio Satyavarman –al que Jones identificó con Noé– y sus tres hijos: Śarma (Sem), Kharma (Cam) y Jyāpati (Jafet), el cual llevó a su gente al norte.[4] Esto fue tan solo un incidente dentro de una multitud de documentos en sánscrito falsos creados por eruditos locales para alimentar al creciente mercado de coleccionistas occidentales que, ingenuamente, compraban sus upavedas de imitación.[5]

Como los indoeuropeos todavía sobreviven en la actualidad, su expansión debió ocurrir –según la tradición bíblica– después del Diluvio Universal. Es decir, si nos valemos de la estimación del arzobispo Ussher, no hace falta buscarlos antes de 2348 a. C. (1656 años después de la creación del mundo), una fecha que hoy reflejaría, en términos generales, el florecimiento de las principales civilizaciones de Mesopotamia y la India, y la Edad del Bronce para los pueblos europeos. De hecho, según la cronología de Ussher, los europeos, hijos de Jafet, habrían salido de las llanuras de Sinar en 2247 a. C.[6]

La idea de que había algo antes de los registros históricos o escritos empezó a surgir a lo largo del siglo XIX, aunque al principio era un concepto problemático para los interesados en rastrear a los indoeuropeos hasta su hogar. Al general de división escocés Vans Kennedy (1784-1846), que fue enviado a la India y se convirtió en un estudioso del sánscrito y traductor profesional, le perturbaba el hecho de que «los primeros albores de la tradición profana y de la historia apenas son discernibles antes de 1200 o 1300 a. C. Es imposible, por tanto, determinar cuál podría haber sido el estado anterior del mundo o verificar el origen de las lenguas que prevalecieron».[7] Aunque este fue el mismo siglo en el que Christian Thomsen (1788-1865) desarrolló un marco cronológico para las antigüedades del Museo Nacional de Dinamarca, que organizó en un sistema de tres edades: la Edad de Piedra, Bronce y Hierro. En ese momento había una aceptación creciente de que no todo objeto hallado en el campo o en un museo se debía atribuir a un pueblo documentado históricamente, como los romanos, daneses, galos o hunos. Más o menos al mismo tiempo, los avances en la geología demostraban una antigüedad de la Tierra mucho mayor de lo que se pensaba y, unido a los vestigios de las primeras industrias líticas en Francia, indicaba que la cronología bíblica era errónea en muchos órdenes de magnitud. En 1851, el arqueólogo escocés-canadiense Daniel Wilson (1816-1892) acuñó el término «prehistoria».

Sin embargo, aunque el surgimiento de la geología y la arqueología había creado un nuevo paradigma, las lecciones de la historia todavía desempeñaron un papel importante en los primeros intentos de localizar la cuna indoeuropea.

EX ORIENTE LUX

La solución a los orígenes indoeuropeos más fácil y una de las más persistentes en el transcurso del siglo XIX fue la aplicación del concepto *ex oriente lux* («la luz viene de Oriente»). Esta expresión está anclada en la idea de que la historia comienza en Asia occidental, donde encontramos los primeros documentos escritos.[8] Este no era solo el escenario de los acontecimientos del libro del Génesis, sino también el área de las primeras civilizaciones en Mesopotamia (y, cerca de ella, Egipto). El insigne arqueólogo sueco Oscar Montelius (1843-1921) escribió en 1899 que «en un tiempo en el que los pueblos de Europa carecían, por decirlo así, de forma alguna de civilización, el Oriente, y particularmente la región del Éufrates y el Nilo, ya disfrutaba de una cultura floreciente. La civilización que amaneció gradualmente en nuestro continente fue durante tiempo un pálido reflejo de la cultura oriental».[9]

Además de esta definición esquiva de «civilización», Asia occidental también era vista como el lugar de nacimiento de los humanos. En ausencia de un concepto de prehistoria profunda, siempre iba a haber un pequeño salto cronológico desde Adán y Eva a las primeras civilizaciones. Una cronología breve solo podía servir para combinar los orígenes de los humanos y de las civilizaciones, por lo que había pocas expectativas de que pudieran haber ocupado lugares diferentes. Desde este punto de vista, si la humanidad y la civilización habían surgido en Asia occidental, entonces era lógico que los indoeuropeos, junto con todos los otros pueblos antiguos, hubieran iniciado su dispersión desde Asia. Jacob Grimm (1785-1863), el mayor de los hermanos Grimm y un lingüista de referencia en su tiempo, creía que toda la prehistoria europea podía condensarse entre 10 000 y 2000 a. C., así como que todos los pueblos de Europa y sus ancestros habían llegado desde Asia a Europa en algún momento del pasado.[10] Después de todo, había una trayectoria clara desde las grandes civilizaciones de Mesopotamia y del Nilo, luego una civilización de alguna forma posterior que se expandió por Grecia, más tarde Italia y, por último, puede que por el resto de Europa.

En cualquier caso, con el descubrimiento del sánscrito la cuna de los indoeuropeos se desplazó hacia el este desde las grandes civilizaciones semíticas conocidas de Mesopotamia.[11] En 1805, el poeta y filósofo alemán Friedrich von Schlegel (1772-1829), que veía al sánscrito como la lengua original de los indoeuropeos, localizó su lugar de origen en el noroeste de la India, con capital en Jastinápura, a unos cien kilómetros de Deli.[12] De igual manera, en 1813, cuando Thomas Young quiso especular con la localización de sus recientemente acuñados «indoeuropeos» (*vid.* pág. 8), decidió «situarlos al sur y al oeste del supuesto origen de la raza humana».[13] Para Young sería Cachemira. Fue particularmente relevante el hecho de que este argumento fuera compartido también por lingüistas de la talla de August Friedrich Pott (1802-1887), que situó el lugar de origen en Asia Central; y Max Müller (1823-1900), del que es por todos conocido que lo localizó de manera imprecisa en «algún lugar de Asia».[14] Este tipo de argumentos ya era motivo de sarcasmo a finales de siglo, cuando William Ripley (1867-1941), economista estadounidense y autor de *The Races of Europe*, escribió que «cuando éramos pequeños a la mayoría de nosotros nos hicieron creer que Asia era la madre de todos los pueblos europeos [...] Nos decían que una raza ideal de hombres salió de las tierras altas del Himalaya, diseminando cultura por todos lados según avanzaban por el bárbaro oeste [...]».[15]

A lo largo del siglo XIX, el paradigma original –que la historia empezó como se lee en el libro del Génesis o en Mesopotamia– había sido suplantado por la comprensión de que había habido un largo periodo de prehistoria no relatado en la narrativa bíblica; su antigüedad se anunciaba continuamente con nuevos descubrimientos arqueológicos y geológicos.

Podríamos verlo como ejemplo de cambio de paradigma, pero tal vez sea mejor emplear el término de «ceguera inducida por la teoría», del psicólogo y economista Daniel Kahneman (1934-2024).[16] Esto nos recuerda que incluso los opositores al *ex oriente lux* fueron capaces de encerrar su propia lógica en algunos modelos con puntos débiles. Uno de los críticos con la teoría de la cuna asiática, el canónigo Isaac Taylor (1829-1901), la rechazó señalando que «no hay capítulo más curioso en toda la historia del delirio científico».[17] Sin embargo, sus argumentos, basados en la investigación arqueológica más reciente, revelaron su propia ceguera. Se apoyaban en los descubrimientos, en especial en Francia, del Paleolítico, lo cual indicaba que las primeras evidencias de vida humana ya no se hallaban en Asia, sino en Europa, donde uno podía rastrear los mismos tipos físicos desde los periodos más antiguos hasta el presente. Estos descubrimientos habían demostrado que «el centro geográfico de la historia humana se ha desplazado ahora desde Oriente a Occidente. Los primeros documentos de la historia del hombre no vienen de Asia, si no de Europa occidental».[18]

Los problemas de este tipo de razonamiento son bastante obvios. Para empezar, una comparación entre el Paleolítico europeo y los vestigios de las civilizaciones de Oriente Próximo es poco apropiada; debería haber sido evidente que o bien las civilizaciones de Oriente Próximo debían de haber tenido también antecedentes prehistóricos, o bien los académicos europeos iban a tener que explicar cómo se pasa de las cuevas francesas a los zigurats iraquíes. Más importante aún, la antigüedad del *Homo sapiens* en Europa occidental, que ahora sabemos que es muy posterior a su primera presencia en Oriente Próximo, no tiene ninguna conexión lógica con los orígenes indoeuropeos, un fenómeno que ocurrió decenas de miles de años después, incluso si nos basamos en las escalas cronológicas empleadas a finales del siglo XIX.[19]

HORDAS ASIÁTICAS

No todos creían que los indoeuropeos fueron los grandes civilizadores de Europa. En su lugar, algunos pensaban que eran sus conquistadores bárbaros. Repasen la historia de Europa, sobre todo desde la perspectiva de la situación de Hungría: nos encontramos con una población establecida durante la Edad del Hierro que pronto sufrió las migraciones hacia el oeste de escitas, sármatas, alanos, hunos, ávaros y, finalmente, los propios magiares –húngaros–. Todos estos pueblos estaban en una trayectoria este-oeste saliendo de Asia y fluyendo a raudales por Europa. Era muy fácil imaginar que la estepa asiática era la cuna principal de una población que, periódicamente, vomitaba hordas de bárbaros hacia Europa. Un modelo que cumplía con la condición de explicar por qué los pueblos de Asia y Europa hablaban lenguas emparentadas.

En relación con los indoeuropeos, este modelo fue adoptado ya en 1806 con el *Mithridates* del lingüista alemán Johann Christoph Adelung (1732-1806),[20] que trataba de esclarecer la relación lingüística entre el alemán y el persa. Adelung no veía razón alguna para que la explicación no fuera un origen común en Asia Central, en algún sitio entre Irán y el Tíbet, «una región cuyas hordas inestables han poblado alguna vez Europa y la han agitado más de dos veces».[21] El historiador cultural y bibliotecario Victor Hehn (1813-1890) trajo a colación el ejemplo moderno de la migración llevada a cabo en 1771 de 150 000 calmucos desde China a Zungaria en el este de Turquestán (hoy la región autónoma uigur de la República Popular China), una distancia de unos 3200 km.[22] Este modelo persistió hasta bien entrado el siglo XX. El lingüista alemán Sigmund Feist, por ejemplo, señaló que podíamos aceptar para la prehistoria el mismo tipo de patrones que vemos en la historia antigua: el movimiento de poblaciones desde Asia Central a Europa.[23]

La lógica de estos argumentos era, por supuesto, impugnable. El canónigo Taylor podía recitar de corrido un contraejemplo para cada migración desde el este al oeste. Mientras que Gengis Kan desfila desde Bactria a Europa, Alejandro Magno podía liderar a sus tropas desde Europa a Bactria, etc.[24] Harold Bender podía argumentar que sería muy fácil dar la vuelta a la analogía histórica y citar la expansión hacia el este de los alemanes en territorio eslavo, o incluso las cruzadas, para demostrar un movimiento oeste-este. Tanto una como la otra dirección, argumentaba razonablemente Bender, eran irrelevantes para la discusión de la prehistoria indoeuropea.[25]

INMIGRANTES DEL NORTE[26]

La migración desde o hacia el este no era la única dirección «natural» contemplada por quienes analizaban con detenimiento los documentos históricos. Por ejemplo, el historiador estadounidense Willis Boughton (1854-1942) observó que las evidencias históricas –o las presunciones históricas– indicaban que los celtas habían invadido Italia desde el norte, los godos se habían extendido hacia el sur para conquistar y establecerse en el sur de Europa y, en Europa, era presumible que los indoarios habían invadido la India desde el norte y los dorios –portadores del más reciente de los dialectos griegos– habían entrado en Grecia desde el norte.[27] Este tipo de evidencia sugería que había tres mil años de indicios de expansiones indoeuropeas desde la región báltica, que habían hecho posible que esta fuera la dirección desde la que surgieron. Los argumentos podían repetirse –de hecho, a menudo se repitieron– hasta fechas tan recientes como la década de 1960, cuando Ram Chandra Jain observó que «no se ha dado ninguna migración nómada histórica en Asia desde el sur hacia el norte», por lo que cualquier intento de explicar, por ejemplo, que los lituanos eran inmigrantes desde una cuna en el sur de Rusia era «*prima facie* improbable».[28] Un inicio en el norte o, al menos, rechazar cualquier intento de explicar a los pueblos del norte como el resultado de una migración desde el sur, es una idea que se repite al menos desde Tácito en su *Germania*, en la que se pregunta «¿quién va a dejar Asia, África o Italia para marchar a Germania, con un terreno difícil, un clima duro, triste de habitar y contemplar si no es su patria?».[29]

En todos estos casos se argumentó que el recorrido de la migración había sido desde el norte al sur, lo cual podría explicarse por el clima. Quienes ocupaban una tierra más septentrional estarían inclinados por naturaleza a migrar a tierras más soleadas hacia el sur, mientras que nadie en su sano juicio supondría que hubo migraciones en la dirección opuesta. Esto indicaba que la procedencia indoeuropea tendría que estar en una región septentrional. Por supuesto, y que me perdonen los escandinavos y los baltos, esto deja sin responder por qué nadie en sus cabales habría migrado hacia el norte para establecerse allí en primer lugar. La lógica de este argumento presupone que los indoeuropeos fueron un grupo de masoquistas cuyos ancestros se habían establecido en lo que después sería su cuna, un lugar en el que ninguna persona racional se habría asentado. Quizá es un poco irónico que los países que ocupan este mismo territorio, considerado absolutamente miserable, estén de manera recurrente entre los países más felices del mundo.[30]

EL PRINCIPIO DE RENDIMIENTO EN EL PASADO

¿La historia siempre elige ganadores? El afamado abogado e indólogo escocés Arthur Berriedale Keith (1879-1944) trató de rebatir las afirmaciones alemanas de un *Urheimat* en el norte de Europa mediante la observación del historial de los intentos alemanes por expandir su propia lengua. Comprobó que pueblos germanoparlantes como los francos –que se establecieron en Francia–, los lombardos –Hungría e Italia–, burgundios y vándalos habían fracasado al extender sus lenguas germánicas fuera de Alemania.

Esto le llevó a preguntarse de forma retórica: «¿es acaso posible que las lenguas indoeuropeas fuesen llevadas y establecidas en lugares tan lejanos como la India por parte de los ancestros de razas que tiempo después no podían mantener su propia lengua fuera de las fronteras de Alemania?».[31]

Esto demostraba que dondequiera que estuviera la cuna, no era probable que hubiese sido Alemania. Por supuesto, nadie parecía querer aplicar el contrargumento de que el gran éxito al expandir sus lenguas por parte de los ingleses y los españoles, por ejemplo, indicaba que el *Urheimat* estaba en Londres o en Madrid, o que el propio Keith se estaba expresando en una lengua germánica, así como que la India poseía la segunda comunidad más grande de gente que hablaba una lengua derivada de los anglosajones de la Alta Edad Media –que eran, sin duda, germánicos–.

Otro objetivo del argumento por fracaso lo constituyen las estepas del norte del mar Negro y del mar Caspio. Poco tiempo después de que se propusiera como lugar de origen, el lingüista alemán Hermann Hirt (1865-1936) argumentó que debería rechazarse porque nadie de esta área había tenido éxito en incorporar una parte significante de Europa en su esfera lingüística.[32] En la década de 1990, Peter Kitson nos recordó que el árabe no es la lengua de Irán, el huno la lengua de Europa o el mongol la lengua de China, y que «en todos estos casos y en casos comparables menos claros de intrusiones de conquistadores de tradición pastoril, la matriz lingüística es la de la población asentada ya antes».[33] Más recientemente aún, el lingüista británico Paul Heggarty ofreció de manera precisa la misma objeción: «la historia ofrece pocas muestras de las lenguas de los pastores de las estepas sustituyendo a las de los agricultores, y sí muchos más contraejemplos».[34] De hecho, este argumento surgió como una de las líneas principales de réplica contra el modelo de las hordas asiáticas: escitas, alanos, hunos, ávaros y turcos cargaron a caballo en Europa, pero ninguno de ellos fue capaz de expandir una lengua que realmente arraigara entre los pueblos europeos; solo unos migrantes del este lo hicieron, los magiares, que se establecieron en Hungría en la Edad Media.

El problema con este tipo de argumentos –en ambas direcciones– es que se asemejan mucho a las apelaciones a la analogía etnográfica, un tema de debate en boga para los arqueólogos desde que yo era estudiante.[35] Tales analogías, por usar el lenguaje de Lewis Binford (1931-2011), el pionero de la arqueología procesual, podrían «provocar preguntas» que inviten a un análisis mucho más cercano de todas las variables que uno podría asociar con la posibilidad del desplazamiento lingüístico inducido por las sociedades pastoriles, aunque estas analogías históricas no traen consigo respuestas. Esto es especialmente así porque el modelo de las hordas asiáticas deriva de un periodo de pastoreo a caballo generalizado y no de incipientes comunidades móviles contempladas en el modelo de la estepa actual. Un posible indicador de lo vulnerable que es la anterior refutación de Heggarty se puede apreciar en un artículo más reciente en el que él y sus colegas han aceptado la dispersión de un número significativo de ramas europeas del indoeuropeo a partir de una expansión desde la estepa por parte de los mismos pueblos que, hace tan solo una década, eran considerados intrascendentes lingüísticamente.[36]

En resumen, aunque la cuna indoeuropea se sitúa temporalmente antes de la existencia de registros escritos relevantes, la evidencia histórica podría tener un papel fundamental en la localización de las expansiones posteriores de las ramas individuales del indoeuropeo. Hoy, las apelaciones a precedentes históricos están a menudo limitadas a aportar metáforas convenientes para trivializar algunas de las hipótesis principales. Por ejemplo, la idea de que los indoeuropeos trajeron la agricultura a Europa desde Anatolia puede considerarse otra aplicación del concepto *ex oriente lux*,[37] o la teoría de las estepas se convierte en una secuela de las hordas asiáticas. Sin embargo, estos no son más que golpes bajos y el fracaso de las apelaciones a precedentes históricos para convencer radica, en esencia, en cómo se llega a los resultados y a lo apropiadas que son las analogías. Tenemos en torno a un siglo de conjeturas y críticas, pero poco análisis sesudo que pueda traducir ejemplos históricos en elementos de razonamiento útiles –las esquivas «leyes» que la arqueología procesual siempre soñó con recuperar–. También incluyen problemas de desplazamiento de lenguas y, como vimos en el capítulo anterior, el pesimismo desde la antropología lingüística para predecir las condiciones que garantizarían un desplazamiento lingüístico sigue siendo un gran obstáculo.

NOTAS

1 Kroonen, G. *et alii*, 2018.
2 App, W., 2009; Trautmann, T., 1997.
3 Jones, W., 1798, 423-424.
4 Trautmann, T., *op. cit.*, 90-91.
5 Amaladass, A., 1992, 218.
6 Taylor, I., 1886, ed. 1892, 8.
7 Kennedy, V., 1828, 218.
8 Taylor, I., *op. cit.*, ed. 1889, 8-13, recoge los nombres de muchos de los investigadores adheridos a esta teoría más famosos con la idea errónea de que esta ya estaba muerta cuando escribió su obra.

9 Citado de *Der Orient und Europa* (1899) en Daniels, G., 1975, 180.
10 Grimm, J., 1848, 162-163.
11 El reconocimiento de la naturaleza no semítica del sumerio no comenzó hasta la década de 1950.
12 Schlegel, F. von, 1849, 23.
13 Young, T., 1813, 255.
14 Taylor, I., *op. cit.*, ed. 1889, 10-12.
15 Ripley, W., 1900, 453.
16 Kahneman 2012, 277.
17 Taylor, I., *op. cit.*, ed. 1889, 17.
18 *Ibid.*, 18.
19 Hay quienes plantean que los indoeuropeos surgieron en el Auriñaciense, en la transición al *Homo sapiens* moderno en Europa, como Marcel Otte (Otte, M., 2012, Otte, M., 2017). Volveremos a esta cuestión después.
20 Adelung, J., 1806.
21 Citado en Schrader, O., 1883, ed. 1890, 4.
22 Hehn, V., 1885, 34; sin embargo, Hehn planteaba que la analogía era imprecisa porque no creía que los primeros indoeuropeos tuvieran caballos domésticos, lo cual facilitaría, en gran medida, los movimientos de los calmucos.
23 Feist, S., 1913, 518-519.
24 Taylor, I., *op. cit.*, ed. 1889, 40.
25 Bender, H., 1922, 46.
26 Este título está descaradamente copiado del relato del origen de los indoeuropeos de R. A. Crossland (Crossland, R., 1971).
27 Boughton, W., 1898; *véase también* Jain, R. C., 1964.
28 Jain, R. C., *op. cit.*, 87.
29 Tácito, *Germania*, II.
30 [https://edition.cnn.com/travel/article/worlds-happiest-countries-2022-wellness/index.html].
31 Keith A. B., 1937, 20.
32 Hirt, H., 1905-1907, vol. I, 182; *véase también* Krause, E., 1903, 110.
33 Kitson, P., 1997, 203.
34 Heggarty, P., 2018, 110.
35 Binford, L., 1967.
36 Heggarty, P. *et alii*, 2023.
37 Por ejemplo, el rechazo de Hauer (Hauer, J. W., 1939, 13) a la defensa de una cuna asiática de Wilhelm Kopper.

CAPÍTULO 4

LENGUAS, MAPAS Y GEOGRAFÍA

Al contrario que el acercamiento puramente histórico, los intentos por resolver el problema de la cuna del indoeuropeo por medio de la geografía de las lenguas han recibido mucha más atención y todavía es una de las técnicas principales de los rastreadores del origen. Detrás de todo esto está la suposición de que la distribución espacial de los diferentes grupos indoeuropeos aporta una pista útil acerca de su lugar de origen. En resumidas cuentas, la esperanza está en determinar el punto de impacto de la salpicadura.

ROBERT GORDON LATHAM

Ya hemos visto en el Capítulo 2 que Robert Gordon Latham, una de esas chispas que la excéntrica Inglaterra solía producir,[1] no solo tuvo el mérito de ser uno de los primeros eruditos en defender una procedencia europea, sino que también lo hizo partiendo de argumentos geográficos que aún están vigentes. Llegó al estudio del lenguaje después de ejercer como doctor y profesor de medicina forense, lo cual abandonó para perseguir una carrera en etnología y filología. Fue una cruel ironía que un erudito que había empleado toda su vida en el estudio del lenguaje sufriera de afasia antes de morir.

A mediados del siglo XIX, la familia indoeuropea podía dividirse en dos grupos principales, en función de cómo se hubiesen preservado y alterado –o combinado– en las lenguas descendientes los sonidos en protoindoeuropeo (PIE) que comenzaban originalmente con una velar (el sonido gutural que hoy representamos como *ḱ*, *ǵ*, *k*, *g*, k^w o g^w). Por tomar el ejemplo más icónico, las ramas del indoeuropeo podían dividirse según cómo reflejaran el sonido inicial *ḱ* de **ḱm̥tom* («cien») en PIE. Un grupo retuvo el sonido velar inicial (como una *k* fuerte o una *h*), mientras que el otro lo palatalizó (como una *s*, excepto en albanés, que se convirtió en *th*). Podemos ver la palatalización de una velar en las diferentes pronunciaciones que uno se encuentra en inglés para «celtas» (*/kelts/*), un antiguo pueblo de Europa, frente al nombre del equipo de baloncesto, los Boston Celtics (*/seltiks/*). El primer grupo, el que retuvo el sonido velar, fue etiquetado con la palabra latina para «cien», *centum*, mientras que la palabra irania para «cien», *satem*, dio el nombre al grupo palatalizante (Figura 4.1). El patrón obvio aquí es que las lenguas occidentales tendieron a ser centum, mientras que las de Europa del este y de Asia tendieron a ser satem, por lo que los lingüistas de la época a menudo se enfrentaron a esta aparente división en el mundo indoeuropeo e imaginaron una frontera geográfica que dividía la cuna del indoeuropeo en lenguas centum y satem:

lenguas centum	**lenguas satem**
celtas (***c**ét* en irlandés antiguo)	bálticas (***š**imtas* en lituano)
itálicas (***c**entum* en latín)	eslavas (***s**ŭto* en antiguo eslavo eclesiástico)
germánicas (***h**unda* en gótico)	iranias (***s**atəm* en avéstico)
griego (*he**k**atón*)	indoarias (***ś**atám* en sánscrito)
	armenio (***s**irt*, «corazón», frente a lenguas centum como el irlandés antiguo, «***c**ride*», el griego, «***k**êr*», etc.)
	albanés (*a**th**ët*, «ácido», frente al latín, lengua centum, para «afilado», *hacer*

Figura 4.1: Las lenguas centum y satem reconocidas en el siglo XIX. A principios del siglo XX, tanto el anatolio como el tocario se añadieron al grupo centum, lo cual socavó la idea de que era un fenómeno puramente este-oeste.

Al examinar la distribución de las ramas del indoeuropeo (Figura 4.2), Latham observó que tenemos dos grupos geográficos principales: una variedad de lenguas indoeuropeas diferentes en Europa (tanto centum como satem) y dos lenguas satem bastante similares en Asia (indoario e iranio). Las lenguas más parecidas a las lenguas indoiranias parecía que eran las lenguas satem del grupo báltico y del eslavo. Para determinar si la cuna original de todas estas lenguas estaba en Europa o en Asia, Latham argumentó que deberíamos aplicar la misma lógica empleada por los biólogos para determinar el centro de dispersión de varias especies de un solo género: el origen geográfico debería de estar donde hallemos el mayor grado de variación –o especiación–. Por tanto, la conclusión lógica era que la estrecha gama de una única rama indoirania se había dispersado desde algún lugar adyacente a la zona baltoeslava, en lugar de que todas las diferentes lenguas de Europa (tanto centum como satem) procediesen de Asia. Argumentó que dar la vuelta a la deducción –como todos sus contemporáneos defendían– era comparable a derivar los reptiles de Gran Bretaña desde Irlanda, o las lenguas urálicas de Hungría.[2]

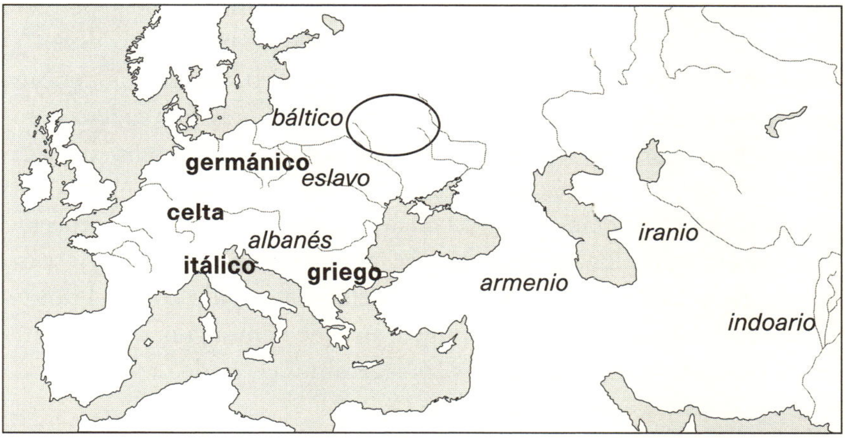

Figura 4.2: El argumento de R. G. Latham: el indoario y el iranio son muy similares entre sí y sus relaciones lingüísticas más cercanas son sus lenguas hermanas, las satem báltica y eslava. Hay mucha más diversidad lingüística en Europa, donde uno encuentra tanto lenguas centum (en **negrita**), como lenguas satem (en *cursiva*). Esto sugiere que en Europa la diversidad fue más profunda y, por tanto, las lenguas indoiranias deberían provenir de Europa en vez de provenir de Asia todas las lenguas de Europa. El área rodeada con un óvalo representa la localización aproximada de la cuna propuesta por Latham, que propuso sus argumentos antes de que el armenio, otra lengua satem, fuera reconocido como una rama distinta del indoeuropeo.

El razonamiento de Latham incorpora diversos modelos de análisis lingüístico espacial prestados de otras disciplinas. En cuanto a por qué el indoiranio debería derivar de Europa, vemos implícito el argumento de que una cadena de lenguas relativamente homogéneas sugiere que se han dispersado comparativamente de manera reciente porque, al haber estado en el mismo sitio durante mucho tiempo, uno esperaría que se hubieran diferenciado más. El inglés, por ejemplo, es la lengua común de poblaciones de Europa, el norte de América, Australia y Nueva Zelanda, pero, excepto en confrontaciones dialectales extremas, todos estos angloparlantes se entienden mutuamente porque no han tenido más que unos pocos siglos para desarrollar sus caminos propios. Las lenguas eslavas y romances, por otro lado, empezaron a divergir entre uno y dos milenios atrás. El grado de similitud entre ellas ha evolucionado de manera significativa desde sus ancestros comunes hasta formar lenguas diferentes, aunque todavía con cierto grado de inteligibilidad común. Y las lenguas germánicas, que se propagaron algunos siglos antes, son tan diferentes que el angosto canal de la Mancha vuelve al inglés y a sus parientes lingüísticos más cercanos (frisón y holandés) ininteligibles mutuamente.

Por el contrario, la heterogeneidad de las lenguas europeas sugería que habían estado en este lugar más tiempo que el indoiranio y, por ello, habían tenido más tiempo para alejarse. Puesto que una lengua satem, el indoiranio, parecía estar más relacionada con las baltoeslavas –también hay otras similitudes–, que están en la periferia oriental de la cadena europea, era más lógico ver a este como la ramificación más reciente de la cadena europea y no al revés. El principio de Latham era que la cuna tendría que estar en el área de mayor diversidad, un principio que se ha utilizado para identificar los lugares de origen de muchas otras familias lingüísticas en América, Asia y África.[3] Su aproximación ha surgido como el fundamento básico para el rastreo del origen, aunque tiene algunas debilidades serias, las cuales se revelan cuando consideramos el estado de la búsqueda de la procedencia a finales del siglo XIX.

SESGO DE ANCLAJE

Dos de los protagonistas de la búsqueda del *Urheimat* en torno a 1900 emplearon la geografía de las dispersiones indoeuropeas para deducir dos lugares de origen diferentes que competirían entre sí en las siguientes décadas. Otto Schrader fue uno de los gigantes de la búsqueda de la cuna que intentó utilizar las evidencias lingüísticas, etnológicas y arqueológicas a la vez para reconstruir tanto como pudiera el mundo –tanto natural como cultural– de los indoeuropeos. Para intentar determinar los orígenes de la familia lingüística empezó por examinar las posiciones de las distintas ramas del indoeuropeo antes de que mostraran evidencias de sus expansiones posteriores (Figura 4.3). Por ejemplo, las lenguas eslavas se situaban entre el Vístula y la cuenca superior del Dniéper, con las bálticas situadas a su norte y llegando hasta el mar Báltico. Las celtas ocuparon la Europa central y la atlántica y las germanas se quedaron con el norte de Europa. Los Balcanes no solo era el lugar de residencia de los tracios, documentados históricamente, sino que los testimonios antiguos también sugerían que esta región sirvió como punto de salida para las migraciones de los frigios hacia el corazón de Anatolia y de los armenios todavía más al este. También desde esta región los griegos habrían migrado hacia el sur. Como réplica de los movimientos norte-sur de los griegos estarían los pueblos itálicos, que tendrían que haber entrado en la península itálica por el nordeste (Venecia) y, por ello, también se habrían asentado antes en los Balcanes o cerca de ellos. Todas estas ramas europeas podrían entonces rastrearse hasta un área al noroeste del mar Negro en las fértiles tierras negras (chernozem) entre los Cárpatos y el Dniéper. Desde esta zona uno puede imaginar más fácilmente la dispersión de las ramas europeas a lo largo de ríos como el Danubio, al norte, oeste y sur. Para los indoiranios, su punto de encuentro habría estado en Asia Central, desde donde descendieron hacia el Indo y hacia Irán. Esto aportaba un segundo punto fijo. Ambos puntos de encuentro estaban a la misma distancia del Volga y la solución geográfica más económica –junto con otra serie de argumentos que veremos más adelante– sugería que la cuna podría localizarse en la estepa póntica, desde donde los indoeuropeos migraron hacia el este (los indoiranios) y hacia el oeste (los europeos).[4]

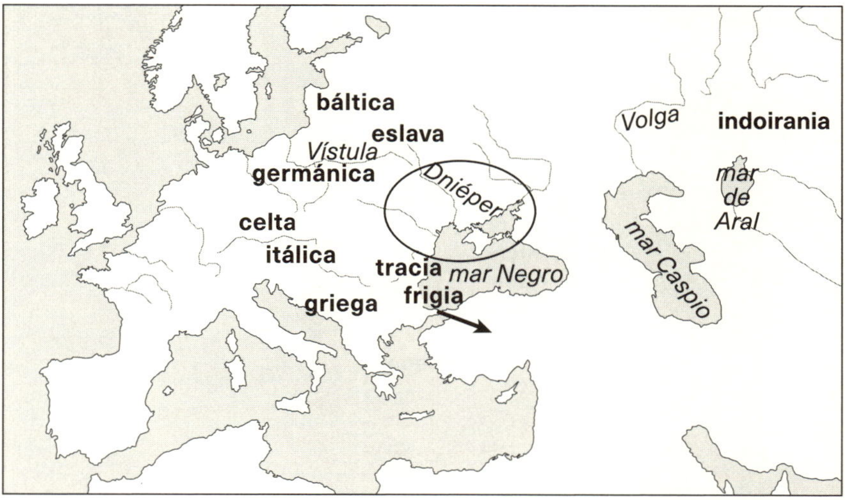

Figura 4.3: La localización por parte de Otto Schrader de las primeras ubicaciones de las diferentes ramas indoeuropeas dio pie a situar la cuna del indoeuropeo en la región caspio-póntica (representada por el óvalo).

La reputación de Hermann Hirt se debe, principalmente, a sus trabajos relacionados con la fonología indoeuropea y a una gramática del indoeuropeo en siete volúmenes. Sea como fuere, al igual que Schrader, intentó crear una síntesis de todos los grupos indoeuropeos y protoindoeuropeos. Hirt examinó con precisión las mismas pruebas que Schrader, pero llegó a una conclusión diferente en cuanto a la localización del lugar de origen (Figura 4.4).[5] Creía que la cuna debía localizarse en un área donde hallásemos la «mayor masa asociada» de indoeuropeos. Esta era, para él, la región de los celtas, germanos, baltos y eslavos entre el norte de Francia y el oeste de Rusia.[6] Al igual que Schrader, trató de rastrear a cada grupo hasta su punto de origen más probable. Los celtas se situaron al este del Rin antes de su expansión y los itálicos, estrechamente emparentados, estaban pegados a ellos en el sur, en el Danubio, mientras que el punto de partida de los griegos era Hungría. Los germanos se situaron en el norte de Alemania y en el sur de Escandinavia, los baltos y eslavos, en esencia, en el nordeste de Polonia y Bielorrusia y los tracios al sur de estos últimos. Los indoiranios se localizaban pegados al este de los baltos y eslavos, al este del Dniéper. El gusto de Schrader por los ríos principales como canalizadores de la expansión indoeuropea fue rechazado por Hirt, pues los veía más como barreras que coincidían de manera frecuente con fronteras políticas o lingüísticas. Así, cuando al final localizó el *Urheimat* más o menos entre el este de Alemania y Polonia, el Vístula aparecía formando una frontera natural que servía como separación entre los hablantes de lenguas centum al oeste y de grupos satem al este.

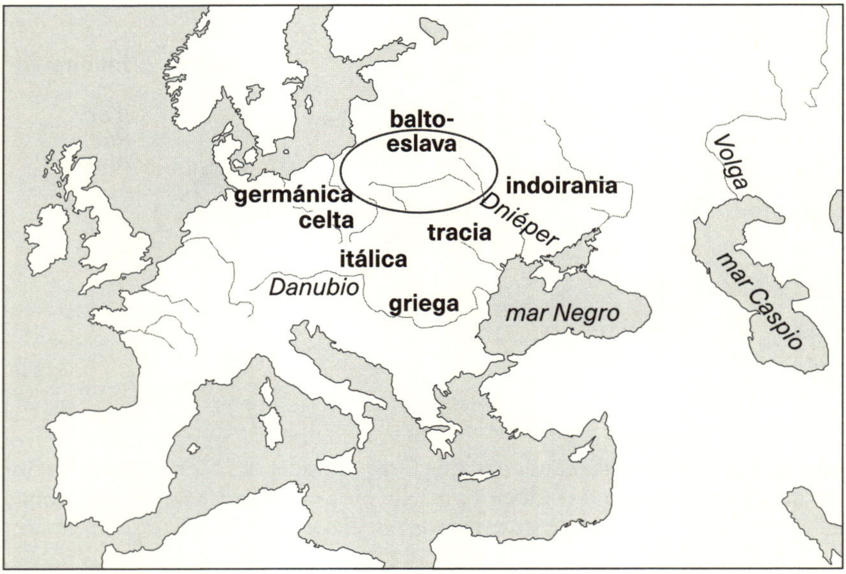

Figura 4.4: El énfasis de Hermann Hirt en posicionar las principales ramas indoeuropeas septentrionales y occidentales dio pie a postular una cuna indoeuropea en el nordeste de Europa (representada por el óvalo).

Estos dos modelos geográficos se construyeron antes de que la anatolia y la tocaria fueran reconocidas como ramas indoeuropeas y su incorporación en la familia indoeuropea causó confusión con estos marcos anteriores. Hasta cierto punto, la rama anatolia era menos problemática, puesto que las dos hipótesis ya preveían inmigraciones posteriores a Anatolia –los frigios– desde una cuna secundaria en el este de los Balcanes. Los anatolios podían, por tanto, ser vistos simplemente como inmigrantes anteriores de esta misma región. Sin embargo, los tocarios eran un auténtico quebradero de cabeza. No tanto porque requería explicar la presencia de indoeuropeos en lo que hoy es parte de China occidental –tanto el asentamiento indio del Ganges como la ocupación tocaria de la cuenca del Tarim tienen, más o menos, la misma longitud–, sino porque el sistema fonológico tocario era centum y no satem, por lo que cualquier solución tenía que explicar cómo una lengua «occidental» como el tocario podía aparecer al este de las lenguas satem «más orientales» –lo cual, según Gordon Childe, dio alas a la hipótesis asiática, supuestamente superada–.[7]

Ninguna de estas hipótesis de los orígenes indoeuropeos puede evitar acusaciones de sesgo de anclaje, ya que están construidas a partir del establecimiento de un único punto fijo que predetermina la localización de sus cunas respectivas. Schrader, por ejemplo, empieza su análisis del lugar de origen de cada rama con los eslavos y, después de excluir sus migraciones históricamente contrastadas, nos encontramos con un *Urheimat* eslavo que va desde los Cárpatos al este hasta el Dniéper Medio. Por tanto, cada grupo indoeuropeo puede posicionarse con respecto a los eslavos o a la creciente concentración de cunas agrupadas en torno a los eslavos. Solo los indoiranios están fuera de contacto y, por ello, Schrader usó esta diferencia para situar su lugar de origen en la estepa. Por su parte, Hirt utilizó sutilmente el territorio alemán como punto de anclaje, lo cual empuja los puntos de inicio de las otras lenguas hacia el norte y al oeste. Como Hirt argumentó, al igual que cuando uno busca la cuna de cada grupo hacia el centro de su expansión, también la cuna de toda la familia debería localizarse hacia el centro de los varios lugares de origen de las diferentes ramas.[8]

Habría que remarcar aquí que una vez que una cuna, sea cual sea, es seleccionada, las ramas encontrarán su sitio y, aunque se pueda debatir acerca de ellas largo y tendido, las dispersiones a menudo no requieren más esfuerzo mental que pensar por qué extremo hay que sujetar el Sharpie.* Ofrezco un ejemplo diseñado por el reconocido lingüista italiano Giacomo Devoto en su apabullante e impresionantemente ilustrada monografía[9] acerca de los indoeuropeos, en la que vemos las dispersiones de las ramas indoeuropeas desde una procedencia danubiana –cultura de la cerámica de bandas– (Fi-

* N. del T.: Sharpie es una marca estadounidense de rotuladores y marcadores permanentes fundada en 1857.

gura 4.5). Dense cuenta de que solo hace falta un pequeño y acertado cambio en la dirección de las flechas para hacer posible prácticamente cualquier lugar de origen –quizá la única excepción sea el Sol Negro de Serrano–.

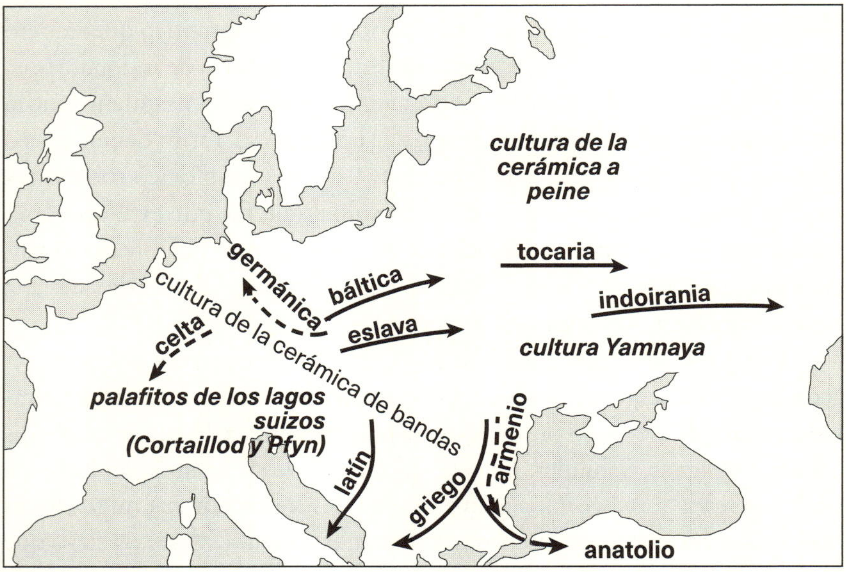

Figura 4.5: La cuna indoeuropea en el Danubio de Giacomo Devoto y las difusiones de las ramas propuestas.

No obstante, un problema más serio, y uno que ha perseguido de forma permanente a los rastreadores del lugar de origen, es que tanto Schrader como Hirt construyeron la cuna sobre un espejismo cartográfico. Ya hemos visto en el Capítulo 2 la aplicación temprana del enfoque del centro de gravedad por parte de Latham para identificar la procedencia, el cual tomó prestado de las ciencias naturales –el gran genetista ruso Nikolái Vavílov (1887-1943) lo usó para determinar los lugares de origen de las plantas domesticadas y Edward Sapir (1884-1939) lo aplicó a la lingüística–. Adoptar un acercamiento similar, pero reforzado estadísticamente, a la distribución *actual* de las lenguas indoeuropeas da como resultado que la cuna indoeuropea debería estar en realidad en el norte de Pakistán.[10] Ha sido fácil, ¿a que sí? Por supuesto, esto es por completo el producto de la proliferación de lenguas indoarias modernas –el 70 por ciento de las lenguas modernas indoeuropeas son de la rama indoirania, por lo que, inevitablemente, el centro de gravedad va a estar en el sur de Asia–, aunque la inserción de lenguas anteriores ya extintas sugería cunas secundarias y terciarias en Anatolia y los Balcanes. El problema obvio con estos ejercicios es la fecha del mapa del mundo indoeuropeo que se utilice.

La Figura 1.4 (*vid.* pág. 9) nos aporta una imagen canónica de los diferentes grupos indoeuropeos en torno a 500 a. C., que es, más o menos, la fecha más reciente en la que uno puede hacer un mapa sin causar mucha distorsión temporal de las distintas ramas poniendo en el mismo plano lenguas contemporáneas y lenguas extintas. Sitúa a todos los grupos en sus posiciones históricas generales –a menudo las últimas–, aunque es cuestionable que cada rama represente una posición comparable en su evolución. Algunas de las ramas podrían haber cristalizado recientemente a partir del indoeuropeo tardío (por ejemplo, la germánica), mientras que otras podrían estar ya en su fragmentación o incluso en su extinción (anatolia). Por ejemplo, si el mapa se hubiera dibujado para 500 d. C., la rama itálica habría ocupado desde el Atlántico al mar Negro (protorromance), mientras que la celta habría sido confinada a Gran Bretaña e Irlanda –el buen cartógrafo se habría dado cuenta de que los britanos habían empezado a migrar a Armórica solo un siglo antes–. Es más, incluso aunque nos quedemos en 500 a. C., los límites de todas estas ramas son increíblemente difusos: ¿está la celta –en este momento– arraigada en Europa central, o en la costa atlántica? ¿Dónde se situaba con exactitud el tocario en este momento, si tenemos en cuenta que nuestro mapa se fecha unos mil años antes de las pruebas documentales de su existencia?

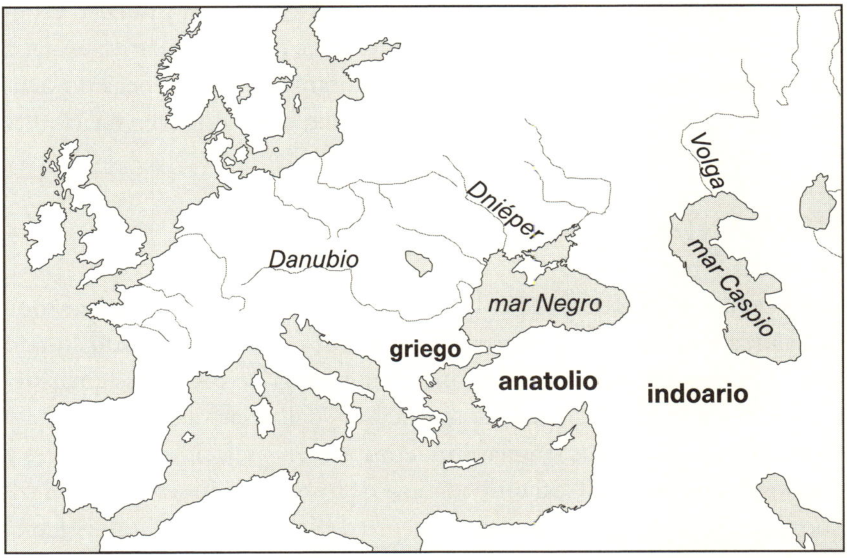

Figura 4.6: Mapa del mundo indoeuropeo documentado (*ca.*1500 a. C.), que estaba limitado al anatolio, griego (micénico) y vestigios de lenguas indoarias en Oriente Próximo a la altura del norte de Siria. La tentación de situar la cuna en el medio (Anatolia) se contrarresta con el hecho de que el griego y el indoario están mucho más relacionados entre sí que cada uno de ellos con el anatolio.

¿Qué ocurre si solo usamos las primeras evidencias históricas verificables para dibujar nuestro mapa? Sería un mapa que representaría la situación hacia 1500 a. C. (Figura 4.6), en el que encontraríamos diversas lenguas anatolias ocupando Anatolia central y occidental, una «pista» –nombres registrados en documentos no indoeuropeos– de la existencia del indoario en el norte de Siria y nuestra confirmación más antigua del griego en lineal B de las tablillas de Micenas. ¿Qué nos dice esto acerca del origen de estas lenguas? Casi el único indicio que tenemos es que, puesto que la escritura se ha difundido a estas regiones desde el sudoeste de Asia, no es probable que su procedencia estuviera al sur de una línea que iba desde Grecia a través de Anatolia hasta el norte de Siria, dado que no hallamos ningún testimonio escrito de su presencia aquí. Más allá de esto, la evidencia geográfica no es particularmente ilustrativa porque no sabemos dónde se escondían en ese momento los ancestros de las otras lenguas indoeuropeas; solo estamos obteniendo una visión sesgada del mundo indoeuropeo a medida que entraba en la periferia del mundo alfabetizado más temprano. Como veremos posteriormente, incluso aunque toda la familia indoeuropea consistiera tan solo en una cadena de griego, anatolio e indoario y que estuviésemos tentados de situar su cuna en el medio de la cadena (Anatolia), nos toparíamos con otro problema: sabemos que el griego y el indoario están más emparentados entre sí que con el anatolio, ¿cómo acabaron en cada extremo del anatolio? Nuestras diferentes ramas indoeuropeas no ocupan simplemente lugares a lo largo de Eurasia; también viven en árboles familiares.

FILOGENIA

La filogenia del indoeuropeo es uno de esos territorios en disputa que toda solución a la cuestión del origen debe tratar de controlar. Armado con un árbol familiar de todas las relaciones lingüísticas de todas las ramas del indoeuropeo, podría ser posible traducir la edad relativa de cada rama y su relación con las otras lenguas indoeuropeas en prelaciones espaciales y temporales plausibles. Casi todo manual de historia de los estudios del indoeuropeo atribuye el inicio del concepto de árbol familiar lingüístico al lingüista alemán August Schleicher (1821-1868); sin embargo, hubo algunos intentos anteriores más básicos –y mucho menos documentados–, como el producido por el oficial del Ejército y traductor escocés Vans Kennedy, quien, en 1828, creó su propio –y un tanto peculiar– bosquejo de las lenguas indoeuropeas (Figura 4.7).

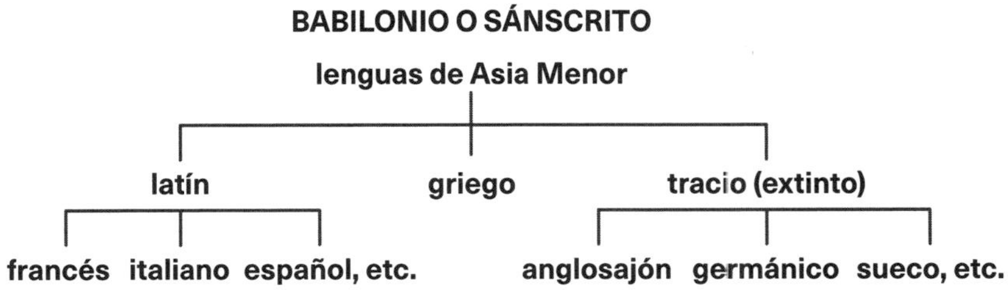

Figura 4.7: La relación entre las lenguas indoeuropeas según Vans Kennedy en 1828. Kennedy creía que la «protolengua» era el sánscrito, cuyo hogar original se localizaba en Mesopotamia (por tanto, «babilonio»). Excluyó de forma deliberada el celta del árbol familiar.

Pero debemos fijarnos en Schleicher, cuya vida acabó prematuramente de manera trágica a causa de la tuberculosis. Su impacto en los estudios del indoeuropeo es fundamental, puesto que es con Schleicher con quien descubrimos los primeros intentos de reconstruir la forma real de la protolengua y la aplicación del modelo del árbol biológico a las relaciones lingüísticas. El primer árbol de las lenguas indoeuropeas publicado por Schleicher llegó en 1853, cuando solo se conocían ocho ramas (Figura 4.8). Ya en ese momento la filogenia podía emplearse para ayudar a establecer un lugar de origen. Primero, tal y como se suele apuntar, la posición de cada rama en el árbol se relacionaba más o menos con su localización geográfica.[11] Sin embargo, Schleicher observó que el árbol no solo indicaba las diferentes relaciones entre ramas, sino que también cuanto más al oeste estuviera la localización de una lengua –o de un pueblo–, más temprana había sido su separación de la lengua original, lo cual significaba que el once inicial de la cuna sería primero las lenguas celtas, luego las balto-eslavo-germánicas, después el latín y el griego y las indoiranias se quedarían retrasadas –en su lugar de origen en Asia– antes de migrar hacia el sudeste.[12]

Tiempo después, Schleicher revisó el árbol y estableció la representación abstracta más conocida de 1861 (Figura 4.9). En ella trazó las relaciones internas de todas las ramas del indoeuropeo desde los troncos individuales (celta, itálico, etc.) y descendió hasta las más antiguas y gruesas, con gloriosos nombres compuestos en alemán como *ariograecoitalokeltische* [ariogrecoitalocelta].[13] Esto marcó el inicio de la búsqueda del árbol perfecto, que se ha movido desde las polvorientas estanterías de las bibliotecas de filología hasta las principales revistas científicas del mundo, y que ha involucrado a sofisticados programas informáticos y a lingüistas enormemente indiferentes.

Es útil repensar lo lejos –o no– que hemos llegado desde la época de Schleicher en el problema de la filogenia del indoeuropeo. Schleicher reconoció una división del indoeuropeo en dos ramas principales: un grupo del noroeste (germánico, báltico y eslavo) y un grupo del sudeste, que comprendía el resto de lenguas. También identificó una serie de ramas unidas: indoirania, baltoeslava, italocelta y quizá albanés y griego.

Figura 4.8: El primer árbol de las lenguas indoeuropeas de August Schleicher (1853). Los pelasgos son los pueblos que, supuestamente, ocuparon Grecia antes de los griegos.

Medio siglo después, en un estudio clásico acerca de la relación entre los dialectos del indoeuropeo, el gran lingüista francés Antoine Meillet (1866-1936) dividió las ramas del indoeuropeo conocidas en dos grupos naturales: el oriental (indoiranio, baltoeslavo, armenio y albanés) y el occidental (italocelta, germánico), pero aquí el griego se colocó en el medio, pues compartía algunas formas con el itálico en occidente y también con las lenguas orientales, mientras que el germánico se comportaba como un planeta errante cuya órbita lo llevaba de una filogenia a la siguiente.[14] Las divisiones se basaban en examinar una larga serie de isoglosas –elementos compartidos por algunas lenguas, no todas–. Por ejemplo, los verbos en pasado pueden no solo cambiar sus sufijos, sino también añadir una «*e-*» a la raíz verbal: así pues, la raíz **bher*, «lleva», se convierte en «llevó» en el griego ***e**-phere*, en el armenio ***e**-ver* y en el sánscrito ***a**-bharat* (el sánscrito cambió los **e* y **o* PIE a «*a*»), pero este aumento «*e-*» solo se encuentra en estas lenguas (y en el frigio). Habría que remarcar que ninguno de los dos grupos tenía límites rígidos y que había también isoglosas entre lenguas individuales de cada grupo con lenguas del otro grupo, como se podía ver no solo en el caso del griego, sino también en el del germánico. En cualquier caso, a partir de la evidencia, Meillet creyó que las lenguas se habían dispersado hacia afuera de forma radial y que habían mantenido las posiciones geográficas relativas ya desde las primeras expansiones. Aunque Meillet presentó una lista exhaustiva de todos los puntos en común, o isoglosas, tanto fonológicas como gramaticales, sus conclusiones finales no eran explícitamente cuantitativas.

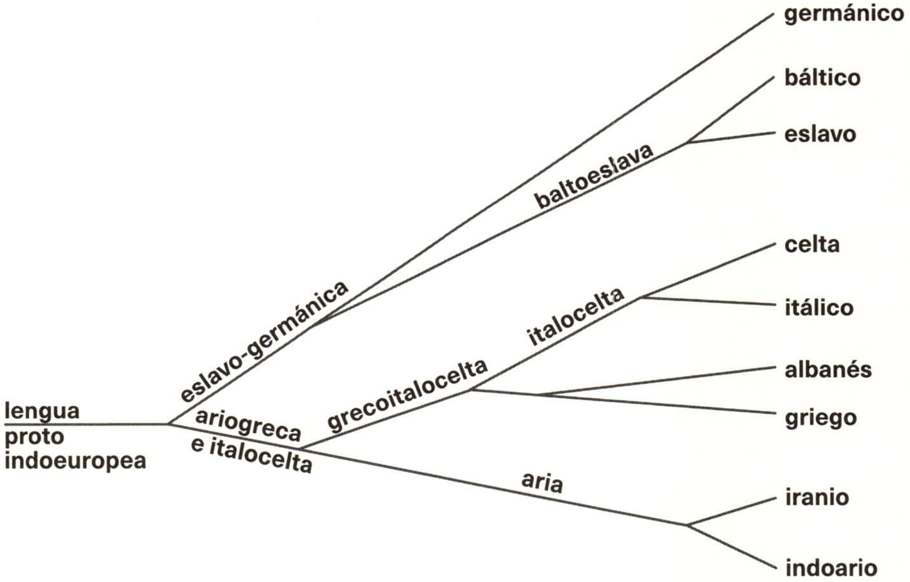

Figura 4.9: El árbol indoeuropeo «clásico» de Schleicher en 1861. Obsérvese la ramificación principal entre las lenguas noroccidentales (germánico, báltico y eslavo) y las lenguas sudorientales.

En 1928 el antropólogo polaco y fundador de la lingüística computacional Jan Czekanowski (1882-1965) trató de examinar estadísticamente veintidós isoglosas midiendo la presencia o ausencia de estas en cada lengua para determinar un coeficiente de similitud. Esto le permitía expresar de manera estadística hasta qué punto las diferentes ramas se parecían o se diferenciaban entre sí. Diez años después, un intento mucho mayor de clasificar estadísticamente las lenguas indoeuropeas fue llevado a cabo por una fuente un tanto inesperada: Alfred Kroeber (1876-1960), uno de los mayores antropólogos del mundo cuya experiencia se fundamentaba, principalmente, en los pueblos y lenguas nativo-americanos. Kroeber y su colaborador C. D. Chrétien (1904-1969) examinaron setenta y cuatro de los elementos fonológicos y gramaticales de Meillet.[15] Los resultados confirmaron los grupos principales sugeridos por Schleicher casi un siglo antes: indoiranio, baltoeslavo e italocelta, después de los cuales los coeficientes caían drásticamente y daban lugar a los grupos germano-báltico e iranio-eslavo. Estos resultados también apoyaban el planteamiento de Meillet según el cual la organización espacial de las lenguas se correlacionaba con las relaciones lingüísticas. Varios años después, Kroeber y Chrétien obtuvieron suficientes datos del hitita, el representante principal de la rama anatolia, para añadirlo a sus cálculos y se sorprendieron con los resultados. No obstante, creyeron que esto enlazaba con la afirmación reciente de que, en sentido estricto, el hitita (y las otras lenguas anatolias) no derivaba de la misma protolengua que las otras lenguas indoeuropeas, sino que era hermana –en vez de hija–, así como que tanto la anatolia como la protoindoeuropea eran hijas de una familia lingüística indohitita (hoy más conocida como «indoanatolia»).[16] Finalmente, en el año de su muerte (1960), con 84 años, Kroeber volvió al tema y admitió que su trabajo anterior parecía «un esfuerzo estéril», pues apenas había tenido seguimiento. Lo retomó, donde había descartado el intento de aportar una representación diagramática de las relaciones lingüísticas, y ahora explicó y ofreció este diagrama (Figura 4.10).[17] Aunque Kroeber lamentaba la escasez de aproximaciones estadísticas a la diversidad lingüística, durante la última década de su vida otro experto en lenguas nativo-americanas estaba desarrollando un acercamiento estadístico con el que afirmaba no solo ser capaz de subdividir las lenguas indoeuropeas (o indoanatolias), sino también de aportar fechas absolutas a las ramas lingüísticas y, en última instancia, de evaluar la validez de cualquier solución a la cuestión del origen.

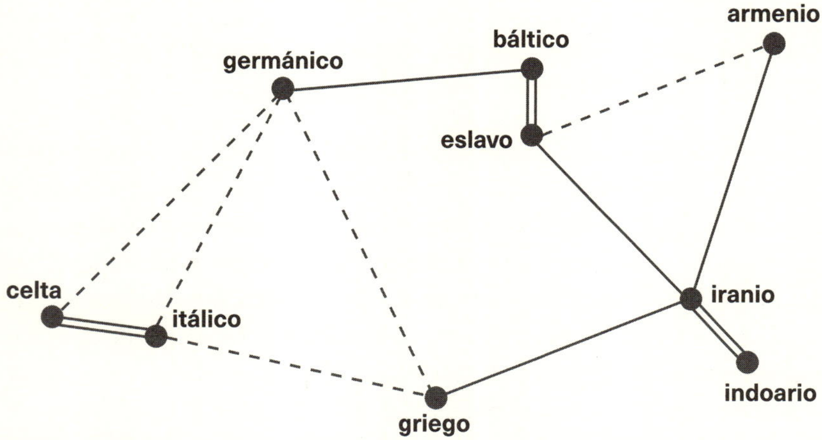

Figura 4.10: Una versión simplificada del diagrama de Alfred Kroeber en cuanto a las relaciones entre las principales ramas del indoeuropeo. Las líneas dobles indican similitudes suficientes para considerarlas ramas paralelas (italocelta, baltoeslava e indoirania).

LÉXICO-ESTADÍSTICA Y GLOTOCRONOLOGÍA

Al igual que Kroeber, Morris Swadesh (1909-1967) se especializó en las lenguas indígenas de América y, finalmente, se asentó en México tanto por razones intelectuales como políticas –el Temor Rojo*–. Swadesh desarrolló dos acercamientos estadísticos a la lingüística histórica que empleaban como base de datos el vocabulario de las lenguas en vez de las evidencias de la fonología o de la gramática. No fue el primero en hacer esto, ya que un siglo antes el polímata alemán Ernst Förstemann (1822-1906) –matemático, lingüista y bibliotecario que hizo algunas contribuciones iniciales al desciframiento del maya– se había planteado si era posible establecer las relaciones lingüísticas y cronológicas de las lenguas indoeuropeas con el examen estadístico de los patrones de su vocabulario compartido.[18] Förstemann obtuvo los datos a partir de cuatro ramas lingüísticas (sánscrito, griego, latín y germánico) y en cada una comparó la presencia o ausencia de nombres cognados de mamíferos y pájaros en indoeuropeo. Los resultados fueron varias tablas que recogían el número de correspondencias (Figura 4.11). Indicó que era posible que su lista fuera sustituida rápidamente porque los cognados entre las lenguas indoiranias y las europeas se estaban descubriendo a un ritmo vertiginoso. También señaló que las comparaciones por pares podrían no correlacionarse con la cronología general de las separaciones lingüísticas debido a las tasas desiguales de cambio lingüístico o al posterior restablecimiento de contactos que dieron lugar a préstamos. Es casi como si supiera que algo útil numéricamente se podía hacer con estos datos, pero no pudiera ver cómo hacerlo.

sánscrito y latín	33
sánscrito y germánico	38
sánscrito y griego	42
griego y latín	56
griego y germánico	63
latín y germánico	65

Figura 4.11: La lista de correspondencias entre 119 palabras para mamíferos y pájaros en cuatro ramas indoeuropeas elaborada por Ernst Förstemann en 1854.

* N. del T.: Del inglés *Red Scare*, alude al miedo por el surgimiento, supuesto o real, de ideologías de izquierda en una sociedad. Se dio en Estados Unidos en dos etapas: el Primer Temor Rojo (1917-1920) y el Segundo Temor Rojo (1947-1957). Morris Swadesh, acusado de actividades izquierdistas, se fue a México en la segunda etapa y cambió su nombre de pila por el de Mauricio.

El foco de Förstemann centrado únicamente en un reducido campo semántico (animales) no iba a llevarle muy lejos. Swadesh se dio cuenta de que los datos lingüísticos para analizar debían obtenerse del vocabulario básico de una lengua (sol, luna, oreja, ojo, ver, oír, etc.), los cuales pensó –a veces erróneamente– que eran conceptos universales de cualquier lengua y los peores candidatos para ser sustituidos por un préstamo lingüístico. Una comparación de formas cognadas entre lenguas hijas indicaba lo cerca o lejos que estaban dos lenguas entre sí y permitía ordenarlas en el subgrupo apropiado –léxico-estadística–. No obstante, Swadesh también argumentó que mientras que el vocabulario general de una lengua era susceptible de ser sustituido (por ejemplo, se estima que, a grandes rasgos, en torno a un 30-40 por ciento del vocabulario inglés deriva del francés), el vocabulario básico –definido por una lista de cien palabras– era mucho más robusto y tendía a descomponerse –como el radiocarbono– a un ritmo estable, a partir del cual uno podría predecir cuánto se habían separado dos lenguas emparentadas –glotocronología–. Por ejemplo, después de mil años, una única lengua se esperaría que hubiera perdido catorce palabras básicas de su lista de cien –es decir, retiene un 86 por ciento de su vocabulario básico– y si se compara con una lengua emparentada esperaríamos que ambas compartieran un 66 por ciento de su vocabulario básico después de mil años de separación. En 1953, un siglo después de Förstemann,[19] Swadesh entró en el mundo de los rastreadores del *Urheimat* cuando comentó la primera incursión de Marija Gimbutas en el problema del indoeuropeo, en la que, a partir de la arqueología, ella sugirió que el germánico se había separado del eslavo en torno a 2000-1800 a. C. Utilizando el inglés, francés y ruso como representantes de las ramas germánica, itálica y eslava, Swadesh afirmó que la fecha léxico-estadística indicaba una separación hace tres mil setecientos años (1700 a. C.), lo cual apoyaba a la teoría de Gimbutas.[20]

El artículo de Swadesh, aunque se suele ignorar, representa uno de esos «pequeños pasos» en un escenario de «gran salto». Como se ha mencionado anteriormente, la búsqueda de la cuna es un problema tanto geográfico como de espacio-tiempo. Uno de los prerrequisitos absolutos de una solución válida a la cuestión del origen es que no solo sitúe la fuente de las lenguas indoeuropeas en el lugar correcto en el tiempo exacto, sino que también sea capaz de trazar los caminos de todas las ramas desde sus orígenes hasta sus lugares históricos, de nuevo en el tiempo exacto, y esto es lo que Swadesh esperaba conseguir.

Su siguiente gran contribución –quizá más al debate que a la solución– fue un apéndice a una monografía en torno a la procedencia del indoeuropeo de otro refugiado político en México, el arqueólogo español Pedro Bosch Gimpera* (1891-1974).[21] En él, Swadesh aportaba una serie de fechas de separación entre las ramas del indoeuropeo donde la datación media de separación entre nueve de las lenguas y el hitita era *ca.* 3900 a. C. Uno podría entonces tener la impresión de que la protolengua podría situarse en términos muy generales entre 4500 y 3500 a. C., la cual ha sido la cifra estimada para la mayoría de los académicos que han buscado la cuna, aunque no para todos. Por ejemplo, en 1950, los lingüistas estadounidenses George Trager (1906-1992) –que rechazó la glotocronología y prefirió sacar sus conclusiones de la «corazonada» más pulida de la experiencia lingüística– y Henry Lee Smith (1913-1972) señalaron la fecha de *ca.* 3500 a. C. para la separación del hitita,[22] mientras que el lingüista canadiense Henri Wittmann empleó la glotocronología para fecharla primero en *ca.* 3900 a. C. y luego 3600 a. C.[23]

Sin embargo, antes de que nos pongamos cómodos con la, razonablemente estrecha, correspondencia entre las estimaciones lingüísticas y la glotocronología, reparen en que, en 1973, el hititólogo austriaco Johann Tischler (1946-2019) aplicó las listas de Swadesh de doscientas y cien palabras para datar la ruptura de las lenguas indoeuropeas. Esto dio como resultado que las listas de palabras apenas permitían una evaluación consistente: el hitita se separó en 6400 a. C. según la lista de doscientas palabras, pero en 8800 a. C. según la lista de cien y, por lo general, había una discrepancia de entre ochocientos y mil años entre las listas.[24]

Desde que se propuso por primera vez, la glotocronología ha tenido ante sí un camino lleno de baches y se ha enfrentado a una serie de objeciones. Por ejemplo, algunos de los elementos de prueba –más difíciles de evaluar de lo que uno podría imaginar– no son tan «básicos» como otros; o determinar qué palabra completa de manera más apropiada el hueco semántico entre una gama de sinónimos. Aunque la principal objeción, sobre todo, es la controversia de que, en realidad, existe una tasa promedio de descomposición léxica. Sea como fuere, la técnica ha logrado sobrevivir gracias a profesionales que han modificado constantemente el algoritmo y mejorado la filtración de los datos. La literatura y los problemas de la materia son demasiado ambiciosos como para tratarlos aquí.[25] Podemos ir al grano si saltamos a la década de 1990, cuando las aproximaciones computacionales a la filogenia comenzaron a tomarse más en serio –esto significa que empezamos a ver árboles generados computa-

* N. del T.: Pedro Bosch Gimpera se exilió a México en marzo de 1941 tras la Guerra Civil española.

cionalmente que a menudo están de acuerdo, en términos generales, con las evaluaciones tradicionales–. Los primeros empezaron a aparecer en la década de 1990 por parte de un equipo en torno al lingüista estadounidense Don Ringe, que se basan, fundamentalmente, en la evidencia de la fonología y la morfología en vez de en motivos léxicos, lo cual está más en sintonía con las aproximaciones tradicionales a la creación de filogenias lingüísticas. La versión publicada en 2002[26] (Figura 4.12) ha sido influyente a la hora de evaluar soluciones al problema del lugar de origen; la trataremos como una especie de modelo canónico –no necesariamente el correcto– con el que podemos comparar intentos más recientes.

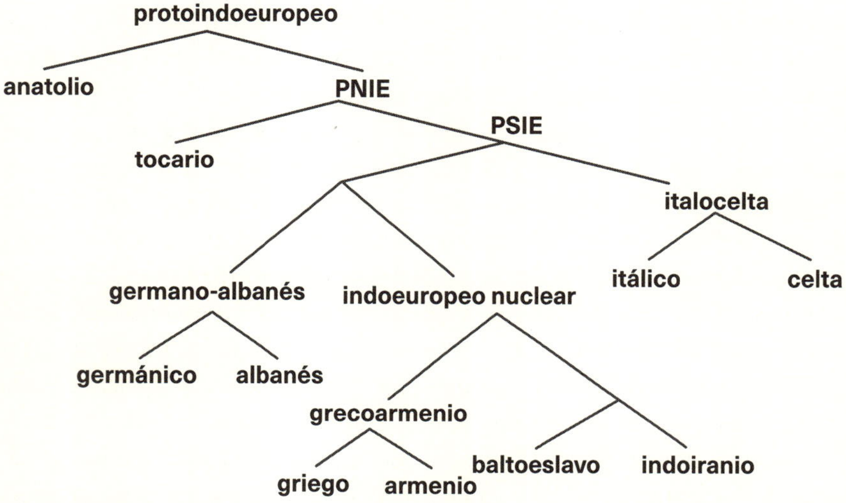

Figura 4.12: La filogenia propuesta en 2002 por el equipo liderado por Don Ringe. La primera división implica al anatolio, mientras que la segunda genera todas las otras lenguas indoeuropeas, referidas aquí como protoindoeuropeo septentrional (PNIE), que se separa en tocario y protoindoeuropeo meridional (PSIE). Nota: en este libro, PNIE significa indoeuropeo nuclear (en vez de la designación más limitada indicada en este árbol).

Después vino una serie de publicaciones centradas en el trabajo del equipo de Russell Gray y Quentin Atkinson,[27] biólogos evolucionistas y psicólogos de la Universidad de Auckland, basadas, fundamentalmente, en evidencias léxicas primarias o puras, pero con un acercamiento analítico diferente que no solo presentaba filogenias de alguna manera diferentes, sino también fechas absolutas. Influyente en particular fue su publicación principal en 2012 en la revista *Science*, en la que defendían la asociación del origen de los indoeuropeos con la expansión de la economía neolítica y los agricultores de Anatolia. Tres años después, en un ejercicio más o menos similar por parte de la Universidad de Berkeley-California, liderado por el lingüista Andrew Garrett, se presentó una filogenia rival y un conjunto de fechas que apoyaban la cuna en la estepa (Figura 4.13A).[28] En 2015, la lingüista Asya Pereltsvaig y el geógrafo histórico Martin Lewis lanzaron una monografía completa dedicada a refutar el trabajo anterior de Gray y Atkinson.[29] Más tarde, en 2021, unos lingüistas de Moscú –un reputado centro de lingüística computacional– produjeron su propia filogenia, cuyas fechas de nuevo favorecían un origen en la estepa para los indoeuropeos (Figura 4.13B).[30] En 2023, de todos modos, el equipo de Auckland –ahora asentado en Leipzig, aunque seguiremos diciendo que es de Auckland–, había actualizado su árbol y, de nuevo, llevó la fecha del protoindoanatolio al Neolítico (Figura 4.13C).[31]

¿Cómo lidia el rastreador del lugar de origen con un goteo constante de filogenias y fechas tan cambiantes? Cualquier solución aceptable debe explicar cómo las distintas lenguas indoeuropeas llegaron a sus emplazamientos definitivos y, al menos, no deben contradecir la evidencia de la filogenia –la relación interna– entre las ramas indoeuropeas. Si observamos los últimos veinte años de análisis computacional, podemos discernir áreas de consenso amplio que aportan una conveniente lista de criterios clave que cualquier solución viable a la cuestión del origen debe cumplir.

Primero, todas las posibles soluciones admiten que la primera división se dio entre el anatolio y el resto de las lenguas indoeuropeas, algunas asumiendo que la división fue tan profunda que el anatolio debería entenderse como una rama hermana del indoeuropeo, mientras que otras mantienen la posición tradicional de considerarlo una rama descendiente del protoindoeuropeo que, simplemente, se fue de casa muy pronto. Más allá de cómo se decida entender la división, tiene ramificaciones geográficas y cronológicas relevantes. O bien el anatolio abandonó el área de los ancestros de las otras lenguas indoeuropeas, las cuales desarrollaron una serie de innovaciones comunes –se ha afirmado con rotundidad que hay hasta veintitrés innovaciones semánticas, morfológicas, fonológicas y sintácticas[32]–, o bien el anatolio fue el último ancestro común de las otras lenguas indoeuropeas que se separó primero y se convirtió en el indoeuropeo nuclear antes de fragmentarse en sus lenguas descendientes. Para complicar aún más el asunto, siempre es posible que tanto el protoanatolio como el protoindoeuropeo abandonaran ambos el hogar original. Estos diferentes escenarios tendrán mucha importancia cuando examinemos el impacto de la paleogenética en el problema del lugar de origen.

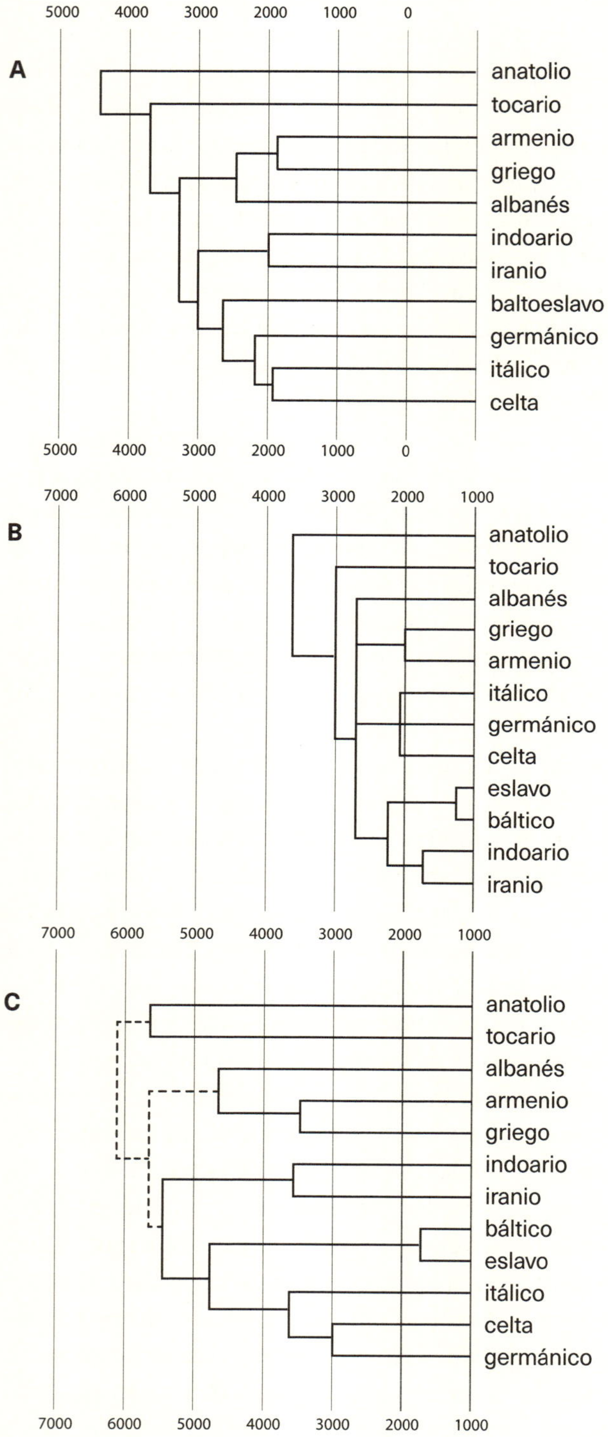

Figura 4.13: Las tres filogenias computacionales principales y sus cronologías del indoeuropeo.

A La filogenia de Berkeley (2015)

B La filogenia de Moscú (2021)

C La filogenia de Auckland (2023)

La segunda división es más polémica, pero la mayoría de la opinión la asocia con el tocario.[33] Esto significa que las dos primeras lenguas indoanatolias alcanzaron su emplazamiento histórico a unos cuatro mil kilómetros de la otra –o, visto de otro modo, si un hablante de la lengua hitita en Anatolia con unos pulmones increíblemente fuertes hubiera gritado, un prototocario con un oído fuera de lo normal habría tenido que esperar unas tres horas y media antes de oír el grito–.

Por supuesto, también hay otro problema además de la relación filogenética entre el anatolio, el tocario y las otras lenguas indoeuropeas: la fecha de las divisiones. Aquí la situación es más problemática, tal y como podemos ver si examinamos las fechas de separación del anatolio y del tocario en una serie de estudios publicados en este siglo (Figura 4.14).

	Auckland 2003	**Auckland 2012**	**Berkeley 2015**	**Moscú 2021**	**Auckland 2023**
Anatolio	6700	6000	4500-4000	3700	4932
Tocario	5900	4900	3800-3300	3000	4932

Figura 4.14: Las fechas de separación de las dos primeras ramas indoeuropeas en años aproximados a. C. a partir de cinco estudios computacionales (obsérvese que la fecha de Auckland 2023 es la mediana de 6613-3403).

Mientras que hay algún acuerdo en que el anatolio, seguido del tocario, es la primera división, la fecha de estas divisiones se convierte en un problema de partidismo en el que el equipo de Auckland sugiere fechas entre mil trescientos y mil quinientos años antes de las de Berkeley y las de Moscú y marcan la separación del tocario al menos un milenio antes que los otros trabajos. Regresaremos a estas cuestiones en el Capítulo 7.

Después del tocario, hay más disparidad todavía en la colocación de las distintas ramas, excepto en el reconocimiento de las ramas geminadas de Schleicher, que aún siguen vigentes. Pocos o nadie discutirían que el indoiranio es una sola rama e incluso los escépticos de las ramas baltoeslava e italocelta en sentido estricto –esto es, que compartían una lengua intermedia que podemos reconstruir– todavía tienden a admitir que debían de haber tenido un contacto estrecho antes de separarse/evolucionar. Puesto que todos estos pares comprenden grupos lingüísticos vecinos geográficamente, no son particularmente problemáticos ni necesariamente muy instructivos. No se necesita ser muy creativo para encontrar un hogar común para el báltico y el eslavo en algún sitio entre el mar Báltico y los Cárpatos, o para situar a los ancestros de celtas e itálicos en algún lugar al norte de los Alpes. Si escalamos por el árbol de

Schleicher, el baltoeslavo conecta con el germánico en un «grupo noreuropeo». Hallarán la misma constelación en los árboles armados de manera tradicional –no computacional– de Gamkrelidze e Ivanov (Figura 4.15).[34] Pero mientras que muchos árboles combinan el baltoeslavo y el germánico con el italocelta en un manojo de ramas occidentales y noroccidentales,[35] los árboles de Ringe relacionan más estrechamente el baltoeslavo con el indoiranio que con las otras lenguas europeas. Es más, hay una tradición de ver el italocelta como una lengua periférica y arcaica relacionada con la misma expansión centrífuga del tocario, mientras que otros han situado al italocelta mucho más abajo en la cadena. Desenmarañar todas estas relaciones conflictivas es de nuevo un problema de satisfacer a diferentes partidistas. Agrupar lenguas cercanas geográficamente no tiene un gran impacto a la hora de organizar las distintas teorías sobre el lugar de origen, pero hay otras pocas relaciones comúnmente aceptadas que afectan al menos a algunas de ellas.

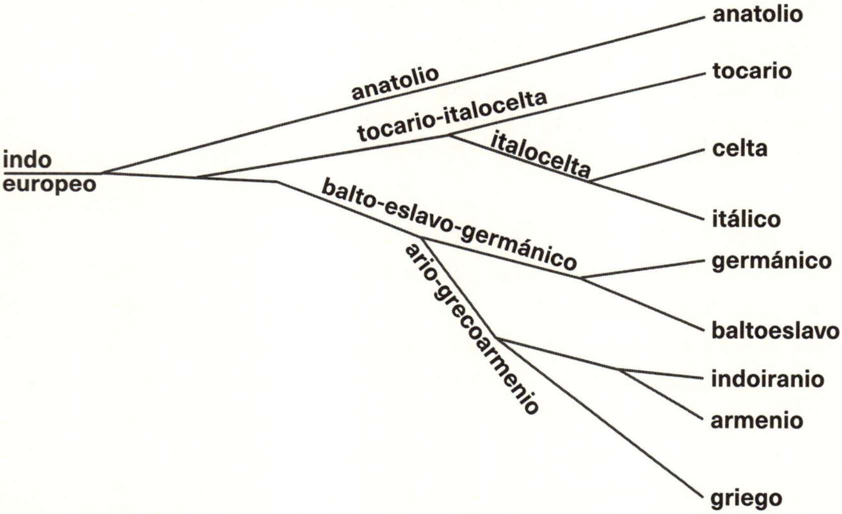

Figura 4.15: Árbol indoeuropeo tradicional (no computacional) realizado por Tamaz Gamkrelidze y Vyacheslav Ivanov (1984).

Es difícil encontrar a alguien que agrupe las dos lenguas clásicas y europeas, el griego y el latín (itálico). Por tanto, cualquier intento por asociar la expansión del indoeuropeo por el Mediterráneo con la difusión de la agricultura no recibe apoyo de una filogenia que no muestre una cadena de migraciones: Anatolia > Grecia > Italia.

Otra relación potencialmente interesante se observa tanto en las filogenias tradicionales como en las computacionales que apoyan una agrupación grecoarmenia, puesto que estas dos lenguas no solo no son adyacentes, sino que también están separadas por una rama totalmente diferente: la anatolia. Como vimos anteriormente, esta cuestión se resolvía con la presunción de que los armenios, junto con los frigios, salieron de los Balcanes, que también se suponía que era el lugar de origen de los griegos. De todos modos, la posición del armenio ha sido durante mucho tiempo un motivo de conflicto. Hay quienes apoyan la idea de un protogrecoarmenio, en el que las dos lenguas compartieron un ancestro común inmediato; otros creen que, como mucho, se puede decir que sus ancestros estaban en contacto, pero que el armenio tenía contactos no solo con el frigio, sino también con el indoiranio y es posible que el baltoeslavo. Nos hallamos ahora en un territorio en el que hay que distinguir los argumentos puramente lingüísticos y las implicaciones geográficas. Es común entre los lingüistas afirmar que no hay suficientes evidencias para aceptar la existencia del protogrecoarmenio porque mediante el método comparativo no se puede reconstruir una protolengua grecoarmenia ni un paso intermedio entre el protoindoeuropeo y las dos ramas históricas. Aunque, por el otro lado, en lo relativo a la relación geográfica entre el griego y el armenio, concluyen que, aunque no hubo una protolengua común, «los dialectos de los que derivan el griego y el armenio estaban cerca el uno del otro en tiempos prehistóricos, hasta finales del tercer milenio a. C.»,[36] o como el académico armenio Hrach Martirosyan afirmó:

> El armenio, griego, (frigio) e indoiranio estaban dialectalmente cercanos entre sí. Dentro de este hipotético grupo dialectal, el protoarmenio estaba situado entre el protogriego (al oeste) y el protoindoiranio (al este). Los indoiranios se movieron hacia oriente, mientras que los protoarmenios y los protogriegos se mantuvieron en una región geográfica común durante un largo periodo de tiempo y desarrollaron numerosas innovaciones compartidas.[37]

Así, mientras que uno puede negar una relación tan cercana como una protolengua compartida, las relaciones geográficas que sitúan al griego y al armenio en algún momento cerca el uno del otro aún están encima de la mesa. Son problemas como este, en los que la posición de una lengua en el árbol familiar parece que la conecta con múltiples ramas, los que han llevado hace mucho tiempo a algunos lingüistas a mostrarse muy escépticos con la filogenia en forma de árbol para describir la dispersión de las lenguas indoeuropeas. Despidámonos de August Schleicher y demos la bienvenida a su pupilo rebelde, Johannes Schmidt.

LA TEORÍA DE ONDAS

En 1872, Johannes Schmidt (1843-1901) reconoció las dificultades causadas por la teoría del árbol genealógico y propuso su famosa alternativa para entender la interrelación de las lenguas indoeuropeas: *Wellentheorie* [teoría de ondas]. En un breve libro de sesenta y ocho páginas,[38] Schmidt presentó pruebas de que, mientras que las ramas individuales podían llevarnos a una reconstrucción consistente individual, a menudo nos encontrábamos con diferentes reconstrucciones que sugerían que estábamos trabajando a partir de formas dialectales. Además, también tenemos pruebas abundantes de que, supuestamente, distintas ramas de los árboles de Schleicher compartían isoglosas –cambios fonéticos similares, formas gramaticales o motivos léxicos únicos– que sugerían que las ramas no podían haber estado desarrollándose separadas por completo unas de otras, sino que a menudo estaban en contacto y se influían entre sí (Figura 4.16).

Figura 4.16: Ejemplo de la teoría de ondas de Schmidt.[39] «Balcánico» engloba el tracio-frigio, albanés y armenio. Dado que estos modelos de ondas tendían a reflejar las posiciones geográficas relativas de las ramas indoeuropeas atestiguadas históricamente, se solía asumir que las ramas se habían formado durante la última fase de la unidad indoeuropea y habían experimentado una dispersión centrífuga gradual.

Uno de los problemas de usar la teoría de ondas para triangular la localización de la cuna es que muchas de las primeras proyecciones se basaban en muy pocas evidencias. Para tener una vista más reciente podemos saltar un siglo hacia delante para contemplar un modelo reproducido muy a menudo de la teoría de ondas del indoeuropeo hecho por mi antiguo profesor, Raimo Anttila (1935-2023) (Figura 4.17).

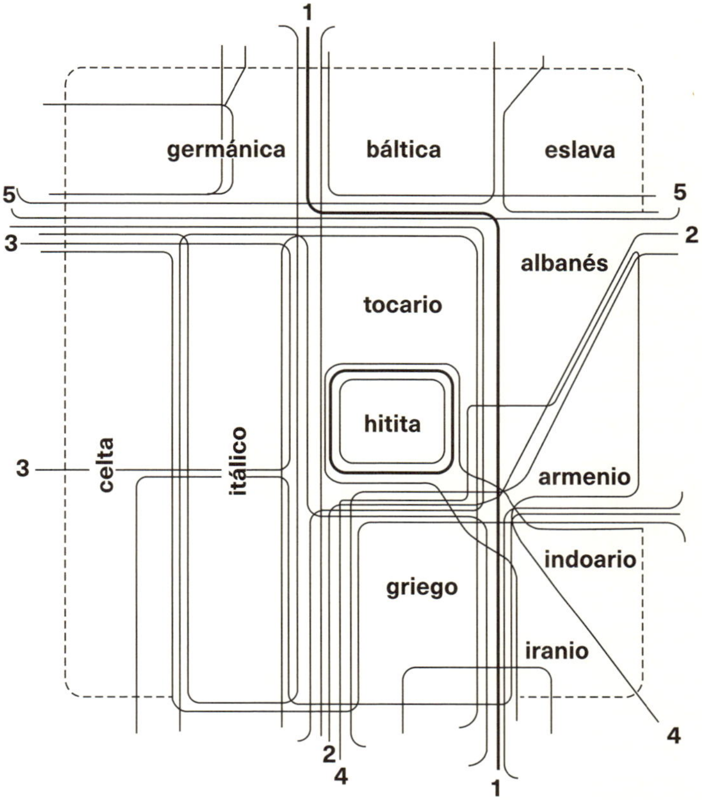

Figura 4.17: Mapa de ondas de las ramas indoeuropeas (a partir de Anttila, R., 1989 (1972), 305).

Las distintas líneas indican isoglosas, que marcan ramas que comparten algún elemento. Por ejemplo, la línea en **negrita** (**1**) indica la división entre las lenguas centum (izquierda) y satem (derecha). Esta división está, obviamente, cruzada por otras isoglosas como (2), que indica que las lenguas satem indoirania y armenia comparten la desinencia **-osyo* para el genitivo con la lengua griega, centum. Observen cómo esto desafía la idea anterior de que la división entre centum y satem era tan fundamental que su lugar de origen se colocaba a menudo a un lado y a otro de los ríos principales para remarcar su división. Pero, como pueden ver, esta desinencia de genitivo se las arregló para cruzar. En algunos casos, las isoglosas afectan solo a una parte de la rama. Por ejemplo (3), donde el sonido PIE $*k^w$ se mantuvo en algunas lenguas celtas e itálicas, pero cambió a *p* en otras lenguas de estas ramas. Desde la perspectiva de los límites, uno podría leer la maraña de líneas que rodean a una lengua como indicador de similitudes o diferencias con sus vecinas. Solo una isoglosa (4) separa la indoaria de la irania, tal y como cabría esperar de dos ramas que comparten un ancestro cercano protoindoiranio, mientras que la báltica y la eslava solo tienen dos líneas. Por otro lado, las nueve líneas entre el griego y la rama itálica indican que las dos lenguas clásicas tuvieron dos historias muy diferentes. Es comprensible por qué los lingüistas tendían a mostrarse indiferentes con las teorías de las migraciones indoeuropeas en las que uno se imagina al indoeuropeo viajando desde Anatolia a Grecia y luego a Italia.

Acerca de su mapa del indoeuropeo, Anttila señaló dos problemas notables: primero, un mapa dialectal como este requiere de juicios de valor para definir qué isoglosas son las esenciales para confirmar relaciones –recuerden aquí que Kroeber y Creten usaron setenta y cuatro elementos dialectales en sus primeros estudios sacados de listas más extensas de la investigación clásica de Antoine Meillet en relación con los dialectos del indoeuropeo–; y, segundo, es difícil convertir este tipo de mapa en uno que indique *cuándo* se formaron las isoglosas. Por ejemplo, mientras que muchas o la mayoría de las isoglosas es presumible que se formaran después de la dispersión inicial del indoeuropeo, Anttila creía que (5), la sustitución del marcador de caso **-bh* por **-m* en germánico, báltico y eslavo, ya se había establecido en la protolengua;[40] en 2021, el lingüista estadounidense Douglas Adams reforzó esta idea con la proyección de las dos terminaciones en PIE (aunque ambas solo sobreviven juntas en tocario).[41] Si se aceptara esto, sugiere que el extremo (¿noroccidental?) de la cuna fue ocupado por los ancestros del germánico y del baltoeslavo (*vid.* Figuras 4.15 y 4.16), mientras que otros (*vid.* Figura 4.12) no han visto el germánico particularmente cercano al baltoeslavo. Esto hace que el rastreador del lugar de origen no pueda dar abasto con las isoglosas: cada vez que acaba con una, salen otras dos.* Siempre que tenía la ocasión, Schmidt defendía que la idea de un árbol del indoeuropeo que daba origen a distintas ramas lingüísticas debería abandonarse en beneficio de una teoría mucho más realista y empíricamente argumentada. La imagen de Schmidt del periodo crucial en el crecimiento del indoeuropeo –el indoeuropeo después del anatolio y del tocario, ambos desconocidos en la época de Schmidt– era la de un plano inclinado entre los territorios en los que, tiempo después, encontraremos al sánscrito en el este y el celta en el oeste. En la superficie de este plano había una lengua común indoeuropea

* N. del T.: *Playing whack-a-mole with isoglosses*, en el original. *Whack-a-mole* es un juego de Arcade con un área de juego con cinco agujeros en la parte superior llenos de pequeños topos que aparecen al azar, una pantalla de visualización y un mazo grande y negro. Los puntos se obtienen al golpear cada topo según van apareciendo.

sin fronteras lingüísticas claras, pero con una cadena de dialectos (A, B, C, D... X). En la cadena ocurrían innovaciones, surgidas en un área y difundidas hasta cierto límite. Debido a una variedad de causas potenciales –políticas, religiosas, sociales– un dialecto podía engullir a su vecino –o vecinos– y esto transformaría la plana llanura de una cadena de dialectos mutuamente inteligibles en una escalera de dialectos cada vez más diferenciados y luego lenguas, a medida que vecinos cada vez más distantes –y diferentes– empujaban los bordes contra los otros.

Este modelo, o uno muy parecido, todavía sobrevive en la teoría. Andrew Garrett, ciento treinta y seis años después de Schmidt, también propuso que la teoría del árbol encajaba mal con las pruebas lingüísticas y que lo que interpretamos como ramas eran, en realidad, el resultado de dialectos convergentes en un continuo.[42] Garrett sugirió que:

> No podemos entender los «subgrupos» IE como subgrupos en sentido clásico. En su lugar, la pérdida o «poda» de los dialectos intermedios, junto con la convergencia *in situ* entre los dialectos que se convertirían en griego, itálico, celta, etcétera, han creado de manera conjunta la apariencia de un árbol con pequeñas ramas. Pero la verdadera filiación histórica de la familia IE es desconocida y podría ser imposible conocerla.[43]

Usar la teoría de ondas en vez del modelo del árbol genealógico no es solo una forma diferente de mirar a la filogenia del indoeuropeo; también afecta a nuestra percepción de cómo fue el proceso de las expansiones indoeuropeas[44] y a nuestra habilidad para emplear la filogenia de las lenguas como herramienta para localizar la cuna. En términos de expansión, algunos afirman que la teoría del árbol tiende a constreñir las migraciones en movimientos independientes de las ramas principales (por ejemplo, baltoeslava, italocelta) que deberían haber evolucionado de manera más autónoma una de otra a medida que se desplazaban a sus emplazamientos históricos. Desde una perspectiva histórica esperaríamos distintos caminos para las migraciones desde la procedencia a los emplazamientos históricos de las diferentes ramas. La teoría de ondas, sin embargo, se concebiría mejor como una membrana de hablantes de indoeuropeo en constante expansión que cristaliza de forma gradual mediante una variedad de procesos en las distintas ramas del indoeuropeo, algo así como la materia del Big Bang fusionándose en galaxias que, con el tiempo, podrían engullirse entre sí. El proceso de varias lenguas adyacentes que son fusionadas en entidades mayores –ramas lingüísticas– concuerda con algunas teorías de la paleolingüística, las cuales sugieren que desde el Neolítico final en adelante «las extinciones lingüísticas superaron a las sustituciones».[45] Simulaciones recientes en cuanto hasta qué punto seríamos capaces de recuperar cunas lingüísticas a partir de su filogenia han concluido que estas son válidas para expansiones que suponen movimientos de pequeña escala que aumentan gradualmente el territorio lingüístico de una familia lingüística, pero que fracasan en los casos en los que hubo migraciones direccionales –aquellas en las que la población abandona su territorio y migra a otro lugar y se lleva su lengua–.[46]

En todos los casos tenemos un problema con cómo teorizamos la expansión y la diferenciación de las lenguas indoeuropeas. Por el momento, guardaremos esta cuestión en un rincón de la cabeza, aunque sabemos que tendremos que enfrentarnos a ella después.

LA TEORÍA DE LA MIGRACIÓN

La investigación moderna en léxico-estadística del indoeuropeo a menudo se fundamenta en una base de datos construida en origen por el lingüista estadounidense Isidore Dyen (1913-2008). Aunque la especialización regional de Dyen era, principalmente, las lenguas de Austronesia, también fue un pionero de la léxico-estadística. Esto llevó sus métodos de investigación al estudio del indoeuropeo, donde trabajó a partir de las lenguas modernas para comprobar cómo agrupaba esta técnica a la familia lingüística.[47] Mientras que la mayoría de sus resultados se correlacionaba con los de las metodologías tradicionales, había algunas desviaciones. Por ejemplo, las lenguas indias e iranias contemporáneas han evolucionado hasta un punto en el que su identidad indoirania compartida ya no es aparente; y no hay indicios del italocelta. Además de esta incursión en la léxico-estadística, Dyen hizo un intento anterior –y, por lo general, ignorado– de diseñar con precisión lógica una metodología para determinar los lugares de origen por medio de filogenias y la localización geográfica de las lenguas hijas.[48] Cuando descubrí su trabajo –investigando para mi doctorado y todavía absorto por la aplicación de un acercamiento científico al estudio del pasado por parte de la arqueología procesual– había sido optimista al pensar que este sería la clave para determinar los lugares de procedencia. A pesar de ello, las únicas continuaciones de su trabajo que he sido capaz de descubrir son la del lingüista Richard Diebold (1934-2014) –que intentó reintroducir la teoría de la migración y aportar ejemplos de cómo podía emplearse para determinar la cuna de dos lenguas nativas americanas: maya y salish[49]– y la del antropólogo William Elmendorf (1912-1997), que trató de rastrear los orígenes del salish mediante un acercamiento más o menos similar basado en el empleo de listas de cognados compartidos y los intervalos de contacto entre lenguas relacionadas.[50] El historiador Patrick Manning también aplicó una versión un tanto más simple de este acercamiento que veremos después.[51]

Para resumir la teoría de la migración de manera muy breve con respecto a la cuna del indoeuropeo, comenzaríamos con un amplio consenso acerca de la filogenia de todas las lenguas –se oyen risas y se ven ojos en blanco– y de la localización geográfica. Iniciaríamos nuestro análisis con el grupo más pequeño (por ejemplo, el eslavo oriental, que consiste en ruso, ucraniano y bielorruso), a partir del cual trataríamos de determinar su lugar de procedencia. Cada área lingüística se testearía para determinar el lugar de origen más «proprio» –a Dyen no solo le gustaba crear nuevos acrónimos; también resucitar palabras muertas–, con la premisa de que «si dos migraciones reconstruidas difieren en el número de movimientos de lenguas necesarios, aquella con menos movimientos tiene más posibilidades».[52] Afirmaciones como esta que parecen leyes invocando a la Navaja de Ockham* eran hierba gatera para un inocente arqueólogo procesual. Si este lugar de origen se puede determinar, uno escala por el árbol familiar hasta, en nuestro ejemplo, la cuna eslava y así hasta llegar al protoindoeuropeo. Por tomar un ejemplo familiar –en el que sabemos la respuesta–, piensen en la procedencia de las lenguas romances. Nuestro primer paso es mapear la posición de las lenguas romances principales –por hacerlo fácil– (Figura 4.18). Lo que observamos es una cadena de lenguas (portugués-español-francés-italiano) y dos independientes (sardo y rumano). Como hemos visto, la cuna, según la teoría de la migración, implica un razonamiento probabilístico del tipo de la Navaja de Ockham, que elige entre una gama de cunas «proprias» estudiando cuál requiere un menor número de movimientos.[53] Cuando vemos nuestro mapa con la cadena y las lenguas independientes (sardo y rumano), uno puede proponer cuatro modelos posibles para explicar la localización del rumano:

- *Modelo 1*: la cuna es la cadena, por lo que la lengua independiente (rumano) requiere dos movimientos desde la cadena/cuna.
- *Modelo 2*: la cuna es la región de la lengua independiente (rumano). Esto requiere más movimientos –cada lengua de la ca-

* N. del T.: También conocido como principio de parsimonia, es el principio filosófico que sugiere que, ante varias explicaciones posibles para un fenómeno, la más simple, por lo general, es la correcta.

dena cuenta como un movimiento– y es menos probable. Aquí vemos resucitados los argumentos de Latham, según los cuales hay una mayor probabilidad de que una lengua independiente haya abandonado la cadena que de que una cadena haya derivado del área de una lengua independiente (veremos esto de nuevo donde de verdad es importante, *vid.* págs. 301-303).

- *Modelo 3*: la cuna es el área tanto de la cadena como de la lengua independiente. Esto puede ser posible cuando se cree que la cadena original la ha roto una lengua intrusa (aquí el eslavo y el húngaro) que ha producido una cadena y una lengua independiente.
- *Modelo 4*: la cuna no está ni en el área de la cadena ni en la de la lengua independiente. Esto tampoco es posible porque cualquier cuna localizada fuera del área de las lenguas hijas requiere más movimientos aún y Dyen sugiere que «la cuna de cualquier grupo mínimo es, probablemente, la de al menos una de sus unidades».[54]

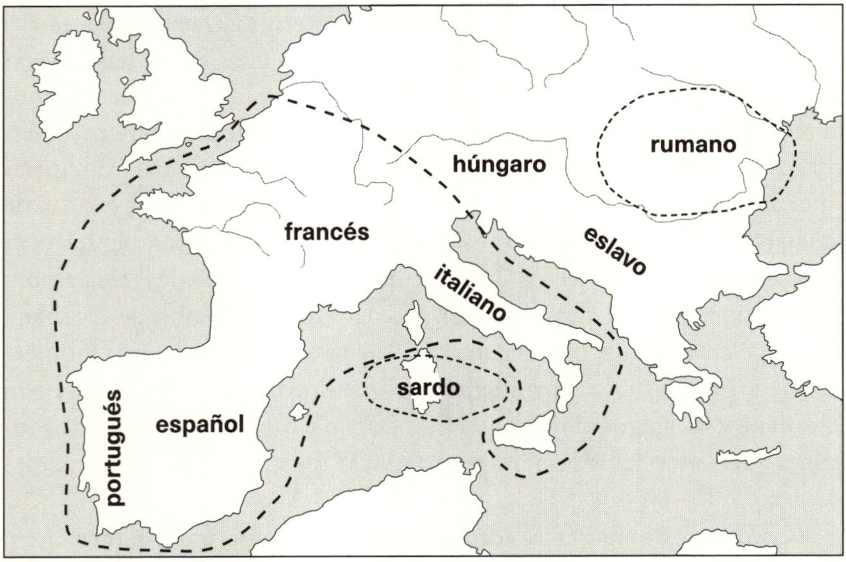

Figura 4.18: Las lenguas romances principales forman una cadena (portugués, español, francés, italiano) y dos independientes (sardo y rumano). El rumano está separado de la cadena por el eslavo y el húngaro, una lengua de la familia urálica.

En la evaluación general, los modelos 1 y 3 son los más probables y, de ellos, el modelo 3 se lleva la palma porque, claramente, hay lenguas intrusas (húngaro y eslavo) entre la cadena y la lengua indepediente.[55] Esto nos deja con una procedencia romance que va desde el Atlántico al mar Negro. Es decir, la cuna ocupada por el latín tardío –también conocido como «vulgar»– durante el Imperio romano. Si están decepcionados con que el lugar de origen no sea el corazón de Italia, tendrán que esperar al Capítulo 7 para la revelación. Por otro lado, Manning aplicó su versión de la teoría de la migración a las lenguas romances marcando los centros de cada rama (francés, portugués, etc.) y luego localizando «el punto que reduce al mínimo la distancia total hasta él desde todos los puntos», lo cual da como resultado el norte de Italia como lugar de origen de las lenguas romances.[56] A continuación, resolvió brevemente –en menos de un párrafo– el problema de la cuna indoeuropea con la observación de que emplear la misma metodología de «la menor cantidad de movimientos» indicaba que el *Urheimat* estaba «cerca de las orillas del mar Negro»;[57] por desgracia, esto no nos dice si es al norte o al sur y todavía deja sobre la mesa todas las posibles procedencias.

Mientras que la teoría de la migración podía haber parecido prometedora sobre el papel, tiene tantos problemas de aplicación que nunca llegó a ser clave en el rastreo de la cuna indoeuropea. Para empezar, requiere evidencia lingüística simultánea. De lo contrario estaríamos ante un espejo cartográfico imposible: muchas de las ramas del árbol indoeuropeo florecieron en el registro histórico en fechas muy distintas. Si tratáramos de seguir el rastro de la lengua romance más atrás en el tiempo hallaríamos a todos los candidatos para la cuna itálica refugiados en la mitad inferior de la península itálica, por lo que la cuna del itálico se situaría dentro de la propia Italia. Además, como observó Wolfgang Dressler, toda la teoría se basa en un modelo primitivo del árbol familiar de las lenguas indoeuropeas[58] y esto nos genera dos problemas: la idoneidad de usar este árbol y ¿el árbol de quién? Es más, por lo que sabemos de la historia lingüística de Eurasia, ha habido muchos desplazamientos lingüísticos no solo por parte de lenguas intrusas no indoeuropeas; también entre lenguas indoeuropeas (por ejemplo, celta y germánico, celta e itálico y eslavo y lenguas balcánicas) que complica cualquier ejercicio cartográfico.

Uno de los aspectos interesantes de la teoría de la migración es que ha arrojado varios principios para evaluar la dispersión de las lenguas que, al menos, tienen la apariencia de ser hipótesis comprobables. Por ejemplo, tenemos:

> La cuna de cualquier grupo mínimo es, probablemente, la de al menos una de sus unidades. Pero ¿podemos pensar seriamente que cualquier cuna es inmune a un desplazamiento lingüístico?

> La cuna de cualquier grupo mínimo es, probablemente, la misma que las áreas de todas sus cadenas.
>
> La migración tiende a moverse desde áreas complejas a áreas uniformes (regla de Latham).

Estos principios son comprobables. Es decir, falsificables, hipotéticos, pero no reglas.

CONSERVADURISMO

De ninguna de las maneras hemos agotado las metodologías lingüísticas para el rastreo de la cuna: una ha estado pululando, al menos, desde 1686, cuando Andreas Jäger se preguntó qué lengua «escita» era la más antigua y argumentó que sería la que menos se hubiera desviado de su lengua madre.[59] Como ya hemos discutido, la misión de Goropius de hallar la lengua jafética más antigua en el flamenco podría ser tan rocambolesca como los intentos de recuperar elementos del hebreo en las lenguas modernas europeas, pero se continuaron dando variaciones de este acercamiento en el siglo XVIII –James Parsons descubrió que la rama jafética más «original», es decir, menos modificada, era la celta–, mientras que argumentos de naturaleza similar, de alguna manera más sofisticados, surgieron en el XIX y han continuado en nuestro siglo. El objetivo no era recuperar formas antiguas del protoindoeuropeo en lenguas concretas, sino que se seguía el viejo dicho de que «de tal palo tal astilla».* Por supuesto, esto se revistió de apariencia científica, como la descripción del antropólogo germano-estadounidense Theodor Poesche de las lenguas derivadas de una «masa madre» –cuanto más cerca en tiempo y en espacio, más parecida es la lengua; cuanto más lejos, más distinta–,[60] o el gusto de Harold Bender por el principio biológico de la radiación adaptativa: «esperamos encontrar el origen de un género cerca del centro geográfico de sus varias especies, con el mayor conservadurismo cerca del centro y la mayor variación en el extremo del radio».[61] Puede que el principio esté mejor resumido en la descripción mordaz del filólogo latino Robert Seymour Conway (1864-1933), que, en una época en la que solo se reconocían nueve ramas del indoeuropeo, se burló de la siguiente manera: «ahí estaban, las nueve, con toda la belleza de las gramáticas recién impresas; suplicándote que

* N. del T.: *The apple doesn't fall far from the tree* en el original, que viene a significar que un hijo o hija suele tener un carácter o cualidades similares a los de sus progenitores.

elijas una de las nueve como la más parecida a la madre perdida, y la que probablemente se crio más tiempo en el viejo hogar».[62]

Ya hemos visto que, después de su descubrimiento, los estudiosos estaban anonadados por la antigüedad del sánscrito. Incluso un distinguido filólogo, el reverendo Archibald Sayce (1845-1933), apeló a la «ley de la astilla» –«cuanto más cerca está un dialecto de su centro primario, menos alteraciones hallaremos en él»– para situar la cuna en Bactria[63] –luego cambió de idea; primero en el norte de Europa y después en Anatolia–. Además, este argumento se convirtió en un elemento central de la escuela de la teoría del origen en la India, donde se empleó para apoyar una procedencia no ya cerca, sino en la misma India –Vans Kennedy publicó treinta y cinco páginas con «palabras» sánscritas en otras lenguas indoeuropeas–.[64] Contra la obvia objeción temporal de que comparar una lengua de la Edad del Bronce como el sánscrito védico con lenguas europeas más recientes no era competir en igualdad de condiciones, el estudioso del sánscrito L. Kalla replicó que era imposible comparar las otras ramas del indoeuropeo con el indoario, porque ni siquiera existían cuando los himnos védicos estaban siendo recitados. En cualquier caso, apuntó Kalla, llevaría algo de tiempo a los portadores de las lenguas indoeuropeas llegar hasta Europa desde la India.[65] Este argumento, por supuesto, no ha vuelto a salir a la luz desde que se sabe que la rama anatolia es anterior al védico y mucho más arcaica y la refutación implica la suposición apriorística de que la cuna estaba en la India en primer lugar.

Más allá de servir como cobertura para las cunas en Bactria o en la India, los argumentos en torno a la antigüedad del sánscrito hace mucho tiempo que se han rechazado. Además, desde el siglo XIX surgió un candidato mucho más impresionante: el lituano.

Ya nos hemos topado con las pistas de una cuna báltica en los trabajos de Latham, cuando ancló las lenguas indoiranias en el área justo al sur de las lenguas bálticas. Y en 1870, cuando Poesche defendió una procedencia en las marismas de Pinsk de Bielorrusia y Ucrania (*vid.* Capítulo 10), basó su caso no solo en motivos raciales fenotípicos –una población rubia y de ojos azules–, sino también en la aparente antigüedad o conservadurismo de la lengua lituana.[66] La defensa del lituano como la lengua más conservadora era conocida y empleada por muchos otros rastreadores del lugar de origen. Hirt, por ejemplo, desplazó su *Urheimat* desde una cuna nórdica hacia el este por culpa del lituano.[67] El atractivo de este argumento puede ilustrarse mejor al comparar parte de la declinación de la palabra protoindoeuropea para «hijo» en sánscrito y lituano (Figura 4.19) y una lista de palabras cognadas en las dos lenguas (Figura 4.20).

singular	sánscrito	lituano	PIE
nominativo	*sūnus*	*sūnus*	**suHnus*
vocativo	*sūno*	*sūnau*	**suHneu*
acusativo	*sūnum*	*sūnų*	**suHnum*
genitivo-ablativo	*sūnos*	*sūnaus*	**suHnous*
dativo	*sūnave*	*sūnui*	**suHneui*
locativo	*sūnā(u)*	*sūnuje*	**suHnēu*

Figura 4.19: Comparación de las formas gramaticales de la palabra en protoindoeuropeo (PIE) para «hijo» en sánscrito y lituano (según Poljakov, O., 2015).

La clave de la tesis es que el lituano es comparable al sánscrito en la retención de distinciones fonéticas, gramática y vocabulario del protoindoeuropeo, a pesar de que el sánscrito védico era una lengua de la Edad del Bronce y el lituano es una lengua moderna, unos tres mil años más reciente. En consecuencia, en la región báltica encontramos lo más parecido a una lengua prístina indoeuropea, que lleva a los defensores del arcaísmo lituano a abrazar la cuna báltica. Aunque no todo el mundo estaba convencido; por ello, necesitamos explorar por qué muchos otros estaban de acuerdo con el indólogo sueco Jarl Charpentier (1884-1935), que argumentó que «cuanto menos tarde una teoría como esta en desaparecer de los manuales de lingüística comparada, mejor».[68]

significado en español	sánscrito	lituano
dios	*devá-*	*diẽvas*
diosa	*devī*	*dīevė*
hombre	*vīra-*	*výras*
marido, señor	*pati-*	*patìs*
madre	*mātár-*	*mótė*
hijo	*sūrù-*	*sūnùs*
hija	*duhitár*	*duktẽ*
pie (paso)	*pád-*	*pãdas*
caballo/yegua	*áśvā-*	*ašvà*
perro	*śvā*	*šuõ*
oveja	*ávi-*	*avìs*
fuego	*agní-*	*ugnìs*
día	*dína-*	*dienà*
dormir	*svápna-*	*sãpnas*
grano(s)	*yáva-*	*yavaĩ*
rama	*sákhā-*	*šakà*
entonces	*tadā´*	*tadà*

Figura 4.20: Comparación de vocabulario básico entre el sánscrito y el lituano (según Poljakov, O., 2015).[69]

Max Müller abrió el camino al observar que si se aplica la misma lógica a las lenguas escandinavas tendríamos que localizar su lugar de origen en Islandia, porque el islandés era la más conservadora –aunque no se estableció hasta la Edad Media–.[70] Sigmund Feist era indiferente al argumento porque creía –erróneamente– que los lituanos no se habían asentado en su región histórica hasta hace unos mil cuatrocientos años.[71] Hirt añadió que los lituanos no solo podrían haber llegado tarde a su territorio, sino que también podrían haberlo encontrado escasamente habitado, por lo que ni los lituanos ni la procedencia indoeuropea tendrían que localizarse por necesidad en la región báltica.[72] Del mismo modo, el asiriólogo suizo Emil Forrer (1894-1986) rechazó el argumento porque creía que los lituanos habían migrado desde el chernozem, en el sur, para asentarse en un bosque deshabitado.[73] Finalmente, tenemos el argumento del lingüista belga Joseph Mansion (1877-1937), para quien, debido a que la región báltica hospedó dos ramas (báltica y germánica), una cuna lituana no es consistente con el hecho de que el germánico se hubiera alejado tanto de la protolengua, a pesar de estar tan cerca geográficamente de la supuesta cuna báltica[74] –Gustav Kossinna se valió de esta arma de doble filo, que amenazaba su precioso lugar de origen nórdico, para sugerir que el germánico había cambiado tanto porque sus hablantes eran culturalmente progresistas, mientras que los baltos estaban culturalmente estancados–.[75]

Los argumentos a favor y en contra de situar la cuna en el Báltico debido al conservadurismo del lituano han dado como resultado las impactantes listas de similitudes que se pueden ver en las Figuras 4.19 y 4.20, aunque son similitudes muy superficiales. El problema de no haber hallado un sistema de análisis convincente para determinar qué lenguas son más conservadoras permanece. El lingüista húngaro István Fodor (1920-2012) se enfrentó a esta misma cuestión para descubrir lo difícil que es realmente. Al examinar las lenguas eslavas, descubrió que el ruso era mejor conservando las desinencias de los sustantivos en comparación con lenguas eslavas del sur como el macedonio o el búlgaro, aunque las otras eran mejores conservando el sistema verbal.[76] Por otro lado, el lingüista polaco Witold Mańczak (1924-2016) concluyó que la retención más arcaica de vocabulario entre todas las lenguas modernas indoeuropeas era la del polaco, así como que la cuna indoeuropea estaba entre el Óder y el Vístula –a lo cual deberíamos añadir una afirmación reciente de que los polacos «son los más cercanos genéticamente a los protoindoeuropeos»–.[77] En cualquier intento de baremar de forma empírica las lenguas tenemos que determinar qué elementos –fonología y morfología– son los más importantes y cómo es mejor calibrar cada variable en el cómputo. Como veremos dentro de poco, el germánico ha cambiado mucho el sistema consonántico del protoindoeuropeo, pero, al contrario que otros sistemas fonológicos, los cambios han mantenido mejor muchas de las distinciones. En resumen, aunque ha habido algunas exploraciones útiles en la cuantificación, por ejemplo, las diferencias fonológicas entre lenguas emparentadas,[78] todavía nos falta un método convincente para determinar el conservadurismo de las lenguas indoeuropeas. Y no sabemos si esto nos ayudaría a localizar el lugar de origen.

Llegados a este punto, tal vez es momento de dar un paso atrás y considerar toda la lógica de la «ley de la astilla», que presupone que la cuna indoeuropea está más cerca geográficamente de la localización de la lengua o la rama que ha cambiado menos. La lógica básica es que uno esperaría que cuanto más lejos se mueva una lengua desde su lugar de origen, es más posible que experimente cambios. Este principio sencillo puede llevar a una congelación cerebral. Por ejemplo, el principio fue rebatido por Gerald Rendall, que sacó tiempo para escribir acerca de las disputas del cristianismo primitivo y la autoría de las obras de Shakespeare para publicar un libro breve muy bien redactado en torno al *Urheimat* en 1889. Afirmaba que: «no hay nada que muestre que una tribu en movimiento modifica su lengua más rápido o más lento que una tribu en reposo. No hay una equivalencia fija entre cambio lingüístico y cambio de lugar».[79] Aunque luego desinfla su argumento al admitir que «hay una probabilidad de que la raza que se queda con la posesión indisputada de su primer hogar se desviará menos de los sonidos arquetípicos y formas de hablar». Sin embargo, no es tanto una cuestión de distancia como de probabilidad el hecho de que cuanto más lejos y en más cantidad un pueblo descendiente se expande, es mayor la oportunidad de que encuentre otros pueblos de hablantes no indoeuropeos que impactarán en su evolución y llevarán a cambios lingüísticos. Así, la otra cara de la moneda de buscar el lugar de origen a partir del conservadurismo es excluir a los territorios de todas las lenguas con más cantidad de interferencia lingüística.

INTERFERENCIA

Para los rastreadores de la cuna, los indicios de interferencias lingüísticas se emplean en el contexto del *Ausschliessungsmethode* [método de exclusión] o si prefiere una de las frases más célebres del filósofo del 10 de Baker Street: «Una vez descartado lo imposible, lo que queda, por improbable que parezca, debe ser la verdad».* En pocas palabras, díganme en qué lugar *no podían haber estado* los primeros indoeuropeos y yo les diré dónde deben haber estado.

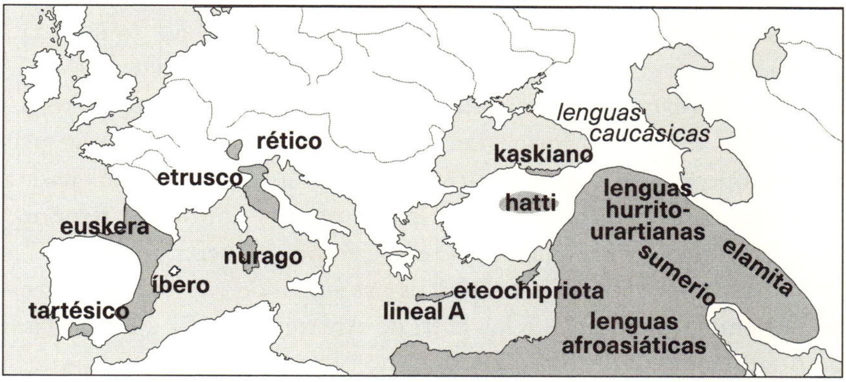

Figura 4.21: Áreas excluidas, tradicionalmente, como cunas indoeuropeas potenciales por la evidencia de lenguas no indoeuropeas muy tempranas.

El punto de partida de este acercamiento ha sido, tradicionalmente, la localización de los primeros pueblos no indoeuropeos en el área de extensión indoeuropea (Figura 4.21). Así pues, la presencia de la lengua íbera, no indoeuropea, en el este y el sur de la península ibérica, y la distribución del euskera en el sur de Francia y en el norte de Iberia han apartado, por lo general, a la península ibérica de la discusión del lugar de origen, dado que la existencia de estas lenguas parece preceder a nuestra evidencia para la llegada de las indoeuropeas (celta y lepóntica) a Iberia. Del mismo modo, la existencia del etrusco en el centro de Italia y del rético en el norte, en Suiza y en el sur de Alemania, en los cinco siglos anteriores al cambio de era han apartado a la península itálica de la competición por ser la cuna del indoeuropeo. En Anatolia, la presencia del hatti en Anatolia central y una serie de lenguas de la Edad del Bronce en el este y en los Zagros (hurrita, casita y elamita), así como el sumerio y el acadio en Mesopotamia, han tendido a reducir el atractivo de estos territorios como lugares de origen. Dado que excepto el armenio todas las otras lenguas en el Cáucaso son no indoeuropeas –con la excepción de intrusiones posteriores desde ramas ya bien asentadas como el osetio, una lengua irania–, la cuna caucásica de Charles Morris parecía poco

* N. del T.: Se refiere a Sherlock Holmes. En concreto, la frase la pronuncia en *El signo de los cuatro* (*The Sign of the Four*), la segunda de la saga de cuatro novelas y cincuenta y seis relatos cortos de este detective literario creado por Arthur Conan Doyle.

probable. Finalmente, las lenguas dravídicas del tercio sur de la India junto con las lenguas munda de la India central han dejado a estos territorios normalmente fuera de la discusión.

Solo hay un problema: la cuna precede a la evidencia de escritura o a las confirmaciones históricas de pueblos antiguos, por lo que existe una premisa subyacente según la cual todos estos pueblos cuyas tierras han sido excluidas fueron ellos mismos residentes en sus territorios respectivos durante la formación y dispersión de las primeras lenguas indoeuropeas.[80] En algunos casos, como con los hablantes de euskera o de lenguas dravídicas, sería muy difícil negar su prioridad temporal en sus regiones con respecto a las dispersiones indoeuropeas. Pero los etruscos –y, por extensión, los réticos– se solían derivar del Mediterráneo oriental, mientras que los hatti de Anatolia central y los hurritas de Anatolia oriental y Siria han sido interpretados como intrusos de la Edad del Bronce desde el norte. Por tanto, en algunas áreas como en Anatolia oriental –o Italia central y septentrional–, hay cierto margen para evitar el método de exclusión. En resumen, tenemos otro problema de partidismo.

Hay otra aproximación muy disputada: la evidencia del impacto de sustratos lingüísticos no indoeuropeos en las distintas ramas del indoeuropeo. La suposición implícita en los argumentos para defender el conservadurismo es que una lengua como el lituano retiene mejor su pasado indoeuropeo porque no ha sido afectada por un sustrato no indoeuropeo. La mayoría de las hipótesis de las expansiones del indoeuropeo imaginaba un desplazamiento lingüístico masivo: la adopción del indoeuropeo por parte de hablantes no indoeuropeos que lo habrían aprendido de manera imperfecta y afectaría a su fonología y gramática y es probable que introduciendo préstamos de sus propias lenguas. Así, la búsqueda de la lengua más conservadora era, en efecto, también la búsqueda de áreas donde hubiera poco o ningún sustrato no indoeuropeo que interrumpiera la evolución natural del indoeuropeo a lo largo del tiempo.

El problema aquí es que no hay una lengua indoeuropea «pura» que no muestre el impacto de lo que se cree son influencias no indoeuropeas. Por norma general, una lengua mostrará un sustrato en su vocabulario de al menos el 2-4 por ciento.[81] No tendría sentido ir rama por rama, pero habría que hacer alguna mención de aquellos casos que impactan directamente en las hipótesis del lugar de origen más populares. Por ejemplo, en el sistema fonológico del sánscrito hay sonidos conocidos como consonantes retroflejas que no son heredados del protoindoeuropeo, pero que se encuentran en las lenguas dravídicas, por lo que se ha concluido que el indoario se expandió por una población de hablantes de lenguas dravídicas.[82] Sin embargo, las lenguas dravídicas no son la única fuente local y se afirma que hay unas trescientas palabras en el Rigveda que derivan de una lengua local no indoeuropea del Punyab, que podría tener cierto parecido con las lenguas munda del centro de la India.[83] Asimismo, hay argumentos razonables para defender que las lenguas munda ocuparon alguna vez un área significativamente más grande de la India, la cual conformó el sustrato sobre el que el indoario se expandió por la India oriental.[84]

Otra de las cunas más célebres desafiada por la cuestión de los sustratos es el norte de Europa, donde la rama principal de la teoría del origen nórdico, el germánico, se vio atacada con frecuencia por brigadas de sustratos. Esto comenzó pronto con *sir* William Jones, quien en su famosa cita sospechaba que «tanto el *gótico* como el *céltico*» habían sido «mezclados con un idioma muy diferente». Sigmund Feist, el autor del diccionario etimológico estándar del gótico, por ejemplo, creía que la característica principal de la fonología germánica –el desplazamiento sonoro del germánico (la ley de Grimm; Figura 4.22)– se debía al impacto de un sustrato no indoeuropeo.[85] El estudioso del celta Julius Pokorny (1887-1970) argumentó, tiempo después, que no era el impacto de un sustrato extranjero, sino un cambio en el clima lo que afectó a las formas de articulación entre los ancestros de los alemanes –¿tenían catarro crónico?[86]–. Feist también afirmó que el 30 por ciento del vocabulario germánico derivaba de un sustrato preindoeuropeo. La teoría del sustrato fue ampliamente aceptada entre muchos lingüistas, entre ellos el estadounidense Robert Hall (1911-1997), que veía las características anormales del germánico como el «tipo de restructuración brusca que encontramos en las lenguas pidgin y criollas».[87] Con ello estaba sugiriendo que el germánico –el indoeuropeo más puro para los defensores de la teoría nórdica– era en realidad una lengua pidgin, una lengua comercial simplificada gramaticalmente (por ejemplo, ¿tú querer abalorio hermoso?) que servía para el comercio prehistórico de ámbar entre el Báltico y el Mediterráneo y que, en última instancia, acabó por reemplazar a la lengua local. Añadido al arsenal de argumentos de la idea del sustrato está el hecho de que el alemán desplazó el acento neutro del indoeuropeo a la primera sílaba y, presuntamente, no tiene etimologías del indoeuropeo para un tercio de su vocabulario. También se ha culpado a los sustratos del cambio en los acentos en el celta y en el itálico.[88]

primera fase		segunda fase		tercera fase	
PIE	**PG**	**PIE**	**PG**	**PIE**	**PG**
*p >	*f	*b >	*p	*bh >	*b
*t >	*th	*d >	*t	*dh >	*d
*k >	*h	*g >	*k	*gh >	*g
*k^w >	*h^w	*g^w >	*k^w	*$g^w h$ >	*g^w

Figura 4.22: La ley de Grimm: el desplazamiento del sonido germánico implicó una alteración en tres fases del sistema fonético protoindoeuropeo (PIE) hacia el protogermánico (PG).

No hace falta decir que los críticos con la teoría del sustrato se han mostrado indiferentes. No tanto con la idea de que los estos pueden impactar en la evolución de una lengua, sino con cómo se está demostrando. El aspecto más obvio de las lenguas es que cambian con el paso del tiempo y no hace falta recurrir al aprendizaje imperfecto de ellas como la única explicación. Cada rama de la familia indoeuropea se desvía del protoindoeuropeo: uno podría apelar a los sustratos para cada una de ellas y podría haber algo de verdad en ello. Sin embargo, en el caso del germánico, los críticos argumentan que no se pueden aducir todos los cambios en, por ejemplo, la fonología, a un sustrato desconocido: se necesita presentar o un ejemplo histórico de cómo ha ocurrido esto en otro sitio del mundo, o al menos desarrollar el sistema fonológico apropiado del sustrato no indoeuropeo para explicar el cambio en el sonido. Puesto que quienes defienden un cambio sonoro por sustrato no han presentado estas pruebas, Alfred Schmitt (1888-1976) concluyó que el cambio sonoro del germánico tenía un valor de ± 0 para resolver el problema del origen.[89] En cuanto al vocabulario no indoeuropeo, este se ha reducido –el indoeuropeísta Günther Neumann (1920-2005) afirmó que solo eran unas cien palabras–[90] y, de nuevo, no hay ninguna rama que esté exenta de elementos de su léxico para los que no tenemos –¿todavía?– una etimología indoeuropea. En una revisión reciente del tema, el lingüista alemán Harald Bichmeire revela cómo las estimaciones de la enorme cantidad de palabras con sustrato derivan, principalmente, de una malinterpretación de un trabajo de 1899 y, a pesar de las afirmaciones que se han hecho acerca de la existencia de un número enorme de préstamos, ningún estudio ha listado más de cincuenta o sesenta palabras.[91]

La idea de un sustrato griego es otro gran campo de batalla que aquí tiene implicaciones para la hipótesis anatolia. Si hay una evidencia sustancial de un vocabulario no indoeuropeo asociado con el entorno local de Grecia y con su economía agrícola es difícil defender que sus colonizadores neolíticos introdujeron una lengua indoeuropea. En el *Etymological*

Dictionary of Greek del lingüista holandés Robert Beekes (1937-2017), en torno a un 14 por ciento (1106 palabras) de las, aproximadamente, ocho mil entradas se atribuyen a una lengua pregriega en la que las palabras son «a menudo los nombres de plantas o animales, y parte de la viticultura».[92] Cuán seguro es que estas palabras no indoeuropeas sean de un sustrato neolítico es discutible, puesto que Grecia, Anatolia y el Levante estuvieron en constante comunicación desde el Neolítico en adelante. Por tanto, algunos préstamos podrían ser de una fecha muy posterior. Grecia también importó tanto objetos como palabras de muchos otros sitios del Mediterráneo oriental.

Esto nos lleva a los argumentos para readaptar la hipótesis anatolia en la teoría más reciente del sustrato agrícola. Aquí, algunos lingüistas están de acuerdo en que, mientras que la agricultura se introdujo y expandió por Europa por parte de una incursión de los primeros agricultores de Anatolia, estos primeros agricultores difundieron una lengua no indoeuropea que conformó el sustrato para las expansiones indoeuropeas posteriores. Defienden que se pueden recuperar vestigios del vocabulario de los agricultores anatolios en el léxico agrícola de las lenguas indoeuropeas de Europa.[93] Los partidarios de esta tesis afirman haber encontrado evidencia de palabras con sustrato originarias en el Neolítico, desde griego en el sudeste al germánico en el noroeste, lo cual, como veremos después, también se puede observar en las pruebas arqueológicas y paleogenéticas.

Nos enfrentamos, una vez más, a un problema de partidismo. Que la expansión del indoeuropeo dio lugar a la absorción de hablantes no indoeuropeos en diferentes estadios de su difusión es una certeza absoluta. Que estos sustratos pudieran haber tenido impacto en la formación de las distintas ramas del indoeuropeo es, al menos, bastante posible, aunque medir la importancia de este impacto es casi imposible. Es más, incluso aunque uno acepte que los sustratos tuvieron impacto, es difícil localizar con precisión dónde podría haber ocurrido el impacto. El efecto del sustrato habría tenido lugar en una situación en la que una población nativa habría sido bilingüe en su propia lengua y en la de los indoeuropeos intrusos. Después de algún tiempo, la población abandonaría al final su lengua nativa. Esto podría haber ocurrido en cualquier sitio durante las dispersiones del indoeuropeo y, una vez introducido en el continuo, haber viajado lejos de su fuente original de información. En otras palabras, algo que podría ser sospechoso de representar un sustrato del norte o del oeste de Europa podría haber sido introducido cuando el indoeuropeo se expandió por Europa central u oriental.

Para resumir esta revisión del mapeado de la dispersión de las lenguas, podemos ver que es difícil, si no imposible, crear un mapa geográficamente útil que muestre la localización y estado de las diferentes ramas indoeuropeas en una fecha temprana para triangular la localización de la cunas. Y toda solución ha de estar en acuerdo con la filogenia de las ramas. Está casi plenamente aceptado que la rama anatolia se separó primero y que las otras lenguas indoeuropeas experimentaron un periodo de evolución común. Mientras que se suele aceptar que el tocario fue la segunda rama en separarse, después la filogenia restante ha tendido a ser un problema de partidismo. Que la mayoría de las ramas secundarias o grupos (indoiranio, baltoeslavo, italocelta) impliquen a ramas geográficamente próximas mitiga este problema para la localización última de la mayoría, pero no de todas. La posición filogenética del armenio sigue siendo un gran problema de partidismo, ya que requiere de una cuna secundaria en los Balcanes (para explicar el griego y el frigio), o una secundaria que también asocie el armenio con el indoiranio.

Los intentos de encarar el problema de la cuna aplicando un conjunto de procedimientos lógicos como la teoría de la migración no han encontrado mucho seguimiento entre los indoeuropeístas, porque se basan en la filogenia del indoeuropeo y en la aplicación rígida de procedimientos teoréticos a datos que son demasiado fluidos, mientras que los esfuerzos por calcular la profundidad temporal del protoindoeuropeo y las distintas fechas de separación de las ramas son un problema de partidismo, en especial entre los que podríamos llamar tradicionalistas y aquellos que emplean fórmulas computacionales. En esencia, los tradicionalistas tienden a aceptar las fechas computacionales solo si se aproximan a las suyas: las fechas tradicionales para el protoindoanatolio tienden a situarse, aproximadamente, entre 4500 y 2500 a. C., lo cual concuerda con la mayoría de las fechas computacionales, pero no todas (por ejemplo, las del grupo de Auckland).

Quienes tratan de localizar el lugar de origen averiguando qué lengua está más cerca del protoindoeuropeo se han centrado, tradicionalmente, en el lituano. Esta defensa se basa, en buena medida, en la suposición de que el cambio lingüístico depende, principalmente, de la distancia que una lengua ha recorrido desde su lugar de origen y no se tienen en cuenta todos los factores sociales y demográficos que pueden afectar a la evolución de una lengua. Es más, todavía nadie ha diseñado un método que determine de manera satisfactoria el grado de conservadurismo en la evolución de las lenguas indoeuropeas ni las razones subyacentes. Por último, los intentos de localizar la cuna a partir de la evidencia de la interferencia sufren de la incapacidad para distinguir entre la evolución natural de una lengua y los efectos específicos en una situación de contacto lingüístico en la que una de las lenguas es completamente desconocida.

NOTAS

1 Victor Hehn (1874) citado en Schrader, O., 1883, ed. 1907, 100.
2 Latham, R. G., 1851; Latham, R. G., 1862, 611. Casualmente, Gran Bretaña solo tiene cuatro reptiles e Irlanda uno, la lagartija común; es probable que los irlandeses no estén demasiado atormentados por esta falta de ofidios.
3 Por ejemplo, las lenguas atabascanas (Sapir, E., 1936, 234); las númicas (Lamb, S., 1958, 98); las pomo (Oswalt, R. L., 1964); las otomangues (Harvey, H. R., 1964); el protonigerocongoles (Greenberg, J., 1964, 7); las lenguas salish (Jorgensen, J. G., 1969, 105); las austronesias (Pereltsvaig, A. y Lewis, M., 2015, 120-121).
4 Schrader, O., *op. cit.*, ed. 1890, 426-443; ed. 1907, 483-507.
5 Hirt, H., 1905-1907; en una especie de doble ración para Schrader, Johannes Hoops publicó un libro con ideas parecidas en el mismo año (Hoops, J., 1905).
6 Hirt, H., *op. cit.*, vol. I, 181.
7 Childe, V. G., 1926, 95.
8 Hirt, H., *op. cit.*, vol. I, 183.
9 Devoto, G., 1962.
10 Wichmann, S. *et alii*, 2010, 257.
11 Schmid, W. P., 1972, 17.
12 Schleicher, A., 1853. En 1863, Schleicher cambió el orden a la rama eslavo-germánica como la primera en salir, luego la grecoitalocelta y por último la indoirania.
13 Schleicher, A., 1861, 6.
14 Meillet, A., 1908.
15 Kroeber, A. L. y Chrétien, C. D., 1937.
16 Kroeber, A. L. y Chrétien, C. D., 1939.
17 Kroeber, A. L., 1960.
18 Förstemann, E., 1852; Förstemann, E., 1854.
19 Swadesh, M., 1953.
20 Swadesh tomó la mayor diferencia temporal, que era entre la rama itálica y la eslava, en vez de la distancia real entre la germánica y la eslava (que era de tres mil trescientos años), porque dos lenguas en contacto habrían «actuado como un freno a la divergencia» (*ibid.*, 351).
21 Swadesh, M., 1960.
22 Trager, G. y Smith jr, H., 1950.
23 Wittmann, H., 1969.
24 Tischler, J., 1973.
25 Starostin, G., 2013.
26 Ringe, D. *et alii*, 2002.

27 Gray, R. y Atkinson, Q., 2003; Bouckaert, R. *et alii*, 2012.
28 Chang, W. *et alii*, 2015.
29 Pereltsvaig, A. y Lewis, M., *op. cit.*
30 Kassian, A. S. *et alii*, 2021.
31 Heggarty, P. *et alii*, 2023.
32 Kloekhorst, A. y Pronk, T. (eds.), 2019b.
33 Malzahn, M., 2016.
34 Gamkrelidze, T. e Ivanov, V., 1984, vol. I, 415.
35 Bouckaert, R. *et alii, op. cit.*; Chang, W. *et alii, op. cit.*; Kassian, A. S. *et alii, op. cit.*
36 Kim, R., 2018, 263.
37 Martirosyan, H., 2013.
38 Schmidt, J., 1872.
39 Wilke, G., 1918, 18, fig. 4.
40 Anttila, R., 1989 (1972).
41 Adams, D., 2021.
42 Garrett, A., 2006. Garrett estaba influido por su análisis de los dialectos griegos, lo cual le llevó a la conclusión de que no había suficientes indicios para reconstruir el protogriego; Tremblay llegó a la misma conclusión con respecto a un protoiranio uniforme un año antes (Tremblay, X., 2005, 61).
43 Garrett, A., *op. cit.*
44 Heggarty, P., *et alii*, 2010.
45 Robb, J., 1993, 758.
46 Neureiter, N. *et alii*, 2021.
47 Dyen, I. *et alii*, 1992.
48 Dyen, I., 1956.
49 Diebold, R., 1960.
50 Elemendorf, W. W., 1965.
51 Manning, P., 2006, 128-153.
52 Dyen, I., 1956, 613.
53 Sutton, M., 1991, 306.
54 Dyen, I., 1956, 621.
55 Diebold, R., *op. cit.*, 7.
56 Manning, P., *op. cit.*, 129.
57 *Ibid.*, 131.
58 Dressler, W., 1965, 33.
59 Jäger, A., 1686, 19.
60 Poesche, T., 1878, 66.
61 Bender, H., 1922, 53.
62 Conway, R. S., 1900, 75.
63 Sayce, A. H., 1880, 122.
64 Kennedy, V., 1828.
65 Kalla, L., 1930, 45-54.
66 Poesche, T., *op. cit.*, 66.
67 Arntz, H., 1936b.
68 Charpentier, J., 1926, 162.
69 Poljakov, O., 2015, 206.
70 Müller, M., 1888, 93.
71 Feist, S., 1932, 245; Feist, S., 1933, 184; *véase también* Keith A. B., 1937.

72 Hirt, H., *op. cit.*, vol. I, 196.
73 Forrer, E., 1934, 126.
74 Mansion, J., 1911, 235-236.
75 Kossinna, G., 1925, 239.
76 Fodor, I., 1965.
77 Mańczak, W., 1992; Kosinski, T., 2023, 116.
78 Heggarty, P., 2000.
79 Rendall, G., 1889, 27.
80 Kronasser, H., 1961, 120.
81 Bichlmeier, H., 2020, 75.
82 Kuiper, F. B. J., 1967.
83 Witzel, M., 2006.
84 Ivani, J. *et alii*, 2020.
85 Feist, S., 1910, 14-15; Feist, S., 1913, 450-451.
86 Pokorny, J., 1929; Pokorny, J., 1936.
87 Hall, R., 1966, 19.
88 Keith A. B., *op. cit.*, 17-18.
89 Schmitt, A., 1936, 361-362.
90 Neumann, G., 1971.
91 Bichlmeier, H., *op. cit.*
92 Beekes, R. S. P., 2010, xiii.
93 Kroonen, G., 2012; Kroonen, G. *et alii*, 2022; Bjørn, R., 2023.

CAPÍTULO 5

LA TOPONIMIA Y LA HIDRONIMIA: ¿NUESTRA EVIDENCIA LINGÜÍSTICA MÁS ANTIGUA?

La onomástica es el estudio de los nombres de los lugares y se ha utilizado desde hace mucho tiempo como una puerta al pasado. Mientras que las lenguas de los ocupantes previos de un territorio pueden desaparecer o ser reemplazadas por los nuevos pobladores, a menudo dejan un legado lingüístico en el paisaje. En Gran Bretaña, generaciones de estudiosos han buceado entre listas de nombres de lugares celtas, anglosajones y vikingos con los que poder estructurar las historias locales. También es sabido que hay muchos nombres de lugares que, aunque alterados por poblaciones posteriores, fueron establecidos mucho antes de que hubiera registros escritos. Esto también puede usarse para recuperar la existencia de lenguas prehistóricas. Es poco sorprendente, por tanto, que en la búsqueda de la cuna del indoeuropeo la onomástica también fuera vista como una herramienta apropiada.

TOPONIMIA ANTIGUA

Al observar la presencia de un nombre de lugar construido con la raíz **morg-*, que se creía que estaba en Anatolia central, el hititólogo y asiriólogo polaco-estadounidense y especialista en los primeros sistemas de escritura Ignace Gelb (1907-1985) defendió que reflejaba una raíz indoeuropea que también se hallaba en todo el mundo indoeuropeo desde Gales hasta Baluchistán y rara vez fuera de esta área –encontró cuarenta entradas en su búsqueda en un diccionario geográfico–. Es obvio que ignoró la pléyade de Morgans y Morgantowns que hay en Estados Unidos. Para Gelb, por tanto, **morg-* estaba, claramente, «como en casa en el área indoeuropea y en ningún sitio más». Como creía que había evidencias –sufijos– que indicaban una presencia indoeuropea en Oriente Próximo en el tercer y segundo milenios a. C., sugirió que la cuna estaba al norte del Creciente Fértil, desde donde, se supone, los indoeuropeos se dispersaron por todo el Mediterráneo, presumiblemente fundando asentamientos que, en ocasiones, contenían la raíz **morg-*.[1] La selección de nombres incluiría nombres personales (Morges, un rey); morgetes (los vasallos del rey Morges); y Morgantina (la ciudad en la que se asentaron Morges y su pueblo, que, según las pruebas arqueológicas, data alrededor de 1000 a. C. en adelante).

¿Quizá el nombre de un río podría decirnos dónde estaba la procedencia? El estudioso suizo del sánscrito Hermann Brunnhofer (1841-1916) estaba seguro de que el río indio Rasā- y el avéstico Raŋha eran cognados con el río griego Araxes –el Aras armenio– y que era el Araxes el que servía de plantilla para los otros nombres de sonido similar. En consecuencia, sugirió que el Araxes, junto con su hermano, el río Kurá, eran los prototipos para todos los ríos con nombres parecidos, así como que los indoeuropeos habían partido desde una cuna entre el Kurá y el Araxes –es decir, Armenia–.[2] No era así para el indólogo y arqueólogo Friedrich Knauer (Fiódor Ivanovich; 1849-1917), que logró publicar su trabajo acerca de los orígenes del indoeuropeo algunos años antes de ser exiliado a Siberia. Knauer observó correctamente que el río rastreado por Brunnhofer también era cognado del Rahā, el nombre escita para el Volga, pero también argumentó que, de la misma manera, era cognado con un hidrónimo frecuente en ruso, «Ross», e incluso con el nombre nacional ruso, «Rus», aunque este último suele interpretarse como un nombre en nórdico antiguo que ha pasado por varios filtros lingüísticos antes de asociarse con la fundación nórdica de la Rus de Kiev. Desde la perspectiva de Knauer, una vez que hubo asentado a los indoiranios y eslavos en el Volga, este se convertía en un posible hogar para la rama satem del indoeuropeo y, por extensión, también ayudó a localizar el lugar de origen del indoeuropeo.[3] No hay duda de que hubo una palabra protoindoeuropea, **ros*, que, en la mayoría de las lenguas indoeuropeas, significa «humedad» o «rocío» (incluido en ruso). También da lugar a nombres de ríos en indoiranio, entre ellos el de un río mítico tanto en los textos religiosos indios como iranios. Sin embargo, rastrear ríos míticos es poco probable que vaya a decirnos dónde estaba la cuna del indoeuropeo. No obstante, ha habido muchos que han defendido que el mejor camino hasta el lugar de origen es «más ríos».

HIDRÓNIMOS

Los pocos intentos de localizar la procedencia sobre la base de un único hidrónimo han tenido poco o ningún impacto en la cuestión, aunque las sistematizaciones de nombres de ríos, al menos durante un tiempo, desempeñaron un relevante papel en el discurso del *Urheimat*. La razón para esto es que de todos los vestigios lingüísticos que uno podría descubrir, los nombres de ríos se han visto, por lo general, como los más conservadores y los menos susceptibles de ser reemplazados con el tiempo. Las poblaciones angloparlantes en el Nuevo Mundo se asentaron en el Misisipi, Saskatchewan y Wabash, pero los nombres de estos ríos derivan de sus ocupantes previos, al igual que el Támesis, Avon y Wear en Gran Bretaña. A pesar de que las lenguas eslavas se hablan desde el Danubio hacia el este, es una palabra del iranio oriental para «río» (**dan*) la que aporta los nombres de la mayoría de los ríos principales de las estepas –Danubio, Dniéster, Dniéper, Don, Donets–, mientras que solo la cuenca del Dniéper se alimenta de más de treinta ríos con nombres iranios.[4] El lingüista búlgaro Vladímir Georgiev (1908-1986) analizó los nombres de ríos de Bulgaria y defendió que había una correlación entre la longitud del río y la antigüedad del nombre; los ríos más largos llevaban nombres antiguos en tracio y los más cortos nombres recientes en búlgaro (eslavo).[5] Con la demostración de que la abrumadora mayoría de los ríos más largos –unos quinientos kilómetros– en Europa llevaban nombres indoeuropeos, concluyó que una antigua hidronimia –sistema de nombres de ríos– indoeuropea se extendía desde el Rin hasta el Don y desde la Escandinavia meridional hasta los Alpes, Balcanes incluidos, y que esta área podría entenderse como el *Urheimat*.[6]

A pesar de que el lingüista alemán Hans Krahe (1898-1965) no fue el primero en exponer una gran sistematización de nombres antiguos de ríos europeos en indoeuropeo –el lingüista polaco Jan Rozwadowski (1867-1935) había propuesto la existencia de una región con nombres de ríos en indoeuropeo que iba desde el norte del Cáucaso al norte y este de Europa–, su sistematización ha demostrado ser resistente, aunque no sin un amplio escepticismo. Aceptó que los nombres de ríos constituían la evidencia fehaciente más antigua que teníamos para las lenguas de Europa y que había una red de nombres de ríos recurrente cuyas raíces y varios sufijos podrían ser entendidos como indoeuropeos y anteriores a la división del indoeuropeo en las ramas principales (celta, itálica, germánica, etc.).[7] La evidencia de la antigüedad del sistema podría verse, por ejemplo, al interpretar la diferencia en los sufijos entre nombres de ríos, como Ala*ra* y Ala*nt*ia (aquí, *-r* y *-nt* como formas de sufijos bien conocidos en indoeuropeo llamadas heteróclitos). Los sufijos heteróclitos se usaban para formar casos gramaticales distintos en anatolio, pero se observan solo como vestigios en las otras ramas, en las que ya habían adoptado una u otra forma. Por ejemplo, *-r* en el lituano *vasarà*, «verano»; y *-nt* en el sánscrito *vasantah*, «primavera». De ese modo, en un tiempo en el que el anatolio, indoario, iranio y griego ya se habían formado como ramas independientes, en teoría en torno a 1500 a. C., el área desde Gran Bretaña hasta el Báltico y al sur hasta los Alpes estaba ocupada por un bloque de lenguas indoeuropeas todavía no diferenciadas que más tarde emergieron como celta, germánico, itálico, véneto (una lengua del norte de Italia) y mesapio (una lengua del sur de Italia). Krahe llamó a este sistema hidronímico *Alteuropaisch* [antiguo europeo], que todavía se emplea para referirse al área de nombres de ríos de Krahe –y antes de Rozwadowski– y que no debería confundirse con la «Vieja Europa» de Marija Gimbutas (*vid.* pág. 213), que, para ella, hacía alusión a los pueblos neolíticos sin duda *no* indoeuropeos del sudeste de Europa que precedieron a la expansión de los nombres de ríos en indoeuropeo de Krahe. También hay que remarcar que el propio Krahe no entendía el área del antiguo europeo como la cuna; básicamente, seguía la hipótesis de la estepa.[8]

El antiguo europeo de Krahe aporta una base para una teoría diferente del lugar de origen por parte de su antiguo pupilo, Wolfgang P. Schmid (1929-2010),[9] que creía que los límites geográficos de Krahe eran demasiado reducidos –la sistematización podía extenderse al este hasta el Dniéper– y, lo que es más importante, muy cortos desde el punto de vista temporal: para Schmid, los nombres de ríos no eran una forma tardía de un europeo indiferenciado, si no del propio protoindoeuropeo. Schmid argumentaba que para explicar algunos de los nombres del *Alteuropaisch* (por ejemplo, los nombres de ríos bálticos como *Indus*, *Indura* e *Indra*) uno tenía que irse fuera del mundo del antiguo europeo y fijarse en el indoiranio (aquí, el sánscrito *indu*, «gotear») o emplear formaciones gramaticales indoarias más arcaicas para explicar los nombres de los ríos. Aseguraba que el núcleo geográfico de los hidrónimos es el Báltico y que era desde ahí donde los nombres diseminados por Europa encontrarían más a menudo su paralelo, lo cual podría verse como un apoyo más para la teoría de la cuna lituana (Figura 5.1). El modelo de Schmid se ha continuado hasta el presente por el siguiente en la cadena de académicos, Jürgen Udolph, que ha dado más argumentos para la antigüedad del sistema de ríos del *Alteuropaisch* y ha defendido que la falta de un sistema similar de nombres de ríos en el sur de Rusia, el Cáucaso y Anatolia es una buena razón para eliminar estas regiones como procedencias potenciales (el método de exclusión, *vid.* pág. 90). Por el contrario, todas estas pruebas sugieren que la cuna estaba en la región báltica.[10]

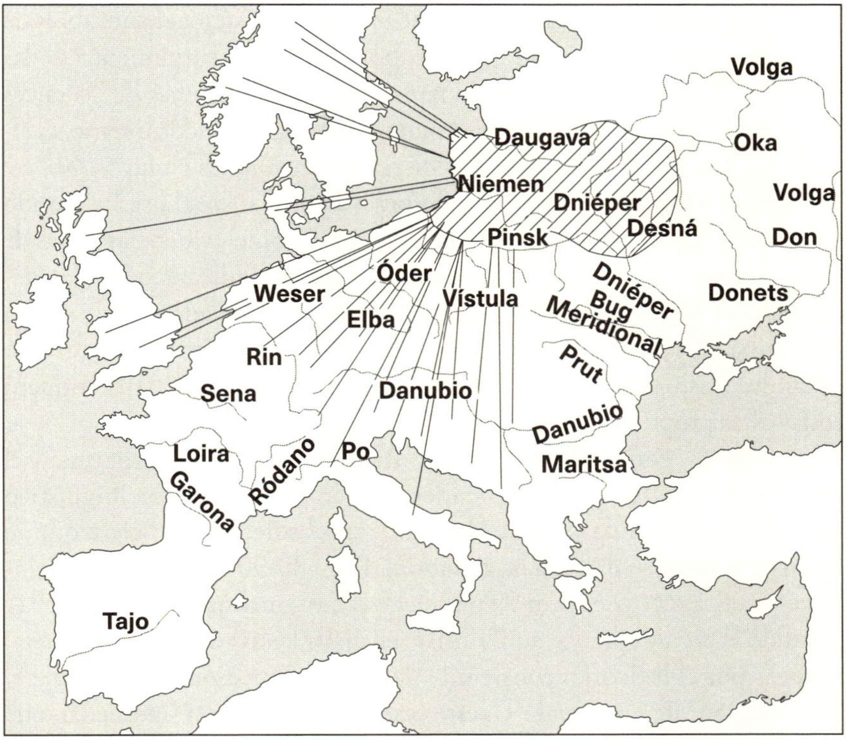

Figura 5.1: La teoría del lugar de origen de Wolfgang Schmid. Las líneas indican en qué lugares de Europa los hidrónimos encuentran un nombre correspondiente en la región báltica. Los defensores de esta aproximación argumentan que, como la mayoría de los nombres en común se agrupa en el Báltico, esto indica que su lugar de origen fue este y, por tanto, es también la cuna indoeuropea.

LA OPINIÓN DE LOS RASTREADORES DE LA CUNA

La evidencia hidronímica plantea un problema interesante a los rastreadores de la cuna. La onomástica, con el estudio de los nombres de los ríos incluido, es muy reconocida por ofrecer, posiblemente, la prueba rastreable más antigua para la dispersión de una lengua de una sociedad preliteraria. Además, tiene un papel significativo en la discusión de la distribución de las lenguas a lo largo del mundo, entre ellas las indoeuropeas, con importantes análisis –y debates– relativos a lenguas como la celta en el oeste hasta el iranio y el indoario en el este. Sin embargo, surge un problema cuando se lidia con el *Alteuropaisch* y propuestas similares que han desarrollado un corpus de pruebas, el cual ha sido ampliamente marginado en la búsqueda del origen del indoeuropeo. Las razones para esto tienen que ver con problemas estrictamente lingüísticos, cronológicos y, sospecho, con la mortalidad humana.

Los críticos con la adscripción de un extenso sistema de nombres de ríos europeos a una fase del indoeuropeo anterior al surgimiento de las ramas locales europeas a menudo han señalado que muchas de las raíces propuestas son tan cortas que podrían pertenecer a, prácticamente, cualquier lengua. Derivar los nombres de raíces tan simples como **el/ol*, **er/or*, **ab-*, **ap-* y demás se ve como una práctica muy sospechosa.[11] Cuando otros lingüistas explican muchas de estas raíces como evidencias claras de que los habitantes de Europa hablaban lenguas dravídicas[12] o alguien defiende a los cuatro vientos un paisaje lingüístico modelado por el euskera o por una lengua semita, uno empieza a perder confianza. El historiador holandés y estudioso de la onomástica, D. P. Blok (1925-2019) etiquetó todas estas propuestas como «cabalística lingüística».[13]

Además, como planteó Harald Bichlmeier, quienes proponían el sistema del antiguo europeo tienden a operar en un marco lingüístico anterior a la Segunda Guerra Mundial, tan obsoleto que sugiere que su aproximación a los datos la ha abandonado un 80-90 por ciento de los indoeuropeístas actuales y un 99 por ciento de los menores de 50 años.[14] A menudo la técnica parece que consiste en aislar la raíz del nombre y luego navegar por el lexicón reconstruido del indoeuropeo para determinar si hay algún encaje potencial –en este caso, una raíz con un significado que se pudiera haber empleado para nombrar un río–. Un lingüista que explore los cognados para la palabra «vaca» en una lengua buscará, por lo general, en diccionarios en lenguas cercanas dicha palabra o una próxima semánticamente (por ejemplo, vaquilla, ternero, bestia, búfalo...). Esto no es así para identificar el lexema y significado del nombre de un río en una lengua desconocida en la que hay una enorme cantidad de fuentes potenciales: la raíz empleada podría ser cualquier palabra que denote tamaño, forma, color, verbos de movimiento (correr, caer) o vegetación (árboles, especies de árboles), cualquier palabra remotamente asociada con la humedad y, al menos en Irlanda, incluso la palabra «vaca» valdría –el río Boyne deriva de la palabra celta para «vaca blanca»–.* Cuando un hidrónimo profusamente investigado como *Druantia*, que suele derivar de **dreu-*, «correr», puede también derivar perfectamente de **dru-went-*, «rico en árboles»,[15] uno se pregunta cuánto trabajo de revisión hace falta para demostrar que los nombres de los ríos se han etimologizado de manera convincente como indoeuropeos. A esto podemos añadir la sospecha de que muchos de los hidrónimos podrían no ser indoeuropeos en origen y que, simplemente, pasaron por un filtro

* N. del T.: **Bou-vindā.*

indoeuropeo posterior.[16] Muchas de las raíces indoeuropeas citadas de manera frecuente también se han empleado para definir áreas de lenguas no indoeuropeas en la antigua Iberia.[17]

El segundo gran problema es la cronología de los hidrónimos. Como hemos visto, Krahe los asignó a un periodo anterior al surgimiento de las ramas europeas (celta, itálica, germánica, etc.), el cual databa en torno a 1500 a. C.; Udolph fecha este fenómeno en *ca.* 1000 a. C.[18] La crítica más consistente a Udolph consiste en que las supuestas fechas más antiguas deberían ser anteriores al surgimiento de las diferentes ramas, pero sigue sin estar clara la antigüedad de los nombres.[19] Más: varios lingüistas se han mostrado indiferentes a los argumentos a favor de una gran antigüedad debido a la frecuencia de la vocal *-a*, que ha servido, tradicionalmente, para indicar que, o bien los nombres no eran indoeuropeos, o bien se fechaban en la Edad del Bronce final.[20]

En resumen, los hidrónimos *podrían* adscribirse a un periodo en el que ya tenemos evidencias de un anatolio, indoario, iranio y griego independientes y la datación de Krahe no está lejos de la tendencia de la lingüística computacional y de las filogenias tradicionales de situar las fechas de separación de las distintas ramas en un periodo entre 2000 y 1000 a. C.[21] Incluso aunque en teoría aceptásemos que había un sistema más o menos uniforme en el indoeuropeo para los nombres de ríos –no tan antiguo como la dispersión inicial de las lenguas indoeuropeas, aunque anterior al surgimiento de algunas de las ramas europeas–, ¿qué relevancia tiene esto para la localización de la cuna, que podría ser miles de años antes? Incluso si los indoeuropeos se hubieran dispersado desde el polo norte, dos o tres mil años habrían sido tiempo suficiente para que sus descendientes de la Edad del Bronce se hubieran atemperado en los ríos de la Vieja Europa. Udolph ha intentado reivindicar un papel fundamental para los nombres de los ríos en *Alteuropaisch* y ha defendido que «la cuna de las lenguas indoeuropeas solo puede buscarse dentro de la hidronimia del antiguo europeo».[22] Plantea una narrativa en la que la hidronimia del antiguo europeo está asociada con las mejores tierras agrícolas, así como que estos agricultores reemplazaron a las poblaciones mesolíticas anteriores (¿?) y sus nombres se fijaron en el paisaje con un centro de expansión en el Báltico. Veremos después que este escenario no salió adelante, sin embargo, porque se contradice tanto con las evidencias arqueológicas como con las genéticas, que sitúan a los primeros agricultores de la región báltica como inmigrantes relativamente tardíos.

Por otro lado, Udolph trae a colación un punto interesante al señalar que no hallamos un sistema de hidronimia en el indoeuropeo temprano fuera de esta área en, por ejemplo, Anatolia, el Cáucaso o las estepas,[23] por ello, excluye estas tres supuestas cunas de la discusión. Debemos admitir que mientras que sí tenemos una serie entera de buenos nombres iranios para los ríos principales y secundarios de la estepa europea, no encontramos evidencias para nombres indoeuropeos todavía más antiguos en muchas de las cunas más populares que se han propuesto.

¿O sí las encontramos? Esto nos lleva a mi tercer –y, ciertamente, especulativo– punto: la discusión de los nombres de los ríos y la cuna indoeuropea es una víctima peculiar del aforismo recitado con frecuencia y atribuido en origen a Max Planck de que la ciencia avanza gracias a los funerales, lo cual quiere decir que las nuevas ideas solo triunfan cuando sus oponentes desaparecen. Sin embargo, aquí tenemos una situación en la que tanto los defensores como los críticos se han reducidos a un número tan pequeño que el debate parece haber caído por debajo de la capacidad intelectual necesaria para sostener la discusión en cualquier sentido.

Así, a pesar de que el estudio de la hidronimia se ha visto durante mucho tiempo como una evidencia antigua, si no la más antigua, de los paisajes lingüísticos de una región y de que está razonablemente bien analizado en áreas donde se trabaja a partir de una lengua claramente identificable en un territorio (por ejemplo, las ramas indoeuropeas como la celta, germánica y eslava), los intentos de identificar paisajes lingüísticos antes de la formación de las principales ramas indoeuropeas han llevado a un mayor escepticismo debido a los pauperizados criterios para la identificación. Por tanto, los intentos de recuperar un paisaje hidronímico real del protoindoeuropeo han tenido muy poca credibilidad y han sido ampliamente, aunque no por completo, marginalizados en la caja de herramientas de los rastreadores del *Urheimat*.

NOTAS

1 Gelb, I., 1951. De hecho, **morg-* en PIE parece significar «frontera» (Mallory, J. P. y Adams, D. Q., 2006, 288).
2 Brunnhofer, H., 1884.
3 Knauer, F., 1912-1913.
4 Telegin, D., 1990.
5 Georgiev, V., 1966.
6 *Ibid.*, 192.
7 Krahe, H., 1954; Krahe, H., 1964.
8 Krahe, H., 1970, 68.

9 Schmid, W. P., 1968; Schmid, W. P., 1972.
10 Udolph, J., 2017.
11 Kühn, H., 1967, 7.
12 Lahovary, N., 1961; Vennemann, T., 2003.
13 Blok, D. P., 1971.
14 Bichlmeier, H., 2012, 15.
15 Bichlmeier, H., 2017, 46.
16 Kühn, H., *op. cit.*, 17
17 Blok, D. P., *op. cit.*
18 Udolph, J., *op. cit.*, 237-238.
19 Bichlmeier, H., 2017, 37.
20 Kühn, H., *op. cit.*, 6; Scherer, A., 1960; Scherer, A., 1961.
21 Por ejemplo, Kassian, A. S. *et alii*, 2021.
22 Udolph, J., *op. cit.*, 242 («*Die Heimat kann nur innerhalb der Alteuropaischen Hydronymie gesucht werden*»).
23 Rassokha, I. N., 2007, 19-46 no lo ve así.

CAPÍTULO 6

LOCALIZAR A LOS PRIMEROS VECINOS DE LOS INDOEUROPEOS

Una aproximación popular para localizar la procedencia de los indoeuropeos es determinar quiénes fueron sus vecinos. Cuando seguimos la genealogía lingüística de una lengua hasta la época del protoindoeuropeo, no hay razón para imaginar que hemos llegado a la primera aparición de la lengua. Al igual que en la narrativa bíblica Jafet parte para difundir en algún momento el indoeuropeo y otras lenguas, su hermano Sem lo hizo para fundar las lenguas semíticas, mientras que Cam fue el padre de las lenguas camíticas del norte de África. Así, en términos contemporáneos, un número nada desdeñable de lingüistas ha defendido que la localización del protoindoeuropeo podría determinarse a partir de sus parientes más cercanos.

Antes de que empecemos a explorar algunas de las vías por medio de las cuales los rastreadores de la cuna han aprovechado las relaciones externas de una lengua para determinar su lugar de origen, necesitamos hacer algunas aclaraciones relativas a los diferentes tipos de relaciones lingüísticas que hay. Nuestro primer tipo es entre lenguas relacionadas genéticamente con un ancestro común inmediato, lo cual presupone que comparten un lugar de origen común atrás en el tiempo. Otro tipo tiene que ver con protolenguas que no están genéticamente relacionadas, al menos de manera perceptible, pero que han tomado prestados algunos elementos de una lengua porque están en contacto entre sí. Esta distinción no es una elección entre esto o lo otro, porque una lengua puede ser el resultado de los dos procesos. El inglés comparte un ancestro común con el holandés, el alemán y las lenguas escandinavas, lo cual nos lleva a una cuna germánica en el noroeste de Europa, pero el inglés también ha tomado prestadas muchas palabras de sus vecinos germánicos como el nórdico (por ejemplo, *skill*, *kill*, *knife*, *die* [habilidad, matar, cuchillo, morir]), el holandés (*bluff*, *booze*, *cookie* [engaño, bebida, galleta], etc.) y el alemán (*hamster*, *kindergarten* [hámster, jardín de infancia], etc.). De hecho, el porcentaje de palabras germánicas «nativas» heredadas del inglés antiguo se estima por algunos en no más de un tercio de su vocabulario y la mayoría del léxico inglés deriva del francés o directamente del latín. Es más, para añadir otra dosis de complejidad, incluso los anglosajones que se establecieron en Gran Bretaña lo hicieron llevando una pizca de palabras en latín que habían penetrado previamente en el antiguo mundo germánico. A medida que naveguemos por los argumentos principales en torno a las relaciones externas del protoindoeuropeo, necesitaremos tener en mente qué relevancia tienen estas relaciones para la búsqueda de la cuna.

Una relación genética cercana entre el protoindoeuropeo y otra familia lingüística podría tener un interés evidente para nuestra búsqueda si suponemos que conocemos dónde se localizaba la otra familia lingüística en el momento justo. Una relación genética más distante en la que el protoindoeuropeo es, simplemente, un hijo más de una macrofamilia lingüística mucho mayor no será útil, porque arrastra a cualquier lugar de origen común tan atrás en el tiempo que la primera cuna podría no ser relevante desde el punto de vista geográfico para la de los indoeuropeos. También tendremos que lidiar con aquellos casos en los que el protoindoeuropeo ha tomado prestados, o ha prestado, elementos de su lengua a otra familia lingüística y de qué manera esto podría ser relevante geográficamente. Por último, analizaremos brevemente las hipótesis que apoyan la idea de que el protoindoeuropeo surgió a partir del matrimonio –de común acuerdo o a la fuerza– de dos familias lingüísticas diferentes, una idea que emergió en el siglo XIX, apareció de manera intermitente en los años posteriores y que ha cobrado un nuevo impulso en la actualidad. Estas hipótesis no están buscando relaciones incestuosas entre dos lenguas hermanas, sino la mezcla de dos familias lingüísticas sin ningún tipo de relación.

LOS ACTORES PRINCIPALES

La lógica de usar una familia lingüística diferente como ancla para localizar la cuna indoeuropea es bastante obvia. Miren, por ejemplo, al semitólogo alemán Fritz Hommel (1854-1936), que, en 1879, expuso las pruebas de que el indoeuropeo y las lenguas semíticas estaban emparentadas, lo cual, para él, dejaba el problema del *Urheimat* indoeuropeo «medio resuelto». Concluyó que, debido a que las lenguas semíticas antiguas –como el acadio– ocuparon sobre todo los países modernos de Siria e Irak, la única procedencia lógica para los indoeuropeos debía de estar entre el Caspio y Bactria.[1] Del mismo modo, el gran lingüista danés Hermann Möller (1850-1923), que publicó un diccionario comparado de indoeuropeo y semítico, sugirió un lugar de origen en Anatolia o el norte de Irán.[2]

Aunque las lenguas actuales de Europa son, en su mayoría, indoeuropeas, también comparten el continente con otra familia lingüística, la urálica –junto con una lengua semítica, el maltés, y una lengua aislada, el euskera–. El finlandés, sami, estonio y húngaro son las que mejor se conocen, pero hay grupos de otras lenguas urálicas en el Volga y en las laderas occidentales de los Urales, al igual que en una extensa área del norte de Rusia al este de los Urales. A finales del siglo XVIII se reconocía que las diferentes lenguas urálicas pertenecían a una única familia lingüística y, en 1853, el reconocido –si bien controvertido– lingüista y folclorista finlandés Daniel Europaeus (1820-1884) publicó su comparación de algunas lenguas urálicas con el indoeuropeo y sugirió que estaban relacionadas genéticamente.[3] En 1869, esta idea fue promulgada también por el lingüista danés Vilhelm Thomsen (1842-1927), seguido por Nikolai Anderson (1845-1905), un germano-estonio profesor de primaria en la ciudad de Tartu.[4] Menos de una década después, el académico ruso Theodor Koeppen (1833-1908) también defendió que el indoeuropeo estaba genéticamente emparentado con la familia urálica y que la procedencia indourálica –en sus palabras, «ario-finlandesa»– estaba en la región del Volga Medio en Rusia, donde las dos familias lingüísticas se separaron, es posible que como resultado de haber sido empujadas por intrusos de Asia, o quizá debido al cambio climático.[5] Para recordarnos la persistencia de algunos argumentos, uno de los intentos más recientes de localizar la cuna urálica también ha empleado el cambio climático como motivo principal.[6]

También ha habido intentos de asociar el indoeuropeo con la familia kartveliana, una pequeña familia lingüística del sur del Cáucaso en la que el georgiano es, por mucho, el miembro más famoso. Uno de los padres fundadores de la lingüística indoeuropea, Franz Bopp (*vid.* pág. 7), creía que el kartveliano[7] estaba relacionado con el indoeuropeo, aunque esta idea permaneció enterrada hasta una nueva explosión de actividad a partir de la década de 1960. Más o menos al mismo tiempo, el celtista suizo –y mi compañero en la Queen's University Belfast– Heinrich Wagner (1923-

1988) defendió que la relación entre el indoeuropeo y el kartveliano podría explicarse mejor si la cuna indoeuropea estuviera al norte del Cáucaso, entre los Balcanes y el mar de Aral –o al menos lo poco que queda de él–.[8] Robert Austerlitz (1923-1994), rumano de nacimiento y experto tanto en lenguas urálicas como en altaicas, empleó una amplia red de herramientas tipológicas para posicionar el protoindoeuropeo al oeste de una cadena de lenguas aglutinantes euroasiáticas, como el urálico, y al norte de las lenguas caucásicas.[9] El lingüista ruso Georgy Klimov (1928-1997), un académico de referencia en la lingüística kartveliana, se mostró indiferente hacia las escasas pruebas de las relaciones entre lenguas kartvelianas e indoeuropeas.[10] No obstante, Tamaz Gamkrelidze y Vyacheslav Ivanov defendieron que la cuna indoeuropea debía de posicionarse entre las lenguas kartvelianas y semíticas. Esto es, entre el sur del Cáucaso y el norte de Irán, la localización del modelo de la Gran Armenia (*vid.* Capítulo 14).[11]

Estos son los principales familiares o vecinos potenciales del protoindoeuropeo, aunque muchas otras familias lingüísticas también han protagonizado su parte en la búsqueda del lugar de origen, como las lenguas altaicas y las familias del norte del Cáucaso. Ahora observaremos más de cerca cómo estas teorías podrían servir a los objetivos de los rastreadores de la cuna.

LA APERTURA INDOURÁLICA

Daniel Europaeus defendía que el indoeuropeo y el urálico estaban más cerca entre sí de lo que cada uno estaba de otra lengua o de otra familia lingüística. Aunque tal afirmación sigue siendo controvertida, la teoría, ciertamente, tiene muchos más defensores que cualquier otra propuesta de relación genética del indoeuropeo con otra familia lingüística. Las pruebas se basan en un espectro de evidencias gramaticales (*vid.* Figuras 6.1 y 6.3) y léxicas (*vid.* Figura 6.5), las cuales han sido abundantemente publicitadas y enérgicamente combatidas.[12] La defensa o el escepticismo es, hasta cierto punto, regional, con una cantidad significativa de indoeuropeístas en la Universidad de Leiden en los Países Bajos –uno de los principales centros de investigación del indoeuropeo en Europa– que apoyan el indourálico,[13] al igual que un célebre grupo de lingüistas en Moscú,[14] mientras que se dice que la mayoría de quienes estudian lenguas urálicas, al menos los finlandeses, son o agnósticos o escépticos.[15] El problema se debe a qué constituye una evidencia convincente de una conexión genética entre dos familias lingüísticas que, tal y como el lingüista finlandés Juha Janhunen nos recuerda, «son en muchos aspectos fundamentalmente diferentes».[16] En este caso, no estamos en la posición de *sir* William Jones para señalar las –francamente, bastante obvias– correspondencias entre el sánscrito, griego y latín, sino más bien ante las escasas reliquias de aspectos en común que, supuestamente, sobrevivieron a miles de años de cambio lingüístico. El lingüista danés Frederik Kortlandt, defensor de la hipótesis indourálica, plantea que las pruebas esperables es probable que consistieran en algunas correlaciones gramaticales y «unos pocos elementos comunes en el vocabulario básico», lo cual, argumenta, ya ha sido demostrado de forma convincente.[17] Del mismo modo, Alexei Kassian y sus compañeros de Moscú, empleando una lista de vocabulario de cincuenta palabras, recuperaron siete correspondencias que, según ellos, eran «residuos de la protolengua indourálica original».[18]

Por otro lado, Johanna Nichols sugiere que la docena de palabras cuidadosamente reconstruidas sobre las que se ha construido la defensa de una relación genética o un contacto «no son suficientes para no ser una casualidad, dado el tamaño de la lista de palabras analizadas y la laxitud semántica y formal de la búsqueda».[19] Ciertamente, admite que algunas de las correspondencias léxicas y gramaticales propuestas «son llamativas y plantean preguntas», así como que son «usos compartidos genuinos y muy antiguos», aunque no está claro cómo podrían ayudar en la cuestión del lugar de origen. Asimismo, Lyle Campbell y William Poser clasifican el indourálico como una de las «propuestas plausibles,[20] pero no concluyentes» de relaciones familiares entre lenguas. Zsolt Simon es todavía más escéptico y, después de reducir veintiuno de los treinta ejemplos citados con frecuencia en la categoría de *nicht haltbar* [insostenibles] y siete a la condición de problemáticos, sugiere que incluso aquellos que podrían ser posibles podrían explicarse como préstamos tomados de los ancestros lingüísticos del tocario según migraban hacia el este.[21] ¿Por qué todo esto es tan poco concluyente?

El problema de establecer relaciones genéticas distantes entre lenguas y, en este caso, diferentes familias lingüísticas es la cantidad de pruebas requeridas para probar la relación. Uno de los indoeuropeístas más influyentes, Antoine Meillet (*vid.* Capítulo 4), propuso la regla, generalmente aceptada, de que necesitabas tres líneas de evidencia: en el área de la gramática; en la fonología –correspondencias sonoras–; y en el vocabulario, que se considera que es menos susceptible de haber sido prestado. Los defensores de la teoría indourálica pueden señalar lo que ellos consideran una similitud reseñable en los pronombres personales, los cuales se admite que son una parte de la gramática particularmente resistente al préstamo, aunque es cierto que hay pruebas de pronombres prestados, incluyendo el inglés, donde *they* [ellos, ellas], *their* [su, de ellos] y *them* [los, las] fueron importados del nórdico. Así, un defensor del indourálico presenta una terminación de un pronombre personal en protourálico y protoindoeuropeo (Figura 6.1) que muestra parecidos llamativos y sugiere que los dos derivan de un ancestro común.

	singular		
	1.ª persona	**2.ª persona**	**3.ª persona**
PU	**m- ~ -n-*	**t ~ -nt-*	**s-*
PIE	**m-, *n-*	**t-*	**s-*

Figura 6.1: Comparación entre terminaciones de pronombres personales en protourálico (PU) y protoindoeuropeo (PIE).

Sin embargo, un escéptico contrataca con otra lista igualmente llamativa de correspondencias mostradas aquí (Figura 6.2).

	singular			plural	
	1.ª persona	**2.ª persona**	**3.ª persona**	**1.ª persona**	**2.ª persona**
PIE	**-m*	**-s*	**-t < ** Ø*	**-me(s)/-mo(s)*-m*	**-te*
PMO	**-m*	**-s*	** Ø*	**-mas*	**-to-k*

Figura 6.2: Comparación entre algunas terminaciones de pronombres personales en protoindoeuropeo (PIE) y protomiwok oriental (PMO).

Esta comparación también parece sorprendente, pero aquí las similitudes están apoyando una relación genética entre el protoindoeuropeo y el miwok oriental, una lengua de una tribu nativa americana del norte de California.

O vean las similitudes entre los interrogativos principales en indoeuropeo y urálico –quién, qué, etc.– (Figura 6.3).

PU	**ku/ko-*	**mi-*
PIE	**ku-, k^wi/e*	**mo*

Figura 6.3: Comparación entre interrogativos en protourálico (PU) y protoindoeuropeo (PIE).

Contra esto el escéptico puede lanzar la forma interrogativa *ču*, la cual tiene un parecido fonético evidente con el PIE **ku* y demuestra que el protoindoeuropeo no solo estaba genéticamente relacionado con la lengua de una tribu del norte de California, sino también con el quechua, una lengua de Perú –¡creo que vamos a necesitar un mapa más grande!–.

Se pueden citar correspondencias similares para otras palabras breves y terminaciones, pero el escéptico puede seguir lanzando contraejemplos, defendiendo que los pronombres y las terminaciones de pronombres de todo el mundo por su propia naturaleza suelen ser palabras cortas con terminaciones que tienden a explotar un rango reducido de las consonantes menos distintivas, que incluye, frecuentemente, *m*, *n*, *t*, *k* y *s*. Por ello, su aparición puede ser –como en algunos de los ejemplos mostrados aquí– una simple cuestión de azar en vez de un indicador de un ancestro común.[22] En resumen, hay que plantear una comparación gramatical que deje mudos a los críticos.

Meillet escribió que había que encontrar ejemplos de una «aberración compartida» –un ejemplo que convirtiera cualquier similitud casual en una posibilidad infinitesimalmente pequeña–. Un caso de manual sería comparar las formas irregulares de los adjetivos comparativos en alemán e inglés para probar que derivan de una fuente común. Pongamos que se compara el alemán *gut*, «bueno», con el inglés *good*, «bueno», para demostrar que el alemán y el inglés están relacionados. El astuto crítico responde que también se podría haber comparado la palabra inglesa para malo, *bad*, con la palabra persa, *bad*, pero estas palabras no están de ninguna manera relacionadas. Entonces se presenta el caso de una «aberración compartida», que recuerda al crítico que en inglés los comparativos y los superlativos se suelen formar añadiendo sufijos: *small* («pequeño»)-*smaller* («más pequeño que»)-*smallest* («el más pequeño»); *slow* («lento»)-*slower* («más lento que»)-*slowest* («el más lento»), etc., aunque en inglés no se dice *good* («bueno»)-*gooder* («mejor que»)-*goodest* («el mejor») –al menos no desde que tienes 3 años–. Se dice *good-better-best*. Cuando observamos que los alemanes también dicen *gut-besser-best* es todo un argumento contundente. Los escépticos del indourálico todavía están esperando un argumento contundente similar.

La otra evidencia, vista normalmente como inferior a la gramatical, se extrae del léxico y de si los cognados propuestos están relacionados sistemáticamente por su fonología –sonidos–. De un primer vistazo, uno podría imaginar –y bastante gente lo sigue haciendo– que se puede lidiar con esta evidencia si sencillamente se rastrean los diccionarios de dos lenguas modernas en busca de palabras con un significado y una forma fonética vagamente similares. Por ejemplo, el euskera *amu*, «anzuelo»: gaélico escocés *cam*, «torcido».[23] Esto suele descartarse por «haber tocado fondo»: se están empleado dos lenguas de la última rama para comparar dos árboles familiares, que es probable que sean diferentes en apariencia y posiblemente en significado, de sus formas en sus respectivas protolenguas, cuando es presumible que estuvieran más relacionadas. Para dar una idea de la magnitud del problema vamos a hacer un experimento arbitrario y, para mí, personal. Mis abuelos maternos llegaron a Filadelfia desde dos partes muy distintas del mundo indoeuropeo. Los dos, tal y como tengo entendido, hablantes de sus respectivas lenguas nativas: irlandés y armenio. Comparemos una parte del vocabulario que tiende a ser más resistente a los préstamos, como los numerales básicos (Figura 6.4). Las comparaciones están lejos de ser obvias, en especial con las relaciones entre el armenio y el protoindoeuropeo.

significado en español	PIE	irlandés	armenio
uno	_*h$_1$oi-no_	_aon_	**mek**
dos	_*dwoh$_3$(u)_	_do_	_erku_
tres	_*treyes_	_tri_	_erek'_
cuatro	_*k^{w}etwores_	_ceathair_	_ch'vors_
cinco	_*penkwe_	_cuig_	_hing_
seis	_*ksweḱs_	_se_	_vets'_
siete	_*septm̥_	_seacht_	_you'_
ocho	_*(H)oḱtoH_	_ocht_	_ut'_
nueve	_*h$_1$neun_	_naoi_	_iny_
diez	_*deḱm̥_	_deich_	_tasy_
cien	_*ḱm̥tom_	_cead_	**hazar**

Figura 6.4: Comparación de los numerales en protoindoeuropeo (PIE), irlandés y armenio. A pesar de la falta de similitud superficial, todos los numerales en armenio, excepto el uno y el cien, son cognados con los irlandeses y derivan del protoindoeuropeo.

Esta ha sido la parte fácil. Ahora, imaginen que tanto el irlandés como el armenio fueron protolenguas, que experimentaron grandes diásporas y que, después de otros tres mil o cinco mil años cada una dejó un hilo de lenguas hijas. ¿Cuáles son las probabilidades de recuperar su relación original?

A partir de esto podemos ver que son las protolenguas las que hay que comparar, no las lenguas individuales, ya que esto tiene un impacto mayor en el tamaño del proyecto. En función de las fuentes, el número de elementos protoindoeuropeos –raíces, palabras– que aparecen en los diccionarios etimológicos principales tiende a ser de mil quinientos, mientras que el protourálico tiene entre doscientos y setecientos elementos.[24] El número de parejas cognadas propuestas entre las dos familias varía en cantidad y calidad. El insigne especialista en lenguas urálicas, el sueco Björn Collinder (1894-1983), contó cincuenta de las que pensó que eran las mejores en 1965,[25] mientras que más recientemente Rasmus Bjørn ha estrechado el círculo a menos de veinte (Figura 6.5).

Algunas de estas formas (por ejemplo, «agua») se han visto como persistentemente duras y halladas fuera del indoeuropeo y del urálico, mientras que muchas otras es probable que sigan siendo problemáticas debido a la naturaleza de la bestia. Se estima que los parecidos por puro azar surgirán en un orden del 5-7 por ciento de las veces,[26] lo que significa que si el léxico protourálico está limitado a entre doscientos y setecientos elementos, entonces entre diez y treinta y cinco de las conexiones podrían haber sido resultado del azar. Es más, incluso entre aquellas palabras listadas como las más probables, Bjørn todavía deja abierta la puerta a posibles préstamos.

significado en español	PIE	PU
perforar	*bherH-	*pura-
dar	*deh$_3$-	*toɣe
diez	*deḱm̥	FV *tVksVn
montaña	*g^{w}orH-	FU *we̮re
oro	**h$_2$eusom	*vaśke
intercambiar	*h$_2$mei-gw-	*miɣ(w)e
huérfano	*h$_3$or-(bh-)	FU *orpa
hielo	*ieg-	FU *jäŋe
seco	*ḱseh$_1$-ro-	*kośke
perro	*ḱ(u)wōn	*kVn-
recolectar	*leǵ-	FU *le̮ŋe̮
hidromiel, dulce	*médhu-	*mete
sumergir	*mesg-	*mośke
balancearse, estremecerse	*pelh$_1$-	*pele
siete	*septm̥	U *säptä
agua	*wed-r	*wetä
liderar	*wedh-	FU *weta
precio	*wos-no-	FU *wosa

Figura 6.5: Los cognados protoindoeuropeos y urálicos más probables listados por Rasmus Bjørn en 2017. En la columna del protourálico (PU) (es decir, lenguas ugrofinesas y samoyedas), FU indica que no hay cognado en las lenguas samoyedas, FV indica que no lo hay en las lenguas fino-volgaicas y U lo indica en las ugrias.

Si uno abandona una conexión genética estrecha entre el indoeuropeo y el urálico, aún hay muchos que defienden alguna forma de relación en la que se cree que se dieron préstamos del indoeuropeo al urálico en diferentes momentos de la evolución de las dos familias. Por ejemplo, el lingüista finlandés Jorma Koivulehto (1934-2014) consideró que un número de palabras citadas a menudo como evidencias del indourálico eran préstamos entre el protoindoeuropeo y el protourálico que ocurrieron tan temprano que no pueden entenderse como préstamos tardíos entre las diferentes ramas de las dos familias.[27] Obviamente, desde el punto de vista de un rastreador de la cuna, esta interpretación también asociaría geográficamente a los ancestros de las protolenguas de ambas familias.

La prueba más antigua e indiscutible de que el indoeuropeo estaba en contacto con el urálico se observa en la presencia de préstamos indoiranios. Por ejemplo, el finlandés *porsas*, «cerdo», fue tomado del indoiranio **parsa-*, «cerdo», que es un arquetipo de manual de la forma antigua de PIE **porḱos* (*porcus*, en latín), después de que evolucionara a su aspecto satem (indoiranio). Tanto si uno opta por la existencia del indourálico, por un contacto entre el indoeuropeo y el urálico o, simplemente, por préstamos entre ramas ya formadas del indoeuropeo y el urálico, ¿qué nos dice esto acerca de la procedencia del indoeuropeo?

Si dejamos a un lado las evidencias históricas, arqueológicas y genéticas de que los magiares –húngaros– fueron inmigrantes en el siglo X d. C., la distribución de las lenguas urálicas se da, básicamente, por toda la parte norte de Europa y el oeste de Asia y se extiende tan al sur como el tramo superior del Volga (Figura 6.6). La búsqueda de la cuna urálica ha estado activa más o menos el mismo tiempo que la indoeuropea, pero, por fortuna, los posibles lugares de origen no se han proyectado por tantos lugares –a excepción, por supuesto, de las afirmaciones de que los físicos teóricos húngaros vienen de Marte–. La pregunta principal en torno a la procedencia indoeuropea a finales del siglo XIX era si estaba localizada en Europa o Asia; para la cuna urálica esta también ha sido la incógnita principal y todavía lo sigue siendo. La mayoría de las soluciones al lugar de origen urálico tiende a situarlo entre el Volga y el Obi o el Yeniséi al este, sobre todo en los bosques septentrionales o la taiga –y entre la estepa meridional y la tundra septentrional– de Eurasia, donde la población desarrollaba una economía de caza, pesca y recolección.[28] El intento más riguroso y reciente de localizar el protourálico tardío, la lengua justo antes de la disolución, sitúa la cuna en la región central de los Urales entre los ríos Kama Medio y Tobol Medio.[29]

En lo relativo a la fecha de su existencia, las estimaciones generales han oscilado entre 4000 y 2000 a. C., lo cual, como veremos, cae en el periodo del protoindoeuropeo tardío o del posprotoindoeuropeo. Como las pruebas de las relaciones entre el urálico y el indoeuropeo son un tanto distantes comparadas con las relaciones dentro de la familia indoeuropea, se presume que la supuesta protolengua común debería situarse al menos varios miles de años antes del protoindoanatolio –la primera rama del indoeuropeo–, en torno a 7000-6000 a. C.[30] Se suele asumir que esto indica una cuna protoindourálica en algún sitio entre el Volga Medio y los territorios inmediatamente al este de los Urales, lo cual abrazaría una cantidad considerable de soluciones a la cuna urálica y la solución de la estepa para el indoeuropeo. Por otro lado, un proponente del indourálico ha situado recientemente el lugar de origen en la región sudeste del Caspio, donde el indoeuropeo emerge de la cultura neolítica local Jeitun, mientras que el urálico se asocia con la cultura Kelteminar del sur del mar de Aral, que era, principalmente, cazadora-recolectora.[31]

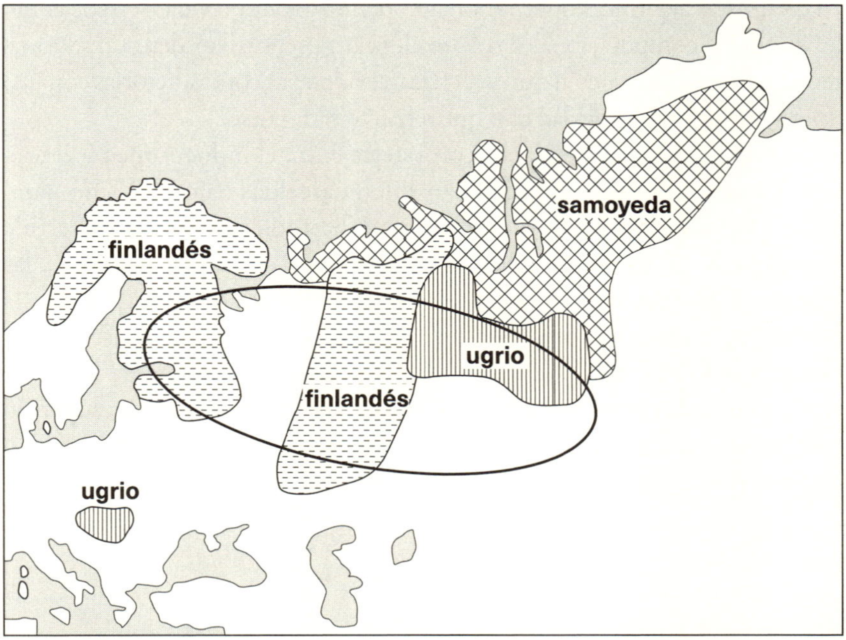

Figura 6.6: Distribución de las lenguas urálicas y cunas propuestas. Aunque las cunas sugeridas han ido desde tan al oeste como Dinamarca y tan al este como el río Yeniséi, la mayoría de las teorías sitúa el lugar de origen en algún lugar dentro del óvalo.

Por supuesto, el lector escéptico reconocerá aquí un problema –eso espero–: si no sabes *con seguridad* dónde está el lugar de origen urálico (Figura 6.6), ¿cómo puede ayudarte esto a localizar la cuna indoeuropea? ¿No estamos ante un ciego guiando a otro ciego? ¿Tiene tan mala pinta? No, es aún peor. Vamos a tomar dos citas del mismo congreso en torno a las relaciones entre el urálico y el indoeuropeo. Nos encontramos con el arqueólogo húngaro János Makkay, el cual asegura que «la primera cuna urálica seguramente estaba cerca de los protoindoeuropeos»,[32] mientras que Juha Janhunen defendía que «hay pocas razones para asumir que los lugares de origen del urálico y del indoeuropeo estaban cerca el uno del otro».[33] Recientemente, los defensores de un origen oriental del urálico han alertado a los estudiosos de las lenguas urálicas para que no se maravillen con análisis genéticos o contactos dudosos entre el protoindoeuropeo y el urálico que les hagan sentirse atraídos por encajar el lugar de origen con el *Urheimat* indoeuropeo en Europa.[34] Esto no ha evitado un intento reciente de repensar el modelo de la estepa para explicar los orígenes del urálico en vez de los del indoeuropeo.[35] Con cada bando posicionando su cuna en función de dónde la sitúe el otro, la confianza en este camino para resolver el *Urheimat* –sea cual sea– no puede ser demasiada. De nuevo, este es uno de esos problemas de partidismo ignorados a menudo en las revistas científicas internacionales cuando los autores alardean de cómo los modelos computacionales o la evidencia genética han demostrado una teoría del lugar de origen u otra y rechazan evidencias contradictorias con una nota al pie de una autoridad afín que refuerce el discurso.

Esta no es la única relación propuesta entre el indoeuropeo y el urálico. Estas dos familias también han sido guarecidas bajo el mismo paraguas junto con la altaica –una macrofamilia todavía más controvertida que consiste en turco, mongol y, posiblemente, coreano y japonés–, las lenguas chukotko-kamchatka y las esquimo-aleutianas para formar la familia euroasiática promovida por el lingüista estadounidense Joseph Greenberg (1915-2001) (Figura 6.7).[36] Un intento reciente de localizar el protoindoeuropeo en el contexto de una cuna euroasiática ha sugerido una localización entre el lago Baljash y Altái.[37] Todavía está por ver cómo concuerda este modelo con las pruebas arqueológicas y genéticas.

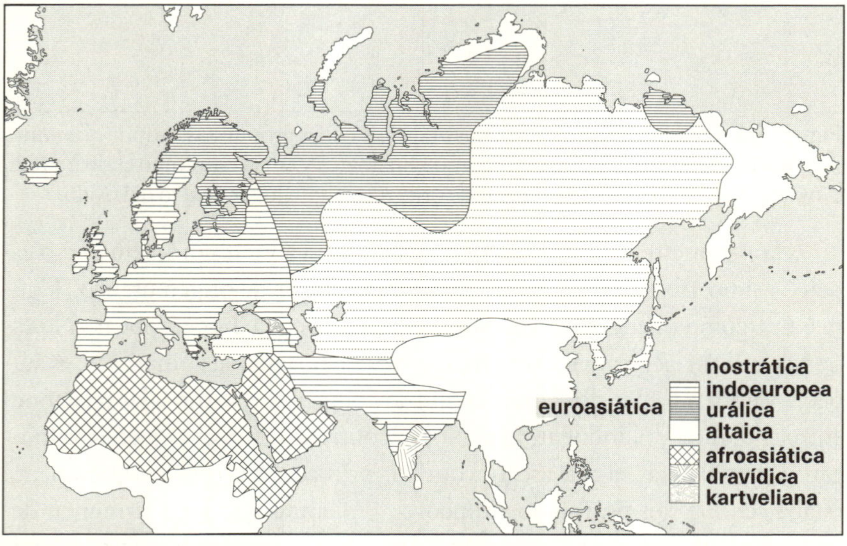

Figura 6.7: La distribución de las macrofamilias euroasiática y nostrática. Las ramas principales euroasiáticas consisten en la indoeuropea, urálica y altaica (la dispersión de las tribus túrquicas y mongolas ofrece una imagen exagerada del área oriental de su distribución). A estas, la nostrática añade la kartveliana, afroasiática y dravídica. Hay ramas adicionales localizadas en el extremo oriental o que se han extinguido hace mucho tiempo.

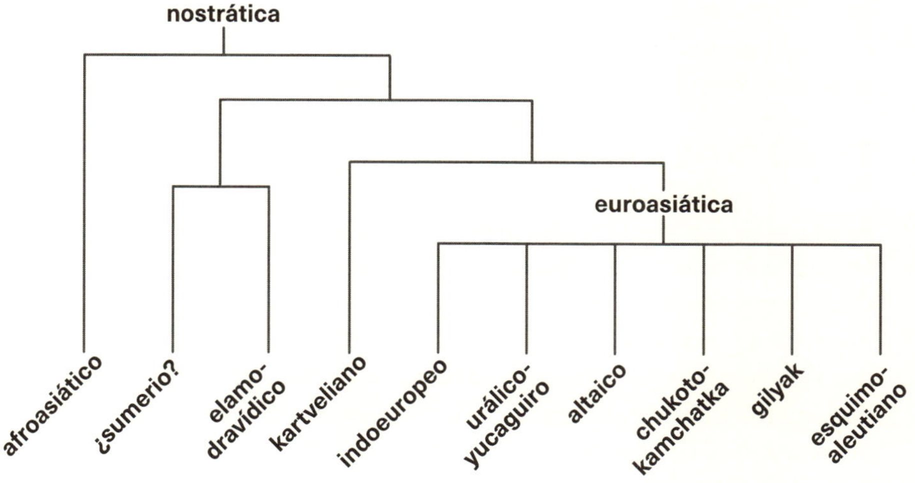

Figura 6.8: Uno de los árboles propuestos para las lenguas nostráticas (a partir de Bomhard, A., 1996).

Por último, tenemos el menú familiar extragrande con patatas fritas, la macrofamilia nostrática, propuesta por primera vez en 1905 por el lingüista danés Holger Pedersen (1867-1953), que incorpora la familia euroasiática, quizá como una rama de una familia que también incluye lenguas al sur del Cáucaso como las kartvelianas, las afroasiáticas, dravídicas y es posible que el elamita antiguo y muchas otras (Figuras 6.7 y 6.8). El problema de emplear estos constructos lingüísticos como anclas geográficas es que a medida que crecen en tamaño, también lo hacen en términos de profundidad temporal, por lo que se vuelven cada vez más irrelevantes para el problema que tenemos entre manos. Imaginen por un momento que están buscando la procedencia de la lengua inglesa: ser informado de que la cuna indoeuropea está en Armenia o en Bactria no les ayuda demasiado, porque estos lugares de origen tan remotos son demasiado distantes tanto en el tiempo como en el espacio como para aportar pistas de la localización de los antiguos germanos, mucho menos de la de quienes navegaron hasta Gran Bretaña. Casi la única información geográfica potencialmente útil que se podría extraer de estos grandes constructos con respecto a la localización de los protoindoeuropeos es que, si se defiende cualquier modelo desde el indourálico hasta el euroasiático, se esperará hallar la cuna en algún sitio al norte de una línea que va desde el Cáucaso hacia el este por el Pamir y el Hindú Kush, ya que todos los grupos lingüísticos constituyentes están en el norte de Eurasia. Si, por otro lado, lo apuestan todo por la familia nostrática, entonces todo vale, con una cuna definitiva al sur del Cáucaso como el lugar más probable de las migraciones humanas hacia el norte de Eurasia. Sin embargo, esto les dejaría todavía con una secundaria para el indoeuropeo y otras lenguas euroasiáticas en el norte. ¿Podemos ir más atrás en el tiempo? Sí, hay lingüistas dispuestos a llevar algunas palabras hasta el protosapiens, que es lo más cerca del Arca de Noé que se puede estar.

LA APERTURA AFROASIÁTICA

Aunque los argumentos para un origen común del indoeuropeo y de las lenguas semíticas se han sacados a relucir en ocasiones,[38] y la familia indoeuropea y la afroasiática se han encontrado –tal vez de mala gana– en la macrofamilia nostrática (*vid.* Figuras 6.7 y 6.8), las publicaciones rara vez han llevado a postular una cuna indosemítica común, aunque la propuesta de Carleton Hodge para una fuente en el Nilo para el ancestro común del indoeuropeo y del egipcio se acerca bastante (*vid.* pág. 31).[39] La mayoría de la discusión relativa al indoeuropeo y las lenguas semíticas se ha centrado en los contactos o en su papel dentro de macrofamilias. El primer gran ejemplo de esto se asocia con Johannes Schmidt, un auténtico peso pesado en el mundo indoeuropeo que, como ya hemos visto en el Capítulo 4, es conocido, principalmente, por introducir la *Wellentheorie* [teoría de ondas] en las relaciones lingüísticas. El intento de Schmidt de localizar el *Urheimat* se basaba, en buena parte, en la evidencia de que, a pesar de que el sistema numeral indoeuropeo es claramente decimal, también hay pruebas de que se cruzó con un sistema duodecimal –o hexadecimal–. Tales pruebas provienen del germánico –observen cómo decimos «once» y «doce» y no «uno-diez» y «dos-diez», o que el alemán reconoce un «cien largo» (es decir, el 120)–.* También hay otros vestigios en otras lenguas europeas. Como los babilonios –y sus predecesores, los sumerios– emplearon asimismo un sistema duodecimal, Schmidt creía que la cuna indoeuropea tendría que localizarse cerca de Mesopotamia para explicar el impacto del sistema duodecimal; la situó en el Pamir, en Asia Central, o cerca de allí.[40]

Esta hipótesis no tuvo demasiado impacto, sobre todo cuanto otro peso pesado, Hermann Hirt, trató de desmantelarla a conciencia al señalar que las pruebas de Schmidt se limitaban a algunas lenguas europeas y que el indoiranio, que estaba más cerca geográficamente de Mesopotamia, no tenía vestigios de ese sistema. Es más, señalaba Hirt, la influencia mesopotámica podría haber viajado muy lejos –tan lejos como Alemania– sin que eso implicara que los europeos vinieran de Mesopotamia y los sistemas basados en el 6 o en el 12 han aparecido de manera independiente por todo el mundo.[41]

* N. del T.: Se refiere a la expresión medieval *großes Hundert* («gran cien»), que representaba una cantidad de 120 monedas.

A pesar de que los argumentos de Schmidt no convencían en general, no estaba lejos, argumentalmente, de llegar a las relaciones entre las lenguas semíticas y las indoeuropeas. Mientras que la mayoría de los numerales en indoeuropeo surge de una etimología interna, con alusión, normalmente, a partes del cuerpo, el PIE **septm̥*, «siete», se cree que deriva del semítico **sabʔatum*, «siete».[42] El número de préstamos potenciales varía enormemente de una fuente a otra, al igual que el vector por medio del cual los préstamos entraron en el indoeuropeo. Por ejemplo, Albert Schott (1901-1945), catedrático de asiriología en Bonn, presentó ciento setenta y cinco cognados potenciales entre el indoeuropeo y el semítico[43] y Ants-Michael Uesson (1926-2009), un defensor del indourálico, estimó que un cuarto de ellos estaba asociado a la agricultura y, por tanto, es probable que fuera introducido en Europa por la difusión de la agricultura desde Oriente Próximo.[44] En el estudio monumental de los indoeuropeos de Gamkrelidze e Ivanov, listan diecisiete préstamos semíticos en indoeuropeo, muy relacionados con la agricultura, y seis préstamos del sumerio.[45] Luego, en 1985, otro notable lingüista de la era soviética, Ígor Diákonov (1915-1999), hizo trizas, prácticamente, veintitrés pruebas de préstamos semítico-indoeuropeos,[46] mientras que un análisis de las evidencias mucho más reciente por Rasmus Bjørn ha reducido el número de auténticos sospechosos a unos diez, con otros trece en el cajón de «no parecen prometedores, pero se les podría dar otra vuelta» (*vid.* Figura 6.11).

balcánico antiguo		**PIE**	
**okk-t-ō*	«ocho»	**(H)oḱtoH*	«ocho»
**š(w)iki-t-*	«seis»	**ksweḱs*	«seis»
**šap-tam*	«siete»	**septm̥*	«siete»
**kwri-*	«comerciar, pagar»	**k^{w}rei(h_2)-*	«pagar»
**gow*	«vaca»	**g^{w}ōus*	«vaca»
**Howi*	«oveja»	**$h_{2/3}$ówis*	«oveja»
**duχn*	«grano»	**dhoHn-*	«grano, pan»
**g(l)rnu-*	«rueda de molino»	**g^{w}rH-n-*	«rueda de molino»
**medu-*	«dulce, miel»	**medhu-*	«dulce, hidromiel»

Figura 6.9: Algunas palabras prestadas del balcánico antiguo al protoindoeuropeo (PIE) según Bjørn, R., 2023.

Más recientemente, Bjørn asignó veintiún elementos léxicos a los varios periodos de préstamos potenciales y propuso la existencia del balcánico antiguo, la lengua neolítica de los primeros agricultores de los Balcanes. Esta se identifica como una rama extinta de la familia afroasiática que aportó el vector cultural y lingüístico para varios animales domésticos (vacas, ovejas, cabras) y algunos numerales (seis, siete, ocho) y conceptos relacionados en la estepa póntica (Figura 6.9).[47] Acerca de los préstamos sumerios, solo queda uno y se cree que cualquier préstamo potencial sumerio no habría sido hecho directamente por los sumerios, sino mediante otras lenguas de la zona (semíticas).[48]

LA APERTURA KARTVELIANA

El Cáucaso es el hogar de una serie de diferentes lenguas que se han dividido, tradicionalmente, con algunos problemas, en tres grupos o familias distintas. El menos cuestionable es el grupo más meridional, la familia kartveliana, que se ve como una lengua aislada (una familia lingüística sin parientes conocidos –aunque ha sido agrupada por algunos dentro de la macrofamilia nostrática; *vid.* Figura 6.8–). Lo que es más interesante, no parece estar relacionada con los otros dos grupos de lenguas del Cáucaso septentrional. Hay unos cinco millones de hablantes de lenguas kartvelianas, de las cuales, como hemos visto, la más grande por mucho es el georgiano, una lengua con escritura atestiguada desde el siglo V d. C. El georgiano era la lengua materna de Tamaz Gamkrelidze, el coautor –junto con Vyacheslav Ivanov– de uno de los estudios monumentales de la cultura indoeuropea y de sus orígenes. Estos autores referencian ciertas similitudes estructurales entre el kartveliano y el indoeuropeo y listan treinta y dos préstamos léxicos que defienden que ocurrieron cuando el protoindoeuropeo estaba en contacto con el semítico y el kartveliano en el cuarto y tercer milenios a. C.[49] Bjørn (Figura 6.10) ha reducido el número a diez, de los cuales siete representan préstamos del protoindoeuropeo en kartveliano y otros tres que parecen haberse movido en la otra dirección.[50]

PIE		**PK**	
*dheĝh-om	«tierra»	*diγwam	«suelo fértil»
*$h_1$webh	«tejer»	*γweb-	«abrevadero, colmena»
*yugóm	«yugo»	*uγ-el	«yugo»
*ḱērd	«corazón»	*m̥̣ḱ-k'erd-	«pecho»
*mat-	«gusano»	*maṭḷ̥-	«gusano»
*(H)oḱtoH	«ocho»	*otχo	«cuatro»
*tek(?)-(s)-	«confeccionar»	georgiano-zan *txaz-	«trenzar»
*ǵemH-	«yerno»	*kmar-	«marido»
*tep-	«caliente»	*tep-	«caliente»
*woinom	«vino»	*γwin-	«vino»

Figura 6.10: Préstamos más probables entre el indoeuropeo y el kartveliano según Bjørn, R., 2017. Los siete primeros son préstamos protoindoeuropeos (PIE) al protokartveliano (PK), mientras que los últimos tres se entienden como préstamos del PK al PIE.

LA APERTURA PÓNTICA

La kartveliana es una de las tres familias lingüísticas locales del Cáucaso. A su norte están las otras dos familias lingüísticas, sin relación con ella: la caucásica noroccidental y la nororiental. De estas, la noroccidental consiste en una serie de lenguas con un número cada vez más reducido de hablantes, de las cuales el cabardino –1 700 000 hablantes, aproximadamente– es la mayor, mientras que el ubijé se extinguió el 7 de octubre de 1992 con la muerte de Tevfik Esenç a los 88 años. Esenç había transmitido a los lingüistas –uno de los cuales era la célebre autoridad en mitología indoeuropea Georges Dumézil (1898-1986)– todo lo que sabía en su lengua materna. Ya en la década de 1960 algunos lingüistas habían empezado a escribir en relación con sus sospechas de que las lenguas caucásicas noroccidentales tenían alguna relación con el indoeuropeo. En cualquier caso, esta relación solo había sido intuida hasta la década de 1990, cuando John Colarusso, un especialista en lenguas caucásicas, introdujo su concepto del protopóntico, una protolengua que albergaba a dos familias: la protoindoeuropea y la protocaucásica noroccidental.[51] Con argumentos sobre la base de elementos fonéticos, gramaticales y veinte léxicos, Colarusso sugirió la existencia de una familia lingüística protopóntica que se remontaba a 8000 a. C., aproximadamente, y que se situaba en el Cáucaso noroccidental hasta extenderse por el sur de Ucrania, con Crimea incluida. Fue aquí donde Colarusso creía que el caucásico noroccidental y el protoindoeuropeo se acabaron separando en dos familias lingüísticas.

En 2012, el lingüista croata Ranko Matasović volvió al tema. A pesar de que no halló pruebas convincentes para muchos préstamos léxicos, hizo una apuesta tentativa por ver los contactos en una variedad de elementos fonológicos, y sobre todo gramaticales, que se encuentran en el indoeuropeo, pero que suelen estar ausentes en el resto de lugares excepto en el Cáucaso.[52] La relación propuesta entre el caucásico noroccidental y el indoeuropeo ha sido, por decirlo de manera suave, como mucho, controvertida y, como poco, ignorada, aunque surgió de nuevo cuando una de las autoridades principales de la teoría nostrática, el lingüista estadounidense y especialista en budismo Allan Bomhard, la presentó en 2015 –con ciento cincuenta elementos léxicos–;[53] después, en un extenso artículo en 2019, amplió el número potencial de cognados léxicos entre el caucásico noroccidental y el indoeuropeo a unos doscientos.[54]

Con el caucásico noroccidental es con el que se han hecho más intentos de estudiar las relaciones genéticas, pero la lengua caucásica nororiental, que continúa la cadena de lenguas caucásicas septentrionales hasta el mar Caspio, también ha sido parte de la narrativa relativa a las relaciones, normalmente simples contactos, entre la familia caucásica y la indoeuropea. En el trabajo de Bjørn acerca de los elementos foráneos en el indoeuropeo se han analizado ejemplos relevantes.

Las lenguas del Cáucaso pueden no ser particularmente numerosas en términos de número de hablantes y, con la excepción del kartveliano, solo están atestiguadas por escrito en tiempos modernos. Sin embargo, no hay que tener mucha imaginación para apreciar su importancia potencial en la búsqueda del lugar de origen. El Cáucaso no solo ha sido visto como la localización real de la cuna, también la gran mayoría de las teorías defendidas con más ahínco sitúa la procedencia cerca del Cáucaso, bien al norte o al sur. Esto nos lleva, naturalmente, al problema de derivar el protoindoeuropeo a partir de la colisión de dos familias lingüísticas muy diferentes.

LA APERTURA DE LA LENGUA MIXTA

Hay que admitir que todas las lenguas toman prestados elementos de sus vecinas, por lo que no hay ninguna lengua «pura». Sin embargo, en algunos casos el nivel de mezcla es tan extremo, en especial en los elementos gramaticales, que es difícil determinar una única lengua predecesora. Ya hemos visto que tan pronto como en 1890 estudiosos como Daniel Brinton creyeron que el protoindoeuropeo no podía haber evolucionado simplemente a partir de una versión anterior de él mismo, sino que había sido el resultado de la «fusión de dos o más lenguas aglutinantes o semifusionantes».[55] Estaba jugando con la idea –errónea– de que las lenguas del mundo se situaban en una escala evolutiva de complejidad –y superioridad cultural–. Las más primitivas –aisladas– tenían una gramática expresada por el orden de las palabras, ya que no tenía terminaciones, tal y como encontramos hoy en el chino. Estas gramáticas se asociaban –por error– con el estadio «salvaje» del desarrollo de las sociedades humanas. Luego llegaron las lenguas aglutinantes, donde la gramática se expresa añadiendo una serie de sufijos a los finales de las palabras, cada uno expresando un elemento gramatical diferente, tal y como aparecen en las lenguas urálicas y caucásicas. Aquellos que habían «progresado» a una lengua aglutinante podían darse una palmadita en la espalda, pues habían alcanzado el «barbarismo». Por último, en cabeza estaban las lenguas flexivas, donde la palabra puede cambiar en una variedad de formas, con terminaciones cargadas con múltiples funciones, normalmente. El indoeuropeo era, claramente, una lengua flexiva –lo cual significaba que, en términos evolutivos, era «civilizada»–. Brinton imaginó que una lengua flexiva como el indoeuropeo solo podía haber llegado a existir cuando dos lenguas aglutinantes se cruzaron entre sí. Parecía una teoría sin pies ni cabeza hasta que, en la década de 1930, una serie de lingüistas, todos ellos con su reputación de salirse del tiesto, empezaron a sugerir que el indoeuropeo era una lengua mixta formada por dos elementos muy distintos.

En 1934, el asiriólogo suizo Emil Orgétorix Forrer (1894-1986) –llamado así por el famoso líder de los helvecios en la época de Julio César– defendió que el indoeuropeo se formó a partir del movimiento de una lengua paterna (*Vatersprache*) desde la región báltica hasta la del mar Negro, donde se emparejó con una lengua materna (*Muttersprache*) que se había formado en algún sitio entre los Alpes y el Altái, una especie de predecesor del euroasiático.[56] Un año después, teníamos la teoría del lingüista holandés C. C. Uhlenbeck (1866-1951), cuya especialidad lingüística iba desde el indoeuropeo hasta el siksiká. Uhlenbeck también sugirió dos componentes: «A», el cual igualaba el urálico y el altaico y aportaba al indoeuropeo los pronombres –la semejanza entre los pronombres en urálico y en indoeuropeo se ha observado desde hace mucho tiempo–, raíces verbales y algunos sustantivos derivados de verbos; y un componente «B», puede que derivado del Cáucaso, que aportaba los numerales, términos de parentesco y palabras relacionadas con la fauna y la flora.[57] Antes de que acabara la década, el famoso lingüista ruso Nikolái Trubetzkoy (1890-1938) había dejado un trabajo influyente y había publicado póstumamente en relación con las lenguas indoeuropeas, a las cuales veía como un puente entre el urálico y el altaico en el norte y el caucásico y semítico en el sur; aportaba, así, dos componentes a la formación del indoeuropeo.[58] Estas ideas fueron más desarrolladas en la década de 1960 por el lingüista ruso Boris Gornung (1899-1976), que entendía el indoeuropeo como el resultado de dos componentes: tribus mesolíticas locales parecidas a la *Muttersprache* de Forrer y al componente «A» de Uhlenbeck y agricultores de los Balcanes.[59] Desde una perspectiva social distinta, el lingüista italiano Vittore Pisani (1899-1990) vio los dos componentes del indoeuropeo en términos de una aristocracia guerrera de Asia occidental o central –nómadas a caballo– que se impusieron por encima de una clase sacerdotal del Cáucaso.[60]

La evidencia para una gran contribución de las lenguas caucásicas en la formación del indoeuropeo ayudó a convencer a Kortlandt para sugerir que este era «una rama del indourálico que se transformó bajo la influencia de un sustrato caucásico».[61] Este modelo aporta el contexto para la amplia discusión de Bomhard acerca del concepto del indoeuropeo como una combinación de indourálico –o, de manera más amplia, euroasiático– y una lengua caucásica noroccidental.[62] Hay que remarcar que tanto los cognados propuestos como todo el modelo ocupan un nicho muy pequeño y controvertido del debate indoeuropeo actual, pero, como veremos en un capítulo posterior, podría ofrecer un puente atractivo entre algunas de nuestras soluciones al lugar de origen actuales.

EL DILEMA DE LOS RASTREADORES DE LA CUNA

Entonces, ¿qué se puede decir? Primero, hay consenso en que las lenguas urálicas absorbieron una cantidad sustancial de préstamos de las lenguas indoiranias en varios periodos, es probable que en distintos estadios de evolución del indoiranio a medida que evolucionaba tanto en la estepa europea como en la asiática.[63] Algunos de estos préstamos comprobados, por un lado, no son problemáticos y, por otro, se catalogan como «preindoiranios» porque no reflejan todos los cambios sonoros asociados con la rama indoirania (por ejemplo, las formas satem). Esto sitúa a alguna forma de indoeuropeo temprano al menos en contacto con las lenguas urálicas teóricamente antes de 2000 a. C. Más allá de esto, los lingüistas están muy divididos y para los buscadores del lugar de origen esto resulta en un problema enorme de partidismo. Si los suyos no aceptan ninguna relación anterior a una entre el indoiranio y el urálico, el único requisito para su solución al lugar de origen es llevar a sus indoiranios desde su cuna hasta la estepa euroasiática en torno a 2000 a. C. Teóricamente, se pueden traer desde la propia estepa euroasiática o desde un Sol Negro en una galaxia diferente, pero habrá un problema de posibilidad: los indoiranios son un componente trascendente del mundo indoeuropeo y cuanto más tengan que desplazarlos para contactar con el protourálico, o una cadena de ramas urálicas tempranas entre el Volga y el Obi, menos posible es el modelo. Si, por otro lado, se intenta contentar a los defensores de una relación entre el protoindoeuropeo y el urálico, entonces es muy posible que sus protoindoeuropeos tengan que ocupar la estepa euroasiática un milenio o más antes. Si ustedes se adhieren al concepto de indourálico, salvo que puedan anclar con seguridad la cuna urálica en esta región, no tienen ni idea de si la cuna está en Europa o en Asia. Si prefieren los préstamos difundidos del indoeuropeo al urálico, hay una opción alternativa.

El modelo de la estepa, como veremos posteriormente, concibe una dispersión hacia el este desde la región del Volga-Ural tan al este hasta el río Yeniséi a finales del cuarto milenio a. C., lo cual está sostenido tanto por las pruebas arqueológicas como por las genéticas, así como es posible que esté asociado con una de las primeras dispersiones de lenguas indoeuropeas –anterior a la indoirania–. Bjørn ha planteado que los indoeuropeos fueron el vector para la difusión de una serie de préstamos indoeuropeos (**septm̥*, «siete»; **$h_3$neh$_3$mn-ḱleuwos*, «reputación»; **g l̥h$_3$-wos*, «cuñada»; ***(H)oḱtoH-*, «miel»; **$h_2$eusom*, «oro») hacia el este por Asia Central, que fueron aceptados en varias fases tempranas del urálico, túrquico y chino.[64] En resumen, hay un modelo del origen indoeuropeo que propone un elemento muy móvil en la expansión hacia el este de lo que podría entenderse como un protoindoeuropeo «tardío». Si se imagina a las lenguas urálicas moviéndose hacia el oeste desde una cuna cercana al Yeniséi, entonces es obviamente posible que el protourálico pudiera interactuar con una forma tardía del indoeuropeo.

Los lazos entre el indoeuropeo y el semítico y kartveliano tienden a expresarse, esencialmente, en términos de préstamos en vez de en una relación genética específica (fuera de las macrofamilias como la nostrática). Algunas de estas pruebas parecen aceptarse de manera generalizada (por ejemplo, el numeral «siete»), por lo que cualquier cuna necesitará acomodar la presencia de algunos préstamos semíticos (o afroasiáticos anteriores) y es posible que kartvelianos, aunque estos últimos podrían requerir que los préstamos se movieran en otras direcciones. El problema con las palabras prestadas en la búsqueda del lugar de origen es que, tal y como observó Hirt hace un siglo, pueden viajar largas distancias. En los estudios indoeuropeos ha habido desde hace mucho tiempo investigación relativa a palabras prestadas entre diferentes ramas indoeuropeas, como la celta y la germánica,[65] o la germánica y la eslava,[66] y entre las ramas indoeuropeas y las urálicas (por ejemplo, préstamos muy tempranos del germánico en finlandés).[67] Aquí a menudo la evidencia es tan grande que se explica mejor como una relación de contacto: si las dos ramas están en contacto directo, esto significa que hay una sospecha de que su relación lingüística indica también proximidad geográfica. Por otro lado, también hay palabras que viajan mucho entre lenguas (*Wanderworter* [palabras errantes]) y nos pueden decir muy poco de relaciones geográficas específicas. Por ejemplo, en torno a 1200 d. C., el árabe *za faran* no solo había sido adoptado en el francés antiguo *safran*, sino que también pasó del francés al inglés como *saffron*, lo que ilustra que la posibilidad de lenguas intermediarias –y distancias más largas– entre la fuente de un préstamo y su aparición en indoeuropeo –o viceversa– es muy amplia. Esto plantea la pregunta: ¿desde qué dirección viene la mayoría de los préstamos al protoindoeuropeo?

En su análisis de préstamos léxicos foráneos en el indoeuropeo, Bjørn hizo un intento de ordenar a los candidatos más probables cronológicamente. Con esto quiero decir que empleó las restricciones temporales de una filogenia indoeuropea particular para calibrar en qué estadio de la división del protoindoanatolio es más probable que se dieran los préstamos. Los primeros englobaban dos préstamos que podían rastrearse tan pronto como en el protoindoanatolio, y en última instancia derivaban del afroasiático (**g^{w}ōus*, «vaca» y **septm̥*, «siete»), mientras que la mayoría de los otros elementos se correlacionaba con la mayoría de las ramas indoeuropeas excepto la indoirania, griega, armenia y albanesa –las dos últimas son fuentes muy poco fértiles de vocabulario heredado debido a la gran cantidad de préstamos de otras lenguas–. Si ordenamos la información por fuentes geográficas (norte y sur del Cáucaso), encontramos un 38 por ciento derivado de fuentes septentrionales y un 62 de fuentes meridionales (Figura 6.11). Su propuesta más reciente de que las fuentes afroasiáticas o semíticas derivan del balcánico antiguo reduce de manera significativa la valencia geográfica de «meridional», ya que sugiere que estas palabras pasaron hacia el norte por medio de las culturas neolíticas de los Balcanes a los cazadores- recolectores locales del oeste de Ucrania –la cultura Bug-Dniéster/Boh-Dniéster ucraniana– y luego hacia el este. Es un acercamiento interesante, pero, como veremos en un capítulo posterior, una hipótesis un tanto problemática. Además, la condición de un número de palabas (por ejemplo, lana, vino, hacha, campo) como préstamos en indoeuropeo es bastante controvertida. Es probable que todo esto pueda acomodarse en la mayoría de las hipótesis del lugar de origen predominantes que sitúan la cuna tanto inmediatamente al norte como al sur del Cáucaso.

Por último, tenemos los argumentos a favor de un *Mischsprache* –una unión entre urálico y es posible que caucásico noroccidental o nororiental–. Todo este concepto de lengua mixta, que ha existido al menos desde la Edad Media, bien podría ser un callejón sin salida en nuestra búsqueda del lugar de procedencia, aunque, si lo es, es un callejón muy divertido. Normalmente, la mezcla se veía como un proceso de degradación de lenguas «puras» como el latín clásico, aunque los astutos irlandeses defendieron que su lengua se había forjado con los mejores elementos de las setenta y dos lenguas habladas en Babel. La idea de una lengua mixta no tenía tan buena prensa a finales del siglo XIX, cuando, en 1871, Max Müller, el lingüista favorito de la reina Victoria, rechazó todo el concepto.[68] No obstante, en la siguiente década, Hugo Schuchardt (1842-1927), un especialista en lenguas romances, en euskera y en la lengua franca original del Mediterráneo, defendió que no existía tal cosa como una lengua no mixta.[69] El ejemplo del inglés apoya a Schuchardt, pues aquí estamos ante una lengua cuya gramática es, en esencia, germánica, aunque la mayoría de su vocabulario es romance. También podemos recordar que antes se presumía que el armenio era una lengua irania porque los préstamos persas habían anegado al vocabulario armenio original de sus hablantes. Pero todos estos son ejemplos con ingentes préstamos léxicos en los que todavía tenemos una prueba clara del origen genético de la lengua «anfitriona».

préstamos septentrionales en el PIE

urálico	*gl̥h_3-wos	«cuñada»
urálico	*(h_2s)kwal-	«siluro»
caucásico septentrional	*h_2eǵ-	«liderar»
caucásico nororiental	*wl̥$h_2$neh_2	«lana»
caucásico nororiental	*dig-	«cabra»
caucásico nororiental	*k^wer-	«caldero»
caucásico septentrional	*h_2e(i)g-	«cabra»
caucásico septentrional	*twer-	«leche agria»

préstamos meridionales en el PIE

kartveliano	*ǵemH-	«yerno»
kartveliano	*tep-	«calentar»
kartveliano	*woinom	«vino»
afroasiático	*g^wōus	«vaca»
semítico	*septm̥	«siete»
semítico	*ksweḱs	«seis»
semítico	*k^wrei(h_2)-	«pagar»
semítico	*de$_2$p-	«sacrificio»
semítico	*médhu-	«hidromiel; dulce»
afroasiático	*(s)teuros	«toro»
semítico	*h_1sh_2-	«flecha»
semítico	*pelekus	«hacha»
sumerio	*h_2eǵros	«campo»

Figura 6.11: Distribución de los préstamos tempranos de otras familias lingüísticas en el protoindoeuropeo (PIE) según Bjørn, R., 2017. El caucásico septentrional es una protolengua debatible a partir de la cual evolucionaron tanto el caucásico noroccidental como el nororiental.

Un *Mischsprache* engloba una situación bastante más extrema y solo hay unas pocas lenguas conocidas hoy que están tan mezcladas que establecer un único ancestro parece imposible y, por tanto, pueden entenderse de verdad como *Mischsprache*. Por ejemplo, Ecuador presume de tener unos dos mil hablantes de media lengua, una lengua cuyo vocabulario es español, pero cuya gramática y pronunciación son en el quechua nativo. Del mismo modo, Canadá es el hogar de menos de mil hablantes de michif, en el que el francés contribuye con muchos de los sustantivos, aunque la fuente principal de los verbos es el cree de las llanuras. Aquí tenemos una verdadera lengua materna y paterna, para enlazar con la sugerencia de Forrer, en la que los padres fueron los tramperos franceses y las madres las Naciones Originarias. Hemos visto que hay proponentes modernos que ven la formación del indoeuropeo como un puente entre dos familias lingüísticas. Kortlandt, por ejemplo, cree que el indoeuropeo ha evolucionado del indourálico después de haber sido sometido a la influencia del caucásico septentrional.[70] Esto no describe un *Mischsprache* en sentido estricto, pero aúna dos fuentes lingüísticas muy diferentes. Al contrario que algunos de los otros modelos, situar el origen indoeuropeo entre dos familias lingüísticas tiene, al menos, cierta validez geográfica y se ha usado para defender el modelo de la estepa.

Los problemas aquí son varios: primero, uno tiene que aceptar el concepto de indourálico, que, como hemos visto, es difícil de vender; segundo, uno tiene que aceptar los argumentos para un fuerte impacto lingüístico del caucásico noroccidental en la formación del indoeuropeo, lo cual no es una hipótesis particularmente bien explorada o comprobada; y, tercero, uno tiene que aceptar un modelo que, al menos en la naturaleza, solo se ha visto surgir en unos pocos casos con poblaciones extremadamente reducidas. Los otros ejemplos son las siete mil personas, aproximadamente, que todavía hablan la lengua mbugu de una región montañosa al norte de Tanzania y medny aleut, la lengua –ahora– extinta de una pequeña isla en las Aleutianas que combina la gramática rusa de varones comerciantes de pieles y el vocabulario de mujeres locales aleutianas. En resumen, escalar estos procesos hasta el ancestro de la familia lingüística más grande del mundo podría ser un grave problema, salvo que juguemos la carta «Wakanda»* y asumamos que los primeros indoeuropeos fueron bendecidos con algo tan extraordinario que un grupo reducido podría haber tenido un impacto global.

La aproximación general a situar la cuna indoeuropea localizando a los vecinos lingüísticos más cercanos tiene una larga tradición, pero, como hemos visto, no ha alcanzado un consenso generalizado, excepto por la probable presencia de un número limitado de préstamos que pueden atribuirse al protoindoeuropeo. Los intentos de relacionar el protoindoeuropeo con el protourálico, bien como lenguas hermanas derivadas de un protoindourálico común, o bien como vecinos en una relación de contacto, es probable que tengan un considerable apoyo entre los indoeuropeístas, pero todavía sigue siendo un problema de partidismo con muchos críticos. Que hubo contactos entre las lenguas indoiranias y las urálicas, en cualquier caso, tiene una amplia aceptación y se apoya en pruebas convincentes.

En el pasado se han hecho esfuerzos por relacionar el indoeuropeo con el afroasiático o el semítico en un nivel genético, pero esto no parece tener muchos defensores. No obstante, los préstamos léxicos del afroasiá-

* N. del T.: Wakanda es el nombre ficticio de una nación africana en el universo Marvel que posee excepcionales recursos naturales, como el vibranium, es tecnológicamente superior y se ha mantenido aislada para proteger su identidad y su tecnología.

tico o del semítico al protoindoeuropeo son ampliamente aceptados y se espera que una cuna indoeuropea pueda acomodar estos préstamos.

Los intentos actuales de relacionar el indoeuropeo con el kartveliano también tienden a centrarse en una relación de contacto indicada por las palabras prestadas que pueden pasar del indoeuropeo al kartveliano.

La idea de explicar el protoindoeuropeo como un *Mischsprache* sigue siendo una pequeña cuestión de partidismo que iba y venía en el pasado y que ha resurgido en la actualidad, aún como una posición minoritaria, pero, como veremos después, en el Capítulo 15, es una solución posible a uno de los problemas actuales en la búsqueda del lugar de origen.

NOTAS

1 Hommel, F., 1879; Hommel, F., 1885.
2 Möller, H., 1911, xvi.
3 Kallio, P., 2019.
4 Anderson, N., 1879.
5 Koeppen, T., 1886.
6 Grünthal, R. *et alii*, 2022.
7 Campbell, L. y Poser, W., 2008, 63.
8 Wagner, H., 1969, 211.
9 Austerlitz, R., 1970.
10 Klimov, G. A., 1990.
11 Gamkrelidze, T. e Ivanov, V., 1972.
12 Algunas obras generales de relevancia son: Carpelan, C. *et alii* (eds.), 2001; Grünthal, R. y Kallio, P. (eds.), 2012; análisis y respuesta en Kassian, A. S. *et alii*, 2015; Kloekhorst, A. y Pronk, T. (eds.), 2019.
13 *Vid.* Kloekhorst, A. y Pronk, T. (eds.), *op. cit.*
14 Kassian, A. S. *et alii*, *op. cit.*
15 Kallio, P., 2019, 82.
16 Janhunen, J., 2001, 207.
17 Kortlandt, F., 2010b.
18 Kassian, A. S. *et alii*, *op. cit.*
19 Nichols, J., 2021, 359.
20 Campbell, L. y Poser, W., *op. cit.*, 162.
21 Simon, Z., 2020.
22 Campbell, L. y Poser, W., *op. cit.*, 217. Una discusión más completa en torno al problema de «las palabras funcionales cortas» se encuentra en Kassian, A. S. *et alii*, *op. cit.*, 382-386.
23 McGregor, S., 2018.
24 Grünthal, R. *et alii*, *op. cit.*, 492; doscientos bajo la suposición de que el urálico se divide en lenguas samoyedas y ugrofinesas y que se necesita un cognado de cada grupo para constituir una reconstrucción en urálico; se pueden proponer setecientos elementos si no se requiere un cognado de una lengua samoyeda.

25 Collinder, B., 1965.
26 Campbell, L. y Poser, W., *op. cit.*, 380.
27 Koivulehto, J., 2001, 235-238.
28 Napol'skikh, V., 1995. Se citan unas doscientas publicaciones acerca del tema.
29 Häkkinen, J., 2023.
30 Kloekhorst, A. y Pronk, T. (eds.), *op. cit.*, 6-11.
31 Kozintsev, A., 2019.
32 Makkay, J., 2001, 323.
33 Janhunen, J., *op. cit.*, 216.
34 Nichols, J., *op. cit.*, 361.
35 Horvath, C.-S., 2019; Horvath, C.-S., 2019b.
36 Greenberg, J., 2000.
37 Kozintsev, A., 2020.
38 Brunner, L., 1969; Levin, S., 1971.
39 Hodge, C. T., 1981.
40 Schmidt, J., 1890, 54.
41 Hirt, H., 1892. Otra crítica vino por parte de Schrader, O., 1883, ed. 1907, 106-107; Rosenfeld, H.-F., 1956-1957.
42 Blažek, V., 1999.
43 Schott, A., 1936, en Arntz, H., 1936, vol. II, 45-95, un volumen, por otro lado, plagado de trabajos más en consonancia con la agenda nacionalsocialista.
44 Uesson, A.-M., 1970, 98.
45 Gamkrelidze, T. e Ivanov, V., 1995, 768-773.
46 Diakonov, I., 1985, 122-133.
47 Bjørn, R., 2023.
48 Bjørn, R., 2017, 137.
49 Gamkrelidze, T. e Ivanov, V., 1995, 774-777.
50 Bjørn, R., 2017, 136-137.
51 Colarusso, J., 1997.
52 Matasović, R., 2012.
53 Bomhard, A., 2015.
54 Bomhard, A., 2019 (para trabajos de objetores y la respuesta del autor).
55 Brinton, D., 1890, 149.
56 Forrer, E., 1934.
57 Uhlenbeck, C. C., 1935; Uhlenbeck, C. C., 1937.
58 Trubetzkoy, N., 1939.
59 Gornung, B. V., 1964; Gornung, B. V., 1970.
60 Pisani, V., 1966; Pisani, V., 1974.
61 Kortlandt, F., 2002, en Kortlandt, F., 2010, 391-403.
62 Bomhard, A., 2019 (para trabajos de objetores y la respuesta del autor).
63 Holopainen, S., 2019.
64 Bjørn, R., 2022.
65 Koch, J., 2020.
66 Pronk-Tiethoff, S., 2013.
67 Kallio, P., 2012.
68 Müller, M., 1871, 86.
69 Schuchardt, H., 1884, 5.
70 Kortlandt, F., 2002, en Kortlandt, F., 2010, 391.

CAPÍTULO 7

Paleolingüística: las pistas geográficas en el vocabulario indoeuropeo

Sir William Jones había observado que había «varios cientos de palabras» que se podían recuperar de la lengua de Cam (es decir, el indoeuropeo), pero no las apuntó.[1] Esto lo remedió el sucesor de Jones, Henry Thomas Colebrooke (1765-1837), otro jurista y el «padre de la auténtica escuela del sánscrito en Europa»,[2] que también llegó a liderar la Royal Asiatic Society. Alrededor de 1801 o 1802 preparó una lista del tipo de comparaciones que Jones había evitado antes.[3] La nómina contenía numerales, partes del cuerpo, nombres de animales, fenómenos naturales y características físicas, términos de parentesco, pronombres, preposiciones, artículos, algunos verbos y otros elementos. La estructura de cada entrada era el significado en inglés, seguido por la palabra en sánscrito y luego palabras relacionadas en griego, latín, germánico y celta y, cuando era posible, en otras lenguas indoeuropeas. Por mostrar uno de los cognados más obvios, podemos presentar su entrada para ovino, que listó en la entrada de «oveja»:

Sánscrito *avi*, griego *ois*, latín *ovis*, sajón *eowe*

La lista de Colebrooke no se publicó en vida, pero Rasmus Rask llevó a cabo un ejercicio similar en 1818 al final de su famoso y laureado ensayo acerca del origen de Islandia, donde aportó trescientos cincuenta y dos pares de cognados, ordenados semánticamente, que comenzaban por los sustantivos subdivididos en objetos naturales, luego plantas y animales, términos de anatomía y parentesco y tecnología y así con los principales componentes del habla, como los adjetivos, verbos y numerales. La etiqueta «tracio» de Rask cubría lo que llamamos indoeuropeo y su lista para «oveja» era:[4]

> griego *ois*, latín *ovis*, lituano *awi-is* [*avis*], islandés *á*

Rask admitió que no podía aportar un diccionario completo, pero, en 1836, el lingüista francés Frédéric Eichhoff (1799-1875) fue capaz de publicar su estudio de los paralelos entre las lenguas indoeuropeas. El punto fuerte de su diccionario era la extensa lista de comparaciones entre todas las partes del habla, con los sustantivos ordenados de nuevo en grandes campos semánticos (por ejemplo, partes del cuerpo, naturaleza y animales). Con casi quinientas páginas de comparaciones, aportaba el primer gran intento de listar todas las palabras que podríamos atribuir a la lengua original indoeuropea. Por ejemplo, entre animales encontramos su listado de palabras para «oveja»:

> griego *ois*, latín *ovis*, gótico *awi'*, germánico *euwe*, inglés *ewe*, lituano *awis* [*avis*], ruso *owen* [*ovec*], irlandés *uan*, galés *oen*[5]

Donde Eichhoff es menos útil es en aquellos casos en los que apenas recita préstamos entre varias lenguas. Por ejemplo, el griego *kamēlos*, en latín *camelus*, en noruego antiguo *kamel*,[6] que refleja un préstamo entre diferentes lenguas en vez de indicar la relación del indoeuropeo con el «camello».

Fue en 1845 cuando Adalbert Kuhn (1812-1881), fundador de una revista de lingüística indoeuropea que ha sobrevivido ciento setenta y dos años, aportó una breve investigación que analizaba el vocabulario cultural de las lenguas indoeuropeas para determinar qué podríamos decir acerca de su sociedad.[7] Después de examinar la evidencia para los términos de parentesco, Kuhn reconstruyó la economía indoeuropea. Primero listó los sustantivos compartidos para los animales de granja (ganado, vaca, caballo, oveja, cerdo, cabra y perro –observó que no había palabra para «gato», por lo que el ratón «debió de tener una vida maravillosa en la tierra de nuestros padres»–).[8] A la pregunta de si los indoeuropeos eran pastores nómadas o agricultores sedentarios, confirmó la presencia del molino de mano y de sustantivos comunes para el grano, trigo y cebada, junto con palabras para «casa» y «pueblo»; concluyó que los antiguos indoeuropeos eran «gente sedentaria».[9] También se enfrentó a un problema recurrente relacionado con la economía indoeuropea: pese a que pudo recuperar una palabra para «arado» en las lenguas europeas, no pudo hallar vestigios en el indoiranio. Al igual que todos sus contemporáneos, Kuhn supuso que la cuna de estos indoeuropeos carentes de felinos estaba, probablemente, en Asia. Pero no fue hasta 1859 cuando a la técnica de recuperar una cultura pasada a partir de las reliquias de las lenguas se le dio un nombre.

Adolphe Pictet (1799-1875) fue un erudito polímata suizo cuyos intereses iban desde la historia, filosofía y literatura –escribió una novela de fantasía en la que salían sus amigos Franz Liszt y Georges Sand– hasta la balística –obtuvo el rango de coronel de artillería–, pasando por la lingüística, en la que su primer libro trataba de la comparación del celta con el sánscrito. Pictet tuvo una fuerte influencia en el lingüista suizo Ferdinand de Saussure (1857-1913), incomparablemente más significativo. La *opera magna* de Pictet es su intento en dos volúmenes (1859-1863) de reconstruir de manera tan completa como fuera posible la cultura y orígenes de los indoeuropeos por medio de la «paleolingüística».[10] Sangre romántica corre por muchos de sus otros trabajos y aquí, en su intento de descubrir etimologías, su imaginación a menudo iba hasta arriba de esteroides. Por ejemplo, para asegurar un cognado sánscrito para una cadena de palabras europeas cognadas con el latín *hordeum*, «cebada», Pictet se fijó en una palabra con un sonido vagamente similar en sánscrito, *hṛdya*, «querido, deseado», porque los antiguos indios estaban apasionados por la cebada, lo cual se ve de nuevo en su comparación entre el galés *haidd*, «cebada», y el sánscrito *sadhu*, «excelente, hermoso». Como Pictet había aceptado ya la idea común de que el lugar de origen estaba en Bactria, sus interpretaciones se dirigieron a pintar el paisaje reconstruido allí, o al menos en áreas colindantes. En términos de la historia de los estudios indoeuropeos, Pictet se las ingenió para crear un término que cubriera tanto el uso de la lingüística comparada en la reconstrucción de culturas pasadas, como para darle un nombre feo a la «paleolinguística», tan feo que los lingüistas posteriores han tratado –en vano– de sustituirlo.[11] Sigmund Feist lo intentó con «arqueología lingüística», pero nunca tuvo éxito.[12] La alternativa aceptable es la expresión competente alemana *Wörter und Sachen* [palabras y cosas].

Sea cual sea su nombre, la paleolingüística –o «reconstrucción léxico-cultural» si no les apasiona mucho el nombre– ha sido muy utilizada por todo el mundo para tratar de localizar los lugares de origen de muchas familias lingüísticas tanto en el espacio como en el tiempo: en el *Glossary of Historical Linguistics* se referencia como la primera de las dos técnicas empleadas para localizar la cuna de una familia lingüística[13] y, para la mayoría de los indoeuropeístas, aporta una prueba de fuego para cualquier lugar de origen potencial. En 1869, Theodor Benfey empleó la *ausencia* de palabras reconstruibles para «león», «tigre» y «camello» para excluir una cuna indoeuropea de Asia y, en contra de la opinión pública, la situó en Europa.[14]

En el siglo XIX, la paleolingüística se convirtió en la herramienta lingüística básica para describir la cultura y el entorno de los antiguos indoeuropeos y para localizar su lugar de procedencia. Una prueba de su éxito es que su aplicación parecía probar «de manera absolutamente concluyente» que los protoindoeuropeos eran tanto pastores nómadas como agricultores sedentarios cuyo hogar estaba en Escandinavia, Alemania, Lituania, Hungría, la estepa ruso-ucraniana, la estepa kazaja de Asia, por supuesto Bactria e incluso el Himalaya. Por ello, no debería sorprendernos tanto que siempre haya habido algún lingüista que haya objetado enérgicamente su utilidad y que haya rechazado su capacidad para asistirnos a la hora de determinar en el tiempo y en el espacio el lugar de origen. Este es un punto que no se puede exagerar, dado que la aceptación o rechazo de las pruebas de la paleolingüística sigue siendo, a menudo, el problema principal a la hora de valorar los méritos de las posibles cunas. A pesar de que ha sido un problema fundamental desde el siglo XIX, pocas veces se han hecho análisis de la legitimidad de este método.[15] En vez de ello, los defensores y los escépticos se han atacado unos a otros durante años, a menudo repitiendo sin saberlo las mismas burlas de las generaciones previas, sin solución aparente. El obstáculo es demasiado amplio como para resolverlo aquí, pero al menos necesitamos entender algunas de las dificultades principales inherentes a este método.

RECONSTRUCCIÓN: VOTOS Y VETOS

Vamos a considerar brevemente en la Figura 7.1 la reconstrucción de la palabra «oveja», con la que nos hemos encontrado antes:

irlandés antiguo	*oí*	«oveja»
latín	*ovis*	«oveja»
inglés	*ewe*	
lituano	*avis*	«oveja»
antiguo eslavo eclesiástico	*ovĭnŭ*	«oveja»
griego	*óis*	«oveja»
armenio	*hoviw*	«pastor»
luvita	*hāwa/i-*	«oveja»
sánscrito	*ávi-*	«oveja»
tocario b	*āu*	«borrega»

Figura 7.1: Palabras cognadas para «oveja» en varias lenguas indoeuropeas.

En esta lista cada rama principal, excepto el albanés y el iranio (cuyo ancestro inmediato, el indoiranio, está cubierto por el sánscrito y hay un derivado en la lengua irania moderna[16]), aporta un cognado que significa o bien «oveja», o bien algo muy cercano. En consecuencia, los lingüistas reconstruyen el significado de «oveja» para el PIE *h_2*ówis* (o *h_3*ówis*). Por desgracia, esta no suele ser la reconstrucción típica por dos razones.

La primera es que hemos logrado reconstruir toda la palabra, mientras que, en muchas de las reconstrucciones, en especial en las de los verbos, solo recuperamos la raíz y el vago significado que quiera que se asigne a la protoforma que podría servir como base de una miríada de posibles significados (por ejemplo, en el diccionario etimológico estándar del indoeuropeo, unas veinte palabras derivan del concepto de «aumentar»). Por suerte, la mayoría de las formas reconstruidas que han sido propuestas para elucidar la protocultura indoeuropea son sustantivos y sus significados reconstruidos no han desaparecido en una nube de vaguedad tan a menudo. Por otro lado, con frecuencia solo podemos reconstruir la raíz y no la palabra «original». Desde alteraciones en la vocal de la raíz (como en el español *dormir*, *duermo*; o *pensar*, *pienso*), hasta una variedad de sufijos (*dormilón*, *pensador*) y una variedad de terminaciones finales, a menudo no estamos seguros de la apariencia real de la palabra en la protolengua.

El segundo aspecto que no es típico en nuestra reconstrucción de una «oveja» PIE (o, en este caso, protoanatolia) es la referencia al elevado número de diferentes ramas indoeuropeas que sustentan la reconstrucción. El número de reconstrucciones con un apoyo total –de todas las ramas– es en torno al 1 por ciento de las entradas en nuestros diccionarios etimológicos, a menudo numerales y pronombres. De hecho, solo en torno a un cuarto de todas las reconstrucciones tiene el apoyo de siete o más ramas y alrededor del 45 por ciento de las reconstrucciones se basa en cuatro ramas o menos.

El problema aquí, y es uno serio para cualquier rastreador de la cuna, es cuánta evidencia de las distintas ramas hace falta para afirmar que nuestra reconstrucción llega hasta la protolengua y no es tan solo la creación posterior de unas pocas lenguas tiempo después de que se hayan dispersado desde el lugar de origen. Imaginen por un momento que nuestra lista de palabras para «oveja» consistiera solo en dos cognados, uno del báltico y otro del eslavo. En este caso, se presumiría que la palabra reconstruida era una isoglosa baltoeslava (el baltoeslavo **owis*), que fue creada cuando sus ancestros lingüísticos fueron introducidos al ganado ovino. Pero ¿qué sucedería si los dos cognados fueran el celta y el báltico, dos ramas razonablemente bien separadas entre sí, pero confinadas en Europa? ¿Sería suficiente para asegurar una reconstrucción del protoindoeuropeo, o es la evidencia de una palabra que flota por Europa mucho después de que los indoeuropeos se hubieran dispersado, aunque antes de que el celta y el báltico hubieran evolucionado en ramas distintas? Entonces, el asunto es cómo distinguir entre una palabra que se retrotraería hasta el protoindoanatolio –y derivada, por tanto, de la lengua hablada antes de que las ramas individuales se hubieran diferenciado– y una palabra que solo es tan antigua como el ancestro directo de una única rama o que hubiera circulado en un área geográfica específica después de que las lenguas indoeuropeas se hubieran dispersado.

Los lingüistas han propuesto varios criterios para encarar esto. En 1907, Otto Schrader, el autor de la primera enciclopedia de la cultura indoeuropea, mostró los que consideró los criterios apropiados para determinar si una reconstrucción podía verse como una «de gran antigüedad». Requería que los cognados fueran extraídos del indoiranio y de una rama europea, o de una rama septentrional y una meridional, o del griego y del latín.[17] Varios lingüistas han indicado sus propios criterios. Por ejemplo, Antoine Meillet defendía que una reconstrucción protoindoeuropea debería venir de, al menos, tres ramas que no estuvieran en contacto geográfico.[18] Cuando Douglas Adams y yo compilamos nuestra enciclopedia (1997) y nuestro manual (2006) de cultura indoeuropea,[19] requerimos un cognado del anatolio y de otra rama –sobre la base de que la separación del anatolio del resto de las lenguas indoeuropeas se asumía como la primera división–; así, un cognado del anatolio y cualquier otra rama debería llegar hasta el protoindoanatolio, el primer estadio de la familia lingüística indoeuropea. O aceptábamos como protoindoeuropea una pareja de cognados que involucrara una lengua europea y una asiática (indoiranio o tocario), porque tanta separación geográfica debería garantizar su antigüedad indoeuropea, aunque no protoindoanatolia. No era una solución ideal (un cognado eslavo-iranio habría cumplido con este criterio, pero sabemos que los hablantes de estos dos grupos entraron en contacto con seguridad en la Edad del Hierro y es posible que bastante antes), por lo que intentamos añadir un matiz más –tanto espacial como posiblemente temporal– entre un grupo noroccidental (celta, itálico, germánico, báltico y eslavo), un grupo central (albanés, armenio, frigio y griego) y también uno grecoario, porque siempre ha habido contratiempos para los cognados grecosánscritos, que se resisten a una explicación sencilla. Por tanto, nuestros criterios todavía estaban lejos de ser perfectos.

En 2015 me invitaron a Copenhague a dar varias conferencias en torno al origen del indoeuropeo. Durante mi discusión acerca del problema de los cognados mostré una diapositiva del árbol familiar generada por Don Ringe y su equipo (*vid.* Figura 4.12) y lancé la pregunta hipotética: «¿Realmente se necesita algo más que cognados de dos grupos lingüísticos distanciados?». Si, por ejemplo, tuviera un cognado tocario y latino, su posición en el árbol debería garantizar que la palabra había existido en la protolengua antes de que todas las otras lenguas se hubieran distanciado –y, en apariencia, la hubiesen perdido–, porque ya estaba presente antes de que el tocario y el protoindoeuropeo meridional (PSIE) se hubiera separado. Sencillamente, había extendido la lógica de la comparación del anatolio con cualquier otra rama a toda la familia indoeuropea. Era una de estas sugerencias para reflexionar y no tenía ni idea de si todavía alguien me estaba oyendo –me doy cuenta con horror de que era la diapositiva número cincuenta y nueve de mi charla. En ese momento, la mayoría de mi audiencia debía de estar bien metida en la fase REM–.

Sin embargo, mi pregunta retórica ya ha sido más que respondida. El lingüista danés Thomas Olander ha estado liderando un denodado esfuerzo por examinar la filogenia del indoeuropeo y, recientemente, ha dado motivos para adherirse estrictamente a esta filogenia a la hora de evaluar una reconstrucción. Con su modelo tendríamos una escala proporcional de antigüedad demostrable (Figura 7.2). Comenzaría cuando uno recupera una pareja de cognados entre el anatolio y cualquier otra lengua indoeuropea (el indoanatolio, el primer nivel de las reconstrucciones).[20] Si no hubiera cognado en anatolio, la reconstrucción podría relegarse entonces a la siguiente fase (indotocario, con la presunción de que el tocario fue la siguiente rama en diferenciarse y abandonar el nido). Sin un cognado tocario, nos moveríamos al nivel indocelta, etc.

Mientras que la propuesta de Olander tiene la ventaja, sin duda, de la claridad, hay –al menos– dos problemas en este acercamiento. El primero no se limita solo al indoeuropeo, porque el urálico también lo tiene: ambas familias lingüísticas se dividen muy tempranamente en dos ramas (anatolio e indoeuropeo nuclear; samoyeda y ugrofinesa), una de las cuales, en términos de cognados, no hace su parte. El anatolio solo contribuye a, más o menos, un 25 por ciento de nuestras reconstrucciones del protoindoeuropeo y el tocario a un tercio. Ninguna de estas ramas (el hitita tiene unas 1900 «palabras», de las cuales el 46 por ciento se entiende como préstamos no indoeuropeos)[21] aporta una cantidad comparable de datos a las lenguas clásicas (sánscrito, griego y latín) o a la abundante evidencia textual posterior del germánico, celta y eslavo; en efecto, están vetadas en la mayoría de nuestros pares de cognados.[22]

Por otro lado, como ya hemos visto, la separación entre el anatolio y el resto del indoeuropeo desempeña un papel fundamental en las soluciones actuales al asunto del lugar de origen, por lo que la distinción parece justificada aquí y tenemos que vivir con el veto anatolio si queremos llevar una pareja de cognados hasta el primer estadio de la protolengua, el protoindoanatolio.

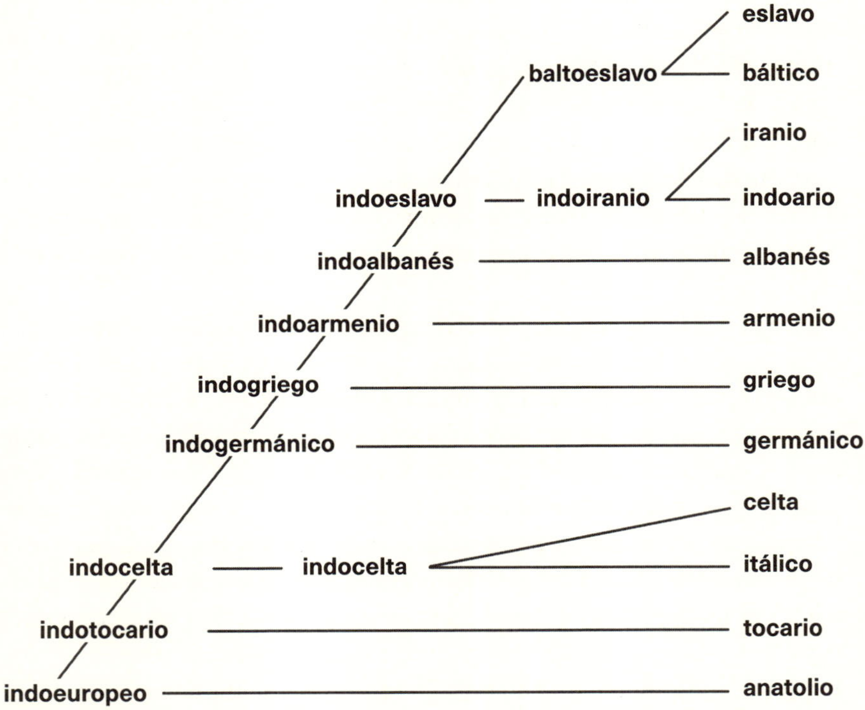

Figura 7.2: Esquema de Thomas Olander para evaluar la antigüedad de una reconstrucción basado en la filogenia de Don Ringe (*vid.* Figura 4.12). «Indotocario» aquí equivale al uso que doy en este libro a indoeuropeo nuclear.

Segundo, pasar al segundo estadio de Olander, el indotocario (indoeuropeo nuclear) como la siguiente fase tiene mucho apoyo –aunque no todo– por parte de los lingüistas y si, como veremos después, hay una considerable adhesión a la idea de que los ancestros de los tocarios migraron muy lejos de todas las ramas indoeuropeas en una fecha muy temprana, podría bastarnos con esto. No obstante, si seguimos subiendo nos encontramos con un serio debate acerca del orden de las divisiones, como Olander admite y, sospecho, ir más allá nos lleva a multitud de problemas de partidismo. Por ejemplo, según el procedimiento de Olander, un cognado celta y germánico debería asegurar una fase temprana (nivel indocelta de la reconstrucción), cuyo ancestro debería ser anterior al que implica a un cognado germánico y sánscrito (indogermánico). Creo que muchos lingüistas se sentirían mucho más seguros con la última comparación entre dos lenguas cuyos ancestros deberían haber estado más separados en el espacio (germánico e indio) que los ancestros de dos ramas (celta y germánica) que es difícil que se hubieran codeado en la prehistoria y que están agrupadas más cerca en un número importante de otras filogenias actuales. Regresaremos a este problema después.

MORALEJAS

En sus publicaciones, Ernst Pulgram (1915-2005), el experto en lenguas itálicas y nacido en Austria –de la cual huyó–,* avisó de que la paleolingüística solo podía «resultar en hallazgos ilusorios», porque la protocultura reconstruida «no es localizable en la actualidad en el tiempo y en el espacio».[23] En uno de sus libros más influyentes y entretenidos en torno al origen de las lenguas de Italia, rechazó la paleolingüística haciendo uso de una moraleja acerca de cómo un lingüista en el futuro, para intentar reconstruir la cultura en la cuna de las lenguas romances, podría recomponer palabras comunes para «cafetería», «cerveza», «tabaco» y «obispo» y llegar así a la conclusión de una antigua Roma poblada por obispos bebedores de cerveza sentados en cafeterías dándole caladas a unos puros.[24] Se trata de un profundo menosprecio y a menudo se cita como evidencia contra el uso de la paleolingüística, pero resulta irritante hasta el extremo para cualquier lingüista –como Pulgram, probablemente, sabía de sobra–, puesto que el vocabulario anacrónico nunca habría sido reconstruido hasta el mismo marco temporal que el resto del latín vulgar, porque su fonética los etiqueta, claramente, como préstamos tardíos entre las distintas lenguas romances.[25] En cualquier caso, esto no incide en todas las razones por las que uno podría ser escéptico con la paleolingüística y, por suerte, Harold Bender, en su excelente trabajo de 1922 relativo al origen del indoeuropeo, listó las objeciones más comunes a la validez de esta práctica. Vamos a observarlas y a añadir algunas más que se pueden leer en otros sitios antes de empezar un análisis en profundidad de la evidencia:

* N. del T.: Ernst Pulgram abandonó Austria y se mudó a Estados Unidos poco después del *Anschluss*, la anexión del Estado Federal de Austria a la Alemania nazi el 12 de marzo de 1938.

1. *La ausencia de una palabra reconstruida no significa que no existiera en la protolengua.* En la cornucopia de Rudolf von Ihering de soluciones inusuales al problema del lugar de origen, rechazó una procedencia septentrional porque las palabras para «establo», «heno» y «paja» –requisitos para el ganado estabulado en entornos fríos– «pertenecen a una lengua aria, lo cual es una prueba fehaciente de que estas cosas no existían».[26] O podríamos recordar la exclusión de Benfey de una cuna asiática porque no se podía reconstruir una palabra común para «león», «tigre» o «camello». La falta de palabras para mar, pez de agua salada, oleaje o transporte náutico, más allá de los vocablos más básicos, se ha empleado a menudo para excluir una cuna en cualquier costa, sea el Mediterráneo, el Báltico o el mar del Norte.[27] A pesar de las protestas con una opinión contraria de Hermann Hirt,[28] el mínimo testimonio de palabras asociadas con la pesca se convirtió en un tropo entre quienes utilizaban pruebas negativas para excluir lugares de origen tanto en la Europa septentrional como en la zona póntica.[29]

Contra esto, uno siempre puede señalar que una reconstrucción que describe un entorno localizado podría perderse fácilmente en las lenguas hijas si se mueven lejos de la región en la que la palabra fue localizada. La cuna podría haber estado plagada de leones comecamellos, pero una vez que los indoeuropeos se dispersaron a tierras sin este tipo de diversiones, es fácil que pudieran haber perdido el vocabulario relevante.[30]

En líneas generales, los argumentos *ex silentio* aplicados a elementos únicos se han rechazado por no ser probativos, ya que hay muchos ejemplos de conceptos que, probablemente, tenían una palabra, pero fueron sustituidos por préstamos extranjeros. Por otro lado, algunos defienden que es significativo que campos semánticos enteros parezcan estar ausentes o estén mínimamente representados, lo que Paul Thieme (1905-2001), el gran especialista en sánscrito y apasionado proponente del uso de la paleolingüística para localizar el *Urheimat*, llamó *negative kumulative Evidenz*.[31] Por el contrario, Wolfgang Dressler ha defendido que los «*argumenta ex silentio* acumulativos son difícilmente más probables que los individuales».[32] Claramente, estamos de nuevo ante un problema de partidismo en el que el argumento depende más del tono de la voz con el que se emite un dictado sagrado que de la evidencia o de la lógica. Mientras que la naturaleza del registro arqueológico puede admitir de forma rutinaria argumentos basados en la ausencia de evidencia,[33] la degradación de la prueba en toda una familia lingüística es probable que no sea tan epistemológicamente indulgente y hay buenas razones para adherirse a un estándar más alto de argumentación y evitar la evidencia negativa cuando el terreno ya está bastante disputado. Por otro lado, no puedo evitar hacer la pregunta retórica: ¿cuántas golondrinas *necesitas* para hacer un verano?*

2. *Testimonios insuficientes.* Por supuesto, este es el problema principal que acabamos de discutir y al que tendremos que volver de nuevo.
3. *Reconstrucción semántica incierta.* No todos los pares de cognados apuntan a un protosignificado fácilmente identificable. Por ejemplo, en contraste con la reconstrucción de la palabra para «oveja», nada ambigua, tenemos el grupo de cognados mostrados en la Figura 7.3, que indica alguna forma de relación, aunque es imposible determinar cuál pudo ser.

lituano	*kirvis*	«hacha»
ruso	*červ*	«hoz»
sánscrito	*kr̥vi-*	«instrumento de costura»
PIE	*k_wr̥wi-'	«¿una multiherramienta?»

Figura 7.3: Ejemplo de una reconstrucción semánticamente ambigua en protoindoeuropeo (PIE).

No se deduce mucho de esta comparación dado que cualquier grupo de cognados que no acarree un significado relativamente seguro no va a aceptarse como diagnóstico para establecer un lugar de origen. Por desgracia, como veremos próximamente, esto es más fácil decirlo que hacerlo. En cualquier caso, es probable que aquí debamos dirigirnos a las objeciones de aquellos críticos que contrastan, por un lado, el método comparativo, el cual nos aporta las pruebas

* N. del T.: Se refiere al refrán «Una golondrina no hace verano», que significa que no se puede deducir una regla o norma general de un solo caso, sino que hay que tener en cuenta la frecuencia. (Como en el resto del libro, la cursiva es del original: «How many swallows *do* you need to make a summer?»).

básicas para la *forma reconstruida* de la palabra incluyendo la aplicación de leyes fonéticas con, por otro lado, la recuperación del *significado* de la palabra. Para esta última no hay relación con los procedimientos lógicos ni de los razonamientos inductivos ni de los deductivos; el significado preciso de la palabra no puede «reconstruirse» en ningún sentido lógico, pero es el resultado de conjeturas debatibles.[34] Sin embargo, los defensores del método pueden admitir libremente que las reconstrucciones semánticas no son generadas por ninguna regla de razonamiento inductivo o deductivo, sino por la aplicación de razonamiento *abductivo*, el intento de aportar la «mejor explicación de por qué los cognados poseen unos contenidos», los cuales se abordan, normalmente, en términos de «simplicidad, generalidad y coherencia».[35] Volveremos a esto después.

4. *La migración lleva a la reutilización de palabras en nuevas especies u objetos.* Bender, que fue el etimólogo principal en la edición de 1934 del *Webster's New International Dictionary*, ilustró esto relatando cómo la palabra «taltuza» se aplicaba a «ardilla» en Wisconsin, a «rata» en Misuri, a «serpiente» en Georgia y a «tortuga» en Florida. Tenemos buenos ejemplos de esto en el indoeuropeo, sobre todo entre nombres de pájaros. Por ejemplo, el PIE **teter-* suele devolver significados que sugieren que era un ave de caza, pero no podemos especificar cuál, porque es un «urogallo» (germánico, báltico, ruso y griego), un «faisán» (antiguo eslavo eclesiástico e iranio), una «perdiz» (sánscrito) o una «corneja cenicienta» (irlandés medio). Así que sí, es obvio que algunas palabras se reutilizaron para diferentes cosas, aunque esto nos lo indica, normalmente, la variedad de significados reconstruidos. Algunas veces podemos estrechar el significado. Por ejemplo, **tauros* suele significar macho bovino como «toro», «buey», «bisonte» o «uro» –las reses salvajes de Eurasia–, pero también podría significar «cabra montesa» en jotanés, una lengua irania registrada en Sinkiang, en el oeste de China. Luego veremos entre los términos arbóreos un ejemplo notorio de este problema y cómo se ha lidiado con él.
5. *Una palabra puede aparecer en muchas lenguas y tener el mismo significado y no pertenecer a la protolengua.* Aquí, por supuesto, estamos ante las palabras prestadas y este es un pro-

blema al que los lingüistas se enfrentan de manera rutinaria en la lingüística comparada. Ya hemos revisado algunas de las evidencias para préstamos en protoindoeuropeo y, cuando se pueden reconstruir en protoindoeuropeo, pueden ser tan nativas como el vocabulario heredado. Acabamos de ver el ejemplo de _*tauros_, que se suele asumir que es un préstamo o bien de la familia semítica, o bien de una tercera tanto para el indoeuropeo como para el semítico. En otros casos, podemos recuperar préstamos entre lenguas indoeuropeas. Por ejemplo, como la palabra latina para «vaca» (_bōs_) no es el resultado esperable del PIE _*g^{w}ōus_ en latín (tendría que haber sido _*us_ o _*vos_), se presume que es un préstamo y, por suerte, podemos identificar la fuente probable porque también tenemos registros escritos del osco-umbro, una lengua estrechamente relacionada en la que la palabra «vaca» empieza de nuevo con una _b_ (_bum_). Mientras que los lingüistas están alerta ante la posibilidad de una palabra prestada, su forma fonética y la profundidad temporal del préstamo pueden ser a veces muy difíciles o incluso imposibles de identificar. Los lingüistas conocen de sobra el problema y pueden emplear una variedad de técnicas para descubrir palabras que no pertenecen a una lengua.[36]

6. _El vocabulario trasciende la experiencia._ Para una comunidad es posible preservar palabras para algo que ya no está en su entorno o un elemento que solo existía en su imaginación. Un ejemplo de lo primero es la palabra en irlandés antiguo _nathir_, «serpiente», del protocelta _*natrik-_, «serpiente», un animal cuya ausencia en la isla es casi emblemática. Pero, dado el hecho de que el nordeste de Irlanda está situado a tan solo veinte kilómetros de Escocia, una tierra infestada de culebras –perdón–, la preservación de la palabra en irlandés difícilmente es un milagro. El austriaco especialista en hitita Heinz Kronasser (1913-1968), un escéptico de la palelingüística, aplicó directamente esta crítica al asunto del lugar de origen cuando observó que, como las lenguas eslavas nos permiten reconstruir el protoeslavo _*slon'ъ_, «elefante», deberíamos presumir que en la cuna protoeslava había «elefantes» y preguntarnos si era diferente a la reconstrucción de la palabra para «caballo» en protoindoeuropeo.[37] Sin embargo, aquí estamos batallando con una de las ramas más recientes del indoeuropeo, cuya

> fecha censal para lo que se considera protoeslavo llega hasta la Edad Media, cuando los elefantes habían empezado a aparecen en la literatura europea y su folclore.

Aunque Bender pudo enumerar estas críticas a la paleolingüística, las encontraba poco convincentes cuando era una cuestión de sentido común y concluyó:

> Si un número de lenguas indoeuropeas tuviera una palabra derivada en cada caso de la misma raíz, y si la literatura de cada lengua indicara que la palabra en la lengua significaba, por ejemplo, el mismo, o aproximadamente el mismo, animal que en las otras lenguas, y si el animal fuera suficientemente conocido como para hacer el préstamo improbable, entonces sería absurdo negar la probabilidad de que los antiguos indoeuropeos conocían al animal.[38]

En resumen, Bender alertó de confundir la paja con el trigo y defendió que deberíamos acercarnos a toda reconstrucción con sus méritos y sus desventajas. Sin embargo, hay otra objeción que hay que señalar.

Aunque la moraleja de Pulgram tiene defectos lingüísticos, la tesis subyacente plantea una pregunta seria relativa a la cronología de nuestras reconstrucciones. El indoeuropeísta James Clackson emplea la metáfora de una constelación de estrellas que percibimos como una única forma –el Carro, Escorpio o cualquiera– pero que, en realidad, consiste en estrellas a distancias variables entre sí para llegar a la conclusión de que «las formas estrelladas de reconstrucción, aunque presentadas como uniformes en su profundidad temporal, podrían, de hecho, amalgamar material de épocas completamente distintas de manera irreal, y los patrones que surgen a partir de los datos no reflejan necesariamente la situación prehistórica real».[39]

No era una crítica novedosa y ha estado circulando desde, al menos, finales del siglo XIX. En 1872, Johannes Schmidt etiquetó la idea de una lengua reconstruida como «ficción científica», al comparar una frase reconstruida con la traducción de un versículo de un evangelio en la que una palabra derivaba del *Diatessaron* de Taciano, traducido del siríaco al alto alemán antiguo en el siglo IX, la siguiente de Ulfilas, del siglo IV, y la siguiente de Martín Lutero del siglo XVI.[40] El lingüista alemán, habitualmente incisivo, Paul Kretschmer (1866-1956) defendió que mientras que las reconstrucciones de la protolengua podrían datarse, en cierto modo, por los cambios fonéticos, no podrían adscribirse a fechas absolutas ni ser asignadas a un único periodo.[41] El celtista escocés John Fraser (1882-

1945) no solo defendió lo mismo en 1926, sino que empleó la imagen de una «fotografía compuesta que no es una representación real de ninguna fase de su desarrollo». Incluso ofreció el siguiente comentario aleccionador: «cuando los indoeuropeos conocieron al caballo no tendrían por qué estar en el mismo lugar en el que conocieron el abedul».[42]

Hay algunos asuntos legítimos y otros que, quizá, no son tan relevantes. Para empezar con la advertencia de Fraser, asumamos que tenemos reconstrucciones sólidas tanto para «caballo» como para «abedul» –las tenemos y el «test del abedul» para localizar el lugar de origen ha existido desde que lo propuso Julius Klaproth (1783-1835) en 1830[43]–. Ahora, asumamos también que los protoindoeuropeos vivían, en origen, en un lugar sin caballos en el que había tantos abedules que no se podía ver el cielo, pero después de un par de siglos se desplazaron a una estepa sin árboles plagada de caballos empachados de hierba y permanecieron allí durante quinientos años antes de que la lengua se disolviera en sus distintas ramas, lo cual debería aproximarse al peor escenario planteado por Fraser. Pero entonces podemos preguntar, ¿por qué generaciones de indoeuropeos preservaron el nombre para el abedul y lo asociaron de manera constante con las mismas especies –excepto los latinos– cuando no habían visto uno en cinco siglos? En el escenario de Fraser, uno podría haber esperado que pudiésemos reconstruir una palabra para «caballo», pero que no halláramos suficientes evidencias para «abedul». Si podemos reconstruir las dos palabras, esto sugiere que la segunda premisa es errónea y que dondequiera que los indoeuropeos vivieron *en último lugar*, era un sitio en el que los caballos y los abedules convivían en armonía. El vocabulario de cualquier lengua va a ser acumulativo, añadiendo continuamente –y también perdiendo– palabras, por lo que la palabra «abedul» podría haber entrado en la lengua antes o después que la palabra para «caballo». La reconstrucción nos lleva al último ancestro lingüístico que poseía las palabras para «caballo» y «abedul». De hecho, algunos lingüistas ocupados en el rastreo de la cuna no solo han reconocido que el vocabulario reconstruido se ha ensamblado con el tiempo, también han intentado emplear aspectos de esto para localizar el lugar de origen y para afinar la dispersión de las lenguas.

LA PROFUNDIDAD TEMPORAL DE LA CULTURA INDOEUROPEA

Ha habido dos formas principales de analizar las diferencias cronológicas relativas en nuestra reconstrucción: una es interna, en la que se intentan evaluar las capas culturales del protoindoeuropeo mediante el análisis gramatical del vocabulario, principalmente; la segunda implica un análisis más matizado de los campos semánticos del vocabulario heredado según la filogenia del indoeuropeo.

La primera de estas se puede ilustrar con una referencia al inglés. Hoy, los plurales se crean, normalmente, añadiendo una *-s* a una palabra (*one dog*: *two dogs*; *one pig*: *two pigs* [un perro: dos perros; un cerdo: dos cerdos]) y cualquier palabra nueva recibirá el mismo tratamiento (*one gruffalo*: *two gruffaloes* [un grúfalo: dos grúfalos]),* lo que demuestra que la formación del plural con *-s* todavía se utiliza y no es tan solo un vestigio de un sistema anterior. Sin embargo, en inglés antiguo había otras formas de formar los plurales y encontramos vestigios ocasionales en el inglés moderno. Por ejemplo, decimos *one mouse*: *two mice* y *one louse*: *two lice* [un ratón: dos ratones y un piojo: dos piojos], pero son sistemas antiguos y no aplicamos la misma regla a todas las palabras que suenen parecidas. Un agente inmobiliario no intenta mostrarte dos «hice» en vez de una *house*, ni un grupo de personas de Liverpool se conoce como «scicer» (*scouser*).** En algunos casos, un vestigio extremadamente raro podría sobrevivir, como en *one ox*: *two oxen* [un buey: dos bueyes]. Hay a quien podría sorprender que los plurales en *-n* eran muy comunes en anglosajón (por ejemplo, [1] *dogga*: [2] *doggan* «perros», [1] *hara*: [2] *haran* «liebres», [1] *tunge*: [2] *tungan* «lenguas») y esta es aún la forma más común de crear plurales en el vecino lingüístico, el holandés. No hace falta decir que esta opción ya no se estila en inglés.[44]

De la misma manera, encontramos en la gramática protoindoeuropea estructuras que parecen ser vestigios, que dejaron de ser operativos en las lenguas hijas, pero en las que las formas todavía dejan trazas diseminadas por las ramas indoeuropeas. La principal fuente de discusión es el sustantivo, que estaba estructurado con una raíz seguida de un tema y luego de una desinencia gramatical (como el plural *-s* en inglés). Se ha tendido a asumir que las formas más antiguas de los nombres son lo que se conoce como heteróclitas, en las que el tema cambia de la forma que se

* N. del T.: *El Grúfalo* (*The Gruffalo*) es una afamada, traducida a varios idiomas y muy vendida desde 1999 colección de libros infantiles escrita por Julia Donaldson e ilustrado por Axel Scheffler que narra las peripecias de un ingenioso ratón que vive en un bosque. Un ejemplo lingüístico equivalente más cercano para el lector español podría ser *un pocoyó*; *dos pocoyós*.

** N. del T.: Aunque *house* («casa») suene como *mouse* y *louse*, el plural no se forma como el de estas palabras (*houses*, «casas»). En el caso de *scouser*, se utiliza para referirse a los y las habitantes de Liverpool y aunque el sonido es igual que *mouse* y *louse*, tampoco se aplica su formación del plural (*scousers*).

encuentra en nominativo a otra diferente en los otros casos. Esto a menudo implica el cambio de una *-r-* a una *-n-* en el tema. Por ejemplo, el PIE **wód-r*, «agua», no se convierte en ***wéd-r-s*, «de agua», sino en **wéd-n-s*. Aunque este sistema solo se preserva en Anatolia (en hitita *wátar*: *wetenas*). El sistema solo sobrevive como reliquia en el resto de ramas indoeuropeas, donde la lengua se asienta sobre uno u otro sonido. Por ejemplo, el lituano **wésr̥*, «primavera», se forma solo con la *-r* (*vãsara)*, pero el sánscrito eligió la *-n* (*vasanta-*). Si las heteróclitas *r/n* parecen ser los sustantivos formados gramaticalmente más antiguos, los temas *-o* y *-a* (**wl̥kʷ-o-s*, «lobo») siguieron produciéndose incluso después de la ruptura del protoindoeuropeo, lo que sugiere a algunos lingüistas que fueros las formaciones más recientes; todos los otros temas se construyen con consonantes (con *i* y *u* entendidas como las consonantes *y* y *w*).

A menudo parece que las heteróclitas encapsulan algunos de los elementos más básicos del vocabulario, como «fuego» (**peh₂ur*), «sangre» (**h₁esh₂r̥*) e «hígado» (**yekʷr̥(t)*).[45] Comparar la edad relativa de los sustantivos y su significado llevó a los lingüistas a emplear la evidencia gramatical para trazar la evolución cultural de los indoeuropeos a lo largo del tiempo. Por ejemplo, en 1937, el lingüista alemán Alfons Nehring (1890-1967) observó que, mientras que muchos conceptos básicos se formaban empleando heteróclitas –naturaleza, partes del cuerpo–, ninguna planta se formaba de esta manera, por lo que las heteróclitas son parte de un periodo preagrícola del indoeuropeo –no se dio cuenta de que la palabra para «arado» es una heteróclita–.[46] Esta noción la «redescubrió» el lingüista estadounidense Winfred Lehmann (1916-2007) cincuenta y dos años después, cuando argumentó que en el preindoeuropeo, el tiempo de las heteróclitas, no había términos para la caza, la agricultura o la cerámica, una época que estableció entre 8000 y 5000 a. C., aproximadamente.[47] Por desgracia, tal aproximación rara o ninguna vez ha llevado a resultados conclusivos. Una reconstrucción cultural de una sociedad anterior a la caza podría encajar en algunas descripciones de los primeros homínidos carroñeros, pero no en una sociedad relevante para el *Homo sapiens* y mucho menos para los indoeuropeos. Es más, hay algo mal en un análisis que insinúa que los indoeuropeos o sus ancestros inmediatos solo se dieron cuenta de que tenían fuego, sangre, hígado o nombre para las luces en el cielo en el milenio inmediatamente anterior a su expansión. El origen del lenguaje y el conocimiento de que había un sol en el cielo o que la gente tenía hígado debe de ser anterior al protoindoeuropeo no solo por unos pocos cientos de años, sino por decenas de cientos de años. En resumen, es presumible que hubiera un tiempo en el que los sustantivos heteróclitos sustituyeron a unos sustantivos anteriores, pero esto nos llevaría a un camino diferente –aunque muy interesante–.

La segunda aproximación para relacionar la evolución léxica y cultural del indoeuropeo ha sido el análisis semántico de palabras comunes en indoeuropeo. Nehring y, sobre todo, el lingüista australiano –y buscador de la Atlántida– Wilhelm Brandenstein[48] (1898-1967) defendieron que, a pesar de que podemos reconstruir palabras comunes en protoindoeuropeo tanto en las lenguas indoiranias como en las europeas, el análisis semántico indica que mientras que las lenguas europeas presentan significados coherentes con una economía agrícola sedentaria, las lenguas indoiranias muestran un nivel semántico anterior para las mismas palabras. Por ejemplo, mientras que el PIE *$*h_2$eǵros* denota normalmente un campo agrícola en las lenguas europeas (el vocablo *agricultura* deriva de esta raíz), solo indica una «planicie» en indoriano; mientras que el PIE *$*h_2$melǵ* significa «leche» en los cognados europeos, su significado en indoario es «limpiar, restregar». Brandenstein elaboró un breve diccionario de estos significados opuestos, el cual se empleó para sugerir que los indoiranios habían practicado una economía que no incluía la agricultura, por ello, o la cuna indoeuropea era suficientemente grande para abarcar tanto al componente agrícola occidental –europeo– como a la sociedad pastoril oriental –indoirania–, o la cuna se localizaba en la estepa abierta antes de que los indoeuropeos se movieran hacia el oeste, adoptaran la agricultura y cambiaran la semántica de palabras anteriores para acomodar el entorno y la economía europeas –que incluían algunas enfermedades desagradables que padecieron cuando entraron en un clima mucho más húmedo–. Una aproximación similar, quizá menos controvertida, son las afirmaciones de que también vemos más raíces protoindoanatolias junto con significados más primitivos en hitita –nuestro representante principal de la rama anatolia– que en las otras lenguas indoeuropeas. Por ejemplo, *$*h_2$erh_3-*, «arado», es la reconstrucción común del PIE, pero en hitita da como resultado «moler, aplastar», por tanto, se plantea que la agricultura hitita podría haber sido anterior al arado.[49]

Muchos de los argumentos semánticos de Brandenstein fueron desmantelados por Franz Specht (1888-1949). Por ejemplo, *$*h_2$eǵros*, «campo», deriva de la raíz verbal *$*h_2$eǵ-*, «guiar al ganado», así, en origen, debía de haber estado asociado con un campo para el ganado.[50] Hay varios problemas con las aproximaciones de Brandenstein, el principal la cuestionable validez de lo que llamó el irreversible *Bedeutungswandel* [desplazamiento semántico]. El cambio semántico puede ser notoriamente impredecible y no se limita fácilmente con reglas, por lo que la evaluación de un cambio como «campo abierto» > «campo arado» o «machacar» > «arado» es más bien una afirmación basada en un grado de plausibilidad y mejorada por la elegancia del argumento que ciencia pura. Después de todo, uno puede decir «el examen me ha machacado», con el significado de que le ha dejado hecho polvo, que lo ha suspendido. Además, los intentos de mostrar a los indoiranios como los portadores de la economía indoeuropea más antigua –pastoril sin agricultura– van en contra de su posición frecuente en la filogenia indoanatolia que, a menudo, –aunque no siempre– les mostraría saliendo más tarde del mundo indoeuropeo, en vez de ser el resto de los indoeuropeos los que surgen después (*vid.* Figura 7.2).

EL PROBLEMA DE LA CONSTELACIÓN

Ahora debemos volver al argumento de que el vocabulario reconstruido no aporta una imagen coherente del protoindoeuropeo en un momento específico sino que, como sugiere la metáfora de la constelación, solo es nuestro constructo mental de palabras –estrellas– de diferentes periodos –años luz de la Tierra–.

Con lo que estamos lidiando aquí es con la pregunta de si el marco temporal de nuestras reconstrucciones del protoindoanatolio es tan amplio como para no tener sentido. El obstáculo práctico es cómo sabemos si una palabra reconstruida que se ha empleado espacial o temporalmente para diagnosticar el problema del lugar de origen era de verdad parte del lenguaje en la cuna en vez de una palabra que circuló después de las dispersiones indoeuropeas. Parece que lo mejor es empezar con lo que –creemos que– sabemos y luego ver hasta dónde puede llegar nuestro hilo.

Podemos empezar por emplear el registro histórico para determinar la fecha más temprana para las distintas lenguas. Hacia 1500-1300 a. C. ya tenemos varios siglos de evidencia hitita (al igual que de nombres personales anatolios que van hasta 1900 a. C. o incluso unos pocos siglos más),[51] además de nuestra evidencia más antigua del griego (las tablillas de lineal B) y del indoario (nombres personales y algunos préstamos hurritas e hititas). De ese modo, en torno a 1500 a. C. tenemos tres ramas distintas y sabemos que una de estas (la anatolia) podría llevarse hasta, al menos, *ca.* 2000 a. C. Más allá de esto, solo podemos basarnos en extrapolaciones. Como el indoario es un miembro de una de las primeras macrorramas indoiranias y presenta un número de diferencias sustanciales con el protoindoeuropeo, podemos sentirnos seguros de llegar hasta *ca.* 2000 a. C., cuando estas dos ramas (indoaria e irania) se separaron del resto de las lenguas indoeuropeas. Las diferencias entre el protogriego –que no es lineal B, por lo que debe de ser anterior– y el protoindoiranio también nos animarían a asumir que se separaron antes de 2000 a. C. Se trata de estimaciones intuitivas, pero estamos bien acompañados. El lingüista estadounidense Warren Cowgill (1929-1985), por ejemplo, calculó que las diferencias entre el anatolio, griego e indoiranio hacia 1500 a. C. requirieron un tiempo de separación de, al menos, mil años, aunque es probable que menos de dos mil.[52] Más allá de algunas estimaciones computacionales, *ca.* 2500 a. C. tiende a ser una cifra de consenso, pero hay quien prefiere una fecha anterior. Recientemente, por ejemplo, Alwin Kloekhorst, un especialista en lenguas anatolias, ha sugerido que varias lenguas (hitita, luvita y palaíta) ya eran tan diferentes cuando nos las encontramos por primera vez que tenían que haber surgido del protoanatolio alrededor de 3000 a. C., así como que el anatolio se separó del indoeuropeo nuclear (o el indotocario de Olander) hacia 4200-4000 a. C.[53] Kloekhorst fecha la separación tocaria, ampliamente aceptada como la segunda rama en surgir, *ca.* 3400 a. C.

Para quienes prefieren que su fecha sea generada computacionalmente (*vid.* Figura 4.13 para las distintas estimaciones cronológicas), vemos que algunos de los estudios publicados más recientemente ofrecen fechas similares para la separación anatolia y van desde 4500 a 3700 a. C.[54] La estimación de Kloekhorst para la separación tocaria está, *grosso modo*, más de acuerdo con los métodos más basados en la estadística –Moscú y Berkeley, *ca.* 3500 a. C.–, aunque, en un trabajo más reciente, el grupo de Auckland ha dado un número en la fecha de separación tanto del anatolio como del tocario hacia 5000 a. C. –con un rango que va desde 6600 a 3400 a. C.–.[55] Por regresar al problema de la paleolingüística, las fechas sugieren que las diferencias entre los ancestros del anatolio, griego e indoiranio en torno a 2500 a. C. eran tantas que es muy poco probable que hubiera préstamos lingüísticos entre ellos que no se detecten.

Después de la separación del tocario, el consenso en las filogenias se rompe y la distancia entre la desintegración progresiva de la protolengua –o la unión de una cadena de lenguas– y el surgimiento de las ramas ya diferenciadas desaparece en una caja negra que es filogenética y cronológicamente opaca. Tanto que «la mayoría de los indoeuropeístas prefieren no discutir acerca de ninguna de las ramas del indoeuropeo (ninguna excepto la anatolia y la tocaria)».[56] Tomen como ejemplo las tres ramas occidentales del indoeuropeo: celta, itálica y germánica. Las fechas de separación creadas por ordenador para estas lenguas encuentran consenso entre las escuelas de Berkeley y Moscú, con una datación en 2000 a. C., tal vez un poco antes para la germánica. Mientras que, como es habitual, el grupo de Auckland sugiere una significativamente anterior, *ca.* 4465 a. C. –rango entre 5900 y 3000 a. C.– para el mismo grupo de lenguas.

Dejemos a un lado la fiabilidad de las fechas y examinemos hasta qué punto las diferentes ramas de la protolengua diferían entre sí y si son suficientemente diferentes como para evitar que un préstamo entre ellas sea identificado erróneamente como una palabra heredada del protoindoeuropeo. Un vistazo a algunas de las palabras reconstruidas para nombrar la anatomía humana de estas tres ramas nos da una impresión de las diferencias entre el protoindoeuropeo y algunas de sus ramas hijas occidentales, así como entre las ramas y algunas de sus lenguas hijas atestiguadas históricamente (Figura 7.4).

Lo primero que llama la atención es que, salvo en algunas excepciones, las protolenguas de cada rama son distintas entre sí de manera significativa. Por ejemplo, si la protoforma de una descendiente de una palabra celta se llevara a la península itálica, sería reconocida por haber seguido un conjunto de reglas fonéticas diferentes y sería expuesta como una palabra prestada. Por supuesto, hay algunas excepciones en las que la forma original de la palabra en protoindoeuropeo se construye a partir de unos fonemas tan estables que se replican de manera muy parecida en algunas de las ramas e incluso en sus lenguas hijas (por ejemplo, **ǵenu-*, «mandíbula»). En estos casos, una palabra podría prestarse de una rama a otra sin ser detectada si se hiciera en una fecha temprana, algo que los lingüistas deben tener en mente en todo momento.

Si las protolenguas de las ramas aportan una fecha límite aproximada para identificar la mayoría de los préstamos, ¿dan alguna información que podamos usar para estimar cuánto tiempo pasó entre el protoindoanatolio y la formación de las diferentes ramas? Los debates históricos revisados aquí han sugerido que esperamos que haya ya algunas protorramas hacia 2500-2000 a. C. e incluso antes para el protoanatolio. ¿Puede aplicarse esto a todo el mundo indoeuropeo? Lógicamente, podría ser posible porque la alternativa sugeriría una situación en la que el anatolio, griego e indoiranio habían surgido todos como ramas separadas mientras que el resto del mundo indoeuropeo había permanecido estático –como si los ocupantes de la península itálica hubieran retenido el latín como lengua común hasta el siglo VIII d. C., mientras que el resto del antiguo Imperio romano hubiera evolucionado hacia las lenguas romances–. Por ello, es bastante plausible asumir que, para 2500-2000 a. C., el resto del mundo indoeuropeo había dejado de hablar protoindoeuropeo. Sin embargo, de ninguna manera esto significa necesariamente que el resto de Europa se hubiera dividido en sus ramas conocidas históricamente en vez de haber evolucionado hacia una cadena de diferentes dialectos tardíos del indoeuropeo. Por mucho tiempo ha parecido –al menos a mí me lo ha parecido–[57] que los lingüistas han tendido a tratar el desarrollo de las lenguas del resto de Europa como algo más superficial que en el caso del griego, indoiranio o anatolio. En un estudio reciente de las relaciones prehistóricas entre el celta y el germánico, el lingüista estadounidense John Koch ha sugerido que, en el mismo periodo, *ca.* 2500-2000 a. C., aún es posible que los hablantes del indoeuropeo de comunidades europeas ampliamente separadas pudieran haberse entendido entre sí por medio de sus lenguas nativas.[58]

significado en español	**celta**	**itálico**	**germánico**	**PIE**
uña	***ang^{w}īnā** *ingen*	***ongu(-i)-** *unguis*	***naʒla** *nagel*	*$h_3$nogh(w)-
boca	***ās** *á*	***ōs** *ōs*	***ōsa-** NA *oss*	*$h_{1/4}$óh_1(e)s-
lágrima	***dakro** *dér-*	***dakru** *d/lacruma*	***taxru** *tæhher*	*(d)h_2eḱru-
diente	***danto** *dét-*	***dent** *dēns*	***tunbu** *tōđ*	***$h_1$dónt-**
mandíbula	***genu** *gin*	***genu** *gena*	***kennu** *cinn*	***ǵenu-**
rodilla	***glūnos** *glún*	***genu** *genū*	***knewa** *cnēo(w)*	***ǵonu-**
muslo	***klowni** *clúain*	***lou-ni** *clūnis*	***xlauni-** NA *hlaun*	*ḱlounis
cadera	***koxsā** *cos*	***koksā** *coxa*	***xaxsō-** AAA *hahsa*	***koḱs-o/eh_2-**
corazón	***kridyo** *cride*	***kord** *cor*	***xertō** *heorte*	***ḱērd**
cuerpo	***krif** *crí*	***korp-os** *corpus*	***refa** *hrif*	***kreps**
codo	***olīnā** *uilen*	***olenā** *ulna*	***alinō** *eln*	***$h_3$elVn-**
lengua	***tang^{w}āt** *tengae*	***dnχ(u)wā** *lingua*	***tunʒō** *tunge*	*dn̥ǵhuh_2-

Figura 7.4: Comparación entre palabras relacionadas con la anatomía seleccionadas en protoindoeuropeo (PIE) y las ramas reconstruidas del celta, itálico y germánico (en **negrita**), junto con sus formas en al menos una de las primeras lenguas hijas documentadas (en *cursiva*): celta e irlandés antiguo o medio; itálica y latín; y germánica y sajón o nórdico antiguo (NA)/alto alemán antiguo (AAA).

Por tanto, un asunto clave aquí es reconciliar las fechas de separación sugeridas por las varias filogenias indoeuropeas, en especial aquellas que se han calculado sobre la base de listados de palabras, con las protorramas reconstruidas. Como Koch nos recuerda, estamos enfrentándonos con dos estadios lingüísticos: el pre- y el proto-. El estadio proto- es el «último estadio reconstruible del ancestro común» de las lenguas atestiguadas de una rama particular. Recuerden nuestro ejercicio anterior para determinar la cuna del protorromance que resultó en una respuesta que va desde el Atlántico al mar Negro. Ahora recuerden que el periodo lingüístico probable del protorromance se fechó entre 200 a. C. y 200 d. C. –con el último estadio común más cerca de 200 d. C., probablemente–. Al inicio de este periodo, los romanos acababan de lograr derrotar a Aníbal y de apropiarse de la mayoría de la península itálica, pero, para 200 d. C., el Imperio romano –y el área en la que surgió el protorromance– se había extendido desde el Atlántico hasta el mar Negro y Anatolia, por lo que una cuna protorromance enorme sería el resultado esperable. La reconstrucción de una protolengua está muy determinada por los cambios fonéticos y gramaticales que distinguen una rama de su protolengua previa. Por ejemplo, uno puede listar los principales cambios fonéticos del protoindoeuropeo que evolucionaron hasta definir la rama protocelta (Figura 7.5):

1. Los silábicos *_r̥_ y *_l̥_ pasan a *_ri_ y *_li_ después de cualquier consonante y antes de una consonante oclusiva;
2. *g^w pasa a *_b_;
3. *_bh_ *_dh_ *_gh_ *g^wh pasan a *_b_ *_d_ *_g_ *g^w;
4. *_p_ pasa a *_ɸ_ (luego desaparece en la mayoría de las posiciones);
5. *_ō_ larga pasa a *_ū_ larga en sílabas finales;
6. las silábicas *_m̥_ y *_n̥_ pasan a *_am_ y *_an_;
7. *_ē_ larga pasa a *_ī_ larga.

Figura 7.5: Cambios fonéticos principales del protoindoeuropeo al protocelta.[59]

Podríamos comparar algunos de estos cambios con aquellos que definen el protogermánico. Por ejemplo, mientras que el celta conserva el cambio del PIE *_r̥_ y *_l̥_ > *_ri_ y *_li_, el protogermánico hace el cambio de _r̥_, *_l̥_ > *_ur_, *_ul_. Debido a estos cambios, una vez que las protorramas se han formado un lingüista tiene alguna pista acerca de si una palabra ha sido prestada o si ha sido heredada en las dos ramas en un momento anterior.

El otro estadio es el pre-, en el que los cambios completados en la fase proto- tan solo han empezado a aparecer y a unir un grupo de dialectos de una lengua en el camino a convertirse en una rama distinta de otras ramas. Hasta qué punto los estadios pre- y proto- son idénticos es desconocido y este asunto está en el centro de nuestro problema de la constelación (Figura 7.6). Por ejemplo, está ampliamente admitido que la fecha del protogermánico, el último ancestro común de las lenguas germánicas, es *ca.* 500 a. C. y, normalmente, si hay algún desafío a esta idea tiende a llevar la fecha a *ca.* 100 a. C. en vez de más atrás.[60] Podemos contrastar esto con las estimaciones para la fecha del protocelta, que se sitúa entre 1200 y 900 a. C., lo que ilustra los diferentes horizontes asignados a las distintas protorramas europeas. Ahora comparen estas fechas con las de separación o estadios pre-. Koch estima el pregermánico en torno a 1900 y 500/400 a. C. y el precelta hacia 1800/1500-1200 a. C. Los tres resultados computacionales que hemos visto hasta el momento son 2350-1900 a. C. (Berkeley, Moscú) y todavía anterior (2889 a. C., Auckland 2023, con un rango de 4193-1718 a. C.). Hay varios asuntos relativos a estas discrepancias que son interesantes, el primero de ellos meramente casual, mientras que el segundo es absolutamente esencial.

	Koch 2020	**Berkeley 2015**	**Moscú 2021**	**Auckland 2023**
Precelta	1800-1200 a. C.	1900 a. C.	2100 a. C.	2900 a. C. [4200-1700 a. C.]
Protocelta	1200-900 a. C.	2350-2150 a. C.	2100 a. C.	1200 a. C. [2000-500 a. C.]
Pregermánico	1900-400 a. C.	500-1 a. C.	500-300 a. C.	2900 a. C. [4200-1700 a. C.]
Protogermánico	500-100 a. C.			300 a. C. [900 a. C.-100 a. C.]

Figura 7.6: Aproximaciones a las fechas de separación entre las fases pre- y proto- y las estimaciones de la fecha de las protolenguas celta y germánica ilustran el problema de distinguir entre las fechas asignadas a la separación de las ramas y las fechas estimadas de sus protolenguas (las fechas de Auckland 2023 son el número de las fechas entre corchetes).

Los resultados computacionales para los estadios pre- están cerca de las fechas estimadas, aunque se basan en un conjunto de datos completamente distinto: la presencia o ausencia de un léxico compartido muy limitado para una lista de palabras. Un experimento rápido: un viajero en el tiempo regresa al siglo V d. C. y convence a san Patricio de que los cognados irlandeses en la lista computacional de palabras son propios del diablo, por lo que el buen santo los elimina de la lengua irlandesa y los sustituye por sus equivalentes latinos. Al analizar la lista, el lingüista reconoce que toda la lista de palabras está hecha a partir de préstamos latinos que han sufrido algunos cambios fonéticos agresivos en su paso al irlandés (por ejemplo, el latino *apostulus*, «apóstol», se convierte en el irlandés *apstal*). Si esto hubiese ocurrido, nuestro lingüista computacional no habría sido capaz de demostrar que el irlandés era una lengua indoeuropea y mucho menos que pertenecía a la rama celta. Ocuparía la misma posición que el chino o el maya. Sin embargo, cualquier lingüista histórico competente todavía podría ser capaz de determinar que el irlandés era, de hecho, un miembro de la rama celta del indoeuropeo. Esto se demostraría por la fonética y morfología en toda la lengua fuera de la lista de palabras analizadas que habrían sido eliminadas. En resumen, las listas de palabras están sirviendo –aunque de manera precaria– como indicadores para la evidencia de fonética y gramática.

El tema más significativo de la distinción entre las fases pre- y protoradica en la duración potencial. Para el germánico, el espacio entre el estadio pre- y el proto- está entre *ca.* 1500 años y *ca.* 2500 años (Auckland) y, como Koch nos recuerda, no está claro si los cambios que resultaron en el protogermánico se difundieron de forma paulatina en el tiempo o si «se agruparon en un corto periodo».[61] Si se agruparon al inicio, se podría argumentar que el germánico pasó entre mil quinientos y dos mil quinientos años sin ningún cambio fonético reseñable, lo que significa que no había diferencias entre las fases pre- y proto- de la evolución del germánico. Si se agrupan los cambios al final, se obtiene un periodo similar en el que no se es capaz de distinguir entre el pregermánico y otras ramas indoeuropeas. La caja negra que separa el precelta del protocelta no es tan grande porque, aunque su protolengua es un poco anterior, el rango está entre unos trescientos y mil setecientos años en función de la fecha aceptada para la separación de la rama celta. Podríamos entretenernos con juegos parecidos con las otras ramas europeas como la itálica, báltica y eslava, mientras que en un trabajo reciente acerca de la disolución del protourálico, el lingüista finlandés Jaakko Häkkinen[62] estima el intervalo para el urálico en, como mínimo, quinientos años y, como máximo, mil. En resumen, tenemos una serie de protorramas que se suelen situar en *ca.* 1500-500 a. C. y una serie de estimaciones muy amplias que sugieren que habían llegado a ese estado después de unos mil o –siguiendo al grupo de Auckland– más años. Es hora de aplicar lo que sabemos y lo que no en un ejemplo fundamental.

LA RUEDA

La rueda y los vehículos con ruedas –las carretas de dos ruedas y los carros de cuatro ruedas– son los mejores indicadores para la fecha de fin de la cultura protoindoeuropea reconstruida, porque sus orígenes en el registro arqueológico fueron, esencialmente, un fenómeno del cuarto milenio a. C.

Las ruedas se inventaron *ca.* 4000 a. C. con discos simples –que podían o no haber sido aplicados a juguetes, como vemos en los vehículos del Nuevo Mundo–, pero alrededor de 3500-3000 a. C. la evidencia indica a las claras la presencia de vehículos sobre ruedas que, por supuesto, ha continuado hasta nuestros días.[63] El estatus lingüístico del vocabulario de los vehículos rodados, por otro lado, es extremadamente polémico.[64] Si se pueden adscribir con seguridad los vehículos rodados al protoindoeuropeo, entonces la protolengua no tendría que haberse dividido antes del cuarto milenio a. C. De lo contrario, no seríamos capaces de reconstruir un vocabulario común de vehículos rodados a partir de las distintas ramas. Varias de las soluciones al lugar de origen más prominentes sitúan el *Urheimat* antes del cuarto milenio y defienden que no podemos observar con seguridad vehículos rodados en el protoindoeuropeo con el empleo de la paleolingüística.

La evidencia lingüística comprende, al menos, cinco elementos razonablemente de peso: *$k^{w}ek^{w}lo$-, «rueda»; *$Hrotós$, «rueda»; *h_2iHs-eh_2-, «vara»; *$h_2e\acute{k}s$-, «eje»; *$we\acute{g}h$-, «transportar», además de otras palabras más polémicas (por ejemplo, *$h_{2/3}wr̥gi$-, «rueda»; y *$dhroghós$, «rueda»); a primera vista, esto parecería un campo semántico bastante convincente. Sin embargo, la adscripción de la rueda y los vehículos rodados al indoeuropeo se ha visto desafiada, por lo que necesitamos examinar los obstáculos relativos a este asunto.

Primero, se ha planteado que la multiplicidad de diferentes palabras para «rueda» sugiere que nos topamos con la terminología para rueda *después* de la diferenciación de la protolengua. Este argumento fue sugerido por Robert Coleman (1929-2001), catedrático de filología comparada en Cambridge originario de Nueva Zelanda, en su respuesta a la hipótesis anatolia de Colin Renfrew.[65] Como su crítica de un párrafo de extensión a menudo la han ignorado los defensores de las reconstrucciones, pero ha sido citada por los críticos, pongo la cita completa porque viene de un académico muy respetado y porque plantea algunos problemas lógicos interesantes –y también por los buenos recuerdos que tengo de su hospitalidad–.

> Así pues, mientras que *$wl̥k^{w}o$-, «lobo», y *$g^{w}e\partial_3w$-, «vaca», por ejemplo, aparecen suficientes veces para justificar su espacio en el protoléxico, muchas otras raíces son más problemáticas. Cuatro raíces diferentes se usan para «rueda»: (i) **dhregh-*, «correr», en griego *trokhós*; (2) *reth-*, «correr, rodar», en latín *rota*, en lituano *ratas*; (3) *$k^{w}el$-, «rotar, girar», en antiguo eslavo eclesiástico *kolo*; y (4) su forma reduplicada *$k^{w}ek^{w}lo$-, en anglosajón *hwēol*, védico *cakráh*, tocario *kukäl*. Algunas len-

> guas presentan más de una, como en irlandés antiguo *droch* y *roth*, «rueda»; *cul*, «carreta»; y el avéstico *čaxrō*, «rueda»; *raϑō*, «carro». De todo esto parece que «rueda» no estaba en el protoléxico y las distintas palabras que hay para ella se crearon de manera independiente, después de la dispersión, en algunas áreas sin duda por préstamos traducidos de dialectos/lenguas indoeuropeas adyacentes.[66]

La crítica fue catalogada por Paul Heggarty y Colin Renfrew como «un principio básico en paleolingüística», que proclama que «no una, si no dos raíces para el mismo significado, atestiguadas en diferentes lenguas de una familia, deben interpretarse como indicadores de que la lengua de la que provienen ya había empezado a separarse antes de que surgiese el significado (esto explicaría cómo pudieron elegir independientemente términos distintos para ello)».[67] Esta regla se ha empleado en ocasiones en el pasado. Por ejemplo, por Sigmund Feist a propósito del hecho de que tenemos una variedad de nombres para «cabra» diseminados por varias lenguas indoeuropeas, lo que indica que no había un término común[68] y, por tanto, no había evidencia de que los protoindoeuropeos conocieran a la cabra. Nehring contó nueve raíces para «cabra», todas con temas en *-o* o *-a*, algo que le sugirió que fue domesticada muy tardíamente.[69] Por otro lado, Hirt tomó las mismas pruebas para defender que el protoindoeuropeo tenía todo un arsenal de palabras para «cabra», aunque solo se preservaron regionalmente.[70] Más interesante fue el argumento de Thieme de que, como la cabra doméstica no se conocía antes de *ca.* 3000 a. C. –lo cual ahora sabemos que es incorrecto–, el hecho de que se pudiera reconstruir hasta el protoindoeuropeo aportaba un final para el protoindoeuropeo. Con respecto a los múltiples nombres, los explicó como creaciones a causa de las creencias peculiares relacionadas con los machos cabríos o por la introducción de distintas razas de cabras.[71]

Comencemos nuestro análisis con **k^{w}ek^{w}lo*, «rueda». La palabra no está atestiguada en anatolio, pero cumple con los requerimientos del indotocario (indoeuropeo nuclear) según Olander, con cognados en tocario (*kokale*, «carro») en oriente, indoiranio (en sánscrito *cakra-*, «rueda»; en avéstico *čaxra-*, «rueda») en el sur de Asia, puede que en Grecia (*kúklos*, que significa tan solo algo circular, pero que en Homero se aplica también a «rueda») y en germánico («wheel», en inglés). Es un sustantivo derivado de la raíz verbal **k^{w}el-*, que se suele traducir como «girar» (aunque Alexander Lubotsky ha defendido recientemente que el verbo significa «deambular»).[72]

Hasta la fecha, los críticos con la aceptación de esta palabra en protoindoeuropeo han sugerido que, sencillamente, estamos ante la creación independiente de una palabra nueva en varias ramas ya independientes para decir «algo que gira». Sin embargo, Ringe defiende que si esto fuera así, entonces por qué las distintas ramas eligen todas la misma raíz verbal cuando había otros sustantivos que también significaban «girar». Es más, la palabra **$k^w ek^w lo$* se construyó de una manera extremadamente inusual, al implicar la reduplicación del sonido inicial (**$k^w el$- > $k^w e$-k^w-*) y la reconstrucción de la vocal temática (**el- > *l̥*). Por ello, cualquier argumento relativo a que esto se hizo así en múltiples ocasiones desde Alemania hasta Turquestán «es prácticamente imposible».[73] En resumen, lo que parece que tenemos es un elemento léxico que cumpliría los requisitos de difusión y tipo de formación idiosincrática que apoyan su creación en la protolengua y no en las ramas individuales –atenderemos a su significado preciso en un momento–.

Ahora estamos en la verdaderamente extraña posición de que si **$k^w e$-$k^w lo$* fuera la única palabra para «rueda» que pudiéramos encontrar y reconstruir, estaríamos bastante seguros de que los indoeuropeos nucleares conocían la «rueda» –pero no los protoanatolios ya que no hallamos la palabra en anatolio–. Sin embargo, debido al temido «principio básico», que se activa por la presencia de otras palabras para «rueda», ¡nuestra evidencia se evapora! Al inicio de la cita, Coleman admite que **g^wōus*, «vaca», es protoindoeuropeo, pero también tenemos **h_1eǵh-*, «vaca», y **woḱeh_2-*, «vaca», sin una idea clara de cómo se habrían distinguido los significados de estas palabras. Supongo que el «principio básico» debe invocarse de nuevo: con tres palabras para «vaca», tenemos un duelo materia-antimateria en el que las palabras que no son **g^wōus* destruyen a la palabra **g^wōus* en el léxico indoeuropeo. El principio parece increíblemente cercano a asumir que todo concepto en una lengua permite una, y solo una, palabra; ¡el *Tesauro de Roget* del protoindoeuropeo debe de ser un volumen increíblemente pequeño! La realidad es que nuestros significados reconstruidos siempre van a implicar una semántica general y, a menudo, asumimos el matiz original o la especificidad del significado o muchos de los matices del vocabulario técnico. En cualquier sociedad ganadera esperaríamos un número abundante de palabras y distinciones en cada especie como «vaca», «toro», «vaquilla», «vaca lechera», «vaca seca», «novillo» y «buey». El irlandés antiguo, por ejemplo, tiene sesenta y dos palabras diferentes para bovinos en nueve categorías semánticas distintas, pero no más de seis de estas palabras han sobrevivido a partir del protocelta.[74] Solo obtenemos los restos fortuitos de una protolengua que, seguramente, tenía léxicos mucho más extensos y distinciones semánticas que nunca podremos recuperar.

En lo que respecta a los múltiples términos para ruedas y carros, el lingüista estadounidense Martin Huld ha defendido que habría que entenderlos como palabras que reflejan diferentes fases de la evolución de los vehículos dentro del protoindoeuropeo. Así, un **dhrogos* se referiría, inicialmente, a los patines de un trineo, para referirse después a la primera rueda, seguido del **Hrotós*, la típica rueda maciza utilizada en los carros de cuatro ruedas, y luego el **kwekwlo-*, la rueda aplicada a los carros de dos ruedas.[75]

Lo esencial aquí es la distribución de los cognados, que no parece apoyar la noción de que fueron creaciones regionales con algún préstamo. Por ejemplo, tenemos *ḱr̥sos*, «carro», pero está limitado a dos ramas que se presume adyacentes, la celta y la itálica, mientras que **tenghs-*, «vara», se encuentra solo en itálico y germánico. Podrían rechazarse como el tipo de innovaciones regionales que iban pasando entre pueblos indoeuropeos bien antes de alcanzar su etapa previa, o bien durante esta, si todavía no habían surgido suficientes diferencias fonéticas detectables. Por otro lado, los cinco términos principales propuestos como protoindoeuropeos tienen cognados indoiranios, lo que implica una fecha de fin hacia 2500 a. C., con independencia de las fechas de las protolenguas de los cognados europeos.

Una segunda crítica es que no podemos estar completamente seguros de la fiabilidad de nuestros significados reconstruidos. Solemos estar hablando de una variedad de significados hallados en los varios grupos de cognados. Por ejemplo, las palabras derivadas de ***h_2*iHs-eh*$_2$*-* se refieren a la «vara de un vehículo» en anatolio, eslavo e indoiranio, pero en griego aparece como un término náutico (*oiḗion*), que se refiere a la caña del timón o al timón de un barco. Supongo que podríamos jugar sobre seguro y decir que el significado original era, simplemente, una «vara» sin referencias al uso, pero ¿cuáles son las probabilidades de que una lengua relativamente moderna (esloveno) haya desarrollado de forma independiente la misma referencia específica para un vehículo rodado encontrada tanto en hitita como en sánscrito, si en origen no significaba nada más que «vara»? De hecho, como Stefan Höfler ha defendido recientemente, las formas anatolia e indoaria parecen ser derivaciones de la forma subyacente en el cognado eslavo, que deriva del verbo ***h_2*yeh*$_2$, «mover (un vehículo, en un vehículo)». Con respecto al significado náutico en el derivado griego, Höfler nos recuerda: «el remo de dirección (que suele ir en la popa) de un barco se parece a la vara de un carro en forma y (al menos figurativamente) en función. Una transferencia metafórica de una palabra antigua que designa a la segunda utilizada para la primera es concebible».[76] Una cantidad de los términos relativos a vehículos son idénticos a palabras anatómicas. Por ejemplo, *h_2eḱs-, «anchura de hombros/eje», *$h_2$nobh-, «ombligo/nave» y –discutible– *k^wek^wlo-, «articulación del hombro/rueda». Así, cada uno puede ser desafiado sobre la base de que el significado «original» era una parte del cuerpo. Pero, de nuevo, si uno pone en entredicho que durante el periodo de la protolengua los indoeuropeos emplearon una analogía anatómica para denominar las varias partes de un vehículo, ¿por qué aparece de nuevo una formación idéntica sobre grupos tan distintos? Compárenlo con el inglés, en el que encontramos términos de vestimenta: la «capota» británica (*bonnet*)* es igual que la «capucha» americana (*hood*).

En un intento por demostrar que *k^wek^wlo- podía ser anterior al transporte rodado, Heggarty y Renfrew citaron la frase poética reconstruida *s$h_2$uens *k^wek^wlos, «rueda solar», como ejemplo de cómo podríamos tener una palabra para «rueda» que no tuviera nada que ver con el transporte, pero que se refiriese de forma metafórica a un fenómeno cíclico y que «podría muy posiblemente ser anterior al transporte rodado. Asumir a primera vista a qué referentes específicos podrían haberse referido originalmente a partir de raíces reconstruidas es una aventura inherentemente dudosa».[77] Si apartamos el hecho de que la mitología relativa a la rueda solar implica a deidades solares indoeuropeas bien conocidas que hacen girar una rueda o, más a menudo, que la mueven con un vehículo,[78] el problema real aquí es la suposición de que estamos de verdad tratando de recuperar lo que significa «originalmente» una palabra, cuando, en realidad, estamos buscando el «último ancestro semántico» y no la palabra de la que podría derivar. Seguro que las apuestas están a favor de asumir un desarrollo semántico de «rueda» > «algo circular o en forma de disco», en vez de sugerir que la palabra «rueda» deriva de una noción abstracta de la circularidad. Todos estos argumentos implican un razonamiento abductivo que busca la explicación más simple y clara para los pares de cognados. No implicarían préstamos lejanos de palabras o creaciones independientes y, por lo general, suelen devolver un significado que asociaríamos, lógicamente, con vehículos con ruedas.

En su exhaustiva exploración de los problemas relativos a la paleolingüística, el lingüista francés Xavier Tremblay (1971-2011) aplicó cinco criterios de evaluación: que la reconstrucción no es solo del morfema de la raíz, sino que requiere toda la raíz; que la reconstrucción excluye prés-

---

* N. del T.: En inglés, *bonnet* significa tanto «capota» como «capó» [de vehículo].

tamos; que está ampliamente atestiguada en ramas separadas por numerosas isoglosas; que la reconstrucción no es al azar; y que el significado es preciso y estable. En su lista de palabras que pasaban este examen incluía *$k^w e k^w lo$-.[79]

Para los rastreadores de la cuna, la cuestión de los vehículos con ruedas en indoeuropeo nuclear (aunque no necesariamente en protoindoanatolio) ha sido atacada por sus detractores, pero hasta que no haya un análisis crítico completamente desarrollado que pruebe lo contrario veo difícil omitir los vehículos con ruedas del vocabulario cultural reconstruido de los indoeuropeos. Rechazar todas las evidencias requiere una serie de explicaciones alternativas convincentes para desestimar cada elemento cuando una fecha tan temprana, como veremos, como el cuarto milenio para el indoeuropeo nuclear, aunque no tiene por qué para el protoindoanatolio, no se basa tan solo en la reconstrucción de los vehículos con ruedas.

Hemos trabajado con la metáfora de la protolengua como una constelación que implica que nuestras formas estrelladas podrían venir de cualquier época, prácticamente. Estoy dispuesto a vivir con esta metáfora, pero me gustaría elegir la constelación. Aunque es debatida, hay al menos alguna evidencia de que los protoindoeuropeos reconocían por lo menos una, porque tanto el indoario como el griego compartían la designación Osa –u Osas– para la Osa Mayor –el carro, el cazo–.[80] Consiste en siete estrellas principales, cinco de las cuales están a entre ochenta y ochenta y tres años luz y dos aisladas a ciento cuatro y ciento veintitrés años luz –en una galaxia a unos ochenta y siete mil años luz–. El indoeuropeo nuclear reconstruido podría parecerse a la metáfora: es probable que la mayoría del vocabulario reconstruido derive de 3500-2500 a. C., aunque el protoindoanatolio tendría que colocarse antes. Mientras que siempre habrá un grupo que nunca aceptará ninguna de las pruebas de la paleolingüística, creo que la aproximación más justa es tratar y comprobar cada elemento de manera individual. Ahora podemos echar un vistazo a la evidencia nuclear que tiende a ser ampliamente aceptada y luego a aquellos elementos que, en algún momento, se han visto como pruebas básicas con respecto a la localización específica de la cuna.

LA PROFUNDIDAD TEMPORAL

La evidencia léxica es segura, razonablemente, para defender la hipótesis de que las lenguas indoeuropeas solo empezaron a diferenciarse entre sí después de que los hablantes hubieran comenzado a idear palabras para los campos semánticos de la ganadería y alguna forma de agricultura cerealística. En términos de animales, hallamos una distinción entre *peḱu-, «riqueza móvil, ganado», y *ǵ^{wh}wer-, «animal salvaje», y entre los animales identificados de manera consistente por su variedad doméstica tenemos *g^{w}ōus, «vaca», *h$_1$eǵh-, «vaca», *uk$^{(w)}$sēn-, «toro, buey»; *h$_2$ówis (o *h$_3$ówis), «oveja», *wr̥h$_1$ḗn, «cordero»; *bhuǵos, «macho cabrío», *h$_2$eiǵs, «cabra», *dig-, «cabra», *kapros, «cabra», *suHs, «cerdo» y *porḱos, «lechón», y *ḱ(u)wōn, «perro». Que estas palabras se refieren a animales domésticos en vez de a animales salvajes se refuerza por la existencia de *tauros, «toro, uro» (un posible préstamo caucásico en el protoindoeuropeo), que se podría haber referido a los uros, las –ahora extintas– reses de Eurasia o al bisonte en baltoeslavo, el territorio de su último refugio europeo. Como ni la oveja ni la cabra tenían formas salvajes en Europa antes del Neolítico, no es sorprendente que no tengamos palabras para las especies salvajes. Hay una palabra limitada al noroeste (itálico, germánico y eslavo), *h$_1$eperos, que podría significar «jabalí», mientras que el predecesor del perro doméstico fue, naturalmente, el *wl̥k^{w}os, «lobo». Hay más palabras anteriores, pero su distribución geográfica está más limitada.

Además de los nombres de animales domésticos, también tenemos palabras para productos, entre las cuales *wl̥h$_2$neh$_2$-, «lana», es temporalmente diagnóstica –aunque debatida–, porque la primera aparición arqueológica de la lana se da entre 4000 y 3000 a. C., cuando las ovejas domésticas se criaban para crear abrigos lanudos en vez de gruesos y ásperos y los textiles hechos a partir de fibras vegetales estaban empezando a sustituirse por la lana. Hemos visto que la edad de la palabra reconstruida para «lana» es problemática debido a conflictos fonológicos entre la forma propuesta en hitita y los otros cognados indoeuropeos (y podría ser un préstamo del caucásico nororiental o del hurrita), por lo que, en lo que se refiere a la cronología, la posición minimalista, por tanto, sería datar la palabra para «lana» después de la salida del anatolio y del tocario; sin embargo, sospecho que muchos la verían como indoanatolia.

El vocabulario asociado con la agricultura cerealística es más modesto y, en un artículo reciente, tras una intensa reducción de mi propia lista de términos agrícolas potenciales en protoindoeuropeo,[81] los autores concluyeron que «la evidencia léxica para el uso del cereal es relativamente modesta, pero no inexistente»[82] y listaban un número de palabras reconstruibles en protoindoanatolio (PIA): *(H)ieu(H)-*, «cereal», y *ǵ hrésdh-i-*, «cereal»; así como en indoeuropeo nuclear (en el que algunos de los pares de cognados no se usan en un contexto agrícola claro) admiten *h$_2$erh$_3$-, «arado», *H$_2$erh$_3$-ur/n-, «campo (arable)», *peis-, «moler (grano)», *_se-sh$_1$-io-_, «un cereal»,*_h$_2$ed-o(s)-_, «un cereal (¿seco?)», *_dhoH-neh$_2$-_, «semilla (de cereal)» y *_pelH-u-_, «cascarilla». Pese a que se podría atacar a la conjetura de que las palabras se aplican a cereales domésticos y no a cereales salvajes, la palabra para «arado» ayuda a inclinar la balanza en favor de los domésticos.

En lo relativo a la tecnología sensible cronológicamente, el conocimiento de la metalurgia siempre ha sido un campo semántico obvio. En los dos intentos más recientes de navegar por la evidencia léxica, los dos concluyen que tenemos *_h$_2$eyes-_, «cobre, bronce», *_h$_2$eusom_, «oro», y *_h$_2$r̥ǵn̥to-_, «plata». Sin embargo, son las únicas pruebas reconstruibles en la fase «protoindocelta» de Olander, sin que haya ninguna evidencia segura de cognados en anatolio o tocario.[83] Los objetos de cobre se conocen en lugares de Anatolia desde tan pronto como 8200-7500 a. C. en adelante,[84] por lo que esto no aporta ningún marcador cronológico útil. Por otro lado, el oro y la plata aparecen en Anatolia y las regiones vecinas desde Irán hacia el norte por el Cáucaso y la estepa meridional en el cuarto milenio a. C., donde la cultura Maikop muestra un consumo conspicuo de oro y plata en el periodo entre 3800 y 3300 a. C. De nuevo, esto encajaría en el mismo horizonte tecnológico de los primeros vehículos con ruedas y, si insiste, de la lana. Es más, los dos estudios también examinan evidencias tecnológicas posteriores para la Edad del Bronce –bronce, estaño, plomo– y del Hierro –hierro–, que revelan solo un conocimiento regional de estos elementos. Esto ayuda a defender la idea de que los lingüistas están identificando un horizonte cronológico del protoindoeuropeo en el cuarto milenio a. C. razonablemente coherente y que pueden distinguirlo de desarrollos posteriores –después de la separación–.

Finalmente, como hemos visto, es más que probable que los protoindoeuropeos conocieran los vehículos rodados y que hubieran desarrollado una terminología ampliamente local, si no enteramente local, para referirse a ellos. No podemos atribuir los vehículos rodados al anatolio, así, es de recibo no asignar carretas y carros a la rama anatolia hasta que se introdujeron vehículos de fuera. El desarrollo de los vehículos rodados, en cualquier caso, difícilmente sería una sorpresa dado que tenemos evidencia de tracción animal a partir del protoindoanatolio. Además de la palabra para «vara» (*_h$_2$iHs-eh$_2$-_), el anatolio también preservó dos palabras asociadas con el «yugo» (*_yugóm_ y *_dhwerh$_x$-_). De manera más controvertida, tenemos el verbo *_weǵh-_, «montar en un vehículo», que es la base de una serie de sustantivos que indican «carro» hallados desde Irlanda a la India (por ejemplo, el _wain_ inglés, pero no _wagon_, que es un préstamo holandés). Asimismo, tenemos un supuesto grupo de cognados protoindoceltas que indica *$h_2$ensiyo/eh_2-*, «riendas». Como hemos visto, los primeros vehículos rodados surgen en la región entre la estepa y Mesopotamia y no son anteriores a *ca.* 4000 a. C., por lo que tenemos un horizonte aproximado en el cuarto milenio a. C. al que podemos asignar la aparición de los vehículos rodados, el oro, la plata y la lana; no hay palabras sólidamente reconstruidas en protoindoeuropeo cuyos referentes deban ser más recientes.

LAS PROFUNDIDADES DEL TIEMPO

La profundidad temporal del indoeuropeo sugerida antes ha sido rechazada por los defensores del modelo de la continuidad paleolítica del lingüista italiano Mario Alinei (1926-2018) y del arqueólogo belga Marcel Otte, quienes, sobre la base de la arqueología, propusieron que no ha habido ninguna ruptura en la prehistoria europea desde la entrada de los humanos físicamente modernos desde el sudoeste de Asia hace cuarenta mil años con la expansión de la cultura del Auriñaciense (*vid.* Capítulo 9). Esta idea se sostiene sobre los argumentos lingüísticos de Alinei, los cuales desarrolla en unas novecientas páginas.[85] Argumenta que el léxico de una lengua refleja, directamente, acontecimientos culturales datables, por lo que podemos datar tanto las palabras como, en este caso, los inventos de manera bastante precisa (por ejemplo, *telégrafo* (1805), *teléfono* (1878)). Hasta aquí todo bien, pero luego las cosas se ponen más difíciles cuando consideramos el vocabulario reconstruido del indoeuropeo, la mayoría del cual designa elementos naturales, partes del cuerpo, animales y prácticas culturales que ya habrían sido conocidas por nuestros primeros ancestros humanos. Esto implica que desde que los humanos desarrollaron el lenguaje, no solo habrían tenido palabras para «sol», «luna», «cabeza», «lengua», «madre», «oso», etc., sino que estas palabras continuaron desde su creación inicial hasta el presente en las lenguas indoeuropeas. Alinei toma un concepto como «morir» (PIE **mer-*), que podría llevarse incluso a tiempos anteriores de los humanos biológicamente modernos, aunque continúa en el léxico indoeuropeo. No obstante, apunta que, puesto que no hay palabras comunes para «enterrar» o «tumba» –prácticas que ya observamos entre los neandertales–, esto demuestra que las lenguas indoeuropeas deben de haberse separado ya en el Paleolítico medio o en el superior. Esta confianza en las pruebas negativas también se emplea para llevar la división de las lenguas indoeuropeas al Paleolítico superior sobre la afirmación de que no había una palabra común para «pez» –porque, en ese momento, empezamos a ver la pesca como parte de las economías de Europa–, ni una palabra común para «arco y flecha», cuando sí encontramos evidencias de estas armas.

Esta confianza en la evidencia negativa puede reducirse al absurdo, pues los indoeuropeos, en apariencia, no podían haber utilizado el arco porque no tenemos palabras reconstruidas para «dedos» o «pulgar». Por consiguiente, a los indoeuropeos todavía no les habían crecido apéndices con los que tensar la cuerda del arco. Cuando se llega a pruebas diagnósticas como los vehículos rodados, Alinei rechaza que **Hrot(h₂)-* sea protoindoeuropeo, porque el verbo sobre el que se construye solo sobrevive en celta, lo cual indica –a él– que debe de haberse originado entre los celtas y haber sido difundido por ellos a las otras lenguas hacia 2500 a. C. Esto contradice todas nuestras evidencias arqueológicas para la difusión de los vehículos rodados. Sospecho que el monumental trabajo de Alinei sigue siendo monumentalmente irreal.

LOCALIZAR LA CUNA

La aplicación principal de la paleolingüística al problema de la cuna es la localización espacial del lugar de origen; evidencias similares se han empleado por parte de lingüistas al trazar los orígenes de otras familias lingüísticas por todo el mundo. En lo que respecta a los indoeuropeos, ha surgido una serie de conceptos estrella, en su mayoría árboles y animales, que se han usado para delimitar o, más a menudo, excluir a un territorio ocupado por los indoeuropeos antes de su dispersión. Cada uno de ellos será comentado brevemente.

Oso

El PIE **h₂r̥tḱos*, «oso», está sólidamente reconstruido con cognados cuyo significado es siempre «oso» en celta, itálico, albanés, griego, armenio e indoiranio, a los que se suele añadir el hitita *hartakka-*, referido a un gran depredador y a una especie de sacerdote –¿un oso sacerdote?–, lo cual le daría un estatus de protoindoanatolio. La reconstrucción del PIE para «oso» se ha usado para excluir la región de la estepa, donde se ha afirmado que el oso estaba ausente, una vieja aseveración que se ha renovado en época reciente.[86] En cualquier caso, se han hallado restos de osos en yacimientos de Sredny Stog (*vid.* Capítulo 9) y en otros enterramientos de las estepas –aparecen colgantes hechos con dientes de oso–, lo cual niega a esta palabra cualquier significancia diagnóstica para localizar la procedencia.[87]

Castor

El PIE **bhébhrus*, «castor», está atestiguado en celta, itálico, germánico, báltico, eslavo e iranio (en indoario su significado ha cambiado a «mangosta»). Los castores suelen estar fuera del Mediterráneo y en áreas al sur del Caspio septentrional y del mar de Aral, aunque también se han hallado en yacimientos prehistóricos de Anatolia (por ejemplo, un único hueso en Pınarbaşı, Turquía) y en el Cáucaso. Su distribución se ha utilizado, principalmente, para excluir los lugares de origen localizados en Asia Central/ Bactria y la India –a menos que se asuma que en origen significaba «mangosta» y que el resto de indoeuropeos cambiaron su significado–.

Abeja

En varios grupos regionales se encuentran palabras para «abeja». En el noroeste tenemos **bhi-kó-*, «abeja», que se limita al celta, itálico, germánico, báltico y eslavo con algunas diferencias formales entre el itálico y el báltico; en la región central tenemos **melitih*$_2$*-*, «miel de abeja», que solo se encuentra en Albania y Grecia y la palabra en sí misma deriva del vocablo para «miel». Se puede interpretar fácilmente como una palabra regional tardía; una isoglosa que comprende cognados hallados tanto en el noroeste como en la región central es la de *dhren-* y **kn̥Hp-h*$_2$*-*. Ambas significan «zángano» y se hallan en germánico y griego. Las afirmaciones más contundentes en torno a la antigüedad se hacen en favor de la palabra **mélit*, «miel», en PIA, dado que se encuentra en celta, itálico, germánico, albanés, griego, armenio, anatolio e iranio, así como de **médhu*, «hidromiel», en indoeuropeo nuclear, hallada en celta, germánico, báltico, eslavo, griego, iranio, indio y tocario.

A pesar de que las palabras para «abeja» tienden a atestiguarse solo en grupos regionales o en isoglosas germano-griegas, la antigüedad de la abeja en la cultura indoeuropea llega hasta el protoindoanatolio, tal y como indican las reconstrucciones para los productos de la abeja. Es decir, «miel» e «hidromiel» se reconstruyen al menos hasta el indoeuropeo nuclear. La ausencia de abejas melíferas se ha utilizado, tradicionalmente, para excluir a Siberia, pero ninguna región más.

Haya

Un **bheh*$_2$*ǵos*, «¿haya?», en la región noroeste y central está atestiguada en celta, germánico, itálico, eslavo, albanés y griego y ha sido uno de los principales argumentos lingüísticos para determinar el lugar de origen, puesto que la distribución original del haya se da al oeste de una línea que va desde Kaliningrado en Rusia a Odesa en Ucrania –la conocida como «línea de hayas»–. Por esta razón, surgió como una de las grandes objeciones a la solución de la estepa –o cualquier otra solución que situara la cuna más al este–. El «argumento del haya», sin embargo, tiene unas cuantas debilidades cruciales. Primero, puesto que le falta comprobación léxica al este de Grecia (las afirmaciones de un cognado en osetio, la lengua irania de los refugiados de la estepa en la Edad del Hierro en el Cáucaso, se han rechazado), la palabra «haya» podría interpretarse como un vocablo europeo local que circuló después de la dispersión del indoeuropeo. En segundo lugar, el significado reconstruido de «haya» se basa por entero en los cognados entre el itálico y el germánico. El único representante celta se da en topónimos galos y no está claro si la palabra se refiere al haya o al roble. En todas las lenguas eslavas la palabra devuelve el significado de «saúco», mientras que tanto en albanés como en griego los cognados significan «roble». Ese es, obviamente, uno de esos casos clásicos de un cambio en el significado original, es probable que porque los hablantes se movieron a nuevos entornos y reutilizaron el nombre de un árbol en su antigua cuna para uno comparable en el nuevo sitio.

Con respecto al cambio del nombre de «haya» a «roble» en griego, Thieme argumentó que esto se explicaba fácilmente por el hecho de que los indoeuropeos que entraron en Grecia no encontraron hayas con nueces comestibles, por lo que, al hallar una fuente de comida comparable en una especia de «roble» con bellotas comestibles, reutilizaron el nombre del haya en un árbol nuevo.[88] El argumento no se aplica al cambio de un «haya» original a un «roble» en albanés y en el norte de Grecia, puesto que el haya es nativo de Albania y, al menos, del norte de Grecia. De hecho, fue en el sur y centro de Europa donde el haya apareció por primera vez y solo empezó a dispersarse hacia el norte alrededor de 4000 a. C. El antropólogo, lingüista y poeta estadounidense Paul Friedrich (1927-2016) llevó la evidencia de un cambio semántico más allá cuando apuntó que el griego (*oksúa*) también había alterado el significado de la palabra para «fresno» (PIE *$^*h_2es(k)$-*) para indicar «haya» y que la palabra para «tejo» (PIE **taksos*) había cambiado a «arco» y el tejo había sido renombrado (*smílaks*). Todo esto sugiere que los indoeuropeos habían migrado a Grecia –lo cual excluiría a Grecia del área original–.[89] Es más, incluso si una palabra para «haya» fuese completamente aceptada como protoindoeuropea, otras especies similares de hayas se conocen en Crimea, el Cáucaso y el norte de Anatolia y tendría poco o ningún impacto en las principales teorías en competición en la actualidad.

Abedul

El PIE **bherHǵos*, «abedul», está atestiguado en itálico, germánico, báltico, eslavo, iranio e indio invariablemente con el significado de «abedul», excepto en latín, donde cambió a «fresno» (lo cual, pardójicamente, significa que la taxonomía linneana para el «fresno» –*Fraxinus*– perpetúa el mal uso del nombre en latín). Como el abedul no se suele encontrar al sur de los Alpes, el cambio en su aplicación en itálico es entendible. Aunque a veces se ha considerado que el abedul excluía Anatolia como lugar de origen, se ha recuperado polen de abedul de sedimentos glaciares en la zona, por lo que, más allá de en algunas áreas marginales que en ningún caso se plantean como parte del lugar de origen –por ejemplo, la península itálica–, el abedul no tiene un papel decisivo en la cuestión de la cuna. Podría enfatizarse que los cognados para los árboles agrupados en el norte y centro de Europa están peor atestiguados en el sur y en el este. Por tanto, al igual que las plantas domesticadas, se usan para indicar que la procedencia debía de estar en el norte o centro de Europa,[90] o bien que los indoeuropeos obtuvieron estas palabras solo cuando se movieron hacia regiones más boscosas de Europa desde una cuna al este o al sur.

Anguila

La palabra **HVnghel-*, «anguila», en el noroeste y centro está atestiguada en itálico, báltico, eslavo y griego, lo que otorga a esta palabra un estatus regional. La anguila no cumple los requisitos para ser protoindoeuropea, por lo que es de poca o ninguna utilidad, pero para quienes la aceptan como protoindoeuropea, a pesar de que no hay cognados asiáticos o anatolios, se ha empleado para excluir la región póntica septentrional bajo la sospecha de que la anguila no frecuentaba sus ríos. Aunque no puedo citar ninguna prueba arqueológica de vestigios de anguilas en esta región, la distribución actual de la anguila incluye ríos pónticos tan al este como el Kubán.

Caballo

El caballo (PIA *$*h_1$éḱwos*) está atestiguado sólidamente con cognados celtas, itálicos, germánicos, bálticos, griegos, iranios, indios, tocarios y anatolios y es probable que armenios, donde ha cambiado su significado a «burro».[91] La palabra «caballo» llegó a ser una cuestión controvertida entre quienes defendían que era tardía en el mundo de los indoeuropeos –como un animal doméstico– y, por ello, se le dio un sufijo productivo tardío (*-o*), así como entre quienes pensaban que era más antiguo y ya conocido antes de la domesticación. Para apoyar su teoría de una cuna en el norte de Europa, donde se han hallado restos de caballos salvajes en estratos mesolíticos, Specht planteó que *h$_1$ek̂wos tenía, originalmente, una vocal temática *u-* y después se cambió a *-o*.[92] Sobre la base de los cognados anatolios se puede argumentar que Specht podrían haber estado en lo cierto y que la palabra tenía en origen una vocal temática *u-* (*h$_1$éku-) retenida por el anatolio después de su separación de la protolengua, en la que después se cambió por una vocal temática *o-* mucho más productiva –y popular– entre el resto de los indoeuropeos.[93] Esto destaca uno de los asuntos principales en relación con el caballo: ¿conocían los protoindoeuropeos solo al caballo salvaje, o también tenían conocimiento del caballo doméstico?

Hay algunos argumentos lingüísticos, bastante débiles, para apoyar la identificación del «caballo» como doméstico. En primer lugar, también tenemos alguna prueba de una palabra común para «yegua» (*h$_1$ek̂weh$_2$), que se observa en itálico, báltico, iranio e indio. Es una formación común para un sustantivo femenino, por lo que podría interpretarse como una formación banal, pero hay quienes han planteado –sobre una base muy frágil– que si lo comparamos con los nombres de animales claramente salvajes como *wl̥k^{w}os, «lobo», y *wl̥k^{w}ih$_2$-, «loba», esperaríamos que fuese *h$_1$ek̂wih^2- si la yegua fuera salvaje. Otra evidencia es la forma derivativa *h$_1$ek̂wot, que es la base para las palabras latina y griega para «jinete». También tenemos pruebas en báltico e indoario de *wólos, donde, en ambos casos, se refieren a la «cola de un caballo», lo cual señalaría al menos su importancia en la primera sociedad indoeuropea. También hay otras palabras regionales para «caballo», como *márkos, «caballo», en el oeste (una isoglosa celto-germánica) y *ghéyos, «caballo», (una isoglosa armenio-indoaria). La palabra *márkos en germánico comparte la misma terminación que la «loba»: *markih$_2$-* (que es la base de la palabra inglesa *mare* [yegua]) y ha llevado a la interpretación de que podría indicar que se está aplicando a los salvajes nativos de la Europa septentrional. También hay un *polH- muy disperso, en apariencia derivado de un verbo que indica «dar a luz» que se aplica a animales jóvenes y del que el germánico, griego y albanés obtienen la palabra «potro» (y el armenio «niño»). Por último, tenemos paralelos en la lengua poética de los griegos, iranios e indoarios que expone la fórmula «raudos caballos». Ninguno de estos argumentos es conclusivo, pero, en conjunto, muestran una preocupación léxica con el caballo proporcional a la que dedican al ganado bovino y la oveja, para los que hay bastante seguridad de que habían sido domesticados. Además de esto, hay una abundante carga de mitología y ritualidad asociadas al caballo recuperables a partir de las tradiciones de los primeros indoeuropeos, aunque proyectar esto en un pasado común siempre ha sido debatible.

Si adoptamos la postura menos cuestionable –que el caballo era conocido ya en el protoindoanatolio y que somos agnósticos con respecto a si era salvaje o doméstico–, ¿cómo afecta esto a la localización de la cuna? Aunque el caballo era prácticamente ubicuo en toda Eurasia durante la Edad del Hielo y cazado y representado con frecuencia en las pinturas rupestres, después del final de la Edad del Hielo, y seguramente en el Neolítico, parece haber sobrevivido solo en ciertas regiones. Estaba ausente en Irlanda, la parte peninsular de Italia, Grecia, Anatolia occidental, Oriente Próximo y la India y tuvo que introducirse en estas regiones tiempo después –en el caso de Italia y Grecia en la Edad del Bronce–. Por tanto, estas áreas se suelen excluir como lugares de origen. También plantea un desafío para la asociación entre la dispersión indoeuropea por el Mediterráneo y la difusión de la agricultura (¿por qué los supuestos agricultores indoeuropeos que se habían establecido en Grecia o en Italia habrían mantenido una palabra para «caballo» cuando no habían visto uno durante siglos?). En otras áreas de Europa hay alguna evidencia para la caza del caballo en Iberia, Gran Bretaña y Europa occidental y central. En cuanto a Anatolia, el salvaje se ha descubierto en la planicie central desde el Neolítico y en el cuarto milenio a. C. hay indicios de caballos domesticados en la región, como en el yacimiento de Çadır Höyük, en Turquía; se ha sugerido la posibilidad de un centro local de domesticación.[94] Finalmente, hay evidencias para la caza intensiva del caballo en las estepas desde Ucrania hasta Kazajistán.

Con respecto a la domesticación, la primera prueba ampliamente aceptada para la domesticación del caballo viene de Botali, en Kazajistán, un yacimiento en el que se descubrieron más de cien mil huesos de este animal y, lo que es más importante para la cuestión de la domesticación, pruebas de caballos y yeguas en corrales, que incluían excrementos y evidencias de que habían sido ordeñadas –restos químicos de grasa de leche de yegua en cerámicas–.[95] También hay alguna prueba de que la dentición de algunos de ellos se había desgastado. Esto dataría la domesticación alrededor de 3500 a. C. Las evidencias genéticas recientes indican que Botai no fue el germen del caballo doméstico que luego se difundió por Eurasia y el sur hasta Anatolia, Oriente Medio y la India. La línea genética relevante (Dom2) parece haber surgido en la región del Bajo Volga-Don, hasta llegar a ser dominante a lo largo del sexto milenio a. C. hasta *ca.* 2200-2000 a. C., cuando los caballos Dom2 empezaron a dispersarse con rapidez. Este proceso es paralelo a la creciente explotación del animal en la estepa póntica y la primera expansión de los pueblos de la estepa hacia el oeste, donde se han asociado con la cultura Yamnaya –de la estepa póntica–.[96] En época reciente, al contrario que la evidencia anterior, el linaje característico Dom2 también ha sido recuperado de algunos caballos asociados con la cultura de la cerámica de bandas, que iba desde el Atlántico a los Urales.[97] Que los caballos se asociaban al principio con la monta se sostiene ahora por el análisis de los restos yamnaya en yacimientos de Europa oriental fechados hacia 3000-2500 a. C., los cuales revelan pruebas osteológicas para el «síndrome de la equitación», que indica que habían sido montados,[98] así como cambios genéticos asociados con la reducción de patologías en el lomo que uno podría plantear que están más relacionadas con la monta de caballos que con el tiro de carros.[99] En cualquier caso, la evidencia genética sugiere que los caballos no se montaron inicialmente por el resto de Europa. Aunque la equitación parece ser anterior al desarrollo completo del tipo Dom2, la principal expansión del caballo doméstico está atada al momento en el que a estos, incapaces de tirar de carros más pesados llevados por bueyes, se les encincharon los arneses a una nueva arma de guerra, el carro de guerra, en torno a 2000 a. C.

Toda la cuestión de la domesticación del caballo aún está en ese periodo de descubrimiento y contradicción en el que la gente rabia en la blogosfera. Por ello, para el rastreador de la cuna, la conclusión más segura es que el lugar de origen debería haber tenido caballos –salvajes o domésticos– y que estos podrían encontrarse desde el norte al sur del Cáucaso. En cualquier caso, hay una creciente evidencia de que la primera domesticación del caballo en términos de relevancia para el problema del lugar de origen parece –por el momento– asociarse con la estepa póntica. Si el caballo se entiende como domesticado, estamos lidiando con la expansión de los domésticos desde la región de la estepa al exterior desde 3000 a. C. en adelante, aunque un origen anterior en Anatolia puede que sea posible.

Montaña

Al tratar de localizar la cuna indoeuropea, Gamkrelidze e Ivanov señalaron que «lo primero que se puede decir de la cuna con una seguridad razonable es que era una región con una topografía montañosa»,[100] mientras que la presencia de tantas palabras para «montaña» en protoindoeuropeo llevó a la lingüista rusa Anna Dybo a afirmar que «la estepa debe excluirse de las regiones potencialmente habitadas por los protoindoeuropeos».[101] Podemos ver en las listas de cognados que había un PIE

**bhergh-*, «colina, cumbre, montaña», atestiguado en celta, germánico, eslavo, armenio e iranio. También hay un **g^w^orH-*, «montaña», con cognados en báltico, eslavo, albanés, iranio e indio. Otro elemento, tal vez menor, puede ser **kolHōn*, «colina», recuperado en celta, germánico (por ejemplo, en inglés «colina» es *hill*), báltico y griego. Gamkrelidze e Ivanov también incluyen **men-*, «montaña», hallado en celta, itálico e iranio, aunque podrían considerarse derivaciones de una raíz que significa «proyectar». Las palabras solo expresan el concepto de «montaña» –que es un término relativo–, pero Gamkrelidze e Ivanov aducen un sentido mitológico para sugerir que deberíamos fijarnos en montañas extremadamente altas que llegan al cielo y forman nubes que traen tanto lluvia como ríos de caudal veloz. Concluyen que todo el campo semántico asociado con las montañas indica que solo se podría haber creado en una región de alta montaña, por lo que tenemos una procedencia en las montañas del Cáucaso, lo cual apoya el modelo de la Gran Armenia.

Todo este acercamiento induce a un terrible *déjà vu* cuando uno recuerda que, casi un siglo antes, Pictet, después de mostrar no menos de catorce palabras indoeuropeas para montañas –la mayoría espurias–[102] y de navegar por pruebas similares, concluyó que la evidencia lógica indica que la cuna solo podía haber estado en una región de montañas y valles –*montagnes et de vallées*– regados por numerosos ríos. Una situación que se ajusta a la perfección a un lugar de origen no en el Cáucaso, sino en Bactria, donde nuestras montañas altas serían el Hindú Kush, al oeste del Himalaya.[103] Este tipo de argumentos es muy persuasivo, dado que las montañas son propias del paisaje y descritas, genéricamente, como altas, cubiertas de nubes y fuentes de ríos más allá de cuál sea su altitud. Es poco probable que haya alguna solución al lugar de origen que esté situada en una región en la que la población no se diera cuenta del fenómeno de las montañas, así, las palabras para «montaña» no se pueden interpretar como un diagnóstico serio para la localización –y apoyan de la misma manera a la cuna de Osgood en la Antártida que a Bactria o Armenia–. Por cierto, uno de los tropos geolingüísticos frecuentes es que las personas que viven en las regiones montañosas son refugiados que han huido a estas regiones; son los perdedores, no los vencedores en la dispersión de las lenguas.[104]

Salmón

El PIE **lóks*, «salmón; trucha», está atestiguado en germánico, báltico, eslavo, armenio, iranio y tocario. Es una reconstrucción en la que todo encaja con el significado preciso en la protolengua. En germánico, báltico y eslavo se refiere al salmón atlántico (*Salmo salar*), un pez limitado al Atlántico y al Báltico y a los ríos que desembocan en ellos. Entre las soluciones al lugar de origen más posibles, si estas palabras se reconstruyeran con su significado original, se limitaría la procedencia al norte de Europa y a una de las soluciones septentrionales (nórdica o báltica). El significado en los cognados en armenio e iranio, sin embargo, designa la «trucha» (*Salmo trutta*), mientras que el cognado tocario significa «pescado». Obviamente, la trucha se halla en una cantidad de territorios mucho mayor que el salmón atlántico. Un estudio clásico de este asunto por parte de Richard Diebold ha demostrado, generando consenso, que el significado original más posible era el de «trucha», que después varió al salmón atlántico cuando los indoeuropeos migraron hacia el noroeste de Europa[105] (aunque Peter Kitson insiste en que la evidencia lingüística todavía puede leerse de las dos maneras y que el argumento de Diebold no puede refutar la reconstrucción de la palabra como «salmón» en vez de como «trucha».[106] Cuando la discusión se centra en la distribución de la trucha es de poca utilidad geográfica más allá de excluir la mayor parte de Asia Central.

Sal

El PIE **seh₂(e)l-*, «sal», está atestiguado en celta, itálico, germánico, báltico, eslavo, albanés, griego, armenio, indoario y tocario. Desconocemos la palabra anatolia, ya que se expresaba con un sumerograma (MUN), lo que significa que, en vez de emplear sus propias palabras, los hititas a menudo usaban palabras o símbolos de sistemas de escritura anteriores, de la misma manera que en inglés se utiliza el símbolo *&** para indicar «y». La palabra significa «sal» y también «mar, agua salada» en itálico, griego y sánscrito. Con esto, es probable que ustedes puedan ver adónde va a parar: ¿qué mar o qué lago salado? Schrader argumentó que la fuente más probable de la palabra fuera la sal que se podía obtener de las costas septentrionales del mar Negro, lo cual, naturalmente, iba en favor del modelo de la estepa,[107] mientras que Thieme apuntó a los enormes depósitos del norte de Alemania y apoyaba, por tanto, el modelo nórdico.[108] El problema de usar esta palabra en el rastreo de la cuna es que las fuentes de sal –mares, lagos o depósitos– son muy ubicuos y la necesidad de sal para

* N. del T.: El símbolo *et* se remonta al siglo I y a la antigua escritura cursiva romana, en la que las letras E y T fueron escritas juntas en ocasiones para formar una ligadura tipográfica. También se conoce por su nombre en inglés, *ampersand*, proveniente de *and per se and*, «y por sí mismo y», antiguamente usado para la memorización del alfabeto.

preservar o proveer un suplemento dietético a una alimentación basada, principalmente, en el cereal tan general que es difícil imaginar de qué manera uno podría obtener una pista geográfica de aquí.

Mar

El PIE **móri*, «mar; lago», está reconstruido a partir del celta, itálico, germánico, báltico, eslavo e iranio. En celta, itálico y eslavo indica, exclusivamente, «mar», mientras que en germánico e iranio (osetio) también puede referirse a un cuerpo de agua en el interior, un lago. Un posible **h₃réuno-*, «mar», también se ha sugerido sobre la base del anatolio y del indio.[109] El asunto topográfico clave aquí es si la palabra indica un mar en exclusiva, o una masa de agua en el interior. Hay quienes han citado la evidencia de la adopción de otros vocablos para mar en grupos cercanos a mares (por ejemplo, germánico, griego e indio) como prueba de que no llegaron a su lugar histórico con una palabra para «mar», lo cual sugeriría que en origen la palabra significaba «lago» –y, por ello, la procedencia estaba lejos de un área costera–. Una vez que se ha jugado esta carta, la pregunta es: ¿a qué masa de agua se estaban refiriendo? Pictet incluyó de forma creativa tanto el mar Caspio como el desierto cercano –con sus dunas de arena en forma de olas– como el «mar» original de su cuna bactriana.[110] Hirt apostó por el mar del Norte o el Báltico, pero era suficientemente honesto como para reconocer que el juego tenía más que ver con dónde pensaba uno previamente que estaba la cuna.[111] Asimismo Schrader, que pensaba que la localización del mar estaba ligada de manera dependiente a la cuna –para él, el mar Negro–, aunque la existencia del concepto de mar decía poco de su localización, a menos que uno quisiera abrazar la evidencia negativa de que no tener palabras para las mareas sugería una masa de agua en el interior –o en el mar Negro–.[112]

Por otro lado, Alexander Jóhannesson en su intento de ligar los sonidos de las palabras a la geografía apuntó que de trescientas treinta palabras en indoeuropeo que empiezan por la letra *s*, noventa y tres indican agua corriente, por lo que, presumiblemente, los primeros indoeuropeos vivieron cerca del mar y crearon su vocabulario mientras oían el romper de las olas (*ssss*) y generaron palabras que empiezan con velares (**k*, **g*, etc.) en imitación de las gaviotas.[113] Gamkrelidze e Ivanov reconstruyeron una selección de palabras para «mar», pero no hallaron ninguna base para emplearlas como pruebas para anclar la cuna en una región geográfica particular, aunque propusieron una etimología indoeuropea para el río Aratta –que se mencionaba en documentos sumerios– y, supuestamente, se localizaba cerca del Caspio, el cual, observaron, era el área aproximada de su lugar de origen propuesto.[114]

Ardilla

El PIE **werwer-*, «ardilla», está atestiguado –aunque con algunos problemas– en celta, itálico, germánico, báltico, eslavo e iranio. Suele significar «ardilla» [*Sciuridae*], pero en itálico designa al «hurón» [*Mustela putorius furo*] y en lituano puede significar tanto «ardilla» como «mofeta» [*Mephitidae*]. El anglosajón *ācweorna*, «ardilla de roble» [*Sciurus vulgaris*], podría sugerir que *weorna* no era suficiente para distinguir a la «ardilla». La ardilla común entra en la discusión porque Hirt la usó como una de las razones para excluir la cuna de la estepa –no árboles = no ardillas–.[115] Aunque la ardilla común no se observa en sitios de la estepa abierta, se conoce en la cercana cultura de Cucuteni-Tripilia, así como en lugares del sur de los Urales y también se ha recuperado en yacimientos de la Edad del Hierro en el norte del mar Negro. Lo mismo se podría decir de los otros posibles referentes, como el turón [*Mustela putorius*], la marta [*Martes martes*] o la garduña [Martes foina], en el caso de que **werwer* cubriera un rango más amplio de especies en el norte del mar Negro –dado que no podemos especificar un alimento o un pelaje particulares–.[116] El cognado iranio se refiere a la ardilla persa [*Sciurus anomalus*], puesto que la ardilla común no se conocía en Irán.

Tortuga

La palabra **ghéluHs*, «tortuga», del indoeuropeo central (IE) se apoya en cognados del eslavo y del griego, por lo que su distribución es una isoglosa regional, aunque su formación pueda sugerir una antigüedad mayor. Schrader asumió que era protoindoeuropea y la usó para excluir una cuna en la parte más septentrional de Europa, que está más allá de los límites –y de la tolerancia– de la tortuga. Como la distribución prehistórica de la tortuga incluye yacimientos de la cultura neolítica de los vasos de embudo en el norte de Europa y en yacimientos neolíticos tanto en Letonia como en Estonia, esta palabra limita poco las teorías de la cuna potenciales. De hecho, de todos los posibles animales diagnósticos, la tortuga es la que ha logrado viajar más lejos, ya que dos de ellas dieron la vuelta a la luna en una prueba espacial rusa en 1968.

Vino/uvas

El PIE **woinom*, «vino», se reconstruye sobre la base de los cognados en latín, griego, albanés, hitita y luvita, lo cual nos lleva al protoindoanatolio. Cuántas otras ramas contribuyen a este grupo de cognados es debatible, con algunos lingüistas que limitan el número a las citadas anteriormente y otros que admiten algunas ramas adicionales. Por ejemplo, Gamkrelidze e Ivanov expandieron el grupo de cognados a las formas germánicas (el alemán *wein*, el inglés *wine*, etc.) y es posible que al celta y al báltico, del mismo modo que otros vieron estas palabras como préstamos del latín. Más recientemente, Luke Gorton[117] plantea que, en vez de explicar muchos de los cognados como préstamos del *vinum* latino o entre las otras lenguas, hay buenas razones para ver todas estas palabras como independientes unas de otras. Con o sin cognados adicionales, la palabra «vino» se reconstruye con buenos indicios hasta el protoindoeuropeo. Es más, tiene una posible etimología interna al derivarse, en última instancia, de la raíz verbal **wei(H)-*, «retorcer», que subyace en vocablos para «vid» –la planta frutal que crece retorciéndose y enredándose– y respalda la idea de que la palabra surgió de forma nativa en indoeuropeo. Esto es importante, porque también encontramos el acadio *īnu-*, el hatti *windu-*, el hebreo *yayin*, el georgiano *ywino* y otras lenguas vecinas que aparecen como grupo de préstamos, lo cual sugiere que las culturas vecinas, es probable que mucho más destacadas hoy como productoras de vino, en realidad tomaron prestadas las palabras para vino del indoeuropeo.

A esta narrativa Gorton le ha dado un giro diferente al centrarse en el desarrollo etimológico que nos lleva de «retorcer» a «la cosa retorcida» (es decir, a «vid» y a «la bebida hecha de la cosa retorcida» –o sea, «vino»–). El desarrollo completo de esta evolución según las reglas de la formación de palabras en indoeuropeo se ve solo en anatolio y aquí ya vemos que el resultado final de las dos lenguas anatolias (hitita y luvita) difiere en el último paso. A partir de esto, Gorton concluye que en la reconstrucción del significado de la palabra en protoindoanatolio solo podemos verificarla hasta la segunda fase (es decir, «la cosa retorcida» o «vid») y que el significado de «vino» solo surge después de que el anatolio se hubiera separado. En lo que respecta a las otras lenguas indoeuropeas, cita la evidencia de que pueden dividirse en dos grupos según cómo derivaron, en última instancia, la palabra para «vino»: un grupo interior formado por el griego, armenio y albanés y uno exterior o periférico consistente en el celta, itálico, germánico y baltoeslavo.

La conclusión mínima o más segura de todo esto es que los protoindoanatolios explotaron la uva (*Vitis vinifera sylvestris*), cuyo rango natural comparado con la evidencia arqueológica para las semillas de uva se distribuye, principalmente, desde los márgenes meridionales del Caspio hasta el Cáucaso y en torno a las dos orillas del mar Negro y hasta Grecia, con distribuciones localizadas a lo largo del Danubio y en el Mediterráneo central y occidental. Cuánto al norte se podrían hallar restos ocasionales de pepitas de uva es problemático o, al menos, algo inesperado, pues se han descubierto en yacimientos neolíticos del sur de Gran Bretaña y tan al norte como en Suecia. Si imaginamos que el referente no es solo la vid, sino la producción de vino, entonces el área se reduce al Cáucaso, donde encontramos nuestras primeras pruebas de la producción de vino en dos yacimientos neolíticos de Georgia (*ca.* 6000-5800 a. C.)[118] y herramientas completas para la producción de vino alrededor de 4000 a. C.[119]

El uso de «vino/uva» como indicador de la procedencia depende, en buena medida, de si uno acepta la reconstrucción que solo llega hasta la uva, o si uno acepta la reconstrucción de «vino». Dada la interrelación de significados, este es uno de los indicadores más sensibles y sugiere que una cuna en la vecindad del Cáucaso, bien al sur o al norte, aporta un lugar de origen más posible que uno localizado más lejos.

Por resumir este repaso, mientras que la paleolingüística sugiere que los últimos ancestros semánticos es probable que se dieran entre 4000 y 2500 a. C., tiempo en el que los vehículos rodados, el cobre, el oro, la plata y es posible que la lana se han reconstruido en la protolengua, no aporta evidencia positiva para ninguna teoría del lugar de origen en específico, al menos no de la manera en que la reconstrucción de una palabra para «ámbar», por ejemplo, apoyaría una cuna báltica. En vez de eso, estamos batallando con evidencias negativas muy circunstanciales para excluir territorios como posibles lugares de origen, o con evidencias que pueden desestimarse por no ser demostrablemente protoindoeuropeas o por tener significados desconocidos.

NOTAS

1 Noveno discurso en Jones, W., 1807, 199.
2 Müller, M., 1881, 360.
3 Publicado en *ibid.*, 400-416.
4 Rask, R., 1818, 279, entrada núm. 45.
5 Eichhoff, F. G., 1836, 158.
6 *Ibid.*, 159.
7 Kuhn, A., 1845.

8 *Ibid.*, 9.
9 *Ibid.*, 18.
10 Pictet, A., 1859-1863.
11 Diebold, R., 1987.
12 Feist, S., 1913, 97.
13 Campbell, L. y Mauricio, M., 2007, 106-107.
14 Benfey, T., 1869.
15 Tremblay, X., 2005 es una rara excepción con una discusión detallada de muchos de los puntos más cruciales.
16 Wodtko, D. S. *et alii*, 2008, 335.
17 Schrader, O., 1883, ed. 1907, 174-175.
18 En *Journal Asiatique*, citado en Reinach, S., 2017, 16.
19 Mallory, J. P. y Adams, D. Q., 1997; Mallory, J. P. y Adams, D. Q., 2006, 107-110.
20 Olander, T., 2023; *véase también* Olander, T., (ed.), 2022.
21 Kloekhorst, A., 2023, 46.
22 Mallory, J. P., 2019.
23 Pulgram, E., 1959.
24 Pulgram, E., 1958.
25 Olander, T., 2017.
26 Ihering, R. von, 1897, 2.
27 Keith A. B., 1937, 25 excluyó el báltico debido a la falta de palabras para ámbar, mar y barcos.
28 Hirt, H., 1905-1907, vol. II, 667-668.
29 Por ejemplo, Classen, K., 1918, 3; Charpentier, J., 1926, 162-163; Brandenstein, W., 1936; Keith A. B., *op. cit.*, 25-26.
30 Wolzogen, H. von, 1875, 7.
31 Thieme, P., 1954, 10.
32 Dressler, W., 1965, 35
33 Wallach, E., 2019 [https://doi.org/10.1057/s41599-019-0307-9].
34 Heggarty, P. y Renfrew, C., 2014; Heggarty, P., 2018.
35 Mallory, F., 2021, 280.
36 Huld, M., 1990.
37 Kronasser, H., 1961, 122.
38 Bender, H., 1922.
39 Clackson, J., 2000, 450.
40 Schmidt, J., 1872, 30-31.
41 Kretschmer, P., 1896, 21-22.
42 Fraser, J., 1926, 267-269.
43 Demoule, J.-P., 2023, 35.
44 Aunque hay quien sugiere [1] *aurochs*, [2] *aurochsen* (uro, uros).
45 Benveniste, E., 1935, 3-22.
46 Nehring, A., 1936, 149.
47 Lehmann, W., 2005, 222-223.
48 Brandenstein, W., *op. cit.*
49 Kloekhorst, A., 2008, 9-10.
50 Specht, F., 1944.
51 Kroonen, G. *et alii*, 2018.
52 Cowgill, W. y Mayrhofer, M., 1975; también Milewski, T., 1968.

53 Kloekhorst, A., 2023.
54 Chang, W. *et alii*, 2015; Kassian, A. S. *et alii*, 2021.
55 Heggarty, P. *et alii*, 2023.
56 Kassian, A. S. *et alii*, *op. cit.*, 950.
57 Mallory, J. P., 1996.
58 Koch, J., 2020, 22.
59 *Ibid.*, 37.
60 *Ibid.*, 38.
61 *Ibid.*
62 Häkkinen, J., 2023.
63 Holm, H., 2019.
64 Obsérvense, por ejemplo, las opiniones enfrentadas en dos grandes monografías acerca de la evidencia de vehículos rodados: Raulwing, P., 2000 y Holm, H., *op. cit.*
65 Coleman, R., 1988.
66 *Ibid.*, 450.
67 Heggarty, P. y Renfrew, C., *op. cit.*, 31.
68 Feist, S., *op. cit.*, 153-154.
69 Nehring, A., 1936, 110.
70 Hirt, H., *op. cit.*, vol. I, 288; Hirt, H., *op. cit.*, vol. II, 657.
71 Thieme, P., *op. cit.*, 576-581.
72 Lubotsky, A., 2023.
73 Anthony, D. y Ringe, D., 2015, 205.
74 Mallory, J. P., 2019.
75 Huld, M., 2000.
76 Höfler, S., 2023, 116.
77 Heggarty, P. y Renfrew, C., *op. cit.*, 32.
78 West, M., 2007, 201-203.
79 Tremblay, X., *op. cit.*, 122-123, 134.
80 West, M., *op. cit.*, 351-352.
81 Mallory, J. P., 2018.
82 Kroonen, G. *et alii*, 2022, 31.
83 Olander, T., 2023; Thorsø, R. *et alii*, 2023.
84 Muhly, J., 2011.
85 Alinei, M., 1996; Alinei, M., 2000.
86 Demoule, J.-P., *op. cit.*, 303.
87 Mallory, J. P., 1982.
88 Thieme, P., *op. cit.*, 546.
89 Friedrich, P., 1970.
90 Kitson, P., 1997, 189.
91 Martirosyan, H., 2013, 276.
92 Specht, F., *op. cit.*, 36.
93 Kloekhorst, A. y Pronk, T. (eds.), 2019b, 10.
94 Arbuckle, B., 2009, 196-200.
95 Outram, A. K. *et alii*, 2009.
96 Librado, P. *et alii*, 2021.
97 Anthony, D., 2023.
98 Trautmann, M., *et alii*, 2023.
99 Outram, A. K., 2023.

100 Gamkrelidze, T. e Ivanov, V., 1995, 763.
101 Dybo, A., 2013, 87.
102 Pictet, A., *op. cit.*, vol. I, 122-128.
103 *Ibid.*, 538.
104 Por ejemplo, el antropólogo francés Clémence Royer, citado en Demoule, J.-P., *op. cit.*, 83.
105 Diebold, R., 1976.
106 Kitson, P., *op. cit.*, 190-191.
107 Schrader, O., *op. cit.*, ed. 1907, 246-247.
108 Thieme, P., *op. cit.*, 30.
109 Kloekhorst, A., 2008, 212.
110 Pictet, A., *op. cit.*, vol. I, 110-111.
111 Hirt, H., *op. cit.*, vol. I, 186.
112 Schrader, O. y Nehring, A., 1917-1928, 535-536.
113 Jóhannesson, A., 1943, 158-159.
114 Gamkrelidze, T. e Ivanov, V., *op. cit.*, 786, nota al pie núm. 30.
115 Hirt, H., *op. cit.*, vol. I, 188.
116 Mallory, J. P., 1982.
117 Gorton, L., 2017.
118 McGovern, P. *et alii*, 2017.
119 Sagona, A., 2018, 196.

CAPÍTULO 8

Antropología cultural: historias del origen e historia cultural

El gran lingüista estadounidense nacido en la región de Pomerania Edward Sapir, que aplicó el método comparativo en la lingüística al estudio de las lenguas amerindias, invitó a los antropólogos a no desechar el testimonio de los nativos a la hora de estudiar los orígenes de un pueblo, aunque les aconsejaba ser críticos.[1] Antes de que la familia indoeuropea fuese descubierta, el «testimonio nativo» era la Biblia y la misión la localización del Jardín del Edén, el monte Ararat o la Torre de Babel. La fuente comparable más cercana que el estudio de los primeros indoeuropeos podía proponer derivaba del libro sagrado iranio de Zaratustra, el Avesta, donde se relata cómo el dios supremo, Ahura Mazda, creó las tierras de los iranios empezando con un lugar llamado *Airiianəm Vaējah*, en un emplazamiento destacado por sus diez meses de invierno y solo dos de verano. Como *vaējah* tiene algunas dificultades de interpretación, se han dado diferentes posibilidades, como «extensión», «cascadas» o «rápidos»; cuando «semilla» fue aceptada por algunos, solo hacía falta un pequeño paso hasta la «semilla de los arios» –es decir, su lugar de origen–.

Una vez que se tomó este camino, buscar el *Airiianəm Vaējah* se convirtió en el rastreo de la cuna indoeuropea, con J. G. Rhode (1762-1827) en primer lugar buscándola en el sur del mar de Aral entre el Amu Daria y el Sir Daria en 1820.[2] Charles-Alexandre Piétrement (1826-1906), un veterinario militar francés que escribió largo y tendido acerca del origen del caballo doméstico, no tenía dudas de que fue en el *Airiianəm Vaējah* donde los indoeuropeos «perfeccionaron su lengua» y se expandieron para civilizar al resto del mundo.[3] Piétrement situó la procedencia al sudeste del lago Baljash[4] y Hermann Brunnhofer en Armenia (*vid.* pág. 102),[5] mientras que Karl Penka, uno de los fundadores de la aproximación racial al origen de los indoeuropeos, la localizó en Escandinavia (*vid.* Capítulo 10).[6] Para quienes creen que la cuna se ha determinado correctamente, se ha solido situar en Jorasmia, el territorio a lo largo del Amu Daria al sur del –ahora casi desecado por completo– mar de Aral. Otros la han ubicado más al sudeste, cerca del Pamir, mientras que el indólogo Michael Witzel tiene buenos argumentos para establecerla en las tierras altas del centro de Afganistán, que por lo menos cumple con los requisitos climáticos.[7] Todo este ejercicio, al menos mientras que el *Airiianəm Vaējah* se identificaba con la cuna indoeuropea, ya se había desestimado en 1880 cuando el sacerdote belga y académico Charles de Harlez (1832-1899), que había traducido el Avesta, señaló que no hay ninguna evidencia de que el *Airiianəm Vaējah* fuera visto alguna vez como la cuna de los indios –que también cumplían como «arios»–, mucho menos la de los indoeuropeos como conjunto.[8]

Los libros sagrados de la India también se han puesto al servicio de la localización de la cuna indoeuropea y han constituido uno de los componentes principales para defender el modelo de los arios indígenas. Aquí, el juego se basa en demostrar que la cultura india y las tradiciones son absolutamente locales y rechazar que haya pruebas de indoeuropeos que llegan a la India desde cualquier otro lugar, lo cual lleva a la conclusión de que la India tenía que haber sido su lugar de origen. Por ello, los argumentos son como siguen: como la cordillera del Himalaya es conocida como las montañas más septentrionales, esto indica que los indoarios deben de haber vivido en origen al sur de ella, o cuando uno de los poetas indios se refiere a los principales ríos indios como «mi Ganges» o «mi Saraswati», esta no es la expresión que utilizaría un inmigrante.[9] A pesar de esto, si la procedencia estaba en la India, cómo se lidia con, digamos, este comentario del escritor romano Tácito al inicio de su tratado acerca de los antiguos germanos: «estoy casi convencido de que los germanos son indígenas y que de ningún modo están mezclados con otros pueblos, bien como resultado de emigraciones, bien por pactos de hospitalidad».[10] Si los indios afirman ser indígenas y los germanos también afirman ser indígenas y... creo que ustedes pueden ver adónde lleva esto.

LA APERTURA DEL DRAGÓN

Otro acercamiento adoptado por los rastreadores de la cuna en otros lugares del mundo es evaluar el encaje medioambiental de las prácticas culturales y creencias para determinar si eran locales o si deberíamos especular con una posible inmigración. Por ejemplo, los keresanos que habitan siete pueblos en Nuevo México hablan una lengua sin ningún parecido con ninguna de las vecinas y sus orígenes a menudo han sido discutidos. El antropólogo Edward Dozier (1916-1971) observó que los keresanos estaban muy preocupados con las ceremonias para llamar a la lluvia, mucho más que sus vecinos pueblo –y él tenía que haberlo sabido, ya que nació y se crio entre los tewa y fue el primer nativo americano en obtener un doctorado en antropología–. Argumentó que esto era incongruente con el hecho de que en su región la gente practicara la irrigación y, por tanto, era probable que los keresanos hubiesen migrado de una región con bajas precipitaciones en el norte.[11] ¿La antigua cultura indoeuropea ofrece algo comparable?

En su estudio monumental en torno a la poesía indoeuropea, *How to kill a Dragon*, el lingüista estadounidense Calvert Watkins (1933-2013) reunió evidencias para reconstruir la fórmula **$h_2$nr̥-g^{w}hént $h_1$óg^{w}him*, «el hombre mató a la serpiente». Watkins indica que «esta fórmula da forma a la narración del acto "heroico" de matar o sobreponerse a los adversarios del mundo indoeuropeo durante milenios. La fórmula es el vehículo para el tema central de un prototexto, una parte central de la cultura simbólica de los hablantes del protoindoeuropeo».[12] El tema que pasó inadvertido para él –o para sus intereses, a juzgar por su bibliografía– son los intentos de utilizar este motivo central del mito del héroe indoeuropeo para localizar ¡dónde vivía el propio dragón!

Si uno necesitara un experto en dragones, el barón Hans Paul von Wolzogen sería, probablemente, su hombre, porque fue el editor del periódico de Richard Wagner, que publicaba de todos los asuntos wagnerianos, y también fue el biógrafo del compositor. Wolzogen creía que el mito más antiguo atestiguado relacionado con la derrota de un dragón estaba en el *Rig Veda* indio y que este era también el que tenía más solidez medioambiental, puesto que el dragón, Vr̥tra, era conocido por contener las aguas y, por tanto, simbolizaba el calor y la sequía hasta que el dios Indra mató al dragón y liberó las aguas. Aunque, según uno viraba a Occidente, la confrontación se distorsionaba. Por ejemplo, lo que en la India era el símbolo de la muerte térmica en Grecia chapoteaba en el agua en vez de contenerla. Hasta que fue matado por Perseo. En última instancia, el mito del dragón aparece en la leyenda nórdica, en la que la mayor amenaza antes del calentamiento global no era el calor del verano, sino el frío del invierno. De este modo, aquí tenemos un dragón con aliento de fuego que, para Wolzogen, no era «una imagen mítica real para el invierno». En resumen, el *Sigfrido* de Wagner está representado, básicamente, apagando la calefacción central. Todo esto indica que la cuna medioambiental del dragón indoeuropeo está en un clima cálido en Asia y no en Europa.[13] La ironía de este argumento es que el texto semanal de Wolzogen se transformó con facilidad en un escaparate de propaganda nazi que exhibía la teoría de la cuna septentrional, la misma que él estaba criticando.

Otra incursión en el problema del lugar de origen centrada en el dragón la hizo Fritz Graebner (1877-1934), uno de los fundadores de la escuela de antropología *Kulturkreise* (*vid. infra*). Con tiempo en sus manos después de haber sido primero invitado a trabajar en Australia y luego internado allí durante la Primera Guerra Mundial, comenzó su estudio colosal acerca de mitología abarcando desde la indoeuropea hasta la polinesia. Encontró paralelos llamativos –para él– en los héroes de los mitos de matadragones en las tradiciones indoeuropea y polinesia –en la que el héroe Maui acaba con una anguila gigante con un hacha–. A esto añadió una colección de evidencias al azar, como hachas de piedra similares, ponchos y columpios. Graebner situó el *Urheimat* en Asia Central, tan cerca como pudo de la bahía de Bengala, que creía el hogar de los polinesios.[14]

No hace falta decir que la escuela nórdica no iba a aceptar tales argumentos. Halló a su paladín en el biólogo alemán Ernst Krause (1839-1903), un prolífico escritor cuyos trabajos incluyen libros acerca de Erasmo y Charles Darwin y, lo que es más intrigante, una historia natural relativa a los fantasmas. Pero también se acercó al campo del mito indoeuropeo y su lugar de origen con su monografía de 1891 titulada *Tuisko Land der arischen Stämme und Götter* [La tierra de Tuisko: patria de las tribus arias y sus dioses].[15] Krause argumentaba que había dos tipos de mitos: los que no tenían un hogar y eran universales y aquellos que fueron creados en un clima y un ambiente distintivos. Los últimos hacían alusión, en esencia, a batallas entre el verano y el invierno (por ejemplo, al matar al monstruo marino el griego Perseo está matando la enfermedad) y al sol invernal mortal. ¿Y dónde se sienten con más fuerza las estaciones? Era obvio entonces que el mito del matadragones debe situarse en el norte de Europa y no en Asia. Una prueba adicional era el cálculo de años en número de inviernos, lo cual Krause afirmaba que tenía mucho sentido en la Europa septentrional, pero poca relevancia en la India. En cuanto a las soluciones al problema del lugar de origen aplicando el análisis de la caza del dragón, delego tranquilamente en el temprano lingüista estadounidense y defensor de los derechos de los animales E. P. Evans (1831-1917), que estaba bastante harto de la discusión y, en 1886, señaló que «todas estas teorías son posibles. De hecho, no hay nada funesto que el dragón no pueda simbolizar, nada terrible que encontrar que no haya sido llamado por su nombre, desde un Megalosaurus hasta una suegra».[16]

El clima al norte y al sur salía a colación a menudo en los debates relativos al lugar de origen. Penka, uno de los fundadores del modelo nórdico, argumentó que un mito indoeuropeo en torno a una inundación hacía alusión a la de Escandinavia.[17] A este imaginario también se le podía dar la vuelta, como señaló Wilhelm Brandenstein al observar el mito de un dios celestial indoeuropeo que fertilizar a una madre tierra con la lluvia: este concepto parecería un tanto redundante en una lluviosa Europa del norte o central, pero tendría mucho más sentido en un clima árido, como la estepa asiática.[18]

KULTURKREISE

A principios del siglo XX surgió una escuela de antropología en Alemania y Austria que creía que las amplias similitudes entre diversos pueblos podrían explicarse mejor no como fases de una trayectoria evolutiva, sino a causa de la difusión de *Kulturkreise* [círculos culturales]. Los miembros de esta escuela trabajaban en una escala global para tratar de identificar las principales regiones culturales de Polinesia, África y el Nuevo Mundo y también abordaron el problema de la cuna indoeuropea, como hemos visto con Graebner. Sin embargo, el trabajo verdaderamente serio en la aplicación de la aproximación *Kulturkreislehre* a los indoeuropeos fue llevado a cabo por dos sacerdotes católicos de una orden misionera, Wilhelm Schmidt (1869-1954) y Wilhelm Koppers (1886-1961).[19] Ambos aislaron a partir de las pruebas lingüísticas y culturales los que, para ellos, eran los atributos principales de los indoeuropeos, quienes fueron representados sobre todo como pastores, patriarcales y patrilineales. Su religión abarcaba el culto a un dios celestial que también podía expresarse en la forma de siete dioses –Schmidt había escrito un estudio en doce volúmenes donde explicaba cómo un monoteísmo original evolucionó a una forma de politeísmo–, gemelos divinos, un culto al fuego y un complejo sacrificio de caballos. Esto último implicaba un sacrificio primaveral de un potro nunca montado, de color claro, lavado ritualmente antes del sacrificio, ofrendado al dios principal, con la prohibición de romper cualquiera de sus huesos, matado por estrangulación y con una ceremonia que también incluía una bebida sagrada. Como podían encontrar paralelos de todos estos rasgos en Asia Central entre los pueblos altaicos de la estepa, esto sugería que todo debía de provenir de la estepa asiática. El hecho de que el sacrificio de caballos en Asia Central fuera menos complejo que el indoeuropeo, argumentaba Koppers, indicaba que era más primitivo y, por tanto, más original.

Una vez que se ideó esta lista de rasgos, bastantes rastreadores de la cuna la emplearon para excluir teorías del lugar de origen potenciales. Por ejemplo, el énfasis en una línea patrilineal y en el patriarcado se usó alguna vez para desestimar cualquier teoría que situara la procedencia en la Europa occidental o septentrional, porque había rasgos históricos tempranos que sugerían la presencia ocasional de una sucesión matrilineal o de mujeres en posiciones de poder entre los antiguos celtas y germanos.[20] Hermann Güntert (1886-1948), el editor de la revista alemana dedicada a la paleolingüística *Wörter und Sachen*, excluyó la posibilidad de una cuna nórdica porque su economía era demasiado agrícola, demasiado centrada en la pesca y su religión estaba demasiado preocupada en la fertilidad del suelo en vez de en el tipo de panteón de dominación masculina reconstruido a menudo para los indoeuropeos.[21]

Uno de los problemas de la aproximación *Kulturkreise* es que otros también pueden participar en el juego. El coautor de la primera enciclopedia de cultura indoeuropea, Alfons Nehring, argumentó que, además del patriarcado, los primeros indoeuropeos también exhibían una posición alta para las mujeres (reconstruyó la palabra PIE para «reina» y señaló que había razones mitológicas y lingüísticas para hablar de una «madre tierra»), que era, al menos para él, una prueba de una influencia del Mediterráneo oriental o del Cáucaso.[22]

Los opositores principales al modelo de Asia Central, sin embargo, provenían de los adeptos a la escuela nórdica, que trató de refutar por sistema los elementos citados por Koppers y sus defensores. Por ejemplo, uno de los antiguos alumnos de Koppers, el etnólogo austriaco Fritz Flor (1905-1939), rechazó las ideas de su director de tesis y defendió que casi toda comparación que Koppers había hecho entre los indoeuropeos y los pueblos altaicos de Asia Central –como los cultos al fuego y los dioses celestiales– podía hacerse mejor con los pueblos urálicos. Argumentó que el papel del caballo en Asia Central era completamente diferente del reconstruido en protoindoeuropeo.[23] Para Flor y otros, los nómadas de Asia Central eran exclusivamente jinetes, mientras que los indoeuropeos eran conductores de carros. De hecho, no hay pruebas para asociar a los protoindoeuropeos con vehículos tirados por caballos y los conceptos de vehículos rodados y caballos tendrían que permanecer separados. Como hemos visto en el capítulo anterior, los primeros vehículos fueron tirados por bueyes, dado que eran demasiado pesados como para haber sido tirados por los primeros caballos domésticos. Los vehículos de tiro equino surgen con la invención del carro de guerra en torno a 2000 a. C., una fecha en la que estimamos que la unidad lingüística indoeuropea ya no existía. Dejando esto a un lado, el problema más serio con la aproximación *Kulturkreise* es que asumía un único origen histórico para todo rasgo cultural, cuando a menudo lidiamos con rasgos genéricos que se podrían encontrar en cualquier continente. Es más, consistía en hacer conjeturas con respecto a los orígenes del nomadismo pastoril basadas, únicamente, en un entrelazado particular de pruebas históricas y antropológicas, lo que privilegia, por tanto, a los pueblos altaicos de Asia Central como si fueran los primeros.

EN RESUMEN

Es probable que el rastreador de la cuna no debiera tener miedo de los dragones o de las afirmaciones de que un pueblo es indígena. Los mitos originarios son así: reconstruidos para explicar de dónde viene la gente y mientras que siempre habrá un grano de verdad, cribarlo de todo lo demás no suele resultar práctico. Somos capaces de reconstruir un mito cosmogónico potencial indoeuropeo para los elementos comunes hallados en varias de las ramas del indoeuropeo. Fundamentalmente, la creación del universo y de los humanos parece haber implicado el sacrificio y desmembramiento de un gigante o una vaca y una sociedad humana –aquí la indoeuropea– se inicia con el sacrificio de un hermano gemelo por parte del otro.[24] Como alternativa, los humanos nacen de un árbol, es posible que de un fresno. Por lo que, si uno quiere seguir el camino mítico a la cuna indoeuropea, nuestra lista de verificación implica a un gigante, una vaca, un fresno y gemelos… ¡buena suerte!

La aplicación de modelos antropológicos es un acercamiento más serio, no tanto porque la técnica en sí misma tenga mucha credibilidad, sino porque sus resultados se suelen tomar en consideración junto con las evidencias de la paleolingüística y, por ello, se emplean en un intento de reforzar las conclusiones propuestas por un acercamiento distinto. Buena parte de la imagen de los indoeuropeos como poblaciones móviles, pastoriles y patriarcales que utilizaban el caballo doméstico y tenían comportamientos agresivos está construida a partir de pistas lingüísticas filtradas mediante estudios antropológicos muy simplistas en cuanto al tipo de comportamiento cultural que uno podría inferir de la evidencia lingüística. Por otro lado, el concepto de centros de difusión cultural como los *Kulturkreise* no ofrece mucha fiabilidad y cualquier estudio debe basarse en evidencias arqueológicas en vez de etnológicas.

NOTAS

1 Sapir, E., 1916.
2 Rhode, J. G., 1820; Van den Gheyn, J., 1881, 10-28 aporta una historia acerca del tema.
3 Piétrement, C.-A., 1879, 117-118.
4 *Ibid.*, 1879.
5 Brunnhofer, H., 1884, 18.
6 Penka, K., 1883, 53-61.
7 Witzel, M., 2000.
8 De Harlez, C., 1880, 280-283.
9 Triveda, D., 1938-1939.
10 Tácito, *Germania*, II.
11 Dozier, E., 1958, 23-24.
12 Watkins, C., 1995, vii.
13 Wolzogen, H. von, 1875.
14 Graebner, F., 1919-1920, 1116.
15 Krause, E., 1891, 147.
16 Evans, E. P., 1886, 643.
17 Penka, K., 1905.
18 Brandenstein, W., 1952, 25.
19 Koppers, W., 1928; Koppers, W., 1935; Koppers, W. (ed.), 1936; Schmidt, W., 1949.
20 Feist, S., 1913, 512; Keith A. B., 1937, 21.
21 Güntert, H., 1934.
22 Nehring, A., 1936.
23 Flor, F., 1936. Argumentos similares en Hauer, J. W., 1939.
24 Lincoln, B., 1986.

CAPÍTULO 9

Arqueología: analizar las culturas arqueológicas como teorías lingüísticas

Después de la lingüística, la arqueología se ha visto como la segunda apuesta para localizar la cuna, aunque ha habido bastantes lingüistas que han deseado que quienes trabajan con pico y pala mantengan las narices fuera de lo que entendían como un asunto puramente lingüístico. La preocupación de la arqueología por la cuestión de la procedencia indoeuropea empezó hacia finales del siglo XIX, cuando la evidencia arqueológica se estaba adaptando a un marco histórico-cultural. Esto marcó la transición de ver los vestigios arqueológicos como estadios temporales en la evolución de la sociedad humana –esto es, desde alguna forma de barbarismo a sociedades cada vez más complejas– a una aproximación en la que los yacimientos podían agruparse en regiones culturales que podrían expandir sus territorios o evolucionar hacia culturas más recientes –y etiquetadas de manera diferente–. Los mapas culturales se revisaron para mostrar la relación entre las distintas culturas a lo largo del tiempo y, con respecto a la localización del lugar de origen, se rastrearía a las culturas en el tiempo hasta el surgimiento de las distintas ramas indoeuropeas en el periodo histórico. En pocas palabras, la historia cultural prehistórica podía analizarse de la misma manera de las sucesiones históricas. Por ejemplo, en Francia podríamos recitar una secuencia comenzando por los francos, luego los romanos, los galos y después continuar con lo que parecían entidades arqueológicas comparables:

las culturas de La Tène, Hallstatt, campo de urnas, etc. hasta el Neolítico –cerámica de bandas o cardial– o incluso hasta el Paleolítico.

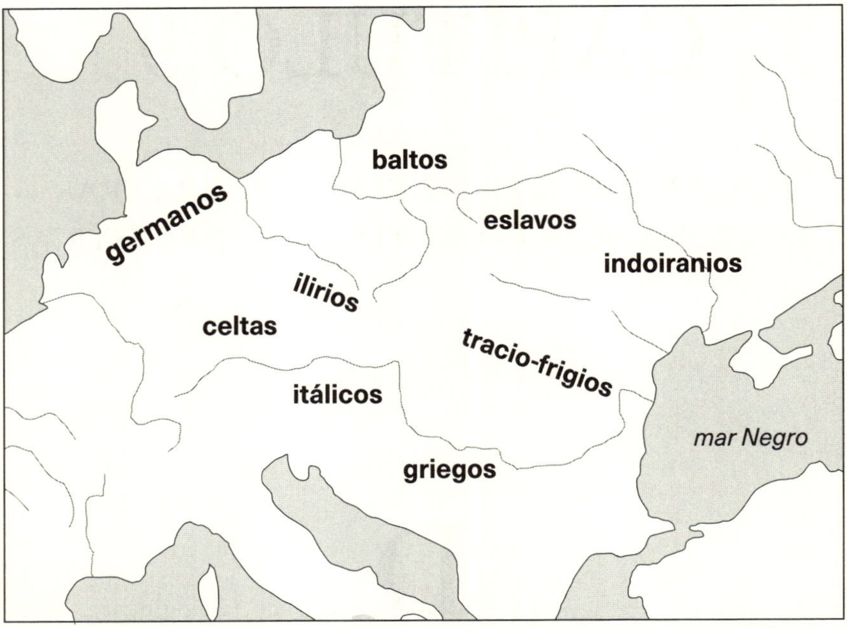

Figura 9.1: Mapa arqueológico de las áreas de origen de varias ramas indoeuropeas según Georg Wilke. Para el autor, la posición de cada rama es la misma que en la teoría de ondas de Johannes Schmidt (*vid.* Figura 4.16).

El arqueólogo alemán Georg Wilke (1859-1938) creía que la manera más fácil de llegar a la solución era emplear el razonamiento inductivo: empezó con la localización histórica de cada rama indoeuropea (celta, germánica, itálica, etc.; *vid.* Figura 9.1) y después trabajó con sus respectivas cunas por medio del registro arqueológico hasta llegar, en última instancia, a una común situada en el centro de Europa antes de su dispersión.[1]

De hecho, esta técnica retrospectiva se convirtió en una aproximación particularmente popular para acometer estudios de «etnogénesis» en las publicaciones soviéticas. Al igual que a las culturas históricas se les podía atribuir una identificación lingüística, muchos arqueólogos no pudieron resistirse a la tentación de extender el concepto de entidad lingüística a las culturas prehistóricas. Así, es poco sorprendente que este modelo histórico-cultural estuviera asociado en gran medida a la figura de Gustaf Kossinna, que era tanto lingüista como arqueólogo. Kossinna se centró en elucidar los orígenes de los germanos, así como de todos los indoeuropeos, y fue un peso pesado en la arqueología europea a principios del siglo XX.[2]

Pese al hecho de que los arqueólogos se recuerdan constantemente a sí mismos que las culturas arqueológicas son sus propias creaciones y no constructos antiguos y que una cerámica no equivale a un pueblo o una lengua, la mayoría de la discusión arqueológica centrada en los orígenes del indoeuropeo todavía implica alguna forma de narrativa expuesta en términos de historia cultural, en la cual la cultura material y la evidencia de comportamientos prehistóricos sirven como indicadores para observar alguna forma de constructo social o étnico. Aunque la discusión acerca de las distintas culturas generalmente se centra en detalles concretos, como la decoración cerámica, la tecnología lítica o los rituales de enterramiento, buena parte de la discusión verdaderamente trascendente ha tendido a tratar a las culturas como piezas de ajedrez con valores distintos que se podían mover por el tablero euroasiático. En este capítulo pretendo presentar los que yo creo que son los modelos de la arqueología clásica organizados según la fecha que asignan a los orígenes indoeuropeos.

EL JUEGO PALEOLÍTICO

Una de las razones para el fracaso del modelo de la cuna asiática fue la comprensión de que Europa tuvo un pasado mucho antes de las primeras civilizaciones de Oriente Próximo, como se veía increíblemente en las excavaciones del Paleolítico en Francia –que Oriente Próximo también pudiera haber tenido un Paleolítico igual o más antiguo se obviaba a menudo–. Sin embargo, desde finales del siglo XIX y muy avanzado el XX, la solución paleolítica fue propuesta en pocas ocasiones y, cuando se hacía, era más un acto de desesperación que una hipótesis refinada. Para algunos, la solución paleolítica estaba ideada por quienes se preguntaban si había una única cultura arqueológica que se correlacionara con la distribución de todas las lenguas indoeuropeas. Solo una cultura parecía estar remotamente cerca de la elusiva «cultura X» y esa era la auriñaciense, que desempeña un papel fundamental en el modelo de la continuidad paleolítica. El Auriñaciense es el horizonte cultural que vio la introducción de humanos completamente modernos que sustituyeron a los neandertales y que se expandieron por toda Europa con una tecnología de explotación de los cuchillos de sílex, huesos y herramientas de asta. También estaba asociado con el arte rupestre y las estatuillas (*vid.* Figura 9.2.). El arqueólogo que hace de paladín para esta teoría, defendida lingüísticamente en esencia por Mario Alinei como vimos en el Capítulo 7, es Marcel Otte, catedrático de Prehistoria en la Universidad de Lieja, Bélgica. Otte defendía que no se ha observado ninguna discontinuidad en la población europea desde hace cuarenta mil años.[3] Tal afirmación solo puede sostenerse con seriedad si uno quiere dar una réplica al estilo de los Monty Python: aparte de cambios completos en la economía, en los patrones de asentamiento, en la arquitectura, en la tecnología, en los rituales de enterramiento, en la religión y en la composición genética de la población, ¿qué pruebas puedes aportar para la discontinuidad después de cuarenta mil años?

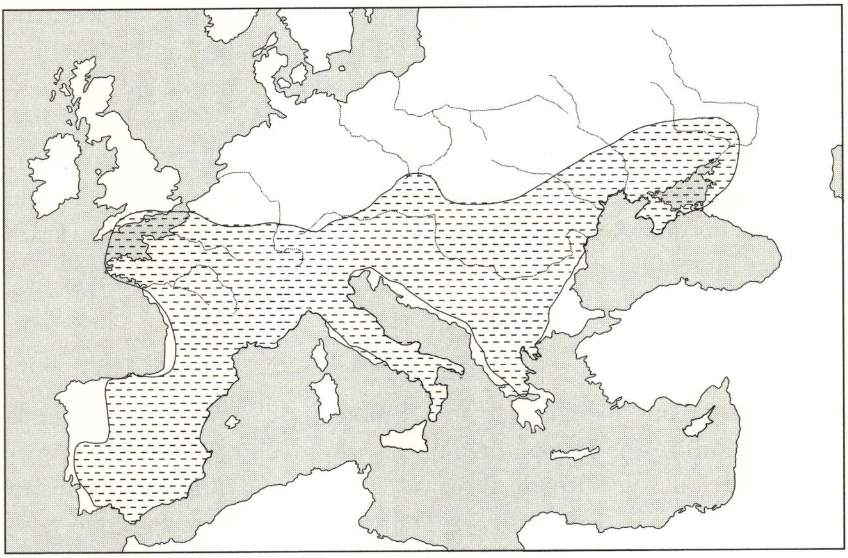

Figura 9.2: El área de la cultura auriñaciense.

Hay quienes han resuelto el problema de las múltiples cunas culturales con la reducción del número de culturas y, en vez de cobijarse en el Paleolítico, moviendo la fecha de inicio al Mesolítico y proponiendo desde allí un *Urheimat* que iba desde el Báltico hasta el mar Negro o el Caspio.[4] La versión más reciente de este modelo ha sido planteada por el arqueólogo ucraniano Leonid Zaliznyak, que asociaba los orígenes y la difusión de las lenguas indoeuropeas con las migraciones desde la región occidental del Báltico en el Mesolítico, en el cual subyacen la cultura de los vasos de embudo, la de las ánforas globulares y, como veremos, los componentes occidentales de las culturas de la estepa.[5] Estas se vieron como una parte de una migración casi continua que comenzó *ca.* 12 000 a. C. y continuó en tiempos históricos con los godos (*vid.* Figura 9.3).

Desalentados con la posibilidad de hallar una única cultura que diera lugar a la primera distribución conocida de las lenguas indoeuropeas, algunos estudiosos dirigieron la atención a la siguiente mejor opción: una cultura suficientemente grande para servir como cuna de una gran familia lingüística y cuyas fronteras o bien mostraban signos de expansión durante su propia existencia o, al menos, con las que se presumía que eran sus sucesoras. Estas culturas empezaron a definirse a principios del siglo XX y la profundidad temporal en la que se estaban buscando era el Neolítico-Eneolítico –Edad del Cobre-Piedra; emplearé el término «Eneolítico» en el texto para abarcar también los términos de Calcolítico o Edad del Cobre–, dado que se presumía que cualquier cultura posterior –Edades del Bronce-Hierro– sería tan reciente que habría que asociarla con ramas individuales de la familia indoeuropea. Con respecto a qué tipo de cultura, Kossinna dejó bien claro que estaba buscando una bastante agresiva. Creía que la expansión indoeuropea era el resultado de una poderosa y bélica minoría que conquistó a pueblos más grandes, aunque más débiles, los cuales fueron reducidos a la esclavitud y pasaron a ocupar una casta inferior forzada a adoptar la lengua de los conquistadores.[6] Aunque había culturas que cumplían los requisitos de Kossinna, llegaron más tarde, durante uno de los grandes periodos de transformación de la cultura euroasiática: el Neolítico.

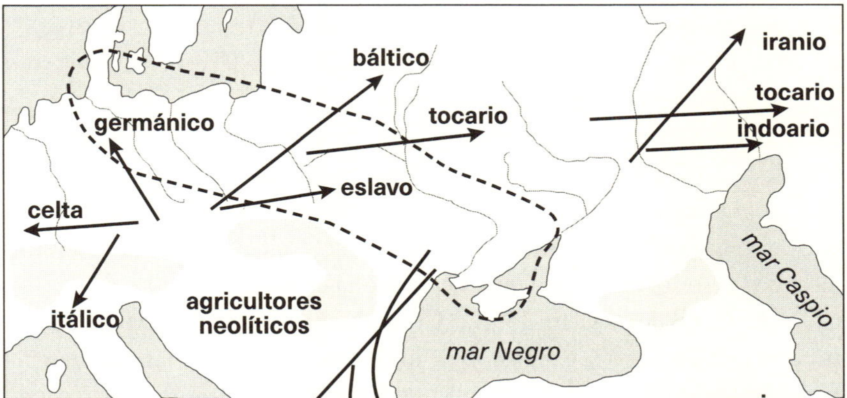

Figura 9.3: La formación hipotética de la cuna indoeuropea (línea de puntos) durante el Mesolítico (según Zaliznyak, L., 2016). El sombreado representa las montañas.

AGRICULTORES ANATOLIOS

Desde el siglo XIX se ha defendido que fueron los indoeuropeos quienes introdujeron la agricultura en Europa desde su cuna asiática, situada por lo general entre el mar Caspio y la cordillera del Hindú Kush. Cuando empezaron a surgir las primeras evidencias de la agricultura a principios del siglo XX, estas se focalizaron en Asia Central. En 1908, el geólogo estadounidense Raphael Pumpelly (1837-1923) presentó los resultados de su excavación en Anau, en el sur de Turkmenistán. Aportaba lo que, según él, era la evidencia para su hipótesis de que la domesticación de la flora y la fauna se inició por el cambio climático, en el que la aridez juntó a las poblaciones humanas y animales en oasis de Asia Central. Esta proximidad entre humanos, bestias y plantas empujó a la domesticación. Una vez que se inició, los pueblos agricultores se dispersaron en todas direcciones. Pumpelly era plenamente consciente de la implicación de situar la cuna indoeuropea y de que estas migraciones «podrían haber traído a Europa los pueblos arios, la cultura aria y las lenguas arias». De hecho, confesó haber escrito un capítulo entero dedicado a las migraciones arias que eliminó del informe de excavación porque no se sentía cualificado para batallar con esta materia, aunque creía que el informe podía servir «para uso y controversia en esta conexión».[7]

En la década de 1960, los desiertos de Turkmenistán se estaban sustituyendo por la evidencia de antiguos yacimientos agrícolas en los flancos montañosos de los Zagros, Palestina y el este de Anatolia. Estas pruebas indicaban que, hacia 8000 a. C., los recolectores locales del centro de Anatolia habían empezado a incorporar algunas plantas domésticas –trigo, cebada, lentejas y guisantes– en su economía y también que había comenzado la cría de ovejas.[8] Durante siglos, la dependencia de la domesticación creció hasta lograr la plenitud en yacimientos agrícolas en torno a 7000 a. C., entre ellos el mundialmente conocido Çatalhöyuk, en Turquía. Esta economía alcanzó la esquina noroccidental de Anatolia en torno a 6500 a. C. y cruzó a Grecia y los Balcanes.[9] En 1973,[10] Colin Renfrew empezó a exponer su hipótesis, que asociaba la expansión de los indoeuropeos con las dispersiones neolíticas, la cual consolidó en 1987 con una monografía completa acerca del modelo anatolio titulada *Arqueología y lenguaje*.[11] El modelo se ha actualizado a menudo a partir de su marco inicial. En vez de reimprimir una versión del mapa original –como se suele hacer– o tratar de pormenorizar todos los cambios en la hipótesis,[12] trataré de simplificar mi descripción con la mirada puesta en presentarla en lo que entiendo como una forma razonablemente sólida antes de 2015 que, como veremos, marca un hito en la saga de la cuna indoeuropea (*vid.* Figura 9.4).

El *Urheimat* se sitúa en Anatolia, normalmente en las partes central y occidental, donde se asocia con las primeras comunidades agrícolas de esta región, *ca.* 7000 a. C. Desde aquí, los agricultores indoeuropeos migraron en dirección oeste hacia Grecia y a través de los Balcanes, fundaron pueblos y se expandieron cada vez más por el resto de Europa por medio de dos rutas principales. Una de ellas discurre por la costa mediterránea, donde los colonizadores se asociaron en primera instancia con el horizonte cardial o de la cerámica impresa, y llevaron la agricultura hasta el Atlántico. La otra ruta iba por los Balcanes hacia la cuenca del Danubio y se movía hacia el oeste hasta los Países Bajos y el norte de Francia. Desde aquí no estaba claro si el vector para la difusión de la agricultura era, principalmente, el movimiento de gente o la aculturación de las poblaciones vecinas de cazadores-recolectores en la periferia atlántica.[13] Sea cual sea el caso, alrededor de 4000 a. C. la agricultura se había llevado tan al oeste como Irlanda y tan al norte como el sur de Escandinavia. Al nordeste del Danubio comunidades agrícolas cercanas se expandieron tan al este como el río Dniéper –la cultura de Cucuteni–. Todas estas expansiones resultaron en la distribución de las lenguas indoeuropeas de Europa.

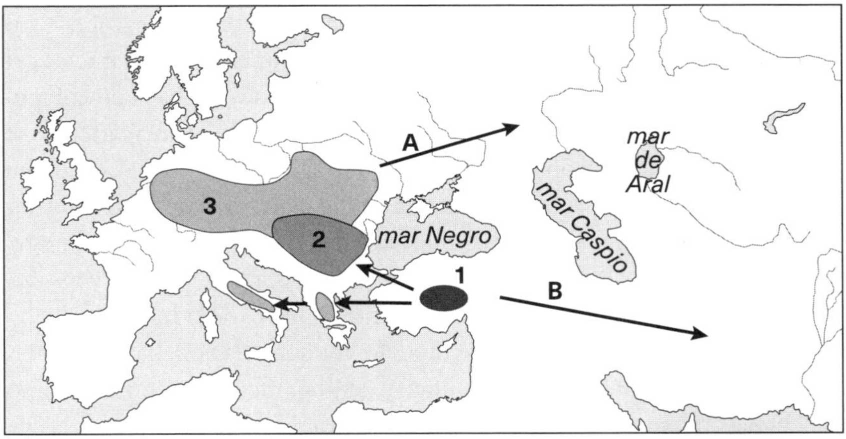

Figura 9.4: El modelo anatolio del origen indoeuropeo. La cuna (y la rama anatolia) está localizada en Anatolia (**1**), cuyos agricultores migraron tanto hacia los Balcanes como por la costa Mediterránea hasta el Atlántico. En 1999 se propuso que los Balcanes habrían sido una cuna secundaria (**2**) donde el «indoeuropeo arcaico» desarrolló aquellas características que no se encuentran en la rama anatolia. La expansión hacia el noroeste (**3**) llevó a los ancestros del itálico, celta y germánico, mientras que el resto del indoeuropeo (es posible que en conexión con el griego) surgió o se difundió desde los Balcanes. En 1999 los tocarios y los indoiranios se veían como resultados de una expansión en dirección este hacia la estepa (la flecha **A** indica el modelo de la estepa, que está incorporado en el modelo anatolio); sin embargo, en 2014 el modelo anatolio favorecía una asociación con la difusión de la agricultura desde Anatolia oriental (flecha **B**) hacia el Indo para explicar el indoiranio.

Para 1999, Renfrew había reconocido la necesidad de una procedencia secundaria en los Balcanes –el lingüista Aron Dolgopolsky (1930-2012) llevaba diciéndolo desde 1988–[14] para su «protoindoeuropeo arcaico», que se fecharía entre 6500 y 5000 a. C. y aportaría un área común para las ramas no anatolias del indoeuropeo en la que desarrollarse juntas como la cuna secundaria del indoeuropeo nuclear (lo que transformaba la nada indoeuropea «Vieja Europa» de Marija Gimbutas, *vid. infra*). Después, se podría dar una difusión más lejana hacia el noroeste de las lenguas europeas más «arcaicas» (celta, germánica e itálica), mientras que el resto de las lenguas europeas, al igual que el tocario y el indoiranio, podría surgir de los Balcanes. Los ancestros de los tocarios y de los indoiranios se explicaban, por tanto, al incorporar el modelo de la estepa en el modelo anatolio. Esto significaba que el modelo original, que explicaba cada rama como un resultado *in situ* de la expansión inicial de los agricultores anatolios, podría seguir sobre la mesa, pero siempre había un plan b que implicaba migraciones posteriores para explicar el surgimiento de varias ramas europeas –aunque, en última instancia, estaban enraizadas en el Neolítico anatolio–. En cuanto al indoiranio, siempre hubo varias explicaciones desde los inicios del modelo. La absorción del modelo de la estepa era una (flecha A en la Figura 9.4), pero también se sugirió –y desde la versión de 2014 en apariencia se aceptó– que como la propia India adquirió la agricultura desde Occidente en algún momento posterior a Anatolia, podía plantearse que la expansión de la agricultura y de las lenguas indoeuropeas no solo fue hacia el oeste, sino también hacia el este (flecha B), a través de Anatolia oriental y los Zagros pasando por Irán y llegando, finalmente, al norte de la India.

El principal atractivo de este modelo era que relacionaba la difusión de una lengua con un vector económico y demográfico que explicaba cómo las lenguas indoeuropeas se expandieron tan rápido y sustituyeron a las de Europa. Con una economía agrícola situada en el centro, los indoeuropeos habrían experimentado un crecimiento poblacional continuo por encima de cualquier población de cazadores-recolectores vecina; esto llevaría a la necesidad de expandirse a nuevos territorios y también aportaría las claves para la superación, más bien el engullimiento, de cualquier lengua no indoeuropea que se cruzara por el camino. El modelo anatolio no solo acabó con la mayoría de los cazadores-recolectores, también tendía a devorar otros modelos. Por ejemplo, hay quienes han apoyado una cuna balcánica (por ejemplo, el renombrado lingüista e historiador de Oriente Próximo, Ígor Diákonov[15]). Hay que admitir que esta región no ha recibido demasiado apoyo, sobre todo desde que constituyó el área nuclear de la «Vieja Europa» no indoeuropea de Gimbutas.[16]

Una versión parcial de la cuna balcánica sería un intento de confinarla al territorio de la cultura de Cucuteni (5500-2750 a. C.; *vid.* Figura 9.5), que se extendía desde Rumanía a través de Moldavia y por el oeste de Ucrania.[17]

Esta cultura es conocida por sus yacimientos, principalmente, en los que se encuentran las mayores comunidades del Neolítico en Europa. Hay quienes han argumentado que fue aquí donde el pastoreo subyacente en las culturas de la estepa –y en el modelo de la estepa– se inició por una expansión de los agricultores de Cucuteni hacia la estepa.[18] Esta idea se creó sobre la sospecha de que la economía de trashumancia que caracterizaba a la estepa solo la podía haber creado una población que hubiera sido antes de agricultores sedentarios, un segmento de los cuales empezó a moverse hacia el este y a desarrollar una economía cada vez más móvil.[19] A esto se podría añadir el impacto de los mecanismos de intercambio, ya que había evidencias sólidas de que la metalurgia del cobre, y es posible que del ganado doméstico, se habían introducido en las estepas desde el oeste. Una localización así aportaría una explicación para la división entre pastoreo-este y agricultura-oeste que ha regido, a menudo, las teorías del lugar de procedencia en las que se pretendía explicar el pastoreo como una expansión desde el oeste del Dniéper. Es más, algunos de los elementos culturales entendidos como diagnósticos de la cultura indoeuropea, como las ruedas, eran conocidos por la cultura de Cucuteni –y para quienes se emocionan con este tipo de cosas, hay imágenes de esvásticas en las cerámicas–.[20] Sea como fuere, cualquier argumento que confine los orígenes del indoeuropeo a los Balcanes o específicamente a la cultura de Cucuteni se suele rechazar porque el Neolítico de esta región había sido claramente importado, en última instancia, desde Anatolia. Es extremadamente difícil argumentar que la población de la región era otra cosa que no fuera un resultado cultural y lingüístico del Neolítico anatolio. En resumen, puede servir como parte del modelo anatolio, pero es difícil ver cómo podría mantenerse por sí mismo.

Más importante es que el modelo anatolio también engulló al modelo de la cuna en el Danubio, que había gozado de una popularidad considerable como la única, o al menos como parte de una cuna que también incluía el modelo nórdico. La cultura de la cerámica de bandas neolítica vio la difusión de las primeras comunidades agrícolas en la cuenca del Danubio entre 5500 y 4500 a. C. por un área que se extendía desde Ucrania en el este hasta los Países Bajos y el norte de Francia en el oeste. Ocupaba los suelos de loess –espesos, pulverulentos y muy fértiles– de Europa central y occidental y dejó abundantes vestigios de sus pueblos, como las numerosas *longhouses* [casas comunales] y los cementerios. A menudo se ha señalado como la cuna indoeuropea porque comprende un territorio enorme, asociado después con casi todas las ramas europeas (Figura 9.6). También mantuvo una cultura material llamativamente similar en toda la región, un rasgo atractivo para quienes igualaban la cultura arqueológica con una identidad lingüística común. Fue defendido por Peter Kitson porque «se correlaciona notablemente mejor que cualquier otra cultura arqueológica de cualquier otro periodo con el área nuclear de los hidrónimos indoeuropeos, lo cual no es capaz de hacerlo la hipótesis del *kurgan* [modelo de la estepa]».[21]

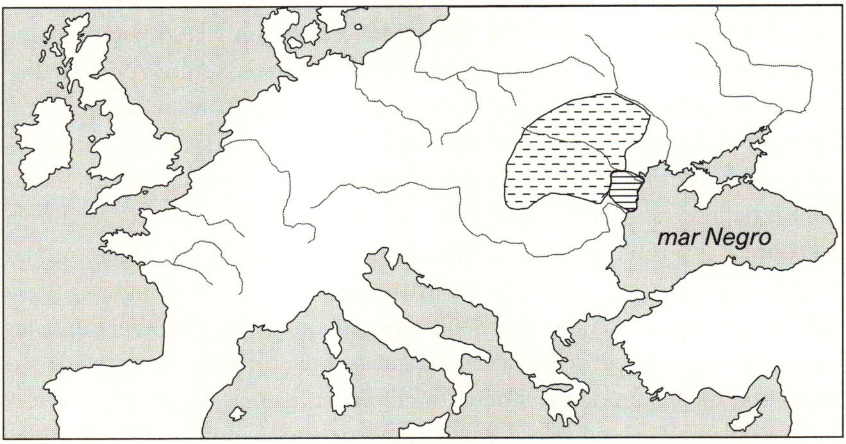

Figura 9.5: La cultura de Cucuteni (5500-2750 a. C.), representada por las líneas discontinuas horizontales, era central en la discusión del problema de la cuna porque se localizaba en la frontera entre el occidente agrícola y el oriente dedicado al pastoreo, lo cual se subrayaba en la disonancia generada por la paleolingüística al reconstruir la economía protoindoeuropea. El área más pequeña, representada por líneas continuas horizontales, indica la cultura de Usatovo, una cultura posterior que combina elementos de Cucuteni con los de la estepa.

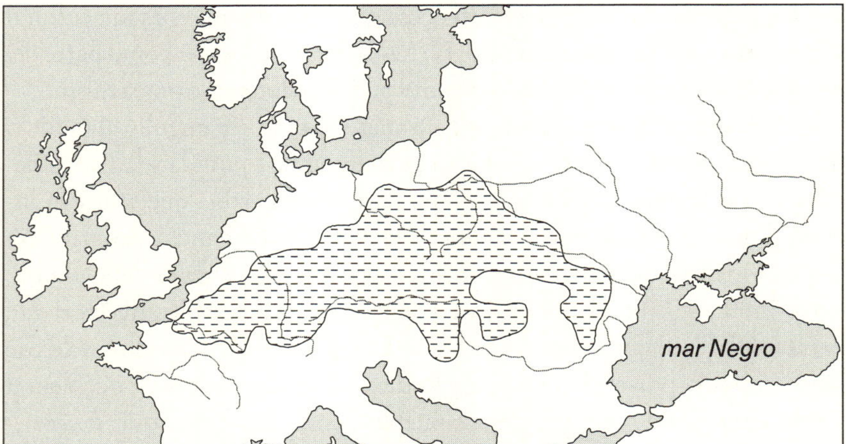

Figura 9.6: La cultura de la cerámica de bandas abarcaba desde el Atlántico hasta Ucrania y se veía como una cuna potencial para las ramas europeas e incluso para el protoindoeuropeo.

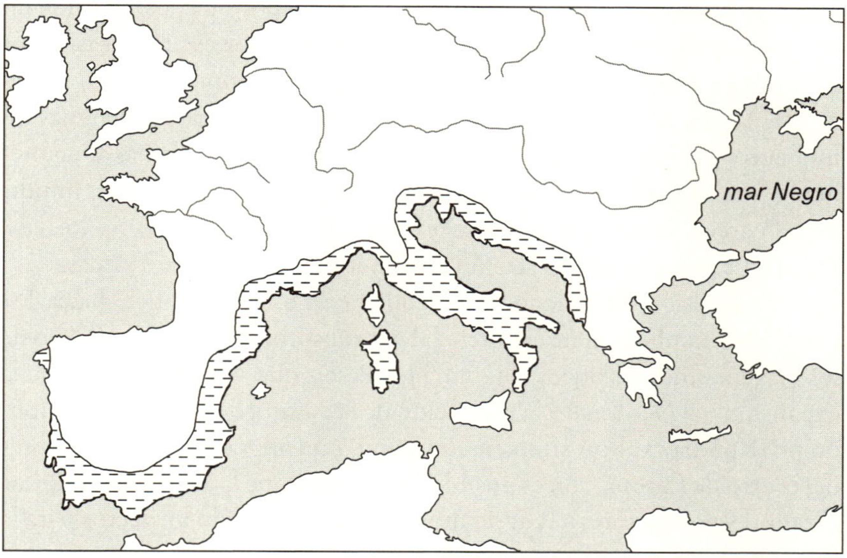

Figura 9.7: La cultura de la cerámica cardial del Neolítico inicial distribuida por la costa mediterránea.

Sin embargo, con respecto a los Balcanes es difícil separar las distintas culturas neolíticas del Danubio del modelo anatolio, puesto que es, en esencia, una extensión de la misma migración que trajo a los agricultores desde Anatolia a los Balcanes. Y, aunque a veces se planteó, también fue rechazada constantemente durante el siglo XX. Gordon Childe, el arqueólogo de la prehistoria europea más importante de la primera mitad del siglo XX, probablemente, se mostraba escéptico con que la cultura danubiana con sus estatuillas femeninas –¡diosas madre!– encajara de verdad en un panteón indoeuropeo de matadragones.[22] Este axioma fue adoptado con vehemencia por la escuela nórdica. Wolfgang Schulz (1881-1936), filósofo austriaco, mitólogo y arqueólogo –y nazi de carné–, consideró a los danubianos demasiado pacíficos, al contrario que las culturas de los vasos de embudo y de cerámica cordada, que parecían auténticas *Herrenkulturen* [culturas dominantes].[23] Curiosamente, el arqueólogo británico especializado en el Egeo, *sir* John Myres (1869-1954), excluyó Anatolia como cuna porque también estaba en territorio de diosas madre.[24]

Aún menos probable era la cultura de la cerámica cardial –o de la cerámica impresa– del Neolítico inicial, asociada con la difusión de la agricultura desde el Adriático –y Grecia occidental– a Iberia entre 6400 y 5500 a. C., principalmente a través de la costa mediterránea y las islas (Figura 9.7). Se ha visto como uno de los talones de Aquiles del modelo anatolio. Por un lado, está intrínsecamente relacionada con la expansión hacia el oeste de los agricultores anatolios, pero, por otro, comprende un territorio que tiende a ser una de las primeras áreas que excluyen casi todas las posibles categorías de evidencias. Por ejemplo, como vimos antes, es una de las pocas zonas de Europa que presenta evidencias de lenguas no indoeuropeas; sus lenguas parecían tener verdaderos problemas al mantener la semántica de los nombres de árboles en indoeuropeo; y, más importante, parecía requerir una dirección de migración (Anatolia > Grecia > Italia) que contradecía la relación filogenética entre estas tres ramas.

La difusión de la economía neolítica en dirección norte hacia Escandinavia también tiene el potencial para absorber el modelo nórdico de los orígenes indoeuropeos (Figura 9.8). Pese a que se comprendió que la expansión del Neolítico y la formación de la cultura de los vasos de embudo no se podía explicar simplemente como una migración de agricultores del centro de Europa, aún es posible argumentar que la aculturación de los cazadores-recolectores a la agricultura podría haber sido un vector para la difusión de las lenguas indoeuropeas.

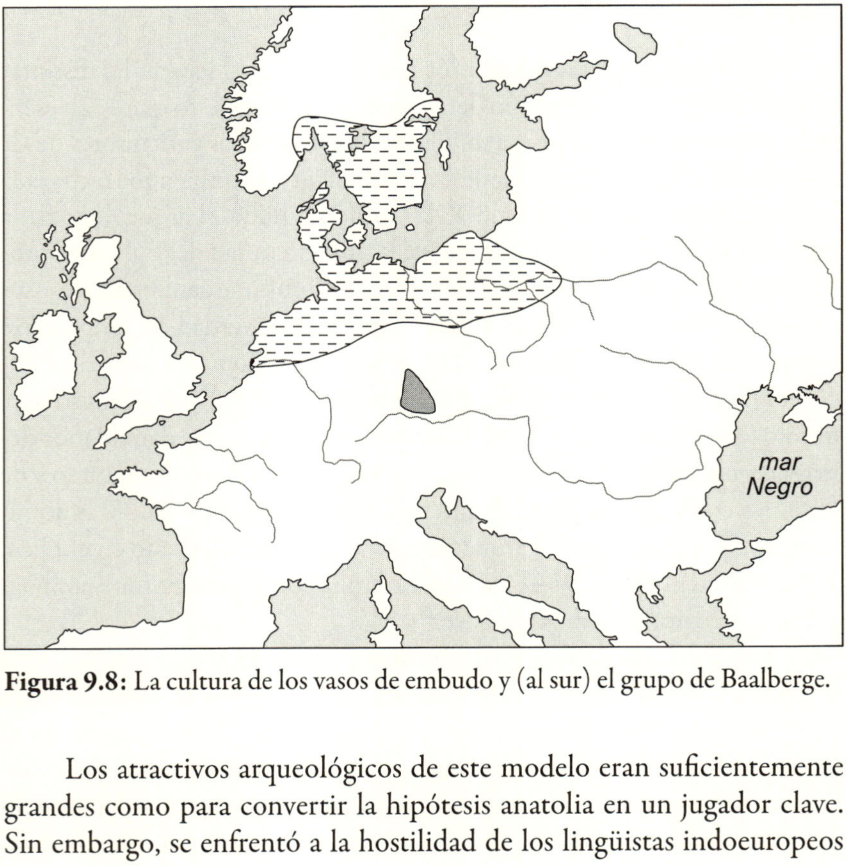

Figura 9.8: La cultura de los vasos de embudo y (al sur) el grupo de Baalberge.

Los atractivos arqueológicos de este modelo eran suficientemente grandes como para convertir la hipótesis anatolia en un jugador clave. Sin embargo, se enfrentó a la hostilidad de los lingüistas indoeuropeos porque planteaba una dispersión de las lenguas indoeuropeas que parecía incongruentemente temprana según las pruebas de la paleolingüística –cuya validez sus defensores negaban–; porque la evidencia de la filogenia indoeuropea (por ejemplo, una cadena arqueológica anatolio > griego > itálico ignoraba la interrelación lingüística de estas ramas); y porque sus intentos de engullir otras cunas sugeridas como el modelo de la estepa no eran convincentes.[25]

Con independencia de su validez como solución al problema de la procedencia, el modelo anatolio todavía debe representar un papel crucial en nuestro entendimiento de la historia lingüística de Europa. Porque incluso si no es capaz de convencer de que fue el responsable de la dispersión del indoeuropeo, es muy probable que fuera el vector principal para la introducción de alguna lengua o lenguas neolíticas desde Anatolia y para su difusión por gran parte de Europa. En resumen, si las lenguas indoeuropeas se difundieron desde otra fuente que no sean los agricultores anatolios, aun así, es muy probable que los agricultores europeos conformaran un sustrato lingüístico común, al menos en los Balcanes, el Danubio y las áreas costeras del Mediterráneo, en las que el indoeuropeo fue impuesto. De una u otra forma, es difícil prescindir de la idea de que al menos algunas de las lenguas indoeuropeas de Europa retuvieron vocabulario prestado de los agricultores anatolios.[26] Retomaremos esta idea de nuevo.

EL MODELO NÓRDICO

Gran parte del apoyo inicial a la cuna nórdica se vio avivado por la aportación de datos arqueológicos para un argumento explícitamente racial según el cual las lenguas indoeuropeas fueron difundidas por una población originaria del norte de Europa cuyos descendientes todavía ocupaban el territorio. De hecho, para Kossinna –el exponente principal del modelo nórdico a principios del siglo XX– la cuna de las lenguas germánicas –que él intentó establecer– era, virtualmente, la misma que la de los indoeuropeos. La estructura arqueológica de su argumento estaba basada, en buena medida, en la continuidad de la cultura en el norte de Europa y en el sur de Escandinavia, desde su ocupación después de la retirada de las capas de hielo hasta el periodo histórico. De ese modo, los ancestros de los protoindoeuropeos se localizaban entre las culturas mesolíticas del norte (Maglemosiense y cultura de Kongemose, *ca.* 6000-5200 a. C.), seguidos después por la cultura Ertebölliense (5300-4000 a. C.). La Ertebölliense continuó con una economía basada en la pesca y la caza, pero también vio la aparición de la cerámica y los contactos con los agricultores de la cultura de la cerámica de bandas al sur –en algunas de sus primeras presentaciones se defendía que la cerámica de bandas en realidad provenía del norte, lo cual no era nada convincente–.

El florecimiento principal del protoindoeuropeo se podía asignar entonces a la cultura de los vasos de embudo, que marcaba la difusión de las comunidades agrícolas por el norte y nordeste de Europa (*ca.* 4500-2700 a. C.), donde dejaron yacimientos y tumbas de megalitos y enormes túmulos. Su localización incluye el norte de Alemania y el sur de Escandinavia y, por tanto, fue el elemento nuclear del modelo nórdico, aunque también se extendió hacia el este a Polonia e incluso al noroeste de Ucrania, por lo que podía emplearse para defender una procedencia báltica. No obstante, dentro del modelo nórdico, la expansión principal de los indoeuropeos hacia el sur y el este hay que asociarla con la cultura de la cerámica cordada (*vid. infra*), que se cree que ha sido un fenómeno local evolucionado a partir de la cultura de los vasos de embudo.

LAS CULTURAS DE LA ESTEPA

El modelo de la estepa se propuso al principio sobre bases geográficas o lingüísticas que no estaban ligadas a ninguna cultura arqueológica específica, o abarcaba áreas que aglutinaban culturas arqueológicas que hoy sabemos que no tenían ningún tipo de relación entre ellas. A medida que el conocimiento de la arqueología de la estepa ucraniana y la del sur de Rusia aumentó, se hizo evidente que no había una única cultura de la estepa, sino una serie de culturas diferentes espacial, cronológica y económicamente. La distinción principal se da entre las poblaciones sedentarias y agrícolas y las que practicaban economías basadas, principalmente, en la caza, recolección y pesca, o que practicaban la explotación limitada de algunos animales domésticos. Los agricultores sedentarios eran en su mayoría miembros de la cultura de Cucuteni (*vid.* Figura 9.5), cuyos yacimientos abarcaban las tierras fértiles desde los Cárpatos (en Rumanía) hasta pasado el Dniéper cerca de Kiev (Ucrania) durante el periodo *ca.* 5500-2750 a. C. Tal y como acabamos de comentar, la cultura se ve como resultado de la difusión del Neolítico desde Anatolia y ofrece una abundancia de evidencias medioambientales y económicas congruentes con el protoindoeuropeo reconstruido o, al menos, elementos anteriores a las ramas europeas. En las soluciones que conceptualizaban una economía pastoril oriental (indoirania) y una economía occidental (europea), se proponía que la cultura de Cucuteni subyaciera en las ramas europeas o, en algunos casos, podía proponerse como la cuna protoindoeuropea.[27]

Hacia el este, más allá de la cultura de Cucuteni, hay un grupo de culturas que están definidas regional y temporalmente: las del oeste, por lo general centradas en la región de los ríos Dniéper-Don; y las del este, entre el Volga y los Urales. Parece haber una transición gradual del Mesolítico al Neolítico, marcada por la introducción de la cerámica y del ganado doméstico, aunque desde el punto de vista regional tanto la caza como la pesca parecen haber desempeñado un papel fundamental, en especial la última en el río Dniéper, donde se desarrolló la cultura del Dniéper-Donets. Para facilitar la presentación, subrayaré la secuencia de culturas usando los grupos principales que tienen parte en la discusión del modelo de la estepa, incluso aunque esto requiera alguna burda simplificación.

En la región occidental, la cultura Dniéper-Donets (*ca.* 5200-4200 a. C.) es conocida, principalmente, por sus más de treinta cementerios con frecuencia de gran tamaño (unos cien enterramientos; vid. Figura 9.9). Los cementerios comprendían enterramientos en fosas comunes o trincheras –ordenados en fila–, con pruebas recurrentes de exposición antes del enterramiento o enterramientos solo parciales –por ejemplo, de cráneos–. La economía era una mezcla de caza, recolección y pesca con algunos animales domesticados y pruebas –no siempre convincentes– de algunas plantas domesticadas. Había abundancia de ofrendas y elementos de ajuar, como objetos de cobre, mazas de piedra y placas hechas con colmillos de jabalí. Esta cultura suele entenderse como un sustrato poblacional en el modelo de la estepa. En parte de su cultura material –por ejemplo, el uso de colgantes hechos con colmillos de jabalí y mazas de piedra– se compara con la cultura Samara, de más o menos el mismo periodo y presente en la región del Volga Medio, en la que encontramos algunas similitudes en la economía y el enterramiento, que incluyen el enterramiento ritual de caballos. En pocas palabras, parece haber algún tipo de esfera de interacción desde el Dniéper en el oeste hasta el Volga en el este con la mayoría de las pruebas, yacimientos o enterramientos, confinadas a los valles fluviales.

Superpuesta por encima de la cultura del Dniéper-Donets está la cultura de Sredny Stog, que ocupaba la misma área de la anterior Dniéper-Donets y se fecha entre 4400 y 3400 a. C. (*vid.* Figura 9.10). Es una nueva cultura con un estilo cerámico muy distinto, de base apuntada y con el empleo de conchas molidas como desgrasante y un nuevo rito de enterramiento: el cuerpo se depositaba sobre la espalda con las rodillas flexionadas hacia arriba, lo cual se convirtió en un patrón de comportamiento característico en la siguiente cultura. También hay un incremento de restos de caballos; algunas veces este animal es el principal mamífero consumido y durante mucho tiempo ha existido la sospecha de que el caballo se había domesticado ya en ese momento –sospecha iniciada en un primer momento por una mala datación, por desgracia, de un ejemplar domesticado de la Edad del Hierro en un yacimiento de la cultura Sredny Stog–.

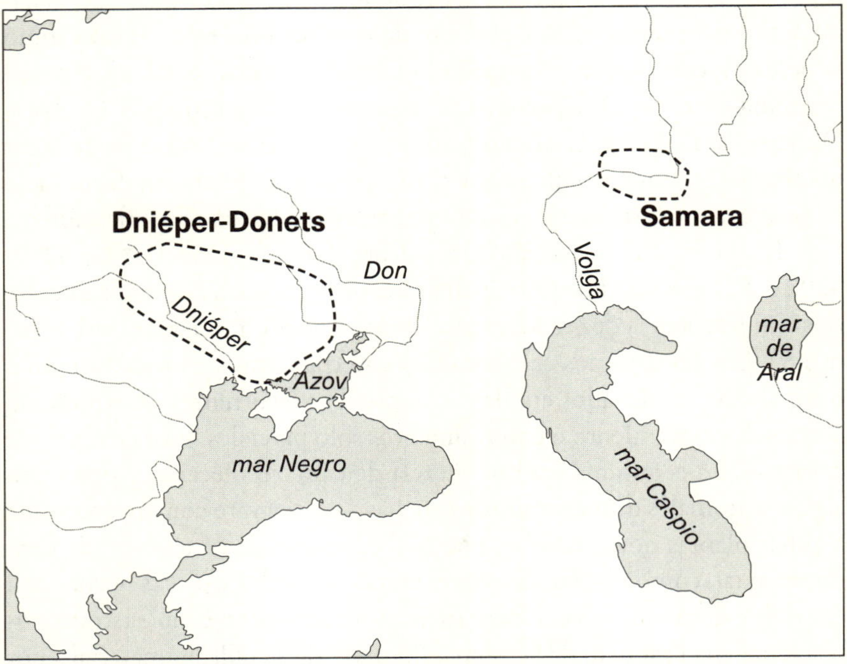

Figura 9.9: Las culturas Dniéper-Donets y Samara, *ca*. 5200-4200 a. C.

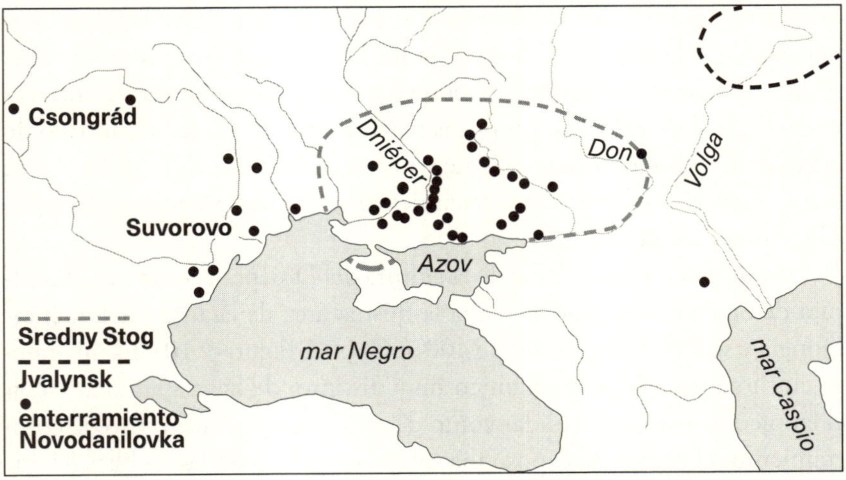

Figura 9.10: Las principales culturas de la estepa durante el Eneolítico antes de la cultura Yamnaya; muestra la cultura de Sredny Stog (con la Novodanilovka) en la región del Dniéper-Don y la cultura jvalynsk en la región del Volga Medio.

En la misma región hay enterramientos del tipo Suvorovo-Novodanilovka, enterramientos que parecen derivar de la cultura de Stedny Stog, aunque las tumbas son más elaboradas –pueden ser empedradas– y mucho más ricas, con largas hojas de sílex, ornamentos de cobre y mazas de piedra, las cuales se han interpretado como símbolos de poder. Las tumbas se concentran sobre todo en el norte del mar de Azov, pero también se extienden tan al oeste como Suvorovo, en Bulgaria, donde hallamos enterramientos tanto en tumbas planas, como bajo túmulos –*kurganes*– que contenían cámaras de madera o de piedra. Los rituales funerarios seguían los que vemos en la cultura de Sredny Stog, que incluyen una maza de piedra con una cabeza de caballo tallada similar a las descubiertas más al este. Dentro del modelo de la estepa, esta expansión de una cultura de la estepa por la región del Danubio suele marcar la expansión inicial de los indoeuropeos.

El paso de la cultura del Dniéper-Donets a la de Sredny Stog se ha visto tanto como una evolución local como resultado de las influencias –¿migraciones?– desde el este, en concreto desde la región del Volga Medio, en la que la sucesora local de la cultura de Samara es la cultura jvalynsk (4700-3800 a. C.), conocida, principalmente, por el cementerio de Jvalynsk con cerca de doscientos enterramientos (*vid.* Figura 9.10).[28] Este cementerio –en realidad son dos– confirma la existencia de una sociedad con animales domesticados –aunque no hay evidencia de cereales domesticados–, el sacrificio ritual del caballo junto con otros animales domésticos, unos trescientos setenta objetos de cobre y un enterramiento que, a menudo, implica la colocación del cuerpo sobre la espalda con las rodillas flexionadas, similar al rito visto en el oeste en los cementerios de Sredny Stog y, al igual que ellos, los cuerpos también se pintan con ocre.

A continuación, la mayoría de la estepa póntica fue ocupada por la cultura Yamnaya –o cultura del sepulcro– (3300-2500 a. C.), que abarcaba la región desde el este del Danubio hasta los Urales (*vid.* Figura 9.11). De nuevo, estamos lidiando con una cultura conocida por sus enterramientos, principalmente, pero también por algunos poblados e incluso algunos de ellos fortificados. En los enterramientos se continúa colocando el cuerpo como en las culturas de Sredny Stog y jvalynsk (la conocida como «posición Yamnaya»; *vid.* Capítulo 15), aunque ahora las tumbas se colocan de forma generalizada bajo túmulos –*kurganes*–. O bien el cuerpo se colocan secundariamente en *kurganes* anteriores –estos túmulos fueron reutilizados desde el periodo Yamnaya hasta la Edad Media, cuando las tribus pastoriles hablantes de turco ocuparon la estepa–.

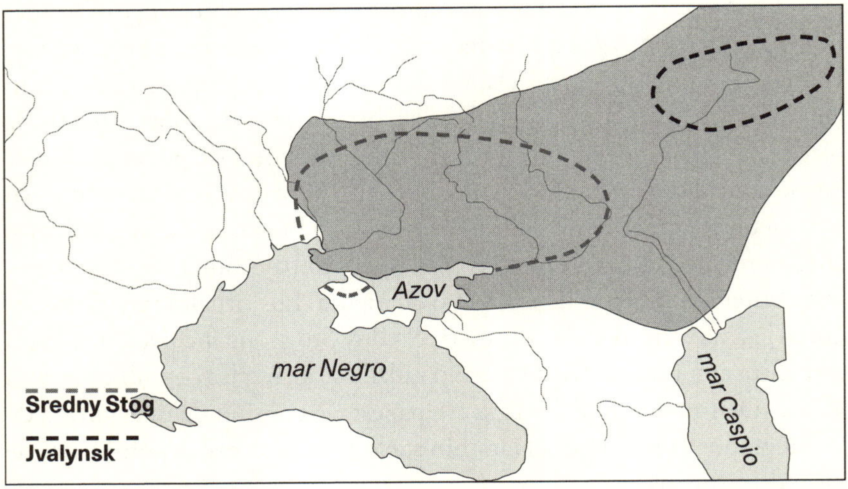

Figura 9.11: La cultura Yamnaya (área sombreada) con indicación de las áreas anteriores de las culturas Sredny Stog y jvalynsk. Estas últimas se han propuesto como el germen de la cultura Yamnaya.

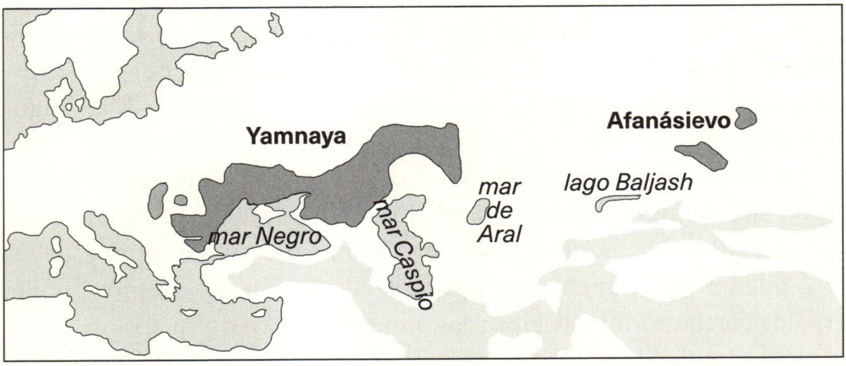

Figura 9.12: La cultura Yamnaya y la de Afanásievo, emparentadas, reflejan una expansión desde la estepa tan al oeste como Hungría y tan al este como la región de Altái y la depresión de Minusinsk.

Ya en *ca.* 3300 a. C. una porción de la frontera oriental de la cultura Yamnaya migró hacia el este varios miles de kilómetros y se asentó en la depresión de Minusinsk, entre el río Yeniséi y los montes Altái, donde formó la cultura de Afanásievo (*vid.* Figura 9.12). Los yamnaya también se expandieron en dirección oeste hacia los Balcanes –hasta el momento, se han identificado unos quinientos *kurganes*–, donde los *kurganes* de los yamnaya se pueden encontrar por todo el valle del Danubio al menos tan lejos como el río Tisza, en Hungría. Dentro del modelo de la estepa estos movimientos indican la dispersión de las lenguas indoeuropeas, con una posible incursión anterior asociada con los enterramientos del tipo Suvorovo-Novodanilovka.

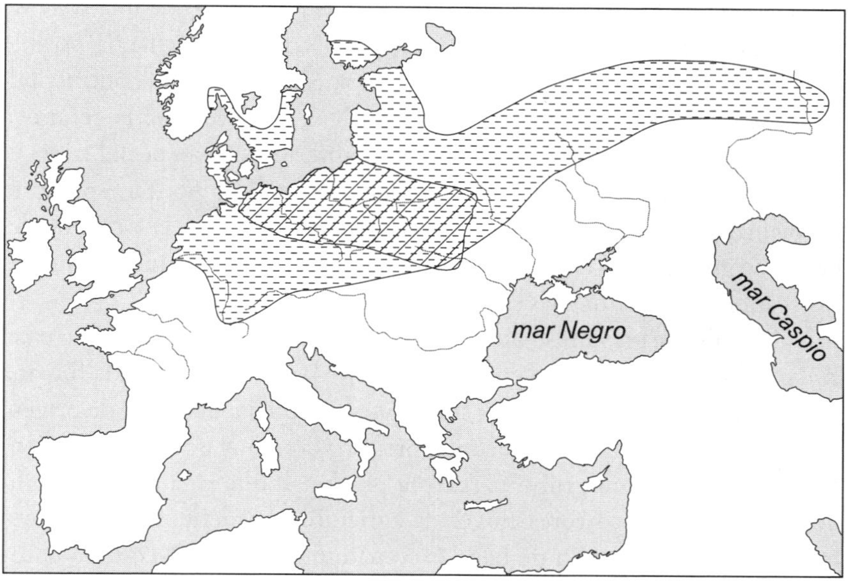

Figura 9.13: Las culturas de la cerámica cordada (líneas discontinuas horizontales) y de las ánforas globulares (líneas continuas diagonales).

Esta narrativa más limitada –y más fácilmente validada– de las expansiones de Suvorovo-Novodanilovka, Sredny Stog, Yamnaya y de Afanásievo se amplió a un marco interpretativo mucho mayor por parte de Marija Gimbutas.[29] Tomó las evidencias más genéricas de las culturas de la estepa (por ejemplo, el enterramiento individual, el uso de túmulos/*kurganes*, decoración cordada, uso de ocre) para pasar de las dispersiones de la estepa a una serie de culturas arqueológicas europeas cercanas como la Baalberge, en Alemania (*vid.* Figura 9.8), la cultura de las ánforas globulares de Europa central (*vid.* Figura 9.13) y, especialmente, la de cerámica cordada (*vid.* Figura 9.13). Las definió como culturas «kurganizadas»: culturas híbridas que han sido absorbidas cultural y lingüísticamente por la expansión de las culturas de la estepa. De esta manera, gran parte de Europa podía resultar absorbida por la órbita de la hipótesis de la estepa. La más relevante de las llamadas culturas «kurganizadas» fue la de la cerámica cordada.

LA APERTURA DE LA CERÁMICA CORDADA

La cultura de la cerámica cordada, de 3200-2300 a. C., sustituyó a la anterior de los vasos de embudo y a algunas de las culturas del Danubio (*vid.* Figura 9.13). Abarcaba una vastísima extensión al oeste y al este. Se extendía desde los Países Bajos por Europa y, por medio de una serie de variantes, alcanzaba los Urales al este, hasta convertirla en una posible candidata como lugar de origen con su expansión territorial continental. Para los rastreadores de la cuna del siglo XX, la cultura de la cerámica cordada con su expansión sobre culturas anteriores, en especial hacia el este –¿potenciales indoiranios?–, era justo lo que uno podría esperar de los primeros indoeuropeos.[30] Asimismo, etiquetarla como la «cultura del hacha de guerra» la vendía con la agresiva presencia de un macho que los rastreadores de la cuna más sanguinarios estaban buscando.

Más allá de un valioso debate arqueológico, un consenso surgió en el curso del siglo XX según el cual la cultura de la cerámica cordada fue una parte fundamental en cualquier solución al problema del lugar de origen. Era, en buena medida, una cultura mortuoria con muy pocos asentamientos. Esto satisfacía al grupo partidista principal, que veía a los protoindoeuropeos como pastores en vez de agricultores sedentarios –no como la cultura de la cerámica de bandas o cualquier otra del Neolítico europeo–. A partir de los enterramientos, donde los roles de género estaban claramente indicados por el lado sobre el que se colocara el cuerpo, junto con la evidencia de que los hombres se enterraban a menudo con hachas de guerra en piedra u otras armas y la presencia de restos de caballos –y después de vehículos rodados–, se deducía que la cultura de la cerámica cordada parecía cumplir muchos de los requisitos para ser indoeuropea. Era el equivalente de la cuna, o al menos de una parte de la expansión, ya que su territorio coincidía con una porción significante de los primeros indoeuropeos de Europa. También aportaba posibles áreas de salida para la evolución de la rama germánica, báltica y eslava y posibles procedencias para la itálica y la celta (*vid.* Figura 9.14), sobre todo si podían asociarse las expansiones de la ligeramente posterior cultura campaniforme (2800-1800 a. C.) con la de la cerámica cordada. Según muchos arqueólogos, entre ellos los de la escuela nórdica, la cultura de la cerámica cordada había evolucionado localmente.[31]

Como la región de la cerámica cordada iba en un eje oeste-este, el principal problema en relación con sus orígenes era qué lado era anterior. El arqueólogo polaco Włodzimierz Antoniewicz (1893-1973) defendió un origen «occidental», y por tanto local, en 1936. Esto, naturalmente, beneficiaba al modelo nórdico. Por contraste, tres años antes, otro arqueólogo polaco –y después británico–,* Tadeusz Sulimirski

* N. de. T.: Sulimirski emigró al Reino Unido poco después del estallido de la Segunda Guerra Mundial en 1939.

(1898-1983), no solo concluyó que los primeros vestigios de la cerámica cordada estaban en el este, también entendió la cultura como resultado de una migración masiva de nómadas de la estepa que difundieron las lenguas indoeuropeas desde una cuna en Asia Central.[32] Aunque Sulimirski rechazó tiempo después su tesis inicial, siempre hubo otros como Miroslav Buchvaldek (1930-2002), una autoridad en la cerámica cordada, que buscaron sus orígenes en el este.[33] El debate ha proseguido hasta el presente y, en vez de detallar la historia de la discusión, es probable que lo más sencillo sea destacar los asuntos principales y cómo encajan con las distintas soluciones al problema del lugar de origen.

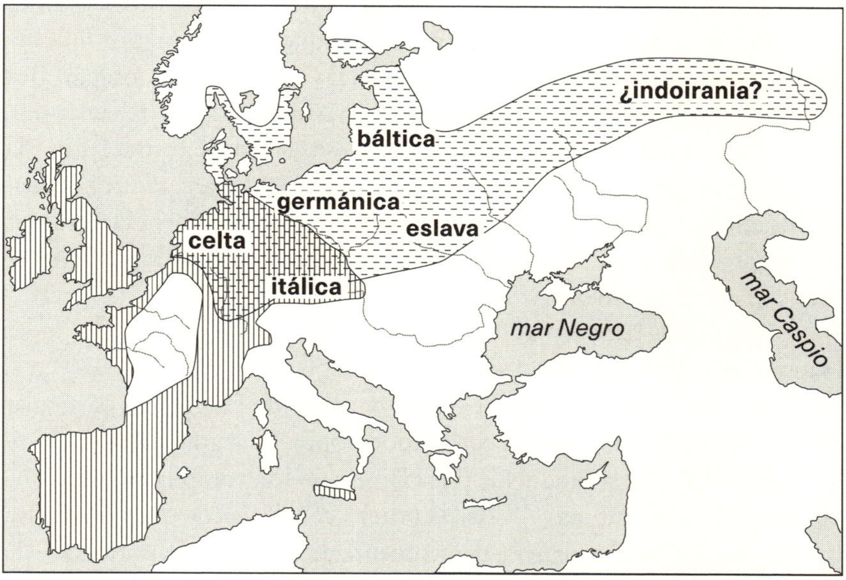

Figura 9.14: Las culturas de la cerámica cordada (líneas discontinuas horizontales) y campaniforme (líneas continuas verticales) y sus posibles asociaciones con varias ramas lingüísticas indoeuropeas. El origen de la cultura campaniforme fue discutido por mucho tiempo entre dos propuestas: una que lo localizaba en Iberia y otra en la que se creía que había estado conectada con el horizonte de la cerámica cordada, ligeramente anterior.

Los críticos argumentan que la cultura de la cerámica cordada y la Yamnaya –u otras culturas de la estepa anteriores– son, en esencia, dos culturas más o menos contemporáneas, distintas y sin relación entre ellas, por lo que es imposible derivar una de la otra. En pocas palabras, con independencia de las similitudes que pudiera haber entre estas dos, como los enterramientos individuales bajo un túmulo y el uso de decoración cordada en la cerámica, las diferencias eran mucho mayores. Lothar Kilian (1911-2000), nacido en Lituania cuando era territorio alemán,* que publicó monografías acerca de los orígenes de los baltos y los germanos, así como de los indoeuropeos, diseñó una lista de veintitrés características de las culturas de la cerámica cordada y la Yamnaya. Concluyó que solo compartían cuatro de ellas[34] y que estas cuatro parecían un tanto genéricas. Por ejemplo, los túmulos se hallan en culturas arqueológicas de todo el mundo, la decoración cordada no es en absoluto única y, por lo demás, las cerámicas eran muy diferentes. Una de las características clave de los enterramientos de la cultura de la cerámica cordada es el marcador de género, con los varones enterrados sobre el costado derecho y las mujeres sobre el izquierdo; no hay evidencia de esto en la cultura Yamnaya, mientras que esta práctica se observa antes en varias culturas locales del Neolítico final que precedían, por mucho, a la de la cerámica cordada (por ejemplo, las culturas Tiszapolgár, Bodrogkeresztúr y Lengyel).[35] Es más, mientras que el depósito de armas, normalmente hachas de guerra en piedra, se asocia de forma rutinaria con los enterramientos masculinos de la cultura de la cerámica cordada, los enterramientos yamnaya contienen muy poca evidencia de armas asociadas a hombres,[36] aunque hay algunos objetos asociados a los hombres en la cultura Suvorovo-Novodanilovka.

Todos estos temas fueron apuntados numerosas veces por Alexander Häusler, el mayor experto no soviético, probablemente, en la estepa y en la relación entre las culturas pónticas y las del resto de Europa, en particular en el contexto del asunto de la cuna indoeuropea. Una gran parte de la voluminosa bibliografía producida por Häusler podría compilarse como una Summa Contra Gimbutas.**[37] Así, la prueba conclusiva de que la cerámica cordada era, de alguna manera, descendiente de la cultura más oriental –de la estepa– no era esperable, a pesar de que el sentir entre muchos arqueólogos era que tenía que haber algún tipo de relación. Lo máximo que se podía hacer era dar crédito a la cultura Yamnaya por aportar un paquete cultural o ideológico que podría haber influido en la evolución de la cultura de la cerámica cordada, pero esta última no se veía, en ningún caso, como resultado de una migración significativa de gentes de la estepa.[38]

Por tanto, aunque vemos que la cultura de la cerámica cordada es una pieza arqueológica clave en cualquier solución al lugar de origen, no

* N. del T.: Lothar Kilian nació en Nidden, Prusia Oriental (Alemania), que después de 1919 fue Memelland (Región de Klaipėda) y luego Nida (Lituania).

** N. del T.: El autor juega con el título de la obra de santo Tomás de Aquino, *Summa Contra Gentiles* (siglo XIII), que versa, según santo Tomás, de: «manifestar la verdad que profesa la fe católica, y eliminar los errores contrarios» (Libro 1, Cap. 2).

es toda la solución. Nunca podría acumular suficientes indicios para explicar los orígenes de la mayoría de los pueblos de los Balcanes, Grecia o Anatolia y –a no ser que uno se imagine que empuñar un Sharpie y dibujar una larga flecha desde el centro de Europa hasta el este de China es una prueba convincente– no resuelve el problema de los orígenes de los tocarios. Si el arqueólogo cree que hay suficientes pruebas de la continuidad desde periodos anteriores, sea en Europa central o en el lejano norte, entonces tanto el modelo nórdico como el danubiano –y el anatolio– están, potencialmente, en el terreno de juego. El modelo de la estepa solo tiene relevancia arqueológica si uno cree que las similitudes entre las culturas Yamnaya –o culturas de la estepa anteriores– y de la cerámica cordada son evidencias de un proceso mucho más amplio de aculturación. Por lo general, los arqueólogos en la antigua Unión Soviética no veían la estepa como la cuna de los indoeuropeos, sino meramente como la de los indoiranios, por tanto, los enterramientos en *kurganes* podían interpretarse dentro de la estructura del antiguo sistema de clases indio,[39] los diseños de las cerámicas de Cucuteni podían interpretarse mediante la religión india y uno podía «asumir que el *Rig Veda* se originó en las orillas del Dniéper».[40]

LOS MODELOS DE LA CUNA ASIÁTICA: LA EVIDENCIA ARQUEOLÓGICA

Según Kossinna, a principios del siglo XX no quedaba ningún académico que defendiera un *Urheimat* asiático, excepto el gran arqueólogo sueco Oscar Montelius. Fue pionero en la construcción de las cronologías relativas y absolutas de las culturas europeas al sincronizarlas con el desarrollo cultural de Egipto y de Oriente Próximo; para Montelius, la cultura siempre fluía del este al oeste. Sin embargo, el origen asiático nunca desapareció del todo, aunque ha tomado varias formas. Aquí trataré de presentar brevemente cómo la arqueología podría sostener algunos modelos de la cuna asiática.

India

Como una de las primeras hipótesis de la cuna, y todavía promovida como parte del modelo del origen en la India, el apoyo arqueológico a una procedencia en el sur de Asia nunca ha sido particularmente sólido. Si la dispersión desde el lugar de origen debe haberse dado antes de 2500 a. C., la única entidad cultural que suele traerse a colación es el yacimiento del Neolítico inicial de Mejergar (*ca.* 7000-2500 a. C.) y lugares asociados, que permiten observar el desarrollo desde un poblado del Neolítico inicial al primer urbanismo anterior a la civilización del valle del Indo. No hay pruebas convincentes de que Mejergar fuera instrumental en la difusión de su economía o su cultura material hacia el norte o el oeste, el área principal de las lenguas indoeuropeas. Con respecto a la distintiva civilización del valle del Indo (3300-1300 a. C.) con sus impresionantes yacimientos urbanos, pese a que hubo extensas relaciones comerciales tanto hacia el norte (Asia Central) como al oeste (Mesopotamia), la evidencia principal para una verdadera expansión, la colonia comercial de Shortugai en el norte de Afganistán, se fecha en *ca.* 2000 a. C. y es irrelevante cronológica –y culturalmente– para la expansión de las lenguas indoeuropeas hacia el oeste.

En la India surgió una civilización única y espectacular, pero nunca ha habido un alegato arqueológico a favor de que su cultura se haya expandido por el resto del territorio del mundo indoeuropeo. Su atractivo –dejando a un lado motivos puramente políticos– es que nunca nadie ha sido capaz de generar un argumento arqueológico convincente para defender una migración *hacia* la India que habrían llevado a cabo los indoarios; los argumentos para las migraciones han sido, en esencia, lingüísticos.[41] Aunque hay unas pocas potenciales culturas arqueológicas intrusivas que se han visto como el vector de las lenguas indoarias, ninguna ha sido particularmente convincente.[42] Esto ha provisto las bases de la hipótesis de la cuna india: si no puedes probar que los indoeuropeos llegaron a la India desde fuera, deben de haber sido indígenas. No obstante, una defensa sólida no equivale a un ataque exitoso y el modelo de la cuna india ni siquiera es capaz de despegar. Sin embargo, no descartaría la cantidad de críticas contra los varios modelos de invasiones indoarias en la India: los críticos pueden estar poniendo el listón muy alto, pero es probable que así deba ser.

Asia Central

La región que se extiende desde la costa oriental del mar Caspio hasta las fronteras de China fue otra área popular en la que situar posibles cunas en el siglo XIX. Sin embargo, aquí de nuevo las soluciones se guiaban más por razones geográficas que por pruebas estrictamente arqueológicas. Simplificando groseramente una región enorme con tanta diversidad de ecosistemas y culturas, me concentraré en las pruebas más evidentes (*vid.* Figura 9.15).

Como hemos visto, las excavaciones de Raphael Pumpelly en Anau, en el sur de Turkmenistán, se vieron, tentativamente, como apoyo para el concepto de un *Urheimat* en Asia Central asociado con los orígenes y la difusión de la agricultura, que precedía al modelo anatolio. La agricultura se difundió de manera local por la región y produjo una serie de culturas urbanas, localizadas en su mayoría en los oasis hasta llegar al punto culminante con el Complejo Arqueológico Bactria-Margiana [*Bactria-Margiana Archaeological Complex*, BMAC; también conocido como la civilización del río Oxus] (2250-1700 a. C.). Mientras que estas culturas tuvieron relaciones comerciales con el sur, no hay pruebas convincentes de que en Asia Central emergiera una cultura que se expandiera hacia el oeste.

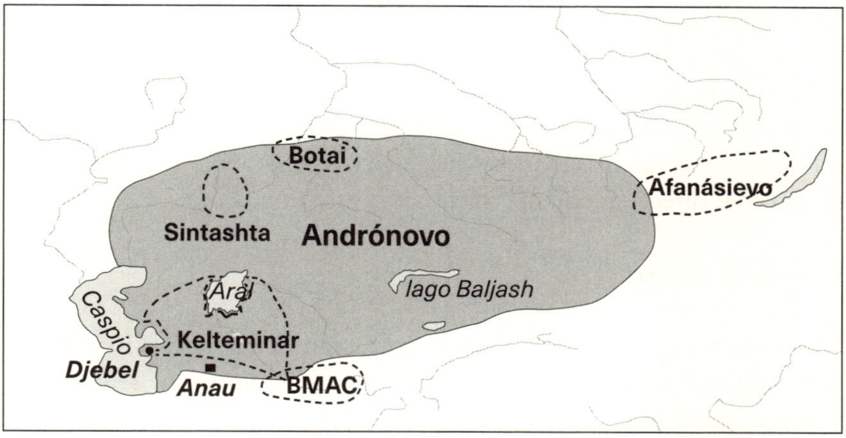

Figura 9.15: Las culturas de Asia Central. En el modelo de la estepa, las culturas de Sintashta y Andrónovo están asociadas con los indoiranios, mientras que la cultura de Afanásievo se plantea a menudo que pudiera ser un ancestro (distante) de los tocarios.

Además del registro agrícola, también había sociedades en Asia Central que explotaban las regiones más desafiantes basándose sobre todo en la caza, la recolección y la pesca, aunque fueron incorporando de forma gradual el ganado doméstico por influencia de sus vecinos. Estos incluían a la cultura Kelteminar (5500-3500 a. C.), que ocupaba desde el Caspio hasta más allá del –antiguo– mar de Aral. Un académico reciente –y de manera inesperada– ha equiparado esta cultura con la cuna urálica sobre bases lingüístico-geográficas.[43] Al norte, en Kazajistán, está la cultura Botai (3700-3100 a. C.), cuyo yacimiento epónimo, como vimos en el Capítulo 7, reveló un asentamiento permanente de más de ciento sesenta casas con una población que se sustentaba, en gran medida, gracias al caballo –se recuperaron unos cien mil huesos de monturas–, algunos de los cuales es posible que estuvieran domesticados –hay evidencias de ordeño de yeguas–.[44] El sitio era, obviamente, relevante para la cuestión de si los indoeuropeos estaban asociados con la dispersión inicial del caballo doméstico, pero pruebas genéticas posteriores indican que las últimas poblaciones de estos animales de Eurasia derivan, predominantemente, de fuentes más occidentales.

En resumen, no hay ninguna evidencia arqueológica prometedora de Asia Central que pudiera entrar en la discusión, aunque esta área debe de haber sido cruzada por los primeros indoeuropeos durante su dispersión. Es más, tal y como ya hemos visto con respecto a la expansión yamnaya hacia el este, el área de la estepa en esta región fue cruzada desde el oeste en una fecha tan temprana como *ca.* 3500 a. C. –la cultura de Afanásievo–. Gran parte del área fue ocupada más tarde, de nuevo desde el oeste, por la cultura de Sintashta (2200-1750 a. C.) y poco después por la Andrónovo –más bien un grupo de culturas relacionadas– (*ca.* 2000-900 a. C.). Aunque la trayectoria histórica de las tribus nómadas entrando en Europa desde el este era el debate prominente en el siglo XIX –piensen en los hunos, ávaros y mongoles–, la evidencia arqueológica sugiere que el caudal de gente y culturas iba en la dirección opuesta en el cuarto y tercer milenio a. C.

Caspio-Cáucaso

Las culturas arqueológicas de Asia Central nunca han encajado bien con una cuna indoeuropea, aunque hay varios yacimientos que se han convertido en parte de la narrativa y que se sitúan cerca del mar Caspio, en Turkmenistán. Hacia 1950, los arqueólogos soviéticos excavaron varios yacimientos rupestres, como la cueva de Djebel, que arrojó evidencias tempranas –aunque no bien datadas– de ganado doméstico asociado con herramientas de sílex y cerámica. Cuando llegó la hora de trazar el origen de algunas de las culturas de la estepa de la región del Volga, la evidencia del Caspio se convirtió en una fuente posible. Tanto es así que, en los primeros momentos del desarrollo del modelo de la estepa, la fuente original de las culturas de la estepa no solía situarse en la región del Volga Medio, sino en el sudeste del Caspio.[45] Que no se haya demostrado la existencia de una cadena de yacimientos intermedios entre los del Caspio en el Neolítico inicial y la estepa ha reducido mucho la posibilidad de un origen en el este del Caspio. Sin embargo, el problema esencial –la fuente de los animales domésticos de las poblaciones de la estepa– aún permanece. Si uno contempla la idea de una unión entre la dispersión de la economía neolítica y el movimiento de las lenguas, el origen físico de los animales domésticos en relación con la hipótesis del lugar de origen no se puede ignorar. Ya hemos visto que la economía doméstica del modelo anatolio es probable que derive del oeste de Anatolia, el Creciente Fértil o el Levante, así como que esta economía se difundió por Europa y se convirtió en la base económica de las otras hipótesis de una procedencia europea. El inconveniente con el modelo de la estepa es que la primera aparición de animales domésticos en el Dniéper Medio derivaba de manera ostensible de los descendientes de aquellos pertenecientes a los agricultores anatolios de su oeste, fechados en *ca.* 5500 a. C. o después,[46] mientras que los animales domésticos llegaron al Volga en *ca.* 4800-4600 a. C.[47] Como los yacimientos del Volga son casi en exclusiva cementerios con lujosos enterramientos marcados por la presencia de ornamentos de cobre importados del oeste y por los sacrificios de animales domésticos,[48] esto nos predispondría para suponer que el ganado derivaba del oeste. Ciertamente, es una hipótesis defendible, pero existía otra ruta desde el Creciente Fértil hacia el norte a través del Cáucaso y luego al nordeste por el Volga.

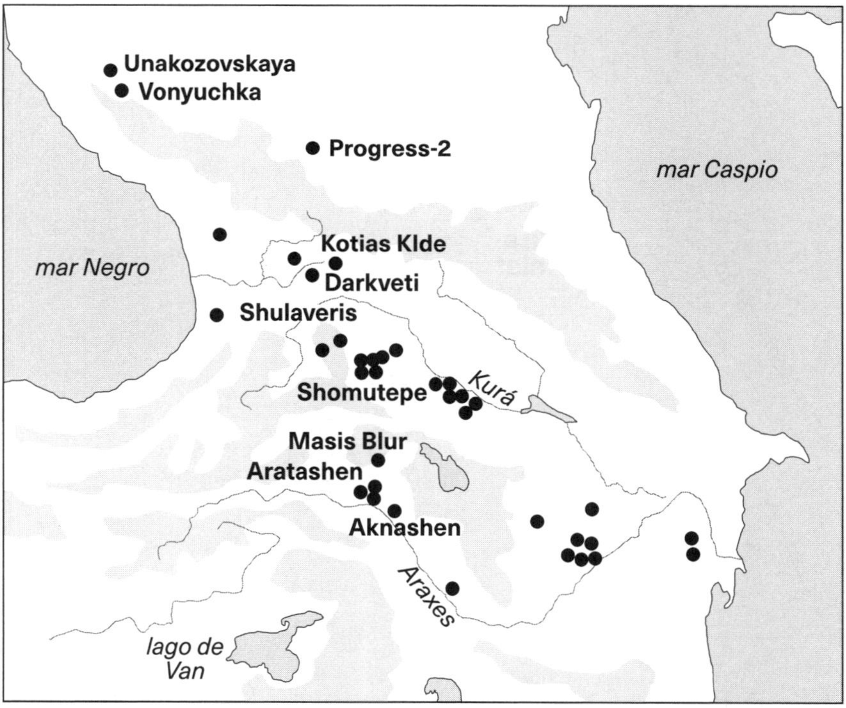

Figura 9.16: Yacimientos neolíticos de la región del Cáucaso. La cultura de Aratashen-Shulaveri-Shomutepe (*ca.* 6000-5000 a. C.) estaba confinada, principalmente, entre los ríos Kurá y Araxes. El sombreado representa las montañas.

Nuestra evidencia para la difusión de la economía neolítica desde el Creciente Fértil a través del Cáucaso empieza en torno a 6000 a. C. en el área de la confluencia de los ríos Kurá y Araxes (*vid.* Figura 9.16). Aquí encontramos la cultura de Aratashen-Shulaveri-Shomutepe (ASS); alrededor de las mismas fechas (6000-5750 a. C.) una economía neolítica llegó a lugares del norte del Cáucaso. Desde aquí cruzó las montañas hacia la región del piedemonte y formó la cultura Darkveti-Meshoko, cuya datación más temprana es, por el momento, *ca.* 4600-4500 a. C. Mientras que estas fechas hacen técnicamente imposible explicar la aparición de animales domésticos varios cientos de años antes en la región del Volga Medio, sabemos tan poco de esta cultura que yacimientos con dataciones mucho más antiguas no son en absoluto imposibles. Por ello, no podemos excluir del todo la posibilidad de una fuente caucásica para el ganado domesticado hallado en el Volga Medio.[49]

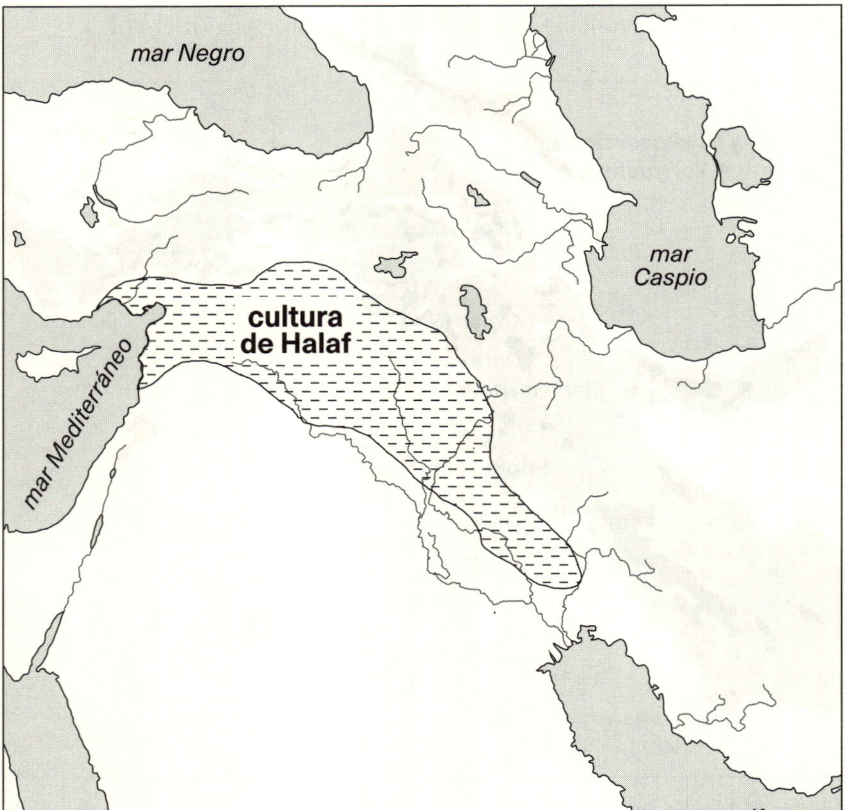

Figura 9.17: La cultura de Halaf (*ca.* 6100-5100 a. C.), o al menos una porción de ella, se identificó con la cuna indoeuropea en la versión original del modelo de la Gran Armenia.

Si el párrafo anterior parece un ejercicio de súplica, hay alguna justificación para introducir el potencial de una cuna situada al sur del Cáucaso. En el modelo de la Gran Armenia de Gamkrelidze e Ivanov, por ejemplo, cuando se les pidió que citaran la cultura arqueológica con más probabilidades de asociarse con la cuna indoeuropea, los autores seleccionaron la cultura neolítica de Halaf (*ca.* 6100-5100 a. C.) (*vid.* Figura 9.17). Cubría la región desde el este de Anatolia, Siria y el norte de Irak –en concreto, las vertientes superiores de los ríos Tigris y Éufrates– y podría estar relacionada con la población que llevó la economía neolítica al Cáucaso.

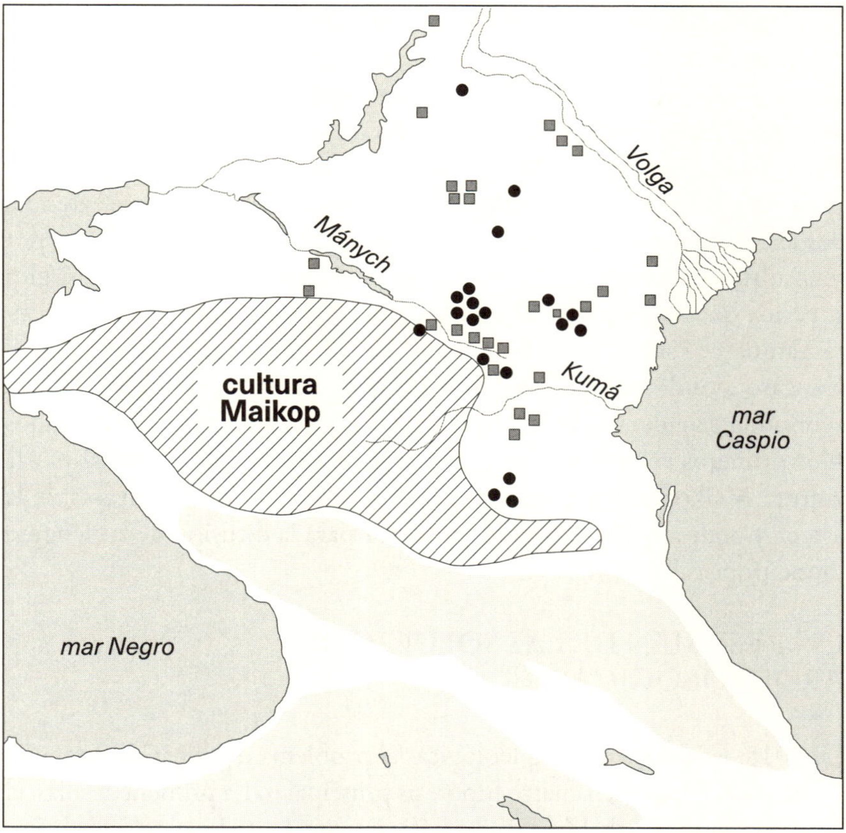

Figura 9.18: La cultura Maikop (*ca.* 3800-3000 a. C.). Los enterramientos del Eneolítico de la estepa se indican con cuadrados y los enterramientos de la cultura Maikop de la estepa con círculos.

Además, hacia el final del Neolítico, pero todavía en el marco temporal que puede asociarse con la cuna, surgió la cultura Maikop (*ca.* 3800-3000 a. C.) (*vid.* Figura 9.18) en el territorio inmediatamente al norte del Cáucaso que fue ocupado con anterioridad por la cultura de

Darkveti-Meshoko. En la actualidad, se conocen unos trescientos túmulos (*kurganes*) y treinta asentamientos que ocupaban un territorio desde la península de Tamán –donde *el héroe de nuestro tiempo* de Mijaíl Lérmontov llega al pueblo más sucio del Imperio ruso–* hasta los límites de Daguestán, en el este del Cáucaso. La mayoría de los enterramientos son pobres, pero también hay algunos túmulos enormes asociados con una élite que fueron decorados con una gran cantidad de objetos preciosos hechos de bronce, oro y plata, además de ornamentos de materiales exóticos como lapislázuli, cornalina y turquesa de Asia Central; otros objetos mostraban claras influencias del norte de Irán y Mesopotamia. En esencia, tiene toda la apariencia de una élite que o bien trajo consigo tradiciones artísticas del sur del Cáucaso o, quizá, sencillamente importó materiales exóticos. Aunque la cultura Maikop estaba confinada al área del piedemonte del Cáucaso, hubo un «descendiente», la cultura Maikop de la estepa (*ca.* 3800-3000 a. C.), que combinaba tradiciones de la cultura Maikop con las sociedades pastoriles de la estepa y se extendía desde el Cáucaso en dirección norte hasta el Volga. En esencia, tenemos una cultura de prestigio elitista y foránea con una tecnología metalúrgica superior que se desplazó a la estepa antes del surgimiento de la cultura Yamnaya. Esto aporta otra cuna potencial cuyos orígenes están en el Cáucaso, donde uno podría proponer que, con la introducción de una economía ganadera se supone que superior junto con vehículos rodados –los primeros vehículos con ruedas se asocian a la cultura Maikop–, la cultura Maikop subyace en la expansión posterior de las culturas de la estepa y podría haber aportado un vector para la difusión de las lenguas indoeuropeas.[50]

UN RESUMEN DE LAS SOLUCIONES ARQUEOLÓGICAS

En 2015, las soluciones arqueológicas al problema del lugar de origen se habían condensado en cuatro hipótesis principales. La primera de ellas, el modelo anatolio, se había tragado, básicamente, tanto la solución balcánica como la de Europa central, que eran simples extensiones de las migraciones de los primeros agricultores. Se podría argumentar que la vieja cuna nórdica también podría absorberse, pero esto requeriría un análisis de qué parte de la difusión de la agricultura hacia el norte se produjo a causa del

* N. del T.: Se refiere a la novela de Lérmontov *Un héroe de nuestro tiempo*, escrita en 1839 y cuyo protagonista, Grigori Pechorin, es un ejemplo de antihéroe.

movimiento de población y qué parte por aculturación y, si es lo último, si pudiera haber permitido a las lenguas de los cazadores-recolectores de la zona no solo sobrevivir, sino también evolucionar al protoindoeuropeo. El modelo anatolio también podría acaparar el modelo de la estepa, aunque aquí la cultura material, la economía y con certeza el ritual de enterramiento son tan notoriamente diferentes que mientras que se puede trazar el movimiento del cobre, y es posible que del ganado, por la estepa, la evolución local aún parece dominar la región.[51] El modelo también podría asimilar la solución de la cerámica cordada si se pudiera demostrar que esta última fue un fenómeno puramente local que surgió de manera directa de los descendientes de los agricultores anatolios anteriores.

El atractivo obvio del modelo anatolio antes de 2015 era que aportaba un vector plausible para la expansión de una lengua por Europa, por lo que era más convincente para los arqueólogos. Por otro lado, fue duramente criticado por los lingüistas indoeuropeos, puesto que rechazaba la aplicación de la paleolingüística, lo que contradecía el encaje cultural con el indoeuropeo. Además, parecía situar las expansiones indoeuropeas varios milenios antes de lo esperado y, aunque se hicieron intentos por sincronizarlo con la filogenia del indoeuropeo, este esfuerzo rara vez resultó convincente. También se enfrentó a la aplicación del método de exclusión, porque situaba la procedencia dentro o cerca de un área donde los registros más antiguos sugerían la presencia de una lengua no indoeuropea (hatti, en el centro de Anatolia), mientras que el 46 por ciento del vocabulario atestiguado de los hititas anatolios, supuestamente locales, parecía prestado. El lingüista holandés Alwin Kloekhorst, el autor de uno de los diccionarios etimológicos del hitita, concluyó que:

> Casi todos los términos hititas relativos a la «alta cultura» de las ciudades Estado características del Calcolítico medio/final y la Edad del Bronce inicial de Anatolia son préstamos. Esta situación no es consistente con un escenario en el que el protoanatolio (y por tanto el hitita) era autóctono en Anatolia: en este caso, esperaríamos que los hititas tuvieran palabras indígenas para todos los aspectos de la alta cultura de Anatolia (y también hallar algunas de estas palabras en las otras lenguas indoeuropeas).[52]

Además, el modelo anatolio también estaba relacionado con la implicación de una expansión indoeuropea por el Mediterráneo, en el que había vestigios de lenguas no indoeuropeas.

La evidencia arqueológica para el modelo nórdico, la segunda hipótesis, se había desplomado con contundencia y dependía, sobre todo, de los intentos de sugerir movimientos culturales y poblacionales sustanciales desde la región báltica hacia la estepa, que implicaran a la cultura de los vasos de embudo o a la de las ánforas globulares, o convenciendo a quienes lidiaban con los orígenes de la cerámica cordada de que esta se inició en el norte antes de experimentar una gran expansión.

El tercer contendiente principal basado en la evidencia arqueológica fue el modelo de la estepa, porque encajaba bastante bien –aunque no de manera perfecta, necesariamente– con la paleolingüística, mostraba evidencias de grandes expansiones hacia el este y el oeste y presentaba algunos mecanismos –movilidad gracias al caballo domesticado, carros de bueyes y pastoreo– que podrían haber permitido una rápida expansión. Aunque se estableció como la fuente potencial de una gran expansión inicial, limitada a los pastizales cercanos al este y al oeste, más allá de la distribución de los *kurganes* yamnaya (el río Tisza, en Hungría) o la parte norte de Asia Central, no ofrecía muchas evidencias sólidas de su expansión hacia el sur de Asia (indoaria) o hacia buena parte de Europa. La hipotética expansión desde la estepa a Europa dependía casi por completo de su capacidad para demostrar una relación fundamental con el surgimiento del horizonte de la cerámica cordada.

Por último, la evidencia arqueológica para una cuna en algún lugar entre el este de Anatolia y el Cáucaso/Caspio fue, en buena medida, una propuesta de unos pocos arqueólogos con teorías bastante divergentes. Uno de sus atractivos lingüísticos principales es que aportaba una explicación para los préstamos de Oriente Próximo (semíticos, sumerios) en el protoindoeuropeo. También aportaba un origen local o próximo para los anatolios y resolvía el origen de todos los otros indoeuropeos con un modelo de dos cunas: una principal en el sur del Cáucaso y una secundaria en la estepa, o puede que en los Balcanes.

Los arqueólogos han tenido acceso desde hace tiempo a evidencias adicionales de poblaciones prehistóricas y esto es lo que necesitaremos explorar en el siguiente capítulo.

NOTAS

1 Wilke, G., 1918.

2 *Vid.* Demoule, J.-P., 2014 para una historia del problema indoeuropeo desde la perspectiva de la arqueología.

3 Otte, M., 2012; Otte, M., 2017. La teoría también se ha explicado como la difusión mucho más tardía de poblaciones humanas desde áreas meridionales siguiente a la última glaciación (Adams, J. y Otte, M., 1999). *Véase también* Ebbesen, K., 2009.
4 Häusler, A., 2002.
5 Zaliznyak, L., 2016; Zaliznyak, L., 2020.
6 Kossinna, G., 1902, en Scherer, A., 1968, 45-46.
7 Pumpelly, R., 1908, xxv-xxxi.
8 Baird, D. *et alii*, 2018.
9 Özdogan, M., 2011.
10 Renfrew, C., 1973.
11 Renfrew, C., 1987.
12 Renfrew, C., 1999 o Renfrew, C., 2003; Heggarty, P. y Renfrew, C., 2014, Heggarty, P. y Renfrew, C., 2014b y Heggarty, P. y Renfrew, C., 2014c.
13 Zvelebil, M., 1995.
14 Dolgopolsky, A., 1988.
15 Diakonov, I., 1985.
16 Gimbutas, M., 1991.
17 Kristinsson, A., 2012.
18 Goodenough, W., 1970.
19 *Ibid.*; Renfrew, C., 1987.
20 Zavalii, O., 2023, 556-561.
21 Kitson, P., 1997, 201.
22 Childe, V. G., 1926, 143.
23 Schulz, W., 1935.
24 Myres, J., 1935, 241.
25 Mallory, J. P., 2014.
26 Kroonen, G. *et alii*, 2022.
27 Kristinsson, A., *op. cit.*; Zavalii, O., *op. cit.*
28 Anthony, D. *et alii*, 2022.
29 Gimbutas, M., 1994; Gimbutas, M., 1997.
30 Menghin, O., 1936.
31 Seger, H., 1936.
32 Sulimirski, T., 1933.
33 Buchvaldek, M., 1980.
34 Kilian, L., 2000, 116-117.
35 Häusler, A., 2006, 85.
36 Di Fraia, T., 2020, 175-176.
37 Häusler, A., 1981; Häusler, A., 1995; Häusler, A., 2003.
38 Harrison, R. y Heyd, V., 2007.
39 Dovzhenko, N. y Rychkov, N., 1988.
40 Zavalii, O., *op. cit.*, 555.
41 Bryant, E., 2001.
42 Mallory, J. P., 1997b; Bryant, E., *op. cit.*, 224-237.
43 Kozintsev, A., 2019.
44 Outram, A. K. *et alii*, 2009.
45 Danylenko, V., 1974; Merpert, N. J., 1974; Matyushin, G., 1982.
46 Budd, C. y Lillie, M., 2020, 286.
47 Anthony, D. *et alii*, *op. cit.*

48 *Ibid.*
49 Shnirelman, V., 1992.
50 Kristiansen, K., 2020, 161.
51 Mallory, J. P., 2014.
52 Kloekhorst, A., 2023, 47.

CAPÍTULO 10

El color del pelo, cráneos y el surgimiento de la genética moderna

La antropología física (o bioarqueología) ha desempeñado un papel fundamental –aunque a menudo siniestro– en las soluciones al lugar de origen desde los últimos años del siglo XIX. El naturalista sueco Carlos Linneo (1707-1778) ya había clasificado a los humanos en cuatro razas principales (europea, asiática, africana y americana) y con el surgimiento del darwinismo y el interés por la evolución humana a mediados del siglo XIX, era cuestión de tiempo que los estudiosos añadieran la antropología física al maletín de herramientas de los rastreadores de la cuna. Por ejemplo, Thomas Huxley, defensor de Charles Darwin, buceó por el problema indoeuropeo en 1890 para defender una cuna –de gente rubia– entre el Báltico y los Urales. El asunto del tipo físico de los protoindoeuropeos era bastante obvio: los hablantes de indoeuropeo eran desde talludos y rubios escandinavos a indoarios mucho más oscuros. Los académicos no podían evitar preguntarse cuál –si es que había alguno– era el tipo físico «original». Antes de que Europa comenzara a revelar su pasado prehistórico, se solía asumir que fue poblada desde Asia, pero cuando la evidencia arqueológica se hizo presente, uno podía empezar a pensar fuera de lo establecido. En 1826, Heinrich Schulz en su trabajo acerca del pueblo germánico hizo campaña contra la aplicación de la teoría del *ex oriente lux* a todo en Europa, puesto que esta negaba un origen local para su *eigne Menschenart* [raza propia].[1] En el mismo año, el naturalista francés Antoine Desmoulins[2] (1794/1796-1828) podía afirmar que los afganos, medas, osetas, eslavos, alemanes, daneses, suecos, normandos e ingleses, con sus ojos azules y su pelo rubio o rojo, constituían la raza indogermánica, cuyo tipo era el mismo desde Islandia hasta el Ganges.

Los estudiosos afrontaron el problema de relacionar a los indoeuropeos con un tipo físico específico con el empleo de dos tipos de evidencias principales: la pigmentación y la craneometría. La cantidad de literatura en torno a esto es enorme, políticamente controvertida y, a menudo, idiotizante. Pese a que una vez me sentí obligado a nadar en esta ciénaga porque creía que no se podía ignorar,[3] por suerte hay acercamientos más modernos al tema[4] (el arqueólogo Jean-Paul Demoule ha aportado un análisis de muchos de los callejones más oscuros de la antropología física y la búsqueda de la cuna indoeuropea[5]). Sin embargo, trataré aquí de hallar un camino a través de la ciénaga, ya que ha llevado a muchas conclusiones conflictivas acerca de la cuestión de la procedencia.

PIGMENTACIÓN

La aproximación más obvia para resolver la cuestión racial para los investigadores del siglo XIX y principios del XX era explorar la pigmentación –la piel y el color de pelo y ojos– de los indoeuropeos. Uno podría impresionarse con las diferencias que hay en las poblaciones actuales, pero un erudito, incluso en 1900, debería haberse mostrado escéptico ante la aplicación de la lectura de la apariencia de la población moderna a la gente del pasado. Si asumimos una dispersión en *ca.* 3000 a. C. y un intervalo generacional entre veinte y veinticinco años, todavía habría casi doscientas generaciones de cambio físico entre nuestra muestra moderna y el sujeto prehistórico. Lo que se requería, obviamente, era la evidencia de un periodo mucho más cercano al sujeto prehistórico, que ignorara las poblaciones modernas mixtas y usara las fuentes literarias más antiguas que aporten descripciones potenciales de antiguos indoeuropeos. Incluso así, sin embargo, la distancia en tiempo aún es amplia. Empleando un intervalo generacional de veinticinco años, John Day, que en el año 2000 publicó un estudio principal acerca de los intentos anteriores de emplear la antropología física, sugiere que el intervalo entre una cuna en 3000 a. C. y nuestras fuentes anatolias más tempranas sería todavía de cincuenta generaciones, con noventa hasta la Grecia homérica y ciento veinte hasta nuestras descripciones de los emperadores romanos.[6] Son muchas generaciones para mantener la «puridad racial», pero quienes han gastado energía en examinar esta evidencia han estado contentos con las cartas que les han tocado jugar.

Los intentos de recuperar la apariencia más antigua de los indoeuropeos a partir de trabajos artísticos se han visto, por lo general, como sospechosos, puesto que muchas ramas indoeuropeas solo están representadas en trabajos artísticos –pintura y escultura– tan recientes que no son fiables. Incluso donde tenemos arte antiguo (por ejemplo, los retratos egipcios de soldados hititas, las esculturas clásicas de Grecia o Roma o los murales de las cuevas Ajantā en la India) hay razones abundantes para cuestionarse si son retratos fidedignos. Los frescos asociados con las cuevas santuario tocarias que representan caucásicos de pelo claro también son sospechosas, ya que los representan con trajes sasánidas. A menudo el problema consiste en ser capaz de distinguir entre una representación real y las demandas de una tradición artística, además de que siempre está el obstáculo, mucho mayor, de relacionarlas con una población ancestral mucho más antigua. En general, las referencias textuales nos han ofrecido la mayoría de nuestras pruebas para conocer la apariencia de los primeros indoeuropeos.[7]

Aunque en algún momento llegaríamos al tropo del nórdico de ojos azules y del ario rubio,[8] había quienes argumentaban que los indoeuropeos originales tenían en su mayoría pelo castaño o negro. Se llegó a esta conclusión, en parte, porque situar la cuna en Asia llevaba a esta deducción natural, pero también a causa de la evidencia literaria, como las prohibiciones a los arios de pelo castaño de casarse con mujeres de pelo claro –en realidad eran «pelirrojas»– en la ley india de Manu, o el color oscuro atribuido al pelo de Sītā en la épica india *Ramayana*.[9] El antropólogo Daniel Brinton defendió en la década de 1890 que los indoeuropeos originales eran tanto morenos como rubios, aunque con los primeros en clara mayoría, como sucede con los europeos hoy. Señaló que el matrimonio mixto entre rubios y morenos resultó en un 10 por ciento más de morenos, lo cual les daría una ventaja perpetua.[10]

A pesar de la ráfaga de argumentos relativos a la composición racial de los indoeuropeos, que incluía el tópico del ario rubio de ojos azules, que llenaron páginas del *Bulletin de la Société d'Anthropologie de Paris* en la década de 1860,[11] la primera defensa de peso de los «arios» rubios la hizo Theodor Poesche en 1878.[12] Defendió la asociación de los antiguos indoeuropeos con la piel clara, el pelo rubio y los ojos azules y después, al confundir el albinismo con ser rubio, localizó su cuna de indoeuropeos rubios en las marismas de Pinsk entre Bielorrusia y Ucrania. Esto fue refutado pronto por Karl Penka,[13] un profesor de secundaria austriaco que también reunió una cantidad abundante de pruebas para identificar a los indoeuropeos como rubios, tal y como se ha discutido en el Capítulo 2; defendía que también eran superiores socialmente a las poblaciones de pelo oscuro. Por ejemplo, un poema islandés –el *Rígsþula*– describía la creación de los diferentes órdenes sociales contrastando al fundador de los órdenes «bajo», Thrall –que era de pelo oscuro–, con el socialmente superior Jarl –que era rubio–. El patrón, según Penka, continuó en la sociedad moderna, donde las familias gobernantes en Francia y España se describían como más blancas y rubias que sus súbditos. Penka postuló su idea en una serie de monografías que atrajo la atención popular y estableció los cimientos para la adopción del lugar común del nórdico rubio superior por parte de los políticos racistas del siglo XX. En cualquier caso, Penka no tenía nada que ver con la idea de que su raza superior surgió de las marismas eslavas. Planteaba que la cuna debía de haber estado en el sur de Escandinavia. El filólogo y filósofo alemán –y judío– Lazarus Geiger (1829-1870) argumentó de manera similar que, puesto que no conocemos ningún pueblo no indoeuropeo del que los indoeuropeos podrían haber obtenido su color claro, entonces dondequiera que lo hallemos estaremos ante un tipo indoeuropeo no mezclado.[14] El canónigo Isaac Taylor, sin embargo, pudo encontrar un pueblo no indoeuropeo desde el que pudo derivar a los indoeuropeos rubios. Eran los finlandeses y estonios, que también eran altos, rubios y de ojos azules. Taylor concluyó que los indoeuropeos eran, en realidad, «una raza mejorada de fineses» –perdón a todo el mundo–.[15]

Aunque podríamos dar vueltas en torno a este debate indefinidamente, parece más útil citar a un defensor más de la teoría rubia que, al menos, usó argumentos más allá de los meramente anecdóticos. El geógrafo histórico Wilhelm Sieglin (1855-1935) rastreó todas las descripciones clásicas de pueblos, personajes históricos, dioses y figuras mitológicas para conformar un catálogo de las pruebas disponibles, el cual se publicó en el año de su muerte (Figura 10.1).[16] De una lista total de 747 personajes, 586 eran descritos como rubios y solo 151 tenían el pelo oscuro.

Ha habido muchos otros análisis de los registros escritos e intentos de *desrubizar* las pruebas con un despliegue de explicaciones alternativas o *caveats*. Por ejemplo, debemos distinguir entre las descripciones de observadores externos e internos, donde los primeros son más susceptibles de centrarse en una o dos descripciones inusuales y luego aplicarlas a toda una población –no todos los texanos son gigantes ni los escandinavos rubios–. Con respecto a las descripciones internas de deidades, debemos lidiar con el simbolismo de los colores y el solar, que podría potenciar el número de dioses o héroes de colores más brillantes.[17] En cualquier caso, después de un exhaustivo análisis de toda la evidencia literaria, Day concluyó en el año 2000 que se podría plantear a partir de estas pruebas que «al menos en su juventud, los primeros hablantes del indoeuropeo, y por tanto sus ancestros hablantes de protoindoeuropeo, tendían a ser de pelo rubio».[18]

rubios		**de pelo oscuro**	
griegos	350	*griegos*	45 (o 74)
		deidades de la noche/del mar	29
dioses	60	otros dioses	6
personajes míticos	140	personajes míticos	18
personajes históricos	109	personajes históricos	13
personajes ficticios	41	personajes ficticios	8
centauros	3	*centauros*	4
itálicos	111	*itálicos*	22 (o 29)
		deidades de la noche/del mar	7
dioses	27	otros dioses	2
personajes míticos	10	personajes míticos	0
personajes históricos	63	personajes históricos	17

Figura 10.1: Segmento de una de las tablas de Wilhelm Sieglin en la que se describe el color de pelo de los personajes clásicos.

Habría que remarcar que mientras que la escuela nórdica cobijaba bajo su manto a cualquier rubio, prácticamente, y que lo veía como una prueba absolutamente conclusiva de que cualquiera con pigmentación clara debía de haber derivado del norte de Europa, los defensores de otras teorías todavía se sentían cómodos buscando la «raza rubia» en otras cunas. En 1931, por ejemplo, R. J. Kellog derivó a los protoindoeuropeos rubios del sur de Rusia,[19] mientras que quienes defendían una cuna en el corazón de Rusia siempre podían aceptar algunos destacamentos de rubios.

Los intentos de determinar la cuna sobre la base de la pigmentación tanto de poblaciones modernas como a partir de descripciones literarias, aunque populares, no han tenido peso en la búsqueda de los orígenes indoeuropeos más allá de sugerir que los antiguos indoeuropeos pueden haber sido poblaciones de piel, ojos o pelo claros. Sin embargo, estas características no estaban, de ninguna manera, confinadas a la región nórdica, como se ha planteado.

CRANEOMETRÍA

El problema con la pigmentación –hasta la reciente revolución del ADN antiguo– es que se basaba, simplemente, en las pocas pruebas que tenemos en los escritos y en las representaciones artísticas de las ramas individuales mucho tiempo después de que los indoeuropeos se hubieran dispersado. La única manera de recuperar datos bioarqueológicos relevantes era directamente a partir de los restos físicos de poblaciones todavía más antiguas, las que se asociaban con las soluciones geográficas o arqueológicas para el asunto de la procedencia. Si uno creía en una cuna centroasiática en Bactria, entonces su población residente, como los hablantes de persa tayikos, era tan capaces de producir un espécimen de un indoeuropeo original tan puro como uno pudiera imaginar. El gran explorador de esta región, Károly Újfalvy (1842-1904), comparó el cráneo de un tayiko que había medido con uno recuperado de un yacimiento prehistórico en Francia y declaró que eran prácticamente idénticos –aunque si tenemos en cuenta que hay unos veinte millones de tayikos, tampoco era una muestra muy relevante–. Los dos eran también braquiocraneales, es decir, de cráneo ancho, lo cual, sin duda, gratificaba a los franceses al pensar que descendían de los primeros arios.[20] Braquiocraneal –o braquicéfalo cuando se mide un espécimen vivo– es una categoría del índice craneal/cefálico, que se define midiendo el ancho máximo de un cráneo, multiplicándolo por cien y luego dividiéndolo por el largo máximo. Los humanos se dividieron en tres categorías principales: dolicocéfalos (hasta 75), mesocéfalos (76-80) y braquicéfalos (80 o más). Desde finales de la década de 1870 hasta la primera mitad del siglo XX una especie de locura cefálica se apoderó de casi cualquier debate relacionado con el tipo físico de los indoeuropeos y su lugar de origen, lo que puso a los académicos dolicocéfalos alemanes contra los eruditos braquicéfalos franceses, cada cual seguro de que su cabeza encajaría mejor en un sombrero protoindoeuropeo.

En las primeras décadas del debate, los indoeuropeos quizá se identificaban más como braquicraneales, pero la escuela dolicocraneal con el tiempo llegó a imponerse. Como los cráneos del sur de Escandinavia tendían a ser dolicocráneos, era fácil equiparar el índice craneal con la pigmentación. Así, en última instancia, encontramos al antropólogo Ludwig Wilser (1850-1923) situando el *Urheimat* en Escandinavia, donde, afirmaba, mediante la selección natural darwiniana el clima hostil había creado al rubio conquistador del mundo, el *Homo europaeus dolichocephalus flavus*.[21] Según Wilser –que abrió el camino para la teoría racial nazi–, cuanto más cerca está uno en el tiempo y en el espacio de la población original, más pura es la raza. En cuanto a los braquicraneales, la observación de que estaban refugiados de manera predominante en las montañas alpinas, los Cárpatos y los Balcanes indica que, claramente, no habían sido la población dominante que había expandido la lengua indoeuropea, sino los patéticos perdedores que tuvieron que buscar refugio.[22] Lo que estuvieran haciendo en su refugio de montaña no estaba claro: el conde Georges Vacher de Lapouge (1854-1936), otrora catedrático de Antropología en la Universidad de Montpellier, en Francia, y un destacado defensor del racismo y paladín de la teoría de los rubios dolicocraneales, escribió que «los ancestros de los arios cultivaban trigo cuando los de los braquicéfalos probablemente todavía vivían como monos».[23]

Las ideas raciales desmesuradas no estaban de ninguna forma limitadas al campo dolicocraneal: el geógrafo, antropólogo y explorador polar británico (Thomas) Griffith Taylor (1880-1963) había observado que la braquicefalia había estado aumentando en el tiempo y lo interpretó como una tendencia positiva de la evolución que indicaba el auge de poblaciones cada vez más superiores. Incluso comparó el índice cefálico con las ramas indoeuropeas (Figura 10.2) para revelar su ascendencia a partir de una dolicocefalia primitiva a una braquicefalia más avanzada.

El siempre divertido y ácido canónigo Taylor prefería un tipo racial braquicéfalo y en relación con la raza superior nórdica replicó: «El teutón puro es flemático de temperamento y de alguna manera apagado de intelecto; pero es bravo, belicoso, y presto para el deporte y el ejercicio atlético. Es alto, muy rubio, un gigante patilargo, gordo y estúpido [...]».[24]

grupo	índice cefálico	lengua
centum	¿76?	(tocario)
(dolicocéfalo)	76	gaélico
	77	latín
	¿78?	(osco)
	78	galés
	78	teutón
	79	griego
satem	80	persa
	81	eslavo
	82	lituano
	¿83?	(sánscrito)
	84	galcha
(braquicéfalo)	85	armenio

Figura 10.2: Las tablas de Griffith Taylor en las que se correlacionan el índice cefálico y el grupo lingüístico. Algunas de estas medidas van más allá de lo conjetural (por ejemplo, la del tocario). El galcha pertenece a la rama lingüística irania.

El escepticismo con respecto a todo esto surgió a partir de varios puntos de observación. Primero, el modelo del nórdico alto, rubio y dolicocéfalo ante el bajo, moreno y braquicéfalo no se sostenía de ninguna manera con la evidencia craneal. Tanto los nórdicos como los baltos eran rubios, pero mientras que los germanos presumían de su larga cabeza, los lituanos eran de cabeza ancha, lo que destruía el lazo entre el índice cefálico y la pigmentación.[25] Además, eran los lituanos quienes poseían la lengua más conservadora. ¿Pero importaba de verdad algo de esto cuando uno consideraba que los finlandeses y estonios también eran rubios, aunque hablaban una lengua urálica no indoeuropea?

Segundo, las distribuciones distintivas de los distintos grupos craneales se habían exagerado y era difícil que encajaran con muchas de las conclusiones extraídas de la evidencia arqueológica. Los escandinavos, se supone que abrumadoramente dolicocraneales, de Penka eran una combinación de dolicocráneos y mesocráneos, mientras que los cráneos braquicraneales constituían alrededor de un 20 por ciento de la muestra;[26] y un análisis de cráneos de la cultura de los vasos de embudo reveló que un cuarto eran braquicraneales.[27] Por otro lado, lejos del norte de las estepas del mar Negro, los cráneos dolicocraneales predominaban en el cementerio de Mariúpol.[28]

Tercero, había un número considerable de lingüistas prominentes que no veían asociación alguna entre el origen geográfico de las distintas subetnias caucasianas y el origen de las lenguas indoeuropeas, así como entendían que era ridículo preguntarse a cuál de las prístinas subramas (nórdica, mediterránea, etc.) pertenecían los indoeuropeos en origen. Lingüistas como Otto Schrader, Sigmund Feist[29] y R. S. Conway, anatomistas como Julius Kollmann (18341918) y G. Sergi (1841-1936) y muchos otros entendían que los indoeuropeos ya estaban mezclados antes de su salida y tenían pocas esperanzas de que la antropología física respondiera a la pregunta del lugar de origen. Como Max Müller escribió en unas palabras muy conocidas: «un etnólogo que habla de una raza aria, con sangre aria y ojos y pelo arios, comete una falta tan grande como un lingüista que habla de un diccionario dolicocéfalo o de una gramática braquicéfala».[30] Incluso el expresidente de Estados Unidos Theodor Roosevelt, que se solía mostrar seguro de sí mismo, pudo escribir en 1910: «no sabemos cuál de los grupos tan diferentes que hoy hablan lenguas arias representa en características físicas el antiguo tipo ario, tampoco dónde se originó el tipo, ni en qué medida impuso su lengua sobre otros tipos, ni si al cambio de lengua lo acompañó mucha o poca mezcla sanguínea».[31]

Por último, ya en 1911, el célebre antropólogo estadounidense nacido en Alemania Franz Boas (1858-1942)[32] trataba de demostrar lo fluido que era el índice craneal: estaba cada vez más claro que no era un simple resultado directo de la herencia genética, sino que estaba fuertemente influido por el entorno y otros factores. El cráneo humano era mucho más maleable o plástico de lo que habían imaginado los medidores de cráneos.[33] Habría que indicar que los estudios acerca de los índices craneales dieron algunos giros bastante raros y perturbadores: los experimentos en ratas indicaban que, si no se les daba de comer en los primeros compases de la vida, el animal tendía a aumentar la braquicefalia, pero si se les amputaba las patas delanteras para hacerlas bípedas, no funcionaba y algunas incluso se hacían más dolicocéfalas.[34] Por fortuna –al menos para las pobres ratas–, el uso único del índice craneal para describir a poblaciones desapareció de forma gradual de la mayoría de las discusiones relativas al lugar de origen y, con ello, se fueron la mayoría de los argumentos de la antropología física. Muchos no querían acercarse a unas pruebas tan contaminadas, sencillamente, pese al hecho de que, en la década de 1970, había antropólogos como el catedrático de Harvard W. W. Howells (1908-2005) que estaban desarrollando nuevas técnicas que implicaban más medidas faciales y análisis multivariables que se comprobaron en trabajo de campo para determinar qué características proporcionaban la evidencia genética más sólida para dividir poblaciones.[35] Con respecto a basar la investigación tan solo en el índice craneal, creo que será suficiente una cita de Wikipedia: «el índice se usaba para categorizar seres humanos en la primera mitad del siglo XX, pero hoy se usa para categorizar perros y gatos». Es demasiado simplista para servir de indicador para la historia de poblaciones pasadas, en especial en lo concerniente a poblaciones europeas antiguas, que, por lo general, presentaban poblaciones mezcladas.

ANÁLISIS MULTIVARIANTE

En la década de 1970, la mayoría de los antropólogos físicos, aunque no todos, estaban expandiendo su acercamiento con técnicas estadísticas más avanzadas. Había manuales de unas cien posibles medidas que se podrían tomar del cráneo humano y los científicos tantearon el camino, para tratar de discernir qué medidas eran las más útiles para distinguir entre poblaciones sobre una base genética. En vez de comparar unas medidas con otras, emplearon análisis multivariantes, que calculaban un único resultado a partir de una selección de medidas por medio de análisis de grupo o de componentes principales. Los resultados de los análisis de grupo se mostraron como dendrogramas, el mismo tipo de árboles con los que estamos familiarizados por la filogenia de las ramas indoeuropeas. El análisis de componentes principales mostraba un diagrama de dispersión en dos dimensiones –y también en tres– en el que se podían imaginar las similitudes y diferencias en el espacio.

A pesar de la mayor fuerza computacional de las nuevas técnicas, los resultados a menudo resultaron problemáticos. Se publicaron dendrogramas que solían tener correlación con los datos arqueológicos y geográficos –agrupaban cráneos de la misma región o de la misma cultura arqueológica–, pero con frecuencia arrojaban resultados que eran tan dificultosos como un dendrograma de géneros literarios en el que aparezcan Jane Austen y Stephen King en la misma rama. Por ejemplo, la agrupación de los cráneos de la cultura de la cerámica cordada de Estonia con cráneos de Biblos, en la costa libanesa.[36] Dado que estamos interesados específicamente en ver de qué manera el análisis multivariante del material craneal contribuyó a la cuestión del lugar de origen, iremos por partes con cada hipótesis.

El modelo anatolio predeciría que seríamos capaces de recuperar evidencias de que hubo una discontinuidad entre el tipo físico de las poblaciones europeas del Mesolítico y las del Neolítico, así como que las poblaciones europeas del Neolítico deberían parecerse bastante a las del centro de Anatolia también en el Neolítico (Çatalhöyük). Ya en 2000 los pocos estudios que batallaron con la cuestión tenían defectos en el tamaño de la muestra y en su selección y, como concluyó Day: «ningún estudio craneoesquelético podría confirmar la hipótesis y, tras un análisis más detallado, varios trabajos tendían a rechazarla».[37] No obstante, algunos años después se confirmó con análisis multivariantes una inmigración neolítica de poblaciones parecidas a las de Çatalhöyük en el sudeste de Europa. Aunque el paso del Neolítico por el Mediterráneo parecía implicar también una cantidad considerable de elementos de las poblaciones locales del Mesolítico.[38]

En lo relativo a la cuna danubiana, la evidencia craneal relaciona los cráneos de la cultura de la cerámica de bandas con los hallados en el modelo anatolio. Por ejemplo, con Çatalhöyük en Anatolia o yacimientos neolíticos en Grecia y los Balcanes.[39] Esto coincidía con los modelos arqueológicos y destacaba la dificultad de separar la cuna danubiana de la anatolia.

En cuanto al modelo de la estepa, hay que dividir las pruebas en varios campos: la formación de las poblaciones de la estepa desde el Mesolítico hasta la Edad del Bronce y la evidencia, si la hay, de las dispersiones de las poblaciones de la estepa tanto hacia el este como hacia el oeste. La población mesolítica se caracterizaba por una combinación de dos grupos biológicos, el tipo más robusto protoeuropeo y el más grácil del Mediterráneo con puntos en común con el Cáucaso y Oriente Próximo. La cultura neolítica de Cucuteni se agrupó con otras culturas agrícolas del sudeste de Europa, mientras que la cultura de Dniéper-Donets presenció la desaparición total de la población de tipo mediterráneo más grácil y su sustitución por un único tipo robusto protoeuropeo conocido también entre los ocupantes mesolíticos de la región báltica; esto se ha interpretado como resultado de una migración de norte a sur. Hay alguna continuidad en la cultura de Novodanilovka, pero hay evidencia de otra introducción de un tipo mediterráneo más esbelto visto en la cultura de Kemi Oba de Crimea y mezclado con el tipo anterior robusto protoeuropeo en la cultura de Sredny Stog.[40]

Los orígenes de la cultura Yamnaya han demostrado ser más complicados. Debido a su vasta área, estos pueden ser dispersos regionalmente, tanto que el antropólogo A. V. Shevchenko (1937-2004) sugirió que los cráneos se podían dividir en cinco o seis tipos morfológicos, cada uno con un origen diferente. Shevchenko rastreó todas las posibles culturas indoeuropeas –las enumeradas por Marija Gimbutas)– principalmente hasta la de los vasos de embudo.[41] Aunque difiere del tipo anterior de Sredny Stog, el tipo físico anterior se cree que tuvo un papel importante en la aparición de las poblaciones yamnaya dentro del territorio de Ucrania.[42]

Acerca de las expansiones yamnaya hacia el este, uno de los resultados más recurrentes de muchos de los análisis es el agrupamiento de las culturas Yamnaya y de Afanásievo juntas, lo que une así a las poblaciones de la estepa europea con las que fueron a ocupar la región de Altái-Yeniséi en el Eneolítico.[43] Esto refuerza las observaciones hechas mucho antes por los antropólogos soviéticos y ha sido respaldado por estudios craneométricos más recientes.[44]

Con respecto a las expansiones hacia el oeste, los estudios de enterramientos yamnaya en Rumanía revelaron que los varones eran muy similares a los de la misma cultura en Ucrania; sin embargo, la población femenina era, de alguna manera, diferente de su contraparte ucraniana. Era más esbelta y se parecía más a la población neolítica anterior,[45] lo cual sería consistente con una migración/invasión conformada sobre todo por hombres. Las comparaciones de cráneos yamnaya por parte de Ilse Schwidetzky (1907-1997), la influyente catedrática de Antropología Física de la Universidad de Maguncia, Alemania, con un número de lo que Marija Gimbutas entendía por poblaciones «kurganizadas», como la cultura de Baalberge de Alemania central –vista como una derivación de la estepa por su uso de enterramientos en túmulos–, fueron descartadas porque la población de Baalberge se parecía más a las poblaciones locales del Neolítico que a las de la estepa.[46] Otra población «kurganizada», la cultura de Baden, se explicó como una posible hibridación de culturas neolíticas locales y de la estepa.[47] Más importante, si cabe, el análisis de la muestra de restos de la cultura de las ánforas globulares, ciertamente escasa, indicaba que hubo una clina –gradación–, con los enterramientos orientales más similares a los de la población de la estepa, aunque los occidentales más parecidos a los de la cultura de los vasos de embudo.[48] Todavía más importante, el antropólogo suizo Roland

Menk (1945-1985) examinó una muestra de unos mil ochocientos cráneos empleando veintiocho medidas craneales (Figura 10.3) y concluyó que:

> La indoeuropeización del norte de Europa (es decir, la cultura de la cerámica cordada [...]) no pudo haber tenido lugar a causa de una invasión directa de poblaciones de los kurganes del sur de Eurasia (es decir, población yamnaya o de culturas de la estepa relacionadas) [...] no hay individuos en toda la muestra de la cultura de la cerámica cordada que encajen, estadísticamente, entre las poblaciones de los kurganes del sur de Ucrania.[49]

Más allá de una expansión hacia el este, el análisis multivariante estaba dando poco apoyo al modelo de la estepa.

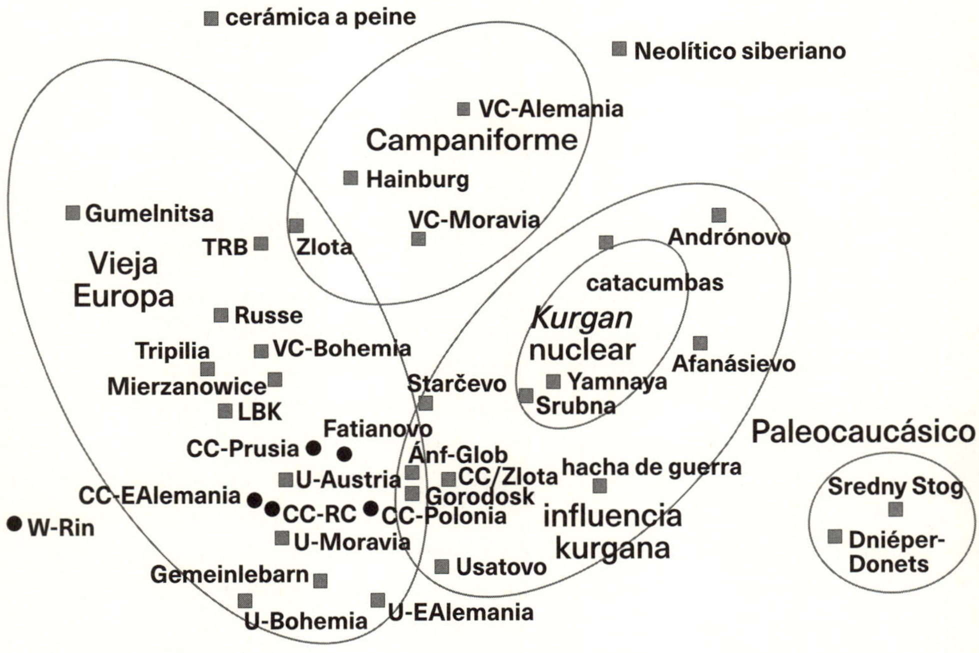

Figura 10.3: Diagrama de dispersión de Roland Menk con medidas craneales de la estepa y del resto de Europa. Las muestras de la cultura de la cerámica cordada (CC) están indicadas con círculos negros. Las otras culturas que se muestran son la del vaso campaniforme (VC), de los vasos de embudo (TBK), de la cerámica de bandas (LBK) y Unetice (U), la cultura de la Edad del Bronce inicial que siguió al horizonte de la cerámica cordada.

La aplicación del análisis multivariante a las medidas craneales ayudó a defender la tesis de que hubo una gran incursión de población en Europa asociada con la expansión de la agricultura desde Anatolia, lo que apoyaba, por tanto, el modelo anatolio. También indicaba que había habido una expansión desde la estepa europea hacia el este tan lejos como el río Yeniséi y las montañas de Altái, aunque la evidencia no mostraba una conexión entre la cultura principal de la estepa europea (Yamnaya) con la formación de la cultura de la cerámica cordada.

GENÉTICA MODERNA

Aunque ha habido intentos de ligar tentativamente migraciones con la evidencia de, por ejemplo, tipos sanguíneos, hasta finales de la década de 1980 no encontramos la aplicación del análisis de los componentes principales a un conjunto de marcadores genéticos –al igual que sucedió con la craneometría–. Los primeros estudios mostraron que había alguna correlación entre los límites genéticos y los lingüísticos (Figura 10.4),[50] pero a medida que los estudios se fueron sofisticando también se hizo evidente que el principal factor determinante era «la geografía, en vez del lenguaje, en la formación de la diversidad genética del cromosoma Y en Europa».[51]

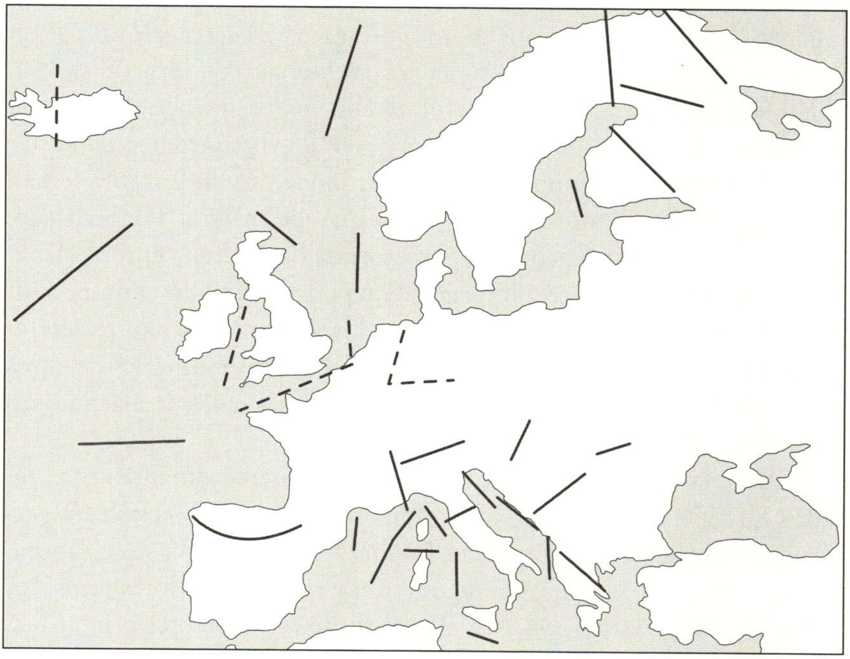

Figura 10.4: Mapa de 1990 de Guido Barbujani y Robert Sokal con fronteras genéticas y lingüísticas (simplificado). Las líneas indican los límites estimados con el análisis de frecuencias de alelos de treinta y tres genes. Por ejemplo, la línea que atraviesa Islandia refleja un límite entre el este y el oeste de Islandia, mientras que el límite marcado en el Atlántico norte indica una separación entre Islandia y Noruega.

Mientras que este tipo de estudios ilustraba lo obvio que era que las barreras geográficas naturales –como un mar o una cadena montañosa– habían creado barreras lingüísticas, también había alguna correlación entre la genética y la lengua que no requería de límites físicos, aunque a menudo esto era problemático. Por ejemplo, existía un límite genético entre el alemán y el holandés, pero no entre el flamenco (una lengua germánica) y el valón (romance). Tal vez más complicado era que no se pudieran controlar las posibles profundidades temporales de las diferencias entre el límite genético y cualquiera que fuera el límite lingüístico propuesto. La mayoría de Europa central y buena parte del sur europeo han sufrido un cambio lingüístico en los últimos doscientos años, por lo que es difícil ver si un límite genético-lingüístico fue establecido por una población anterior o una posterior. Lo que habría que tener en mente aquí es la idea subyacente de que los límites lingüísticos y genéticos podrían estar correlacionados. Como estamos ante genes y lenguas, una variable significante será, obviamente, la red de matrimonios y cómo se articula con la lengua de una comunidad. Donde es abierto y hay libertad de matrimonio, el límite lingüístico se correlacionaría pobremente con la genética. En casos extremos como el húngaro parecía que la población magiar original que introdujo su lengua en Hungría en torno al siglo X se había mezclado de manera tan libre con sus vecinos que ahora son prácticamente indistinguibles desde el punto de vista genético entre sí.[52] Del mismo modo, las poblaciones turcas modernas en Turquía se han integrado genéticamente en la población anatolia anterior. Por otro lado, donde un límite lingüístico no es poroso esto podría desincentivar el matrimonio entre lenguas y el límite genético podría coincidir entonces con un límite lingüístico. En algunos casos, los arqueólogos han proyectado esto en el pasado y han sugerido que los límites culturales extensos temporalmente podrían haber sido expresiones de redes de matrimonio cerradas y de límites lingüísticos.[53]

Pese a estos problemas, los genetistas persistieron durante varias décadas. En 1994 nos topamos con el monumental *The History and Geography of Human Genes*, de Luca Cavalli-Sforza (1922-2018) y sus colaboradores, que empleó el mapeado de noventa y cinco marcadores genéticos por toda Europa estudiados con el análisis de componentes principales. El primer componente principal, que representaba un 28 por ciento de la desviación (Figura 10.5A), revelaba una trayectoria desde Oriente Próximo por Anatolia y a través de Europa; se interpretó como una evidencia de la difusión de la agricultura.[54] Este resultado se adoptó como apoyo para el modelo anatolio, aunque, una vez más, se enfrentaba al obstáculo cronológico, con unos planteando que esta trayectoria no fue la de los primeros agricultores, sino la de los primeros humanos modernos, y otros poniendo el foco en las posteriores expansiones este-oeste por parte de las poblaciones «orientales» en el Imperio romano hasta la incursión de los otomanos.[55]

La confianza en que esta aproximación era la correcta disminuyó con el desconcertante mapa del segundo componente principal (Figura 10.5B), el cual representa un 20 por ciento de la desviación. Atribuir a las clinas el desplazamiento desde el norte (Laponia) al sur como resultado de una migración de mongoloides hablantes de lenguas urálicas hacia Finlandia sonaba un poco como agarrarse a un clavo ardiendo –como la idea de que este mapa también representaba a los moros del norte de África pasando rápidamente por encima de España–.[56] También se sugirió un gradiente natural norte-sur regido por factores medioambientales y, dado que una clina se formará, lógicamente, cuando la gente tienda a casarse con los vecinos, podría no tener nada que ver con las migraciones. De hecho, treinta años después se mostró cómo estas clinas podían formarse por procesos que nada tenían que ver con migraciones.[57]

El tercer componente principal (Figura 10.5C) se centraba en el territorio al norte del mar Negro, con círculos concéntricos que emanan de esta área; representaba menos de un 9 por ciento de la desviación, por lo que era notoriamente menos importante que la anterior –posible– difusión de la agricultura. En el volumen de Cavalli-Sforza se admitía que el tercer mapa podría defender el modelo de la estepa, pero que, dada toda la secuencia de migraciones posteriores desde el este al oeste (cimerios, escitas, sármatas, hunos, ávaros y húngaros), esto no era seguro, aunque «se le debería prestar una consideración muy seria».[58]

Al año siguiente (1995), Cavalli-Sforza y sus colaboradores tomaron por los cuernos el problema de la cuna indoeuropea. Con la revisión de la evidencia para el tercer componente principal descubrieron un apoyo más férreo para el modelo de la estepa; sin embargo, admitieron que «la migración de agricultores neolíticos es el factor más importante para determinar la geografía genética de Europa». También observaron que ambos modelos eran compatibles mutuamente y que sugerían, en apariencia, que los agricultores anatolios introdujeron algunas de las lenguas indoeuropeas, mientras que los intrusos de la estepa podrían haber estado asociados con otras. También reconocieron el mayor problema de sus mapas: «por desgracia, los mapas genéticos sintéticos inherentemente no tienen fecha».[59] A esto se podría añadir el hecho de que procesos demográficos totalmente diferentes podrían arrojar patrones de clinas similares. Sin

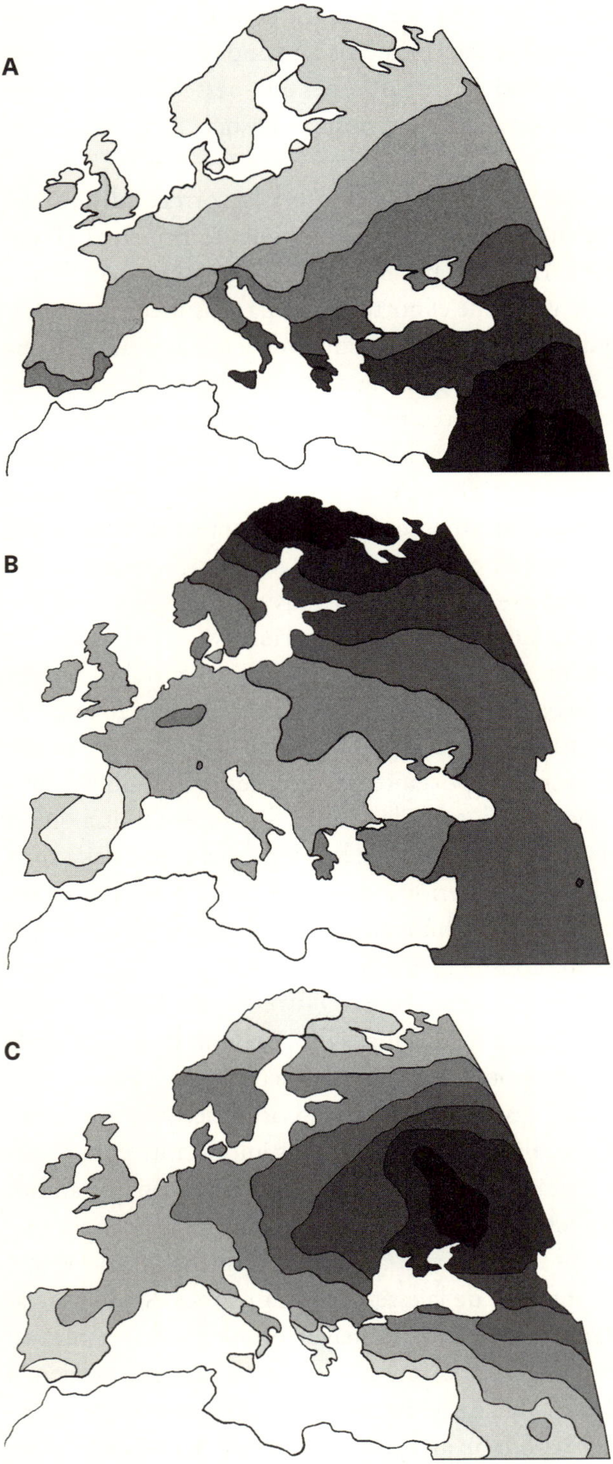

Figura 10.5: Los primeros tres componentes principales en Cavalli-Sforza, L. *et alii*, 1994.

A se pensó que respaldaba al modelo anatolio;

B era ambiguo;

C se entendía que respaldaba al modelo de la estepa.

embargo, en otro ambicioso estudio por parte de distintos académicos, publicado en el mismo año pero empleando una aproximación diferente –confrontar miles de simulaciones contra cinco modelos diferentes del lugar de origen–, el modelo anatolio –en realidad dos variaciones del modelo– se reveló como el claro favorito y «los patrones actuales de frecuencias de alelos entre los indoeuropeos se pueden explicar sin recurrir a las migraciones de gentes de la cultura de los kurganes»; el estudio no podía demostrar que esto no sucedió, aunque de haberlo hecho, «no dejó una huella significativa en las frecuencias de alelos de las poblaciones actuales».[60] La teoría anatolia estaba sobre la mesa y el modelo de la estepa estaba fuera.

Emplear el análisis de componentes principales en la distribución de genes modernos ha llevado a resultados, en cierto modo, ambiguos. Había un apoyo debatible a alguna forma de migración desde el este al oeste, que se pensaba que probable, aunque no conclusivamente, se asociaba con la difusión de la agricultura. Para algunos, esto era suficiente para ligarla con la difusión de las lenguas indoeuropeas (aunque, recuerden, estos modelos no analizaban el indoiranio y el tocario). La evidencia para el modelo de la estepa era o inexistente o inferior –al menos a la hora de explicar la distribución de genes en Europa– al modelo anatolio. Una de las paradojas de estos estudios es que empezaron a surgir en un momento en el que los arqueólogos «occidentales» estaban aún atrapados en un periodo de «inmovilismo», un estado mental que, reaccionando exageradamente a la tendencia anterior a atribuir todo cambio cultural a una migración, negaba casi cualquier evidencia de migración. No obstante, para entonces el arqueólogo estadounidense David Anthony había intentado reincorporar el concepto de migraciones prehistóricas y empezaba a surgir una conciencia de que la gente podría haberse movido en la prehistoria, algo para lo que los arqueólogos podrían reunir evidencias convincentes.[61]

Además de Cavalli-Sforza, el renombrado estadístico estadounidense de origen austriaco Robert Sokal (1926-2012) también había dirigido su esfuerzo a investigar la relación entre geografía, genes y lengua. Todavía tengo en mi ordenador su base de datos de 3406 casos de presuntas migraciones en la prehistoria e historia europeas –que su equipo había estado compilando en los ocho años previos a 1993–. Esta base de datos era el cimiento de una enorme lista de separatas que tuvo la amabilidad de enviarme hace unas décadas. Al final de un artículo acerca de la simulación por ordenador de la historia genética de Europa, Sokal y sus coautores escribieron que es probable que los nuevos avances no llegaran de un crecimiento de las cifras de alelos en su estudio, sino que «la colección y análisis de genoma mitocondrial podría ofrecer una nueva perspectiva acerca de la evolución humana en Europa».[62] No era una idea novedosa, pues varios años antes Osbjorn Pearson, por entonces un estudiante del Grado en Antropología Física, me escribió una carta en la que pormenorizaba un programa de investigación que implicaba al genoma mitocondrial (ADNmt) que «podría tener fácilmente un impacto tremendo en el campo de los estudios indoeuropeos y sumar a nuestro entendimiento [...] de cómo las lenguas indoeuropeas se expandieron».[63] Y eso es exactamente lo que sucedió.

GENOMA MITOCONDRIAL MODERNO

El atractivo de emplear ADNmt para determinar relaciones genéticas era justificadamente alto. El ADN que se forma en la mitocondria –en vez de en el núcleo– de una célula se transmite directamente de madre a hijo, por lo que se puede rastrear –mientras que no haya freno en la transmisión– a través de miles de años por la línea femenina. Sufre mutaciones con el tiempo y resulta en en diferentes haplogrupos (grupos de población genética que comparten un ancestro común por vía materna o paterna cuya línea puede ser seguida claramente y por ello dar lugar a un árbol familiar). Las mutaciones en el ADNmt ocurren más rápidamente que en el ADN nuclear, así que es más fácil para calibrar cronológicamente la evolución genética. En cualquier caso, no era la panacea, porque solo sigue una única línea y no hay una forma sencilla de determinar dónde ha ocurrido la división en la línea evolutiva. Pese a ello, el ADNmt fue considerado «el marcador genético más informativo para estudiar la prehistoria europea».[64] Cuando los primeros estudios trataron de emplearlo como marcador para los movimientos de población en la prehistoria europea, sin embargo, revelaron que la horquilla temporal era, por lo general, demasiado amplia como para aportar alguna evidencia que pudiera ser pertinente para un rastreador de la cuna.

De acuerdo con la evidencia, la mayoría de los haplogrupos principales había entrado en Europa antes del Neolítico (U5, U8, Vm, H1, H3, H5, etc.). Esto solo dejaba a los haplogrupos J (J1a y J1b) y T, que se creía que habían entrado en Europa desde el sudoeste de Asia hace unos diez mil años años y que se suele suponer que se correlacionan con la expansión de los primeros agricultores.[65] Sin embargo, pese a que se pudiera ligar a los primeros agricultores, no resolvía el debate de si la expansión de la economía neolítica era el resultado de un puñado de agricultores que aculturizaron a la población nativa de Europa, o el tipo de expansión démica –oleadas de inmigrantes y su descendencia– propia de la hipótesis anatolia. Por ejemplo, quienes se oponían al modelo de la difusión démica argumentaban que en torno al 80 por ciento del ADNmt de las poblaciones europeas se había establecido durante el Paleolítico y solo sobre el 20 por ciento se podía atribuir a los agricultores anatolios inmigrantes.[66] Entrando en el siglo XXI, los defensores de las dos teorías todavía estaban en sus trincheras y, con independencia de si uno elegía el reemplazo poblacional o la transmisión cultural, al menos los dos bandos estaban de acuerdo en que había habido alguna inmigración asociada con la difusión de la agricultura. Puesto que no había ninguna aparición significativa de un haplogrupo exótico después del Neolítico, esto podría ser beneficioso para la hipótesis anatolia.

CROMOSOMA Y

La investigación del cromosoma masculino Y encaró varios de los mismos problemas que el ADNmt. Los genetistas trataron de emplear el perfil genético moderno de los hablantes de lenguas indoeuropeas como indicador para las historias de poblaciones pasadas. Esto, de nuevo, requería anclar los diferentes haplogrupos en el tiempo y en el espacio. Los primeros estudios se centraron sobre todo en los haplogrupos J y R. El cromosoma Y del haplogrupo J parecía ser más fuerte en el sudeste y más débil en el oeste, lo cual sugería un origen en Oriente Próximo y –de manera completamente simultánea– se relacionó con la difusión de la agricultura al inicio del Neolítico, al igual el ADNmt J.[67]

El otro haplogrupo principal (R1b) analizado se vio que dominaba en Europa occidental, por lo que se pensó que reflejaba la población paleolítica anterior que había sobrevivido en la periferia occidental de Europa. Se hallaba más concentrado, por ejemplo en Irlanda, y puesto que también estaba presente entre hablantes de euskera, lengua no indoeuropea, quienes a menudo se creía que hablaban una lengua viuda del Paleolítico o del Mesolítico, esto dio más apoyo al modelo R1b=Paleolítico (junto con el haplogrupo I, que se localizaba en el noroeste de Europa y también había consenso en la idea de que deriva del Paleolítico). Dentro del haplogrupo R, R1b era el haplotipo masculino dominante en Europa occidental, mientras que el R1a tendía a dominar en el nordeste de Europa, aunque también se extendió hacia el este por los territorios asiáticos de las lenguas indoeuropeas. Los intentos de verificar las proporciones relativas de los distintos linajes masculinos entre los europeos modernos tendían hacia la misma respuesta que con los femeninos: el 80 por ciento de paleolítico local y solo en torno al 20 de inmigrantes neolíticos de Anatolia.[68] En cualquier caso, había quienes argumentaban que análisis más recientes de ADN masculino indicaban que este (R1b, específicamente R-M269) no era Paleolítico, sino que tenía una antigüedad media de, aproximadamente, seis mil quinientos años y se había originado en Oriente Próximo y había entrado en Europa por Anatolia, todo lo cual era consistente con el modelo de la difusión démica.[69] También se afirmaba que el Neolítico se difundió hacia el oeste por el Mediterráneo, pero, en este caso, fue transmitido por varones con el haplogrupo E1b1b1b (=E-M81). Se apuntó que, aunque los vascos tenían entre un 8 y un 20 por cierto de haplogrupo I (del Paleolítico), tenían un 75-87 de R1b, por lo que, en esencia, no eran una población «viuda». Problemático era el hecho de que el ADNmt no reflejaba el de los varones, por lo que esta explicación requería que los primeros agricultores fueran predominantemente varones que se toparon con viudas locales. Esta postura no era de ninguna manera conclusiva y en época tan reciente como 2010 los genetistas estaban en desacuerdo con respecto al pasado genético de Europa, en especial con respecto a qué marcadores genéticos modernos había que asociar con el Neolítico. No obstante, una incursión de agricultores –aunque fuera limitada– todavía estaba sobre la mesa.

El haplogrupo R (R1a y R1b) ha sido durante mucho tiempo acreditado con la recolonización de Europa después del Último Máximo Glacial y con la introducción del Neolítico en Europa. En 2001, sin embargo, varios artículos aparecieron con el planteamiento de una difusión todavía más reciente. El genetista y antropólogo Spencer Wells –y otros veinticinco coautores– publicaron su análisis de la composición del cromosoma Y de cuarenta y nueve poblaciones euroasiáticas y concluyeron que la «distribución actual del haplotipo M17 (=R1a) posiblemente presente trazas de una migración de población antigua surgida en el sur de Rusia/Ucrania, donde el R-M17 se encuentra con una frecuencia alta (< 50%)».[70] El artículo veía en concreto la evidencia como apoyo al modelo de la estepa y planteaba que se correlacionaba bien con la difusión de las lenguas indoiranias hacia India. Apuntaba una falta reseñable de R1a en el oeste de Irán –era más alto en el este– y sugería que la población neolítica anterior había sido demasiado amplia como para haber sido engullida por las tribus nómadas. La expansión del R1a en el sudoeste de Asia se presentó en el mismo año en otro artículo que asociaba el haplogrupo J –ya hemos visto cómo este se veía como marcador ampliamente aceptado de los primeros agricultores anatolios en Europa– con la difusión de la agricultura (y las lenguas dravídicas) hacia el este hasta la India, seguida después por la intrusión de pastores nómadas que portaban el R1a y llevaban la lengua indoeuropea a la India.[71]

Por ello, ahora, en el amanecer del siglo XXI, los genetistas estaban sugiriendo que los haplogrupos del cromosoma Y R1a y R1b eran indicadores de las dispersiones humanas durante el Paleolítico –lo cual apoyaría el modelo de la continuidad paleolítica– y la expansión de agricultores desde Anatolia por Europa –el modelo anatolio– o de pastores nómadas de Ucrania y el sur de Rusia –el modelo de la estepa–. Por lo tanto, la genética moderna se podía usar para defender casi cualquier teoría del lugar de origen.

CODA: ADN ANTIGUO

En 2005, unos arqueólogos excavaron cuatro enterramientos grupales en los que había trece individuos en un cementerio de la cultura de la cerámica cordada en Eulau, Alemania. Los rasgos claros de trauma y muerte violenta en varios de los cuerpos sugerían que varios grupos familiares habían sido asesinados, el 85 por ciento de los cuales eran mujeres y niños.[72] Los esqueletos, excelentemente preservados, fueron estudiados con diversas técnicas científicas para determinar, entre otras cosas, la relación familiar en algunos de los enterramientos –lo cual no se había hecho nunca con técnicas moleculares–, el origen de los fallecidos –los varones y los niños habían sido locales, mientras que la mayoría de las mujeres había ido, aparentemente, desde una distancia de sesenta kilómetros o más– y su ADN antiguo (ADNa). Las mujeres exhibían un rango de varios haplogrupos de ADNmt (H, I, K, U y X); tres varones –un padre y dos hijos– se descubrió que portaban el haplogrupo R1a del cromosoma Y.

Me había perdido este artículo cuando se publicó en su momento, pero gracias a Jean Manco (1946-2018) –una historiadora de la arquitectura convertida en una habilidosa bloguera especializada en genética, que me envió un borrador de su libro *Ancestral Journeys* (cuando todavía tenía el título original *Waves of Wanderers*)– comprobé que había visto esta nueva evidencia de ADNa dentro del contexto de otros académicos que habían entendido el R1a como una incorporación tardía al panorama euroasiático, en apoyo del modelo de la estepa.[73] Asimismo, un importante estudio de ADNa de tumbas de la cultura Andrónovo (*ca.* 1800-1200 a. C.) y otras posteriores en la región del Yeniséi en Rusia recuperó una serie de enterramientos, todos los cuales tenían el característico haplogrupo masculino R1a-M17; los autores evaluaron la evidencia antigua comparándola con la distribución moderna de este haplogrupo, lo cual, sugerían, respaldaba el modelo de la estepa.[74] Aunque yo todavía era un poco escéptico ante cualquier argumento basado, principalmente, en leer el pasado a partir de la distribución moderna de haplogrupos de ADN y así lo dejé claro cuando, en una conferencia en 2011 en Filadelfia, me descubrí a mí mismo al estar de acuerdo con Colin Renfrew en cuanto a la dudosa eficacia de reconstruir el pasado con ADN moderno. El hecho de que varios esqueletos de la cultura de la cerámica cordada llevaran R1a no era conclusivo en un mundo en el que diferentes escuelas de genetistas estaban asignando el haplogrupo al Paleolítico, al Neolítico y ahora al Eneolítico/Edad del Bronce antigua.

Pero, parafraseando a Bob Dylan, los tiempos van cambiando [*The Times They Are A-Changing*].

NOTAS

1 Schulz, H., 1826, 221.
2 Desmoulins, A., 1826, 343.
3 Mallory, J. P., 1990.
4 Day, J., 2000.
5 Demoule, J.-P., 2014.
6 Day, J., *op. cit.*, 6, nota al pie núm.1.
7 *Ibid.*, 130-147.
8 Olender, M., 1992.
9 Piétrement, C.-A., 1879, 141.
10 Brinton, D., 1890, 147-148.
11 Por ejemplo, Liétard, G. *et alii*, 1864; d'Omalius d'Halloy, J., 1864.
12 Poesche, T., 1878.
13 Penka, K., 1883.
14 Geiger, L., 1878.
15 Taylor, I., 1886, 248.
16 Sieglin, W., 1935.
17 Sergent, B., 1995, 434-441.
18 Day, J., *op. cit.*, 125.
19 Kellog, R. J., 1931, 374.
20 Topinard, P., 1878, 248-249.
21 Wilser, L., 1899.
22 Wolff, K., 1914, 311-312.
23 Lapouge, G. Vacher de, 1899.
24 Taylor, I., *op. cit.*, ed. 1890.
25 Kreve-Michkevicius, V., 1926.
26 Bröste, K. *et alii*, 1956.
27 Gerhardt, K., 1969, 146-147.
28 Makarenko, M., 1933, 13.

29 Feist, S., 1933.
30 Müller, M., 1888, 120.
31 Roosevelt, T., 1923-1926, 92.
32 Boas, F., 1911.
33 Ferak, V. y Lichardova, Z., 1969.
34 Riesenfeld, A., 1967; Riesenfeld, A., 1969.
35 Howells, W. W., 1966, Howells, W. W., 1972; White, N. y Parsons, P., 1973.
36 Day, J., *op. cit.*, 175.
37 *Ibid.*, 234.
38 Pinhasi, R. y Pluciennik, M., 2004.
39 Day, J., *op. cit.*, 224.
40 Potekhina, I., 2020.
41 Shevchenko, A., 1984.
42 Kruts, S. I., 1972.
43 Day, J., *op. cit.*, 175, 186, 192, 202.
44 Hemphill, B. y Mallory, J. P., 2004.
45 Necrasov, O., 1980.
46 Schwidetzky, I., 1980, 347.
47 Day, J., *op. cit.*, 208-209.
48 Schwidetzky, I., *op. cit.*, 356-357.
49 Menk, R., 1980.
50 Barbujani, G. y Sokal, R., 1990.
51 Rosser, Z. *et alii*, 2000, 1537; Novembre, J. *et alii*, 2008.
52 Barnier, C. *et alii*, 2022.
53 Anthony, D., 2007, 104-113.
54 Cavalli-Sforza, L. *et alii*, 1994, 291-292.
55 Day, J., *op. cit.*, 241-244.
56 *Ibid.*, 244-245.
57 Novembre, J. y Stephens, M., 2008.
58 Cavalli-Sforza, L. *et alii*, *op. cit.*, 293.
59 Piazza, A. *et alii*, 1995.
60 Barbujani, G. *et alii*, 1995, 126.
61 Anthony, D., 1990; Härke, H., 1998; Burmeister, S., 2000.
62 Barbujani, G. *et alii*, *op. cit.*, 129.
63 Osbjorn Pearson: carta fechada el 13 de abril de 1992.
64 Soares, P. *et alii*, 2010.
65 *Ibid.*, R178.
66 Jobling, M. A. *et alii*, 2002, 314-319.
67 *Ibid.*, 319-323.
68 Semino, O. *et alii*, 2000; Busby, G. *et alii*, 2012, se muestra cauteloso a la hora de anclarlo al Neolítico o a una fase posterior.
69 Balaresque, P. *et alii*, 2010.
70 Wells, S. *et alii*, 2001. Otros trabajos que relacionaron la distribución moderna de R1a con el modelo de la estepa son Zerjal, T. *et alii*, 1999; Semino, O. *et alii*, *op. cit.*
71 Quintana-Murci, L. *et alii*, 2001.
72 Haak, W. *et alii*, 2008.
73 Manco, J., 2013.
74 Keyser, C. *et alii*, 2009.

PARTE III

El nuevo camino que seguir

CAPÍTULO 11

Cambio en las reglas del juego

A principios de 2015, la búsqueda de la cuna indoeuropea parecía estar en punto muerto entre los dos competidores principales: el modelo anatolio y el de la estepa. Ha habido muy pocos avances que hayan reforzado la causa de un bando o del otro más allá de aproximaciones que llevan al enrarecido, y de alguna manera sospechoso, campo de la léxico-estadística o a la lectura de los posos del café de la distribución moderna del ADN. Por recapitular nuestra discusión previa en el Capítulo 4, el mayor apoyo a la hipótesis anatolia había sido el trabajo de filogenética y cronología del grupo de Auckland, que había sido publicado con bastante regocijo tanto en *Nature* como en *Science*.[1] Poco después, este trabajo fue criticado ferozmente en una serie de entretenidas publicaciones por parte de Asya Pereltsvaig y Martin Lewis, quienes, en última instancia, dedicaron una monografía entera[2] a señalar lo que ellos entendían como una letanía de errores. Una crítica que no se veía desde 1890, cuando el indólogo Peter von Bradke (1853-1897) dedicó todo un libro a desmantelar tediosamente el trabajo de Otto Schrader.[3] Mientras que algunos defensores de la teoría anatolia podían sentirse complacidos por los argumentos estadísticos presentados en los trabajos del grupo de Auckland, el bando de la estepa podía aferrarse a la interpretación de pruebas similares esbozada en el trabajo de Andrew Garrett[4] y luego publicada de manera completa en 2015 por el grupo de Berkeley, que apoyaba el modelo de la estepa,[5] junto con otros –Jaakko Häkkinen y Hans Holm– que, claramente, no eran devotos de los trabajos de Auckland.[6]

Con respecto a las reconstrucciones del pasado genético y de la historia lingüística del mundo indoeuropeo sobre la base del ADN moderno, mientras que algunos podían sentirse tentativamente atraídos por las primeras pruebas de ADN antiguo (ADNa), otros estaban dando vueltas en torno a divertidos escenarios, aunque muy cuestionables. Por ejemplo, en 2013, Anatole Klyosov y Giancarlo Tomezzoli trataron de confrontar el modelo anatolio, el de la estepa y el de la continuidad paleolítica con la evidencia genética. Concluyeron que el haplogrupo R1a del cromosoma Y portaba el ancestro genético de los indoeuropeos de la región de Altái, en Asia Central, donde evolucionó al indoeuropeo en el camino a Anatolia y luego pasó a Europa –lo que da validez al modelo anatolio–. Por otro lado, R1b, que quizá también surgió cerca de Altái, se difundió hacia el oeste llevando una serie de lenguas no indoeuropeas como el prototúrquico, luego viró al sur hacia Mesopotamia para formar el sumerio y continuó hacia el oeste de nuevo hasta Iberia para crear el vasco y difundirse por la costa atlántica con el nombre de la cultura del vaso campaniforme.[7] La confianza que los autores tenían a la hora de generar su fecha e identificaciones geográficas y lingüísticas era impresionante, pero sobrepasaba por mucho su capacidad para convencer.

ENERO DE 2015: EL ARTÍCULO DE HARVARD-JENA

En 2015 yo llevaba retirado cuatro años, feliz por haber dado descanso al problema de la cuna. Me hallaba plácidamente perdido en la neblina del folclore irlandés[8] cuando, a principios de enero, recibí una petición para reseñar un artículo de *Nature*. Por lo general esquivo este tipo de peticiones –finjo una falta total de competencia– y sugiero el nombre de otro especialista, pero el título del artículo anuló mis tácticas de evasión. A pesar de que admití que no estaba cualificado para evaluar los aspectos estadísticos de las discusiones genéticas, en realidad no podía pasar por alto un trabajo titulado «Massive migration from the steppe is a source for Indo-European languages in Europe»[9] [La migración masiva desde la estepa es una fuente para las lenguas indoeuropeas en Europa], puesto que había estado trabajando en eso mismo los últimos cuarenta y dos años. Cuando vi que el artículo se apoyaba en una base de datos de muestras de ADNa de sesenta y nueve europeos que vivieron entre hace ocho mil y tres mil años di un suspiro de alivio: el análisis, que había sido generado por los laboratorios de Harvard (Reich) y del Instituto Max Planck en Jena (Alemania), no se basaba en la proyección retroactiva de ADN moderno. Al fin íbamos a echar un vistazo a una muestra de los auténticos actores involucrados en el debate.

El elemento fundamental del trabajo de Harvard-Jena era la evidencia de ADNa derivado de una muestra de enterramientos yamnaya de la región del Volga Medio, en Rusia. El sello genético de la cultura Yamnaya parecía ser una mezcla de dos ancestros distintos. Uno de estos era la población local de cazadores-recolectores que había ocupado las regiones de la estepa al menos desde el Mesolítico –conocidas como poblaciones cazadores-recolectores orientales (EHG)– y el otro era una población de cazadores-recolectores o agricultores del Cáucaso o de la región inmediatamente al sur de este –los cazadores-recolectores caucásicos (CHG)–. No aparecía –en el momento de la publicación, pero ahora esto se ha rebatido en investigaciones posteriores– el sello genético de los primeros agricultores de Anatolia –antiguos agricultores anatolios– que no solo habían colonizado Europa, sino que también habían penetrado en el Cáucaso. Aunque el artículo Harvard-Jena había confirmado que sí que había habido migraciones desde Anatolia que extendieron la agricultura por Europa, como planteaba el modelo anatolio, esto no era el sello genético hallado en la población yamnaya, lo cual parecía refutar el argumento de que las primeras sociedades pastoriles de la estepa eran simples descendientes de los agricultores anatolios que se habían expandido hacia el este y habían adoptado una economía pastoril. Esto significaba que las culturas neolíticas de Anatolia/Europa y las de la estepa no se podían fusionar con facilidad en una única teoría y hacer que, sencillamente, el modelo anatolio absorba al modelo de la estepa, tal y como se ha propuesto alguna vez. Por supuesto, uno todavía podría romper una lanza en favor de alguna forma de aculturación de las culturas de la estepa desde el oeste, pero esto tenía poco apoyo de la evidencia genética.

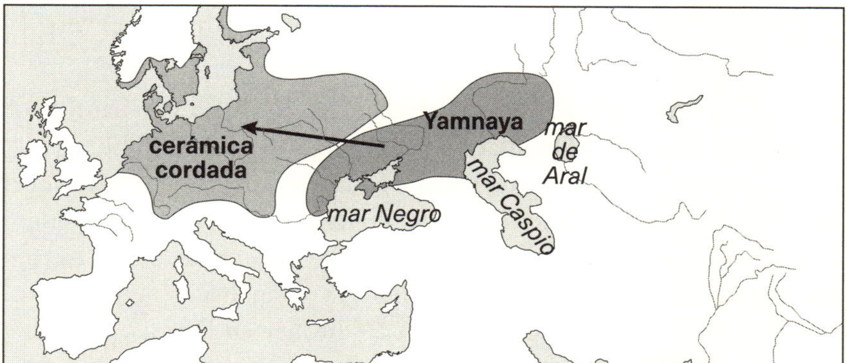

Figura 11.1: Los resultados de los estudios genéticos llevados a cabo en Harvard y Jena indicaban que la cultura de la cerámica cordada había obtenido alrededor del 80 por ciento de su sello genético de las culturas de la estepa, el cual había sustituido al sello genético anterior de los agricultores anatolios.

Más importante, el artículo demostró que la misma combinación de EHG y CHG, los dos componentes genéticos principales de la cultura Yamnaya, también estaban en el 80 por ciento de una muestra de enterramientos de la cultura de la cerámica cordada de Alemania (Figura 11.1). Estos enterramientos se fechan en 2500 a. C. y representan la primera evidencia de esta combinación de EHG y CHG fuera de la zona de la estepa. La distancia entre las dos áreas muestreadas era de, aproximadamente, 2600 km. En el Neolítico de la región de la que se habían obtenido las muestras de la cultura de la cerámica cordada, la población previa había sido una combinación de antiguos agricultores anatolios (AAF) y cazadores-recolectores europeos locales –cazadores-recolectores occidentales–. El trabajo estimaba la ancestralidad de la muestra de cerámica cordada en un 79 por ciento yamnaya, 17 por ciento anatolio y 4 por ciento cazadores-recolectores locales. Es más, las muestras yamnaya pertenecían al haplogrupo R1b, que es el haplogrupo masculino predominante en Europa occidental hoy, lo que sugería que una población de la estepa, presumiblemente llevando consigo lenguas indoeuropeas, se había expandido por encima de las anteriores poblaciones agrícolas europeas derivadas de las anatolias y había reemplazado ampliamente los linajes genéticos anteriores. Lo que era llamativo en particular es que, durante décadas, los arqueólogos habían trabajado sin mucho éxito en demostrar que la cultura Yamnaya, de alguna manera, había iniciado la cultura de la cerámica cordada y ahora la evidencia genética había superado todas las expectativas y había reforzado con fuerza una conexión en la que los arqueólogos se habrían sentido cómodos.[10] Parecía demasiado bonito como para ser cierto.

FEBRERO DE 2015: EL ARTÍCULO DE COPENHAGUE

Menos de un mes después, otro artículo de *Nature* llegó a mi bandeja de entrada con el título «Population genomics of Bronze Age Eurasia»[11] [Genómica de la población de Eurasia en la Edad del Bronce]; entonces descubrí que había habido una carrera entre los laboratorios genéticos de Harvard-Jena y de la Universidad de Copenhague. El nuevo trabajo era más que bienvenido, dado que empleaba un análisis genético distinto de ciento una muestras de la Edad del Bronce en Eurasia. Me había preguntado si las conclusiones del artículo de Harvard-Jena serían replicadas y, al igual que otros,[12] también me preocupaba que sus conclusiones surgieran a partir de cantidades extremadamente pequeñas de muestras relevantes. Por ejemplo, solo incluía unas pocas muestras de cerámica cordada.

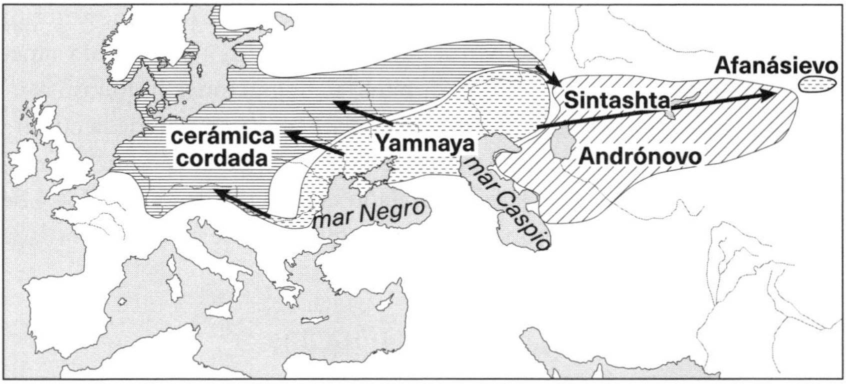

Figura 11.2: El artículo de Copenhague aportó evidencia genética para las expansiones desde la estepa póntica tanto hacia la cultura de la cerámica cordada, como hacia el este a la cultura de Afanásievo. También indicaba que la cultura Andrónovo, una de las principales sospechosas de ser la lanzadera del indoiranio, era más posible que hubiera derivado de una variante de la cultura de la cerámica cordada en vez de directamente de la Yamnaya y sus sucesores locales.

Los resultados del artículo de Copenhague apoyaban y expandían los descubrimientos del anterior (Figura 11.2). Defendía la idea de una incursión de la estepa en Europa marcada por la presencia del sello genético EHG-CHG, con la afiliación más cercana entre las muestras yamnaya y de cerámica cordada y con algo menos de ADN de la estepa descubierto en las muestras posteriores del campaniforme, una cultura que a menudo se había asociado con la expansión de los indoeuropeos por la Europa atlántica. Los autores también habían muestreado la cultura de Remedello del norte de Italia, que Marija Gimbutas había propuesto que fuera una cultura «kurganizada», aunque no se encontraron pruebas de un sello de la estepa.

Una dimensión añadida del artículo de Copenhague era que no solo apoyaba las migraciones de la estepa hacia Europa central y occidental, sino que también exploraba el impacto de las culturas de la estepa en Asia. Observaba, por ejemplo, que la cultura de Afanásievo de la cuenca Altái-Minusinsk era «genéticamente indistinguible de la cultura Yamnaya, confirmando una expansión hacia el este por la estepa». Esto respaldaba la evidencia de la antropología física, así como a aquellos arqueólogos que habían planteado que Afanásievo –una cultura de la Edad del Bronce inicial poderosamente sospechosa de ser el ancestro prehistórico de los tocarios (la rama más elusiva de los indoeuropeos)– podía rastrearse hasta culturas anteriores de la estepa póntica.[13] También produjo algunos resultandos sorprendentes, al mostrar que la cultura de Sintashta de los Urales meridionales –una cultura de la Edad del Bronce que se presume anterior a la cultura Andrónovo que abarcaba la estepa asiática y que es vista a menudo como la cultura de transición para las migraciones indoiranias–[14] no había evolucionado genéticamente *de manera directa* desde la cultura Yamnaya. Por el contrario, provenía de la cultura de la cerámica cordada; su sello de la estepa se había mezclado con elementos anatolios y de cazadores-recolectores europeos como las muestras de cerámica cordada de Alemania.

¿CAMBIAN LAS REGLAS DEL JUEGO?

Los dos artículos acerca de genética hicieron unas entradas espectaculares en el mundo del rastreo de la cuna. Tal vez, más que nada, habían puesto la migración de nuevo en la agenda de los arqueólogos.[15] Habían mostrado que el pasado genético de la cultura Yamnaya era, esencialmente, una combinación de cazadores-recolectores locales (EHG) y de una población cuyo sello genético estaba anclado en el Cáucaso (CHG), bien por interacciones con cazadores-recolectores o con los primeros agricultores de la región. También habían aportado la evidencia de migraciones del Neolítico tardío/Eneolítico desde la estepa póntica hacia el oeste a través de Europa central, lo cual parecía apoyar, al menos en parte, el modelo de la estepa. Del mismo modo, aportaban evidencia de migraciones hacia el este del Ponto por Kazajistán hasta las montañas de Altái y el río Yeniséi, que se habían planteado como una ruta posible de las migraciones tocarias. Además, habían mostrado una asociación entre los grupos que ya habían sufrido la amalgamación de genes de la estepa y de agricultores europeos con la cultura de Sintashta, una especie de cultura «de enlace» implicada a menudo en los orígenes y la difusión de los indoiranios. Siguiendo esta llegada de ADNa, apareció una serie de estudios que parecía respaldar ampliamente y expandir el primer impulso de los dos trabajos anteriores.[16] Cambiaron por derecho propio las reglas del juego, aunque, como veremos en los siguientes capítulos, el juego está lejos de acabar.

NOTAS

1 Gray, R. y Atkinson, Q., 2003; Bouckaert, R. *et alii*, 2012.
2 Pereltsvaig, A. y Lewis, M., 2015. Otros críticos: Häkkinen, J., 2012.
3 Bradke, P. von, 1890.
4 Garrett, A., 2006.

5 Chang, W. *et alii*, 2015.
6 Häkkinen, J., *op. cit.*; Holm, H., 2020.
7 Klyosov, A. y Tomezzoli, G., 2013; *véase también* Klyosov, A. y Rozhanskii, I., 2012.
8 Mallory, J. P., 2016b.
9 Haak, W. *et alii*, 2015.
10 Mallory, J. P., 2023; también Furholt, M., 2018, 169.
11 Allentoft, M., *et alii*, 2015.
12 Di Fraia, T., 2020.
13 Mallory, J. P. y Mair, V. H., 2000; Mallory, J. P., 2015.
14 Kuzmina, E., 2002.
15 Heyd, V., 2017.
16 Por ejemplo, Mathieson, I. *et alii*, 2015; Mathieson, I. *et alii*, 2018; Damgaard, P. *et alii*, 2018; Wang, C. *et alii*, 2019.

CAPÍTULO 12

Paisajes genéticos y teorías del lugar de origen

Los genetistas han presentado lo que parece ser una nueva herramienta para el arsenal de los rastreadores de la cuna lingüística que va a cambiar las reglas del juego, pero, antes de examinar lo lejos que nos ha llevado, podríamos echar por un instante la vista hacia atrás. ¡Después de todo, ya hemos estado aquí antes! En la segunda edición de su *Introduction to the Science of Language* (1880), A. H. Sayce concluía que: «Esta familia aria [indoeuropea] de lenguas era originaria de Asia. El doctor Latham, de hecho, la haría europea, y Poesche últimamente ha difundido la misma idea con gran habilidad; pero hay pocos eruditos que los hayan seguido. Su teoría se basa en una confusión de lengua y raza».[1] Tres años después, sin embargo, sintió la necesidad de revisar su planteamiento en la Introducción de una nueva edición: «Debo declarar mi completa conversión a la teoría propuesta por primera vez por Latham, y en los últimos años defendida con argumentos antropológicos y lingüísticos por Poesche y Penka, de que la raza aria tuvo su primera cuna no en Asia, sino en las provincias bálticas y en el norte de Alemania».[2] En apariencia, la confusión de lengua y raza había dejado de ser un problema y los argumentos desde la antropología física de Poesche y Penka habían logrado convencer a Sayce.

En la búsqueda de la cuna indoeuropea estamos en un punto de inflexión similar. En la época de Sayce, los eruditos estuvieron durante las siguientes décadas haciendo correr ríos de tinta acerca de la pigmentación y los índices craneales; ahora, nosotros entramos en un nuevo mundo de mezclas genéticas y haplogrupos. Deberíamos intentar entrar en esta reciente explosión de evidencias genéticas con pies de plomo.

EL PAPEL DE LA PALEOGENÉTICA

Hay algunas diferencias obvias entre los enfoques de la antropología física de épocas pasadas y los análisis genéticos actuales. A menudo, los primeros eran el resultado directo de agendas racistas o nacionalistas. Aunque estos podrían haberse alegrado al ver un cráneo dolicocéfalo ario con su pelo rubio y sus ojos azules, resultaría un tanto perturbador imaginarte a tu cita chillando de emoción: «¡Sabía que eras un R1b1a1b!».[3] En cualquier caso, cierta y desafortunadamente, tanto si es un índice cefálico, como un haplogrupo, o un dragón indoeuropeo que ha ido a parar a un ecosistema que no es el suyo, siempre habrá quien trate de usar tal evidencia en beneficio de su agenda política o étnica. En 2019, yo fui uno de los ciento diecisiete autores de diecinueve países diferentes que publicamos un artículo científico acerca de la formación de las sociedades humanas en el sur de Asia. Dudo que ninguno de nosotros hubiera imaginado o deseado que nuestro trabajo fuera utilizado por algunos políticos, como se hizo, para asegurar que los brahmanes no son «verdaderos» indios y que deberían ser expulsados de la India.[4]

Mientras que muchos de los enfoques de esa antropología física eran solo pruebas para confirmar una tesis ya interiorizada, los genetistas modernos han diseñado su metodología en buena parte para comprobar modelos teóricos propuestos antes por lingüistas y arqueólogos. Esto significa que cuando la evidencia evoluciona o cambia, los genetistas son perfectamente capaces de modificar sus conclusiones. Por ejemplo, uno de los genetistas clave en la cuestión del origen indoeuropeo defendía en 2022 un origen caucásico, pero, desde entonces, ha virado hacia la estepa en 2024[5] y puede que esté en otro sitio cuando este libro se publique–.

Esta especie de relación simbiótica entre genética y otras disciplinas es perfectamente coherente. Los arqueólogos no solo han excavado y conservado los vestigios humanos que los genetistas necesitan para llevar a cabo sus análisis, sino que también ellos –y los lingüistas– son quienes han generado los debates académicos más en boga. Como el objetivo principal de la mayoría de los proyectos de investigación bien financiados suele ser publicar artículos en las revistas científicas más prestigiosas, los proyectos colaborativos entre arqueólogos, lingüistas y genetistas se centran en los grandes problemas de los orígenes y las relaciones de parentesco. Emplear la evidencia paleogenética para demostrar que quienes producían cerámica cardial eran distintos de quienes decoraban sus piezas con bandas, como mucho, puede provocarle un bostezo a un lector de una revista científica especializada en arqueología; descubrir el origen de la familia lingüística más grande del planeta te lleva a *Science* o a *Nature* y subraya tu credibilidad cuando solicites tu siguiente proyecto.

No obstante, aún queda una cuestión en el tintero: ¿no estaremos confundiendo lengua y genes? Después de todo, no hay ninguna relación directa entre el genoma y la lengua que habla cada uno.[6] Cualquier humano puede aprender a hablar cualquier lengua sin que afecte de ninguna manera a su genoma. ¿Por qué la propagación de una huella genética o de un haplogrupo como el R1b debería servir como evidencia de la difusión de una lengua? Si el genotipo de alguien es un 40 por ciento EHG, un 40 por ciento CHG y un 20 por ciento WHG, ¿acaso los sustantivos y adjetivos que usa son EHG, sus verbos CHG y sus preposiciones y conjunciones WHG? ¿Cómo se puede asegurar que una huella genética particular fue difundida por los indoeuropeos cuando no indoeuropeos como los finlandeses, estonios y húngaros tienen los mismos marcadores genéticos? Este es el tipo de objeciones «inteligentes» que suelen defender quienes son reacios a cualquier uso de la paleogenética en problemas lingüísticos.

La respuesta a esto es que antes de la escritura, una lengua solo podía aprenderse de otra persona –no de un libro, una cinta o una web–, normalmente de un progenitor. Y el rastro genómico de ese progenitor puede seguirse –al menos en teoría– en el espacio y en el tiempo y nos da alguna pista de si un grupo era invasor en un territorio, si había experimentado una continuidad genética acusada o si se había mezclado con otro grupo invasor en su propio territorio, así como si la mezcla se hizo por vía patrilineal o matrilineal. Ahora bien, admitiré con gusto que un progenitor o un hijo puede abandonar la lengua de sus progenitores y transmitir su nueva lengua a sus propios hijos sin que ellos hayan experimentado cambio genético alguno. En los hallazgos arqueológicos podemos descubrir pistas de la dispersión de una población tanto por su cultura material como en el comportamiento humano y podemos ser capaces de argumentar con cierta seguridad que el grupo A ha emigrado a un nuevo territorio en el que estaba el grupo B. La paleogenética puede aportar respuestas que corroboran una prueba arqueológica e incluso puede inclinar la balanza en favor de una u otra postura cuando las pruebas no son concluyentes. También puede dar indicaciones tanto en una escala comunitaria como individual de la mezcla genética de parejas y sus descendientes. No en vano, todavía estamos en las primeras citas, en las que genetistas y arqueólogos están intentando que funcione la relación. Uno puede estar de acuerdo con que «solo la contextualización arqueológica de los datos paleogenéticos puede calibrar de qué manera y en qué profundidad la muestra paleogenética representa poblaciones prehistóricas y si su distribución espacial y temporal es representativa de las dinámicas históricas de las sociedades a las que pertenecían estas poblaciones».[7] Regresaré después a esta cuestión.

Por suerte, la mayoría de los artículos especializados incluye anexos extensos con la intención de encuadrar el contexto arqueológico de sus muestras. A pesar de que ni los hallazgos arqueológicos ni los genéticos pueden decirnos directamente qué sucedía a nivel lingüístico, los dos pueden darnos evidencias circunstanciales cruciales para evaluar nuestros modelos.

TÉCNICAS PALEOGENÉTICAS

Los genetistas disponen de dos vías principales para reconstruir las migraciones y las relaciones de parentesco del pasado: la vía monoparental (estudio mitocondrial para la madre y estudio del cromosoma Y para el padre) y la vía somática (derivada de los dos progenitores).

La vía monoparental

Ya nos hemos encontrado con el uso de haplogrupos para interpretar migraciones del pasado al observar su distribución en sociedades *contemporáneas*. Ya hemos visto cómo el haplogrupo masculino principal, el R1b del cromosoma Y, fue empleado para demostrar que este haplogrupo había predominado en la Europa occidental desde el Paleolítico, para dar a entender que había muy poca evidencia de otras migraciones –masculinas– en Europa durante la prehistoria. Según esta interpretación, los ancestros de los europeos eran, básicamente, cavernícolas, lo cual, en términos de origen, o bien apoyaba la teoría de la continuidad paleolítica o bien forzaba a los arqueólogos a ponerse extraordinariamente creativos para reunir evidencias materiales del cambio lingüístico y para convencer a otros especialistas de que en la prehistoria hubo migraciones incluso aunque no hubiera pruebas genéticas de ello. Luego, utilizando otras metodologías para datar el haplogrupo, se afirmó que nos habíamos equivocado y que el haplogrupo R1b no era el resultado de una herencia paleolítica, sino que estaba asociado con los primeros agricultores en Europa. Esto evidenciaba la existencia de una migración masiva desde Anatolia que habría barrido a las antiguas poblaciones y habría sustituido a los varones por nuevos hombres con el haplogrupo R1b. Supuestamente, esta interpretación daba argumentos de peso a la hipótesis anatolia. Por último, se ha asegurado que el haplogrupo R1b evidencia una migración aún más reciente, en el Eneolítico, desde la estepa póntica con la que se habría sustituido a lo que quiera que hubiera genéticamente en el Paleolítico y el Neolítico –algo que, desde luego, no era el haplogrupo R1b–.

Así pues, estas interpretaciones del mismo ADN contemporáneo servían para defender tres modelos completamente opuestos del origen de los indoeuropeos y su expansión, lo que nos dejó a arqueólogos como a mí con la sensación de que los genetistas tenían más o menos la misma credibilidad que los que se dedicaban a medir cráneos. Solo lograrían convencernos si las muestras provenían de los grupos humanos que estábamos excavando, si eran suficientemente amplias como para ser representativas de dicho grupo humano y si teníamos bien delimitada la distribución de las pruebas genéticas geográfica y cronológicamente. Justo lo que los genetistas han estado intentando hacer con el ADN antiguo (ADNa), lo que ha iniciado así una luna de miel entre genetistas y arqueólogos en la que los primeros solían conseguir una cena gratis a cambio de que los segundos tuvieran un almacén con dientes interesantes o huesos petrosos, la parte más duradera del cráneo humano –y la más codiciada por los genetistas–.

Aunque los haplogrupos ofrecen información muy certera de los ancestros, esta evidencia es muy limitada y nos dice muy poco del mar genético en el que nadamos. Esta limitación se puede observar cuando compruebas cómo tu haplogrupo, como parte de toda tu ascendencia, se pierde de forma exponencial cuanto más atrás vayas en el tiempo. Si eres un varón, tu haplogrupo Y proviene de tu padre, que recibió el suyo de uno de tus dos abuelos paternos, que lo obtuvo de uno de tus cuatro bisabuelos paternos, que lo tomó solo de uno de tus ocho tatarabuelos –lo que deja a siete de tus otros antepasados varones apartados de tu historia–. Yo puedo rastrear mi propia línea genealógica hasta un ancestro masculino directo en el sur de Escandinavia en torno a 900 d. C. –el que desarrolló la mutación genética particular de mi haplogrupo masculino–. Hoy, me encuentro a unos mil cien años y unos mil quinientos kilómetros de él, aunque el camino verdadero hasta llegar a mi casa va desde Escandinavia a Normandía y luego cruza el canal de la Mancha. Mis ancestros permanecieron más de quinientos años en Inglaterra –donde mi familia fue incluida en la lista de «los protestantes con menos mala intención de Yorkshire»–. Más tarde, el haplogrupo Y de mis antepasados cruzó el Atlántico para forjar su propio camino como agricultores durante trescientos cincuenta años desde Virginia a California antes de volver de nuevo a Europa hace unos cincuenta. Durante todo este viaje, mi ADN mitocondrial (ADNmt) se ha quedado en Irlanda y ha pasado de madres a hijas por generaciones y se ha preguntado por qué el resto de mi genoma tardaba tanto en ponerse al día. Sin embargo, según mi prueba de

ADN para saber mis orígenes étnicos –las cuales hay que tomar siempre con bastante cautela–, se supone que no tengo ancestros ni escandinavos ni ingleses; toda esa parte la borró mi abuelo paterno con su elección de pareja. Mi cromosoma Y sirve, básicamente, para relacionarme con un ancestro masculino de hace unas cuarenta generaciones, aunque sin toda una montaña de datos –pruebas de ADN de toda Europa occidental y del norte de América con las que rastrear el viaje de estos «protestantes sin mala intención»–, no puede decir nada de cómo llegué desde el punto de partida hasta mi situación actual.

Si uno estuviera marcado con un haplogrupo tan antiguo que no hubiera forma de descifrar su historial migratorio reciente de poco serviría. Sin embargo, los haplogrupos evolucionan con el tiempo y cuando se forma una mutación se crea un haplotipo diferente dentro del árbol familiar. Volviendo al R1b, se estima que surgió en el Paleolítico, hace unos veintidós mil ochocientos años, pero hemos hallado una mutación (la L754 o R1b1a) independiente hace unos veinte mil cuatrocientos. De ella, hace unos trece mil trescientos surge la R-M269 (o R1b1a1a2), que se expandió por toda Europa con sus diversos subclados. El hecho de que los haplogrupos se dividan continuamente en distintos haplotipos según pasan las generaciones nos permite rastrear movimientos poblacionales concretos en el tiempo y en el espacio. Como las migraciones pueden ser de comunidades enteras o solo de partes de estas, cuando las muestras de ADNa aumenten tendremos una idea más clara de cuándo y hacia qué lugares migraba la gente y cómo los haplogrupos del cromosoma Y y los mitocondriales se expandían. Esto nos permitirá observar dinámicas sexuales en las migraciones, como por ejemplo el equilibrio entre hombres y mujeres migrantes y locales. En cualquier caso, habría que remarcar que lo que *no* podremos hacer con las muestras de haplogrupos es obtener información de la apariencia o la etnicidad de los portadores de haplogrupos, porque esta información se obtiene de los cromosomas somáticos.

Evidencia somática

Quienes hacen uso de las distintas plataformas comerciales de búsqueda de familiares están familiarizados con sus servicios de etnicidad: después de enviar una muestra de ADN, el cliente recibe un desglose porcentual de su etnicidad (inglés, francés, africano, chino) y también una lista de sus afinidades más cercanas con otros clientes, las cuales pueden variar desde un familiar inmediato (por ejemplo, madre e hija), hasta primos lejanos que comparten una pequeña fracción de su pasado en un horizonte de hasta siete generaciones –hace unos doscientos años–, o, en raras ocasiones, a veces más lejos. Los cromosomas somáticos (es decir, todos los cromosomas que no son cromosomas sexuales) provienen tanto del padre como de la madre y se mezclan en cada generación con un 50 por ciento, aproximadamente, de aporte de cada progenitor. En teoría, podrían imaginarse que, si uno de sus progenitores fuera sueco y el otro turco, ustedes heredarían en torno a un 50 por ciento de la etnicidad de cada uno. De hecho, ustedes heredan un 50 por ciento aleatorio de su ADN y no el 50 por ciento de los pocos indicadores potenciales del pasado étnico, por lo que el resultado podría estar distorsionado. Esto explica por qué hijos de los mismos padres podrían tener resultados de etnicidad distintos. Esta mezcla dota de todos los rasgos físicos genéticos como el color del pelo y de los ojos, altura y potencial para ser inmune o vulnerable a algunas enfermedades. Dado que se basa en la herencia de ambos progenitores, la evidencia somática es, naturalmente, el resultado de una unión moderna. Las empresas emplean sus cálculos de los sellos genéticos de los países modernos para aislar etnias geográficas relativamente limitadas –y a menudo irrealmente precisas– con el fin de sorprender a los clientes. Los resultados para la etnicidad de los europeos pueden variar tanto entre distintas empresas que si siguen comprando deberían poder conseguir la etnia que ustedes quieren.

Cuando vemos los patrones somáticos de sociedades pasadas es patente que hubo grupos poblacionales que existieron durante el Paleolítico en Eurasia, los cuales es presumible se formaron cuando las poblaciones humanas se vieron abocadas a refugios relativamente aislados durante la última Edad del Hielo. Consistían en redes de apareamiento, en buena medida cerradas, que estuvieron separadas unas de otras durante miles de años, por lo que han retenido la evidencia de su cuello de botella genético más antiguo y profundo, los cuales portan sellos genéticos muy distintos.

Ya conocemos algunos de estos grupos principales, ahora es momento de explorar cómo la evidencia somática y de ADN monoparental influye en la búsqueda de la cuna.[8] Puesto que muy a menudo las discusiones pasadas se han basado en una falsa dicotomía al ofrecer solo dos posibilidades, aquí intento ampliar la discusión para que se incluyan en nuestro análisis tantas teorías del lugar de origen como sea posible.

PREPARAR EL PAISAJE GENÉTICO[9]

Pese a que la mayoría de las soluciones al lugar de procedencia se sitúa, como muy lejos, en el inicio del Neolítico, todavía hay quienes proponen una cuna en expansión en un periodo anterior sobre la base de distintas ideas. La primera es la observación de que las sociedades cazadoras-recolectoras podrían haber formado una entidad lingüística bastante grande debido a las bajas densidades de población, las economías de gran movilidad y los amplios rangos territoriales y la necesidad de mantener relaciones sociales distantes.[10] Esto se nutre de indicios etnográficos como las Naciones Originarias en Canadá, cuyas familias lingüísticas cubren vastas regiones y quienes se han presentado en ocasiones como indicadores de las circunstancias en el Paleolítico y el Mesolítico en Eurasia.[11] La segunda razón es la desesperación, después de fracasar en el intento de identificar cualquier cultura arqueológica neolítica o posterior que pudiera relacionarse con el área de las primeras dispersiones indoeuropeas. En resumen, una solución en el Paleolítico final o el Mesolítico permite dibujar un círculo en torno a dos o más regiones que han competido entre sí durante mucho tiempo como cunas potenciales y, por tanto, que las reúne bajo un mismo techo, aunque en un momento anterior. Es más, incluso si estos grupos poblacionales anteriores son engullidos por poblaciones neolíticas o eneolíticas genéticamente más recientes, su sello genéticos pocas vecen habrá sido borrado por completo, por lo que aportarían indicios significativos de la composición de poblaciones posteriores.

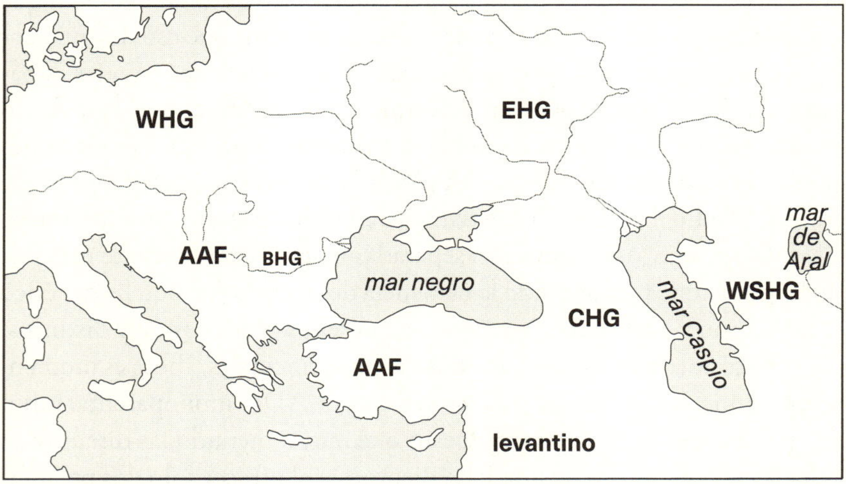

Figura 12.1: Mapa de Eurasia occidental con las localizaciones de los príncipes grupos ancestrales indicados para el periodo *ca.* 15 000-5000 a. C. Dentro de la región de cazadores-recolectores occidentales (WHG) se reconoce el tipo cazador-recolector balcánico (BHG), centrado en la región de las Puertas de Hierro del Danubio. Antes del Neolítico, el grupo WHG dominaba en el occidente, el centro y partes del oriente de Europa, pero fue reemplazado, en gran medida, por la difusión de antiguos agricultores anatolios (AAF) durante el Neolítico. Los otros grupos mostrados en el mapa incluyen a los cazadores-recolectores orientales (EHG), cazadores-recolectores caucásicos (CHG), cazadores-recolectores de Siberia occidental (WSHG) y levantino. Los antiguos ancestros de los indios del sur (AASI) estarían localizados fuera del mapa, en el sur de la India.

Aunque los humanos modernos estaban asentados en Eurasia desde *ca.* 60 000-45 000 a. C. en adelante, estaban sujetos a una variedad de limitaciones climatológicas, en particular el Último Máximo Glacial –hace entre veintiséis mil y diecinueve mil años–, el cual confinó las poblaciones humanas en áreas de refugio en el sur de Francia y en Iberia y en otras al sur de las placas de hielo. Después de la retirada del hielo, las poblaciones se expandieron de nuevo hacia entornos de toda Europa y hace unos catorce mil años hallamos lo que desde la perspectiva del lugar de origen puede verse como un área relevante de Eurasia poblada por varios grandes grupos poblacionales emparentados genéticamente. Resumiré de forma breve lo que conocemos de cada uno de ellos (Figura 12.1).

Cazadores-recolectores occidentales

Surgiendo de un refugio anterior –es posible que los Balcanes– estaba el grupo de los cazadores-recolectores occidentales (WHG), que predominó en Europa occidental y central durante el Mesolítico hasta una línea al este que va desde el mar Báltico hasta la desembocadura del Danubio. El grupo WHG tenía el haplogrupo de ADNmt U5, que ha estado en Europa desde hace al menos treinta mil años, y su subgrupo U5b, que data de hace unos veinte mil. Uno de los haplogrupos del cromosoma Y más prominentes en el Paleolítico era el I. Para quienes no creen que esta información sea completamente irrelevante, WHG habría tenido, de hecho, la piel oscura, pero los ojos claros –azules o verdes–. Mientras que una pigmentación oscura podría parecer contraintuitiva al lidiar con una población que se mueve por el norte de Europa, hay quienes han sugerido que debido a que estos inmigrantes subsistían, principalmente, con una alimentación basada en la caza, no eran tan susceptibles al déficit de vitamina D como sí lo fueron las poblaciones agrícolas posteriores, quienes requerían de una forma más eficiente de crear vitamina D –es decir, una piel más clara–.[12]

En lo relativo al problema de la cuna, es probable que WHG sea identificado con quienes defendían la teoría nórdica y planteaban la evolución de un tipo físico nórdico en el sur de Escandinavia y la continuidad cultural y lingüística en esta región desde el Mesolítico hasta la expansión de las lenguas indoeuropeas. Podría decirse que WHG, aparentemente, barrió a la mayoría de las poblaciones paleolíticas anteriores, entre ellas aquellas provenientes de la cultura Magdaleniense en Europa occidental, por lo que la teoría de la continuidad paleolítica parece tener una salida bastante pobre, dado que la «continuidad» del Auriñaciense no parecía haber superado la última glaciación. Dentro de la amplia área del WHG, un tipo de cazador-recolector balcánico (BHG) se ha identificado en la región de las Puertas de Hierro del Danubio y se encuentra asimismo más al este entre los agricultores del oeste de Ucrania –cultura de Cucuteni–.[13]

Euroasiáticos septentrionales antiguos y cazadores-recolectores orientales

Los vestigios de un muchacho de hace veinticuatro mil años en el yacimiento de Mal'ta, en el corazón de Siberia, aportan el sello genético clásico de los antiguos euroasiáticos septentrionales (ANE), el cual portaron después los cazadores-recolectores de Eurasia septentrional en la era posglacial, así como los nativos americanos que migraron al Nuevo Mundo. Con el tiempo, esta población parece haberse dividido en grupos regionales más pequeños, como los cazadores-recolectores orientales (EHG), que vivieron al este de la línea entre el Báltico y el mar Negro cuando WHG dominaba en el oeste. La mezcla entre los dos grupos principales ocurrió en torno al mar Báltico –Escandinavia y Ucrania incluidas–, donde la población era alrededor del 70 por ciento WHG y 30 por ciento EHG, aunque más al este, en el centro de Rusia, era más predominante EHG. Una investigación reciente de la situación después del Último Máximo Glacial entiende la división entre WHG y el EHG como una «gran división» que se mantuvo durante el Mesolítico.[14] En el área de EHG los genetistas han recuperado en su mayoría los haplogrupos del ADNmt U2, U4 y R1b, así como los haplogrupos del cromosoma Y Q, R y J. Y, en un paradójico giro de las ideas anteriores, fue el grupo EHG el que portó los genes de la piel clara, pero, por el contrario, los colores de ojos oscuros.

El área ocupada por EHG habría incluido la estepa póntica y, por tanto, respaldaría el modelo de la estepa. Tal y como hemos visto en el capítulo anterior, la evidencia genética para la expansión de una población desde la estepa no se asocia exclusivamente con el linaje EHG, sino que requiere de una mezcla con CHG (*vid. infra*); tendremos que examinar en detalle la relación entre estas dos poblaciones. El área de EHG también podría asociarse con algunas de las localizaciones potenciales de la cuna urálica, no indoeuropea.

Cazadores-recolectores anatolios / Antiguos agricultores anatolios

Si continuamos hacia el sudeste, tenemos un ejemplo de una población preneolítica de Anatolia en Pınarbaşı, Turquía, fechada en *ca.* 13 600-13 000 a. C., la cual se ha etiquetada como cazadores-recolectores anatolios (AHG). Es distinta de las poblaciones WHG y las epipaleolíticas/neolíticas del Levante, hacia el sur, y genéticamente está a medio camino entre estas dos. Se explica como resultado del intercambio de genes entre los dos componentes en la región de Anatolia. Los haplogrupos que por el momento se asocian con este grupo son los de ADNmt K2b y N1a y los del cromosoma Y C1a2 y G2a2.

Con la difusión de la agricultura por Anatolia, AHG se convirtió en los antiguos agricultores anatolios (AAF), que predominaron en Anatolia central y occidental y luego se expandieron con la agricultura por Europa, donde también podrían etiquetarse como los primeros agricultores europeos (EEF). Es obvio que este grupo es fundacional para el modelo anatolio, o para cualquier modelo que busque la procedencia en alguna de las culturas neolíticas de Europa que derivaban de los primeros agricultores anatolios. A partir de aquí, emplearé el acrónimo AAF en vez de EEF.

Cazadores-recolectores del Cáucaso

Al este de la región de AHG/AAF, nos encontramos con un sello genético muy distinto cuyos representantes más antiguos están en dos yacimientos del oeste de Georgia: la cueva Satsurblia, fechada en *ca.* 11 000 a. C. (Paleolítico superior), y Kotias Klde, fechada en *ca.* 8000 a. C. (Mesolítico). Representan la red de cazadores-recolectores del Cáucaso (CHG), que también implica a poblaciones de la misma región durante el Neolítico en el Cáucaso y al sur por los Zagros y al sudeste del mar Caspio. Las fechas para la separación entre CHG y AHG se estima hace unos veinte mil o treinta mil años.[15]

El término «CHG» también se emplea a menudo como etiqueta genética para los primeros agricultores de la misma región, estrechamente emparentados (también identificados como «los primeros agricultores iranios», *vid.* pág. 289). Esta red se ha asociado, asimismo, con varias familias lingüísticas no indoeuropeas, así como con las distintas cunas en o cerca del Cáucaso propuestas desde el siglo XVII hasta las sugeridas por Gamkrelidze e Ivanov en el modelo de la Gran Armenia o en modelos más recientes propuestos tanto por genetistas como por lingüistas computacionales.

Grupo levantino (natufiense)

Al sur de AHG/AAF y al sudoeste de las regiones CHG hallamos una población levantina asociada, principalmente, con el natufiense (13 000-9500 a. C.). Una cultura que experimentó la transición de cazadores-recolectores a agricultores en la región de Levante. Durante el Neolítico, el ADN levantino aumenta entre los agricultores anatolios que emplean cerámica y también se mezcla con sus vecinos CHG. Lingüísticamente, tiende a asociarse o bien con el protoafroasiático, o es posible que con un descendiente posterior (semítico), por lo que no juega un papel fundamental en la procedencia indoeuropea más allá de aportar un posible sello genético de la población de la que se tomaron algunas palabras prestadas en indoeuropeo. Los haplogrupos Y más comunes eran E1b, H2 y T1a.

Cazadores-recolectores de Siberia occidental

Más al este nos encontramos con el grupo de cazadores-recolectores de Siberia occidental (WSHG), que es, en esencia, descendiente de los anteriores ANE/EHG mezclados con poblaciones más orientales. El yacimiento arqueológico más significativo asociado con WSHG es Botai, en Kazajistán, donde, como vimos en capítulos anteriores, se ha descubierto la evidencia más antigua de domesticación del caballo. En lo que respecta al lugar de origen, el hecho de que el sello genético de las poblaciones de la estepa al este de los Urales (WSHG) difiera del de las del oeste de los Urales (EHG + CHG) hace poco por apoyar la idea de una población pastoril homogénea que ocupa la estepa asiática y la europea. Tampoco respalda la idea de que los pastores de la estepa europea (EHG + CHG) provienen de la estepa asiática (WSHG), como propuso la escuela de los *Kulturkreise*, la cual promovió el modelo de la estepa asiática. Sin embargo, trazas del linaje WSHG se hallan en algunas poblaciones de la estepa europea (*vid.* Capítulo 15).

Antiguos ancestros de los indios del sur

El clima cálido del sur de Asia no se presta a la preservación de ADNa en restos humanos. En consecuencia, el paisaje genético de la región implica encajar el ADNa de la periferia exterior de la región con las reconstrucciones de los orígenes genómicos de la población actual del área. Esto ha resultado en la identificación del linaje de los antiguos ancestros de los indios del sur (AASI),[16] que se encuentra entre todas las poblaciones indias, aunque tiende a ser menos diluido en el sur, lo que sugiere que, en algún momento, fue el tipo nativo dominante que más tarde se mezcló con lo que se ha llamado el linaje de la periferia del Indo.

AASI se relaciona estrechamente con el perfil genético de los isleños de Andamán y se encuentra en las muestras de la periferia del Indo mezclado con CHG y WSHG. Entre los cromosomas Y reconocidos está el haplogrupo H1d2.[17]

En lo que respecta a las cunas, esperaríamos que el linaje AASI desempeñara un papel fundamental en el rastreo de la dispersión de los indoeuropeos en el modelo de fuera de la India. Que no aparezca en las poblaciones relevantes de Anatolia, el Cáucaso, la estepa o en Europa hace que la teoría de la cuna india no tenga respaldo en la evidencia genética.

GENÉTICA Y LENGUA

El antropólogo alemán Otto Reche (1879-1966), en el tiempo libre que tenía después de respaldar el exterminio de los polacos o defender a ultranza que Anna Anderson era de verdad la princesa Anastasia de Rusia, planteaba que «Raza y lengua han ido de la mano desde siempre», así como que era «inconcebible» (*undenkbar*) que dos razas completamente distintas produjeran la misma lengua, o que la misma raza creara dos lenguas totalmente diferentes.[18] Pese a la seguridad de Reche, ya hemos visto que no hay ninguna relación intrínseca entre el genoma y la lengua: cualquiera puede aprender cualquier lengua y cualquier asociación entre lengua y genética es histórica y no intrínsecamente biológica. Un grupo elitista de guerreros que comparten el mismo haplogrupo puede conquistar una tierra vecina y pasar su haplogrupo a su descendencia masculina durante generaciones, pero, en el caso de que se emparejaran con las mujeres locales, podría darse el caso de que sus hijos y nietos hablaran la lengua de los conquistados en vez de la de la élite. En cuanto al ADN somático, no hace falta que miremos más allá de CHG, cuyo territorio es posible que aportara la base genética para el surgimiento del elamita y del hurrita, así como de los tres grupos principales de las lenguas caucásicas y es posible que de otras (Figura 12.2). En resumen, cada una de las principales poblaciones ancestrales de Eurasia que se fechan en el Paleolítico y el Mesolítico pudieron, y es probable que fuera así, hospedar a una multitud de familias lingüísticas. Por otro lado, puesto que cada uno de estos grupos poblacionales tiene raíces tan profundas y han estado separados tanto tiempo, parece muy poco probable que cualquier lengua pudiera haber evolucionado *simultáneamente* entre dos grupos, como AHG y CHG. Si ustedes no han hablado con su mujer desde hace diez mil años, es probable que tengan un problema de comunicación.

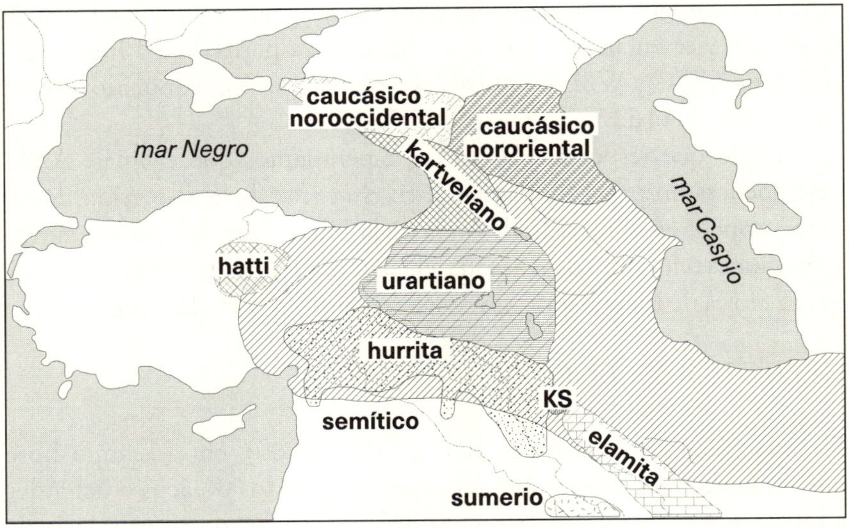

Figura 12.2: El área principal de CHG comprende el territorio de las lenguas antiguas elamita, casita (KS), hurrita, urartiano y, finalmente, parte del hatti, así como los grupos lingüísticos modernos del kartveliano y el caucásico noroccidental y el nororiental.

En lo relativo al rastreo de la procedencia, el paisaje genético heredado (Paleolítico-Mesolítico) nos inclinaría a rechazar cualquier modelo que sitúe la cuna indoeuropea entre dos o más de las principales redes de apareamiento coetáneas. Por ejemplo, hemos visto cómo se han propuesto cunas que se extienden desde Europa del norte o central (WHG) hacia el este por la estepa (EHG) hasta los Urales, donde se piensa que toda la región evolucionó en una sola lengua protoindoeuropea. Desde un punto de vista genético, una protocuna tan temprana sería difícil de explicar.

Estos grupos poblacionales tan amplios también se mueven en la posibilidad de las macrofamilias lingüísticas en las que el indoeuropeo ha sido incluido, como la euroasiática o la nostrática, las cuales, por su propia naturaleza, hunden las raíces en lo más profundo de la prehistoria euroasiática. Estos constructos se enfrentan a un gran problema cronológico y genético: la fecha propuesta –quince mil años para la euroasiática junto con el kartveliano y al dravídico,[19] o la nostrática en una datación similar– tienen que explicar cómo pueden ser el origen compartido de lenguas habladas en los territorios del grupo levantino (afroasiáticas), CHG (elamita, kartveliano), EHG (urálico) y siberiano oriental (altaico), dravídico (AASI) y dondequiera que queramos situar el indoeuropeo. Algunos de estos pueden incluirse en el ANE, más elemental, pero, aun así, se excluirían familias lingüísticas en el Cáucaso y al sur, a no ser que se incluya el origen de estos grupos en el poblamiento inicial de Eurasia por parte de los humanos modernos.

La probabilidad de una cuna indoeuropea que surge de múltiples regiones genéticas lejanas entre sí parecería ser extremadamente reducida. Así pues, algunas de las soluciones paleolíticas y mesolíticas que comprenden dos o más grupos poblacionales independientes, como WHG y EHG, son poco probables. Por otro lado, no es necesario que un lugar de origen haya surgido solo de una única población ancestral, como Reche parecía apuntar, aunque, obviamente, podría ser el caso. Dado que ninguna de las poblaciones ocupaba un área remotamente aproximada a la distribución inicial de las lenguas indoeuropeas, parece bastante claro que debemos buscar un grupo poblacional que expandiera sus límites en diferentes territorios y que se mezclara o reemplazara al sello genético anterior. Esto es, precisamente, lo que pasa al inicio del Neolítico. El paisaje genético de Eurasia relacionado con los orígenes del indoeuropeo fue increíblemente alterado por la expansión de economías agrícolas del Creciente Fértil hacia el oeste, norte y este –la expansión meridional es muy probable que deba asociarse con las lenguas afroasiáticas–.

CAMBIO LINGÜÍSTICO SIN CAMBIO GENÉTICO

Pese a que la importancia de los argumentos paleogenéticos para resolver el problema del lugar de origen no se puede contradecir, este tipo de indicios tienta a presumir que la difusión de una lengua debe dejar un rastro genético claro. Sin embargo, esto reduce los análisis de los distintos modelos a una simple evaluación de la evidencia genética: ¿hay suficiente rastro genético para demostrar una migración o intrusión que pueda respaldar la difusión de una lengua? Aunque esto nos conduce esencialmente a una cascada de problemas en cuanto al rastreo de la dispersión de todas las ramas indoeuropeas a partir de la cuna, lo cual comentaré brevemente en el Capítulo 16, es posible que sea necesario, al menos, delinear algunos de los elementos básicos del cambio lingüístico. Los modelos sostenidos en evidencias genéticas a menudo llegan a situaciones en las que los hablantes de la nueva lengua –el término técnico sería «lengua meta»–, en este caso el indoeuropeo, se emparejan con alguien que habla una lengua diferente y nosotros conjeturamos acerca de qué lengua hablaban sus descendientes. El tipo de cambio lingüístico al que no hemos hecho referencia es cuando una población entera abandona la lengua de sus progenitores y adopta una nueva. ¿Cómo se da esto en la práctica? Una vez intenté analizar esta cuestión en detalle en el caso de la Europa atlántica y muchas de las mismas observaciones se pueden extender al resto de las dispersiones indoeuropeas.[20]

El prerrequisito fundamental para el cambio lingüístico es que la población huésped, no indoeuropea, entre en contacto con la nueva lengua, cuyos portadores podrían, o no, haber dejado un rastro genético detectable. Después del contacto, la población huésped empieza a aprender la nueva lengua y, por tanto, se hace bilingüe: un periodo de bilingüismo social es lógicamente obligatorio para pasar de la lengua originaria a la lengua meta. El bilingüismo puede establecerse de forma gradual a medida que la nueva lengua se establece o se apropia de varios dominios sociales –áreas de actividad donde se emplea– en los que su uso predomina. Por dar un ejemplo extremo, considere la situación del comerciante de especias de Bombay. En casa habla guyaratí, pero en el trabajo tiene que cambiar al kutchi. Si va al mercado necesita hablar en marati. Si quiere viajar en tren, tiene que comprar su billete usando el hindi, pero si quiere volar, cambia al inglés. Un ejemplo más corto sería la afirmación de Carlos V, el cual aseguraba que hablaba en español a Dios, en italiano a las mujeres, en francés a los hombres y en alemán a su caballo.[21]

Los tipos de dominios lingüísticos que podríamos imaginar para los periodos de la prehistoria con los que estamos batallando incluirían el ámbito doméstico –el hogar del individuo, con independencia de cómo se defina–, el ámbito ritual, el político y los distintos dominios sociales, que podrían incluir escuadrones, sodalidades –asociaciones especiales– y grupos religiosos exclusivos, así como los varios dominios que podría implicar el comercio de bienes. Se presume que los hablantes de la lengua recién introducida han establecido o participado en algunas actividades que están abiertas a los hablantes huésped, pero que o bien requieren o bien dan una ventaja a quienes son capaces de hablar la nueva lengua. Por tomar un crudo ejemplo moderno, un dominio obvio –similar a los escuadrones– sería la Legión Extranjera francesa [Légion étrangère], integrada por miembros de todo el mundo, pero que tienen que desarrollar rápidamente cierto nivel de francés. Otro domino obvio está en el campo del intercambio: mientras que un trueque simple puede requerir pocas habilidades lingüísticas, las transacciones más complicadas demandan habilidades lingüísticas mayores. Si no es así, los deficientes desde el punto de vista lingüístico es probable que sean timados. Si los hablantes de la nueva lengua también están introduciendo una religión nueva, esto podría conformar una actividad social importante en la que el acceso a las ceremonias podría requerir de un alto grado de competencia en la nueva lengua.

Cuando llegamos a instituciones indoeuropeas específicas que podrían haber alentado el cambio lingüístico, algunas de las más potentes son la adopción,[22] el clientelismo y las partidas guerreras, junto con alianzas de trabajo con vecinos y festividades. Mientras que la participación en las partidas guerreras está bastante clara, la práctica de la adopción –enviar niños a las casas del tío materno para que se críen allí– se ha sugerido para el indoeuropeo nuclear y todavía era una práctica bien conocida entre los primeros celtas. A finales del siglo XVI, el poeta Edmund Spenser se quejaba de que la práctica de criar a los hijos en casas de hablantes de gaélico era una de las razones principales por las que la élite inglesa en Irlanda se mostraba más feliz de hablar irlandés que su propia lengua.

A medida que la población huésped se hace más y más bilingüe y emplea la nueva lengua en más aspectos de su vida, esto suele llevar a la denigración de la lengua materna, la cual se estigma y abandona de manera gradual hasta que solo se habla en casa. Y al final ni eso, cuando experimenta la muerte lingüística –o, de manera más acertada, «suicidio lingüístico»–. En algunos casos, la lengua huésped podría sobrevivir como lengua litúrgica, como el latín o el avéstico.

Este modelo de cambio lingüístico podría apoyarse en la arqueología si podemos traducir las distintas instituciones sociales en expectativas arqueológicas. Por ejemplo, si la arqueología y la genética asocian una población intrusa con un nuevo dominio social, como un lugar central en el que se llevan a cabo distintas actividades –de intercambio, rituales, románticas–, esto podría aportar indicios del tipo de cambio cultural que acompaña a una migración que podría incentivar un cambio lingüístico.

Para concluir, en esta revisión de las técnicas y el impacto de la paleogenética hemos visto que el ADNa –tanto monoparental como somático– puede aportar evidencias de la ancestralidad de individuos y poblaciones, su movimiento en el tiempo y en el espacio y su red de matrimonios, todo lo cual podría iluminar el movimiento de las lenguas. Las áreas relevantes para la búsqueda de la cuna indoeuropea involucran a una serie de poblaciones ancestrales en Eurasia occidental y central, cada una asociada con un modelo o modelos particulares. En cualquier caso, las migraciones evidenciadas genéticamente y las interacciones no son la única manera en que las lenguas podrían expandirse. Existen otros modelos para la dispersión de una lengua que podrían dejar muy poca o ninguna evidencia genética, en especial si el cambio lingüístico se experimenta en una cadena de poblaciones genéticamente diversas. El cambio lingüístico es un proceso precedido, normalmente, por el bilingüismo social a lo largo de una serie de dominios sociolingüísticos en los que la competencia en la nueva lengua aporta ventajas sociales. Durante este proceso, la nueva lengua, por lo general, crece en estima pública, mientras que los hablantes de la lengua que va a ser reemplazada ven cómo esta es estigmatizada de forma progresiva a medida que resulta menos atractiva en sociedad y en la práctica, hasta que se abandona y resulta en la muerte lingüística.

Volveremos a este asunto al final del libro, aunque tenemos que recordar que mientras que la difusión de una lengua puede requerir por necesidad el movimiento de al menos algunas personas, no tiene por qué haber dejado un rastro genético obvio.

NOTAS

1 Sayce, A. H., 1880, 121.
2 Sayce, A. H., 1883, xii.
3 Escribí estas líneas mucho antes de leer el trabajo de Kosinski publicado en 2023, en el que defiende que los polacos y sus colegas eslavos son los más parecidos a los protoindoeuropeos debido a la alta concentración de R1a entre ellos. ¡Ay!
4 [https://www.indiatodayne.in/national/story/dna-test-shows-brahmins-belong-to-russia-rjd-leader-yaduvansh-yadav-551766-2023-05-02].
5 Lazaridis, I. *et alii*, 2022; Lazaridis, I. *et alii*, 2024.
6 Campbell, L., 2015.
7 Vicent García, J. y Martínez-Navarrete, M. I., 2022, 295; *véase también* Vander Linden, M., 2016.
8 Anthony, D., 2023b.
9 Posth, C. *et alii*, 2023.
10 Robb, J., 1993, 750.
11 Mallory, J. P., 2008.
12 Childebayeva, A. *et alii*, 2022.
13 Nikitin, A. *et alii*, 2024.
14 Allentoft, M. *et alii*, 2024.
15 Jones, E. R. *et alii*, 2015.
16 Yang, M., 2022.
17 Narasimhan, V. *et alii*, 2019.
18 Reche, O., 1936, 314.
19 Pagerl, M. *et alii*, 2013, 8475.
20 Mallory, J. P., 2016.
21 *Ibid.*, 389.
22 *Ibid.*; Olsen, B., 2023; Stockhammer, P., 2023.

CAPÍTULO 13

El modelo de la cuna anatolia

En los siguientes tres capítulos examinaré con más detalle cómo el nuevo campo de la paleogenética ha impactado en los distintos modelos del lugar de origen indoeuropeo; en particular, acerca de las soluciones más convincentes identificadas en los capítulos anteriores. Es decir, los modelos anatolio, caucásico y de la estepa. Comenzamos con los indicios asociados a los primeros agricultores en Anatolia y Europa y exploraremos las consecuencias de asumir que la cuna indoeuropea estaba asociada con el grupo de los antiguos agricultores anatolios (AAF).

ANTIGUOS AGRICULTORES ANATOLIOS

La agricultura se desarrolló en el Creciente Fértil y se expandió hacia el oeste hasta alcanzar Anatolia central alrededor de 8300 a. C. Aunque su difusión se ha expresado a menudo en términos de una «oleada de avance», con los victoriosos agricultores derrotando y esquilmando a los cazadores-recolectores, este no parece haber sido el caso para Anatolia central. Los indicios arqueológicos[1] y genéticos respaldan esta conclusión. Ya hemos visto que el yacimiento de Pınarbaşı ofrece evidencia genética de los cazadores-recolectores anatolios (AHG, el ancestro de AAF). Desde *ca.* 9500 a 7800 a. C., este asentamiento también presenta evidencias de vida en aldeas, basada, hasta donde se puede determinar, en la caza de animales salvajes –aunque se explotaban ovejas y cabras, es probable que fuesen cazadas en vez de criadas– y sin ningún indicio del cultivo de cereales (Figura 13.1). En el cercano Boncuklu, que se estima que se solapa con el yacimiento de Pınarbaşı durante trescientos o quinientos años, hay alguna evidencia de la gestión de ovejas/cabras, así como de crecimiento de trigo. Sin embargo, aquí también las prácticas agrícolas eran bastante escasas comparadas con la caza y la recolección de plantas salvajes, lo cual sigue siendo así durante toda la existencia de Boncuklu (*ca.* 8300-7800 a. C.). Esto sugiere que una comunidad de cazadores-recolectores es probable que estuviera en contacto con agricultores situados más al este, de los cuales obtuvieron algunos rasgos de la economía doméstica –trigo–. De ninguna manera, sin embargo, esto llevó a un cambio drástico en su estrategia económica, que siguió siendo, fundamentalmente, la caza y la recolección.

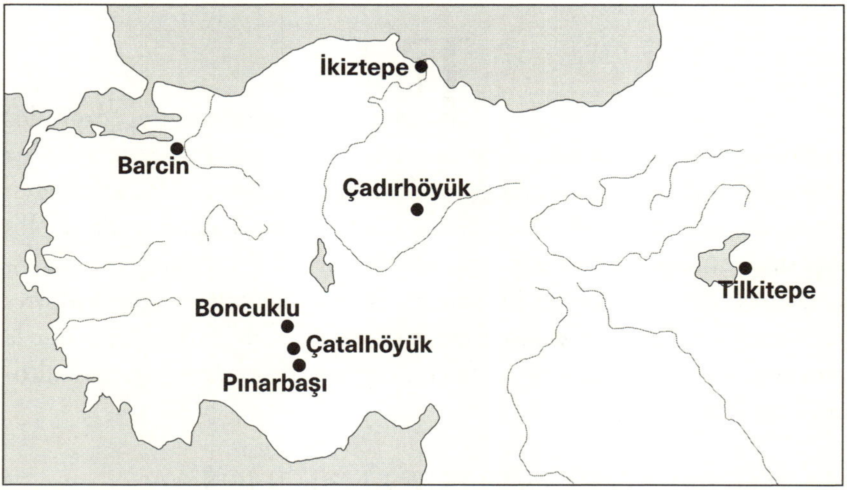

Figura 13.1: Mapa con algunos yacimientos neolíticos. El perfil genético de los primeros agricultores de los Balcanes concuerda con las muestras de las comunidades agrícolas anteriores de Barcin (6600-6000 a. C.), que, a su vez, están relacionadas con las poblaciones todavía más antiguas de Boncuklu.

En el yacimiento de Boncuklu se hallaron siete individuos del Neolítico acerámico –o sin cerámica– que se han etiquetado genéticamente como AAF. El sitio presenta los haplogrupos mitocondriales N1a1a1, K1a y U3, así como los haplogrupos del cromosoma Y C y G2a2b2b (G-PF3359). La ancestralidad de la población de Boncuklu era en torno a un 90 por ciento AAF local y más o menos un 10 por ciento de cazadores-recolectores caucásicos (CHG), estos últimos procedentes, probablemente, de zonas más al este, lo cual es posible que explique el vector humano –matrimonios mixtos– que introdujo el conocimiento de la agricultura y algunas variedades de trigo doméstico. La cantidad de CHG aumenta en Anatolia a lo largo del tiempo y, hacia 7100 a. C., vemos con más asiduidad asentamientos agrícolas como Çatalhöyük Este, seguido por el asentamiento principal de Çatalhöyük, que se ha presentado a menudo como el ejemplo arqueológico del modelo anatolio.[2] Aquí los haplogrupos del cromosoma Y predominantes continuaron siendo G2a2 y C1a2. Durante esta transición a un sistema agrícola completo (7000-6000 a. C.) la cantidad de CHG en la población aumenta, pero solo en torno a un 20 por ciento, mientras que el 80 por ciento continúa siendo AHG/AAF local.[3] De ese modo, tenemos una situación en la que, en el transcurso de más de dos milenios desde el inicio del Neolítico, tenemos cada vez más indicios de matrimonios mixtos con una población CHG que se mueve hacia el oeste, o que al menos se reproduce, en Anatolia. Sin embargo, en lo que respecta al noroeste de Anatolia, que era el área de preparación para los agricultores que se desplazaron a los Balcanes,[4] la cantidad de CHG todavía sigue siendo muy baja hasta la transición entre el Neolítico y el Eneolítico, cuando aumenta a alrededor del 30 por ciento.[5]

Desde la perspectiva del modelo anatolio, los escenarios arqueológico y genético sugieren algunas consecuencias que parecen más probables que otras. Para empezar, la falta de una oleada de avance principal desde el Creciente Fértil por Anatolia al inicio del Neolítico respalda la propuesta de que, al asumir que el protoindoanatolio se difundió en los comienzos del Neolítico desde Anatolia central y occidental, entonces habría que identificarlo con los habitantes AHG/AAF de Pınarbaşı o Boncuklu, en vez de con las poblaciones CHG más orientales (por ejemplo, de los Zagros o Mesopotamia) o con poblaciones meridionales en Levante. Aunque hay influencias posteriores de estas zonas durante el Neolítico cerámico, desplazar la cuna más al este resultaría en situarla en un territorio cuya composición genética (CHG) no coincide con la de los primeros agricultores de Anatolia central o noroccidental y, lo que es más importante para este modelo del lugar de origen, con las primeras comunidades agrícolas de Europa. Esto no significa que no se pueda situar la cuna indoeuropea en Anatolia oriental, el Cáucaso o los Zagros, pero, si se hace, ya no se está asociando la expansión de las lenguas indoanatolias por Europa con la difusión de la agricultura, lo cual es, a fin de cuentas, la fuerza motriz del modelo anatolio.

EL DEBATE DE LA CUNA BALCÁNICA

El modelo anatolio suele relatar el origen de las lenguas anatolias de la forma más económica posible y las sitúa ya en Anatolia desde, al menos, el Neolítico, en vez de requerir una migración posterior. En lo relativo a la filogenia del indoanatolio, esto situaría al protoanatolio, el ancestro inmediato de las lenguas anatolias, en o cerca de la cuna central, donde permanecería y al final pasaría al registro escrito. Todo el resto de la familia lingüística, el indoeuropeo nuclear, se separaría, se presume que en movimiento hacia los Balcanes, donde sufriría todos los cambios lingüísticos comunes que no aparecen en las lenguas anatolias.[6] Ya nos hemos encontrado con esta sugerencia cuando exploramos la versión enmendada de Colin Renfrew de su solución anatolia, la cual fue diseñada para ayudar a la hipótesis a lidiar con algunos de los problemas filogenéticos del modelo inicial.[7] Por supuesto, al tratar al sudeste de Europa como la cuna secundaria del protoindoeuropeo y el área de preparación para otras dispersiones indoeuropeas, estamos situando la cuna en la «Vieja Europa» de Marija Gimbutas, un crisol de culturas neolíticas conocido por sus asentamientos agrícolas de larga duración, una ausencia general de violencia –al menos de manera obvia– y miles de sugestivas estatuillas femeninas de una sociedad matrifocal: todos los rasgos que Gimbutas defendía que no pasarían el filtro cultural de las primeras sociedades indoeuropeas. Si uno no rechaza toda la evidencia de la paleolingüística, la refutación a esto sería sugerir que el caballo doméstico, el vehículo rodado, las armas, la agresión y todo lo demás fueron fenómenos posteriores durante la difusión del indoeuropeo. Así, la imagen creada por la paleolingüística es irrelevante para el Neolítico antiguo y medio de los Balcanes, cuando el indoeuropeo nuclear estaba evolucionando y aún no se había dispersado. Un centro balcánico también parece presuponer que los agricultores hablantes de indoeuropeo se expandieron hacia el este y absorbieron el modelo de la estepa para explicar las expansiones hacia el este (tocario, indoiranio) en dirección a Asia. Aunque ya hemos visto que esto parece ir en contra de la evidencia genética, que indica que la composición principal de la gente de la estepa era de cazadores-recolectores orientales (EHG) y CHG, así como que AAF, el sello genético de los agricultores anatolios, era un elemento minoritario que –como veremos– parece haber entrado en la región a través del Cáucaso en vez de de los Balcanes.

La idea de que hubo un flujo masivo de agricultores hacia el sudeste de Europa desde el noroeste de Anatolia ha recibido un apoyo firme de los estudios de ADN antiguo (ADNa). Por ejemplo, en torno a un 98 por ciento de la ancestralidad de los primeros agricultores de los Balcanes deriva de agricultores del norte de Anatolia.[8] Pero esto también significa que es difícil distinguir a los agricultores del noroeste de Anatolia de los agricultores de los Balcanes, por lo que los modelos de una cuna balcánica independiente parecerían ser subsumidos, lógicamente, por un modelo anatolio dominante. Es difícil dar con alguna razón por la que aislar genéticamente al Neolítico balcánico del anatolio y si la difusión de la agricultura es el vehículo para la difusión de una familia lingüística, no está claro cómo se debería separar un segmento del protoindoeuropeo del resto de las expansiones neolíticas. En pocas palabras, al igual que con la evidencia arqueológica, la genética muestra que una cuna balcánica independiente del modelo anatolio es algo extremadamente poco posible.

El único «interés» genético de los Balcanes son las bolsas de comunidades neolíticas que muestran más evidencias de ancestralidad de cazadores-recolectores occidentales locales (WHG), o de cazadores-recolectores balcánicos (BHG). Por ejemplo, a lo largo del Danubio, en Bulgaria, WHG crece hasta el 15 por ciento y, en general, en el paso del Neolítico antiguo al medio la contribución de agricultores con WHG aumenta en los Balcanes, el centro de Europa e Iberia. En las últimas dos regiones está confinado, principalmente, a varones con un sello WHG y se asocian con los haplogrupos del cromosoma Y I2, R1 y C1. No obstante, una vez que estos haplogrupos han sido absorbidos por las comunidades neolíticas, al final quedan asimilados en el sello genómico de la oleada expansiva de agricultores, lo que implica que dejan de ser marcadores de cazadores-recolectores locales y se convierten en agricultores completos que, sencillamente, portan un antiguo pedigrí de cazadores-recolectores locales. Tienen de cazadores-recolectores lo que yo de vikingo.

En el Capítulo 6 nos encontramos ante la interesante propuesta de Rasmus Bjørn del balcánico antiguo, una lengua afroasiática extinta de los Balcanes que fue el vector para los préstamos afroasiáticos en la estepa. Dado el hecho de que los Balcanes accedieron a la economía neolítica por medio de agricultores del noroeste de Anatolia, abrumadoramente AAF (en vez de levantinos o CHG), sospecho que la única manera en la que el antiguo balcánico puede sobrevivir como una teoría es, o bien si AAF fuera genéticamente pariente del afroasiático, o bien si el vocabulario de sus posibles préstamos también lo hubieran prestado los anatolios del noroeste a partir de una lengua afroasiática. Mientras que el ADNa levantino aumenta con el paso del tiempo en Anatolia, el vector genético anterior que uno asociaría con la difusión de la agricultura sigue siendo el CHG, que ya es el potencial germen de suficientes familias lingüísticas sin que haga falta introducir también la afroasiática. Será interesante ver si alguien puede construir refutaciones creativas a la evidencia arqueológica y genética que sugiere que los primeros agricultores *no introdujeron* una lengua afroasiática extinta en Europa.

Otro problema es que la evidencia genética no solo fracasa en distinguir entre los primeros agricultores del noroeste de Anatolia y los de los Balcanes, sino que también confirma que la ruta migratoria asociada con la cerámica cardial (Anatolia > Balcanes > Adriático > Italia > Iberia) implicaba, esencialmente, a las mismas poblaciones genéticas que entraron en los Balcanes. Es el Mediterráneo el que ofrece alguna evidencia de lenguas no indoeuropeas, sobre todo en el oeste (euskera, ibero, ¿nurago?). Es difícil plantear que los agricultores anatolios difundieron una lengua indoeuropea por el sudeste de Europa y al mismo tiempo lenguas no indoeuropeas de los Balcanes hasta Iberia. Por supuesto, uno podría defender que estas lenguas son vestigios de poblaciones mesolíticas (WHG) a lo largo del Mediterráneo que adoptaron la agricultura, pero que fueron capaces de retener su propia lengua. Esto es una parte de una enorme caja de Pandora a la que yo llamo el problema de la «Europa periférica» –volveremos a esto más adelante, en el último capítulo–, que, a falta de una solución clara, sigue siendo un asunto de partidismo. Si ustedes creen que la «ola de avance» de la agricultura es tan fuerte que –prácticamente– garantiza un cambio lingüístico, entonces no esperaríamos que las lenguas nativas del Mesolítico en el Mediterráneo hubieran sobrevivido. Por otro lado, siempre está la posibilidad de que una o más comunidades mesolíticas fueran capaces de adoptar la agricultura sin abandonar su lengua y llevaran más lejos la expansión tanto de la agricultura como de su propia lengua.

LOS ARGUMENTOS A FAVOR DE UNA CUNA DANUBIANA

Desde un punto de vista genético, gran parte de lo que se ha dicho con respecto al modelo de la procedencia balcánica se puede aplicar al modelo danubiano, que une los orígenes del indoeuropeo con la difusión de la cultura de la cerámica de bandas, asombrosamente homogénea. Se origina, *grosso modo*, en el territorio de Hungría y Eslovaquia hacia 5500 a. C. y se expande al oeste hasta el Atlántico y al este hasta Ucrania. La evidencia genética indica que la población de la cerámica de bandas era, en gran parte, AAF, con alguna mezcla con WHG local que aumentó a lo largo del tiempo.[9] Un estudio reciente situó al AAF en un 93 por ciento, aproximadamente, y al WHG en torno al 7 por ciento.[10] Los haplogrupos del cromosoma Y principales eran G2a2 y H2, haplogrupos que se pueden rastrear hasta sus ancestros anatolios. Los análisis fenotípicos revelaron –posiblemente– un 33 por ciento con ojos marrones y un 21 por ciento con pelo castaño; la pigmentación más oscura introducida por los primeros agricultores no mostraba evidencias de haberse aclarado durante su difusión desde Anatolia al Danubio.

El atractivo de la hipótesis de la cuna danubiana se ha basado en una combinación del enorme tamaño de su territorio, junto con la impresión de que era una cultura relativamente uniforme tipificada por una cerámica y un estilo arquitectónico distintivos (las llamativas casas de la cultura de la cerámica de bandas halladas en muchas excavaciones eran demasiado tentadoras para los lingüistas que estaban buscando una plantilla para la palabra protoindoeuropea para «casa») y algunos elementos tecnológicos. Todo esto alimentó la idea de que representaba una entidad lingüística estable. Pese a que no puede interpretarse que el tamaño de los grupos reproductivos coincida exactamente con los agrupamientos lingüísticos, un examen del grado de endogamia en la cultura de la cerámica de bandas sugiere que operaba con redes reproductivas amplias, de alrededor de cinco mil personas, lo cual podría emplearse para alimentar más la noción de un área uniforme cultural y lingüísticamente en el periodo entre *ca.* 5550-4500 a. C. En esto se podría contrastar con el Neolítico antiguo de los Balcanes, con su proliferación de estilos cerámicos regionales y sistemas de asentamiento variables, aunque relativamente densos, lo cual, al menos, sugería unos límites culturales más marcados que uno podría –aunque no necesariamente debería– entender como áreas lingüísticas más diversas (¿dialectos?).[11]

Sin embargo, el área danubiana todavía era claramente parte del mismo proceso de expansión neolítica que los Balcanes y genéticamente se relacionaba con los agricultores del noroeste de Anatolia. Al igual que en el resto de los sitios, la presencia de ancestralidad de WHG local aumentó con el tiempo en los asentamientos del Neolítico medio y reciente de la región, aunque todavía estamos ante una población que deriva genéticamente en buena medida de Anatolia. Parece *casi* imposible sacar al modelo de la cuna danubiana del destino del modelo anatolio, pero volveremos a ello en el último capítulo.

LA CUNA NÓRDICA

Pese a algunos intentos iniciales un tanto delirantes por establecer los orígenes de la agricultura europea en el norte de Europa y convertir al resto de Europa en culturalmente subsidiaria de una gran raza nórdica, la expansión de la economía neolítica desde Anatolia a través de los Balcanes y la Europa danubiana está bastante bien apuntalada por la evidencia. Puede haberse demorado durante casi un milenio, pero logró reemplazar a las sociedades de cazadores-recolectores que habían ocupado el norte de Europa. Hemos visto que la primera de estas culturas neolíticas fue la cultura de los vasos de embudo (4500-2700 a. C.), que estaba dispersa por una extensa área del norte de Europa desde los Países Bajos en el oeste hasta el margen occidental de Ucrania. Los genetistas crearon una honda disputa acerca de si esta cultura era un producto de cazadores-recolectores locales que adoptaron de forma gradual la nueva economía y parte de la tecnología de sus vecinos sureños (lo cual reforzaría el modelo de la cuna nórdica), o si esta cultura era el resultado de una migración desde el sur (el modelo anatolio). Destaparon una clara distinción entre la cultura de los vasos de embudo y sus predecesores mesolíticos locales, así como con miembros de varias sociedades de cazadores-pescadores-recolectores (la cultura de la cerámica perforada) que vivieron con ellos en la región báltica.

La cultura de los vasos de embudo contenía cantidades de genes WHG locales (en Dinamarca a partir de más o menos un 10-30 por ciento), pero era, principalmente, de descendencia AAF.[12] Varios haplogrupos mitocondriales[13] indicaban que las mujeres de esta cultura tenían ancestras lejanas que habían vivido alguna vez en Anatolia. El cromosoma Y muestra varios haplogrupos derivados de los primeros agricultores, pero sobre todo el I2, el sello de los cazadores-recolectores anteriores que habían sido absorbidos hace tiempo por las primeras comunidades agrícolas a medida que se expandían por el sudeste y centro de Europa. La inclusión de varones locales, al menos en Dinamarca, podría no haber ocurrido hasta el Neolítico tardío,[14] pero estamos lidiando de nuevo con el efecto de la «Europa periférica», en el que los agricultores trazan sus orígenes genéticos hasta los anteriores cazadores-recolectores locales. En Francia, el Reino Unido e Irlanda, por ejemplo, los hombres del Neolítico son abrumadoramente descendientes del cromosoma Y de cazadores-recolectores locales europeos (I2) que «se han convertido en agricultores».[15] Predecir la identidad lingüística de estos «europeos periféricos» es bastante problemático y suponer que cualquiera que fuese la lengua traída desde Anatolia aún estaba absorbiendo a poblaciones del oeste y norte de Europa es solo eso: una suposición.

El grupo Baalberge de Alemania y Bohemia (Figura 9.8), incluido normalmente en el paraguas de la cultura de los vasos de embudo, se distinguió por practicar enterramientos individuales bajo montículos, un marcador clásico de las culturas de la estepa. Por esta razón, Marija Gimbutas entendió el grupo Baalberge como una cultura «kurganizada», esto es, una cultura de los vasos de embudo local que había sido dominada culturalmente por la primera oleada de migrantes de la estepa hacia Europa central.[16] Ya hemos visto que la evidencia craneal no apoyaba esta teoría y ahora sabemos que tampoco lo hace el ADNa. Los haplogrupos mitocondriales son, en su mayoría, los que aparecen en Europa con la colonización de los Balcanes en el Neolítico inicial (por ejemplo, HV, H7, K1, N1, T2, etc.), mientras que la evidencia de los cromosomas Y es, de nuevo, nuestro antiguo vestigio paleolítico, I2, que ya hemos visto en agricultores neolíticos de los Balcanes, y R1b V88, otro de los haplogrupos más tempranos que había sido absorbido por la expansión de los primeros agricultores y que es prominente en la Cerdeña neolítica en particular.[17]

EVALUAR LA MEZCLA DE CHG Y AAF

Aunque los agricultores anatolios eran el vector inicial para llevar la agricultura a Europa, no parecen haber iniciado la revolución neolítica que sucedió a su este y sur. Ya hemos visto referencias a los ocupantes paleolíticos del este de Anatolia, los Zagros y el Cáucaso como CHG y este acrónimo puede extenderse a los primeros agricultores de la región, a veces referidos también como «antiguos agricultores iranios», puesto que el sello genético de CHG también estaba presente en el yacimiento neolítico de Ganj Dareh, en la cordillera central de los Zagros, y fechado *ca.* 8000-7000 a. C. Está claro que si el protoindoanatolio emergió de la revolución neolítica, implicó alguna contribución de la población CHG. Ya hemos visto que CHG empezó a aparecer en pequeñas cantidades (*ca.* 10 por ciento) en Anatolia central entre los primeros agricultores sin cerámica de Boncuklu y, pese a que hay una continuidad mayoritaria de población AAF en la región, el porcentaje de CHG aumenta con el tiempo –junto con genes levantinos más meridionales–.[18] Mediante un proceso de mezcla en el que los genes de agricultores anatolios se desplazaron hacia el este y los genes CHG hacia el oeste, una clina AAF-CHG que iba desde el oeste de Anatolia al Cáucaso meridional «comenzó a inicios del Neolítico tardío (~6500 años a. C.)».[19] Ya en la Edad del Bronce inicial el porcentaje de CHG en las poblaciones de Anatolia había subido a, aproximadamente, el 40 por ciento y siguió creciendo en la Edad del Bronce media y tardía, cuando las muestras derivadas de quienes algunos creen que son hablantes de hitita están en torno al 60 por ciento AAF y 40 por ciento CHG.[20] Después de este periodo, la mayoría de los estudios hasta el momento ha sugerido que hay poca evidencia de otras disrupciones tempranas en lo que se describe como una continuidad genética en Anatolia hasta la aparición de los túrquicos (*vid. infra*).

Puesto que ahora estamos batallando con AAF y CHG apareciendo como elementos «foráneos» en el mundo del otro, deberíamos apuntar varias ideas. Aunque el porcentaje de CHG crece en la mezcla, no llega a dominar en las áreas donde hallamos las lenguas anatolias. Esto plantea un problema interesante –y por el momento irresoluble– a la hora de intentar leer un cambio lingüístico a partir de mezclas genéticas. Todo desde al menos el Neolítico en adelante va a implicar mezclas y hay una tentación entendible de entender los porcentajes de mezcla como probabilidades lingüísticas. Al investigar la difusión de la agricultura desde Anatolia por Europa hemos estado implicados a menudo en mezclas completamente desequilibradas, con AAF en el 90 por ciento o más en la mayoría de los casos (lo que sugiere que este tipo de situación genética *probablemente* favorecía la lengua de quienes eran de origen AAF cuando se formó la mezcla). ¿Pero qué sucede cuando la mezcla está más ponderada, como sucede en Anatolia central y occidental? ¿Cuánto CHG se necesita en la mezcla para convencer de que esta podría ser la causa del cambio lingüístico en Anatolia? Si el territorio al que adscribimos las lenguas anatolias experimentó una mezcla de en torno al 60 por ciento AAF y 40 por ciento CHG, ¿cómo evaluamos las implicaciones lingüísticas de esta mezcla? ¿Es el 40 por ciento de CHG suficiente para sugerir que las lenguas anatolias derivan de esta comunidad genética en vez de los AAF nativos? Si esto fuera así, entonces todo el modelo anatolio se vendría abajo.

Un indicador de lo dificultoso que es la equiparación de porcentajes genéticos con probabilidades lingüísticas puede verse en el caso de la lengua sarda. Aceptemos por un momento –como es probable que hagan la mayoría de las teorías principales– que el itálico deriva de una expansión eneolítica de la estepa hacia Europa central. Aunque el sardo es una lengua romance, solo en torno a un 15 por ciento de la población moderna –y no más del 20 de ninguna población antigua muestreada– lleva el sello de las migraciones de la estepa que aparece muy tarde en su prehistoria –al contrario que en las regiones vecinas–.[21] Parece bastante claro que la absorción romana de Cerdeña en el mundo itálico fue completa lingüísticamente, pero marginal genéticamente. Uno podría entonces plantear que incluso un 15 por ciento de un sello genético minoritario es suficiente para respaldar un cambio lingüístico. Por otro lado, también tenemos en cuenta la cantidad de instituciones sociales romanas que pudieron incentivar el cambio lingüístico y entendemos que extender este 15 por ciento a situaciones anteriores sería del todo inapropiado. ¿O también tenemos que construir nuestra argumentación con los indicios de los haplogrupos? Aquí, de nuevo, es probable que nos encontremos otra vez incapaces de evaluar cuántos haplogrupos intrusos –teniendo también en cuenta el sexo– indican un cambio lingüístico significativo.

En resumen, por el momento no estamos en situación de traducir porcentajes de mezcla genética en probabilidades de cambio lingüístico más allá de, quizá, allí donde los porcentajes caen de forma abrumadora en uno de los lados y están también confirmados por amplia evidencia de los haplogrupos. A esto también hay que sumar un buen control de la cronología de la mezcla a lo largo del tiempo y, como se mencionó antes por medio de una cita, la evidencia contextual de las muestras indicada por la arqueología. Este último punto no puede minusvalorarse, porque solo podemos obtener certezas lingüísticas de los datos genéticos si entendemos el contexto social del que derivan nuestras muestras, cómo se podrían relacionar con modelos sociales del cambio lingüístico y si esos modelos pueden de verdad señalar en qué dirección es más probable que ocurra el cambio lingüístico. Soy totalmente consciente de que acabo de hacer una de esas piadosas afirmaciones aspiracionales que revuelven el estómago –al menos a mí– y que estamos lejos de ser capaces de probar –si es que alguna vez podemos hacerlo–. Gran parte de esta discusión se basa en suposiciones acríticas acerca de la naturaleza de nuestros datos en vez de en ciencia sólida. Por el momento, no hay ninguna forma fiable de traducir los porcentajes de mezcla genética en probabilidades de cambio lingüístico, por lo que tomen cualquier interpretación lingüística que yo pueda hacer con unas pinzas bien grandes. La situación debería mejorar de manera considerable cuando tengamos un uso más generalizado de análisis de IBD («Identidad por Descendencia», ¡no el Infame Brote Digestivo!)* de la evidencia paleogenética, lo cual nos permitirá hacer estudios mucho más refinados de las historias de las poblaciones.[22] Pero por ahora debo continuar con las pruebas actuales y conjeturas muy sospechosas.

Finalmente, AAF disminuye en su eje oeste-este, donde se encuentra en torno a un 30 por ciento en el este de Irán, a un 20-25 por ciento en el Complejo Arqueológico Bactria-Margiana (BMAC) y cae a más o menos a un 7 por ciento en la parte oriental de Asia Central. El sello AAF también se observa penetrando en el propio Cáucaso, donde un yacimiento de la cultura neolítica cerámica principal de la fase más inicial del

* N. del T.: *Irritable Bowel Disease* en el original, que corresponde al síndrome del intestino irritable, o colon irritable, en español. El autor hace un juego de palabras con el acrónimo IBD que se ha intentado mantener en la traducción.

Cáucaso, Aratashen-Shulaveri-Shomutepe (fechado alrededor de 6000-5000 a. C.), reveló tres enterramientos distribuidos en un 30 por ciento CHG, 15 por ciento levantino y 55 por ciento AAF.[23] Esto indica que la difusión del Neolítico cerámico por el Cáucaso la llevaron a cabo poblaciones agrícolas en las que los genes CHG y AAF ya se habían mezclado en una cantidad sustancial y se habían unido a una fuente genética levantina más meridional. En el norte del Cáucaso se ha observado AAF en un enterramiento de la cueva de Unakozovskaya, que se fecha *ca.* 4500 a. C., mientras que la posterior cultura Maikop presenta un 10 por ciento de AAF.[24] La mezcla de CHG y AAF contribuye a complicar un problema ya complicado de por sí y genera una variedad de narrativas relacionadas con el lugar de origen que exploraremos en los siguientes dos capítulos.

NOTAS

1 Baird, D. *et alii*, 2018.
2 Renfrew, C., 1987.
3 Mathieson, I. *et alii*, 2015.
4 Gerritsen, F. y Özbal, R., 2019.
5 Lazaridis, I. *et alii*, 2022.
6 Por ejemplo, Renfrew, C., 2003.
7 *Ibid.*
8 Mathieson, I. *et alii*, *op. cit.*
9 Nikitin, A. *et alii*, 2019.
10 Childebayeva, A. *et alii*, 2022.
11 *Vid.* Robb, J., 1993, 751-752; Nettle, D., 1998; Nettle, D., 1999, para el impacto del paso a la agricultura en la creciente diversidad lingüística.
12 Malmström, H. *et alii*, 2015; Fraser, M. *et alii*, 2018; Skoglund, P. *et alii*, 2014; Fernandes, D. M. *et alii*, 2018.
13 Por ejemplo, N1a, T2b, J1c5, J1c8a, J1d5, J2, K1a2b, K1a5, K1e, K2b1a y V.
14 Allentoft, M. *et alii*, 2024b.
15 Seguin-Orlando, A. *et alii*, 2021.
16 Gimbutas, M., 1994, 45-48.
17 Marcus, J. *et alii*, 2020 [doi.org/10.1038/s41467-020-14523-6].
18 Mathieson, I. *et alii*, *op. cit.*
19 Skourtanioti, E. *et alii*, 2020, 1166.
20 Damgaard, P. *et alii*, 2018.
21 Marcus, J. *et alii*, *op. cit.*
22 Saada, J. *et alii*, 2020; McColl, H. *et alii*, 2024.
23 Guarino-Vignon, P. *et alii*, 2023.
24 Wang, C. *et alii*, 2019, fig. 2a diagrama de barras.

CAPÍTULO 14

EL MODELO DE LA CUNA CAUCÁSICA

Como hemos visto, situar una cuna indoeuropea en o cerca del Cáucaso ha sido parte de las soluciones del *Urheimat* desde, al menos, Andreas Jäger en el siglo XVII y nos la hemos ido encontrando de vez en cuando. En su forma más evolucionada, antes de la llegada de las pruebas de ADN antiguo (ADNa), esta solución se promocionaba en los trabajos de Tamaz Gamkrelidze y Vyacheslav Ivanov, aunque asociada aquí a un periodo posterior a las primeras dispersiones agrícolas y, es posible, asociada arqueológicamente con al menos una parte de la cultura de Halaf (*ca.* 6100-5100 a. C.), localizada en el extremo septentrional de la región del Tigris y el Éufrates (*vid. infra* y en Figura 9.17). Sin embargo, esta no es, de ninguna de las maneras, la única forma en la que se puede situar un lugar de origen asociado con el sello genético de los cazadores-recolectores caucásicos (CHG) y quiero explorar algunas de las opciones posibles para anclar la cuna en el territorio de su grupo poblacional. En otras palabras, ¿cuáles son las consecuencias de asumir que el protoindoanatolio surgió de una población ancestral de CHG? Antes de echar un vistazo a cómo podría funcionar todo esto en la práctica, consideremos si el territorio CHG es el tipo de sitio en el que la protolengua podría establecerse.

CHG Y EL PROTOANATOLIO

Asumir que el protoindoanatolio era parte de la población CHG plantea el problema del vecindario lingüístico del Cáucaso y lo deseable que es localizar la cuna protoindoanatolia en una región CHG (*vid.* Figura 12.2). Las otras lenguas principales de la Edad del Bronce, desde el hatti en el oeste al elamita al este, son todas aglutinantes (aquellas en las que se asignan significados diferentes a una cadena de sufijos que se sitúan al final de la palabra; *vid.* Capítulo 6),[1] mientras que el protoindoanatolio es, por supuesto, flexivo. Es más, todas las lenguas antiguas caucásicas –y modernas– de la región también muestran una marcada tendencia a alguna forma de ergatividad, la forma gramatical que marca cómo se indica el sujeto de un verbo intransitivo.[2] También encontramos –en un grado mucho menor– trazas de ergatividad en el anatolio. Aquí la pregunta es, ¿reflejaba esto una herencia genética en la zona (es decir, que el indoanatolio también era, en origen, una lengua ergativa[3] como todas sus vecinas), o el anatolio vino de otro sitio y se situó en Anatolia, donde fue influido por las lenguas ergativas locales? Sospecho que la mayoría de los lingüistas seguiría a Calvert Watkins, que entendía la ergatividad como «una innovación común importante de la rama anatolia»,[4] lo que indica que la ergatividad fue adquirida y no heredada. Mientras que se han realizado intentos controvertidos para intentar respaldar la noción de que algunas de estas lenguas vecinas en o en el entorno del Cáucaso comparten una relación genética profunda con el protoindoanatolio,[5] esto no está para nada aceptado entre los lingüistas. En pocas palabras, tenemos un problema de partidismo sin solucionar: ¿hasta qué punto podemos defender que el Cáucaso, o la región al sur del Cáucaso asociada con la ancestralidad genética CHG, sería el entorno lingüístico en el que surgió un protoindoanatolio flexivo –y no aglutinante– y no ergativo? Esta es una pregunta relevante solo para aquellos lingüistas que consideran que la naturaleza de una región es una pista de los orígenes de una familia lingüística.

Ahora, si queremos situar el protoindoanatolio dentro de la expansión CHG, el argumento del menor número de movimientos favorecería su localización en los márgenes occidentales de la distribución CHG temprana, más cerca del lugar en el que después hallamos las lenguas anatolias. Situarlo más al nordeste (el Cáucaso), o al sudeste (los Zagros) parecería aumentar la probabilidad de que uno está localizando la procedencia en el lugar histórico de los hurritas (al norte) o los elamitas (al sur), o en cualquier sitio que requiriera que los supuestos protoanatolios avanzaran por los territorios de otras familias lingüísticas para llegar a Anatolia desde una cuna más oriental. Enfatizo la probabilidad más que la certeza, porque no sabemos con precisión dónde se localizaban las distintas cunas de las lenguas no indoeuropeas de la región, aunque toda esta región parece estar densamente ocupada por familias lingüísticas no indoeuropeas y tienen que haber tenido un hogar en algún sitio. Ciertamente, localizar el protoindoanatolio inmediatamente al este de donde encontramos las lenguas anatolias privilegia resolver el problema del origen del protoanatolio por encima de una solución que explique todas las ramas subsecuentes, aunque este es el primer problema al que tenemos que enfrentarnos.

Como experimento teórico, vamos a localizar tentativamente el *Urheimat* en el este de Anatolia entre una población en su mayoría CHG, pero con una creciente mezcla con antiguos agricultores anatolios (AAF; la clina AAF-CHG) y posibles grupos levantinos. Aunque este es un territorio que, en la Edad del Bronce, fue ocupado por hablantes de la familia lingüística hurrito-urartiana, podemos dejar a un lado esta objeción y sacar la carta de «inmigrantes tardíos», porque, como discutiremos, la región parece experimentar una gran incursión cultural asociada con la expansión meridional de la cultura Kurá-Araxes (*ca.* 3500-2000 a. C.; *vid. infra*).

Ahora bien, ¿cuáles son los requisitos de un *Urheimat* en Anatolia oriental? El primer punto en la lista es la división: el protoanatolio debe separarse del resto del indoanatolio, el cual experimentará innovaciones lingüísticas comunes y evolucionará hacia lo que reconstruimos como el indoeuropeo nuclear. Podemos resolver esto de dos maneras: o bien el protoanatolio (el ancestro inmediato de la rama anatolia de lenguas como el hitita, luvita, etc.) se sale para evitar las innovaciones comunes posteriores asignadas al indoeuropeo nuclear, o bien es el indoeuropeo nuclear el que se sale y deja que el protoanatolio se las arregle solo, privado de sustantivos femeninos, distintas nuevas formas de los verbos y una variedad de otras innovaciones lingüísticas. Vamos a tomar la primera opción, ya que parece más fácil explicar las lenguas anatolias si hacemos que lleguen a su emplazamiento histórico con la ola de CHG, a medida que se mueve hacia el oeste por la clina AAF-CHG. Por tanto, ahora tenemos una cuna CHG indo-anatolia en Anatolia oriental y los protoanatolios (de nuevo CHG) se han desplazado en dirección oeste hacia sus emplazamientos históricos en territorio AAF.

¿Cuándo lo hicieron? Sobre la base de las evidencias arqueológicas y genéticas, la horquilla más probable se da entre *ca.* 6500 a. C., cuando surge la clina AAF-CHG, y *ca.* 3500 a. C., cuando la cultura Kurá-Araxes cierra la puerta al oeste. Una datación así para la separación entre el protoanatolio y lo que evolucionó al indoeuropeo nuclear debe, por ello, ser *posterior* al desarrollo de la agricultura. Podemos defender esta idea tanto con argumentos arqueológicos como lingüísticos. Primero, como hemos visto, la difusión de CHG a Anatolia central parece ser contemporánea con la primera aparición de la agricultura. Pese a una afirmación reciente, según la cual la paleolingüística demostraría lo contrario,[6] el anatolio parece retener una serie de términos que uno tendería a asociar con la economía agrícola. Una lista ciertamente optimista de estos términos se presenta en la Figura 14.1.

anatolio		**PIA**
hitita *karas*	trigo	*ǵhrésdh-i-
hitita *ewan*	cebada	*yewo-
hitita *u̯eši*	pasto	*u̯es-i-
hitita *u̯ēštara-*	rebaño	*u̯es-tr-
hitita *sā(i)-*	prensar	*seh$_1$-
hitita *šēli-*	pila de grano, grano, almacenamiento	*seh$_1$-li-
hitita *hārš-*	arar	*h$_2$erh$_3$-
hitita *malla-*	moler, picar	*melh$_2$-
hitita *hāu̯i-*	oveja	*h$_{2/3}$ówis
hitita **hulana-*	lana	*wl̥h$_2$neh$_2$-
hitita *kiš-*	cardar	*kés-ti
hitita **kuu̯āu-*, hluvita *wa/i/*	vaca	*g^{wé}h$_3$-u-s
hitita *iūk-*	yugo	*yugóm
hitita *tūriie/a-*	poner el arreo	*dhuh$_1$r-ye/o-

Figura 14.1: Algunos elementos asociados con el Neolítico en el vocabulario anatolio (hitita y jeroglífico luvita –HLuvita–) derivados del protoindoanatolio (PIA).[7] Hay que tener en cuenta que algunos de los términos relacionados con la agricultura del cereal se han puesto en duda,[8] al igual que las palabras asociadas con la lana y los textiles.[9]

La objeción a este tipo de listas de cognados es hasta qué punto la semántica de la evidencia anatolia muestra en realidad una continuación directa a partir de un significado en proto-indo-anatolio (PIA) relacionado con la agricultura, o si simplemente retiene la raíz en PIA que, en origen, tenía un significado más básico que el preservado en anatolio y, por tanto, no sirve para reconstruir términos agrícolas en la protolengua. Por ejemplo, el PIA **seh$_1$-*, «sembrar», solo devuelve el significado «apretar» en el hitita *ša(i)-*, mientras que el PIA **neik-*, «aventar», arroja el significado «esparcir».[10] ¿O alguna forma de las palabras simplemente indica la explotación preneolítica de vegetales silvestres como el trigo o la cebada o formas salvajes de animales de granja como la oveja? Como he mencionado antes, hace unos años, publiqué la que era una «lista de éxitos» de potenciales términos protoindoanatolios relacionados con la agricultura del cereal.[11] Algunos lingüistas muy competentes redujeron drásticamente mi lista y concluyeron que «es evidente que muchos significados agrícolas que han sido reconstruidos habitualmente hasta el protoindoeuropeo son efectivamente posanatolios».[12] Sin embargo, también concedieron que «para el estrato más antiguo, el indoanatolio, la evidencia léxica para el uso del cereal, es relativamente modesta, aunque no inexistente: debemos admitir al menos el término para cereal _*(H)ieu(H)-_, y tal vez _*ǵ_^{h}_(e)rsd-_». En consecuencia, si queremos situar la cuna en un área CHG, tiene que haber obtenido ya animales domésticos y al menos algunas plantas domesticadas.

Esto no significa que las palabras no podrían haber evolucionado en origen entre una población de cazadores-recolectores, pero, al adscribir la lengua al grupo CHG en 6500 a. C., es presumible que las plantas y los animales fueran domésticos, porque esto es lo que descubrimos arqueológicamente a lo largo del área de CHG. Por esta razón, uno podría argumentar a favor de asociar el desplazamiento hacia el oeste de CHG por territorio de cazadores-recolectores anatolios (AHG) con el movimiento del protoanatolio desde un lugar de origen oriental a partir del séptimo milenio a. C. o después. Se prefiere una fecha posterior a menudo sobre la base de la paleolingüística, puesto que los intentos de datar la división entre el protoanatolio y el indoeuropeo nuclear se han hecho a partir de varias innovaciones *tardías* en el Neolítico o el Eneolítico (lana, vehículos rodados, oro y plata; *vid.* Capítulo 7) que se encuentran en Anatolia, o que solo aparecen después en protoindoeuropeo.[13] Esto ha llevado a estimaciones en torno a *ca.* 4300-3800 a. C.[14] o, partiendo de aproximaciones computacionales, las siguientes fechas: Berkeley *ca.* 4400 a. C.; Moscú 4150-3450 a. C.; y Auckland *ca.* 4900 a. C., aunque con un rango 6600-3400 a. C.[15] Hay dos aspectos, uno lingüístico y otro genético, de todas estas fechas que merece la pena comentar.

Primero, si se acepta cualquier fecha para la separación del protoanatolio entre *ca.* 6500 y 3500 a. C. y se sitúa la lengua en el centro de Anatolia en ese momento, los protoanatolios deberían haber finalizado la domesticación de los cereales (trigo, cebada, lenteja, guisante, veza, garbanzo y almorta).[16] Más allá de de nuestra capacidad para reconstruir este tipo de economía a partir de la evidencia lingüística, cualquier modelo que sitúe a los protoanatolios en Anatolia central en este periodo debe presuponer que llegaron con una economía agrícola y que tenían nombres para la variedad de plantas domesticadas y silvestres que explotaban. Nuestra incapacidad para reconstruir casi cualquier nombre para las plantas domesticadas a partir de fuentes anatolias podría deberse a distintos motivos. Obviamente, puede que tengamos nombres indoanatolios potenciales en hitita que, sencillamente, no encuentran equiparaciones con otras lenguas indoeuropeas (por ejemplo, *šeppitt-*, «un tipo de grano»). También tenemos que lidiar con un sistema de escritura que conspira contra nosotros en lo que respecta a la recuperación de términos nativos de la Edad del Bronce debido a la práctica hitita de escribir muchas palabras con sumerogramas o acadogramas. Se trata de expresiones fijas tomadas del sistema de escritura hitita a partir del sumerio o del acadio. Nosotros hacemos algo parecido hoy cuando leemos mentalmente la palabra «dólar» cuando vemos el signo $ (es probable que sea lo único que queda de la *s* en la palabra en español «pesos»), o «libra» para el signo £, (una L derivada del latín *libra*, que significa «báscula»). El índice de nombres de plantas recuperado en el gran yacimiento hitita de Boğazköy, por ejemplo, cita veintinueve palabras hititas –entre ellas nombres de árboles–, cincuenta y tres sumerogramas y cuarenta y un acadogramas, los cuales podrían conciliar posibles nombres cognados, como GÚ.TUR, «lenteja», GÚ.GAL, «garbanzo», y GÚ.ŠEŠ, «yero».[17] Asimismo, las palabras escondidas/subyacentes podrían no tener nada que ver con el indoeuropeo. Es más, ochenta palabras para plantas y otras ochenta y nueva relacionadas con la comida en el vocabulario hitita se reconocen como préstamos foráneos.[18] Saber si el protoindoanatolio surgió en una población completamente agrícola –que no podemos recuperar lingüísticamente–, o en una población en el mejor de los casos marginalmente relacionada con una economía agrícola es crucial para evaluar los distintos modelos del lugar de origen.

En segundo lugar, para este momento la clina AAF-CHG había estado en el lugar durante varios miles de años, por lo que la evidencia genética para una migración este-oeste podría estar enmascarada por el hecho de que el sello genético de los protoanatolios sería indistinguible, prácticamente, de las oleadas anteriores este-oeste de CHG. De hecho, y es un problema obvio, ¿cómo podemos identificar el perfil genético de un hablante de anatolio? Tal y como ya hemos visto, el territorio de CHG debe de haber albergado múltiples familias lingüísticas; así pues, cualquier afirmación relativa a qué oleada de CHG podría haber estado asociada con el protoanatolio es extremadamente desafiante.

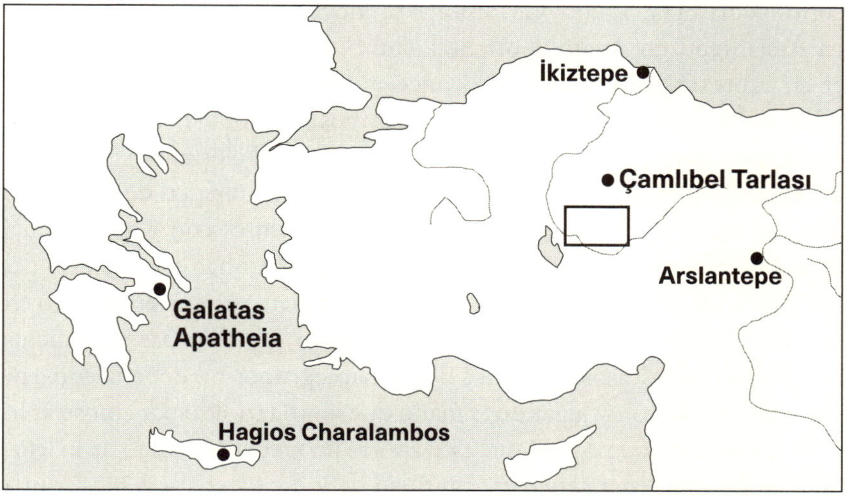

Figura 14.2: Yacimientos asociados con posibles haplogrupos hititas del cromosoma Y (rectángulo).

Lo lejos que estamos de resolver la cuestión puede ilustrarse con la consideración de un intento de determinar el origen genético de los anatolios a partir de muestras de distintos posibles enterramientos hititas en Anatolia central fechados alrededor de 1850 a. C.[19] Las muestras arrojaron la identificación de dos haplogrupos del cromosoma Y: G2a2b1 y J2a1. ¿En qué otro lugar y momento se conocen estos haplogrupos? G2a2b1 aparece en el yacimiento de Çamlıbel Tarlası, en la parte norte de Anatolia central, desde *ca.* 3600 a. C. en un territorio que asociaríamos históricamente con los hatitas, la población *no* indoeuropea que después fue absorbida por los hititas (Figura 14.2). De hecho, tres de las cinco posibles muestras hititas parecen provenir de enterramientos que podrían ser anteriores a la conquista hitita de Hatti, mientras que las otras dos podrían derivar del propio periodo de la conquista, cuando su identidad lingüística sería ambigua.[20] G2a2b1 también se conoce en İkiztepe (*ca.* 3500 a. C.), en la costa norte, mucho más allá del posterior territorio hitita (Kaska y, por tanto, ¿quizá de nuevo relacionado con Hatti?), pero también se encuentra en Anatolia oriental *ca.* 3400 a. C. en Arslantepe (históricamente, territorio hurrita). En resumen, aunque podría haber derivado de un hablante de hitita, su rastro genético y lingüístico podría llevar de la misma manera a un hablante no indoeuropeo de hatti o cualquier otra lengua no indoanatolia.

En cuanto al otro sospechoso protoanatolio, el haplogrupo del cromosoma Y J2a1, su primera aparición en Anatolia se fecha en *ca.* 3900 a. C. y deriva del yacimiento de İkiztepe, en la costa norte, donde continúa hasta *ca.* 3300 a. C. También se encuentra con cierta abundancia en Arslantepe, en Anatolia oriental, entre *ca.* 3400 y 2700 a. C. Aparece en contextos de la Edad del Bronce en Grecia tanto en el yacimiento minoico de la cueva de Hagios Charalambos (*ca.* 2000-1700 a. C.) y en el yacimiento micénico de Galatas Apatheia, en el Peloponeso (*ca.* 1700-1200 a. C.).[21] Hasta el momento, el posible perfil genético de los hititas tiene asociaciones tanto anteriores como posteriores con regiones que, presumiblemente, hospedaron lenguas *no* indoanatolias o, en el caso del último yacimiento micénico, el griego. Ahora bien, yo sería el primero en admitir que construir o destruir un argumento sobre la base de indicios increíblemente escasos para unos pocos haplogrupos no debería convencer a nadie; solo estoy jugando la mano que nos ha tocado para mostrar lo mala que es. Aunque espero que esto aporte un recuerdo sereno de lo lejos que estamos de tener suficiente cantidad de indicios –para defender una postura o la otra– con los que resolver los problemas de la migración y el cambio lingüístico en Anatolia.

Ciertamente, una de las manos más fuertes jugadas por los defensores de la hipótesis CHG es la ausencia de cualquier evidencia de ancestralidad de cazadores-recolectores orientales (EHG) o de los pocos haplogrupos característicos asociados con ellos –los marcadores esperables de un origen estepario– en periodos relevantes en Anatolia. Esto podría indicar la llegada de una población con unos ancestros de las estepas distantes que introdujeron el protoanatolio.[22] En esencia, una vez que se excluye el linaje AAF y levantino, CHG es la única alternativa y la responsabilidad de aportar pruebas para cualquier otra posibilidad descansa, claramente, sobre los hombros de los defensores de la estepa. Contra esta falta de indicios, el bando estepario tiene al menos tres líneas de defensa. La primera es que todavía pueden mantener que aún estamos en los primeros compases y que EHG o uno de los haplogrupos de la estepa como R1b podrían hallarse todavía en cantidades aceptables en una fecha adecuada (*vid.* el capítulo siguiente). La segunda, que pueden señalar que los migrantes que introducen cambios lingüísticos con éxito podrían desaparecer genéticamente dentro de sus poblaciones huésped. Por ejemplo, se ha estimado que tan solo el 9-22 por ciento de los turcos modernos en Turquía portan indicios genéticos de su origen en Asia Central.[23] Del mismo modo, las comparaciones entre el horizonte de colonización de los magiares (donde encontramos el tipo de marcadores genéticos exóticos que indican un origen más al este)[24] y los húngaros modernos, solo mil años después, revela que solo el 2-4 por ciento de la población moderna conserva evidencias de su ancestralidad lejana.[25] Esto enfatiza la importancia de obtener una muestra del momento adecuado –y saber cuál es el momento adecuado–. Y la tercera, que todavía hay unos pocos indicios para las migraciones desde la región de la estepa al centro de Anatolia que acaban de publicarse (*vid.* Capítulo 16). Tales refutaciones podrían estar entre el escepticismo académico riguroso y agarrarse a un clavo ardiendo, pero subrayan la necesidad de evidencia genómica detallada para largos periodos que pueda trazar el surgimiento y la caída de varios haplogrupos en una población.

Vamos a continuar; asumamos por el momento que, al final, acumularemos respaldo genético más convincente para la idea de que las lenguas anatolias, en efecto, se desplazaron hacia Anatolia central y occidental desde el este. Esto nos deja con nuestro siguiente problema: ¿cómo lidiamos con los indoanatolios restantes que evolucionaron hacia el indoeuropeo nuclear? Empezamos con el conocimiento de que casi todas las filogenias y los indoeuropeístas tienden a estar de acuerdo en que la anatolia se separó la primera del resto de las ramas y, también importante, los restantes indoeuropeos nucleares evolucionaron juntos, así se afirma, hasta compartir treinta y cuatro innovaciones.[26] Se ha batallado con este proceso de dos maneras distintas. La primera es hacer que la ancestra del resto de las lenguas indoanatolias migre como una única unidad hacia otro lugar, normalmente el norte, donde evolucionó al indoeuropeo nuclear en una cuna secundaria en la estepa póntica, lo que significa que la cuna protoindoanatolia está en Anatolia oriental, mientras que la cuna indoeuropea nuclear está en la estepa. O bien, podemos dejarlos en su lugar de origen primario para que evolucionen allí al indoeuropeo nuclear y, en algún momento posterior, solo *algunas* de las ancestras de las lenguas europeas se desplacen hacia el norte, mientras que otras ramas se dispersen tanto hacia el este como hacia el oeste desde una cuna al sur del Cáucaso. Esta segunda opción es la promovida por Gamkrelidze e Ivanov y por aquellos que han actualizado su modelo de la Gran Armenia anterior,[27] o que han remodelado el modelo anatolio para asociar la difusión de las ramas más meridionales como la griega o la indoirania con las expansiones desde Anatolia el sur del Cáucaso.[28]

El modelo de la Gran Armenia original de Gamkrelidze e Ivanov concebía un lugar de origen situado en Anatolia oriental, el Cáucaso meridional y Mesopotamia septentrional. Según este modelo, el protoanatolio se dispersó solo en una corta distancia en dirección oeste hacia el centro de Anatolia, seguido por una ruptura gradual de una entidad común grecoarmenioindoirania (indoeuropeo meridional) con el griego moviéndose en dirección oeste hacia Grecia y, en apariencia, también el albanés y el frigio a los Balcanes, con el último retornando a Anatolia tras el colapso de los hititas. También, en un periodo muy inicial (cuarto-tercer milenio a. C.), los indoiranios empezaron a desplazarse hacia el este desde la llanura septentrional de Irán a sus emplazamientos históricos. Los –siempre problemáticos– tocarios habrían partido hacia el este por la estepa incluso antes que los indoiranios (Figura 14.3).

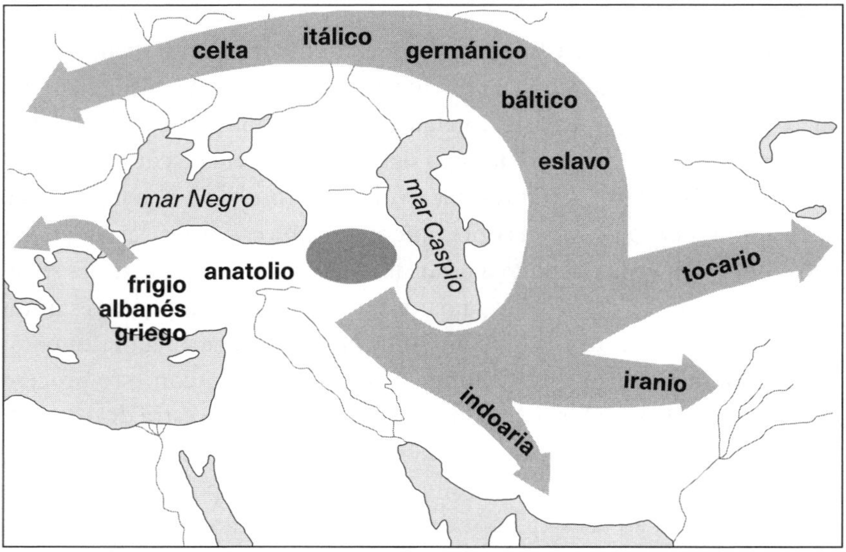

Figura 14.3: Modelo de la Gran Armenia de Gamkrelidze e Ivanov. El óvalo indica el área aproximada de la cuna.

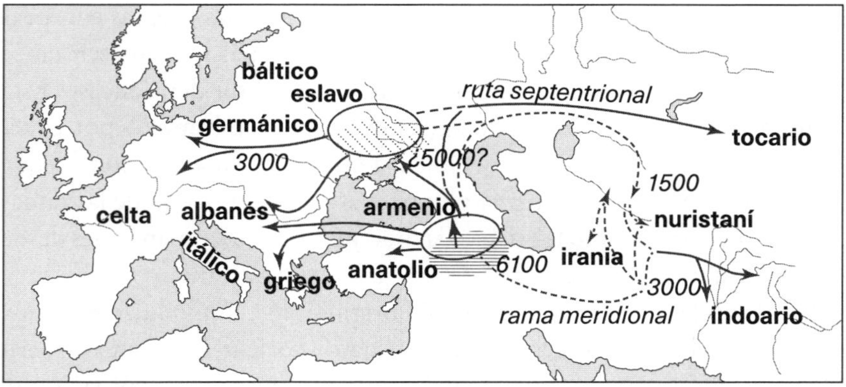

Figura 14.4: El «modelo híbrido» del equipo de Auckland en 2023.

Con respecto a las ramas «europeas», se cree que migraron desde una cuna originaria hacia el este bordeando el mar Caspio hasta la estepa póntica. Desde allí, el modelo de la estepa puede explicar la dispersión desde su cuna secundaria. En su versión más reciente –al menos en el momento en el que escribo esto–, el grupo de Auckland ha propuesto un modelo muy similar, renombrado como «modelo híbrido», que utiliza su propia filogenia y una cuna CHG situada, aparentemente, justo al sur del Cáucaso desde donde el anatolio y el tocario se separaron en primer lugar, seguidos del grecoarmenio, el albanés y el indoiranio. El albanés y el griego (con fechas de separación en 4135 y 3310 a. C., respectivamente) se envían al oeste, mientras que el indoiranio (con una fecha de separación en 4981 a. C.) se mueve al este y se fragmenta en sus respectivas ramas hacia *ca*. 3520 a. C. (Figura 14.4). Tenemos que comprobar más de cerca cómo podrían funcionar en la práctica estos modelos.

CHG SE MUEVE AL OESTE

Hasta el momento, tenemos –por lo menos– dos modelos de la cuna de CHG al sur del Cáucaso diferentes en lo fundamental. El primero sitúa la cuna primaria en el sur del Cáucaso y hace que los protoanatolios se muevan hacia Anatolia central, mientras que *todas las demás* ramas indoeuropeas se mueven hacia el norte para evolucionar al indoeuropeo nuclear en una cuna secundaria en la estepa. La segunda teoría no hace que los ancestros de todas las ramas no anatolias se muevan juntas, sino que plantea que la porción meridional de las ramas indoeuropeas se expandió hacia el oeste y el este y que solo un pequeño segmento se desplazó al norte hacia la estepa para crear algunas lenguas europeas y tal vez el tocario. Este segundo modelo se enfrenta a un obstáculo que el primero no tiene: debe batallar con las consecuencias de una filogenia indoanatolia que sitúa una rama temprana del anatolio al oeste del lugar de origen (en Anatolia) y luego, de alguna manera, lleva el griego y las lenguas balcánicas (albanés, tracio, frigio) incluso más al oeste.

Con esta dificultad ya se había topado el modelo anterior de Gamkrelidze e Ivanov y continúa en el intento más reciente de la filogenia computacional emprendido por el grupo de Auckland. Si uno acepta el promedio para las fechas de división publicadas en el trabajo más reciente de este grupo (anatolio 4932 a. C.; griego 3310 a. C.), entonces los anatolios tuvieron unos mil seiscientos años para acomodarse en su casa antes de que los griegos, que tienen que haber surgido al norte o el este de los anatolios, empezaran a pasar a través de Anatolia o la rodearan hasta llegar a su emplazamiento histórico. La única alternativa que puedo pensar es que los anatolios se perdieron en algún lugar y solo consiguieron hallar de nuevo el camino a Anatolia *después* de que los ancestros de los griegos y los albaneses hubieran pasado por ahí en su ruta a Europa. Su horquilla cronológica para el griego es la impactante cantidad de 2931 años (4930-1999 a. C.), que, para un arqueólogo, implica esperar «la llegada de los griegos» en algún punto entre el Neolítico medio y la Edad del Bronce inicial. El equipo de Auckland tiene una fecha de separación para los albaneses incluso anterior (4135 a. C., con un rango entre 5882 y 2540 a. C.), quienes tendrán incluso más tiempo para caminar.

Puesto que interceptamos a los hititas desplazándose hacia el norte del centro de Anatolia –la antigua tierra de los hatti– y a los luvitas dominando el oeste y el sur, cualquier migración desde una procedencia caucásica al Egeo y los Balcanes parecería estar confinada a la costa norte de Anatolia. Pero en el norte encontramos el palaíta, la tercera –y ciertamente peor conocida– de las lenguas anatolias en la Edad del Bronce. Por lo que debemos tener presente la migración –o migraciones– de indoeuropeos grecobalcánicos en una distancia teórica (desde su cuna en Anatolia oriental/Cáucaso meridional) de unos dos mil kilómetros, los cuales no dejaron trazas –hasta el momento– en ningún punto del viaje. Una posibilidad remota sería proponer que los frigios de Anatolia central en realidad fueran reliquias de esta migración y no inmigrantes posteriores de los Balcanes, pero esto es muy improbable, ya que el testimonio clásico de Heródoto está respaldado por la arqueología.[29]

Un académico que ha intentado de manera constante dar alas en el campo de la arqueología al modelo de la Gran Armenia es Stanislav Grigoriev,[30] que, al menos, busca la manera de que los protogriegos eviten el obstáculo de cruzar en antiguo territorio de los anatolios. Lo hace situando a estos últimos en los Balcanes (Tracia) y luego llevando a los griegos en una migración desde el noroeste de Anatolia en el Heládico Antiguo II (*ca.* 2450-2200 a. C.). Esta es una solución bien conocida y sugerida a menudo para la «llegada de los griegos». Sin embargo, tal y como el propio Grigoriev escribe: «el área primordial de los griegos debería buscarse en el nordeste de Anatolia, desde donde se movieron hacia el oeste en la segunda mitad del tercer milenio a. C., pero una justificación detallada de este problema solo se puede realizar con materiales anatolios».[31] Justo lo que nos falta por el momento. Nosotros, por tanto, tenemos que reflexionar acerca de una migración que pudo llevar varias ramas indoeuropeas a su destino final (griego, albanés), pero que no dejó ningún legado lingüístico obvio por el camino. Dicho de otra manera, ¿por qué no hallamos a los ancestros de los protogriegos o de los protoalbaneses a lo largo de la costa meridional del mar Negro?

Es más problemático incluso el posible camino de esta migración en Anatolia nororiental, el cual también se indica, a grandes rasgos, en el mapa suministrado por quienes respaldan el «modelo híbrido» (*vid.* Figura 14.4). A la cuna se le da una fecha *ca.* 6100 a. C., mientras que la de separación para el griego se sitúa en torno a 3300 a. C. Si trabajamos hacia atrás, podríamos suponer que los griegos empezaron su migración desde una cuna en Anatolia oriental o inmediatamente a su oeste en algún momento después de *ca.* 6000 a. C. y antes de 3000 a. C. Como ya se ha mencionado, esta área estaba ocupada por la cultura Kurá-Araxes, de la Edad del Bronce, en el periodo *ca.* 3500-2000 a. C.,[32] la cual se extendía al norte por el Cáucaso hasta llegar a Georgia y Daguestán (Figura 14.5). En los últimos siglos de su existencia, tenemos evidencia de que la lengua de la parte meridional de Kurá-Araxes incluía el hurrita; un testimonio escrito del Cáucaso revela que la identidad lingüística de esta región está más emparentada con el urartiano. Por ello, parecería que la cultura Kurá-Araxes estuviera asociada con las lenguas hurrito-urartianas. Esta cultura, en efecto, cierra la puerta en *ca.* 3500 a. C. a cualquier expansión hacia el oeste desde una posible procedencia en el Cáucaso meridional/norte de Mesopotamia al situar un –ciertamente, tan solo «probable»– muro de hurrito-urartianos entre una posible cuna caucásica y los indoeuropeos a su oeste. Una cuna protoindoanatolia en la región del Cáucaso meridional/ norte de Mesopotamia debe, por tanto, datarse antes de 3500 a. C.

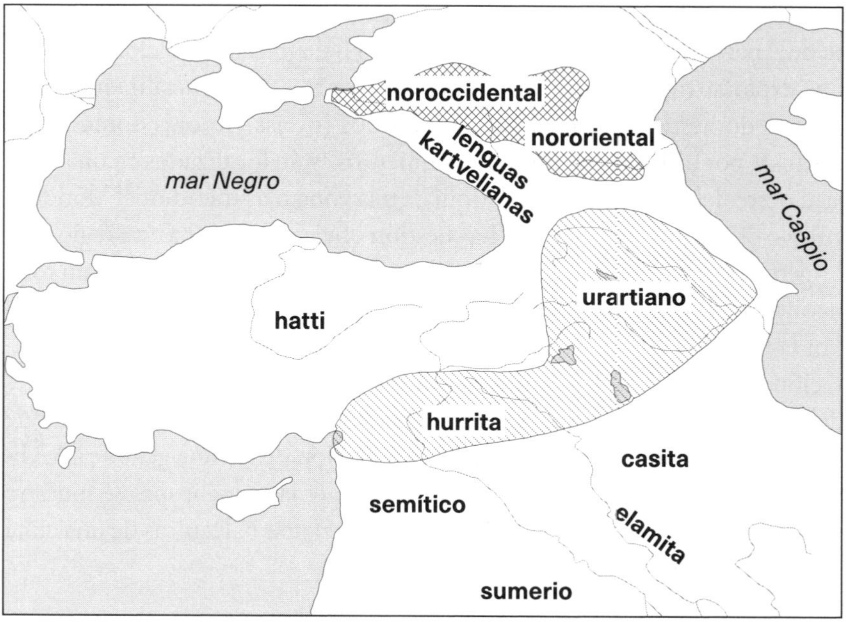

Figura 14.5: La cultura Kurá-Araxes (sombreado de líneas diagonales) y las lenguas hurrito-urartianas. En el norte encontramos el área de la cultura Maikop (sombreado de líneas cruzadas), que coindice ampliamente con el área de las lenguas caucásicas noroccidentales.

El periodo anterior a la cultura de Kurá-Araxes, el Eneolítico, se extiende desde el final del Neolítico en la cultura de Halaf hasta la transformación cultural de *ca.* 3500 a. C. y, si les gusta lo de las cunas escondidas, Anatolia oriental es, probablemente, tan buena candidata como querrían que fuese. Como ha señalado el arqueólogo Giulio Palumbi: «Anatolia oriental es todavía una zona de frontera en lo que respecta a la investigación, con vacíos de información dramáticos; los desarrollos del Neolítico son poco conocidos en la región y el Calcolítico es todavía más enigmático si cabe».[33] Hay unas pocas generalizaciones que se pueden hacer, dado que este periodo está marcado por distintas culturas cerámicas. Uno de los asuntos principales, en cualquier caso, parece ser las trayectorias norte-sur en vez de las este-oeste, guiadas, aparentemente, por el crecimiento de la demanda de metales y otros recursos del Cáucaso entre comunidades del norte de Mesopotamia y de regiones adyacentes del sudeste de Anatolia.[34] Si se quiere situar la cuna en esta región en el periodo entre las culturas de Halaf y la posterior Kurá-Araxes, hay pocos indicios de que estemos hablando de un fenómeno cultural relativamente uniforme en un área amplia, como tampoco tenemos evidencias sólidas de su expansión hacia el oeste.

El periodo más antiguo que puede ofrecer un posible candidato para ser la cuna en Anatolia oriental sería el Periodo Medio Acerámico del sudeste de Anatolia *ca.* 7500-6000 a. C., cuando hallamos a población asentada que explota trigo y cebada domésticos y silvestres y, potencialmente, otras plantas domesticables, así como ovicápridos (ovejas y cabras domésticas), cerdos y, por último, vacuno. Los yacimientos están localizados en una franja al oeste del lago de Van, en Turquía, en la zona más meridional, donde el cultivo de secano era posible.[35] La cuestión obvia en asignar a esta región los orígenes de una expansión posterior hacia el oeste es que se trata de un foco neolítico, un centro de domesticación, por lo que tanto por fechas como por la filogenia indoeuropea sería mucho más plausible vincularla a la separación del protoanatolio y suponer que los ancestros del griego y del albanés deben de haber estado asociados con una difusión todavía más posterior de CHG hacia el oeste, después de la consolidación de la clina genética AAF-CHG hacia 6500 a. C. En conclusión, la filogenia indoeuropea se muestra reacia a los intentos de derivar el griego o las lenguas balcánicas de una cuna al *este* de los anatolios.

CHG SE MUEVE AL ESTE

Los modelos de la cuna CHG –tanto el de la Gran Armenia como el conocido como «híbrido»– también necesitan una migración hacia el este desde una cuna en el sur del Cáucaso que explique a los indoiranios. La base de esta discusión es la predominancia de CHG en el sur de Irán y la presunción de que es probable que esta población llevara la agricultura y la rama indoaria a la India. El modelo de Auckland sugiere una fecha de separación en *ca.* 4981 a. C. (rango 6395-3645 a. C.) para los indoiranios, con las dos ramas principales, el indoario y el iranio, dividiéndose *ca.*3520 a. C. (rango 4796-2535 a. C.). El modelo no excluye la posibilidad de una entrada septentrional –por la estepa– para los indoiranios (la propuesta por el modelo de la estepa), aunque reduce su atractivo al plantear la fecha de separación para el indoiranio tan pronto como el resto de las cinco ramas europeas asociadas con el modelo de la estepa. Tampoco ve –al contrario que la mayoría de las filogenias– ninguna relación cercana entre la rama indoirania y la baltoeslava, lo cual favorecería una procedencia indoirania más al norte. Antes, en 2014, Colin Renfrew y Paul Heggarty relacionaron la difusión del indoiranio con la expansión de la agricultura desde Anatolia oriental hacia la India a través de la llanura septentrional de Irán.[36] El grupo de Auckland representa cartográficamente esta «ruta meridional» como una migración desde el sur del Cáucaso a través de los Zagros y luego hacia el nordeste a través de Irán a Pakistán y el norte de la India (*vid.* Figura 14.4). Este planteamiento al menos tiene la ventaja de seguir los pocos indicios arqueológicos que respaldan un rastro agrícola desde el oeste hacia la India,[37] aunque también se enfrenta a una miríada de obstáculos.

Filogenéticamente, estamos de nuevo en el terreno del partidismo, en el que tanto la filogenia de Ringe como la de Moscú sitúan la rama indoirania junto a la baltoeslava –lo que requiere, por tanto, una solución geográfica que les dé un origen común más cercano– y las fechas computacionales para la separación indoirania son mucho más recientes (Berkeley, *ca.* 3000 a. C.; Moscú, 2500 a. C.). En el análisis más reciente de la posición filogenética indoirania, el lingüista Martin Kümmel concluye que la rama indoirania no tiene «un pariente cercano claro» y contempla la posibilidad de que hubiera partido antes. Pero también escribe lo siguiente:

> Hay buenos indicios de una cercanía temprana a Europa oriental, con diferentes desarrollos compartidos con el sur (griego, albanés, armenio), o el norte (baltoeslavo, germánico), o con el este (lenguas satem). Una posición original en la franja oriental de Europa está corroborada por los contactos tanto con el urálico occidental como el oriental.[38]

Desde un punto de vista puramente lingüístico, situar los orígenes de los indoiranios al sur del Cáucaso y hacer que alcancen su emplazamiento histórico migrando hacia el sur por los Zagros o hacia el este bordeando el Caspio parece oponerse a la mayoría de la opinión lingüística, que favorece un origen en el que los ancestros del indoiranio estuvieran en contacto con las lenguas de Europa oriental. Arqueológicamente, ya hemos visto que la mayoría, o al menos la opinión tradicional, mira hacia un origen para el indoiranio más al norte –en la estepa–.

Cualquier intento de asociar a los indoarios con la difusión de la agricultura desde los Zagros al este debe, de alguna manera, dar una explicación de por qué esta zona estuvo ocupada por los elamitas, no indoeuropeos, desde *ca.* 2250-400 a. C. cuando tenemos acceso a sus registros escritos. Esto no es solo un problema en cuanto al hecho de que los indoiranios o los indoarios habrían tenido que pasar a través de lo que era un amplio territorio de no indoeuropeos, sino que también surge la duda de que, si el indoiranio se dispersó junto con la agricultura hacia el este, ¿por qué no descubrimos un rastro de lenguas (¿proto-?) indoiranias poblando el camino de su propia migración?

Hay pocas dudas de que los orígenes arqueológicos de aquellos indoeuropeos que ocuparon Irán occidental para formar los imperios de los medas y los persas, así como los indoarios de los dos tercios septentrionales de la India, son todavía preguntas abiertas, en ausencia de algo que se parezca remotamente a una opinión mayoritaria o a indicios arqueológicos verdaderamente sólidos. Pero tanto, si uno busca los orígenes indoiranios al sur del Cáucaso, como si los hace derivar de la estepa, ambos bandos han tendido a estar de acuerdo en una cosa: la cultura de Sintashta (2200-1750 a. C.; *vid.* Figura 9.15) del sur de los Urales es un elemento importante en cualquier solución al origen indoiranio y está muy aceptado que está asociada o bien con el protoindoiranio o con alguna fase posterior de esta rama.[39] Como la precursora de la vasta cultura Andrónovo (*ca.* 2000-900 a. C.), aporta la base arqueológica para los nómadas de la estepa de la Edad del Hierro, quienes son los portadores de lenguas del este de Irán atestiguadas históricamente entre la estepa europea (escitas) hasta Sinkiang (jotaneses).

Así, la cuestión de los orígenes de la cultura de Sintashta es de una relevancia considerable para respaldar cualquier solución. El argumento para un origen en Oriente Próximo se ha desarrollado en gran medida por Grigoriev –que es lo suficientemente honesto como para reconocer que «no es popular»[40]–. Como arqueólogo que trabaja en la misma región en la que estuvo la cultura de Sintashta, ha construido una amplia y detallada comparación entre esta cultura y otras vecinas y también más distantes.[41] Sin embargo, un origen en esencia estepario podría verse como la posición estándar para la mayoría de los arqueólogos implicados en la cuestión.[42] Debido a su estatus de punto crucial, la cultura de Sintashta se ha muestreado ampliamente por los genetistas –hay unas cincuenta muestras– que, más allá de unos pocos casos aislados, respaldan con claridad un origen asociado con el horizonte de la cerámica cordada y su descendiente más oriental, la cultura Fatianovo. Esto lleva a Sintashta bien adentro de la órbita arqueológica y genética de aquellas culturas que derivan, en última instancia, de la estepa póntica.[43] También habría que apuntar que los intentos de darle la vuelta a la lógica –el argumento de que la presencia de indoiranios en las estepas indica lo lejos que han logrado viajar desde su cuna en la India–[44] carecen de cualquier indicio arqueológico o genético. Tendremos que volver a esta cuestión cuando lleguemos al modelo de la estepa en el próximo capítulo. No obstante, sin duda, hay razones arqueológicas y genéticas de peso, evidentemente, para buscar el origen de los iranios –y, por extensión, de los indoarios– en la estepa en vez de en el sur del Cáucaso.

CHG SE MUEVE HACIA EL NORTE

Todas las distintas cunas situadas tanto al sur del Cáucaso como al norte de Mesopotamia proponen una cuna secundaria que dé cuenta de al menos algunas, si no todas, las lenguas indoeuropeas (además del anatolio) en la estepa póntica. Alcanzar esta cuna secundaria requiere de alguna forma de migración desde el sur al norte, así como que se muestre cómo la ancestralidad CHG –aquí, para mayor claridad, aceptaremos que es el vector genético del indoeuropeo– se difundió hacia las estepas y, en última instancia, formó el símbolo de las dispersiones de la estepa, la cultura Yamnaya. En la siguiente sección, examinaremos la cuestión en tres periodos: el Mesolítico, por si acaso CHG ya hubiera establecido el sello genético de las poblaciones de la estepa mucho antes del surgimiento de la cultura Yamnaya; el Neolítico, el cual podría sugerir una asociación de la difusión de CHG con los primeros agricultores al norte del Cáucaso; y la Edad del Bronce inicial en el norte del Cáucaso, que podría explicar la difusión de CHG hacia el norte como parte de la influencia de la cultura Maikop, de la Edad del Bronce inicial, que promovía alguna forma de dominación sobre los pueblos de la estepa.

CHG y el Mesolítico

Como vimos antes, la mayoría de nuestros indicios para el asentamiento en la estepa se concentra en la región del Dniéper-Donets, en el oeste, y la región del Volga Medio, en el este –con alguna prueba arqueológica pero pocas genéticas en la región del Bajo Volga/Caspio–. ¿Entró CHG en la estepa durante el Mesolítico y se mezcló en una escala significativa con la población EHG local y, a partir de ahí, difundió el indoeuropeo entre los cazadores-recolectores locales? En muestras obtenidas del Mesolítico en Ucrania, localizadas normalmente en la región del Bajo Dniéper, CHG se encuentra en torno a un escaso 5 por ciento.[45] Un estudio de 2023 relativo a muestras del Mesolítico y del Neolítico –que implicaban una amplia base económica pesquera y una mínima evidencia de animales domésticos– estimaba la cantidad de CHG alrededor de un 7 por ciento y los autores enfatizaban los, aproximadamente, cuatro mil años de continuidad genética entre el Mesolítico y el Neolítico (entre *ca.* 8500 y 4200 a. C.).[46] Si miramos hacia el este, la exigua evidencia contemporánea para la región de Samara en el Volga tampoco sugiere más de un 5 por ciento de CHG. Sin embargo, en 2024, el laboratorio de Copenhague publicó dos enterramientos de la región del Don Medio (Golubaya Krinitsa; *vid.* Figura 15.3) datados en *ca.* 5400 a. C. que revelaron un 18-24 por ciento de CHG con una fecha estimada para la mezcla en *ca.* 6300 a. C., una clara indicación de un cruce sustancial entre cazadores-recolectores locales y una población originaria del Cáucaso.[47]

En lo que respecta al ADN monoparental, los haplogrupos del cromosoma Y de los yacimientos ucranianos eran R1a, R1b y I2a, lo que indica un origen local para los haplogrupos principales, que continuaron mucho después en la cultura Yamnaya –esto también incluiría los dos enterramientos anteriores con un alto porcentaje de CHG en la región del Don Medio–. Las evidencias de ADN mitocondrial (ADNmt) eran, en esencia, variantes de los haplogrupos U4 y U5, de nuevo marcadores clásicos yamnaya y de sus descendientes. El haplogrupo U4a se encuentra en el Neolítico en el Cáucaso, pero en una fecha posterior a su aparición en Ucrania, y en el Cáucaso se asocia con el haplogrupo del cromosoma Y R1b, lo cual nos habla de una pequeña incursión de población de la estepa *hacia* el Cáucaso en vez de al revés. Todos estos indicios revelan que ni la evidencia somática –que es muy reducida en comparación a la ratio 50:50 con EHG que hallamos después en Yamnaya–, ni los haplogrupos respaldan un modelo en el que CHG se expande para formar el perfil genético yamnaya durante el Mesolítico o antes, aunque parece haber evidencias claras de algún gen en dirección norte desde el Cáucaso ya en el Mesolítico.[48]

CHG y el Neolítico

Un vector obvio para la difusión del indoeuropeo sería el mismo que para el modelo anatolio. Es decir, la expansión de la agricultura. Por tanto,

¿podemos construir un argumento en el que después de la salida del protoanatolio, los primeros agricultores del sur del Cáucaso/norte de Mesopotamia llevaran el indoeuropeo nuclear hacia el norte por el Cáucaso e introdujeran sus genes, economía y lenguaje a la población EHG de las estepas?

Aunque la economía neolítica aparece bastante pronto en el este de Anatolia y en regiones adyacentes de los Zagros, no penetró en el Cáucaso hasta *ca.* 6400 a. C. Por mucho, la mayor colección de yacimientos está asociada con la cultura de Aratashen-Shulaveri-Shomutepe (ASS), que apareció en la región de Kurá-Araxes *ca.* 6000-5000 a. C. (*vid.* Figura 9.16). Situada en nuevos emplazamientos y llevando una nueva arquitectura (casas redondas de barro cocido), economía (agricultura mixta, incluyendo farro, cebada, lenteja, guisante y yero) y cultura material, uno puede deducir que estamos ante una cultura neolítica intrusa y muy desarrollada de más al sur, con unos ciento cincuenta yacimientos conocidos.[49] Los orígenes precisos de ASS son problemáticos. Ni siquiera la cerámica provee por el momento ninguna pista concluyente, aunque las herramientas de hueso y asta se han comparado con algunas de Anatolia oriental.[50] También hay indicios de relaciones de intercambio con la cultura de Halaf, tal y como se observa en la cerámica, pero estos intercambios son entendidos tan solo como evidencias de contactos, no de origen, dado que el yacimiento de Halaf más septentrional es Tilkitepe, en el este de Anatolia (*vid.* Figura 13.1).

Recordemos que antes del Neolítico encontramos el yacimiento mesolítico de Kotias Klde (*ca.* 8000-7600 a. C.), que es uno de los yacimientos arquetípicos que definen el sello genético de CHG. La evidencia paleogenética indica una dispersión de poblaciones «meridionales» (AAF/levantinas), que en nuestras muestras neolíticas más antiguas derivan de yacimientos como Aknashen (*ca.* 6000-5800 a. C.), un yacimiento junto al río Araxes en la llanura del Ararat. Aquí, la ancestralidad local CHG se retuvo en más o menos un 42 por ciento y el resto provenía de los agricultores del sur (AAF/levantinos), mientras que la contribución de CHG en el yacimiento cercano de Masis Blur se redujo a en torno a un 14 por ciento. El rastro genético en dirección norte desde la región del Kurá-Araxes hacia el Cáucaso septentrional y las estepas se asocia con el perfil Aknashen, algo que deberemos tener en mente cuando sigamos las rutas de CHG hacia la estepa. Aunque también tendremos que enfrentarnos a una forma alternativa de CHG, más estrechamente relacionada con la de la muestra del yacimiento mesolítico de Kotias Klde, en Georgia, que el laboratorio de Harvard (Reich) designó, sencillamente, como «relacionada con CHG» y que estaba presente desde el Neolítico.[51]

Un problema de asociar a los indoeuropeos con la difusión hacia el norte de la agricultura es que en la cultura ASS estamos lidiando con una entidad arqueológica definida según una serie de marcadores específicos (arquitectura, economía, cerámica y otras formas de cultura material) que está confinada geográficamente. Mientras que el rastro genético lleva hacia el norte, no hay evidencia material de que esta cultura se replicara más allá del Cáucaso meridional para ser difundida por las estepas. Al contrario que el modelo anatolio, que implicaba la dispersión de un grupo poblacional grande (AAF) por encima de una población diferente (cazadores-recolectores occidentales/WHG), en Europa, en el modelo del Cáucaso meridional el lugar de origen empieza en lo que alguna vez fue predominantemente territorio CHG, pero que en el Neolítico ya estaba muy mezclado con AAF y luego pasó por el Cáucaso. Solo en la estepa se encuentra con EHG para formar la mezcla genética clásica de las expansiones de la estepa (EHG + CHG con una pequeña cantidad de AAF). Aquí podríamos seguir la dispersión de sellos genéticos y es posible que del ganado doméstico hacia el norte, pero no estamos ante el mismo nivel de materialidad arqueológica comparable que descubrimos en el Neolítico en Anatolia y en el sudeste de Europa y que fue interpretada como una oleada de avance.

Como la clina AAF-CHG se había desarrollado *ca.* 6500 a. C., no sorprende que el ADN somático asociado con los primeros agricultores del Cáucaso ya fuera una mezcla de CHG y AAF. Hay unos pocos yacimientos neolíticos muestreados genéticamente y todos muestran una mezcla. Mientras que las muestras más antiguas tienden a tener más CHG, lo que sugiere la posibilidad de que fuera una población con un componente CHG más dominante en el primer Neolítico, el número de muestras es demasiado pequeño como para resultar concluyente.[52] Un obstáculo capital es que no tenemos una imagen adecuada de la población del Cáucaso al inicio del Neolítico, por lo que es difícil emplear la evidencia somática para dirimir los orígenes regionales específicos de los primeros agricultores de la zona. Esto nos deja con el ADN mitocondrial y el basado en el cromosoma Y (Figura 14.6), y aquí también la evidencia es bastante limitada, lo cual hace más difícil determinar la identidad de los inmigrantes CHG en la estepa. Como mucho, podemos señalar la composición genética del yacimiento paleolítico de Satsurblia, en Georgia (Y: J1b; mt: K3) y del yacimiento mesolítico de Kotias Klde (Y: J2a; mt: H13c) y entenderlos como «locales» dentro del mundo CHG. Aunque sin más evidencia del Mesolítico aún es imposible estar seguro de si la población agrícola más antigua, presumiblemente intrusa, era en realidad distinta de la población local cazadora-recolectora, nativa de la región del Kurá-Araxes. Solo podemos señalar que J2a también se encuentra en el Neolítico inicial en Anatolia y Europa, así como en varios de los primeros yacimientos neolíticos de Armenia, mientras que haplotipos de ADNmt H están, asimismo, en yacimientos neolíticos en Armenia. El otro lugar que ofrece evidencia de cromosoma Y es Areni-1, Armenia. Se trata de una cueva destacada por sus indicios de trabajos vinícolas que se fecha *ca*. 4300-4000 a. C. y que exhibe el haplogrupo del cromosoma Y L1a1. Fuera de Armenia, la muestra más antigua obtenida de este haplogrupo es de miles de años después en el valle de Swat, en Pakistán. Es en la India y Pakistán donde se encuentra la mayor cantidad de población moderna con este haplogrupo. No obstante, hasta que seamos capaces de completar los espacios vacíos en nuestro conocimiento, no podremos identificar con precisión de dónde surgieron los primeros agricultores del Cáucaso, ni cuál es la cuna de todas las ramas excepto, quizá, el anatolio –si asumimos que estos son el vector también para el origen del protoindoeuropeo–.

yacimiento	fecha (a. C.)	cromosoma Y	ADNmt
Satsurblia	11 460-11 225	J1b	K3
Kotias Klde	7940-7599	J2a	H13c
Aknashen	5985-5600	J2a1a1b1a1a	I1(x2) H2 + 152 H15a1
Masis Blur	5633-5532	J2a1a1a2a	K
Areni-1	4486-3500	L1a1(x3)	H H2a1 K1a8c (x2) U4a U8b1a1

Figura 14.6: Evidencias de ADN antiguo (ADNa) de yacimientos neolíticos y anteriores en el Cáucaso (x significa múltiplos).

Para complicar todo más deberíamos recordar que el ASS neolítico también ocupaba el centro de la cultura posterior Kurá-Araxes, en la Edad del Bronce. La mayoría de los estudiosos, creo, entendería que esta cultura es un ancestro más plausible de la familia lingüística hurrito-urartiana que de la indoanatolia. Si esto es así, entonces se podría construir cualquier cantidad de modelos para explicar el surgimiento del hurrito-urartiano. Por ejemplo, que estaba enraizado en la cultura mesolítica original, que era un producto de los primeros agricultores que llevaban un sello genético Aknashen, o que fue introducido por agricultores después, en el Neolítico, cuando llegaron aún más genes AAF.

Con respecto al norte del Cáucaso, la agricultura llegó *ca.* 6000 a. C. Aunque es muy poco conocido, podríamos generar una fuente potencial de CHG distinta al proponer que el indoanatolio no necesitaba estar asociado genéticamente con los agricultores que llevaron a cabo la primera difusión de la agricultura hacia el norte desde el Creciente Fértil. En vez de esto, como ya hemos visto en la transición de AHG a AAF en Anatolia central y occidental, podríamos tener una población local CHG del norte del Cáucaso que adoptó la agricultura a partir de sus vecinos del sur y que difundió sus propios genes, economía y lenguaje hacia el norte. De esta manera, dotamos a CHG de un vector económico (animales domésticos) que daría a su sociedad una ventaja a medida que se expandía entre las poblaciones de cazadores-recolectores del Ponto, pero que no aportaría todo el conjunto de plantas domésticas (trigo, cebada, guisantes, lentejas y legumbres) que la paleolingüística no ha sido capaz de reconstruir en la protolengua y que no se encuentran en los yacimientos de la estepa. Como la fecha para la ganadería en la región del Volga Medio se da entre *ca.* 5000 y 4800 a. C.,[53] podríamos contemplar un modelo en el que las poblaciones de CHG se movieran en dirección norte desde el Cáucaso y difundieran sus animales domésticos y su lengua por el Volga. La introducción de ganado aportaría un estímulo socioeconómico tanto para su expansión como para la difusión de su lengua. Por ejemplo, se hallaron animales domésticos en Ekaterinovka Mys, en el Volga Medio, donde en torno a un cuarto de la ancestralidad de la población humana provenía de una fuente del sur relacionada con CHG.[54] Como no serían portadores de un tipo Aknashen de CHG, esto podría hablar en favor de algún tipo de aculturación de gente CHG local que precedió a los que eran descendientes de los primeros agricultores de la región del Kurá-Araxes.

Se descubrieron animales domésticos antes entre pueblos del Dniéper alrededor de 5500 a. C.[55] Mientras que podríamos alimentar la idea de que la llegada de la ganadería a la región del Volga Medio podría haber estado asociada con la dispersión de CHG, la introducción de animales domésticos en la región del Dniéper es más dificultosa, en especial a causa de que la evidencia más antigua –por el momento– de animales domésticos en el norte del Cáucaso se da entre *ca.* 4700 y 4300 a. C., más o menos un milenio *después* que en el Dniéper. Por un lado, un análisis genético reciente de poblaciones neolíticas del Bajo Dniéper ha afirmado que no hay indicios de genes de agricultores europeos (en última instancia de Anatolia),[56] lo cual dejaría el origen occidental (balcánico), más conveniente para los primeros animales domésticos en la región del Dniéper, extrañamente sin respaldo del ADN humano. Por otro lado, la falta de una gran introducción de CHG en la población del Dniéper en una fecha tan temprana, junto con las distancias implicadas, convenció a Leonid Zaliznyak para rechazar la idea de que los agricultores del Cáucaso llevaron la ganadería a la estepa ucraniana.[57]

La posibilidad de tener dos orígenes distintos para la ganadería en la estepa –el Cáucaso y los Balcanes– plantea inconvenientes arqueológicos y lingüísticos. Si entendemos la introducción de animales domésticos en la estepa como un vehículo potencial para la difusión de una nueva lengua, entonces saber con precisión de dónde derivaba la economía es absolutamente crucial. Si planteamos la posibilidad de que la economía doméstica de la estepa derivara de dos fuentes diferentes –una de los Balcanes occidentales y la otra del sur del Cáucaso–, esto llevaría a una situación lingüística un tanto complicada. Incluso aunque los nombres de los animales domésticos derivaran, en última instancia, de una cuna común AAF-CHG en Anatolia oriental, las rutas distintas –Balcanes y Cáucaso– y la fecha de separación asegurarían que no fueran las mismas cuando llegaran a la estepa. A pesar de esto, ambas regiones –¿lingüísticamente distintas?– se han propuesto como los componentes principales de la «zona de dispersión» en la estepa europea, que debió de formarse, al menos, desde la constitución inicial del área cultural Yamnaya *ca.* 3300 a. C.: una zona en la que se presume que existía una estepa dominada por una población pastoril móvil (caballo doméstico y vehículo rodado). En resumen, no importa qué solución se proponga. Si implica la estepa póntica como cuna primaria o secundaria, entonces estamos lidiando con problemas que son, probablemente, más complejos de lo que se suele pensar.

Dejando a un lado la fuente original de la ganadería en la región del Dniéper, tenemos alguna evidencia de que, en el periodo *ca.* 4500-4000 a. C., tanto los animales domésticos como los genes CHG habían empezado a expandirse hacia el norte del Cáucaso. En el Cáucaso septentrional hallamos el yacimiento de Unakozovskaya con dos enterramientos fechados *ca.* 4500 a. C. Ambos casan bien con el ambiente genético de los agricultores de la región y muestran hasta un 80 por ciento de CHG y haplogrupos que uno podría esperar de una población venida desde una región más al sur (Y: J2a and mt: R1a), mientras que no hay evidencias de población local EHG de la estepa (Figura 14.7). El rasgo particular de CHG en este yacimiento era del tipo Aknashen, por lo que esto podría respaldar la idea de que fueran cuales fuesen los límites septentrionales de la anterior cultura ASS (*vid. supra*), el sello genético de su población logró llegar al norte. Aunque más al norte, en la región del piedemonte de la estepa, descubrimos dos enterramientos del yacimiento de Progress-2 en los que CHG está en un 45 por ciento y EHG en un 55 por ciento, lo que se aproxima a nuestros objetivos somáticos. Aquí, sin embargo, el tipo de CHG estaba relacionado con CHG –es decir, más estrechamente vinculado con el tipo mesolítico anterior que con el de Aknashen–. Los haplogrupos son Y: r1b y mt: H2 y I3a. I3a está asociado con las culturas de la estepa y las derivadas de la estepa, mientras que H2 se encuentra en el Neolítico en el Cáucaso y en yacimientos neolíticos de Europa y se sospecha que habría llegado como parte de la dispersión de poblaciones emparentadas con CHG –¿ganaderos?– del sur. Aquí he intentado determinar los orígenes probables de los haplogrupos (los del sur, Anatolia y Cáucaso, frente a los del norte, de la estepa) para aclarar la naturaleza de la mezcla con respecto a las líneas monoparentales. Continuaré con ello en el siguiente capítulo, aunque el estado actual del muestreo hace que esta forma de rastreo genético sea extremadamente poco fiable y a menudo no puedo estar seguro de asignar orígenes inmediatos a haplogrupos particulares. Un buen ejemplo viene de otro de nuestros yacimientos del Eneolítico en la estepa, Vonyuchka.

En la Figura 14.7 descubrimos que una mujer de Vonyuchka 1 tenía ADNmt T2a1b. Es el enterramiento más antiguo que he sido capaz de hallar con este haplogrupo; el siguiente que puedo encontrar es de unos seiscientos años después en una tumba megalítica de un hombre en España, a unos 3700 km de distancia. Luego, *ca.* 2200 a. C., vuelve a aparecer en un enterramiento campaniforme en Alemania, pero doscientos años después descubrimos T2a1b en el enterramiento de una mujer en el sur de Siberia, más de 6000 km al este. Después, unos mil años más tarde, lo vemos asociado con un enterramiento masculino en el valle de Swat en Pakistán. El haplogrupo completa su viaje desenfrenado para conseguir la tarjeta de viajero frecuente al aparecer en Francia en el enterramiento de un galo fechado *ca.* 100 a. C. Si marcamos todos estos puntos en un mapa, y los conectamos en orden cronológico, podríamos tener un excitante escenario para una serie de televisión («Las maravillosas aventuras de T2a1b»), pero odiaría tener que venderla como una historia convincente en torno a la migración humana. Podemos, por supuesto, tratar de explicar los puntos en el mapa. Por ejemplo, descubrir T2a1b en el sur de Rusia y en España *antes* de las supuestas migraciones a la estepa podría sugerir que este haplogrupo estaba asociado con la difusión del Neolítico desde el sudoeste de Asia hacia el oeste (España) y hacia el norte (Rusia) y, por tanto, tendría una fuente en Próximo Oriente.[58] Después de esto, su presencia desde el Atlántico hasta el Yeniséi podría atribuirse a las expansiones de la estepa, pero, dado que ya se encontraba en España en el Neolítico, ¿por qué tendríamos que llevarlo «de vuelta» a la Galia con el campaniforme? Podría haber permanecido allí desde el Neolítico, o haber llegado solo con la cultura campaniforme o, tal vez, es un indicio de una expansión celta todavía más posterior. Donde tenemos una evidencia más abundante (por ejemplo, el haplogrupo del cromosoma Y I2a2b –I2-L38–) hay muchos intentos de explicar el curso de las migraciones en el tiempo y en el espacio,[59] aunque este tipo de estudios aún es relativamente novedoso. Los yacimientos de Progress-2 y Vonyuchka 1 también muestran rasgos de ancestralidad de cazadores-recolectores de Siberia occidental (WSHG), lo que indica algún trasvase de genes entre Asia Central y la estepa europea, aunque no es suficiente para respaldar el modelo de la cuna en la estepa asiática.

periodo	yacimiento	fecha (a. C.)	cromosoma Y	ADNmt
Eneolítico en el Cáucaso	Unakozovskaya	4594-4404	J, J2a	R1a (x3)
Eneolítico en la estepa	Progress-2	4338-4047	R1b1 (x2)	H2, I3a
	Vonyuchka 1	4332-4238		T2a1b

Figura 14.7: Evidencias de ADN antiguo (ADNa) de yacimientos eneolíticos del Cáucaso septentrional y de la estepa adyacente.

Lo que encontramos aquí, por tanto, surgiendo en el Neolítico en el Cáucaso, son dos corrientes de CHG, una anterior relacionada con CHG y una posterior del tipo Aknashen en el Neolítico, las cuales empezaron a penetrar en la estepa durante el Eneolítico en el quinto milenio a. C. La corriente hallada en el norte del Cáucaso, si se tienen en cuenta los dos cromosomas sexuales, refleja poblaciones derivadas de los primeros agricultores de la región del Kurá-Araxes. Los primeros hallados en la estepa propiamente, sin embargo, parecen derivar de una forma anterior relacionada con CHG y exhiben cromosomas Y asociados con las estepas en vez de con el Cáucaso y una mezcla de ADNmt local y caucásico. Tendremos que seguir estas dos corrientes en el siguiente capítulo, cuando observemos cómo interactúan con la población nativa de la estepa y si tienen un papel importante en la formación de esas culturas de la estepa más expansionistas que se asocian, tradicionalmente, con los orígenes del indoeuropeo y sus dispersiones.

CHG y la cultura Maikop

La tercera explicación posible para CHG se centra en la Edad del Bronce inicial y el surgimiento de la cultura Maikop.[60] Tras la introducción de la agricultura, una cultura pre-Maikop surgió en el norte del Cáucaso (*ca.* 4500-3800 a. C.). Se han hallado varios yacimientos con evidencias de grandes murallas de piedra y fosos, una economía basada en la ganadería y la caza y un incipiente trabajo del cobre. Esta cultura estaba en contacto con la región del Ponto, en particular con la cultura de Cucuteni (*vid.* Figura 9.5), tal y como se observa en los paralelos en la cultura material. De este periodo destaca el yacimiento de Nal'chik, con su necrópolis que anticipa cementerios posteriores tanto en la estepa como en Europa central. Los ciento cuarenta y siete enterramientos se situaron bajo pequeños montículos y se acompañaban de color ocre, dos rasgos típicos de la muy posterior cultura Yamnaya. Sin embargo –y, ciertamente, esto es bastante enigmático–, el yacimiento también tiene similitudes con la cultura de la cerámica cordada en un grado que no se observa en Yamnaya: aunque no presenta la orientación de los enterramientos que sí aparece en los de la cerámica cordada, sigue el mismo patrón sexual al depositar a los varones sobre el costado derecho y a las mujeres sobre el izquierdo. En una fecha aproximada *ca.* 5000-4500 a. C., no obstante, precede tanto a la cultura Yamnaya como a la de la cerámica cordada en unos mil quinientos años o más.[61] Por tanto, el dimorfismo sexual en las prácticas funerarias, en las que los varones son colocados sobre el costado derecho y las mujeres sobre el izquierdo –o al revés–, podría surgir de forma independiente en diferentes regiones.

La cultura Maikop (*ca.* 3800-3000 a. C.) ocupaba el territorio que va desde el mar de Azov por el norte del Cáucaso hasta casi el mar Caspio (*vid.* Figura 14.5). Aunque se han descubierto unos treinta asentamientos, tienden a ser pequeños; la cultura se conoce mejor a partir de sus enterramientos, de los cuales unos trescientos están bajo túmulos (*kurganes*). Estos están, por lo general, escasamente decorados y acompañados de poco ajuar, pero también hay túmulos enormes con ajuares extraordinariamente suntuosos que relacionan a la cultura Maikop con Asia Central. Por ejemplo, objetos de intercambio como el lapislázuli o la turquesa, motivos artísticos y artesanía en metal –con paralelos en Anatolia y Mesopotamia y entre las culturas del norte del Cáucaso–. El ritual de enterramiento consistía, normalmente, en la disposición del cuerpo flexionado sobre el costado derecho con la cabeza orientada hacia el sur, el cuerpo rociado con ocre, introducido en una fosa tapada con madera o bien en la superficie en una cámara de madera o de piedra. Los excepcionales enterramientos «regios» eran increíblemente suntuosos. El más famoso de ellos albergaba 2 kg de objetos de oro y 3 kg de objetos de plata, junto con herramientas (hachas) y armas (dagas) de cobre o bronce. Mientras que gran parte de estos materiales tiene paralelos extranjeros en el sur –aunque sean de manufactura local–, un tipo de objeto único de Maikop es una serie de calderos fabricados con láminas de bronce.

La cultura Maikop entra en el debate de la cuna debido a su posible impacto en la población de la estepa al norte del Cáucaso. En la década de 1980, el modelo de la estepa de Marija Gimbutas entendía esta cultura como el estímulo de una segunda oleada de las expansiones indoeuropeas (*ca.* 3400-3200 a. C.), pero no estaba asociada con la difusión inicial, ni se entendía como un vector principal para la expansión del indoeuropeo.[62] Más bien, ella expandió la definición de cultura Maikop para implicar todo el territorio desde el Cáucaso, al norte del mar Negro, hasta la boca del Danubio, que incorporaba, de ese modo, varios yacimientos fortificados antiguos en Ucrania, lo cual sugería que los paralelos en la cerámica y en los objetos de piedra y metal demostraban «la probable unificación de esta región en sus contactos comerciales, y puede que también en un mismo poder político». No había ninguna pregunta acerca de la «solución Maikop» al problema del lugar de origen, por lo que fue subsumida en el modelo de la estepa. También entendía el fenómeno de Maikop como una ruptura regional con el primer centro de dispersión, el área del Volga Medio, que ahora se había reemplazado, al menos en lo que concierne al resto de Europa, por el territorio entre el Danubio y el Cáucaso.

Más recientemente, sin embargo, el arqueólogo danés Kristian Kristiansen ha planteado que la cultura Maikop era, de hecho, protoindoanatolia y la fuente arqueológica y genética más probable para las migraciones hacia Anatolia y la estepa. En un escenario ciertamente especulativo –Kristian se mueve bien en este tipo de terrenos–, defiende que Maikop era protoanatolia –y ocuparía, posiblemente, la misma área que el protoindoanatolio–, así como que la rama protoanatolia podría haber cruzado por mar a la costa norte de Anatolia –İkiztepe, cerca de Bafra, es una ruta posible– antes de descender hacia sus emplazamientos históricos en Anatolia central y sudoccidental. En lo relativo al indoeuropeo nuclear, se entendía como un producto de la expansión de Maikop hacia las vecinas estepas del Volga, donde formó la cultura Maikop de la estepa, que «introdujo una economía pastoril basada en el vacuno y tecnología del transporte superior a la de los grupos pre-Yamnaya que vivían en la estepa a mediados y finales del cuarto milenio a. C.».[63]

La clave de la solución Maikop al origen del indoeuropeo se basa, en esencia, en no solo aportar una fuente de CHG a la población de la estepa, también –en función de con qué modelo preciso de sus orígenes se desee trabajar[64]– en introducir, supuestamente, en la estepa algunos de los aspectos más icónicos de sus prácticas funerarias, como el enterramiento en *kurganes*, las cámaras de madera y el uso del ocre, una economía ganadera superior a la que había y una sociedad estratificada asociada –presumiblemente– con una lengua indoeuropea prestigiosa que forzaría a la población local EHG a adoptar la lengua de la élite CHG. Como alternativa, puede que también fuera un vector cultural y lingüístico, como ha planteado Alexander Kozintsev, acompañado de «poco o ningún rastro genético» a medida que expandía el protoindoeuropeo tardío por la estepa.[65]

¿Cuál es la evidencia tangible de la población Maikop en la estepa? Ya hemos visto que la penetración en la estepa de la cultura Maikop está confirmada por la aparición de una cultura Maikop de la estepa en la región del Don-Caspio, inmediatamente al norte del Cáucaso (*vid.* Figura 9.18).[66] El número de enterramientos registrados hasta el momento es de unos treinta y dos. Se fechan *ca.* 3800-3000 a. C. y se entienden como migraciones tempranas de población Maikop hacia la estepa. Los ajuares revelan que provienen del Cáucaso (cerámica, objetos decorativos, etc.), aunque habría que remarcar que no constituyen la primera evidencia pastoril en la zona. Antes, la misma región estuvo ocupada en el Eneolítico de la estepa (*ca.* 4300-3800 a. C.), tal y como atestiguan dieciocho enterramientos, hallados en forma de tumbas de fosa, que muestran una postura similar a la posterior cultura Yamnaya –sobre la espalda, pero con las piernas flexionadas–, rociados con ocre y con un pequeño *kurgan* que los cubre. En otras palabras, tenemos enterramientos pre-Maikop que ya muestran algunas de las características principales de la posterior cultura Yamnaya. La cultura material de estos enteramientos mostraba diferencias y similitudes y conformaba lo que el arqueólogo Igor Vasiliev (1948-2004) entendía como un horizonte macroeneolítico, una conjunción de diferentes poblaciones que interactuaban entre sí.[67] Era parte de un sistema mayor que conectaba distintas poblaciones del Dniéper, Don y Volga Medio y Bajo durante el Neolítico y el Eneolítico. La cultura Maikop de la estepa, posterior, estuvo marcada por la introducción de enterramientos en catacumba –en los que la cámara funeraria estaba desplazada con respecto al pozo inicial–, lo cual aparecería de manera mucho más extensa, aunque también más tarde, en la región de la estepa. Podría señalarse que, mientras que los enterramientos asignados tanto al Eneolítico de la estepa como a la cultura Maikop de la estepa se han hallado en cantidades relativamente pequeñas, sobre todo dada la amplitud de su existencia, de la posterior cultura Yamnaya, el objetivo de buena parte de nuestra discusión, se conocen en la misma región setecientos treinta y dos enterramientos (3000-2350 a. C.). Maikop tuvo un impacto en las culturas de su norte, pero la magnitud de su influencia en la estepa del Caspio parece ser relativamente limitada.

David Anthony ha planteado que tanto la composición somática de la cultura Maikop como la diferencia en los haplogrupos Y (Maiko presenta L, J y G2, mientras que Yamnaya es abrumadoramente R1b) hacen de la cultura Maikop una fuente poco probable para el origen yamnaya.[68] Esta es una opinión compartida por otros, incluido el influyente bloguero de genética Davidski.[69] Si quisiéramos imaginar que las élites masculinas de Maikop se habían movido a la estepa y se habían impuesto por encima de la población local, no hay evidencias para esto en las genealogías masculinas de la población yamnaya (Figura 14.8).[70] Otro problema a la hora de localizar una procedencia secundaria indoanatolia en el área de Maikop es, obviamente, el hecho de que esta cuna ha estado ocupada históricamente por las lenguas caucásicas septentrionales.

cultura	**yacimiento**	**fecha (a. C.)**	**cromosoma Y**	**ADNmt**
Maikop Novosvobódnaya	Klady	3696-3358	G2a2a J2a1 (x2)	R1a T2c1 U1b (x2) X2f
Maikop	Nogir 3	3907-3545	J J2a1	15
	Baksanenok	*ca.* 3700-3000		HV
	Marinskaya 5	3627-3383		U5a1b1
Maikop tardía	Sinyukha	3347-3022	L	U4c1 (x3)
	Marinskaya 5	3364-3035	L (x2)	K1a4 T1a2 T2a1
Maikop de la estepa	Aygurskiy 2	3630-3372		H2a1 T2e
	Ipatovo 3	3331-2885		X1'2'3
	Sharakhalsun 6	3619-3105	R1 Q1a2	I5b U7b

Figura 14.8: Haplogrupos de la cultura Maikop y Maikop de la estepa.

En resumen: de las tres posibles vías para la dispersión de CHG hacia la estepa, una expansión que comience en el Neolítico tiende a parecer genética y cronológicamente más plausible, aunque también habría un impacto subsecuente de la posterior cultura Maikop.

CHG Y EL ARMENIO

Uno de los grandes obstáculos de una cuna CHG localizada al sur del Cáucaso es el paisaje lingüístico del propio Cáucaso. Al dar prioridad a CHG por encima de EHG en la formación del indoeuropeo, el armenio ocupa una posición relevante, puesto que es que la única lengua indoeuropea que puede situarse dentro del propio Cáucaso durante la primera dispersión de las ramas del indoeuropeo. Hay otras lenguas indoeuropeas, como el osetio y otras lenguas iranias, cuyos hablantes se establecieron en el Cáucaso durante la Edad del Hierro, pero son coletazos de cualquier procedencia irania y suelen atribuirse a incursiones de los nómadas de la estepa como los sármatas o los alanos durante la Edad del Hierro. Por otro lado, la armenia es una rama independiente del indoeuropeo cuyos orígenes han sido muy debatidos.[71] Un trabajo reciente, sin embargo, ha mostrado que un origen genético armenio se explica de manera más plausible por medio de una migración hacia el sur desde la estepa que llevó el sello genético de la población de la estepa (el haplogrupo masculino R1b-M269) a Armenia, donde se generalizó *después de* la cultura Kurá-Araxes, la entidad arqueológica que se asocia con más facilidad a la familia lingüística hurrito-urartiana. La fecha de llegada se estima *ca.* 2500 a. C. para poder explicar el nivel de mezcla hallado en la población armenia a partir de *ca.* 2000 a. C. en adelante.[72] La fecha de la evidencia genética coincide muy bien con el inicio de la fase Bedeni-Trialeti de la cultura de los *kurganes* inicial,[73] que se ha asociado con la dispersión meridional de los indoeuropeos sobre indicios puramente arqueológicos como parte del modelo de la estepa.[74]

Esta evidencia la ha rebatido en época reciente el grupo de Auckland, el cual ha planteado que «los antiguos armenios presentan de manera predominante una mezcla CHG-irania en un 40-60 por ciento y de ancestralidad del Neolítico anatolio (20-40 por ciento). Tardíamente reciben una contribución de ancestralidad de la estepa durante la Edad del Bronce final [...]».[75] Una de las razones para el rechazo es que entienden que 2500 a. C. es una datación muy tardía para la llegada de los armenios a su emplazamiento histórico, porque su fecha mediana de separación mediante los cálculos computaciones es 3310 a. C. La fecha de la mezcla todavía está en el rango 4930-1999 a. C., que es tan amplio que podría acomodar fácilmente los indicios de una migración de la estepa; habría que señalar que el promedio es, más o menos, un milenio anterior a las fechas de separación *ca.* 2000 a. C. de las filogenias de Berkeley y Moscú. Una fecha computacional controvertida para la división de una lengua no menoscaba la convergencia de los indicios arqueológicos y genéticos. Creo que es mucho más probable datar la llegada de los armenios en la Edad del Bronce media (no en la final). El único *caveat* del que soy consciente es la identificación de un clúster genético distinto que implica un 50 por ciento del patrón de la Edad del Bronce combinado con ancestralidad de la estepa añadida. Este clúster surge *ca.* 400 a. C.-500 d. C. y se parece más al de los armenios modernos.[76] Cualquier modelo desestima, en gran medida, los intentos anteriores de trazar el origen de los armenios con el empleo de muestras de ADN moderno, los cuales concluían que su lengua –así como la de sus vecinos azerbaiyanos de lengua túrquica– «reflejan reemplazos lingüísticos, que ocurrieron sin ninguna contribución genética detectable a los grupos indoeuropeos y túrquicos originales».[77]

La evidencia tanto de la arqueología como de la genética para la llegada de los protoarmenios respalda una penetración importante *hacia* el norte del Cáucaso desde la estepa. Llegados a este punto, creo que es hora de sacar a relucir el elefante en la habitación. Cualquier intento de asociar las dispersiones del indoeuropeo desde una región al sur del Cáucaso, empleando o la difusión de la agricultura o alguna forma de dominación elitista, debe explicar por qué los indoeuropeos fracasaron estrepitosamente al difundir sus lenguas en el Cáucaso. El modelo del Cáucaso meridional concede a sus CHG portadores del indoeuropeo la habilidad de convertir el Ponto en una cuna secundaria de la que surgirán todas o casi todas las lenguas indoeuropeas (quizá con la excepción del anatolio) y, a pesar de ello, fueron incapaces de dejar un rastro lingüístico en su marcha hacia el norte. Estamos o bien forzados a imaginar que cualquiera que fuese el vector empleado para difundir el indoeuropeo por el Cáucaso solo empezó a funcionar cuando abandonó el Cáucaso, o bien dejó un rastro de lenguas indoeuropeas tempranas, aunque este fue completamente engullido por los ancestros de las lenguas caucásicas, quienes estaban agazapados en otro sitio –¿dónde?–. Por ejemplo, un estudio reciente de la procedencia kartveliana sitúa su protolengua alrededor de 6000 a. C. entre los primeros agricultores y cazadores-recolectores residuales de Georgia occidental,[78] mientras que ya hemos visto que es más factible asociar parte de la región del Kurá-Araxes con la familia hurrito-urartiana.

Que CHG penetró en la estepa en cantidades significativas es indiscutible, pero encuentro extremadamente difícil aceptar la asociación entre el origen del indoanatolio o indoeuropeo nuclear con la expansión desde el sur del Cáucaso, sobre todo si entendemos que los portadores de CHG difundieron la agricultura o formaron élites que lograron expandir su lengua por casi toda Europa. Esta es la razón por la que una expansión de población CHG iniciada desde los costados septentrionales del Cáucaso parece una explicación bastante más posible para la presencia de ancestralidad CHG en las culturas de la estepa. Por otro lado, acabo de poner encima de la mesa otro problema que tendremos que examinar en el próximo capítulo.

REVISAR EL MODELO DE LA CUNA CAUCÁSICA

Las soluciones al problema de la cuna indoeuropea han incluido tanto el Cáucaso como las regiones pegadas a su costado meridional desde –al menos– el siglo XVII. Es el área donde el grupo poblacional CHG se expandió hacia el oeste a través de Anatolia y formó una clina con AAF hacia 6500 a. C. También la mayoría de los modelos principales reconoce que la estepa póntica sirvió como localización primaria o secundaria para el origen indoeuropeo y sus expansiones y, puesto que la composición genética asociada con la región de la estepa es una mezcla de CHG y EHG, esto indica que CHG es, potencialmente, el elemento esencial en el cóctel genético subyacente en las dispersiones indoeuropeas.

El área CHG comprende los territorios históricos de una serie de lenguas no indoeuropeas, que incluyen todas las modernas nativas del Cáucaso, así como varias antiguas como la hurrito-urartiana o el elamita. Así, si la cuna indoeuropea estaba allí, solo podría tratarse de una parte de la red CHG. Si se sitúa la cuna al sur del Cáucaso, desde donde el protoanatolio es la primera rama que se separa, la logística de la migración es probable que favoreciera una localización en Anatolia oriental o cerca. Cualquiera más al oeste la situaría dentro de la población AAF; esta localización también requeriría la migración más corta y evitaría situar la procedencia en una región asociada más probablemente con una de las lenguas no indoeuropeas. Es probable que la fecha para una cuna al sur del Cáucaso se limitara al periodo *ca.* 6500-3500 a. C. por tres razones: el protoindoanatolio poseía, al menos, parte del vocabulario para las plantas y animales domésticos; durante este periodo hay evidencias de un movimiento hacia el oeste de CHG desde una región agrícola más antigua hacia el territorio asociado históricamente con las lenguas anatolias; y en

3500 a. C. la cultura Kurá-Araxes, es posible que asociada con la lengua hurrita, cerraría la puerta a una migración hacia el oeste.

Una cuna situada al sur del Cáucaso, en cualquier caso, se topa con nuevos obstáculos. Primero, hay que explicar, para cualquier expansión desde esta zona hacia el oeste (por ejemplo, el griego), cómo una lengua filogenéticamente posterior llegó a su localización histórica *después* de que las lenguas anatolias se hubieran expandido entre la presunta cuna y Europa. Con respecto a las expansiones hacia el este (por ejemplo, el indoiranio), la cuestión de por qué no hay rastro de lenguas indoiranias a lo largo de la ruta seguida, aparentemente, por la dispersión del Neolítico debe abordarse. El modelo también debe batallar con la evidencia genética que indica que la población que formaba la cultura Sintashta –el predecesor más factible para la indoiranización de la estepa asiática– deriva de la estepa y no de una región principalmente CHG. También debe considerar la importante relación que vincula el indoiranio con el baltoeslavo, o los contactos tempranos con el urálico, todos los cuales encajan mucho mejor en el modelo de la estepa.

Por último, un modelo de la cuna caucásica requiere una explicación a cómo y cuándo CHG fue capaz de penetrar en la estepa y mezclarse en paridad con el EHG local para conformar la composición genética de la cultura Yamnaya. De los tres modelos presentados, la incursión asociada con la dispersión septentrional de la ganadería en el Neolítico es la que cuenta con más respaldo arqueológico y genético. En lo que respecta a los haplogrupos, la evidencia para la difusión de CHG en las estepas mediante la cultura Maikop revela pocos indicios de una gran contribución de cromosomas Y (masculinos) de CHG, aunque podría haber sido un vector relevante de CHG del tipo Aknashen. El fracaso de una posible cuna en el Cáucaso meridional a la hora de producir cualquier evidencia de un rastro de lenguas indoeuropeas a lo largo de sus migraciones hacia el norte hace que este modelo sea problemático.

NOTAS

1 Michalowski, P., 2004, 22; Stolper, M., 2004, 73; Gernot, W., 2004, 101.
2 Michalowski, P., *op. cit.*, 22; Stolper, M., *op. cit.*, 84; Gernot, W., *op. cit.*, 107; Tuite, K., 2004, 971.
3 Bavant, M., 2008; *véase también* Matasović, R., 2012, 15-17.
4 Watkins, C., 2004, 560; *véase también* Fortson, B., 2004, 157.
5 Fournet, A. y Bomhard, A., 2010, 159.

6 Goedegebuure, P., 2020 niega la «agricultura» de los protoanatolios cuando, para hablar en propiedad, solo se está rechazando el uso del arado.
7 Tomado de Kloekhorst, A., 2008.
8 Kroonen, G. *et alii*, 2022.
9 Pronk, T., 2021.
10 Kroonen, G. *et alii*, *op. cit.*, 33.
11 Mallory, J. P., 2018.
12 Kroonen, G. *et alii*, *op. cit.*
13 Darden, B., 2001; Pronk, T., *op. cit.*
14 Kloekhorst, A. y Pronk, T. (eds.), 2019b.
15 Chang, W. *et alii*, 2015; Kassian, A. S. *et alii*, 2021; Heggarty, P. *et alii*, 2023.
16 Asouti, E. y Fairbairn, A., 2002; Bogaard, A. *et alii*, 2017.
17 Ertem, H., 1974.
18 Kloekhorst, A., 2023, 46-47.
19 Damgaard, P. *et alii*, 2018.
20 Kloekhorst, A., 2023, 55.
21 Lazaridis, I. *et alii*, 2017.
22 Damgaard, P. *et alii*, *op. cit.*; Lazaridis, I. *et alii*, 2022.
23 Lazaridis, I. *et alii*, 2022.
24 Fóthi, E. *et alii*, 2020.
25 Tibor Fehér, com. pers.
26 Kloekhorst, A. y Pronk, T. (eds.), *op. cit.*, 3-6.
27 Gamkrelidze, T. e Ivanov, V., 1985; Gamkrelidze, T. e Ivanov, V., 1985b; Grigoriev, S. A., 2002; Grigoriev, S. A., 2002b; Grigoriev, S. A., 2022.
28 Heggarty, P., 2018; Heggarty, P. *et alii*, *op. cit.*
29 Roller, L. E., 2011.
30 Grigoriev, S. A., 2022; Grigoriev, S. A., 2021.
31 Grigoriev, S. A., 2022, 39.
32 Palumbi, G. y Chataigner, C., 2014.
33 Palumbi, G., 2011, 207.
34 Sagona, A., 2011.
35 Rosenberg, M. y Özdogan, A. E., 2011.
36 Heggarty, P. y Renfrew, C., 2014b.
37 Mallory, J. P., 2017.
38 Kümmel, M., 2022.
39 Jones-Bley, K. y Zdanovich, D. G. (eds.), 2002; Kuzmina, E., 2002; Grigoriev, S. A., 2021, 194-198.
40 Grigoriev, S. A., 2002b, 148.
41 Grigoriev, S. A., 2002.
42 Kuzmina, E., *op. cit.*; Anthony, D., 2007.
43 Allentoft, M., *et alii*, 2015; Narasimhan, V. *et alii*, 2019; Allentoft, M. *et alii*, 2024.
44 Misra, S. S., 1992, 48-53. Análisis mucho más populares se pueden encontrar en Sharma, R., 1994 y Kochhar, R., 1997.
45 Mathieson, I. *et alii*, 2018, tabla supl. 3.
46 Mattila, T. *et alii*, 2023.
47 Allentoft, M. *et alii*, 2024.
48 Lazaridis, I. *et alii*, 2024.

49 Sagona, A., 2018, 93-125.
50 *Ibid.*
51 Lazaridis, I. *et alii*, 2024.
52 Lazaridis, I. *et alii*, 2022, materiales supls., 270.
53 Anthony, D. *et alii*, 2022.
54 Anthony, D. y Vyazov, L., 2024, 20.
55 Budd, C. y Lillie, M., 2020, 286; Anthony, D. y Vyazov, L., *op. cit.*, 20.
56 Mattila, T. *et alii*, *op. cit.*
57 Zaliznyak, L., 2016, 38-40.
58 Nikitin, A. *et alii*, 2024, supl., 26.
59 De Beule, H., 2024.
60 Sagona, A., 2018.
61 Häusler, A., 2006, 107.
62 Gimbutas, M., 1980.
63 Kristiansen, K., 2020, 161.
64 Kozintsev, A., 2019, 312-318.
65 *Ibid.*, 353.
66 Shishlina, N., 2008.
67 Vasiliev, I., 1981.
68 Anthony, D., 2019.
69 Kozintsev, A., *op. cit.*, 326.
70 Anthony, D., 2019.
71 Petrosyan, A., 2019.
72 Lazaridis, I. *et alii*, 2022.
73 Sagona, A., 2018, 301.
74 Gimbutas, M., 1973.
75 Heggarty, P. *et alii*, *op. cit.*, 8.
76 Antonio, M. *et alii*, 2024.
77 Nasidze, I. *et alii*, 2003, 259-260.
78 Gavashelishvili, A. *et alii*, 2023.

CAPÍTULO 15

El modelo de la estepa

Durante al menos ciento veinte años, la estepa póntica se ha visto, por lo general, como un elemento fundamental a la hora de explicar el origen y las dispersiones de las lenguas europeas. En las versiones más optimistas, se ha entendido como la cuna principal, mientras que la mayoría de las otras soluciones la han relegado a la posición de una de las cunas secundarias más importantes. En la mayoría de los modelos con lugar de origen en Europa (nórdico, danubiano y balcánico) se ha asociado con la zona base del origen indoiranio. En modelos más recientes que buscan cunas en Anatolia o en el Cáucaso y regiones adyacentes, se presentaba como la cuna secundaria de un número relevante de ramas indoeuropeas, a veces de todas ellas con la excepción de la anatolia. El asunto crucial es que la evidencia genética ha dejado sobradamente claro que las poblaciones de la estepa asociadas con las expansiones indoeuropeas no eran solo el resultado de una evolución puramente local, sino que requerían de un grupo de cazadores-recolectores orientales (EHG) de origen local que se hubiera mezclado con los cazadores-recolectores caucásicos (CHG), así como una porción de antiguos agricultores anatolios (AAF) y es posible que de pequeños componentes de otros (cazadores-recolectores occidentales/WHG, cazadores-recolectores de Siberia occidental/WSHG). El problema más obvio, por tanto, es si el indoeuropeo fue una lengua evolucionada localmente que surgió de una porción de población EHG en la región póntica, o si la población EHG local fue absorbida lingüísticamente por un grupo intruso CHG a medida que se expandió por la estepa. En pocas palabras: en la unión de CHG y EHG, ¿quién enseñó a sus hijos a hablar protoindoanatolio, la madre de todas las lenguas indoeuropeas?

LA FORMACIÓN DE LA ZONA DE DISPERSIÓN EN LA ESTEPA

Hemos visto que desde los primeros años del siglo XX los lingüistas han debatido si la estepa europea era una localización óptima para una cuna lingüística, o sencillamente una vía de paso por la que las lenguas entraban y salían a medida que otra empujaba desde atrás y engullía a las lenguas previas. Cuando encontramos por primera vez las lenguas de la estepa en el registro histórico, el área estaba ocupada por hablantes de lenguas iranias (¿cimerios?, ¿escitas?, ¿sármatas?, ¿alanos?) y luego, después de varios siglos, fueron reemplazados en gran medida por grupos de hablantes de lenguas túrquicas. El modelo de la estepa defiende que, antes de la difusión de las lenguas iranias durante la Edad del Hierro, hubo un horizonte lingüístico anterior en el Eneolítico/Edad del Bronce inicial asociado con el protoindoanatolio. Podría señalarse que, a menudo, los académicos de la era soviética sugirieron que el horizonte lingüístico que precedió a los nómadas de la estepa irania oriental era protoindoiranio y no una forma anterior del indoeuropeo. En cualquier caso, la estepa póntica se asemeja con lo que la lingüista Johanna Nichols describe como una zona de dispersión lingüística: «una región en la que una única familia lingüística se difunde ampliamente, la diversidad genética de las lenguas es baja, y una familia lingüística reemplaza a otra en la mayoría del territorio una vez cada pocos milenios».[1]

Uno podría sentirse cómodo imaginando una lengua común o franca hablada entre tribus de postores nómadas que ocuparon esta zona de dispersión en la que hallamos un horizonte cultural común, un tipo físico bastante similar y un rango restringido de haplogrupos del cromosoma Y, pero es bastante probable que la situación anterior a que CHG empezara a dispersarse por la región fuese más complicada. Siempre he sospechado que antes del surgimiento de una economía pastoril con acceso a mejores formas de transporte –caballo domesticado, carros de bueyes–, la geografía de la región de la estepa podría haber servido en origen como incubadora para diversas lenguas.[2] La razón para esto es que aquí los ríos principales tienden a ir del norte al sur por toda la región y el asentamiento desde el Paleolítico tiende a estar confinado en los valles de los ríos, en especial de los ríos principales y sus afluentes, mientras que los interfluvios de estepa abierta parecen haber sido escasamente ocupados, si es que lo fueron, y sirven como posibles barreras para la comunicación. Un vistazo a un mapa de la distribución de yacimientos neolíticos en Ucrania (Figura 15.1), por ejemplo, sugiere una serie de distintas culturas asociadas con corredores de asentamientos separados por regiones de estepa o bosque de tamaño considerable, un entorno que podría haber inducido al aislamiento lingüístico y a la diversidad en toda la región. Es más, mientras que las economías podrían etiquetarse en términos generales como de cazadores-recolectores, también se podría conjeturar con que la actividad principal era la pesca, la cual llevaría a asentamientos más estables en puntos de pesquería óptimos. Esta idea está respaldada por varios cementerios mesolíticos y neolíticos, sobre todo a lo largo del Dniéper. Obviamente, discernir cuánta diversidad lingüista existió es especular, pero incluso si derivamos todas las culturas de la estepa de una red de uniones EHG, su separación en el tiempo y en el espacio en cada uno de los ríos –entendido en términos de variedad de diferentes tradiciones culturales desde el Mesolítico[3]– sugeriría un aislamiento importante entre ellas, todo lo cual podría promover la diversidad lingüística.

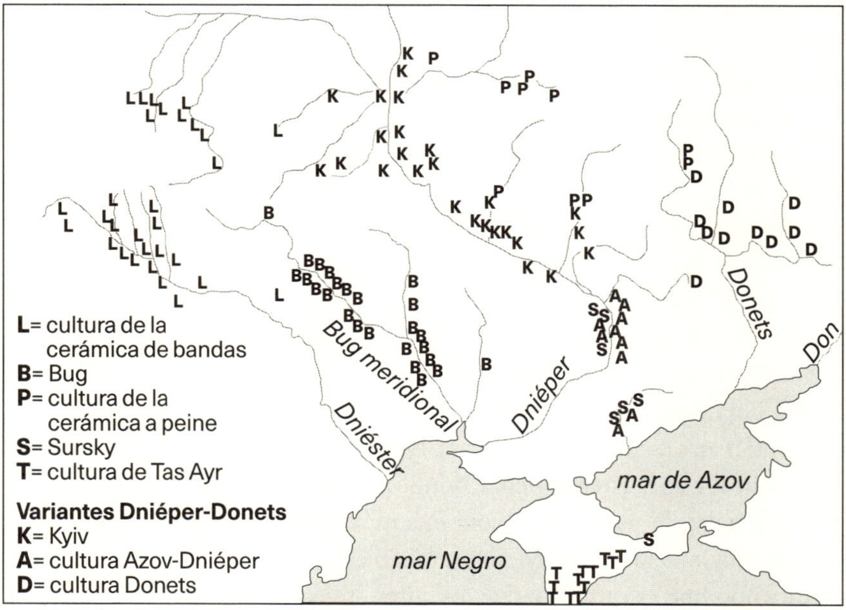

Figura 15.1: Los yacimientos neolíticos de entre el séptimo y el quinto milenio a. C. en Ucrania tienden a concentrarse en los ríos principales y sus afluentes, lo cual podría haber incentivado el asilamiento lingüístico y la diversificación.

Además, los indicios de la antropología física han sugerido por mucho tiempo que hubo oleadas de migraciones humanas, algunas más gráciles –cráneos cuyas características son más esbeltas o menos pronunciadas– y otras más robustas. Estas últimas entraban desde el noroeste hacia la región del Dniéper-Donets, asociadas con grupos WHG. La introducción de animales domésticos, junto con la movilidad que permitían la domesticación del caballo y la invención del vehículo rodado, son los factores obvios que podrían haber contribuido al surgimiento de una lengua común en la región. Por esta razón, la emergencia del «horizonte histórico-cultural» yamnaya ha sido, durante mucho tiempo, un vector atractivo para la expansión de una lengua común *ca.* 3300-2500 a. C. El problema es que las supuestas fechas anteriores para la separación de la rama anatolia sugieren que la cultura Yamnaya parece ser demasiado reciente como para identificarse como protoindoanatolia y es más admisible identificarla con el indoeuropeo nuclear. Por tanto, necesitamos considerar qué existió antes de Yamnaya y hasta qué punto esto arroja un origen creíble para el protoindoanatolio.

Hemos visto que los intentos de explicar los orígenes de la cultura Yamnaya han implicado, tradicionalmente, a dos predecesores eneolíticos separados geográficamente: la cultura jvalynsk, en la región del Volga Medio,[4] y la cultura Sredny Stog, de la región del Dniéper-Donets,[5] ambas con una fecha de surgimiento *ca.* 4500-4300 a. C. La situación nos fuerza a hacer un acercamiento más detallado y a asumir que unir estas dos regiones en una única zona cultural póntica es problemático. Pese a que muchos defensores del modelo de la estepa podrían estar felices dibujando un círculo que englobe todo entre el Dniéper y el Volga y etiquetándolo como el lugar de origen, la arqueología y la genética son más complicadas. En realidad, tenemos dos centros que rivalizan por la primacía en lo que respecta a los orígenes indoeuropeos en la estepa. Por ejemplo, el argumento que sugiere la primacía de la región del Volga-Don aparece al menos ya en un estudio de 1974 acerca de la cultura Yamnaya realizado por Nikolai Merpert (1922-2012), en el que defendía que los enterramientos más antiguos estaban en el este.[6] Esto se aceptaba en los modelos de Marija Gimbutas y continuó en mi relato –hoy desfasado– de 1989[7] y en la exposición más reciente y detallada de David Anthony en 2007.[8] Anthony remarca que fue en la estepa oriental donde las condiciones áridas promovieron con más fuerza el paso a una economía móvil, así como que también allí la cultura jvalysnk era el ancestro más probable de Yamnaya. Por otro lado, aun admitiendo que es probable que los enterramientos yamnaya más antiguos estuvieran en el este, Dmytro Telehin (1919-2011) planteó en 1973 que Yamnaya en la región del Dniéper-Don se construyó sobre la cultura Sredny Stog.[9]

Uno de los argumentos para rechazar un origen independiente yamnaya en la región de Dniéper-Donets es que la cultura Sredny Stog no solo refleja un cambio cultural a partir de la cultura neolítica previa (Dniéper-Donets, genéticamente EHG + WHG, sin AAF y con muy poco CHG), sino que también implica una población mezclada en la que hay un tipo físico más esbelto y una población típicamente definida como protocaucásicos extremadamente robustos. Esto sugiere que la transformación cultural no fue por entero una evolución local. Incluyó una importante contribución de tipos grandes del norte. Se ha planteado que tanto los ejemplos gráciles de los cráneos de Sredny Stog como la escasa agricultura del cereal atestiguada en protoindoanatolio se explican mejor por el contacto con la cultura agrícola de Cucuteni, más que con una cultura de la estepa más oriental que no presenta indicios de cereales domésticos.[10]

Aquí, deberíamos dar un paso atrás y replantear los problemas genéticos que tenemos que resolver. Nuestro objetivo es explicar el origen de la cultura Yamnaya en su forma definitiva, la cual es el vector principal para la mayoría de las posibles expansiones indoeuropeas en el modelo de la estepa. Un análisis de unas cien muestras extraídas de enterramientos yamnaya en la estepa póntica y en la cultura de Afanásievo –y no de fuentes posteriores a la dispersión en los Balcanes, donde podrían haberse mezclado con poblaciones locales– tiende a un empate reñido entre CHG y EHG, con una pequeña cantidad añadida de AAF. El haplogrupo del cromosoma Y es, en su abrumadora mayoría, variaciones de R1b, seguido por cantidades moderadas de I2a. La evidencia mitocondrial (ADNmt) es mucho más compleja y se analizada más adelante (*vid.* Figura 15.5). Sabemos que la población EHG es local en la región de la estepa y que la población CHG es una intrusa del sur. Por ello, necesitamos trazar la dispersión de CHG desde el área del piedemonte al norte del Cáucaso (*vid.* Capítulo 16) por la región póntica y seguirla durante el surgimiento de la cultura Yamnaya. En el capítulo anterior vimos que CHG parece haber entrado en la estepa en dos variantes genéticas: un tipo relacionado con CHG que retiene más el perfil visto en la muestra mesolítica de Kotias Klde, en Georgia, y un tipo Aknashen que está –por el momento– asociado con el Neolítico inicial en el sur del Cáucaso. También hemos visto que los pocos haplogrupos del cromosoma Y del Mesolítico en el Cáucaso son variantes de J2a y L1a1, los cuales continúan en el Eneolítico y en la cultura Maikop de la Edad del Bronce inicial, momento en el que podríamos añadir G2a. Necesitamos vigilar estos tres haplogrupos a medida que CHG se desplaza al norte hacia la estepa. Habría que volver a recordar que nuestra evidencia del Cáucaso es bastante escasa comparada con el tamaño de las muestras de la estepa y que no es siempre fácil determinar si un haplogrupo particular apareció antes en la estepa o en la región del Cáucaso.

Ahora, tenemos que crear una imagen de qué es local en la estepa póntica antes de la penetración de CHG. La evidencia de ADN antiguo (ADNa) de los varones en el Mesolítico en Ucrania (*ca.* 9000-6000 a. C.)

incluye variantes de R1a (M459 y YP4141), R1b (V88) y I2a. Esto indica que los haplogrupos principales hallados después en la cultura Yamnaya ya estaban presentes en el Ponto al menos desde el Mesolítico, lo que implica que los haplogrupos Y que encontramos tanto en las culturas mesolíticas como en Yamnaya parecen ser nativos a la población EHG (Figura 15.2).

Los yacimientos neolíticos (5600-4600 a. C.) de la estepa –y aquí estamos hablando, a grandes rasgos, de cazadores-pescadores que utilizan cerámica, con la presencia ocasional de animales domésticos– mantienen en esencia los haplogrupos del cromosoma Y anteriores: I2a, R1a (M459, YP4141) y R1b (BY17643, PF6287, PF6323 y V88). Esto respalda naturalmente el modelo de la continuidad genética.

Es con el Eneolítico a partir de *ca.* 4500 a. C. en adelante cuando vemos la mayor inserción de CHG en las estepas y es mejor seguir las dos variaciones –relacionadas con CHG y Aknashen– de forma independiente.

periodo	fecha (a. C.)	cromosoma Y	ADNmt
Mesolítico	9000-6000	I2a1a1b1 R1a-M459 R1a-YP4141 R1b-V88	U4b U5a U5b
Neolítico	5600-4600	I2, I2a1b (x16) R1a-M459 R1a-YP4141 R1b-BY17643(x6) R1b-PF6287(x2) R1b-PF6323 R1b-V88	C H (x7) T, T2 U2 U3 U4 (x3) U4a (x4) U4b (x8) U4d (x4) U5a (x15) U5b (x9)

Figura 15.2: ADN antiguo (ADNa) de yacimientos mesolíticos y neolíticos de la estepa póntica. Tanto los haplogrupos del cromosoma Y como los del ADN-mt, parecen ser propios de la región de la estepa.

Ya hemos descubierto el tipo relacionado con CHG en el yacimiento de Progress-2 (*ca.* 4300-4000 a. C.) en la estepa del norte del Cáucaso (*vid.* Figura 14.7), que se encuentra junto a lo que el laboratorio de Harvard (Reich) ha llamado la clina del Volga al norte, en Berezhnovka II (4450-3960 a. C.) y más al norte aún en los importantísimos cementerios (Khlopkov Bugor y Jvalynsk I y II) de la cultura jvalynsk (4500-4350 a. C., Ekaterinovka Mys y, finalmente, Murzikha II (*vid.* Figura 15.3). La postura tradicional de enterramiento yamnaya –la conocida como «posición Yamnaya»–, supina, pero con las rodillas alzadas, se ha encontrado en varios yacimientos de esta clina en fechas tan antiguas como *ca.* 4500 a. C. o antes. Es más, también se han registrado túmulos funerarios en varios yacimientos.

Los cementerios de jvalynsk han arrojado un sorprendentemente limitado número de haplogrupos masculinos: I2a1b, Q1-L472 (x5), R1a-M459, R1b-L754 (x15) (*vid.* Figura 15.4). Ya hemos visto que tanto R1a como R1b están asociados con la estepa, mientras que Q1 ha estado presente en Rusia desde el Paleolítico, aunque no parece –al menos así se piensa por el momento– haber continuado en Yamnaya. Sin embargo, fue llevado al este y aparece en la cultura de Afanásievo. I2a es local en el Mesolítico y se encuentra en la posterior cultura Yamnaya. Los haplogrupos de ADNmt también incluyen algunas variaciones claramente locales como I3a y U2e1b, mientras que U5a1 y U5a2d tienen un pedigrí mesolítico anterior en el norte de Europa. Por otro lado, aunque H2a1 aparece en algún momento anterior en jvalynsk, también se halla en el Neolítico en el Cáucaso.

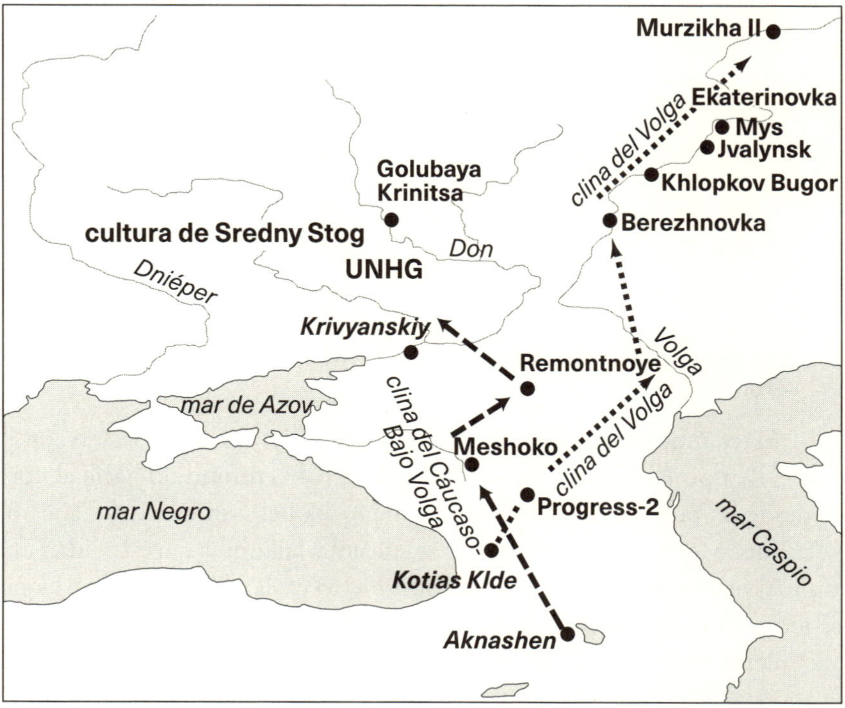

Figura 15.3: El tipo relacionado con CHG (parecido al de Kotias Klde) formó la clina del Volga, mientras que el tipo Aknashen puede rastrearse en la clina Cáucaso-Bajo Volga a través de la región pre-Maikop (Meshoko) en dirección noroeste hacia la región Dniéper-Donets, donde contribuyó a formar la cultura de Sredny Stog (UNHG significa cazadores-recolectores del Neolítico ucraniano). La evidencia de ADN sugiere que el sello genético yamnaya surgió entre el Dniéper y el Don (el área de la cultura Sredny Stog) *ca.* 4200-4000 a. C.

Esta clina del Volga se ha interpretado como una red genética que operaba en el Volga, donde el tipo relacionado con CHG penetró desde el sur remontando el río, reduciendo su porcentaje de identidad genómica en cada comunidad a medida que se distanciaba de su lugar de origen. Es notable la ausencia de cualquier AAF, el cual aparecería con la dispersión de la segunda clina de CHG, el tipo Aknashen. La postura de enterramiento de jvalynsk anticipa a la de la posterior cultura Yamnaya y también mantuvo la tradición de espolvorear ocre en los enterramientos.

yacimiento	fecha (a. C.)	cromosoma Y	ADNmt
Progress-2	4300-4200	R1b-V1636 (x2)	I3a, H2
Berezhnovka		R1b-V1636 + 1?	
Khlopkov Bugor	*ca.* 4500	R1b-L754 (x10) Q1 (x2) I2a1b	
Jvalynsk	4500-4350	R1b-L754 (x15) Q1-L472 (x5) R1a-M459 I2a-L699	H2a1 (x5) R1b1 (x2) U2e1b (x4) U4d (x5) U5a1 (x11) U5a2d (x3)
Murzikha II	*ca.* 4500-4200	Q1a (x9)	R1b U2e2a (x4) U4a U4a1 U5a1d2 (x2) U5a1d2b (x2) U5a2b1 (x2)

Figura 15.4: Haplogrupos del cromosoma Y de ADNmt presentes en la clina del Volga.

El segundo corredor genético (*vid.* Figura 15.5) estaba asociado con el CHG de tipo Aknashen, que se creía que se había difundido hacia el norte desde las poblaciones agrícolas que ocupaban el noroeste del Cáucaso, la cultura Meshoko (el preludio de la cultura Maikop; la ancestralidad del tipo Aknashen es típica del CHG decubierto en la cultura Maikop), que se fecha entre *ca.* 4600 y 3800 a. C. Se encuentra en la estepa en distintos yacimientos cerca del pueblo de Remontnoye (*ca.* 4200-3600 a. C.), donde la ancestralidad Aknashen suma en torno a un 45 por ciento en los enterramientos, que también mostraban alguna mezcla con la clina del Volga (una fuente principal a la hallada en Berezhnovka). Tanto los enterramientos en Remontnoye como en Berezhnovka estaban bajo *kurganes* y adoptaron, asimismo, la inusual postura de enterramiento yamnaya, que coloca a los muertos sobre la espalda, pero con las piernas flexionadas, así como la costumbre más generalizada de espolvorear ocre sobre el difunto.

La clina del Cáucaso-Bajo Volga se extendía al oeste desde Remontnoye hasta el Dniéper. Como hemos visto, este río fue una región importante para el asentamiento humano desde el Mesolítico. Había desarrollado un perfil genético distintivo que un trabajo reciente ha etiquetado como cazadores-recolectores del Neolítico ucraniano (UNHG), el cual, para nuestros propósitos, era, en gran medida, la población robusta enterrada en los cementerios del Dniéper-Donets.[11] Esta cultura no presenta evidencias de ancestralidad AAF –la cual está en niveles de alrededor del 10-18 por ciento en la cultura Yamnaya–. Se ha propuesto que el sello CHG, similar al recuperado cerca de Remontnoye, mezclado con la población local del Dniéper-Donets, hubiera producido la cultura Sredny Stog, que también usaba la posición de enterramiento de la posterior Yamnaya. El análisis reciente de enterramientos de Sredny Stog indica que pertenecen, en esencia, a R1a y I2a1b, los haplogrupos locales de la estepa, con una interesante excepción. Un varón de un enterramiento de Sredny Stog del Don (Krivyanskiy-9) mostraba el haplogrupo del cromosoma Y J2a (J-M319), lo cual indicaba que tenía un «abuelo» del Cáucaso; se ha especulado con que su problemático ADNmt (T2a1b) fuera local y su componente CHG era, aparentemente, del tipo relacionado con CHG, más que Aknashen. Como se ha mencionado antes, esta cultura, junto con su contemporánea, la cultura jvalynsk en la región del Volga Medio, son las dos competidoras para ser el germen de la cultura Yamnaya.

yacimiento	**fecha (a. C.)**	**cromosoma Y**	**ADNmt**
Remontnoye	4152-3637	R-V1636	H2a, R0
Sredny Stog	*ca.* 4500-3500	I-L699 J2a	I4a, K1b2b, T2a1b, U4b, U5a1f1
Yamnaya (nuclear)	*ca.* 3300-2600	I-L699 (x17), R-M269 [>Z2103] (x49)	C4a2 (x2), C4a6, H2a1, H2a1e, H2b, H6a1b, H13a1a1, H15b1, K1b2a, N1a, R0a1, R1a1 (x2), Ia1, T2a1a (x2), T2c1a2, U1a1a3, U2e1a1, U2e1b, U4 (x2) U4a1a, U4c1, U5, U5a, U5a1, U5aiai x2, U5a1d, U5aid1, U5a1d2b, U5a1i, U5a1i1, U5a2b (x2), U5b2a1a, W3a1, W3a1a (x2), W6c (x2)

Figura 15.5: Pruebas genéticas del Eneolítico en las culturas del Dniéper-Donets, Sredny Stog y Yamnaya del Ponto.

Después de comparar varios modelos genéticos, el laboratorio de Harvard (Reich) concluyó que el sello genético del núcleo de la cultura Yamnaya se había establecido en el área entre el Dniéper y el Don *ca.* 4200-4000 a. C. a partir de una población que podría describirse como 80 por ciento Cáucaso-Bajo Volga y en torno a un 20 por ciento UNHG, lo que indica que, básicamente, se solapaba con la cultura Sredny Stog. Estos resultados podrían compararse con los de una publicación reciente del laboratorio de Copenhague, el cual descubrió que el mejor indicio de una mezcla EHG-CHG subyacente a Yamnaya puede hallarse en la región del Don Medio, donde el cementerio de Golubaya Krinitsa revela una distribución 65 por ciento cazadores-recolectores locales (EHG) y 35 por ciento CHG.[12] En pocas palabras, tanto el laboratorio de Harvard como el de Copenhague, aunque utilizaron modelos distintos,[13] sugieren que los orígenes genéticos de la cultura Yamnaya están entre EHG y CHG en el área del Dniéper-Don, una región a la que ya se había apuntado en la blogosfera.[14]

En lo que se refiere a los haplogrupos, hasta el momento hemos seguido a los masculinos, pero ahora deberíamos considerar los indicios de ADNmt de las mujeres. Habría que señalar la abundancia de diferentes haplogrupos mitocondriales comparados con los de los hombres (Figura 15.5). Cuando consideramos el rango de la cultura que estamos investigando, Yamnaya, hallamos evidencias claras de líneas femeninas surgidas en el Cáucaso y otras que parecer ser locales. Por ejemplo, H13 era conocido en el Mesolítico en el Cáucaso y reaparece en jvalynsk, H15 aparece en el Neolítico en Armenia y también legó descendientes femeninos en jvalynsk; N1a se encuentra desde Oriente Próximo al Neolítico europeo. Por otro lado, las variantes de U5a, por ejemplo, son completamente locales en la estepa y predominan en las culturas jvalynsk y Yamnaya. Con respecto al equilibrio de sexos entre hombres y mujeres, las culturas de la estepa, en particular las tardías como jvalynsk y Yamnaya, indican que hay una red de intercambios matrimoniales en la que un sorprendentemente pequeño rango genético de hombres se reprodujo con una gran variedad de líneas femeninas.

Sobre la base de los análisis actuales de ADNa podemos esbozar varias conclusiones preliminares a partir de las evidencias:

1. CHG parece penetrar en la estepa en cantidades significativas. Se encuentra en yacimientos que van *ca.* 6400 (Golubaya Krinitsa) a 3800 a. C. (Maikop de la estepa). Este último en un mundo que ya había empezado a enterrar a los

muertos bajo *kurganes* en la «posición Yamnaya» con ocre (Eneolítico de la estepa).

2. CHG entró a la estepa por dos vías. En la primera, portando un sello genético más similar al obtenido durante el Mesolítico y siguiendo una trayectoria desde el Cáucaso hacia el norte por el Volga, donde se mezcló con poblaciones EHG. Esto podría haber sido el resultado o de migraciones hacia el norte desde el Cáucaso o bien un movimiento hacia el sur por el Volga, donde la población local de la estepa inició un proceso de unión con poblaciones del norte del Cáucaso. Así se dieron los pilares genéticos de la cultura jvalynsk, en la región del Volga Medio.
3. Una segunda vía de CHG parecida a la de la población del Neolítico inicial en la región del Kurá-Araxes (tipo Aknashen) también se desplazó por el norte del Cáucaso (Maikop) y luego hacia la estepa, donde formó la clina Cáucaso-Bajo Volga. Esta población se movió hacia el oeste y su sello genético entró en la región del Dniéper-Don, donde se mezcló con la cultura local del Dniéper-Donets y contribuyó a la formación de la cultura Sredny Stog, que era el ancestro de la cultura Yamnaya.
4. Los modelos de la composición genética del núcleo de la cultura Yamnaya indican que ya se había formado *ca.* 4200-4000 a. C., un milenio o más antes de que surgiera la propia cultura Yamnaya, en el área del Dniéper-Don. Esta idea la ha respaldado tanto el laboratorio de Harvard como el de Copenhague.
5. La evidencia de los haplogrupos revela un desequilibrio entre la contribución genética del Cáucaso y de la estepa. Los haplogrupos del cromosoma Y asociados con CHG llaman la atención por su casi ausencia total entre las comunidades de la estepa. Por otro lado, es evidente que los varones locales de la estepa se unieron con mujeres locales y mujeres cuyas ancestras provenían del Cáucaso.

LOS HOMBRES PERDIDOS

Pese a que se puede crear una lista de cada objeto de intercambio recuperado en enterramientos en la estepa póntica, es difícil transformar esta evidencia en una explicación de la existencia de una lengua común. Es muy fácil suponer que la dispersión de las lenguas quedará registrada de manera clara al trazar el rastro genético de migraciones prehistóricas. A menos que comunidades lingüísticas enteras –hombres, mujeres y niños– se expandan y exterminen a todas las comunidades indígenas, estaremos ante alguna forma de cambio lingüístico en la que, como ya hemos visto, es difícil generar reglas predictivas consistentes. Parece que estamos ante una situación en la que hombres de comunidades de la estepa se juntaron con mujeres de sus propias comunidades y, en mayor medida, con mujeres de comunidades CHG (mezclado con AAF). La ausencia de evidencias para haplogrupos del cromosoma Y CHG en los cementerios de la estepa durante el Eneolítico y de la Edad del Bronce inicial es sorprendente. Hay al menos cuatro explicaciones potenciales.

Primera, ¿estamos ante la ausencia de evidencias, o ante la evidencia de ausencias? Tenemos más de cien muestras de hombres yamnaya nuclear, mientras que la cultura jvalynsk añade treinta y cinco hombres y aún no tenemos evidencia de líneas masculinas de CHG (con la excepción del enterramiento de Sredny Stog en Rivyanskiy-9), a pesar de que, al menos entre Yamnaya, las muestras muestran tanto CHG como EHG.

Una segunda posible explicación es que las líneas masculinas CHG entraron a la estepa en cantidades relevantes, pero no se enterraron en *kurganes*, por lo que no dejaron enterramientos que podrían haber arrojado evidencias de haplogrupos del cromosoma Y. Pese a que esta idea no puede rechazarse por completo, sabemos que el yacimiento de Nal'chik, localizado en el mismo territorio del que podría derivar al menos parte de la población CHG, practicaba el enterramiento bajo pequeños túmulos. Por tanto, la idea de un ritual de enterramiento completamente diferente y todavía no descubierto parece poco probable, en especial cuando las culturas del Cáucaso septentrional coetáneas con el Eneolítico de la estepa eran la pre-Maikop y Maikop, famosas por sus *kurganes*. Esto lleva un paso más allá. Se podría defender que las culturas de la estepa eran socialmente o descendientes de las culturas del Cáucaso, más desarrolladas en tecnología y economía, o, al menos, que las emulaban al adoptar la práctica de los enterramientos de prestigio bajo *kurganes*. Si fuera así, entonces esperaríamos hallar evidencias sólidas de linajes masculinos de élites CHG bajo los *kurganes* de la estepa a los que se emularía. Por desgracia, tenemos ADNa de solo tres enterramientos de este tipo con hombres, dos de los cuales presentan linajes típicos de la estepa (R1a, Q1b), mientras que el tercero, con T-L490, sugiere un origen meridional. Esta es una muestra demasiado pequeña como para extraer conclusiones, aunque al menos ofrece alguna evidencia de que algunos hombres con cromosomas Y más propios del sur penetraron en la estepa. A esto podríamos añadir el enterramiento

Sredny Stog de Krivyanskiy-9, en el que aparecía un hombre con pedigrí caucásico, aunque el enterramiento parece ser anterior a la construcción del *kurgan* sobre él.[15] Su ausencia, sin embargo, en los muchos enterramientos yamnaya posteriores deja al modelo de la emulación de una élite CHG sin respaldo de la evidencia genética.

La tercera explicación es que los hombres del Cáucaso estuvieron en la estepa, pero pocos o ninguno dejaron linajes masculinos que sobrevivieran suficiente tiempo como para entrar en el registro arqueológico. Esto es difícil analizarlo, porque requiere de algunas presunciones. Si aceptamos –asumimos– que la corriente principal de CHG hacia la estepa se inició *ca.* 4500-4000 a. C. desde el norte del Cáucaso, se podría defender que esto coincide con nuestras bases de datos de las regiones del Dniéper y el Volga (*ca.* 4500-4350 a. C.), por lo que ya no existiría un gran intervalo que no hubiésemos muestreado y que diera suficiente tiempo para que las supuestas líneas masculinas de CHG muriean. Por otro lado, esta explicación se construye no solo sobre la presunción de la fecha en la que llegó la difusión principal de CHG, sino también sobre la satisfacción de que, en realidad, tenemos suficientes datos de este periodo como para esbozar una conclusión así para toda la región.

La cuarta –y más obvia– explicación es que los hombres CHG fueron excluidos en su mayoría del acervo genético y que fueron las mujeres CHG, principalmente, las que entraron en la red de uniones de la estepa. Ya hemos descubierto los marcados desequilibrios en la diversidad de linajes masculinos en la expansión occidental de genes de la estepa que se puede ver en la cultura de la cerámica cordada en la Europa continental y en las culturas campaniformes de Europa, en especial en Gran Bretaña e Irlanda.[16] En estas últimas encontramos un predominio absoluto de un linaje de cromosoma Y específico (R1B-L21), que venció a todos los otros linajes masculinos, al menos los que se han recuperado. Para la cultura de la cerámica cordada, los académicos invocan a menudo el *Männerbund*, la banda de guerreros indoeuropea, conformada por hombres jóvenes que podrían haber actuado como exploradores y saqueadores y que volvían no solo con botín, sino también con esposas/mujeres foráneas. El reto está en interpretar qué sucedió exactamente. Por ejemplo, recientemente el lingüista holandés Tijmen Pronk ha citado a la banda de guerreros como un posible vector para la adquisición de mujeres y afirma que «los hombres de la estepa se unieron con mujeres locales, mientras que los hombres locales aparentemente estuvieron más restringidos a la hora de tener descendencia».[17]

El problema es explicar cómo los hermanos CHG locales parecen estar ausentes de la misma red de uniones de la que eran parte sus hermanas, sea en Europa central y occidental o, también aquí, en la frontera entre la estepa y el Cáucaso. Podemos crear cualquier número de explicaciones por el momento sin verificar –o inverificables–, desde el atractivo romántico de ser llevada por un apuesto jinete de la estepa y evitar de ese modo tener que casarte con el paleto local, hasta el asesinato sistemático de hombres CHG locales por parte de violentos y agresivos pastores EHG. Esta última explicación siempre ha estado entre las descripciones arqueológicas para las expansiones indoeuropeas y la literatura está inundada de exposiciones de cómo varios grupos indoeuropeos «montando a caballo, masacraron o esclavizaron a hombres indígenas y se llevaron a sus mujeres, o se establecieron como una élite gobernante que pasó más cromosomas Y mediante una poligamia sostenida durante muchos siglos».[18] En Europa tenemos alguna evidencia de la masacre de comunidades en este momento (por ejemplo, en Eulau, mencionada en el Capítulo 10). La retirada selectiva de hombres CHG locales es posible, pero es difícil que pudiera ser la única explicación y es muy complicada de confirmar. Si asumimos, por ejemplo, una interrelación entre poblaciones de la estepa y del horizonte pre-Maikop (*ca.* 4500-3800 a. C.), entonces estamos ante un número de yacimientos defendidos por murallas considerables, fosos, o elementos naturales como profundos desfiladeros. Es imposible saber si fueron construidos para reducir los conflictos internos o para proteger a las mujeres CHG de los saqueadores de la estepa; los arqueólogos, por lo general, buscan una explicación alternativa.

Nos encontramos ahora en una zona de especulación, pero aquí es donde nacen las hipótesis potencialmente comprobables. Por ejemplo, desde la blogosfera reciente, la ruptura radical entre el medioambiente del Cáucaso y de las estepas se ha usado para plantear que no hubo una migración CHG al norte hacia la estepa –los agricultores no querían probar lo de ser pastores–, aunque las poblaciones de la estepa (EHG) y las CHG en los territorios de frontera se unieron, luego las poblaciones de la estepa difundieron los genes de sus descendientes mixtos de nuevo en la estepa.[19] El concepto general es posible, pero todavía tenemos que lidiar con las diferencias evidentes entre los linajes, sobre todo porque solo hay un mínimo trazo de una difusión recíproca de EHG entre las poblaciones de la Edad del Bronce inicial en el Cáucaso septentrional. Quizá los lingüistas han aportado un paso hacia la solución correcta al presentar evidencias, a partir de terminología de parentesco en indoeuropeo, de que los indoeuropeos practicaban con frecuencia la exogamia, que incluía el equivalente Eneolítico a las novias por catálogo provenientes del extranjero.[20]

LA LENGUA DEL GRUPO CHG DE LA ESTEPA

Pese a que podríamos lidiar con explicaciones para el desequilibrio entre la contribución de linajes masculinos frente a los femeninos en las mezclas de CHG con EHG, no hay duda de que esto se está convirtiendo en un patrón recurrente, no solo en las dispersiones asociadas con la cultura Yamnaya, también en la propia formación del sello genético de la estepa. Esto nos lleva al motivo principal de este capítulo: cuando los hombres EHG se unían con mujeres CHG, ¿cuál de los dos hablaba indoeuropeo y cuál de las dos lenguas hablaban sus hijos?

El vocabulario reconstruido en indoeuropeo para términos de matrimonio y parentesco deja bastante claro que la antigua sociedad indoeuropea era patrilineal: en la unión, la mujer era, literalmente, **wedh-*, «tomada, arrastrada», para vivir con la familia del marido. Todo en los enterramientos de la estepa sugiere un sistema patrilineal y patrilocal, sobre todo porque hay una gran variedad de mujeres de distintas líneas genéticas en los cementerios, mientras que los hombres son casi en exclusiva miembros de una o dos líneas. Si el sistema hubiera sido matrilineal, cabría esperar unas pocas líneas femeninas en el cementerio y una amplia variedad de hombres venidos de diferentes comunidades. Se ha intentado investigar cómo se relacionan los sistemas de parentesco –patrilineal frente a matrilineal– con la lengua y, en un estudio reciente en el que se analizaban tanto comunidades matrilineales como patrilineales de las islas indonesias de Sumba y Timor, se observó que hay una profusa correlación entre el parentesco y la adquisición de una lengua. En las comunidades patrilineales en las que las mujeres pueden traerse desde distintas comunidades lingüísticas, será la lengua del marido la transmitida a los hijos; por otro lado, en comunidades matrilineales será la lengua de la mujer la que se herede.[21] Es obvio que tendríamos que esperar más estudios como este, pero la lógica es ciertamente persuasiva. En un sistema patrilineal en el que las mujeres pueden venir de comunidades distintas, es posible que con lenguas nativas diferentes, y que vienen a vivir con maridos que hablan todos la misma lengua, entonces la de los hombres sería la elección más práctica. En la formación de la mezcla EHG-CHG, por tanto, es más probable que la lengua hablada por un miembro de EHG se convirtiera en la dominante. Y si la cultura Yamnaya es de verdad un vector para la difusión de varias lenguas indoeuropeas, uno podría asumir, lógicamente, que el indoeuropeo fue heredado por medio de los hombres EHG en vez de las mujeres CHG. A no ser que...

Aquí necesitamos reintroducir el concepto de una *Mischsprache* [lengua mixta]. En el Capítulo 6 vimos que varios lingüistas respaldan la idea de que el protoindoanatolio era el resultado híbrido del protourálico (o de una lengua parecida al urálico) y de una lengua del Cáucaso septentrional. Este modelo plantearía que no hubo un protoindoanatolio *hasta* la mezcla entre EHG y CHG. Parece –o al menos a mí me lo parece– que la naturaleza de una lengua protoindoanatolia mixta sería un tanto peculiar, incluso entre las otras pocas lenguas verdaderamente mixtas. Michif, una lengua de un pueblo de las Naciones Originarias de Canadá, sería lo más cercano al modelo propuesto para el protoindoanatolio, puesto que no solo combina dos etnicidades (francesa y cree), también estas estaban alineadas por géneros. El componente francés derivaba de los tramperos y el cree de las mujeres nativas. Analizar una idea así es desafiante. Sin embargo, si imagináramos a las mujeres CHG del Cáucaso contribuyendo al vocabulario protoindoanatolio, esperaríamos evidencias de ello en los campos semánticos de las plantas domésticas y del ganado.

En la lista de cognados potenciales de Allan Bomhard no hay cereales domésticos y tan solo unas pocas palabras para animales domésticos.[22] También se encuentran unas pocas en la lista de Rasmus Bjørn (*vid.* Figura 6.11), que incluye «lino» (PIE **linom*), dos palabras para «cabra» (PIE **dig-* y **$h_2$eiǵ-*), «leche cuajada» (**twer*) y, tan controvertido como significativo, «lana» (**wl̥$h_2$neh_2-*).[23] Se podría haber pensado que si el Cáucaso había sido la vía principal para la introducción de animales domésticos como la vaca, esta se habría representado aquí, pero, según Bjørn, las tres palabras que hay para «res» derivan de una lengua afroasiática/semítica. Supongo que todavía se podría defender que comenzaron como palabras afroasiáticas que se difundieron desde el sur y luego fueron adoptadas por CHG de tipo Aknashen hablantes de una lengua del Cáucaso septentrional antes de pasar al protoindoanatolio. Ranko Matasović, que ha examinado las pruebas para las conexiones entre el caucásico septentrional y el indoeuropeo y ha hallado algunas tipologías emparentadas, subraya que «no fuimos capaces de encontrar pruebas determinadas de préstamos léxicos entre el PIE y el caucásico septentrional».[24] Con independencia del atractivo del acercamiento *Mischsprache*, la combinación de indicios arqueológicos y genéticos parecería requerir que la mezcla lingüística hubiera ocurrido en el momento en el que la economía neolítica llegó al norte del Cáucaso o en algún momento posterior. Si la protolengua requirió de la fusión de EHG y CHG, y el último estaba asociado con el ancestro de una o dos de las lenguas caucásicas septentrionales, yo sospecho que deberíamos ser capaces de recuperar más vocabulario aún prestado al protoindoanatolio en las protolenguas caucásicas y urálicas.

Esto no implica negar lo obvio: que la mezcla propuesta entre CHG y EHG, sin duda, habría traído consigo un impacto lingüístico por parte de los miembros CHG de la mezcla inicial. Aun así, los defensores de la solución *Mischsprache* para el origen del indoeuropeo todavía tienen mucho trabajo que hacer si pretenden ser convincentes. La naturaleza patrilineal de la antigua sociedad indoeuropea y los indicios etnográficos sugieren que la mezcla entre EHG y CHG promovería la dominación lingüística de los hombres EHG.

NOTAS

1 Nichols, J., 1998, 220-221.
2 Mallory, J. P., 2008.
3 Telehin, D., 1982; Zaliznyak, L., 2020.
4 Anthony, D. *et alii*, 2022.
5 Telehin, D., 1973; Telegin, D. *et alii*, 2001.
6 Merpert, N. J., 1974; Mallory, J. P., 1976; Mallory, J. P., 1977.
7 Mallory, J. P., 1989.
8 Anthony, D., 2007, 300-305.
9 Telehin, D., 1973.
10 Kroonen, G. *et alii*, 2022, 34.
11 Telegin, D. y Potekhina, I., 1988.
12 Allentoft, M. *et alii*, 2024, 306.
13 Lazaridis, I. *et alii*, 2024, supl. 2, 171.
14 Fehér, T., 2021.
15 Anthony, D. y Vyazov, L., 2024, supl., 92-93.
16 Stockhammer, P., 2023.
17 Pronk, T., 2023, 293.
18 Hay, M., 2016.
19 [https://eurogenes.blogspot.com], 23 de septiembre de 2023.
20 Olsen, B., 2023.
21 Lansing, J. *et alii*, 2017.
22 Bomhard, A., 2019.
23 Bjørn, R., 2017, 142-145.
24 Matasović, R., 2012, 24.

CAPÍTULO 16

Reflexión final: las soluciones al lugar de origen y las expansiones indoeuropeas posteriores

En su estudio de 2024 acerca de la cuna urálica, Jaakko Häkkinen presentó su investigación con estas palabras: «Los argumentos para localizar la cuna se pueden dividir en dos categorías: argumentos convincentes y argumentos sugestivos. Los argumentos convincentes son innegables y solo si estos no sirven para localizar la cuna debemos ir a los argumentos sugestivos».[1] Si el lector ha aprendido algo con este libro, el concepto de «argumentos convincentes» innegables aplicado a la cuna indoeuropea es tan raro como los unicornios albinos. Por tanto, sé de sobra que cualquier conclusión que ofrezca aquí se rebatirá ferozmente desde algún lado. Nos veo todavía muy cercanos a E. P. Evans, quien, en 1886, señaló lo siguiente en un excelente intento de resolver todas las posibles teorías del lugar de origen de su momento: «Hay que recordar, no obstante, que, en el estado presente de nuestro conocimiento, toda la discusión en torno al tema debe limitarse a, sencillamente, hacer balance de pros y contras y a una cauta afirmación de las probabilidades. Estamos trabajando con simples hipótesis, sobre las cuales es interesante especular, pero absurdo dogmatizar».[2]

Además, la resiliencia de muchas de las soluciones ha sido verdaderamente encomiable. Se pueden empujar a la cegadora luz del sol, cortarles la cabeza, clavarles una estaca en el corazón y acribillarlas con una cantidad infinita de balas de plata y, aun así, siguen volviendo. Por ello, vamos a echar un último vistazo por encima al punto en el que se encuentra la búsqueda de la cuna indoeuropea a la luz de la lingüística, la arqueología y la evidencia genética en 2024.

LOS MODELOS DE LA CUNA

Paleolítico

A menos que el modelo de la continuidad paleolítica pueda traer mejores argumentos, tendría que dejarse a un lado. Cuando los genetistas estaban intentando leer el pasado exclusivamente a partir de muestras de ADN moderno que indicaban la distribución actual de los marcadores genéticos, los resultados parecían reflejar una Europa que había sido, en términos generales, estática desde la Edad del Hielo. El modelo de la continuidad paleolítica tenía entonces argumentos para defenderse. Hoy, sin embargo, con la llegada de la paleogenética y el ADN antiguo (ADNa), está claro que la historia genética de Eurasia ha sido cualquier cosa menos estable y ha experimentado, al menos, tres grandes oleadas de migraciones (la dispersión posglacial de cazadores-recolectores occidentales/WHG, el Neolítico y el Eneolítico), las cuales han borrado parte de la huella genética de las poblaciones humanas europeas anteriores. La única manera en la que esta tesis va a lograr salir de su ataúd es si logra convencernos de que la población paleolítica de Eurasia hablaba protoindoeuropeo y consiguió no solo resistir al desplazamiento lingüístico por más de cuarenta mil años, sino también experimentar un ritmo inconcebiblemente lento de cambio lingüístico natural ante los principales cambios genéticos.

Multirregional

¿Qué sucede con las soluciones multirregionales como los modelos nórdico-esteparios? Aquí la causa no está del todo perdida. Hemos visto que hay un problema persistente con la discordancia entre el sello genético de la cerámica cordada y las muestras yamnaya analizadas, ahora cuantiosas, las cuales han indicado una amplia conexión somática –cazadores-recolectores orientales (EHG) y cazadores-recolectores caucásicos (CHG)–, pero que no muestran una conexión directa en los haplogrupos del cromosoma Y: los hombres de la cultura de la cerámica cordada tienden a ser R1a, mientras que los hombres yamnaya presentan variantes de R1b. El arqueólogo ruso Lev Klejn (1927-2019) empleó esta discrepancia –junto con la evidencia de la antropología física que señalaba la similitud de las poblaciones robustas del norte de Europa con las de Ucrania– para sugerir una fuente genética común «en algún sitio en el norte». Klejn fechó este origen común en el Mesolítico y fue respaldado por la evidencia arqueológica de Leonid Zaliznyak.[3] Dudo que una argumentación así vaya a resucitar una solución pre-Neolítica. No solo por la paleolingüística. También porque la evidencia genética somática requiere un aporte sustancial de CHG.

Marija Gimbutas sugirió que la cultura de las ánforas globulares, anterior, de Europa septentrional y central fue el vector «kurganizado» que llevó la cultura y la lengua de la estepa en dirección oeste a la cultura de la cerámica cordada.[4] Sin embargo, la evidencia de ADNa indica que sus haplogrupos masculinos no eran los de la cerámica cordada, sino un abrumador I2a1 –plenamente asociado con la primera expansión de la agricultura por Europa–, con unas pocas muestras de R1b-V88, un haplogrupo raro que aparece en el este de Europa en el Mesolítico y que fue absorbido en el perfil genético de los agricultores que se expandieron por el Mediterráneo.[5] No obstante, los intentos de determinar los distintos componentes que conformaron la población de la cultura de la cerámica cordada con el empleo de análisis de identidad por descendencia (IBD) derivan más o menos un cuarto del sello genético de la cultura de la cerámica cordada de la cultura de las ánforas globulares, que contribuye al componente local *que no es de la estepa*.[6] Con respecto al desaparecido componente de la estepa, los intentos de hipotetizar las primeras poblaciones de la cultura de la cerámica cordada en Bohemia revelan que estas hipótesis funcionan mejor cuando se incluye una inyección de ancestralidad similar a la de los letones del Neolítico medio. Por tanto, la fuente perdida de haplogrupos del cromosoma Y podría estar en algún lugar de la Europa nororiental, escasamente muestreada.[7] Y si debemos incluir la población Dniéper-Donets en la historia genética de Sredny Stog, el ancestro de la cultura Yamnaya, todavía podría haber algo de esperanza en una variante de la procedencia báltico-esteparia.

Asia Central

Tanto si se piensa que la cuna surgió en un refugio en las montañas de la antigua Bactria o entre los nómadas esteparios de Asia, estos orígenes se contradicen con la evidencia de la genética, que asigna a estas poblaciones el marcador de los cazadores-recolectores de Siberia occidental (WSHG), o los sellos genéticos de poblaciones más al este (asiáticos orientales antiguos). Pese a que WSHG logra penetrar en la parte más oriental de Europa, a veces entre algunos enterramientos esteparios de la región del Volga, no parece extenderse más al oeste ni aparece fuera de su propio territorio en Asia Central en cantidades que indicarían que tuvo un papel determinante. Es más, en las estepas de esta región se entró claramente *desde* el oeste (Yamnaya > Afanásievo), donde las migraciones se pueden observar tanto arqueológica como genéticamente desde el Volga al este hasta el río Yeniséi y Sinkiang. A estas migraciones las siguen movimientos oeste-este respaldados arqueológica y genéticamente asociados con las culturas de Sintashta y Andrónovo. Solo después de la expansión de poblaciones indoeuropeas vemos las grandes migraciones de Asia a Europa. ¿Supone esto que hay que enviar una corona de flores en recuerdo de la cuna en Asia Central? Se podría pensar eso, pero dudo que se pudiera convencer a Xavier Rouard, quien, en 2024, publicó su «Ten reasons why Central Asia had to be the PIE original homeland».[8] [Diez razones por las que Asia Central tuvo que ser la cuna original del protoindoeuropeo].

India

Desde que se ha identificado un perfil genético probable de la población de la India tanto en el subcontinente como en su periferia, está bastante claro que ni su sello genético ni las pruebas arqueológicas asociadas con él (por ejemplo, la magnífica civilización del valle del Indo) se extendieron mucho más allá de partes de Asia Central y Mesopotamia. Además, al menos un tercio del subcontinente está ocupado por hablantes de lenguas no indoeuropeas. Del mismo modo, un muro de familias lingüísticas no indoeuropeas en los Zagros y Mesopotamia la separa de los indoeuropeos de Europa, y la única otra dirección posible para la expansión en el modelo de fuera de la India –en dirección noroeste a través de Asia Central y las estepas– estaba ocupada por culturas que, según las evidencias arqueológicas y genéticas, llegaron desde el oeste (Europa) y no del sudoeste de Asia. Sin embargo, la falta de un argumento arqueológico verdaderamente sólido para la migración *hacia* la India, junto con la fragilidad de la evidencia paleogenética actual –un sello de la estepa asociado en esencia a mujeres en la región de Swat–, implica que, por el momento, no hay un argumento verdaderamente convincente para la indoeuropeización de la India y parte de Irán. Diagnóstico: la India no es la cuna. Necesitamos reconocer, no obstante, que a pesar de algunas pruebas genéticas circunstanciales prometedoras, los indoarios no están todavía explicados completamente por parte de ningún otro modelo.

Agricultores anatolios

Desde una perspectiva arqueológica, y durante un tiempo también genética, el modelo anatolio era una solución viable. Sin embargo, siempre ha sufrido cierto rechazo por parte de los lingüistas, en especial por su tratamiento displicente de las pruebas paleolingüísticas, de la filogenia y de la cronología. Se podría argumentar que, en la actualidad, este modelo ha sido suplantado por la hipótesis de la estepa o la armenia, pero sospecho que estaríamos enterrando al cuerpo antes de que se enfríe, ya que, ciertamente, hay varios investigadores que todavía lo respaldan, incluso utilizando pruebas de ADNa.[9] Mientras que su mayor defensor, Colin Renfrew, reconoció en su conferencia «Marija Rediviva» para el Instituto de Estudios de las Culturas de la Antigüedad que la hipótesis de la estepa había sido confirmada por la evidencia genética de expansiones desde la estepa a Europa, se preguntaba si el modelo de la estepa podía explicar a los anatolios y dejar abierta así la posibilidad para dos dispersiones: la primera desde Anatolia en el Neolítico y la segunda desde la estepa.[10] He intentado imaginar cómo abordaría yo este planteamiento si me nombrara abogado defensor de su señoría –sé de sobra que habría sido su última opción–.

Vamos a situar la cuna en Anatolia y a asociarla con el sello genético de los antiguos agricultores anatolios (AAF), que se expande por Europa. Se presumiría que aquellos que permanecieron en Anatolia formaron la rama anatolia y que una forma desconocida, o no identificada, de indoanatolio se difundió por Europa en el periodo *ca.* 6500-4000 a. C. Con el fin de unir esta procedencia a una expansión por la estepa posterior, tendría sentido comenzar con la formación de la clina AAF-CHG *ca.* 6500 a. C., la cual implicaría también a AAF difundiéndose en dirección nordeste hacia el Cáucaso, donde se asociaría con la expansión de la economía neolítica. El vector para la dispersión del indoeuropeo sería ahora la clina AAF-CHG (de tipo Aknashen) a medida que se desplaza hacia el norte desde el Cáucaso llevando el indoeuropeo hasta Yamnaya (donde AAF todavía aparece en torno a un 15 por ciento). Luego aceptamos todo el «pack de acaecimientos» yamnaya que envían a las ramas celta, itálica, germánica, báltica y eslava en dirección oeste y a la tocaria y la indoirania hacia el este y el sudeste.

¿Cómo funcionaría esto en un plano lingüístico en el que hemos ligado las expansiones indoeuropeas a dos grandes oleadas superpuestas: una primera dispersión neolítica por casi toda Europa (derivada del indoanatolio) y una posterior asociada con Yamnaya (indoeuropeo nuclear)? La segunda oleada debería haberse encontrado con una serie de ramas indoanatolias diferentes desde los Balcanes hasta Irlanda, las cuales habrían evolucionado de manera independiente y, sin duda, diferente de aquellas que habían migrado por el Cáucaso y se habían mezclado con EHG y creado la cultura Yamnaya. Estas serían reemplazadas por una nueva capa indoeuropea asociada con Yamnaya, o habrían sobrevivido a la dispersión yamnaya y quizá nos habrían dejado un mosaico de lenguas indoeuropeas. Algunas de estas lenguas procederían directamente del indoanatolio, mientras que otras habrían pasado por el Cáucaso y evolucionado en la estepa póntica, o incluso se habrían formado como una mezcla entre las dos oleadas. Lo que esperaríamos es el residuo lingüístico de una única familia lingüística que, en esencia, se dividió en dos partes (la anatolia y la de la estepa), cada una de las cuales experimentó unos tres mil años de existencia independiente y luego se fundieron en el mismo territorio.

Por desgracia –para mi cliente–, no discernimos evidencias de dos capas de lenguas indoeuropeas tal y como deberíamos si se hubieran difundido al inicio del Neolítico y luego varios milenios después cuando las lenguas de la estepa llegaron. Un paralelo parecido, aunque no tan drástico, se puede encontrar en Inglaterra. Tanto el nórdico antiguo como el anglosajón derivan de un ancestro común fechado en *ca.* 500 a. C., lo cual significa que hubo unos mil quinientos años entre el desplome del protogermánico y el surgimiento del inglés y del nórdico antiguos. Este periodo para una evolución independiente es la mitad del propuesto para el modelo de las dos oleadas (anatolia y de la estepa) antes de que el nórdico antiguo y el anglosajón al final se cruzaran en el Danelaw de Inglaterra. Podemos recuperar pruebas claras de muchos préstamos nórdicos en inglés cuando los vikingos se asentaron en el mismo lugar en el que estaba el anglosajón. Esperaríamos el mismo tipo de pruebas, o incluso mejores, para las múltiples capas de lenguas indoeuropeas en el modelo de las dos oleadas –los abogados de la acusación estarían gritando: ¡¿dónde están las pruebas de que hay dos horizontes de lenguas indoeuropeas?!–.

Por tanto, la única lengua que se podría atribuir a la dispersión neolítica, además de la rama anatolia, es tal vez el griego. En los enterramientos micénicos aparece un débil sello genético que podría recuperarse hasta la estepa. Así, aquí se podría argumentar que la lengua neolítica original logró sobrevivir en Grecia. Aunque el problema –como se ha indicado antes– es que no hay una relación especial entre el anatolio y el griego, puesto que este último tiene que compartir un periodo común de desarrollo con todas las lenguas que se explican a causa de la expansión de la estepa.

Podríamos reunir el resto de razones para rechazar el modelo anatolio (su fracaso a la hora de pasar los filtros de la paleolingüística, su cronología demasiado temprana y su asociación con una economía cerealística mucho más extensiva de lo que se puede reconstruir en protoindoanatolio), pero regresemos a lo más obvio. Si queremos asociar a AAF con el vector agrícola y lingüístico que llevó el indoanatolio por el Cáucaso (mezclado con CHG) hasta las estepas, ¿por qué no dejaron ningún rastro lingüístico en el Cáucaso?

¿Está muerto el modelo anatolio? No me atrevería a decirlo. Por ejemplo, la solución más reciente que aparece en el Apéndice lo respalda.[11] La visión tolemaica de un universo geocéntrico resistió una dura crítica durante siglos que parcheaba cualquier observación discordante con epiciclos y ecuantes, por lo que sospecho que otros podrían generar argumentos que mantengan al modelo anatolio fuera de la morgue. De hecho, por pura diversión desenfrenada, presento a continuación una perspectiva que podría mantener una variante del modelo anatolio con respiración asistida –tal y como advertí en un capítulo anterior–.

Los Balcanes y el Danubio

Para la mayoría, las objeciones al modelo anatolio deberían ser suficientes para rechazar las que podrían ser cunas potenciales a partir de la expansión inicial de la agricultura por Europa. Sin embargo, creo que hay una razón para intentar seguir adelante con una de estas procedencias, porque expone una conjetura que a menudo pasa inadvertida. Iré con el modelo de la procedencia danubiana, ya que creo que es con el que puedo jugar más fácilmente.

La suposición inicial es que la expansión de la agricultura desde Anatolia difundió una nueva familia lingüística por Europa. Hasta ahora, hemos asumido que era o el indoanatolio (modelo anatolio), o una lengua sin relación alguna (cualquier otro modelo), pero siempre ha habido una tercera posibilidad: la lengua de los agricultores anatolios no era indoanatolia. Era un ancestro más antiguo del indoanatolio que, después de varios milenios, evolucionó –o se solidificó– en una serie de lenguas distintas, de las que solo una en el área del Danubio evolucionó al indoeuropeo nuclear. Después de mil años de desarrollo difundió tanto la agricultura como su lengua en dirección norte hacia el Báltico. La incursión de genes de la estepa y la organización social asociados con su población aparecen, en consecuencia, en Europa central y septentrional alrededor de 3000 a. C. e influyeron en el surgimiento de las culturas septentrionales de la cerámica cordada y del vaso campaniforme. Sin embargo, la lengua de la región danubiana y de la nórdica no cambió a la de la estepa (donde, en este modelo, los intrusos de la estepa hablaban cualquier lengua menos una indoeuropea y tuvieron el mismo impacto en las lenguas europeas que los escitas, los hunos o los ávaros). Por el contrario, permaneció el indoeuropeo evolucionado localmente a pesar del gran desplazamiento genético. No osbtante, fueron agraciados por los recién llegados del este con las herramientas sociales y tecnológicas con las que difundir su lengua. Tanto David Anthony[12] como un servidor hemos llamado la atención acerca de un estudio de Ronald Atkinson relativo al desplazamiento lingüístico asociado con los acholi de Uganda, donde una población minoritaria, armada sobre una organización social de jefaturas, difundió su lengua luo en una sociedad de hablantes de una lengua nilótica en el norte de Uganda. Uno de los muchos aspectos interesantes de este escenario es el hecho de que numerosos hablantes de la lengua luo habían sido engullidos de manera similar por los bantúes y solo un grupo periférico de los luo logró adoptar el nuevo sistema, el cual había absorbido sus relaciones lingüísticas y lo convirtió en un arma para difundir su propia lengua. En resumen, las herramientas que atribuimos a una cultura para poder difundir su propia lengua son a menudo transferibles y también podrían ser adoptadas por distintas lenguas para difundirse. La agricultura, por ejemplo, es un excelente vector para la difusión de una lengua entre los cazadores-recolectores, aunque cualquier grupo de cazadores-recolectores que la adopte y, aun así, mantenga su propia lengua también es capaz de usar el nuevo sistema económico o social como arma para expandir su lengua. A esto es a lo que me refiero con el asunto de la «Europa periférica» en el Capítulo 13.

La profundidad temporal de este modelo deja a un lado la crítica de que la protolengua se ha creado demasiado pronto y fracasa al pasar el filtro de la paleolingüística. Como estamos adscribiendo un origen local a la cultura de la cerámica cordada, las lenguas indoeuropeas de Asia se pueden explicar en su totalidad siguiendo el modelo de la estepa, dado que este presupone una fuente genética que surge a partir del avance de la cultura de la cerámica cordada por el este. Con respecto a las lenguas anatolias, podríamos asumir que la división entre el protoanatolio y el protoindoeuropeo fue muy profunda y que estas surgieron localmente en Anatolia o, como era habitual antes, podríamos localizarlas entre algunos agricultores de los Balcanes adyacentes a las primeras comunidades del Danubio.

No me he creído ni por un solo segundo este modelo que acabo de proponer, pero ilustra lo fácil que es, gracias a la aplicación de algunos factores manipulados como los tolemaicos, producir una nueva variante del modelo anatolio que lo mantenga vivo. También sospecho que si no me hubiera abstenido de crear un mapa con encantadoras flechas que ilustren las migraciones de todas las ramas indoeuropeas desde una cuna en el Danubio (volvemos a la Figura 4.5), podría haber pasado un buen rato viendo cómo se hacía viral en la blogosfera. Espero que esto ayude a explicar por qué nos hemos estado torturando con el mismo terco problema durante siglos.

Armenia y el Cáucaso

Ya hemos visto con cierta profundidad los argumentos a favor de una cuna al sur del Cáucaso o dentro del propio Cáucaso. Uno de sus atractivos principales es que la sitúa lo suficientemente cerca de los emplazamientos históricos de la rama anatolia como para que se pueda justificar el origen del protoanatolio sobre la base de una clina AAF-CHG a partir de 6500 a. C. Además, CHG es, lógicamente, un componente genético esencial en la construcción del sello genético de la estepa, por lo que, de ese modo, podemos explicar tanto el protoanatolio como el indoeuropeo nuclear.

Ya se han mostrado los problemas de una cuna CHG. Aquí mencionaré solo tres objeciones. Primera, al igual que sucede con AAF, debe explicarse cómo CHG se difundió desde el sur del Cáucaso, o del propio Cáucaso, a la estepa sin haber dejado ningún rastro más que lenguas no indoeuropeas atestiguadas desde la Edad del Bronce. Segunda, su presencia en las estepas parece no tener ninguna asociación significativa con haplogrupos masculinos, como se esperaría que fuera si hubiera sido el vector principal en la difusión de una lengua en lo que surge como una sociedad claramente patrilineal. Tercera, la mayoría de las cronologías propuestas y los escenarios de dispersión no encaja demasiado bien con la mayoría de las filogenias indoeuropeas.

Estepa póntica

La evidencia arqueológica y la genética respaldan que la estepa póntica pudiera haber sido al menos la cuna secundaria para muchas de las lenguas indoeuropeas de Europa, así como un área de preparación para las expansiones indoeuropeas hacia Asia. También cumple con los requisitos de la paleolingüística mejor que la mayoría de los modelos.[13] Además, su asociación con una economía pastoril móvil, junto con la posesión de vehículos rodados y el caballo doméstico, la dota de un atractivo para la expansión tanto de su población como de sus lenguas. En la competencia entre este y otros componentes genéticos, su asociación bastante constante con un rango reducido de linajes EHG patrilineales lo convierte en un vector lingüístico más posible que cualquier otro elemento (CHG o AAF) en la mezcla de la estepa.

Hace treinta años, en una conferencia en Nueva Deli, destaqué los que creía eran los cinco principios que cualquier teoría relacionada con el lugar de origen debía cumplir:[14]

1. *Posibilidad temporal.* Una cuna satisfactoria debería cumplir el requisito de ser posible cronológicamente (la localización en el tiempo no debería estar fuera de los límites del consenso general en torno a la profundidad temporal propuestos por los lingüistas y por la evidencia de la paleolingüística). El modelo de la estepa parece satisfacer a todos los bandos, excepto a la escuela de análisis computacional de Auckland.
2. *Principio de exclusión.* No debería situarse en un lugar que se pueda demostrar que estuvo ocupado por no indoeuropeos en la etapa relevante para la cuna. Como no se conocen las lenguas del Ponto hasta la Edad del Hierro, cumple con este requisito –aunque lo hace a duras penas–. De todos modos, cuando se analizan las probabilidades de sus competidores más cercanos, como el modelo anatolio o el del Cáucaso, sale ganando gracias a las sólidas evidencias de lenguas no indoeuropeas en el Cáucaso y, más antiguamente, al sur del Cáucaso durante la Edad del Bronce. La única entidad no indoeuropea relevante al norte del Cáucaso es el urálico y no hay fundamento para situar su procedencia o a sus hablantes dentro de los márgenes asignados tradicionalmente al modelo de la cuna en la estepa.
3. *Principio de relación.* La posición de la cuna tendría que concordar con el consenso general en torno a la filogenia del indoeuropeo y a las relaciones entre las distintas ramas. El modelo de la estepa es muy útil como posible punto de dispersión para las lenguas del indoeuropeo nuclear, pero tiene dificultades a la hora de explicar el anatolio; asimismo, trazar la relación entre el armenio y el griego dentro del modelo de la estepa resulta problemático.
4. *Posibilidad arqueológica.* La fuente de las lenguas indoeuropeas y su dispersión debe estar respaldada por pruebas arqueológicas y no basarse únicamente –como escribí hace muchos años– en «la habilidad de un proponente para empuñar un rotulador». En retrospectiva, ahora añadiría que también requiere de, al menos, una posible evidencia paleogenética. De nuevo, el modelo de la estepa parece ser útil para explicar buena parte de las dispersiones iniciales de las ramas indoeuropeas –excepto, de nuevo, la anatolia, pero esperemos un poco–. Aunque, al igual que todas las otras teorías, hay problemas a la hora de seguir a cada rama hasta su emplazamiento histórico.

5. *Principio de la distribución total.* Un modelo exitoso debe ser capaz de explicar los orígenes de todas las ramas y las lenguas indoeuropeas. He añadido este principio, en gran medida, a causa de mi frustración con tantos académicos que trataban de crear modelos para explicar, pongamos por caso, las ramas europeas, pero a la hora de lidiar con las asiáticas sencillamente dibujaban una serie de flechas sin fundamento arqueológico que mostraban migraciones hacia la India y China occidental; o también con aquellos que planteaban que como no se podía explicar de forma convincente que los germanos o los indoarios provenían de una fuente exterior, entonces esto indicaba que su rama también tenía que ser la cuna de todas las otras lenguas indoeuropeas sin demostrar cómo sería posible. Batallar con todas las ramas en detalle requeriría otro libro –y para este escritor, otra vida–. Aquí tengo la única intención de aportar una visión superficial de cómo se podrían explicar de manera concluyente las expansiones utilizando el modelo de la estepa y dónde están los problemas principales.[15] Lo veremos de este a oeste.

LA DISPERSIÓN LINGÜÍSTICA DESDE LA ESTEPA

Tocario

El modelo de la estepa suele explicar los orígenes del tocario con una llamada a la llamativa, y respaldada arqueológica y genéticamente, evidencia para la migración de larga distancia desde la región del Ponto hasta el río Yeniséi (la depresión de Minusinsk) y el macizo de Altái (Figura 16.1). Aquí encontramos la cultura de Afanásievo (3300-2500 a. C.), que se ha descrito como genéticamente idéntica a la de Yamnaya, dominada por los haplogrupos del cromosoma Y R1b-Z2103 y algo de Q-M25; por los haplogrupos de ADN mitocondrial (ADNmt) U4 (x5), U5 (x12), T2 (x4) y J2 (x5); y muchos otros.[16] Esto lleva a los descendientes tan al este como necesitan ir; de hecho, hay pruebas de que la Afanásievo llegó hasta el corazón de Mongolia, donde introdujeron una economía pastoril (láctea).[17] Por desgracia, mientras que los inmigrantes de la estepa lograron ir hacia el este, no los hemos hallado –todavía– suficientemente al sur. Aunque al menos ahora tenemos algunos enterramientos del grupo de Chemurchek (datados en 2750, 2500-1900 y 1700 a. C.), situados en la depresión de Zungaria, al sur del macizo de Altái, que también muestran una ancestralidad esteparia y donde encontramos la misma variante del haplogrupo masculino R1b (R-Z2103), al igual que en Afanásievo, junto con el derivado de la estepa Q1b1 y pruebas mitocondriales comparables (por ejemplo, U5, T2).[18] Esto todavía deja unos doscientos treinta kilómetros por atravesar y los montes Tian por cruzar entre uno de los yacimientos más meridionales de Afanásievo/Chemurchek (Nilka) y el centro principal de los tocarios, Kucha. Sin embargo, no es demasiado imaginativo pensar que los ancestros del tocario pudieron haber logrado hacer este viaje en unos dos mil años.

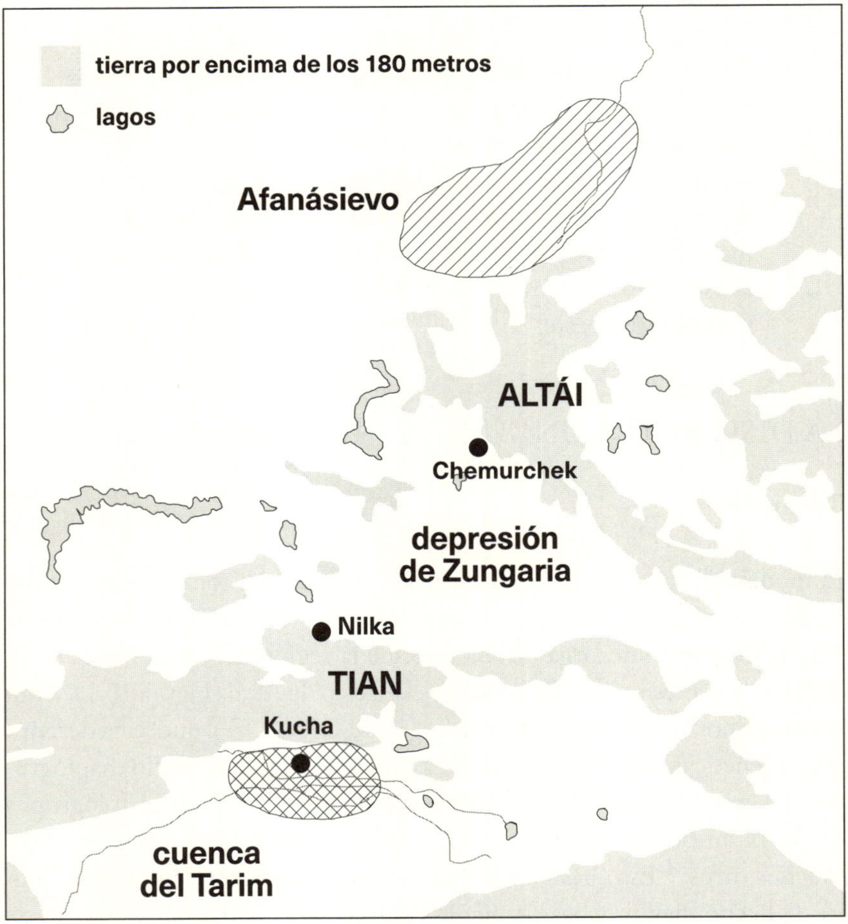

Figura 16.1: El modelo de la estepa requiere, por lo general, que los ancestros de los tocarios lleguen hasta la cultura de Afanásievo en la región de Altái, en el norte, a través de la depresión de Zungaria (donde los yacimientos del grupo Chemurchek, relacionados con los de Afanásievo, retienen su perfil genético hasta Nilka) y luego todavía más al sur hacia la cuenca del Tarim, donde el área nuclear de los tocarios se encuentra en torno a Kucha (sombreado de líneas cruzadas).

Hay, no obstante, dos obstáculos.[19] Primero, no tenemos ni la más remota idea de cómo es genéticamente nuestro objetivo. Hasta el momento, no se ha descubierto ningún individuo muestreado genéticamente en el espacio y el tiempo relevantes que pueda considerarse un candidato factible para ser un hablante de tocario. Los tocarios eran budistas y cremaban a los muertos, lo que implica que nos falta el tipo de evidencia que abundaría si estuviésemos buscando a los primeros hablantes celtas, germanos o griegos, quienes nos dejaron suficientes restos óseos para analizar. Pese a que sería tentador volver la mirada a las momias caucasoides halladas en distintas regiones de la cuenca del Tarim, no se ha encontrado ninguna, por el momento, en los territorios que es más posible que estuvieran ocupados por hablantes de tocario.[20] Segundo, para hacerlo todo más difícil, debemos tener presente la dificultad de que el tocario no fue la única lengua indoeuropea que cruzó la estepa y que se habló en la cuenca del Tarim. En la parte oriental del Tarim también encontramos el jotanés, una lengua irania oriental, que es probable que entrara en la región como parte de la expansión de Andrónovo en la Edad del Bronce medio y final. Tenemos pruebas claras de su presencia tanto al norte como al sur de los montes Tian. Por ello, el modelo de la estepa nos lleva muy al este, aunque todavía le queda algo de camino para establecer una solución totalmente convincente al origen del tocario.

Indoiranio

Existen argumentos para defender el origen del indoiranio en la estepa, pero, al igual que sucede con el tocario, están lejos de poder justificar cómo llegó una porción significativa de las dos ramas a su emplazamiento histórico (Figura 16.2). La apuesta más fácil, si se quiere, son las lenguas iranias orientales, que surgieron en la estepa tanto al norte del mar Negro durante la Edad del Hierro (escitas, sármatas, etc.) y al este de los Urales (los sacas). Estos pueblos documentados históricamente surgieron inmediatamente después de la cultura precedente de Andrónovo, en la Edad del Bronce (*ca.* 2000-900 a. C.) o, como se ha mencionado páginas atrás, incluso un poco antes con la cultura de Sintashta (*ca.* 2200-1750 a. C.). Las fechas computacionales de división para un indoiranio común tienden a situarse en 3500 a. C. (Moscú) y 3000 a. C. (Berkeley), mientras que la división entre el indoario y el iranio se suele datar *ca.* 2500 a. C. (Moscú) y 2000 a. C. (Berkeley). Son fechas que se acercan a las de las cronologías tradicionales, que son todas más tardías que las recientemente publicadas de Auckland *ca.* 5000 a. C. para el indoiranio (con un rango enorme de 6400-3600 a. C.) y *ca.* 3520 a. C. para la división entre el indoario y el iranio (rango 4800-

2500 a. C.). Desde una perspectiva del modelo de la estepa, no hay evidencia de un perfil genético estepario que se desplace más al sur de Asia Central antes de *ca.* 2000 a. C., momento en el que empieza a aparecer en la periferia del Complejo Arqueológico Bactria-Margiana (BMAC) de Turkmenistán.

El problema principal es conectar la estepa con el norte de la India para dar cuenta del indoario y de la aparición del sánscrito védico en el antiguo territorio de la civilización del valle del Indo, así como de la presencia indoaria en el antiguo territorio hurrita, donde hallamos restos de este tipo de lengua *ca.* 1500 a. C. en las tierras de Mitani. Arqueológicamente, siempre ha habido un grupo de culturas vistas como intrusas en la región del Indo que podrían haber llevado el indoario hacia el sur, pero ninguna ha resultado convincente.[21] Recuperar ADNa en un clima como el de la India ha demostrado ser excepcionalmente difícil, lo cual complica aún más nuestra habilidad para determinar la población antigua del sur de Asia. Los indicios basados en ADN moderno de las poblaciones actuales, sin embargo, sugieren modelos creíbles que indican que, mientras que el sur de la India retuvo su perfil genético anterior con conexiones fuertes con el perfil genético de los isleños de Andamán, que representan el sello genético de los antiguos ancestros de los indios del sur (AASI), la parte norte del subcontinente muestra indicios de un ingreso de genes desde las estepas del norte. El sello genético de la estepa penetró en la India antes de las migraciones atestiguadas históricamente de las poblaciones de la estepa en la Edad del Hierro. Esto resultó en la formación del perfil de los indios ancestrales del norte (ANI), que se encuentra entre los brahmanes en particular, la casta más estrechamente relacionada con la preservación de la antigua religión védica.

La evidencia no se basa por completo en una proyección retroactiva de ADN moderno. También implica muestras de una población prehistórica del valle de Swat, en Pakistán, vista desde hace mucho como precursora potencial de cualquier invasión a la India. Ofrece evidencias arqueológicas consistentes con al menos algunos de los aspectos asociados comúnmente con una incursión indoeuropea (por ejemplo, que el lado sobre el que se enterrara el cuerpo estuviera determinado por el género, el sacrificio de caballos y las similitudes rituales con culturas relacionadas con la estepa).[22] Una gran cantidad de muestras de la cultura Swat (o de las tumbas de Gandhara, *ca.* 1800-400 a. C.) centrada, principalmente, en el periodo *ca.* 1200-800 a. C., revela una población mezclada con un componente derivado de la estepa. Al igual que CHG en la región del Ponto, el ADN de la estepa derivaba en su mayoría de las mujeres en vez de los hombres, que se mezclaron con la población local en el periodo *ca.* 1900-1500 a. C. No obstante, había varios varones que presentaban el haplogrupo del cromosoma Y típico de la estepa, el R1a (R-Z93, Z94; V1180), así como las pruebas de poblaciones modernas del norte de la India indican que la difusión del perfil genético de la estepa se dio, en gran medida, por medio de los hombres.[23]

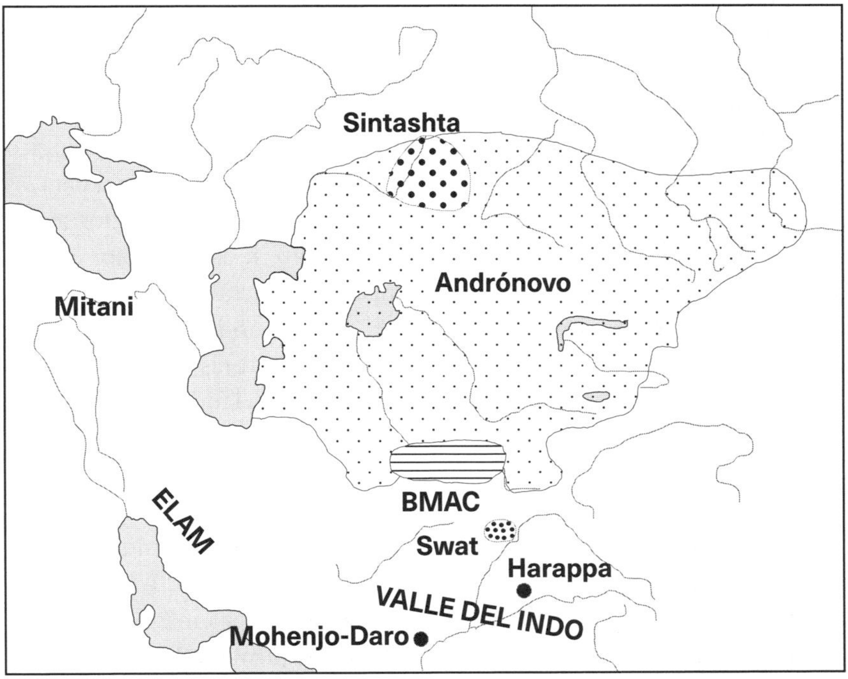

Figura 16.2: La prueba del algodón del modelo de la estepa en el sur de Asia consiste en explicar la presencia de lenguas indoiranias en el antiguo territorio de la civilización del valle del Indo, la aparición del iranio extendiéndose por el antiguo territorio de Elam y la presencia de nombres personales indoarios y de vocabulario asociado con el carro en las tierras de Mitani. La evidencia genética se puede seguir desde la estepa póntica a través de variantes del horizonte de la cerámica cordada y luego en dirección sudeste por medio de las culturas de Sintashta y Andrónovo hasta el valle del Swat, pero las expansiones hacia el territorio indoiranio siguen sin estar verificadas arqueológicamente.

Los datos de haplogrupos del cromosoma Y de la estepa recalcan que las primeras expansiones desde la estepa en dirección este (Afanásievo) y directamente al sur hacia Armenia estaban asociadas con R1b. Esto contrasta con R1a, que se asocia con la posible migración de una población de la estepa alrededor de 2000-1500 a. C. a través del valle del Swat y que todavía constituye «una fracción significativa de los haplogrupos del cromoma Y en los actuales Irán, Turán y Asia del Sur».[24] Que el indoiranio (R1a) se muestre diferente del posible ancestro del tocario (R1b) es reconfortante, ya que estas dos ramas no parecen compartir ninguna relación filogenética desde el punto de vista lingüístico. El tocario, sin embargo, estuvo claramente en contacto con la lengua irania oriental en algún momento de su historia, por lo que la diferencia entre los haplogrupos podría ofrecer algo de esperanza para distinguir entre las antiguas poblaciones tocarias y las primeras iranias en Sinkiang.

En cuanto a la solución para el origen indoiranio, la evidencia genética para el modelo de la estepa aporta buenas pruebas circunstanciales, aunque todavía está por ver cómo podría adecuarse en un modelo arqueológico concluyente. Pese a que tenemos alguna forma de marco temporal para las incursiones de la estepa en el norte de la India, todavía no podemos seguir su pista más allá del valle del Swat, que, por cierto, se asocia mejor con las lenguas nuristaníes (*vid.* Figura 1.9), una rama mucho más pequeña del indoiranio, en vez de con el indoario. Del mismo modo, aún está por ver cómo se articularía la evidencia genética con las culturas de Irán al sur de Andrónovo. Parece que estamos ante el punto débil del modelo de la estepa.

Armenio y griego

Ya hemos visto las pruebas que hay para defender una incursión desde la estepa en el área de Armenia en la Edad del Bronce (*ca.* 2500-2000 a. C.), donde la evidencia de un sello genético de la estepa llega más o menos a la vez que la aparición de la cultura de los *kurganes* (armenia) a la región del Kurá-Araxes. Si nos ponemos de acuerdo con los genetistas[25] y asumimos que la presencia de este sello genético en Armenia durante la Edad del Bronce indica la llegada de protoarmenios, esto supone un indicio convincente de su origen en la estepa, pero también plantea un interesante quebradero de cabeza para los lingüistas.

Con pocas excepciones, casi todas las filogenias del indoeuropeo muestran al armenio o bien compartiendo un nodo con el griego (a menudo con una fecha de separación *ca.* 2500-2000 a. C.[26]), o, al menos, compartiendo una estrecha relación con el griego. Hemos visto que esto se ha aplicado, normalmente, en un modelo que implica una cuna secundaria en los Balcanes para el griego, las lenguas antiguas de los Balcanes (por ejemplo, el dacio y el tracio) y el frigio y el armenio, las cuales se decía desde los tiempos de Heródoto que eran las lenguas de migrantes de los Balcanes a Anatolia y Armenia. Claramente, si se acepta la propuesta de que el protoarmenio llegó a su casa a través de una migración desde el sur de la estepa, no vino desde una procedencia secundaria en los Balcanes y la conjetura de que había sido un vecino cercano del protogriego poco antes de que este último descendiera al Egeo deja de tener sentido.

Por otro lado, la idea de ver los Balcanes como una posible cuna secundaria derivada de la estepa para la creación de lenguas indoeuropeas como el dacio, el tracio y el frigio tiene cierto apoyo genético. Hallamos evidencias tanto para enterramientos yamnaya como para individuos con «una alta ancestralidad de la estepa» en el sur de los Balcanes (Croacia, Serbia, Albania y Bulgaria), las cuales confirman la mezcla típica de la estepa entre EHG y CHG, aunque combinada aquí con un 23 por ciento de AAF local, que había sido introducido desde Anatolia durante el Neolítico.[27]

Acabamos de excluir al armenio de esta región, así, ¿qué hacemos con su supuesto compañero, el griego? Durante muchos años, el clasicista Robert Drews ha asociado la llegada de la lengua griega con la difusión de una aristocracia con carros surgida del este. En concreto, de una región en torno a Armenia, donde plantea que el indoiranio, el griego y el armenio parecen surgir.[28] Esta sería, obviamente, una solución atractiva para nuestro problema si tuviésemos algo más que la presencia del uso de carros de combate en las dos regiones. Pero, más allá de esto, no hay un rastro arqueológico convincente que lleve de Armenia a Grecia. Si no se puede conseguir que los armenios vengan de los Balcanes, ni los griegos de Armenia, ¿cómo se explica la mayoría de las filogenias?

Un modelo alternativo podría situar un hogar común para el griego y el armenio en la estepa meridional y podría hacer que el protoarmenio se desplazara en dirección sur a través del Cáucaso y que los ancestros del griego se abrieran camino hasta el Danubio y luego viajasen en dirección sur por los Balcanes hasta Grecia. Sin embargo, aunque todavía hay suficiente tinta en mi rotulador para dibujar estas flechas, mi cerebro aún tiene algo de control sobre mis dedos. La evidencia real de ADNa en Grecia es ciertamente escasa, sobre todo en lo concerniente al cromosoma Y. El Neolítico arroja, como era de esperar, G2a, que era muy conocido entre los agricultores anatolios, y en *ca.* 2400 a. C. comenzamos a percibir la aparición de J2a, que ya hemos visto desplazándose en dirección oeste desde el este de Anatolia. Pese a que el Neolítico inicial en Grecia es probable que se iniciara desde Anatolia y hay un parecido genético en las dos orillas del Egeo, en torno a 4000 a. C. hay un flujo marcado de CHG por el mar.[29] En la transición del Neolítico a la Edad del Bronce, el periodo en el que en el resto de sitios hallamos evidencias de incursiones de la estepa en los Balcanes, no hay pruebas del sello genético de la estepa en los pocos enterramientos de la Edad del Bronce inicial examinados en el norte de Grecia. Sin embargo, alrededor de 2000 a. C., la Edad del Bronce medio en Grecia, hay evidencia de un influjo del cóctel de la estepa (EHG-CHG), lo cual respalda «la hipótesis de que las poblaciones de la estepa póntica contribuyeron a la ancestralidad» de las poblaciones griegas de la Edad del Bronce medio.[30] Aunque no tenemos ninguna evidencia de cromosoma Y típicamente de la estepa, el elemento estepario no se sitúa en el cromosoma X o en el ADNmt. Esto sugiere que fue, probablemente, el resultado de un «flujo de genes masculinos de ancestralidad esteparia hacia el Egeo», el cual, se supone, todavía no hemos descubierto. Además, un estudio reciente concluye que el patrón de la ancestralidad de la estepa «no respalda un desplazamiento poblacional a gran escala, pero el gradiente norte-sur indica la direccionalidad de esta migración y la mezcla poblacional».[31] En resumen, parece que nos enfrentamos no tanto a la «llegada de los griegos», sino al «goteo de los griegos».

En la Edad del Bronce final estamos seguros de que los micénicos (*ca.* 1700-1200 a. C.) escribían en griego (micénico) y, pese a que el sello de la estepa está presente en la poca cantidad de muestras micénicas que hay, lo hace en un promedio del 5 por ciento.[32] Hay poca evidencia del cromosoma Y (en un caso encontramos J2), pero dos enterramientos micénicos (datados en el 1450-1200 a. C.) de Pylos –el palacio de Néstor– han mostrado R-PF7562, que ha sido descubierto antes al norte del Cáucaso en un *kurgan* de la cultura de las catacumbas fechado en *ca.* 2866-2580 a. C.[33] Asimismo, encontramos R-Z2106 no solo en Armenia, sino también en la estepa, así como en el norte de Macedonia y en Albania, áreas de agrupamiento potenciales para los protogriegos, aunque aún está por ver con qué grado de precisión funcionaría esta idea arqueológicamente. Un intento reciente de determinar la fuente exacta de ADN de la estepa en Grecia concluyó que «por el momento, no es posible identificar con mayor exactitud la región (o regiones) de la que deriva la afinidad genética».[34] Podría señalarse que el perfil genético de los griegos modernos se parece más a la población de la Edad del Bronce medio que a los micénicos.

Es obvio que los inconvenientes de la solución de la estepa aún son extremadamente desafiantes. Para el momento en el que el sello de la estepa empieza a surgir en Grecia podemos reconocer que la población ya tenía en torno a un 17 por ciento de CHG, el cual no tenía nada que ver con el sello de la estepa (que solo llegaba a alrededor del 4 por ciento),[35] por lo que los modelos de migraciones desde Anatolia en el Neolítico final todavía están sobre la mesa. La evidencia genética para las intrusiones desde la estepa existe desde *ca.* 2000 a. C. y una de las soluciones arqueológicas más populares para la «llegada de los griegos» se ha centrado en la transición entre el Heládico reciente II y el III (el periodo entre *ca.* 2300-2100 a. C.). En cualquier caso, parece que estamos bastante lejos de unir las pruebas arqueológicas y genéticas en una narrativa coherente que pueda rastrearse arqueológicamente. Mientras los genetistas sigan manteniendo que «el impacto genético de la estepa en las poblaciones del Egeo era cuantitativamente menor»,[36] va a ser difícil que el modelo de la estepa tenga sentido.

Europeo septentrional (germánico, báltico y eslavo)

La correlación espacial entre el territorio de la cultura de la cerámica cordada y los posteriores emplazamientos históricos de las lenguas germánicas, bálticas y eslavas ha animado a los investigadores, lógicamente, a asociar las lenguas indoeuropeas noroccidentales con la cultura de la cerámica cordada. Por supuesto, fue el descubrimiento de que en torno a un 80 por ciento del ADN somático del sello genético de la cerámica cordada derivaba de la estepa lo que lanzó al ADNa al centro de la discusión acerca de la cuna. Sin embargo, todavía había –como siempre– dos problemas principales. El primero tenía que ver por entero con la evidencia genética, que, actualmente, es de unos ochenta individuos de la cultura de la cerámica cordada. Pese a que la evidencia somática indicaba claramente que los enterramientos de la cerámica cordada muestreados derivaban, en buena medida, de la estepa, había una fuerte discrepancia entre los haplogrupos principales. Los enterramientos yamnaya en la estepa, así como los yamnaya intrusos en la región del Danubio, eran casi en exclusiva hombres con el haplogrupo R1b (abrumadoramente R-Z2103 con algo de M269 y L23), mientras que las muestras de la cerámica cordada eran en su mayoría R1a (R-M417 y sus subclados con otros), aunque había un clúster de enterramientos de la cultura de la cerámica cordada de Bohemia que eran, principalmente, R1b (L151). La amplia mayoría de varones de la cerámica cordada no presenta un ancestro R1a entre los yamnaya –por el momento–; de aquellos que poseen el R1b, más característico de la población de la estepa, la mayoría tiende a pertenecer a un haplotipo diferente (L51) al yamnaya (Z2103; *vid.* Figura 15.5). También se podría añadir que las muestras de la cerámica cordada no mostraban pruebas de ninguno de los haplogrupos típicos de los hombres CHG, como G o J.

Por lo general, todo esto se reconoce como una dificultad principal que habría que resolver con muestreos más grandes en la creencia de que hay una fuente de la estepa más cercana geográfica y genéticamente –la conexión perdida– al perfil genético de la cultura de la cerámica cordada. La atención se dirige, en esencia, a áreas apenas muestreadas entre el mundo de la estepa y las regiones de la cerámica cordada, como Moldavia y Bielorrusia. Lo que sí se ha excluido es cualquier asociación entre la cantidad de ADN de la estepa y la fecha del enterramiento (los enterramientos más antiguos no muestran estadísticamente más ADN de la estepa que los tardíos). En pocas palabras, en uno de los intentos más recientes de abordar todo este asunto, los autores concluyeron que «de qué manera exacta el surgimiento y la expansión de la cerámica cordada están conectados con el surgimiento y la expansión del horizonte yamnaya es algo que todavía está por resolver».[37]

También habría que enfatizar que aún hay que afinar mucho mejor la relación entre la evidencia genética y la formación de las ramas lingüísticas. El origen específico de la germánica, por ejemplo, la ha abordado recientemente el laboratorio de Copenhague, el cual ha descubierto evidencias de una difusión –no comprobada arqueológicamente– de poblaciones relacionadas con las de la estepa unos ochocientos años después de la dispersión inicial de la cultura de la cerámica cordada. Esta población tardía porta una mezcla con cazadores-recolectores bálticos de Escandinavia, lo cual el laboratorio de Copenhague entiende como modelo alternativo para el origen de la rama germánica (esto también ayudaría a explicar las conexiones halladas entre las ramas germánica y baltoeslava).[38] Al menos, se puede sugerir que la asociación de la cerámica cordada –y su sello genético– con la llegada de la economía doméstica en el este de la región báltica aporta apoyo adicional al modelo de la estepa.[39]

El segundo gran problema es la falta de una explicación arqueológica convincente para la enorme contribución de la estepa a la población de la cerámica cordada. La primera pista para una posible solución apareció en 2015, durante la revolución genética, cuando descubrí que el laboratorio de Copenhague estaba a punto de publicar pruebas de genomas de *Yersinia pestis* (peste bubónica) de los dientes de un esqueleto de la cerámica cordada y de varios enterramientos de la estepa, que incluían uno de la cultura de Afanásievo, la hija oriental de Yamnaya.[40] Era difícil evitar las imágenes de pastores de la estepa portando enfermedades, los cuales se habían acostumbrado a la peste, mientras resollaban en su viaje por el resto de Europa –como los europeos introduciendo la viruela en las Américas– y diezmando a las poblaciones nativas a medida que avanzaban. Como todas las buenas teorías, las nuevas evidencias introdujeron algunas complicaciones, puesto que parecía que la peste ya se había extendido tan al oeste como Suecia durante el Neolítico, mucho antes de la llegada de cualquier intruso de la estepa. El lugar de origen más probable se pensaba que estaba en los enormes asentamientos del tamaño de ciudades de la cultura de Cucuteni, posiblemente, el vector original de las rutas comerciales en vez de las migraciones masivas.[41] Aún se podía argumentar que la peste podía haber reducido las poblaciones neolíticas a tal extremo que fueron reemplazadas por posteriores pastores intrusos.

En 2021, la fecha de aparición de *Y. pestis* se retrasó todavía más con un esqueleto de Letonia fechado en *ca.* 5300-5000 a. C., lo cual planteó preguntas acerca de lo difundida que estaba la enfermedad (sobre todo si el vector era en su mayoría el resultado de mordeduras de roedores; el entorno genético que promovería el contagio por medio de las moscas no apareció hasta después de 2000 a. C.); tampoco podíamos estar seguros de la tasa de mortalidad.[42] A esto habría que añadir que, a menos que se pueda demostrar que la población de la estepa ya había desarrollado cierto grado de inmunidad a la peste, sería difícil observar de qué manera la bacteria de la peste les habría dado una ventaja en su dispersión. Aunque tenemos un posible modelo para explicar una amplia y reconocida caída de la población hacia el final del Neolítico, todavía no sabemos con ningún grado de certeza las causas o cómo se podría utilizar para explicar los grandes desplazamientos genómicos experimentados en Europa central y septentrional a medida que se entraba en la Edad del Bronce inicial.

Como se ha mencionado, la observación obvia con respecto a los patrones de matrimonios de la cerámica cordada enfatiza que implicaba la exogamia femenina: los hombres de la cerámica cordada seleccionaban a las mujeres entre aquellas con ancestralidad de la estepa y también de manera frecuente entre las de la población local.

Celta e itálica

Un año después de la revolución genética de 2015, nuevas pruebas de ADNa respaldaron una hipótesis de hace un siglo que asociaba las lenguas celtas con la difusión de la cultura campaniforme (2800-1800 a. C.). Este era un horizonte eneolítico marcado por una cerámica campaniforme particular y una selección de ofrendas recurrentes como el equipamiento del arquero junto con las primeras explotaciones de cobre y oro. Tres enterramientos de la Edad del Bronce inicial, pertenecientes a una cultura un poco posterior a la del primer campaniforme, descubiertos detrás de un *pub* en la isla de Rathlin, en la costa del condado de Antrim (Irlanda del Norte), revelaron una significativa evidencia de ancestralidad de la estepa.[43] Poco después, un relevante estudio de doscientos veintiséis enterramientos campaniformes de toda Europa descubrió que, con la excepción de los ibéricos, ochenta y cuatro de los noventa varones muestreados poseían el característico haplogrupo de la estepa R1b-M269.[44] La coincidencia en la distribución de la cultura campaniforme y las primeras observaciones de las lenguas celtas se había estudiado desde hacía mucho tiempo, por lo que el horizonte campaniforme podría identificarse con la dispersión de las lenguas celtas.[45]

Esta es la explicación fácil y directa, pero es complicada filogenéticamente porque el horizonte campaniforme se data en *ca.* 2800-1800 a. C., que, por lo general, es anterior –aunque no por mucho– a la fecha de división tradicional atribuida a las lenguas celtas. Por ejemplo, sitúa al celta en Irlanda en *ca.* 2400 a. C., pero luego tiene que explicar por qué la evidencia más antigua del irlandés (siglos IV-VII d. C.) es tan parecida a las inscripciones galas de las primeras centurias a. C. En consecuencia, hay quienes han planteado que una datación tan temprana se atribuye más fácilmente a una fase anterior italocelta, en vez de a una rama celta independiente.[46] La evidencia genética al menos no contradice esta idea. La primera evidencia de un sello genético de la estepa en Italia tiende a coincidir con la aparición de la cultura campaniforme en la región, tanto en islas como Sicilia,[47] como en el norte de Italia, donde se fecha por primera vez en *ca.* 2000 a. C. y luego se encuentra, cada vez más, en el centro de Italia unos cuatro siglos después. Los autores de un importante estudio sugieren que la ancestralidad de la estepa «podría haber llegado por medio de grupos del Neolítico tardío/campaniforme desde Europa central».[48]

Al igual que con el surgimiento de las otras ramas, la celta y la itálica tienen serios problemas si consideramos periodos posteriores. ¿Cómo encajan las evidencias genéticas con las arqueológicas y las filogenéticas? Por ejemplo, ¿de verdad las lenguas celtas evolucionaron en Gran Bretaña e Irlanda después de la llegada del campaniforme, o eran producto de intrusiones posteriores de poblaciones genéticamente similares desde el continente?[49] Estas preguntas, en cualquier caso, nos llevan a una cuestión que no tiene que ver directamente con la localización de la cuna indoeuropea.

Anatolia

Durante mucho tiempo ha habido una serie de argumentos lingüísticos y arqueológicos para llevar a los protoanatolios a su emplazamiento histórico o bien desde los Balcanes, o bien desde la estepa a través del Cáucaso. Ninguna de estas teorías ha sido particularmente convincente –incluida la mía–.[50] Más recientemente, Alwin Kloekhorst ha enumerado cuatro razones para referir un origen occidental (balcánico) para los protoanatolios:

1. Cuando se observan las lenguas anatolias por primera vez, están situadas en el oeste y el sur de Anatolia.
2. El río Kızılırmak (Halys) era una frontera natural entre los primeros anatolios y los hatti, no indoeuropeos, al norte, quienes no fueron asimilados hasta *ca.* 1700 a. C. en adelante –esta no habría servido como frontera para un origen oriental–.
3. La expansión de los anatolios, tanto los hititas como los luvitas, en tiempos históricos fueron de oeste a este y no al revés.

4. Las invasiones occidentales también explican la presencia de los frigios, armenios y gálatas.[51]

Puesto que está muy aceptado en la filogenia indoeuropea que la rama anatolia es la primera en separarse, cualquier solución requeriría, normalmente, una entidad arqueológica anterior a Yamnaya (*ca.* 3300 a. C.) desde la presunción de que la cultura Yamnaya estaba asociada con la expansión de las posteriores lenguas del indoeuropeo nuclear. Los intentos de generar una solución arqueológica posible dependían, por lo general, de extrapolar la escasa cantidad de pruebas para los enterramientos asociados con la estepa más antiguos en la región del Bajo Danubio a una penetración en todo el este de los Balcanes en 3300 a. C. Desde aquí se postularon subsecuentes migraciones al noroeste de Anatolia, a veces ligadas con varias de las primeras fases de Troya.[52] La evidencia real de una penetración temprana desde la estepa en la región del Danubio se relacionaba con varios enterramientos de la cultura de Novodanilovka, como el *kurgan* de Suvorovo en Bulgaria oriental, datado *ca.* 4200-3900 a. C.,[53] puede que demasiado antiguo como para identificarlo con el ancestro de la rama anatolia (*vid.* Figura 9.10). Que estos enterramientos eran antiguos y derivaban de la estepa está extensamente verificado por la comparación reciente de un enterramiento de este tipo en Csongrád, Hungría (4300-4000 a. C.), con enterramientos en la región del Bajo Volga.[54] También hay pruebas de una penetración gradual de la región del noroeste del ponto (Usatovo, Cernavoda I) en el quinto milenio a. C. y después –aunque anterior a Yamnaya– por parte de una población genéticamente de la estepa.[55]

Un asunto vital aquí es que ni la evidencia somática, ni la del cromosoma Y para marcadores genéticos característicos de la estepa, como EHG o el haplogrupo del cromosoma Y R1b, se han recuperado en áreas de Anatolia en las que habríamos predicho que había hablantes de lenguas anatolias. Ya hemos visto antes que el intento de discernir trazas de genes de la estepa en una reducida muestra de anatolios de la Edad del Bronce final resultó ser negativo.[56] Del mismo modo, en un estudio posterior de la región se afirmó que, aunque EHG había penetrado en el sudeste de Europa, no había evidencias de que hubiera cruzado a Anatolia en la Edad del Bronce.[57] Cualquier migración de población de la estepa, incluso aquellas cuya ancestralidad se ha mezclado ampliamente con poblaciones locales de los Balcanes, tendría que haber portado cantidades significativas de AAF y genes WHG locales de los Balcanes en su viaje a Anatolia; no hay en absoluto ninguna prueba de esto.[58] Por otro lado, recientemente se ha firmado que hay algunos indicios de una migración desde el este.

De muestras extraídas de la Edad del Bronce y otras posteriores de Anatolia central se ha afirmado que poseen en torno a un 11 por ciento de ancestralidad de la estepa, lo que es consistente con que derivaron de la clina del Cáucaso-Bajo Volga.[59] Además, también hay evidencias de R1b-V1636, un haplogrupo conocido en la estepa antes del surgimiento de la cultura Yamnaya (por ejemplo, en Berezhnovka, Progress-2 y Remontnoye), el cual desapareció de la estepa, pero ha sido hallado en Armenia y Anatolia oriental. Como se ha encontrado entre individuos sin evidencia somática de la estepa, esto podría indicar cómo se fue diluyendo la señal a medida que avanzaban hacia Anatolia. El laboratorio de Harvard (Reich) propone que esto es una evidencia de una migración de la clina Cáucaso-Bajo Volga en dirección sur *ca.* 4400 a. C., la cual se mezcló por el camino por el Cáucaso con poblaciones locales y, en última instancia, llegó a Anatolia central; esto aporta una explicación posible al origen del anatolio dentro del modelo de la estepa. Hay que admitir que la evidencia de haplogrupos no parece encontrarse más al oeste que Arslantepe, en el este de Anatolia (*vid.* Figura 14.2). Como Arslantepe está en el reino fronterizo de Isuwa, no fue conquistada por los hititas hasta *ca.* 1350 a. C., por lo que, como mucho, pudo haber estado en el camino al oeste de la tierra de los anatolios; no los sitúa en su emplazamiento histórico.

Este es el mejor argumento que se ha dado para unir el origen anatolio a la estepa póntica, pero, admitiendo que se debe aplicar la misma vara a todas las posibilidades, es difícil que pueda considerar un sello genético del 11 por ciento como una prueba sólida para la migración de los anatolios después de haber rechazado porcentajes de mezcla genética así de bajos a lo largo de este trabajo. Como se ha mencionado varias veces antes, también necesitamos una idea clara del contexto social de las muestras que llevan el sello genético. Y, por si acaso se han perdido el problema de partidismo: la evidencia paleogenética para una entrada oriental de protoanatolios fue rechazada con argumentos lingüísticos en favor de una entrada occidental. Nos queda entonces alguna evidencia tentativa de que genes de la estepa lograron penetrar en Anatolia oriental durante la Edad del Bronce, aunque todavía estamos muy lejos de derivar a los anatolios de la estepa.

LA CUNA INDOEUROPEA: UN REDESCUBRIMIENTO

Soy muy consciente de que los comentarios de Joshua Whatmough han estado pululando en toda esta aventura desde el Prefacio: ¿cómo se da una respuesta definitiva a la cuestión de dónde estaba la cuna de los indoeuropeos? Mi conclusión con respecto a la localización es, por otro lado, un poco descorazonadora, porque después de medio siglo de estudio estoy más o menos donde empecé: creo que la procedencia indoeuropea está en la estepa póntica, porque es la que satisface al mayor número de partidistas y la que aporta el argumento más sólido para explicar la dispersión de los indoeuropeos. No voy a fingir que no tiene varias debilidades, pero, a pesar de eso, de todas las cunas potenciales que se han propuesto, me parece que es la menos mala.

Por otro lado, no puedo evitar oír la risa de generaciones de rastreadores de la cuna en los últimos siglos. Empiezan con los antiguos estudiosos judíos que formaron la Tabla de Naciones en Génesis 10, en algún momento en el primer milenio a. C., y aquellos que los siguieron, como el historiador Flavio Josefo, que asignó identidades étnicas a los nombres de los hijos de Jafet. La risa también es la del obispo Isidoro de Sevilla (560-636 d. C.), cuya *Etymologiae*, la Wikipedia de la Edad Media, explica el origen de los pueblos de Europa a partir de Jafet. Cuando Andreas Jäger se fijó en el origen de la lengua de Escitia en 1686, la identificó con «la lengua de Jafet», la cual evolucionó –como el latín evolucionó a las lenguas romances– al griego, el latín, el celta, el germánico y el eslavo. Durante unos dos milenios, los indoeuropeos se han buscado o en el Cáucaso, el lugar de descanso del Arca de Noé, o en sus vastas estepas del norte, desde donde se dispersaron. En conclusión, les he traído al lugar en el que la tradición ha situado la cuna indoeuropea durante dos mil quinientos años. Bueno, al fin y al cabo, les prometí un «redescubrimiento».

NOTAS

1 Häkkinen, J., 2023, 2.
2 Evans, E. P., 1886, 643.
3 Klejn, L., 2017.
4 Gimbutas, M., 1994, 78-88; Tassi, F. *et alii*, 2017.
5 Marcus, J. *et alii*, 2020, anexo 25-27.
6 Lazaridis, I. *et alii*, 2024, anexo 2, 180.
7 Papac, L. *et alii*, 2021, 17.
8 Rouard, X., 2024.
9 Horvath, C.-S., 2021; St. Clair, M., 2021.
10 [https://www.youtube.com/watch?v=pmv3J55bdZc].
11 Yang, S. *et alii*, 2024.
12 Anthony, D., 2007, 117-118.
13 Anthony, D., 2023.
14 Mallory, J. P., 1997.
15 Jean-Paul Demoule ofrece una crítica a la mayoría de los argumentos a favor de las dispersiones indoeuropeas en Demoule, J.-P., 2023, 318-350.
16 Allentoft, M. *et alii*, 2015.

17 Jeong, C. *et alii*, 2020.
18 Zang, F. *et alii*, 2021.
19 Mallory, J. P., 2015.
20 Mallory, J. P. y Mair, V. H., 2000; Mallory, J. P., 2015.
21 Bryant, E., 2001.
22 Narasimhan, V. *et alii*, 2019.
23 *Ibid.*
24 *Ibid.*, 319-320. Materiales suplementarios en [science.sciencemag.org/content/365/6457/eaat7487/suppl/DC1].
25 Lazaridis, I. *et alii*, 2022.
26 Gamkrelidze, T. e Ivanov, V., 1995; Hamp, E., 1990; Ringe, D. *et alii*, 2002; Chang, W. *et alii*, 2015; Kassian, A. S. *et alii*, 2021; Heggarty, P. *et alii*, 2023 (anterior con una fecha aproximada de *ca.* 3300, rango *ca.* 4900-2000 a. C.).
27 Lazaridis, I. *et alii*, 2022.
28 Drews, R., 1988; Drews, R., 2017.
29 Skourtanioti, E. *et alii*, 2023.
30 Clemente, F. *et alii*, 2021.
31 Skourtanioti, E. *et alii*, *op. cit.*
32 Lazaridis, I. *et alii*, 2017.
33 Lazaridis, I. *et alii*, 2022, anexo, 332-333.
34 Skourtanioti, E. *et alii*, *op. cit.*
35 Lazaridis, I. *et alii*, 2022b.
36 *Ibid.*
37 Haak, W. *et alii*, 2023, 70-71.
38 McColl, H. *et alii*, 2024.
39 Mittnik, A. *et alii*, 2018.
40 Rasmussen, S. *et alii*, 2015.
41 Rascovan, N. *et alii*, 2019.
42 Susat, J. *et alii*, 2021.
43 Cassidy, L. *et alii*, 2016.
44 Olalde, I. *et alii*, 2018.
45 Gallay, A., 2001.
46 Manco, J., 2013.
47 Fernandes, D. M. *et alii*, 2020.
48 Saupe, T. *et alii*, 2021. Otros estudios que muestran pruebas de la llegada de genes relacionados con la estepa: Aneli, S. *et alii*, 2021; Antonio, M. *et alii*, 2019.
49 Patterson, N. *et alii*, 2022; Mallory, J. P., 2023.
50 Mallory, J. P., 1989, 28-30.
51 Kloekhorst, A., 2023, 48-51.
52 Mallory, J. P., 1989, 24-30, 231-243.
53 Anthony, D., 2007, 249-260.
54 Lazaridis, I. *et alii*, 2024.
55 Penske, S. *et alii*, 2023.
56 Damgaard, P. *et alii*, 2018.
57 Lazaridis, I. *et alii*, 2022.
58 Lazaridis, I. *et alii*, 2024, anexo 2, 197.
59 *Ibid.*

Glosario

Las siguientes definiciones se muestran con la única intención de ayudar al lector a comprender el debate acerca de la cuna indoeuropea. No deben entenderse como definiciones cerradas o sistemáticas.

Símbolos lingüísticos

* Se utiliza en lingüística histórica para indicar una palabra cuya existencia se basa en una reconstrucción en vez de un testimonio directo. Por ejemplo, **yeg-* se reconstruye a partir de la comparación entre *aig* en irlandés antiguo, *icicle* en inglés y *eka-* en hitita. En todos los casos significa «hielo».

> Marca la dirección de la derivación. Por ejemplo, **yeg-* > hitita *eka-*.

Acerámico

Un yacimiento agrícola o una cultura (neolítica) que todavía no ha adquirido la tecnología cerámica (arcilla) y, por tanto, priva a los arqueólogos del elemento de cultura material que sirve como fósil guía para la separación entre culturas o entre fases de una cultura. Se ve de manera más clara en los primeros yacimientos agrícolas de Oriente Próximo y Anatolia, donde los arqueólogos reconocen un periodo acerámico distintivo antes de la aparición del Neolítico cerámico.

ADN antiguo (ADNa, *Ancient DNA*)

ADN extraído de poblaciones pasadas que se puede emplear para trazar las migraciones y las mezclas de poblaciones humanas. Las muestras se obtienen, normalmente, del hueso petroso o de los dientes.

ADN mitocondrial (ADNmt, *mtDNA*)
ADN extraído de las mitocondrias, las centrales eléctricas de las células, las cuales se heredan por vía femenina. Aportan un registro de la línea materna, el cual está organizado en grandes linajes ancestrales de **haplogrupos** de ADNmt.

ADN somático (*Autosomal DNA*)
ADN asociado con los veintidós cromosomas asexuales que se heredan en más o menos una cantidad pareja del padre y de la madre. Parte del debate actual acerca de las pruebas de migraciones y posibles cunas se basa en la evidencia somática, en especial en las distintas mezclas de los principales ancestros genéticos más lejanos, como **AAF**, **CHG** y **EHG**.

Antiguos agricultores anatolios (AAF, *Ancient Anatolian Farmer*)
El antiguo linaje genético que evolucionó a partir de los anteriores cazadores-recolectores anatolios (**AHG**), los cuales se habían separado de **CHG** hace entre veinticinco mil y catorce mil años. Para *ca.* 8000 a. C. la población había adoptado la agricultura en Anatolia central, desde donde se dispersaron en dirección oeste hacia Europa, donde también se conocen como los primeros agricultores europeos (**EEF**). Para *ca.* 6500 a. C. la dispersión occidental de CHG y la difusión oriental de AAF había formado una **clina** desde Anatolia a Asia Central. AAF está más estrechamente relacionado con el modelo anatolio.

Antiguos ancestros de los indios del sur (AASI, *Ancient Ancestral South Indians*)
Datado ya hace cuarenta mil años, este linaje genético con relaciones distantes con los isleños de Andamán conformaba la población «nativa» del subcontinente en el que varias migraciones introdujeron la agricultura desde el oeste y, discutiblemente, la lengua indoaria a través de la estepa.

Cazadores-recolectores anatolios (AHG, *Anatolian Hunter-Gatherer*)
El linaje genético que ocupó Anatolia central y occidental y que se separó de **CHG** hace unos veinticinco mil años. Aporta el sustrato para el surgimiento posterior de **AAF**.

Cazadores-recolectores balcánicos (BHG, *Balkan Hunter-Gatherer*)
Dentro del área de **WHG** se ha identificado el perfil genético BHG, que aparece por primera vez en la región de las Puertas de Hierro del Danubio, y que fue un componente de la cultura de los primeros agricultores de Cucuteni.

Cazadores-recolectores caucásicos (CHG, *Caucasian Hunter-Gatherer*)
Uno de los linajes genéticos principales. Se separó de **WHG** en algún momento entre hace cuarenta y cinco mil y veinticinco mil años. Su origen está en el Cáucaso y en la región al sur del Cáucaso. Después se expandió durante el Neolítico en dirección oeste a Anatolia, al este hacia Asia Central y también fue llevado al norte del Cáucaso hasta las estepas de Ucrania/Rusia.

Cazadores-recolectores de Siberia occidental (WSHG, *West Siberian Hunter-Gatherer*)
Dentro de la región de los euroasiáticos septentrionales antiguos surgió el linaje WSHG, que fue analizado, en esencia, como **ANE**, pero mezclado con un 20 por ciento de **EHG** y en torno a un 6 por ciento de asiático nororiental antiguo. La población más significativa relacionada con WSHG fue la de Botai, un yacimiento con las primeras evidencias de domesticación del caballo. WSHG también se encuentra en algunos enterramientos eneolíticos al oeste de los Urales en la región del Volga que fueron componentes ancestrales en la formación de la cultura Yamnaya.

Cazadores-recolectores occidentales (WHG, *Western Hunter-Gatherer*)
El linaje genético principal de Europa occidental y central posterior al retroceso de los últimos glaciares fue el WHG. Se presume que se expandieron desde los Balcanes o más al este. Aunque la difusión de **AAF** por Europa durante el Neolítico llevó a su dominación desde el punto de vista genético, las poblaciones con ancestralidad WHG también fueron absorbidas en la expansión neolítica y constituyeron un porcentaje significativo (20-30 por ciento) de la ancestralidad de las poblaciones neolíticas de Europa.

Cazadores-recolectores orientales (EHG, *Eastern Hunter-Gatherer*)
El linaje genético que surgió en gran medida de los antiguos euroasiáticos septentrionales (**ANE**) y que en el Mesolítico ocupaba Europa oriental desde el Báltico hasta los Urales. Fue el acervo génico «nativo» de la mayoría de las poblaciones de la región del Ponto hasta la aparición de **CHG** al norte del Cáucaso, donde EHG y CHG se mezclaron para producir el sello genético de la cultura Yamnaya, una de las entidades culturales principales asociadas con las expansiones indoeuropeas.

Centum y satem
Las lenguas indoeuropeas se han dividido, tradicionalmente, en dos grupos principales según cómo reflejan los sonidos velares indoeuropeos (*k*, *g*, *ḱ*,

ǵ, k^w, g^w; *vid.* **Isoglosas**). Por ejemplo, las ramas centum (anatolia, tocaria, celta, itálica, germánica, griega) tienden a retener un sonido gutural áspero de **ḱm̥tom*, «cien», como se observa en el latín *centum*/kentum/ «cien». Por su parte, las lenguas satem suavizan el sonido, con el sánscrito *śatám*/ shatam/.

Clina

Un gradiente de variación de una única característica en el espacio. Aquí se suele referir al incremento o decrecimiento cuantificable de un sello genético particular entre un punto y otro. Por ejemplo, el decrecimiento de **CHG** en la población a medida que uno se mueve en dirección norte desde el mar Caspio a lo largo del Volga hacia el centro de Rusia.

Cognado

Una palabra en una lengua puede cognarse con una palabra en otra lengua cuando las dos derivan de una lengua común. Por ejemplo, el inglés *water* y el hitita *wātar*, «agua», provienen de la misma palabra en protoindoanatolio. La identificación de palabras cognadas no se basa en la similitud, sino en si las palabras se pueden derivar de un ancestro común siguiendo leyes fonéticas bien conocidas. Por ejemplo, otros cognados con la palabra inglesa *wáter* son el mucho menos conocido *uisce* en irlandés, el *ujë* albanés y el armenio *get*.

Grácil

En antropología física hace referencia a las características óseas, en particular craneales, que son más pequeñas o más esbeltas en contraste con características más robustas, como un arco superciliar más pronunciado o una mandíbula más grande.

Haplogrupos

Todos los humanos comparten una serie de ancestros que se han dividido genéticamente en varios haplogrupos que trazan tanto la línea masculina por medio del cromosoma Y, como la línea femenina por medio del **ADNmt**. Los haplogrupos se han nombrado alfabéticamente. En Europa, los haplogrupos masculinos más frecuentes son I, J y sobre todo R (R1a y R1b), mientras que los haplogrupos femeninos principales con H, J, T y U. Hay dos sistemas para representar los clados de los haplogrupos. La versión larga del ISOGG (*International Society of Genetic Genealogy* [Asociación Internacional de Genealogía Genética]) (por ejemplo, R1b1a2a1a2a1a1a1a1) y la versión corta (por ejemplo, R-M153).

Haplotipo
Un conjunto de marcadores genéticos unidos y heredados de un ancestro común forman un haplotipo. Los grupos de haplotipos similares pueden apilarse para definir a los distintos **haplogrupos**.

Heteróclito
Del griego *heteros*, «diferente», y *klino*, «inclinar», un grupo de sustantivos declinados irregularmente que muestran un cambio en el sonido final de la raíz (normalmente, *l* o *r*) a *n* en distintos casos. Por ejemplo, el hitita *wātar*, «agua», pero *wetenaš*, «de agua». Debido a que este sistema desapareció en todas las ramas excepto en la anatolia, los sustantivos heteróclitos se entendían a menudo como los elementos más arcaicos del vocabulario reconstruido en indoanatolio.

Horizonte
El término empleado para describir un fenómeno cultural común cuya área y variación interna excede, por lo general, lo que los arqueólogos entenderían como una cultura arqueológica. Por ejemplo, en la arqueología rusa, la cultura Andrónovo se entiende como la unión de diferentes culturas que presentan suficientes similitudes entre sí como para agruparse en una clase taxonómica más elevada como un horizonte.

Identidad por descendencia (IBD, *Identity By Descent*)
Una técnica para trazar la historia poblacional mediante la comparación de la herencia común de alguna región genómica entre dos individuos. IBD expande el número de ancestros considerados por el uso más tradicional de **haplogrupos** sexuales, que tan solo rastrea dos linajes. La técnica permite análisis mucho más refinados de poblaciones antiguas tanto en el tiempo como en el espacio.

Indoeuropeo nuclear
En este libro este término designa todas las ramas de la familia indoeuropea con excepción de la anatolia (*vid.* **Protoindoeuropeo**). Los lectores tendrían que saber que algunos lingüistas limitan el uso de este término al griego, armenio, baltoeslavo e indoiranio (*vid.* Figura 4.12).

Isoglosa
Un límite que define una característica dialectal representado normalmente en un mapa geográfico o en forma de diagrama. Un ejemplo en indoeuropeo es la isoglosa que distingue entre lenguas centum y satem a

partir de las diferentes formas en las que las velares indoeuropeas evolucionaron (*k*, *g*, k^w, g^w).

Lengua aglutinante
Del latín *agglutinare*, «aglutinar». Una lengua cuya gramática se basa en la unión en cadena de afijos a una raíz, cada uno de los cuales tiene un significado propio y no afecta a la raíz. En los primeros modelos evolutivos del desarrollo de la lengua se pensaba que las lenguas aglutinantes estaban un escalón por encima de las lenguas aislantes como el chino, en las que cada morfema (unidad mínima) era una palabra independiente, pero por debajo de las lenguas flexivas como el indoeuropeo.

Mischsprache
En alemán, «lengua mixta». Pese a que todas las lenguas presentan elementos foráneos en el vocabulario, la gramática y la fonética, algunas parecen haber surgido a partir de dos o más lenguas hasta un punto en el que es difícil determinar un único ancestro. En los estudios de la cuna indoeuropea desde la década de 1930 en adelante, distintos lingüistas propusieron que la protolengua indoeuropea representaba la fusión de dos componentes sin ninguna relación ni en el vocabulario ni en la gramática.

Morfema
Un morfema es la unidad lingüística más pequeña con significado. En este libro se expresa como una raíz y se usa para indicar aquellos casos en los que no podemos reconstruir una palabra entera, solo la raíz. Uno de los catálogos principales de **Protoindoeuropeo** está lleno de morfemas con descripciones poco exactas como «aumentar» o «brillante» para referirse a un grupo de palabras con significados extremadamente divergentes.

Palabras sustrato
Palabras derivadas de una población nativa después de que hayan sido absorbidas por una lengua posterior. Por ejemplo, *paqu*, *kuntur*, *kawallu*, *chuqllu* [alpaca, cóndor, caballo, choclo] son palabras en castellano originarias del quechua.

Protoindoanatolio (PIA, *Proto-Indo-Anatolian*)
Un término empleado por algunos lingüistas para indicar lo que otros llamarían, sencillamente, **Protoindoeuropeo** sobre la base de que el anatolio no descendía de una protolengua común con todas las otras lenguas

indoeuropeas, sino de una protolengua anterior compartida por el anatolio y por el indoeuropeo nuclear.

Protoindoeuropeo (PIE, *Proto-Indo-European*)
La protolengua común de la familia lingüística indoeuropea se entiende. tradicionalmente, como la ancestra de todas las lenguas indoeuropeas, con la rama anatolia incluida. Sin embargo, hay lingüistas que prefieren entender al anatolio como una lengua hermana del protoindoeuropeo en vez de como una lengua hija y prefieren llamar a la lengua anterior como **Protoindoanatolio**, en cuyo caso el protoindoeuropeo se denomina a veces –como en este libro– **Indoeuropeo nuclear**.

Urheimat
La palabra alemana para el «hogar original», compuesta por el prefijo *ur-*, «original, primigenio», y *Heimat*, «hogar». La popularidad de la cuna indoeuropea en la academia alemana ha incentivado la difusión de esta palabra en el debate lingüístico internacional.

OTRAS ABREVIATURAS UTILIZADAS EN ESTE LIBRO

ANE - ***Ancient North Eurasian***
Antiguos euroasiáticos septentrionales

ANI - ***Ancestral North Indian***
Indios ancestrales del norte

ASS - ***Aratashen-Shulaveri-Shomutepe culture***
Cultura de Aratashen-Shulaveri-Shomutepe

BMAC - ***Bactria-Margiana Archaeological Complex***
Complejo Arqueológico Bactria-Margiana

EEF - ***Early European Farmer***
Primeros agricultores europeos

IE - ***Central Indo-European***
Indoeuropeo central

KS - ***Kassite***
Lengua casita

PG - ***Proto-Germanic***
Protogermánico

PK - ***Proto-Kartvelian***
Protokartveliano

PMO - ***Proto-Eastern Miwok***
Protomiwok oriental

PNIE - ***Proto-North-Indo-European***
Protoindoeuropeo septentrional

PSIE - ***Proto-South-Indo-European***
Protoindoeuropeo meridional

PU - ***Proto-Uralic***
Protourálico

UNHG - ***Ukrainian Neolithic Hunter-Gatherer***
Cazadores-recolectores del Neolítico ucraniano

Apéndice

Lista parcial de las soluciones propuestas para la cuna del indoeuropeo y sus proponentes.

Nombre	Año	Continente	Región
Jäger, A.	1686	Eurasia	Cáucaso
Coeurdoux, G.-L.	1768	Eurasia	Cáucaso-Tartaria
Jones, W.	1789	Asia	Irán
Schlegel, F. von	1805	Asia	noroeste de la India
Adelung, J.	1806	Asia	Irán-Tíbet
Young, T.	1813	Asia	Cachemira
Rask, R.	1818	Eurasia	entre Hungría y Asia Menor
Rhode, J. G.	1820	Asia	Bactria
Link, H. F.	1821	Asia	Cáucaso meridional
Klaproth, J.	1830	Asia	Himalayas-Cáucaso
Eichhoff, F. G.	1836	Asia	Cachemira
Pott, A. F.	1840	Asia	Himalayas-mar Caspio
Lassen, C.	1847	Asia	Pamir
Grimm, J.	1848	Asia	Asia
Latham, R. G.	1851	Europa	¿Lituania?
Schleicher, A.	1852	Asia	entre el mar Caspio y el Pamir
Renan, E.	1859	Asia	Bactria/Pamir
Pictet, A.	1859	Asia	Bactria

Nombre	Año	Continente	Región
Müller, M.	1861	Asia	Asia Central
Schleicher, A.	1863	Asia	entre el Karakórum y el mar Caspio
Liétard, G.	1864	Asia	Asia Central
D'Omalius d'Halloy, J.	1864	Europa	Alemania
Benfey, T.	1869	Europa	norte del mar Negro
Baldwin, J.	1869	Asia	Bactria
Fick, A.	1870	Asia	Ural-Altái
Cuno, J.	1871	Europa	Alemania
Müller, F. M.	1872	Europa/Asia	Armenia
Pike, A.	1873	Asia	Sogdiana
Mommsen, T.	1874	Asia	Éufrates
Wolzogen, H. von	1875	Asia	Asia
Poesche, T.	1878	Europa	Lituania
Geiger, L.	1878	Europa	Alemania
Hommel, F.	1879	Asia	Caspio-Bactria
Piétrement, C.	1879	Asia	sudeste del lago Baljash
Sayce, A. H.	1880	Asia	Bactria
Van den Gheyn, J.	1881	Asia	Asia Central
Monier-Williams, M.	1881	Asia	Pamir
Penka, K.	1883	Europa	Escandinavia
Brunnhofer, H.	1884	Asia	Armenia
Hommel, F.	1885	Europa/Asia	Cáucaso-Bactria
Koeppen, T.	1886	Europa	Volga Medio
Morris, C.	1888	Eurasia	Cáucaso
Tomaschek, W.	1888	Europa	Danubio
Taylor, I.	1888	Europa	Báltico oriental
Rendall, G.	1889	Europa	Escandinavia
D'Arbois de Jubainville, H.	1889	Asia	Bactria
Brinton, D.	1890	Europa	Atlántico
Huxley, T.	1890	Europa	Báltico-Urales
Schrader, O.	1890	Europa	sur de Rusia-Ucrania
Sayce, A. H.	1890	Europa	Escandinavia
Schmidt, J.	1890	Asia	Mesopotamia-Pamir
Krause, E.	1891	Europa	Escandinavia
Hirt, H.	1892	Europa	Báltico
Boughton, W.	1892	Europa	Báltico

Nombre	Año	Continente	Región
Virchow, R.	1893	Europa	Alemania
Boughton, W.	1898	Europa	Báltico
Hrushevsky, M.	1898	Europa	Ucrania [Trypilia]
Wilser, L.	1899	Europa	Escandinavia
Much, M.	1902	Europa	Báltico
Kossinna, G.	1902	Europa	Escandinavia
Tilak, L. B. G.	1903	Ártico	polo norte
Helm, K.	1905	Eurasia	noroeste de Europa y Asia Central
Hoops, J.	1905	Europa	Alemania-Dinamarca
Biedenkapp, G.	1906	Ártico	polo norte
Paape, O.	1906	Europa	Escandinavia
Fick, A.	1907	Europa/Asia	Cáucaso septentrional
Widney, J.	1907	Asia	Asia Central
Pumpelly, R.	1908	Asia	Asia Central
Möller, H.	1911	Asia	Anatolia-Irán
Knauer, F.	1912	Europa	Rusia
Feist, S.	1913	Europa/Asia	estepa
Minns, E.	1913	Europa	Ponto-Caspio
Wilke, G.	1918	Europa	Europa central
Classen, K.	1918	Europa	central-oriental
Graebner, F.	1919	Asia	Asia Central
Keary, C.	1921	Asia	Bactria
Bender, H.	1922	Europa	Lituania
Giles, P.	1922	Europa	llanura panónica
Zschaetzsch, K.	1922	Atlántico	Atlántida = Azores
Childe, G.	1926	Europa	¿Ponto-Caspio?
Sayce, A. H.	1927	Asia	Anatolia
Lowenthal, J.	1927	Europa	Danubio
De Morgan, J.	1927	Asia	Asia Central
Peake, H. y Fleure, H.	1928	Eurasia	Ponto-Caspio a Turquestán
Kellog, R. J.	1931	Europa	Ponto-Caspio
Kühn, H.	1932	Europa	Auriñaciense
Sulimirski, T.	1933	Asia	Asia Central
Dawson, C.	1933	Europa	Ponto-Caspio
Taraporewala, I.	1933	Ártico	polo norte
Krichevsky, Y.	1933	Europa	Danubio
Forrer, E.	1934	Europa	Ucrania

Nombre	Año	Continente	Región
Myres, J.	1935	Europa	Ponto-Caspio
Schulz, W.	1935	Europa	septentrional
Flor, F.	1936	Europa	septentrional
Pokorny, J.	1936	Europa	noroeste de Alemania-noroeste de Ucrania
Koppers, W.	1936	Asia	Asia Central
Strzygowski, J.	1936	Ártico	¿Groenlandia?
Brandenstein, W.	1936	Asia	Asia Central
Benveniste, E.	1939	Europa	estepa
Triveda, D. S.	1939	Asia	India
Dumézil, G.	1941	Europa	Báltico-Hungría
Paret, O.	1942	Eurasia	mar del Norte a Asia Central
Heberer, G.	1943	Europa	central y septentrional
Jóhannesson, A.	1943	Europa	Báltico
Neckel, G.	1944	Europa	septentrional
Schmidt, W.	1946	Asia	Asia Central
Meyer, E.	1948	Europa	septentrional y central
Scherer, A.	1950	Europa	mar del Norte a los Urales
Gelb, I.	1951	Asia	norte del Creciente Fértil
Nehring, A.	1954	Europa	Cáucaso-Caspio
Thieme, P.	1954	Europa	nordeste
Merlingen, W.	1955	Europa	noroeste del Ponto
Pritzwald, K.	1955	Europa	Báltico-mar Negro
Marstrander, S.	1957	Asia	estepa de Kirguistán
Pulgram, E.	1958	Eurasia	¿estepa de la Europa oriental-asiática occidental?
Bryusov, A.	1958	Europa	septentrional
Bosch Gimpera, P.	1961	Europa	Polonia-Ponto
Devoto, G.	1962	Europa	central [cerámica de bandas]
Gimbutas, M.	1963	Europa	Ponto-Caspio
Gornung, B.	1963	Europa	Balcanes-Bajo Danubio
Georgiev, V.	1966	Europa	Rin al Don
McEvedy, P.	1967	Europa	Balcanes septentrionales a centrales
Wagner, H.	1969	Europa/Asia	Báltico/mar Negro - mar de Aral
Gamkrelidze, T. e Ivanov, V.	1972	Asia	Gran Armenia
Hapgood, C.	1979	Antártida	Antártida
Safronov, V. A.	1980	Asia>Europa	Anatolia > Balcanes

Nombre	**Año**	**Continente**	**Región**
Hodge, C. T.	1981	África	Egipto
Haudry, J.	1981	Ártico	polar
Kilian, L.	1983	Europa	¿nórdico-mar Caspio?
Martinet, A.	1986	Europa	Ponto-Caspio
Renfrew, C.	1987	Asia	Anatolia
Makkay, J.	1987	Europa	cerámica de bandas a Yamnaya
Narain, A. K.	1987	Asia	China
Zvelebil, M. y Zvelebil, K.	1988	Asia	Anatolia
Sherratt, A. y Sherratt, S.	1988	Asia	Anatolia
Dolgopolsky, A.	1988	Asia	Anatolia
Ismail, T. A.	1989	Asia	Arabia
Mallory, J. P.	1989	Europa	Ponto-Caspio
Misra, S.	1992	Asia	India
Mańczak, W.	1992	Europa	Óder-Vístula
Sergent, B.	1995	Europa	Ponto-Caspio
Kitson, P.	1997	Europa	septentrional-central
Colarusso, J.	1997	Europa	Crimea-Cáucaso
Nichols, J.	1998	Asia	Asia Central
Popko, M.	1999	Europa	¿oriental?
Kochhar, R.	2000	Europa	Ponto-Caspio
Häusler, A.	2002	Europa	nórdico-mar Caspio
Grigoriev, S.	2002	Asia	Kurdistán
Kazanas, N.	2002	Asia	India
Anthony, D.	2007	Europa	Ponto-Caspio
Dergachev, V.	2007	Europa	Ponto-Caspio
Parpola, A.	2008	Europa	Tripilia/Ponto-Caspio
Ebbesen, K.	2009	Eurasia	Paleolítico de Eurasia occidental
Sverchkov, L.	2012	Asia	Asia Central
Bouckaert, R. *et alii*	2012	Asia	Anatolia
Kalla, L.	2012	Asia	India-Asia Central
Giannopoulos, T.	2012	Asia	Paleolítico de Oriente Próximo
Kristinsson, A.	2013	Europa	Ucrania
Heggarty, P. y Renfrew, C.	2014	Asia	Anatolia
Anthony, D. y Ringe, D.	2015	Europa	Ponto-Caspio
Pereltsvaig, A. y Lewis, M.	2015	Europa	Ponto-Caspio
Zaliznyak. L.	2016	Europa	Mesolítico en el Báltico

Nombre	**Año**	**Continente**	**Región**
Koncha, S.	2017	Europa	Rin-Donets
Drews, R.	2017	Asia	Anatolia
Udolph, J.	2017	Europa	Báltico
Reich, D.	2018	Asia	sur del Cáucaso
Heggarty, P.	2018	Asia	Anatolia-Armenia
Taranets, V. y Stupak, I.	2018	África	África
Kozintsev, A.	2019	Asia	sudeste del Caspio
Wang, C. *et alii*	2019	Asia	sur del Cáucaso
Kristiansen, K.	2020	Asia	Cáucaso septentrional
Fehér, T.	2021	Europa	Dniéper
St. Clair, M.	2021	Asia	Anatolia
Horvath, C.-S.	2021	Asia	Anatolia meridional
Lazaridis, I. *et alii*	2022	Asia	sur del Cáucaso
Egorova. M. y Egorov, A.	2023	Europa	Ponto-Caspio
Gavashelishvili, A. *et alii*	2023	Asia	este de Anatolia al sur del Caspio
Lazaridis, I. *et alii*	2024	Europa	Ponto-Caspio
Yang, S. *et alii*	2024	Asia	Anatolia oriental

Bibliografía

ABREVIATURAS

AA	*American Anthropologist*
CA	*Current Anthropology*
IF	*Indogermanische Forschungen*
JIES	*Journal of Indo-European Studies*
Nat Commun	*Nature Communications*
PNAS	*Proceedings of the National Academy of Science*

FUENTES CLÁSICAS

Flavio Josefo, *Antigüedades judías*, 2 vols., J. Vara Donado (trad.), Madrid, Akal, 2024.

Isidoro de Sevilla, *Etimologías*, J. Oroz Reta y M. A. Marcos Casquero (trad. y notas), Madrid, Biblioteca de autores cristianos, 2024.

Tácito, *Agrícola. Germania. Diálogo sobre los oradores*, J. M. Requejo (trad.), Madrid, Gredos, 1981.

FUENTES SECUNDARIAS

Aarsleff, H., 1982: *From Locke to Saussure*, London, Athlone.

Adams, D., 2021: «A note on two Tocharian B nominal case markers», *JIES 49*, 265-278.

Adams, J. y Otte, M., 1999: «Did Indo-European languages spread before farming?», *CA 40*, 73-77.

Adelung, J., 1806: *Mithradates, oder allgemeine Sprachenkunde mit dem Vater Unser als Sprachprobe*, vol. I, Berlin, Vossische Buchhandlung.

Alinei, M., 1996: *Origini delle lingue d'Europa*, vol. I, *La teoria della continuità*, Bologna, Il Mulino.

Alinei, M., 2000: *Origini delle lingue d'Europa*, vol. II, *Continuità dal Mesolitico all'età del Ferro nelle principali aree etnolinguistiche*, Bologna, Il Mulino.

Allentoft, M. *et alii*, 2015: «Population genomics of Bronze Age Eurasia», *Nature 522*, 167-172.

Allentoft, M. *et alii*, 2024: «Population genomics of post-glacial western Eurasia», *Nature 625*, 301-311.

Allentoft, M. *et alii*, 2024b: «100 ancient genomes show repeated population turnovers in Neolithic Denmark», *Nature 625*, 329-337 [https://doi.org/10.1038/s41586-023-06862-3].

Amaladass, A., 1992: «Jesuits and Sanskrit studies», en T. De Souza y C. Borges (eds.), *Jesuits in India: In Historical Perspective*, Goa, Xavier Center of Historical Research, 209-231.

Anderson, N., 1879: *Studien zur Vergleichung der indogermanischen und finnisch-ugrischen Sprachen*, Dorpat [ahora Tartu], Laakmann.

Aneli, S. *et alii*, 2021: «Through 40,000 years of human presence in Southern Europe: The Italian case study», *Human Genetics 140*, 1417-1431.

Anthony, D., 1990: «Migration in archaeology: The baby and the bathwater», *AA 92 (4)*, 23-42.

Anthony, D., 2001: «Persistent identity and Indo-European archaeology in the western steppes», en C. Carpelan *et alii* (eds.), *Early Contacts between Uralic and Indo-European: Linguistic and Archaeological Considerations*, Helsinki, Suomalais-Ugrilainen Seura, 11-35.

Anthony, D., 2007: *The Horse, the Wheel, and Language: How Bronze-Age Riders from the Eurasian Steppes Shaped the Modern World*, Princeton, Princeton University Press.

Anthony, D., 2019: «Archaeology, genetics, and language in the steppes: A comment on Bomhard», *JIES 47*, 175-198.

Anthony, D., 2023: «Ten constraints that limit the Late PIE homeland to the steppes», en D. Goldstein *et alii* (eds.), *Proceedings of the 33rd Annual UCLA Indo-European Conference*, Hamburg, Helmut Buske Verlag, 1-25.

Anthony, D., 2023b: «Ancient DNA and migrations: New understandings and misunderstandings», *Journal of Anthropological Archaeology 70* [https://doi.org/10.1016/j.jaa.2023.101508].

Anthony, D. y Ringe, D., 2015: «The Indo-European homeland from linguistic and archaeological perspectives», *Annual Review of Linguistics 1*, 199-219.

Anthony, D. y Vyazov, L., 2024: «The genetic origin of the Indo-Europeans: Archaeological Supplement», en I. Lazaridis *et alii*, «The genetic origin of the Indo-Europeans», *Nature 639*, 132-142.

Anthony, D. *et alii*, 2022: «The Eneolithic cemetery at Khvalynsk on the Volga river», *Praehistorische Zeitscrift 97*, 22-67.

Antonio, M. *et alii*, 2019: «Ancient Rome: A genetic crossroads of Europe and the Mediterranean», *Science 366*, 708-714.

Antonio, M. *et alii*, 2024: «Stable population structure in Europe since the Iron Age, despite high mobility», *eLife* [https://doi.org/10.7554/eLife.79714].

Anttila, R., 1989 (1972): *Historical and Comparative Linguistics*, Amsterdam, John Benjamins Pub. Co.

App, W., 2009: *William Jones's Ancient Theology: Sino-Platonic Papers 191*, Philadelphia, University of Pennsylvania.

Arbuckle, B., 2009: «Chalcolithic caprines, dark age dairy, and Byzantine beef», *Anatolica 35*, 179-226.

Arntz, H., 1936: *Germanen und Indogermanen*, 2 vols., Heidelberg, Carl Winter.

Arntz, H., 1936b: «Herman Hirt und die Heimat der Indogermanen», en H. Arntz, *Germanen und Indogermanen*, 2 vols., Heidelberg, Carl Winter, vol. II, 25-28.

Asouti, E. y Fairbairn, A., 2002: «Subsistence economy in Central Anatolia during the Neolithic: The archaeological evidence», en L. Thissen y F. Gerard (eds.), *The Neolithic of Central Anatolia*, İstanbul, Ege Yayınları, 181-192.

Austerlitz, R., 1970: «Agglutination in northern Eurasia in perspective», en R. Jakobson y S. Kawamoto (eds.), *Studies in General and Oriental Linguistics Presented to Shirô Hattori on the Occasion of his Sixtieth Birthday*, Tokyo, TEC Co., 1-5.

Baird, D. *et alii*, 2018: «Agricultural origins on the Anatolian plateau», *PNAS 115*, E3077-E3086.

Balaresque, P. *et alii*, 2010: «A predominantly Neolithic origin for European paternal lineages», *PLOS Biology 8* [https://doi.org/10.1371/journal.pbio.1000285].

Barbujani, G. y Sokal, R., 1990: «Zones of sharp genetic change in Europe are also linguistic boundaries», *PNAS 87*, 1816-1819.

Barbujani, G. *et alii*, 1995: «Indo-European origins: A computer-simulation test of five hypotheses», *American Journal of Physical Anthropology 96*, 109-132.

Barnier, C. *et alii*, 2022: «A global análisis of matches and mismatches between human genetic and linguistic histories», *PNAS 119 (47)*, E2122084119.

Bavant, M., 2008: «Proto-Indo-European ergativity... still to be discussed», *Poznań Studies in Contemporary Linguistics 44 (4)*, 433-447.

Beekes, R. S. P., 2010: *Etymological Dictionary of Greek*, Leiden, Brill.

Bender, H., 1922: *The Home of the Indo-Europeans*, Princeton, Princeton University Press.

Benfey, T., 1869: *Geschichte der Sprachwissenschaft und orientalischen Philologie in Deutschland*, München, Oldenbourg Wissenschaftsverlag.

Benveniste, E., 1935: *Origines de la formation des noms en Indo-Européen*, Paris, Adrien-Maisonneuve.

Bichlmeier, H., 2012: «Einige ausgewählte Probleme der alteuropäischen Hydronymie aus Sicht der modernen Indogermanistik– ein Plädoyer für eine neue Sicht auf die Dinge», *Acta Linguistica Lithuanica 66*, 11-47.

Bichlmeier, H., 2017: «Was kann man an lexikalischen und morphologischen Elementen aus dem Namenschatz der sogenanten "alteuropäische Hydronomie" gewinnen?», en B. Hansen *et alii* (eds.), *Etymology and the European Lexicon*, Wiesbaden, Reichert Verlag, 37-51.

Bichlmeier, H., 2020: «The non-Indo-European substrate in Germanic: Some notes on the history of the topic», en H. Bichlmeier *et alii* (eds.), *Etymologus: Festschrift for Vaclav Blažek*, Hamburg, Baar-Verlag, 73-92.

Biedenkapp, G., 1906: *Der Nordpol als Völkerheimat*, Jena, H. Costenoble.

Binford, L., 1967: «Smudge pits and hide smoking: The use of analogy in archaeological reasoning», *American Antiquity 32*, 1-12.

Bjørn, R., 2017: *Foreign Elements in the Proto-Indo-European Vocabulary*, København, Københavns Universitet.

Bjørn, R., 2022: «Indo-European loanwords and exchange in Bronze Age Central and East Asia», *Evolutionary Human Sciences 4*, e23, 1-24.

Bjørn, R., 2023: «The lexicon of an Old European Afro-Asiatic language: Evidence from early loanwords in Proto-Indo-European», *Historical Linguistics 135*, 3-42.
Blažek, V., 1999: *Numerals: Comparative Etymological Analyses and Their Implications*, Brno, Masarykova univerzita.
Blažek, V., 1999b: «Elam: A bridge between Ancient Near East and Dravidian India?», en R. Blench y M. Spriggs (eds.), *Archaeology and Language IV*, London/New York, Routledge, 48-78.
Blok, D. P., 1971: «Chronologisches zum alteuropäischen Flussnamensystem», *Namn och Bygd 59*, 149-161.
Boas, F., 1911: «Changes in bodily form of descendants of immigrants», *Senate Documents 208*, 60-75.
Bogaard, A. *et alii*, 2017: «Agricultural innovation and resilience in a longlived early farming community: The 1,500-year sequence at Neolithic to early Chalcolithic Çatalhöyük, central Anatolia», *Anatolian Studies 67*, 1-28.
Bomhard, A., 1996: *Indo-European and the Nostratic Hypothesis*, Charleston, Signum.
Bomhard, A., 2012: *Reconstructing Proto-Nostratic*, Leiden, Brill.
Bomhard, A., 2015: *The Origins of Proto-Indo-European: The Caucasian Substrate Hypothesis*, disponible en [academia.edu].
Bomhard, A., 2019: «The origins of Proto-Indo-European: The Caucasian substrate hypothesis», *JIES 47*, 9-212 [para los artículos de los ponentes y la refutación del autor].
Bopp, F., 1833: *Vergleichende Grammatik des Sanskrit. Zend, Griechischen, Lateinische, Litthauischen, Gothischen und Deutschen*, Berlin, F. Dümmler.
Borst, A., 1957-1963: *Der Turnbau von Babel. Geschichte der Meinungen über Ursprung und Vielfalt der Sprachen und Völker*, Stuttgart, A. Hiersemann.
Bouckaert, R. *et alii*, 2012: «Mapping the origins and expansion of the Indo-European language family», *Science 337*, 957-960.
Boughton, W., 1898: «The Aryan question», *American Antiquarian and Oriental Journal 20*, 71-73.
Bradke, P. von, 1890: *Über Methode und Ergebnisse der arischen indogermanischen Altertumswissenschaft*, Giessen, J. Ricker'sche Buchhandlung.
Brandenstein, W., 1936: *Die erste indogermanische Wanderung*, Wien, Gerold & Co.
Brandenstein, W., 1952: «Bemerkungen zum Sinnbezirk des Klimas», en W. Brandenstein (ed.), *Studien zur indogermanischen Grundsprache*, Wien, Gerold & Co., 23-25.
Brinton, D., 1890: *Races and Peoples: Lectures on the Science of Ethnology*, New York, N.D.C. Hodges.
Bröste, K. *et alii*, 1956: *Prehistoric Man in Denmark: A study in Physical Anthropology*, 2 vols., København, Munksgaard.
Brunner, L., 1969: *Die gemeinsamen Wurzeln des semitischen und indogermanischen Wortschatzes: Versuch einer Etymologie*, Bern/München, Francke.
Brunnhofer, H., 1884: *Über den Ursitz der Indogermanen*, Basel, Benno Schwabe.
Bryant, E., 2001: *The Quest for the Origins of Vedic Culture*, Oxford/New York, Oxford University Press.
Buchvaldek, M., 1980: «Corded Pottery complex in Central Europe», *JIES 8*, 393-406.
Budd, C. y Lillie, M., 2020: «The prehistoric populations of Ukraine: Stable Isotope studies of fisherhunter-forager and pastoralist incipient farmer dietary

pathways», en M. Lillie e I. Potekhina (eds.), *Prehistoric Ukraine: From the First Hunters to the First Farmers*, Oxford, Oxbow Books, 283-308.

Burmeister, S., 2000: «Archaeology and migration», *CA 41*, 539-567.

Busby, G. *et alii*, 2012: «The peopling of Europe and the cautionary tale of Y chromosome lineage R-M269», *Proceedings of the Royal Society B 279 (1730)*, 884-892.

Campbell, L., 2015: «Do languages and genes correlate?», *Language Dynamics and Change 5*, 202-226.

Campbell, L. y Mauricio, M., 2007: *A Glossary of Historical Linguistics*, Edinburgh, Edinburgh University Press.

Campbell, L. y Poser, W., 2008: *Language Classification: History and Method*, Cambridge, Cambridge University Press.

Carpelan, C. *et alii* (eds.), 2001: *Early Contacts between Uralic and Indo-European: Linguistic and Archaeological Considerations*, Helsinki, Suomalais-Ugrilainen Seura.

Cassidy, L. *et alii*, 2016: «Neolithic and Bronze Age migration to Ireland and the establishment of the insular Atlantic genome», *PNAS 113 (2)*, 368-373.

Cavalli-Sforza, L. *et alii*, 1994: *The History and Geography of Human Genes*, Princeton, Princeton University Press.

Chang, W. *et alii*, 2015: «Ancestry-constrained phylogenetic análisis supports the Indo-European steppe hypothesis», *Language 91 (1)*, 194-244.

Charpentier, J., 1926: «The original home of the Indo-Europeans», *Bulletin of the School of Oriental Studies, London Institution 4*, 147-170.

Childe, V. G., 1926: *The Aryans: A Study of Indo-European Origins*, London, K. Paul, Trench, Trubner & Co.

Childebayeva, A. *et alii*, 2022: «Population genetics and signatures of selection in early neolithic European farmers», *Molecular Biology and Evolution 39* [https://doi.org/10.1093/molbev/msac108].

Clackson, J., 2000: «Time depth in Indo-European», en C. Renfrew *et alii* (eds.), *Time Depth in Historical Linguistics*, 2 vols., vol. II, Cambridge, McDonald Institute for Archaeological Research, 441-454.

Classen, K., 1918: «Beiträge zum Indogermanenproblem», *Korrespondenzblatt der deutschen Gesellschaft für Anthropologie, Ethnologie und Urgeschichte 49*, 1-7.

Clemente, F. *et alii*, 2021: «The genomic history of the Aegean palatial civilizations», *Cell 184*, 2565-2586.

Colarusso, J., 1997: «Proto-Pontic: Phyletic links between Proto-Indo-European and Proto-Northwest Caucasian», *JIES 25*, 119-151.

Coleman, R., 1988: «Comments on Renfrew», *CA 29*, 449-453.

Collinder, B., 1965: *Hat das Uralische Verwandte? Eine sprachvergleichende Untersuchung*, Uppsala, Almqvist & Wiksell.

Conway, R. S., 1900: «The riddle of the nations», *Current Review 77*, 74-81.

Cowgill, W. y Mayrhofer, M., 1975: *Indogermanische Grammatik*, Band 1, Heidelberg, Universitätsverlag.

Crossland, R., 1971: «Immigrants from the North», en I. Edwards *et alii* (eds.), *Cambridge Ancient History*, vol. I, parte 2, Cambridge, Cambridge University Press, 824-876.

Damgaard, P. *et alii*, 2018: «The first horse herders and the impact of Early Bronze Age steppe expansions into Asia», *Science 360 (1422)* [doi: 10.1126/science.aar7711].

Daniels, G., 1975: *One Hundred and Fifty Years of Archaeology*, London, Duckworth.
Danylenko, V., 1974: *Eneolit Ukrainy* [Calcolítico de Ucrania], Kíyiv, Naukova dumka.
Darden, B., 2001: «On the question of the Anatolian origin of Indo-Hittite», en R. Drews (ed.), *Greater Anatolia and the Indo-Hittite Language Family*, Washington, D.C., Institute for the Study of Man, 184-228.
Day, J., 2000: *Indo-European Origins: The Anthropological Evidence*, Washington, D.C., Institute for the Study of Man.
De Beule, H., 2024: «Reconstructing the journey of Y-DNA haplogroup I2-S2555 to I2-L38» [https://www.academia.edu/115363574/RECONSTRUCTING_THE_JOURNEY_OF_Y_DNA_HAPLOGROUP_I2_S2555_TO_I2_L38_Tracing_Genetic_Footprints_Across_Time_and_Space].
De Harlez, C., 1880: «Les Aryas et leur première patrie», *Revue de linguistique 13*, 279-307.
Demoule, J.-P., 2014: *Mais où sont passes les Indo-Européens?*, Paris, Editions du Seuil.
Demoule, J.-P., 2023: *The Indo-Europeans: Archaeology, Language, Race, and the Search for the Origins of the West*, Oxford, Oxford University Press.
Desmoulins, A., 1826: *Histoire naturelle des races humaines*, Paris, Méquignon-Marvis.
Devoto, G., 1962: *Origini indeuropee*, Firenze, Sansoni.
Di Fraia, T., 2020: «"Mettere le brache alla storia": una tentazione pericolosa. Il difficile rapport fra genetica e archeologia», *Notizie Archeologiche Bergomensi 28*, 169-186.
Diakonov, I., 1985: «On the original home of the speakers of Indo-European», *JIES 13*, 92-174.
Diebold, R., 1960: «Determining the center of dispersal of language groups», *International Journal of American Linguistics 26*, 1-10.
Diebold, R., 1976: «Contributions to the Indo-European salmon problem», en W. Christie (ed.), *Current Progress in Historical Linguistics*, Amsterdam, North-Holland Publishing Co., 341-388.
Diebold, R., 1987: «Linguistic ways to prehistory», en S. Skomal y E. Polomé (eds.), *Proto-Indo-European: The Archaeology of a Linguistic Problem*, Washington, D.C., Institute for the Study of Man, 19-71.
Dini, P. U., 2010: *ALILETOESCVR: linguistica baltica delle origini*, Livorno, Books & Co.
Dolgopolsky, A., 1988: «The Indo-European homeland and lexical contacts of Proto-Indo-European with other languages», *Mediterranean Language Review 3*, 7-31.
Dolgopolsky, A., 1993: «More about the Indo-European homeland problem», *Mediterranean Language Review 6-7*, 230-248.
d'Omalius d'Halloy, J., 1864: «Sur les origins Indo-européennes», *Bulletin de la Société d'Anthropologie de Paris 5*, 184-204.
Dovzhenko, N. y Rychkov, N., 1988: «K probleme sotsial'noe stratifikatsii plemen yamnoy kul'turnoistoricheskoy obshchnosti» [Sobre el problema de la estratificación social de las tribus de la comunidad cultural e histórica Yamnaya], en O. Shaposhnikova (ed.), *Novye Pamyatniki Yamnoy Kul'tury Stepnoy Zony Ukrainy* [Nuevos monumentos de la cultura Yamnaya de la zona esteparia de Ucrania], Kíyiv, Naukova dumka, 27-40.
Dozier, E., 1958: «Ethnological clues for the sources of Rio Grande Pueblo population», en R. Thompson (ed.), *Migration in New World Culture History*, Tucson, University of Arizona Press, 21-32.

Dressler, W., 1965: «Methodische Vorfragen bei der Bestimmung der "Urheimat"», *Die Sprache 11*, 25-60.

Drews, R., 1988: *The Coming of the Greeks*, Princeton, Princeton University Press.

Drews, R., 2017: *Militarism and the Indo-Europeanizing of Europe*, London/New York, Routledge,

Dybo, A., 2013: «Language and archeology: Some methodological problems. 1. Indo-European and Altaic landscapes», *Journal of Language Relationship 9*, 69-92.

Dyen, I., 1956: «Language distribution and migration theory», *Language 32*, 611-626.

Dyen, I., 1969: «Reconstruction, the comparative method, and the protolanguage uniformity assumption», *Language 45*, 499-518.

Dyen, I. *et alii*, 1992: *An Indoeuropean Classification: A Lexicostatistical Experiment (Transactions of the American Philosophical Society)*, vol. LXXXII, parte 5, Philadelphia, American Philosophical Society.

Ebbesen, K., 2009: *The Origin of the Indo-European Languages/De indoeuropæiske sprogs oprindelse*, København, Attika.

Egorova, M. A. y Egorov, A. A., 2023: «Indoevropeyskoe proiskhozhdenie: opredelenie mestonakhozhdeniya prarodiny narodov–nositeley praindoevropeyskogo yazyka» [Orígenes indoeuropeos: determinación de la ubicación de la patria ancestral de los pueblos que hablan la lengua protoindoeuropea], *Voprosy Istorii 6* [Cuestiones de Historia 6], 4-25.

Ehret, C., 1988: «Language shift and the material correlates of language and ethnic shift», *Antiquity 62*, 564-574.

Eichhoff, F. G., 1836: *Parallèle des languages de l'Europe et de l'Inde*, Paris, Imprimerie royale.

Elemendorf, W. W., 1965: «Linguistic and geographic relations in the Northern Plateau area», *Southwestern Journal of Anthropology 21*, 63-78.

Ertem, H., 1974: *Boğazköy metinlerine göre Hititler devri Anadolu'sunun florası* [Flora de Anatolia durante el periodo hitita según los textos de Bogazköy], Ankara, Türk Tarih Kurumu Basımevi.

Evans, E. P., 1886: «The Aryan homestead», *Atlantic Monthly 57*, 633-644.

Fehér, T., 2021: «The Dnieper homeland of Indo-Europeans» [https://www.academia.edu/48919777/The_Dnieper_homeland_of_Indo_Europeans].

Feist, S., 1910: *Europa im Lichte der Vorgeschichte und die Ergebnisse der vergleichenden indogermanischen Sprachwissenschaft*, Berlin, Weidmannsche buchhandlung.

Feist, S., 1913: *Kultur, ausbreitung und herkunft der Indogermanen*, Berlin, Weidmann.

Feist, S., 1932: «The origin of the Germanic languages and the Indo-Europeanizing of North Europe», *Language 8*, 245-254.

Feist, S., 1933: «Die Ausbreitung des indogermanischen Sprachstammes über Nordeuropa in vorgeschichtlicher Zeit», en *Actes du deuxième Congrès international de linguistes: Genève 25-29 Aout 1931*, Paris, 184-187.

Ferak, V. y Lichardova, Z., 1969: «Possible role of "luxuriance" and "inbreeding depression" in the secular changes of cephalic index», *Homo 20*, 90-94.

Fernandes, D. M. *et alii*, 2018: «A genomic Neolithic time transect of hunter-farmer admixture in central Poland», *Nature Scientific Reports 8*, 14879 [https://doi.org/10.1038/s41598-018-33067-w].

Fernandes, D. M. *et alii*, 2020: «The spread of steppe and Iranian-related ancestry in the islands of the western Mediterranean», *Nature Ecology & Evolution 4*, 334-345 [https://doi.org/10.1038/s41559-020-1102-0].

Fleure, H., 1922: *The Peoples of Europe*, London, H. Milford.

Flor, F., 1936: «Die Indogermanenfrage in der Völkerkunde», en H. Arntz, *Germanen und Indogermanen*, 2 vols., Heidelberg, Carl Winter, vol. I, 69-129.

Fodor, I., 1965: *The Rate of Linguistic Change: Limits of the Application of Mathematical Models in Linguistics, Janua Linguarum*, vol. LXIII, The Hague, Mouton.

Forrer, E., 1934: «Neue Probleme zum Ursprung der indogermanischen Sprachen», *Mannus 26*, 115-127.

Förstemann, E., 1852: «Sprachlich-naturhistorisches», *Zeitschrift für vergleichende Sprachforschung 1*, 491-506.

Förstemann, E., 1854: «Sprachlich-naturhistorisches (Zweiter artikel)», *Zeitschrift für vergleichende Sprachforschung 3*, 43-62.

Fortson, B., 2004: *Indo-European Language and Culture*, Oxford, Blackwell.

Fóthi, E. *et alii*, 2020: «Genetic análisis of male Hungarian conquerors: European and Asian paternal lineages of the conquering Hungarian tribes», *Archaeological and Anthropological Sciences 12*, 31 [https://doi.org/10.1007/s12520-019-00996-0].

Fournet, A., 2010: «A cultural and historical sketch of the concept of proto-language», *The Macro-Comparative Journal 1*, 1-10.

Fournet, A. y Bomhard, A., 2010: *The Indo-European Elements in Hurrian*, La Garenne Colombes/Charleston.

Fraser, J., 1926: «Linguistic evidence and archaeological and ethnological facts», *Proceedings of the British Academy 12*, 257-272.

Fraser, M. *et alii*, 2018: «New insights on cultural dualism and population structure in the Middle Neolithic Funnel-Beaker culture on the island of Gotland», *Journal of Archaeological Science Reports 17*, 325-334.

Friedrich, P., 1970: *Proto-Indo-European Trees*, Chicago, University of Chicago Press.

Furholt, M., 2018: «Massive migrations? The impact of recent aDNA studies on our view of Third Millennium Europe», *European Journal of Archaeology 21*, 159-191.

Gal, S., 1996: «Language shift», en H. Goebl *et alii* (eds.), *Kontaktlinguistic/Contact Linguistics/Linguistique de contact*, vol. I, Berlin/New York, De Gruyter, 586-593.

Gallay, A., 2001: «L'énigme campaniforme», en F. Nicolis (ed.), *Bell Beakers Today: Pottery, People, Culture, Symbols in Prehistoric Europe*, vol. I, Trento, Ufficio beni archeologici, 41-57.

Gamkrelidze, T. e Ivanov, V., 1972: «Problema opredelenija pervonachal'noj territorii obitanija i putej migratsii nositelej dialekov obshcheindoevropejskogo jazyka» [El problema de determinar el territorio originario de habitación y rutas migratorias de hablantes de dialectos de la lengua indoeuropea común], en *Konferencija po sravitel'no-istoricheskoj grammatike indoevropejskich jazykov* [Conferencia sobre gramática histórico-comparativa de las lenguas indoeuropeas], Moskvá, Nauka, 19-23.

Gamkrelidze, T. e Ivanov, V., 1984: *Indoevropeyskiy yazyk i indoevropeytsy* [Lengua indoeuropea e indoeuropeos], Tbilisi, Izdatelstvo Tibiliskogo Universiteta.

Gamkrelidze, T. e Ivanov, V., 1985: «The ancient Near East and the Indo-European question», *JIES 13*, 3-48.

Gamkrelidze, T. e Ivanov, V., 1985b: «The migrations of tribes speaking Indo-European dialects from their original homeland in the Near East to their historical habitations in Eurasia», *JIES 13*, 49-91.

Gamkrelidze, T. e Ivanov, V., 1995: *Indo-European and the Indo-Europeans*, Berlin/New York, De Gruyter.

Garrett, A., 2006: «Convergence in the formation of Indo-European subgroups: phylogeny and chronology», en P. Forster y C. Renfrew (eds.), *Phylogenetic Methods and the Prehistory of Languages*, Cambridge, McDonald Institute for Archaeological Research, 139-151.

Gavashelishvili, A. *et alii*, 2023: «The time and place of origin of South Caucasian languages: Insights into past human societies, ecosystems and human population genetics», *Nature 13*, 21133.

Geiger, L., 1878: *Zur Entwicklungsgeschichte der Menschheit*, Stuttgart, Cotta.

Gelb, I., 1951: «A contribution to the Proto-Indo-European question», *Jahrbuch für kleinasiatische Forschung 2*, 23-36.

Georgiev, V., 1966: «Die europäische Makrohydronymie und die Frage nach der Urheimat der Indoeuropäer», en D. P. Blok (ed.), *Proceedings of the Eighth International Congress of Onomastic Sciences*, The Hague, Mouton, 188-195.

Gerhardt, K., 1969: «Der sogenannte Borreby-Typus», *Homo 20*, 141-159.

Gernot, W., 2004: «Hurrian», en R. Woodward (ed.), *The Cambridge Encyclopedia of the World's Ancient Languages*, Cambridge, Cambridge University Press, 95-118.

Gerritsen, F. y Özbal, R., 2019: «Barcin Höyük, a seventh millennium settlement in the Eastern Marmara region of Turkey», *Documenta Praehistorica 46*, 58-67.

Giles, P., 1922: «The Aryans», en E. J. Rapson, *The Cambridge History of India*, vol. I, Cambridge/New York, Cambridge University Press, 65-76.

Gimbutas, M., 1963: «The Indo-Europeans: Archaeological problems», *AA 65*, 815-836.

Gimbutas, M., 1973: «The beginning of the Bronze Age in Europe and the Indo-Europeans», *JIES 1*, 163-214.

Gimbutas, M., 1974: «An archaeologist's view of PIE in 1975», *JIES 2*, 189-207.

Gimbutas, M., 1980: «The Kurgan Wave #2 c. 3400-3200 B.C. into Europe and the following transformation of culture», *JIES 8*, 273-316.

Gimbutas, M., 1991: *The Civilization of the Goddess*, San Francisco, Harper.

Gimbutas, M., 1994: *Das Ende Alteuropas: Der Einfall von Steppennomaden aus Südrussland und die Indogermanisierung Mitteleuropas*, Budapest, Archaeolingua.

Gimbutas, M., 1997: *The Kurgan Culture and the Indo-Europeanization of Europe*, Washington, D.C., Institute for the Study of Man.

Godwin, J., 1993: *Arktos: The Polar Myth in Science, Symbolism, and Nazi Survival*, London, Thames & Hudson [ed. en esp.: *El mito polar. El arquetipo de los polos en la ciencia, el simbolismo y el ocultismo*, I. Margelí (trad.), Girona, Ediciones Atalanta, 2009].

Goedegebuure, P., 2020: «Anatolians on the Move: From Kurgans to Kanesh», *The Marija Gimbutas Memorial Lecture*, Chicago, University of Chicago Press.

Goodenough, W., 1970: «The evolution of pastoralism and Indo-European origins», en G. Cardona *et alii* (eds.), *Indo-European and Indo-Europeans*, Philadelphia, University of Pennsylvania Press, 253-266.

Goodrick-Clarke, N., 2002: *Black Sun: Aryan Cults, Esoteric Nazism and the Politics of Identity*, New York, New York University Press.

Gornung, B. V., 1964: *K voprosu ob obrazovanij indoevropejskoy jazykovoj obshchnosti* [Sobre la cuestión de la formación de la comunidad lingüística indoeuropea], Moskvá, Nauka.

Gornung, B. V., 1970: «Considérations sur le problema de la formation de l'unité linguistique indo-européenne», en *Trudy VII Mezhdunarodnogo kongressa antropologicheskikh i etnograficheskikh nauk* [Actas del VII Congreso Internacional de Ciencias Antropológicas y Etnográficas], vol V, Moskvá, Nauka, 638-645.

Gorton, L., 2017: «Revisiting Indo-European "wine"», *JIES 45*, 1-26.

Graebner, F., 1919-1920: «Thor und Maui», *Anthropos 14/15*, 1099-1119.

Gray, R. y Atkinson, Q., 2003: «Language-tree divergence times support the Anatolian theory of Indo-European origins», *Nature 426*, 435-439.

Greenberg, J., 1964: «Historical inferences from linguistic research in Sub-Saharan Africa», en J. Butler (ed.), *Boston University Papers in African History*, vol. I, Boston, Boston University Press, 1-15.

Greenberg, J., 2000: *Indo-European and its Closest Relatives: The Eurasiatic Language Family*, vol. I, *Grammar*, Stanford, Stanford University Press.

Grigoriev, S. A., 1999: *Drevnie indoevropeytsy. Opyt istoricheskoy rekonstruktsii* [Antiguos indoeuropeos. Experiencia de reconstrucción histórica], Chelyábinsk, Institut istorii i arkheologii UrO RAN

Grigoriev, S. A., 2002: *Ancient Indo-Europeans*, Chelyábinsk, Institut istorii i arkheologii UrO RAN.

Grigoriev, S. A., 2002b: «The Sintashta culture and the Indo-European homeland problem», en K. Jones-Bley y D. G. Zdanovich (eds.), *Complex Societies of Central Eurasia from the 3rd to the 1st Millennium BC*, 2 vols., *JIES Monograph Series 45 and 46*, Washington, D.C., Institute for the Study of Man, vol. I, 148-160.

Grigoriev, S. A., 2021: «Archaeology, genes and language: The Indo-European perspective», *JIES 49*, 187-230.

Grigoriev, S. A., 2022: «Origins of the Greeks and Greek dialects», *Journal of Ancient History and Archaeology 9 (1)*, 5-46.

Grimm, J., 1848: *Geschichte der deutschen Sprache*, vol. I, Leipzig, De Gruyter.

Grünthal, R. *et alii*, 2022: «Drastic demographic events triggered the Uralic spread», *Diachronica 39*, 490-524.

Grünthal, R. y Kallio, P. (eds.), 2012: *A Linguistic Map of Prehistoric Northern Europe*, Helsinki, Société Finno-Ougrienne.

Guarino-Vignon, P. *et alii*, 2023: «Genome-wide analysis of a collective grave from Mentesh Tepe provides insight into the population structure of early neolithic population in the South Caucasus», *Communications Biology 6*, 319 [https://doi.org/10.1038/s42003-023-04681-w].

Güntert, H., 1934: *Der Ursprung der Germanen*, Heidelberg, Carl Winter.

Haak, W. *et alii*, 2008: «Ancient DNA, strontium isotopes, and osteological analyses shed light on social and kinship organization of the Later Stone Age», *PNAS 105 (47)*, 18226-1831.

Haak, W. *et alii*, 2015: «Massive migration from the steppe was a source for Indo-European languages in Europe», *Nature 522*, 207-211 [https://doi.org/10.1038/nature14317].

Haak, W. *et alii*, 2023: «The Corded Ware Complex in Europe in light of current archaeogenetic and environmental evidence», en K. Kristiansen *et alii* (eds.), *The Indo-European Puzzle Revisited: Integrating Archaeology, Genetics, and Linguistics*, Cambridge, Cambridge University Press, 63-80.

Häkkinen, J., 2012: «Problems in the method and interpretations of the computational phylogenetics based on linguistic data» [https://www.academia.edu/3494029].

Häkkinen, J., 2023: «On locating Proto-Uralic», *Finnisch-Ugrische Forschungen 68*, 43-100.

Hall, R., 1966: *Pidgin and Creole Languages*, Ithaca, Cornell University Press.

Hamp, E., 1990: «The Pre-Indo-European languages of northern (central) Europe», en T. Markey y J. Greppin (eds.), *When Worlds Collide*, Ann Arbor, Karoma, 302.

Hapgood, C., 1979 (1966): *Maps of the Ancient Sea Kings: Evidence of Advanced Civilization in the Ice Age*, ed. rev., New York, Dutton.

Härke, H., 1998: «Archaeologists and migrations: A problem of attitude?», *CA 19*, 19-45.

Harrison, R. y Heyd, V., 2007: «The transformation of Europe in the third millennium BC: The example of "Le Petit-Chasseur I + II" (Sion, Valais, Switzerland)», *Prähistorische Zeitschrift 82*, 129-214.

Harvey, H. R., 1964: «Cultural continuity in Central Mexico: A case for Otomangu», en *XXXV Congreso Internacional de Americanistas, México, 1962: Actas y Memorias*, México, Instituto Nacional Indigenista, vol. II, 525-532.

Hauer, J. W., 1939: «Zum gegenwärtigen Stand der Indogermanenfrage», en *Archiv für Religionswissenschaft*, vol. XXXVI, Leipzig/Berlin, B.G. Teubner, 1-63.

Häusler, A., 1981: «Zu den Beziehungen zwischen dem nordpontischen Gebiet, Südost-und Mitteleuropa im Neolithikum und der frühen Bronzezeit und ihre Bedeutung für das indoeuropìsche Problem», *Przegląd Archeologiczny 29*, 101-149.

Häusler, A., 1995: «Über Archäologie und Ursprung der Indogermanen», en M. Kuna y N. Venclová (eds.), *Whither Archaeology? Papers in Honour of Evžen Neustupný*, Praha, Archeologický ústav AV ČR, 211-229.

Häusler, A., 2002: «Ursprung und Ausbreitung der Indogermanen: Alternative Erklärungsmodelle», *IF 107*, 47-75.

Häusler, A., 2003: «Urkultur der Indogermanen und Bestattungsriten», en A. Bammesberger y T. Vennemann (eds.), *Languages in Prehistoric Europe*, Heidelberg, Universitätsverlag Winter, 69-119.

Häusler, A., 2006: «Polaritäten, geschlechtsdifferenziert Bestattungssitten und die Entstehung des grammatischen Geschlechts in den indogermanischen Sprachen», *Jahresschrift für mitteldeutsche Vorgeschichte 90*, 71-149.

Hay, M., 2016: «Genetic history of the British and the Irish», *Eupedia*, ed. rev. octubre.

Heath, D., 1866: «On the mute origin of European races», *Journal of the Anthropological Society of London 4*, xxxiii-xlviii.

Hegel, G. W. F., 1900: *The Philosophy of History*, New York, Collier [ed. en esp.: *Lecciones sobre la filosofía de la historia universal*, J. Gaos (trad.), Madrid, Alianza, 2004].

Heggarty, P., 2000: «Quantifying change over time in phonetics», en C. Renfrew *et alii* (eds.), *Time Depth in Historical Linguistics*, 2 vols., vol. II, Cambridge, McDonald Institute for Archaeological Research, 531-562.

Heggarty, P., 2018: «Why Indo-European? Clarifying cross-disciplinary misconceptions on farming *vs* pastoralism», en G. Kroonen *et alii* (eds.), *Talking Neolithic*, Washington, D.C., Institute for the Study of Man, 69-119.

Heggarty, P. *et alii*, 2010: «Splits or waves? Trees or webs? How divergence measures and network analysis can unravel language histories», *Philosophical Transactions of the Royal Society B 365*, 3829-3843.
Heggarty, P. *et alii*, 2023: «Language trees with sampled ancestors support a hybrid model for the origin of Indo-European languages», *Science 381*, eabg0818.
Heggarty, P. y Renfrew, C., 2014: «Introduction: Languages», en C. Renfrew and P. Bahn (eds.), *The Cambridge World Prehistory*, Cambridge, Cambridge University Press, 19-43.
Heggarty, P. y Renfrew, C., 2014b: «3.16 Western and Central Asia: Languages», en C. Renfrew and P. Bahn (eds.), *The Cambridge World Prehistory*, Cambridge, Cambridge University Press, 1678-1699.
Heggarty, P. y Renfrew, C., 2014c: «3.29 Europe and the Mediterranean: Languages», en C. Renfrew and P. Bahn (eds.), *The Cambridge World Prehistory*, Cambridge, Cambridge University Press, 1977-1993.
Hehn, V., 1885: *The Wandering of Plants and Animals from their First Home*, J. S. Stallybrass (trad.), London, Swan Sonnenschein and Co.
Hemphill, B. y Mallory, J. P., 2004: «Horse-mounted invaders from the Russo-Kazakh steppe or agricultural colonists from western Central Asia? A craniometric investigation of the Bronze Age settlement of Xinjiang», *American Journal of Physical Anthropology 124*, 199-222.
Heyd, V., 2017: «Kossina's smile», *Antiquity 91 (356)*, 348-359.
Hirt, H., 1892: «Die Heimat der indogermanischen Völker und ihre Wanderungen», *IF 1*, 464-485.
Hirt, H., 1905-1907: *Die Indogermanen: Ihre Verbreitung, ihre Urheimat und ihre Kultur*, 2 vols., Strassburg, Trübner.
Hodge, C. T., 1981: «Indo-Europeans in the Near East», *Anthropological Linguistics 23 (6)*, 227-244.
Höfler, S., 2023: «How to pull a wagon in Indo-European», *IF 128*, 83-124.
Holm, H., 2019: *The Earliest Wheel Finds, their Archaeology and Indo-European Terminology in Time and Space, and Early Migrations around the Caucasus*, Budapest, Archaeolingua.
Holm, H., 2020: «Steppe homeland of Indo-Europeans favored by a Bayesian approach with revised data and processing», *Glottometrics 37*, 54-81.
Holopainen, S., 2019: «Indo-Iranian Borrowings in Uralic: Critical overview of the sound substitutions and distribution criterion», tesis doctoral, University of Helsinki.
Hommel, F., 1879: «Arier und Semiten», *Korrespondenz-Blatt der deutschen Gesellschaft für Anthropologie, Ethnologie und Urgeschichte*, 52-56, 59-61.
Hommel, F., 1885: «Neue Werke über die Urheimat der Indogermanen», *Archiv für Anthropologie 15*, 163-168.
Hoops, J., 1905: *Waldbäume und Kulturpflanzen im germanischen Altertum*, Strassburg, Trübner.
Horvath, C.-S., 2019: «Reconsidering the geographic origins based on the synthesis of archaeological and linguistic evidence and the newest results in genetics-A Finno-Scythian hypothesis», *Asia Pacific Journal of Advanced Business and Social Studies 5 (2)*, 41-70.
Horvath, C.-S., 2019b: «Redefining Pre-Indo-European language families of Bronze Age Western Europe: A study based on the synthesis of scientific evidence from

archaeology, historical linguistics and genetics», *European Scientific Journal 15 (26)*, 1-25.

Horvath, C.-S., 2021: «How Eurasia was born: A provisional atlas of prehistoric Eurasia based on genetic data supporting the farming-language dispersal model», *International Relations Quarterly 12*, 1-2, 1-72.

Howells, W. W., 1966: «Population distances: Biological, linguistic, geographical and environmental», *CA 7*, 531-540.

Howells, W. W., 1972: «Analyses of patterns of variation in crania of recent man», en R. Tuttle (ed.), *The Function and Evolutional Biology of Primates*, Chicago/New York, Transaction Publishers, 123-151.

Huld, M., 1990: «The linguistic typology of the Old European substrate in North Central Europe», *JIES 18*, 289-423.

Huld, M., 2000: «Reinventing the wheel: the technology of transport», en K. Jones-Bley *et alii* (eds.), *Proceedings of the Eleventh Annual UCLA Indo-European Conference*, Washington, D.C., Institute for the Study of Man, 95-114.

Hutchinson, R., 1950: «Battle-axes in the Aegean», *Proceedings of the Prehistoric Society 16*, 52-64.

Huxley, T. H., 1890: «The Aryan question and prehistoric man», *The Nineteenth Century*, 750-777.

Ihering, R. von, 1894: *Vorgeschichte der Indoeuropäer*, Leipzig, Breitkopf & Härtel.

Ihering, R. von, 1897: *The Evolution of the Aryan*, London, S. Sonnenschein.

Ismail, T. A., 1989: *Classic Arabic as the Ancestor of Indo-European Languages and Origin of Speech (sic)*, Koresh, al-Ahram Press.

Ivani, J. *et alii*, 2020: «Indo-Aryan-a house divided? Evidence for the east-west Indo-Aryan divide and its significance for the study of northern South Asia», *Journal of South Asian Languages and Linguistics 7*, 287-326.

Jäger, A., 1686: *De Lingua Vetustissima Europae, Scytho-Celtica et Gothica*, Wittenberg.

Jain, R. C., 1964: *The Most Ancient Arya Society*, Rajasthan, Institut of Bharatalogical Research.

Janhunen, J., 2001: «Indo-Uralic and Ural-Altaic: On the diachronic implications of areal typology», en C. Carpelan *et alii* (eds.), *Early Contacts between Uralic and Indo-European: Linguistic and Archaeological Considerations*, Helsinki, Suomalais-Ugrilainen Seura, 207-220.

Jeong, C. *et alii*, 2020: «A dynamic 6,000-year genetic history of Eurasia's eastern steppe», *Cell 183*, 1-15 [https://doi.org/10.1016/j.cell.2020.10.015].

Jobling, M. A. *et alii*, 2002: *Human Evolutionary Genetics*, New York/Abingdon, Taylor & Francis.

Jóhannesson, A., 1943: *Um Frumtungu Indógermana og Frumheimkynni* [Sobre la protolengua indogermánica y la protopatria], Reykjavík, Ríkisprentsmiðjan Gutenberg.

Jones, E. R. *et alii*, 2015: «Upper Palaeolithic genomes reveal Deep roots of modern Eurasians», *Nat Commun 6*, 8912 [https://doi.org/10.1038/ncomms9912].

Jones, W., 1798: «The third anniversary discourse», en *Asiatick Researches: or, Transactions of the Society Instituted in Bengal for Inquiring into the History and Antiquities, the Arts, Sciences, and Literature, of Asia*, vol. I, reimp. 2000, London/New York, Vernor and Hood, 415-431.

Jones, W., 1807: *The Works of Sir William Jones with the Life of the Author by Lord Teignmouth*, London, Stockdale.

Jones-Bley, K. y Zdanovich, D. G. (eds.), 2002: *Complex Societies of Central Eurasia from the 3rd to the 1st Millennium BC, 2 vols., JIES Monograph Series 45 and 46*, Washington, D.C., Institute for the Study of Man.
Jorgensen, J. G., 1969: *Salish Language and Culture: A Statistical Analysis of Internal Relationships, History and Evolution*, Bloomington, Indiana University Press.
Joyce, J., 1968: *Finnegans Wake*, 36.ª ed., New York, Viking [ed. en esp.: *Finnegans Wake*, M. Zabaloy (trad.), Buenos Aires, El cuenco de plata, 2016].
Kahneman, D., 2012: *Thinking Fast and Slow*, London, Farrar, Straus And Giroux [ed. en esp.: *Pensar rápido, pensar despacio*, J. Chamorro Mielke (trad.), Barcelona, Debate, 2012].
Kalla, L., 1930: *The Home of the Aryas*, Dillī, Imperial Book Depot Press.
Kallio, P., 2012: «The prehistoric loanword strata in Finnic», en R. Grünthal y P. Kallio (eds.), *A Linguistic Map of Prehistoric Northern Europe*, Helsinki, Société Finno-Ougrienne, 225-238.
Kallio, P., 2019: «Daniel Europaeus and Indo-Uralic», en A. Kloekhorst y T. Pronk (eds.), *The Precursors of Indo-European: The Indo-Anatolian and Indo-Uralic Hypotheses*, Leiden, Brill, 74-87.
Kassian, A. S. *et alii*, 2015: «Proto-Indo-European-Uralic comparison from the probabilistic point of view», *JIES 43*, 301-392.
Kassian, A. S. *et alii*, 2021: «Rapid radiation of the inner Indo-European languages: an advanced approach to Indo-European lexicostatistics», *Linguistics 59 (4)*, 949-979.
Keith A. B., 1937: «The home of the Indo-Europeans», *Indian Historical Quarterly 13*, 1-30.
Kellens, J., 2005: «Les Airiia -ne sont plus des Āryas: ce sont déjá des Iraniens», en G. Fussman *et alii* (eds.), *Āryas, aryens et Iraniens en Asie Centrale*, Paris, Collège de France, 233-252.
Kellog, R. J., 1931: «The problem of Indo-European origins», *Journal of the American Oriental Society 51*, 374.
Kennedy, V., 1828: *Researches into the Origin and Affinity of the Principal Languages of Asia and Europe*, London, Longman.
Keyser, C. *et alii*, 2009: «Ancient DNA provides new insights into the history of south Siberian Kurgan people», *Human Genetics 126*, 395-410 [https://doi.org/10.1007/s00439-009-0683-0].
Kilian, L., 2000: *De l'origine des Indo-Européens*, F. Schuler (trad.), Paris, Editions du Labyrinthe [ed. or.: *Zum Ursprung der Indogermanen*, Bonn, Rudolf Habelt Verlag, 1983].
Kim, R., 2018: «Greco-Armenian: The persistence of a myth», *IF 123*, 247-271.
Kitson, P., 1997: «Reconstruction, typology, and the "original homeland" of the Indo-Europeans», en J. Fisiak (ed.), *Linguistic Reconstruction and Typology*, Berlin/New York, De Gruyter, 183-239.
Klejn, L., 2017: «The steppe hypothesis of Indo-European origins remains to be proven», *Acta Archaeologia 88*, 193-203.
Klimov, G. A., 1990: «Some thoughts on Indo-European-Kartvelian relations», *JIES 19*, 323-341.
Kloekhorst, A., 2008: *Etymological Dictionary of the Hittite Inherited Lexicon*, Leiden, Brill.
Kloekhorst, A., 2023: «The "Anatolian split" and the "Anatolian Trek"», en K. Kristiansen *et alii* (eds.), *The Indo-European Puzzle Revisited: Integrating*

Archaeology, Genetics, and Linguistics, Cambridge, Cambridge University Press, 42-59.

Kloekhorst, A. y Pronk, T. (eds.), 2019: *The Precursors of Indo-European: The Indo-Anatolian and Indo-Uralic Hypotheses*, Leiden, Brill.

Kloekhorst, A. y Pronk, T. (eds.), 2019b: «Introduction: Reconstructing Proto-Indo-Anatolian and Proto-Indo-Uralic», en A. Kloekhorst y T. Pronk (eds.), *The Precursors of Indo-European: The Indo-Anatolian and Indo-Uralic Hypotheses*, Leiden, Brill, 1-14.

Klyosov, A. y Rozhanskii, I., 2012: «Haplogroup R1a as the Proto-Indo-Europeans and the legendary Aryans as witnessed by the DNA of their current descendants», *Advances in Anthropology 2*, 1-13.

Klyosov, A. y Tomezzoli, G., 2013: «DNA genealogy and linguistics», *Advances in Anthropology 3, 2*, 101-111.

Knauer, F., 1912-1913: «Der russische Nationalname und die indogermanische Urheimat», *IF 31*, 67-88.

Koch, J., 2020: *Celtic-Germanic: Late Prehistory and Post-Proto-Indo-European Vocabulary in the North and West*, Aberystwyth, Canolfan Uwchefrydiau Cymreig a Cheltaidd Prifysgol Cymru.

Kochhar, R., 1997: *The Vedic People: Their History and Geography*, London, Sangam Books.

Koeppen, T., 1886: *Beiträge zur Frage nach der Urheimath und der Urverwandtschaft des indoeuropäischen und des finnisch-ugrischen Volksstammes*, Sankt-Peterburg.

Koerner, K., 1971: «Observations on the sources, transmission, and meaning of "Indo-European" and related terms in the development of linguistics», en J. Maher *et alii* (eds.), *Papers from the 3rd International Conference on Historical Linguistics*, Amsterdam, John Benjamins Publishing Company, 153-180.

Koivulehto, J., 2001: «The earliest contacts between Indo-European and Uralic speakers in the light of lexical loans», en C. Carpelan *et alii* (eds.), *Early Contacts between Uralic and Indo-European: Linguistic and Archaeological Considerations*, Helsinki, Suomalais-Ugrilainen Seura, 235-263.

Koppers, W., 1928: «Die Religion der Indogermanen in ihren kulturhistorischen Beziehungen», *Anthropos 24*, 1073-1089.

Koppers, W., 1935: «Die Indogermanenfrage im Lichte der historischen Völkerkunde», *Anthropos 30*, 1-31.

Koppers, W. (ed.), 1936: *Die Indogermanen- und Germanenfrage: neue Wege zu ihrer Lösung*, Salzburg/Leipzig, Verlag Anton Pustet.

Koppers, W. (ed.), 1936b: «Pferdeopfer und Pferdekult der Indogermanen», en W. Koppers (ed.), *Die Indogermanen- und Germanenfrage: neue Wege zu ihrer Lösung*, Salzburg/Leipzig, Verlag Anton Pustet, 279-411.

Kortlandt, F., 2002: «The Indo-Uralic verb», en R. Blokland y C. Hasselbatt (eds.), *Finno-Ugrians and Indo-Europeans: Linguistics and Literary Contacts*, Maastricht, Shaker Pub., 217-227 [reimpr. en Kortlandt, F., 2010: *Studies in Germanic, Indo-European and Indo-Uralic*, Amsterdam, Rodopi, 391-403].

Kortlandt, F., 2010: *Studies in Germanic, Indo-European and Indo-Uralic*, Amsterdam, Rodopi.

Kortlandt, F., 2010b: «Eight Indo-Uralic verbs?», en F. Kortlandt, *Studies in Germanic, Indo-European and Indo-Uralic*, Amsterdam, Rodopi, 387-390 [389] [ed. or.: *Münchener Studien zur Sprachwissenschaft 50*, 1989, 79-85].

Kosinski, T., 2023: «Archaeogeneticists on the origin of the Indo-Europeans, with particular emphasis on the Pre-Slavs as their oldest ancestors», *Advances in Anthropology 13*, 111-151.
Kossinna, G., 1902: «Die indogermanische Frage archäologisch beantwortet», *Zeitschrift für Ethnologie 34*, 161-222 [reimpr. en Scherer, A., 1968: *Die Urheimat der Indogermanen*, Darmstadt, Wissenschaftliche Buchgesellschaft, 25-109].
Kossinna, G., 1921: *Die Indogermanen, I. Teil: Das indogermanische Urvolk*, Leipzig, Verlag von Curt Kabitzsch.
Kossinna, G., 1925: «Nordische oder asiatische Urheimat der Indogermanen», *Mannus 17*, 237-241.
Kozintsev, A., 2019: «Proto-Indo-Europeans: The prologue», *JIES 47*, 293-380.
Kozintsev, A., 2020: «On the homelands of Indo-European and Eurasiatic: Geographic aspects of a lexicostatistical classification», *JIES 48*, 121-150.
Krahe, H., 1954: *Sprache und Vorzeit: Europäische Vorgeschichte nach dem Zeugnis der Sprache*, Heidelberg, Quelle & Meyer.
Krahe, H., 1964: *Unsere ältesten Flussnamen*, Wiesbaden, Harronwitz.
Krahe, H., 1970: *Einleitung in das vergleichende Sprachstudium*, W. Meid (ed.), Innsbruck, Sprachwissenschaft der Universität Innsbruck.
Krause, E., 1891: *Tuisko-Land, der arischen Stämme und Götter Urheimat: Erläuterungen zum Sagenschatze der Veden, Edda, Ilias und Odysee*, Glogau, Verlag von Carl Flemming.
Krause, E., 1903: «Kann Skandinavien das Stammland der Blonden und der Indo-Germanen sein?», *Globus 83*, 109-110.
Kretschmer, P., 1896: *Einleitung in die Geschichte der griechischen Sprache*, Göttingen, Vandenhoeck und Ruprecht.
Kreve-Michkevicius, V., 1926: «Pirmykste indoeuropieciu gimtine», *Taut air Zodis 4*, 108-125.
Kristiansen, K., 2020: «The archaeology of Proto-Indo-European and Proto-Anatolian: Locating the split», en M. Serangeli y T. Olander (eds.), *Linguistic and Archaeological Perspectives on Early Stages of Indo-European*, Leiden, Brill, 157-165.
Kristiansen, K. *et alii* (eds.), 2023: *The Indo-European Puzzle Revisited: Integrating Archaeology, Genetics, and Linguistics*, Cambridge, Cambridge University Press.
Kristinsson, A., 2012: «Indo-European expansion cycles», *JIES 40*, 360-433.
Kroeber, A. L., 1960: «Statistics, Indo-European, and taxonomy», *Language 36 (1)*, 1-21.
Kroeber, A. L. y Chrétien, C. D., 1937: «Quantitative classification of Indo-European languages», *Language 13 (2)*, 83-103.
Kroeber, A. L. y Chrétien, C. D., 1939: «The statistical technique and Hittite», *Language 15*, 69-71.
Kronasser, H., 1961: «Vorgeschichte und Indogermanistik», en E. Breitiner (ed.), *Theorie und Praxis der Zusammenarbeit der anthropologischen Diziplinen*, Horn, F. Berger, 117-140.
Kroonen, G., 2012: «Non-Indo-European root nouns in Germanic: Evidence in support of the Agricultural Substrate Hypothesis», en R. Grünthal y P. Kallio (eds.), *A Linguistic Map of Prehistoric Northern Europe*, Helsinki, Société Finno-Ougrienne, 239-260.
Kroonen, G. *et alii*, 2018: «Early Indo-European languages, Anatolian, Tocharian and Indo-Iranian», *Linguistic supplement to Damgaard et al.*

Kroonen, G. *et alii* (eds.), 2018b: *Talking Neolithic*, Washington, D.C., Institute for the Study of Man.

Kroonen, G. *et alii*, 2022: «Indo-European cereal terminology suggests a Northwest Pontic homeland for the core Indo-European languages», *PLOS One 17 (10)*, 1-45: e0275744 [https://doi.org/10.1371/journal.pone.027574].

Kruts, S. I., 1972: *Naselenie teritorii Ukrainy epokhi medi-bronzy* [La población del territorio de Ucrania en la Edad del Cobre y el Bronce], Kíyiv, Naukova Dumka.

Kuhn, A., 1845: *Zur ältesten Geschichte der indogermanischen Völker*, Berlin, Nauck.

Kühn, H., 1932: «Herkunft und Heimat der Indogermanen», *Proceedings of the First International Congress of Prehistoric and Protohistoric Sciences*, London, Oxford University Press, 237-242.

Kühn, H., 1967: «Re. Hans Krahe Unsere ältesten Flussnamen», *Anzeiger für deutsches Altertum und deutsche Literatur 78*, 1-22.

Kuiper, F. B. J., 1967: «The genesis of a linguistic area», *Indo-Iranian Journal 10*, 81-102.

Kümmel, M., 2022: «Indo-Iranian», en T. Olander (ed.), *The Indo-European Language Family: A Phylogenetic Perspective*, Cambridge, Cambridge University Press, 246-268.

Kuzmina, E., 2002: *The Origin of the Indo-Iranians*, Leiden, Brill.

Lahovary, N., 1961: «Concordances toponymiques et du vocabulaire des régions alpines, pyrénéennes et montagneuses avec l'Inde dravidienne», en *Atti del VII Congresso Internazionale di Scienze Onomastiche II (Firenze)*, Firenze, Istituto di glottologia dell'Università degli studi, 221-256.

Lamb, S., 1958: «Linguistic prehistory in the Great Basin», *International Journal of American Linguistics 24*, 95-100.

Lansing, J. *et alii*, 2017: «Kinship structures create persistent channels for language transmission», *PNAS 114 (49)*, 12910-12915.

Lapouge, G. Vacher de, 1899: *L'Aryen, son role social*, Paris, Fontemoing.

Latham, R. G., 1851: *Germania*, London, Taylor, Walton, and Maberly.

Latham, R. G., 1862: *Elements of Comparative Philology*, London, Taylor, Walton, and Maberly.

Lazaridis, I. *et alii*, 2017: «Genetic origins of the Minoans and Mycenaeans», *Nature 548*, 214-218.

Lazaridis, I. *et alii*, 2022: «The genetic history of the Southern Arc: A bridge between West Asia and Europe», *Science 377*, eabm4247.

Lazaridis, I. *et alii*, 2022b: «A genetic probe into the ancient and medieval history of Southern Europe and West Asia», *Science 377*, 940-951.

Lazaridis, I. *et alii*, 2024: «The genetic origin of the Indo-Europeans», preimpr. bioRxiv [https://doi.org/10.1101/2024.04.17.589597].

Lehmann, W., 2005: *Pre-Indo-European*, Washington, D.C., Institute for the Study of Man.

Levin, S., 1971: *The Indo-European and Semitic Languages*, Albany, State University of New York Press.

Librado, P. *et alii*, 2021: «The origins and spread of domestic horses from the Western Eurasian steppes», *Nature 598*, 634-639.

Liétard, G. *et alii*, 1864: «Sur les migrations ariennes», *Bulletin de la Société d'Anthropologie de Paris 5*, 269-320.

Lillie, M. y Potekhina, I., 2020: «Radiocarbon dating of sites in the Dnieper Region and western Ukraine», en L. Lillie e I. Potekhina (eds.), *Prehistoric Ukraine: From the First Hunters to the First Farmers*, Oxford, Oxbow Books, 187-234.

Lillie, M. y Potekhina, I. (eds.), 2020b: *Prehistoric Ukraine: From the First Hunters to the First Farmers*, Oxford, Oxbow Books.

Lincoln, B., 1986: *Myth, Cosmos and Society: Indo-European themes of creation and destruction*, Cambridge, Harvard University Press.

Lubotsky, A., 2023: «Indo-European and Indo-Iranian wagon terminology and the date of the Indo-Iranian split», en K. Kristiansen *et alii* (eds.), *The Indo-European Puzzle Revisited: Integrating Archaeology, Genetics, and Linguistics*, Cambridge, Cambridge University Press, 257-262.

Makarenko, M., 1933: *Mariupilskii mogilnik* [Cementerio de Mariúpol], Kíyiv.

Makkay, J., 1987: «Linear pottery and the early Indo-Europeans», en S. Skomal y E. Polomé (eds.), *Proto-Indo-European: The Archaeology of a Linguistic Problem*, Washington, D.C., Institute for the Study of Man, 165-184.

Makkay, J., 2001: «The earliest Proto-Indo-European-Proto-Uralic contacts: An Upper Palaeolithic model», en C. Carpelan *et alii* (eds.), *Early Contacts between Uralic and Indo-European: Linguistic and Archaeological Considerations*, Helsinki, Suomalais-Ugrilainen Seura, 319-344.

Mallory, F., 2021: «The case against linguistic palaeontology», *Topoi 40*, 273-284.

Mallory, J. P., 1973: «A short history of the Indo-European homeland problem», *JIES 1*, 21-65.

Mallory, J. P., 1976: «The chronology of the Early Kurgan tradition (part 1)», *JIES 4*, 257-294.

Mallory, J. P., 1977: «The chronology of the Early Kurgan tradition (part 2)», *JIES 5*, 339-368.

Mallory, J. P., 1982: «Indo-European and Kurgan fauna I: Wild mammals», *JIES 10*, 193-222.

Mallory, J. P., 1989: *In Search of the Indo-Europeans*, London/New York, Thames & Hudson.

Mallory, J. P., 1990: «Human populations and the Indo-European problem», *Mankind Quarterly 33*, 131-154.

Mallory, J. P., 1996: «The Indo-European homeland problem: A matter of time», en K. Jones-Bley y M. Huld (eds.), *The Indo-Europeanization of Northern Europe*, Washington, D.C., Institute for the Study of Man.

Mallory, J. P., 1997: «The homelands of the Indo-Europeans», en R. Blench y M. Spriggs (eds.), *Archaeology and Language I*, London/New York, Routledge, 93-121.

Mallory, J. P., 1997b: «The Indo-European homeland: An Asian perspective», *Bulletin of the Deccan College Post-Graduate and Research Institute (1994-1995)*, 54/55 [vol. conm. de *sir* William Jones], 237-254.

Mallory, J. P., 2008: «Migrations in prehistoric Eurasia: Problems in the correlation of archaeology and language», *Aramazd 3 (2)*, 7-38.

Mallory, J. P., 2013: «The Indo-Europeanization of Atlantic Europe», en J. T. Koch y B. Cunliffe (eds.), *Celtic from the West 2: Rethinking the Bronze Age and the Arrival of Indo-European in Atlantic Europe*, Oxford/Oakville, Oxbow Books, 17-39.

Mallory, J. P., 2013b: *The Origins of the Irish*, London/New York, Thames & Hudson.

Mallory, J. P., 2014: «Indo-European dispersals and the Eurasian steppe», en V. H. Mair y J. Hickman (eds.), *Reconfiguring the Silk Road: New Research on East-West Exchange in Antiquity*, Philadelphia, De Gruyter, 73-88.

Mallory, J. P., 2015: *The Problem of Tocharian Origins: Sino-Platonic Papers 259*, Philadelphia, University of Pennsylvania.

Mallory, J. P., 2016: «Archaeology and language shift in Atlantic Europe», en J. Koch y B. Cunliffe (eds.), *Celtic from the West 3: Atlantic Europe in the Metal Ages-questions of shared language*, Oxford, Oxbow Books, 387-406.

Mallory, J. P., 2016b: *In Search of the Irish Dreamtime*, London/New York, Thames & Hudson.

Mallory, J. P., 2017: «Speculations on the Neolithic origins of the language families of Southwest Asia», en B. Hansen *et alii* (eds.), *Usque ad Radices: Indo-European Studies in Honour of Birgit Anette Olsen*, København, Museum Tusculanum Press, 503-516.

Mallory, J. P., 2018: «The Indo-Europeans and agriculture», en G. Kroonen *et alii* (eds.), *Talking Neolithic*, Washington, D.C., Institute for the Study of Man, 196-241.

Mallory, J. P., 2019: «Proto-Indo-European, Proto-Uralic and Nostratic: A brief excursus into the comparative study of protolanguage», en B. Olsen *et alii* (eds.), *Tracing the Indo-Europeans: New Evidence from Archaeology and Historical Linguistics*, Oxford, Oxbow Books, 35-58.

Mallory, J. P., 2023: «From the steppe to Ireland: The impact of aDNA research», en K. Kristiansen *et alii* (eds.), *The Indo-European Puzzle Revisited: Integrating Archaeology, Genetics, and Linguistics*, Cambridge, Cambridge University Press, 129-145.

Mallory, J. P. y Adams, D. Q., 1997: *Encyclopedia of Indo-European Culture*, London, Fitzroy Dearborn.

Mallory, J. P. y Adams, D. Q., 2006: *The Oxford Introduction to Proto-Indo-European and the Proto-Indo-European World*, Oxford, Oxford University Press.

Mallory, J. P. y Mair, V. H., 2000: *The Tarim Mummies: The Mystery of the First Westerners in Ancient China*, London, Thames & Hudson.

Malmström, H. *et alii*, 2015: «Ancient mitochondrial DNA from the northern fringe of the Neolithic farming expansion in Europe sheds light on the dispersion process», *Philosophical Transactions of the Royal Society B 370* [http://dx.doi.org/10.1098/rstb.2013.0373].

Malzahn, M., 2016: «The second one to branch off? The Tocharian lexicon revisited», en B. Hansen *et alii* (eds.), *Etymology and the European Lexicon*, Wiesbaden, Reichert Verlag, 281-292.

Manco, J., 2013: *Ancestral Journeys*, London/New York, Thames & Hudson.

Mańczak, W., 1992: *De la préhistoire des peuples indo-européens*, Kraków, Nakl. Uniw. Jagiellonskiego.

Manning, P., 2006: «Homo sapiens populates the Earth: A provisional synthesis privileging linguistic evidence», *Journal of World History 17 (2)*, 115-158.

Mansion, J., 1911: «Le pays d'origines des Indo-Européens», *Revue des Questions Scientifiques 70*, 217-247.

Marchand, J., 1955: «Was there ever a uniform Proto-Indo-European?», *Orbis 4 (2)*, 428-431.

Marcus, J. *et alii*, 2020: «Genetic history from the Middle Neolithic to present on the Mediterranean island of Sardinia», *Nat Commun 11*, 939 [https://doi.org/10.1038/s41467-020-14523-6].

Martirosyan, H., 2013: «The place of Armenian in the Indo-European language family: The relationship with Greek and Indo-Iranian», *Journal of Language Relationship 10*, 85-137.

Matasović, R., 2012: «Areal typology of Proto-Indo-European: The case for Caucasian connections», *Transactions of the Philological Society 110*, 1-28.

Mathieson, I. *et alii*, 2015: «Genome-wide patterns of selection in 230 ancient Eurasians», *Nature 528*, 499-503.

Mathieson, I. *et alii*, 2018: «The genomic history of southeastern Europe», *Nature 555*, 197-203.

Mattila, T. *et alii*, 2023: «Genetic continuity, isolation, and gene flow in Stone Age Central and Eastern Europe», *Communications Biology 6*, 793 [https://doi.org/10.1038/s42003-023-05131-3].

Matyushin, G., 1982: *Eneolit Yuzhnogo Urala* [Eneolítico de los Urales meridionales], Moskvá, Nauka.

Maurus, H., 1913: *Die «natürlichen» Grundstämme der Menschen*, Berlin, Thüringische Verlags-Anstalt.

McColl, H. *et alii*, 2024: «Steppe ancestry in western Eurasia and the spread of the Germanic languages», preimpr. bioRxiv [https://doi.org/10.1101/2024.03.13.584607].

McGovern, P. *et alii*, 2017: «Early Neolithic wine of Georgia in the South Caucasus», *PNAS 114 (48)*, E10309-E10318 [https://doi.org/10.1073/pnas.1714728114].

McGregor, S., 2018: *First Settler Theory and the Origins of European Languages*, Columbia.

Meillet, A., 1908: *Les dialects indoeuropéens*, Paris, Honoré Champion.

Menghin, O., 1936: «Grundlinien einer Methodik der urgeschichtlichen Stammeskunde», en H. Arntz, *Germanen und Indogermanen*, 2 vols., Heidelberg, Winter, vol. I, 41-67.

Menk, R., 1980: «A synopsis of the physical anthropology of the Corded Ware Complex on the background of the expansion of the Kurgan Culture», *JIES 8*, 361-392.

Merpert, N. J., 1974: *Drevneyshie Skotovody Volzhsko-Uralskogo Mezdurechya* [Los antiguos ganaderos entre los ríos Volga-Ural], Moskvá, Hayka.

Metcalf, G., 1974: «The Indo-European hypothesis in the Sixteenth and Seventeenth centuries», en D. Hymes (ed.), *Studies in the History of Linguistics*, Bloomington, Indiana University Press, 233-257.

Michalowski, P., 2004: «Sumerian», en R. Woodward (ed.), *The Cambridge Encyclopedia of the World's Ancient Languages*, Cambridge, Cambridge University Press, 19-59.

Milewski, T., 1968: «Die Differenzierung der indogermanischen Sprachen», *Lingua Posnaniensis 12-13*, 37-54.

Misra, S. S., 1992: *The Aryan Problem: A Linguistic Approach*, Naī Dillī, Munshiram Manoharlal Publishers.

Mittnik, A. *et alii*, 2018: «The genetic prehistory of the Baltic Sea region», *Nat Commun 9*, 442 [https://doi.org/10.1038/s41467-018-02825-9].

Möller, H., 1911: *Vergleichendes indogermanisch-semitisches Wörterbuch*, Göttingen, Vandenhoeck & Ruprecht.

Morris, C., 1888: *The Aryan Race: Its origins and Its Achievements*, Chicago, S. C. Griggs and Company.
Muhly, J., 2011: «Metals and metallurgy», en S. R. Steadman y G. McMahon (eds.), *The Oxford Handbook of Ancient Anatolia: 10,000-323 B.C.E.*, Oxford, Oxford University Press, 858-876.
Müller, M., 1871: *Lectures on the Science of Language*, London, Longman, Green and Roberts [ed. en esp.: *La ciencia del lenguaje*, J. de Caso (trad.), Buenos Aires, Albatros, 1944].
Müller, M., 1881: *Chips from a German Workshop*, vol. IV, London, Longman, Green and Roberts.
Müller, M., 1888: *Biographies of Words and the Home of the Aryans*, London, Longman, Green and Roberts.
Murray, A., 1823: *History of European Languages*, Edinburgh, Thoemmes.
Myres, J., 1935: «The ethnology, habitat, linguistic, and common culture of Indo-Europeans up to the time of the migrations», en E. Eyre (ed.), *European Civilization: Its Origins and Development I*, London, Oxford University Press, 179-244.
Napol'skikh, V., 1995: *Uralic Original Home: History of Studies. A Preliminary View*, Iževsk, Udmurt Institute of History, Language and Literature.
Narain, A. K., 1987: «On the "first" Indo-Europeans: The Tokharian-Yuezhi and their Chinese homeland», en Y. Bregel (ed.), *Papers on Inner Asia*, vol. II, Bloomington, Indiana University Press, 1-28.
Narain, A. K., 2000: *The Tokharians*, Shillong, North-Eastern Hill University Publications.
Narasimhan, V. *et alii*, 2019: «The formation of human populations in South and Central Asia», *Science 365 (6457)* [doi: 10.1126/science.aat7487].
Nasidze, I. *et alii*, 2003: «Testing hypotheses of language replacement in the Caucasus: Evidence from the Y-chromosome», *Human Genetics 112*, 255-261.
Necrasov, O., 1980: «Physical anthropological characteristics of skeletons from Kurgan graves in Romania», *JIES 8*, 337-343.
Nehring, A., 1936: «Studien zur indogermanischen Kultur und Urheimat», en W. Koppers (ed.), *Die Indogermanen- und Germanenfrage: neue Wege zu ihrer Lösung*, Salzburg/Leipzig, Verlag Anton Pustet, 7-229.
Nettle, D., 1998: «Explaining global patterns of language diversity», *Journal of Anthropological Archaeology 17*, 354-374.
Nettle, D., 1999: «Is the rate of linguistic change constant?», *Lingua 108*, 119-136.
Neumann, G., 1971: «Substrate im Germanischen?», en *Nachrichten der Akademie der Wissenschaften in Göttingen, Philologisch-Historische Klasse, No. 4*, Göttingen, Vandenhoeck & Ruprecht, 75-99.
Neureiter, N. *et alii*, 2021: «Can Bayesian phylogeography reconstruct migrations and expansions in linguistic evolution?», *Royal Society Open Science 8*, 201079 [https://doi.org/10.1098/rsos.201079].
Nichols, J., 1998: «The Eurasian spread zone and the Indo-European dispersal», en R. Blench y M. Spriggs (eds.), *Archaeology and Language II*, London/New York, Routledge, 220-266.
Nichols, J., 2021: «The origin and dispersal of Uralic: Distributional typological view», *Annual Review of Linguistics 7*, 351-369.
Nikitin, A. *et alii*, 2019: «Interactions between earliest Linearbandkeramik farmers and central European hunter gatherers at the dawn of European Neolithization»,

Nature Scientific Reports 9, 19544 [https://doi.org/10.1038/s41598-019-56029-2].
Nikitin, A. *et alii*, 2024: «A genomic history of the North Pontic region from the Neolithic to the Bronze Age», preimpr. bioRxiv [https://doi.org/10.1101/2024.04.17.589600].
Novembre, J. y Stephens, M., 2008: «Interpreting principal component analyses of spatial population genetic variation», *Nature Genetics 40*, 646-649.
Novembre, J. *et alii*, 2008: «Genes mirror geography within Europe», *Nature Letters 456*, 98-101 [https://doi.org/10.1038/nature07331].
Olalde, I. *et alii*, 2018: «The Beaker phenomenon and the genomic transformation of Northwest Europe», *Nature 555*, 190-196.
Olander, T., 2017: «Drinking beer, smoking tobacco and reconstructing prehistory», en B. Hansen *et alii* (eds.), *Usque ad Radices: Indo-European Studies in Honour of Birgit Anette Olsen*, København, Museum Tusculanum Press, 605-618.
Olander, T., (ed.), 2022: *The Indo-European Language Family: A Phylogenetic Perspective*, Cambridge, Cambridge University Press.
Olander, T., 2023: «Linguistic phylogenetics and words for metals in Indo-European», en K. Kristiansen *et alii* (eds.), *The Indo-European Puzzle Revisited: Integrating Archaeology, Genetics, and Linguistics*, Cambridge, Cambridge University Press, 93-104.
Olender, M., 1992: *The Languages of Paradise*, Cambridge, Harvard University Press [ed. en esp.: *Las lenguas del paraíso*, V. Villacampa Armengol (trad.), Barcelona, Seix Barral, 2001].
Olender, M., 1997: «From the language of Adam to the pluralism of Babel», *Mediterranean Historical Review 12*, 51-59.
Olsen, B., 2023: «Marriage strategies and fosterage among the Indo-Europeans: A linguistic perspective», en K. Kristiansen *et alii* (eds.), *The Indo-European Puzzle Revisited: Integrating Archaeology, Genetics, and Linguistics*, Cambridge, Cambridge University Press, 296-302.
Oswalt, R. L., 1964: «The internal relationship of the Pomo family of languages», en *XXXV Congreso Internacional de Americanistas, México, 1962: Actas y Memorias*, México, Instituto Nacional Indigenista, vol. II, 413-427.
Otte, M., 2012: «Les Indo-européens sont arrives en Europe avec Cro-Magnon», en D. Le Bris (ed.), *Aires Linguistiques Aires Culturelles*, Brest, Centre de recherche bretonne et celtique/Université de Bretagne occidental, 19-51.
Otte, M., 2017: «Indo-Europeans arrived in Europe with modern man», *Philology 3*, 43-56.
Outram, A. K., 2023: «Horse domestication as a multi-centered, multi-stage process: Botai and the role of specialized Eneolithic horse pastoralism in the development of human-equine relationships», *Frontiers in Environmental Archaeology 2*, 1134068 [https://doi.org/10.3389/fearc.2023.1134068].
Outram, A. K. *et alii*, 2009: «The earliest horse harnessing and milking», *Science 323 (5919)*, 1332-1335.
Özdogan, M., 2011: «Eastern Thrace: The contact zone between Anatolia and the Balkans», en S. R. Steadman y G. McMahon (eds.), *The Oxford Handbook of Ancient Anatolia: 10,000-323 B.C.E.*, Oxford, Oxford University Press, 657-682.
Pagerl, M. *et alii*, 2013: «Ultraconserved words point to deep language ancestry across Eurasia», *PNAS 110 (21)*, 8471-8476.

Palumbi, G., 2011: «The Chalcolithic of eastern Anatolia», en S. R. Steadman y G. McMahon (eds.), *The Oxford Handbook of Ancient Anatolia: 10,000-323 B.C.E.*, Oxford, Oxford University Press, 205-226.

Palumbi, G. y Chataigner, C., 2014: «The Kura-Araxes culture from the Caucasus to Iran, Anatolia and the Levant: Between unity and diversity. A synthesis», *Paléorient 40 (2)*, 247-260.

Papac, L. *et alii*, 2021: «Dynamic changes in genomic and social structures in third millennium BCE central Europe», *Science Advances 7*, eabi6941.

Parsons, J., 1767: *Remains of Japhet being Historical Enquiries into the Affinity and Origin of the European Languages*, London.

Patterson, N. *et alii*, 2022: «Large-scale migration into Britain during the Middle to Late Bronze Age», *Nature 601 (7894)*, 588-594 [https://doi.org/10.1038/s41586-021-04287-4].

Peake, H. y Fleure, H. J., 1928: *The Steppe and the Sown*, Oxford, Clarendon Press.

Pedersen, H., 1962 (1931): *The Discovery of Language*, reimpr., Bloomington, Indiana University Press.

Penka, K., 1883: *Origines Ariacae: Linguistisch-ethnologische Untersuchungen zur ältesten Geschichte der arischen Völker und Sprachen*, Wien/Teschen, K. Prochaska.

Penka, K., 1886: *Die Herkunft der Arier: Neue Beiträge zur historischen Anthropologie der europäischen Völker*, Wien/Teschen, K. Prochaska.

Penka, K., 1905: «Die Flutsagen der arischen Völker», *Politisch-anthropologische Revue 4*, 163-171.

Penske, S. *et alii*, 2023: «Early contact between late farming and pastoralist socities in southeastern Europe», *Nature 620*, 358-365 [https://doi.org/10.1038/s41586-023-06334-8].

Pereltsvaig, A. y Lewis, M., 2015: *The Indo-European Controversy: Facts and Fallacies in Historical Linguistics*, Cambridge, Cambridge University Press.

Petrosyan, A., 2019: *The Problem of Armenian Origins: Myth, History, Hypotheses*, Washington, D.C., Institute for the Study of Man.

Peyrot, M., 2018: «Tocharian agricultural terminology: Between inheritance and language contact», en G. Kroonen *et alii* (eds.), *Talking Neolithic*, Washington, D.C., Institute for the Study of Man, 241-277.

Piazza, A. *et alii*, 1995: «Genetics and the origin of European languages», *PNAS 92*, 5836-5840.

Pictet, A., 1859-1863: *Les origins indoeuropéennes ou les Aryas primitifs*, 2 vols., Paris, Librairie Sandoz et Fischbacher.

Piétrement, C.-A., 1879: «Les Aryas et leur première patrie», *Revue de linguistique 12*, 99-147.

Pinhasi, R. y Pluciennik, M., 2004: «A regional biological approach to the spread of farming in Europe», *CA 45*, 54 [https://doi.org/10.1086/422085].

Pisani, V., 1966: «K indoevropejskoj problem» [Hacia el problema indoeuropeo], *Voprosy Jazykoznanija 4* [Cuestiones de Lingüística 4], 3-21.

Pisani, V., 1974: *Indogermanisch und Europa*, München, W. Fink.

Poesche, T., 1878: *Die Arier: Ein Beitrag zur historischen Anthropologie*, Jena, Hermann Constenoble.

Pokorny, J., 1929: «Keltische Lehnwörter und die germanische Lautverschiebung», *Wörter und Sachen 12*, 303-315.

Pokorny, J., 1936: «Substrattheorie und Urheimat der Indogermanen», *Mitteilungen der anthropologischen Gesellschaft in Wien 66*, 69-91.

Poljakov, O., 2015: *The Marvel of Indo-European Cultures and Languages*, Vilnius, Vilnius University Publishing House.

Posth, C. *et alii*, 2023: «Palaeogenomics of Upper Palaeolithic to Neolithic European hunter-gatherers», *Nature 615*, 117-126.

Potekhina, I., 2020: «Prehistoric populations of Ukraine: Population dynamics and group composition», en M. Lillie e I. Potekhina (eds.), *Prehistoric Ukraine: From the First Hunters to the First Farmers*, Oxford, Oxbow Books, 155-186.

Pronk, T., 2021: «Indo-European secondary products terminology and the dating of Proto-Indo-Anatolian», *JIES 49*, 141-170.

Pronk, T., 2023: «Indo-European mobility, kinship, and marriage», en K. Kristiansen *et alii* (eds.), *The Indo-European Puzzle Revisited: Integrating Archaeology, Genetics, and Linguistics*, Cambridge, Cambridge University Press, 289-295.

Pronk-Tiethoff, S., 2013: *The Germanic Loanwords in Proto-Slavic*, Amsterdam, Rodopi.

Pulgram, E., 1958: *The Tongues of Italy*, Cambridge, Harvard University Press.

Pulgram, E., 1959: «Proto-Indo-European reality and reconstruction», *Language 35*, 421-426.

Pumpelly, R., 1908: *Explorations in Turkestan: Expedition of 1904: Prehistoric Civilizations of Anau*, Washington, D.C., Carnegie Institution of Washington.

Quintana-Murci, L. *et alii*, 2001: «Y-chromosome lineages trace diffusion of people and languages in Southwestern Asia», *American Journal of Human Genetics 68*, 537-542.

Rascovan, N. *et alii*, 2019: «Emergence and spread of basal lineages of Yersinia pestis during the Neolithic decline», *Cell 176*, 295-305.

Rask, R., 1818: *Undersøgelse om det gamle Nordiske eller Islandske Sprogs Oprindelse* [Estudio del origen del idioma nórdico antiguo o islandés], København, Gyldendal.

Rask, R., 2013: *Investigation of the Origin of the Old Norse or Icelandic Language*, Amsterdam/Philadelphia, John Benjamins Publishing Company.

Rasmussen, S. *et alii*, 2015: «Early divergent strains of Yersinia pestis in Eurasia 5,5000 years ago», *Cell 163*, 571-582.

Rassokha, I. N., 2007: *Ukrainskaya Prarodina Indoevropytsev* [La cuna ucraniana de los indoeuropeos], Khárkiv, KhNAMG].

Raulwing, P., 2000: *Horses, Chariots and Indo-Europeans*, Budapest, Arcaeolingua Foundation.

Reche, O., 1936: «Enstehung der nordischen Rasse und Indogermanenfrage», en H. Arntz, *Germanen und Indogermanen*, 2 vols., Heidelberg, Winter, vol. I, 287-316.

Reinach, S., 2017: *L'origine des Indo-Européens*, Paris, Les Cent chemins [reimpr. de: *L'origine des Aryens: Histoire d'une controverse*, Paris, E. Leroux, 1892].

Rendall, G., 1889: *The Cradle of the Aryans*, London, Macmillan and Co.

Renfrew, C., 1973: «Problems in the general correlation of archaeological and linguistic strata in prehistoric Greece: The model of autochthonous origin», en R. A. Crossland y A. Birchall (eds.), *Bronze Age Migrations in the Aegean: Archaeological and Linguistic Problems in Greek Prehistory*, London, Duckworth, 263-276.

Renfrew, C., 1987: *Archaeology and Language: The Puzzle of Indo-European Origins*, London, Jonathan Cape [ed. en esp.: *Arqueología y lenguaje. La cuestión de los orígenes indoeuropeos*, M.ª J. Aubet (trad.), Barcelona, Crítica, 1990].

Renfrew, C., 1999: «Time depth, convergence theory, and innovation in Proto-Indo-European», *JIES 27*, 257-293.

Renfrew, C., 2003: «Time depth, convergence theory, and innovation in Proto-Indo-European: Old Europe as a PIE linguistic area», en A. Bammesberger y T. Vennemann (eds.), *Languages in Prehistoric Europe*, Heidelberg, Universitätsverlag Winter, 17-48.

Renfrew, C. y Bahn, P. (eds.), 2014: *The Cambridge World Prehistory*, Cambridge, Cambridge University Press.

Rhode, J. G., 1820: *Die heilige Sage des Zendvolkes*, Frankfurt, Verlag der hermannschen Buchhandlung Universitätsbibliothek Johann Christian Senckenberg.

Riesenfeld, A., 1967: «Biodynamics of headform and cranio-facial relationships», *Homo 18*, 233-251.

Riesenfeld, A., 1969: «Head balance and brachycephalization», *Homo 20*, 81-90.

Ringe, D. *et alii*, 2002: «Indo-European and computational cladistics», *Transactions of the Philological Society 100 (1)*, 59-129.

Ripley, W., 1900: *The Races of Europe*, London, Kegan Paul, Trench, Trubner and Co. Ltd.

Robb, J., 1993: «A social prehistory of European languages», *Antiquity 67*, 747-760.

Roller, L. E., 2011: «Phrygian and the Phrygians», en S. R. Steadman y G. McMahon (eds.), *The Oxford Handbook of Ancient Anatolia: 10,000-323 B.C.E.*, Oxford, Oxford University Press, 560-578.

Roosevelt, T., 1923-1926: *The Works of Theodore Roosevelt Memorial Edition*, 24 vols., New York, Roosevelt Memorial Association, vol. XIV, 65-106.

Rosenberg, M. y Özdogan, A. E., 2011: «The Neolithic in southeastern Anatolia», en S. R. Steadman y G. McMahon (eds.), *The Oxford Handbook of Ancient Anatolia: 10,000-323 B.C.E.*, Oxford, Oxford University Press, 125-249.

Rosenfeld, H.-F., 1956-1957: «Die germanische Zahlen von 70-90 und die Entwicklung des Aufbaus der germanischen Zahlwörter», *Wissenschaftliche Zeitschrift der Ernst-Moritz Arndt-Universität Greifswald*, 171-215.

Rosser, Z. *et alii*, 2000: «Y-chromosomal diversity in Europe is clinal and influenced primarily by geography, rather than by language», *American Journal of Human Genetics 67*, 1526-1543.

Rouard, X., 2024: «Ten reasons why Central Asia had to be the PIE original homeland» [https://www.researchgate.net/publication/378846126_Ten_reasons_why_Central_Asia_had_to_be_the_PIE_original_homeland].

Saada, J. *et alii*, 2020: «Identity-bydescent detection across 487, 409 British samples reveals fine scale population structure and ultra-rare variant associations», *Nat Commun 11*, 6130 [https://doi.org/10.1038/s41467-020-19588-x].

Sagona, A., 2011: «Anatolia and the Transcaucasus: Themes and variations *ca.* 6400-1500 b.c.e.», en S. R. Steadman y G. McMahon (eds.), *The Oxford Handbook of Ancient Anatolia: 10,000-323 B.C.E.*, Oxford, Oxford University Press, 683-703.

Sagona, A., 2018: *The Archaeology of the Caucasus*, Cambridge, Cambridge University Press.

Sapir, E., 1916: *Time Perspective in Aboriginal American Culture: A Study in Method*, Ottawa, Government Printing Bureau.

Sapir, E., 1936: «Internal evidence suggestive of the northern origin of the Navaho», *AA 38*, 224-235.

Sarianidi, S., 1999: «Near Eastern Asians in Central Asia», *JIES 27*, 295-326.

Saupe, T. *et alii*, 2021: «Ancient genomes reveal structural shifts after the arrival of Steppe-related ancestry in the Italian Peninsula», *Current Biology 31*, 2576-2591.

Sayce, A. H., 1880: *Introduction to the Science of Language*, London, Kegan Paul.

Sayce, A. H., 1883: *Introduction to the Science of Language*, 2.ª ed., London, Kegan Paul.

Scherer, A., 1960: «Britannien und das "alteuropäische" Flussnamen-system», en W. Iser (ed.), *Britannica: Festschrift für Hermann M. Flasdrech*, Heidelberg, Carl Winter, 241-250.

Scherer, A., 1961: «Der Ursprung der "alteuropäischen" Hydronomie», *Atti del VII Congresso Internazionale di Scienze Onomastiche*, vol. II, Firenze, Istituto di glottologia dell'Università degli studi, 405-417.

Scherer, A., 1968: *Die Urheimat der Indogermanen*, Darmstadt, Wissenschaftliche Buchgesellschaft.

Schlegel, F. von, 1849: *The Aesthetic and Miscellaneous Works of Friedrich von Schlegel*, E. J. Millington (trad.), London, Henry G. Bohn.

Schleicher, A., 1853: «Die ersten Spaltungen des indogermanischen Urvolkes», *Allgemeine Monatsschrift für Wissenschaft und Literatur 3*, 786-787.

Schleicher, A., 1861: *Compendium der vergleichenden Grammatik der indogermanischen Sprachen*, Weimar, Böhlau.

Schleicher, A., 1863: «Der wirthschaftliche Culturstand des indogermanischen Urvolkes», *Jahrbücher für Nationalökonomie und Statistik 1*, 401-411.

Schmid, W. P., 1968: *Alteuropäisch und Indogermanisch*, Wiesbaden, Franz Steiner.

Schmid, W. P., 1972: «Baltische Gewässernamen und das vorgeschichtliche Europa», *IF 77*, 1-18.

Schmidt, J., 1872: *Die Verwantschaftsverhältnisse der indogermanischen Sprachen*, Weimar, Böhlau.

Schmidt, J., 1890: *Die Urheimat der Indogermanen und das europäische Zahlsystem*, Berlin, Akad. d. Wissenschaften.

Schmidt, W., 1949: «Die Herkunft der Indogermanen und ihr erstes Auftreten in Europa», *Kosmos 45*, 116-118, 159-160.

Schmitt, A., 1936: «Die germanische Lautverschiebung und ihr Wert für die Frage nach der Heimat der Indogermanen», en H. Arntz, *Germanen und Indogermanen*, 2 vols., Heidelberg, Winter, vol. II, 343-362.

Schott, A., 1936: «Indogermanisch-Semitisch-Sumerisch», en H. Arntz, *Germanen und Indogermanen*, 2 vols., Heidelberg, Winter, vol. II, 45-95.

Schrader, O., 1883: *Sprachvergleichung und Urgeschichte: Linguistischhistorische Beiträge zur Erforschung des indogermanischen Altertums*, Jena, Hermann Constable [2.ª ed., 1890; 3.ª ed., 1907].

Schrader, O. y Nehring, A., 1917-1928: *Reallexikon der indogermanischen Altertumskunde*, Berlin, De Gruyter.

Schuchardt, H., 1884: *Slavo-deutsches und Slavo-italienisches*, Graz, Leuschner & Lubensky.

Schulz, H., 1826: *Zur Urgeschichte des deutschen Volksstamms*, Hamm, Schultüten Buchhandlung.

Schulz, W., 1935: «Die Indogermanenfrage in der Vorgeschichtforschung. Völkerbewegungen während der jüngeren Steinzeit», *Zeitschrift für vergleichende Sprachforschung 62*, 184-198.

Schwidetzky, G., 1932: *Schimpansisch Urmonolisch Indogermanisch*, Leipzig, Deutschen Gesellschaft fur Tier- und Ursprachenforschung.

Schwidetzky, I., 1980: «The influence of the steppe people based on the physical anthropological data in special consideration to the Corded Ware-Battle Axe culture», *JIES 8*, 345-360.

Seger, H., 1936: «Vorgeschichtforschung und Indogermanenproblem», en H. Arntz, *Germanen und Indogermanen*, 2 vols., Heidelberg, Winter, vol. I, 1-40.

Seguin-Orlando, A. *et alii*, 2021: «Heterogeneous hunter-gatherer and steppe-related ancestries in Late Neolithic and Bell Beaker genomesfrom present-day France», *Current Biology 31*, 1072-1083.

Semino, O. *et alii*, 2000: «The genetic legacy of Paleolithic Homo sapiens sapiens in extant Europeans: A Y chromosome perspective», *Science 290*, 1155-1559.

Sergent, B., 1995: *Les Indo-Européens: Histoire, langues, mythes*, Paris, Payot & Rivages.

Sharma, R., 1994: *Looking for the Aryans*, Madras, Orient Longman.

Shevchenko, A., 1984: «Paleoantropologicheskie dannye k probleme proiskhodeniya Indo-Evropeytsev» [Datos paleoantropológicos sobre el problema del origen de los indoeuropeos], en I. F. Vardul (ed.), *Lingvisticheskaya Rekonstruktsiya i Drevneyshaya Istoriya Vostoka* [Reconstrucción lingüística y la historia antigua de Oriente], Moskvá, Hayka, 118-120.

Shishlina, N., 2008: *Reconstruction of the Bronze Age of the Caspian Steppes*, Oxford, BAR Publishing.

Shnirelman, V., 1992: «The emergence of a food-producing economy in the steppe and forest-steppe zones of Eastern Europe», *JIES 20*, 123-143.

Sieglin, W., 1935: *Die blonden Haare der indogermanischen Völker des Altertums. Eine Sammlung der antiken Zeugnisse als Beitrag zur Indogermanenfrage*, München, J.F. Lehmanns.

Simon, Z., 2020: «Urindogermanische Lehnwörter in den uralischen und finno-ugrischen Grundsprachen», *IF 125*, 239-265.

Skoglund, P. *et alii*, 2014: «Genomic diversity and admixture differs for Stone-Age Scandinavian foragers and farmers», *Science 334*, 747-750 [doi:10.1126/science.1253448].

Skourtanioti, E. *et alii*, 2020: «Genomic history of Neolithic to Bronze Age Anatolia, Northern Levant, and Southern Caucasus», *Cell 181*, 1158-1175.

Skourtanioti, E. *et alii*, 2023: «Ancient DNA reveals admixture history and endogamy in the prehistoric Aegean», *Nature Ecology & Evolution 7*, 290-303 [https://doi.org/10.1038/s41559-022-01952-3].

Soares, P. *et alii*, 2010: «The archaeogenetics of Europe», *Current Biology 20*, R174-R183.

Specht, F., 1944: *Der Ursprung der indogermanischen Deklination*, Göttingen, Vandenhoeck & Ruprecht.

Starostin, G., 2013: «Lexicostatistics as a basis for language classification: Increasing the pros, reducing the cons», en H. Fangerau *et alii* (ed.), *Classification and Evolution in Biology, Linguistics and the History of Science: Concepts-Methods-Visualization*, Stuttgart, Steiner, 125-146.

St. Clair, M., 2021: *The Prehistory of Language: A Triangulated Y-chromosomebased Perspective*, publicado en línea en [https://www.researchgate.net/publication/356580076_The_Prehistory_of_Language_A_Triangulated_Y-Chromosome-based_Perspective/stats].
Steadman, S. R. y McMahon, G. (eds.), 2011: *The Oxford Handbook of Ancient Anatolia: 10,000-323 B.C.E.*, Oxford, Oxford University Press.
Stockhammer, P., 2023: «Fostering women and mobile children in Final Neolithic and Early Bronze Age Central Europe», en K. Kristiansen *et alii* (eds.), *The Indo-European Puzzle Revisited: Integrating Archaeology, Genetics, and Linguistics*, Cambridge, Cambridge University Press, 303-307.
Stocking, G., 1987: *Victorian Anthropology*, London/New York, Macmillan Publishers.
Stolper, M., 2004: «Elamite», en R. Woodward (ed.), *The Cambridge Encyclopedia of the World's Ancient Languages*, Cambridge, Cambridge University Press, 60-94.
Strzygowski, J., 1936: «Warum kann für den vergleichenden Kunstforscher nur der hohen Norden Europas als Ausgangspunkt der "Indogermanen" in Frage kommen?», en H. Arntz, *Germanen und Indogermanen*, 2 vols., Heidelberg, Carl Winter, vol. I, 155-175.
Sulimirski, T., 1933: «Die Schnurkeramischen Kulturen und das indoeuropäische Problem», *La Pologne au VIIe Congrès International des Sciences Historiques*, vol. I, Warszawa, Société polonaise d'histoire, 287-308 [reimpr. en Scherer, A., 1968: *Die Urheimat der Indogermanen*, Darmstadt, Wissenschaftliche Buchgesellschaft, 117-140].
Susat, J. *et alii*, 2021: «A 5,000-year-old hunter-gatherer already plagued by Yersinia pestis», *Cell Reports 35 (13)*, 109278.
Sutton, M., 1991: «Approaches to linguistic prehistory», *North American Archaeologist 12*, 303-324.
Swadesh, M., 1953: «Archeological and linguistic chronology of Indo-European groups», *AA 55*, 349-352.
Swadesh, M., 1960: «Unas correlaciones de arqueología y lingüística», en P. Bosch-Gimpera, *El problema indoeuropeo*, México, UNAM, 345-352.
Tácito, *Germania* [https://www.gutenberg.org/files/7524/7524-h/7524-h.htm] [ed. en esp.: *Agrícola. Germania. Diálogo sobre los oradores*, J. M.ª Requejo (trad.), Madrid, Gredos, 2016].
Tappeiner, F., 1897: «Der europïasche Mensch ist ein in Europa autochthoner Arier», *Correspondenz-Blatt der deutschen Gesellschaft für Anthropologie, Ethnologie und Urgeschichte: XXVIII Jahrgang 7, July 1897*, München, Akademische Buchduckerei von F. Straub, 49-50.
Taranets, V. y Stupak, I., 2018: *The African Theory of Aryan Origin*, München, GRIN Verlag.
Taraporewala, I., 1933: «The Indo-European homeland: A restatement of the question», *Proceedings and Transactions of the Sixth All-India Conference, Patna December 1930*, Patna, Bihar and Orissa Research Society, 635-642.
Tassi, F. *et alii*, 2017: «Genome diversity in the Neolithic Globular Amphorae culture and the spread of Indo-European languages», *Proceedings of the Royal Society B*, [http://dx.doi.org/10.1098/rspb.2017.1540].
Taylor, G., 1921: «The evolution and distribution of race, culture, and language», *Geographical Review 11*, 54-119.

Taylor, I., 1886: *The Origin of the Aryans*, London [otras eds.: 1888, 1889, 1890 y 1892].

Telegin, D., 1990: «Iranian hydronyms and archaeological cultures in the eastern Ukraine», *JIES 18*, 109-129.

Telegin, D. y Potekhina, I., 1988: *Neolithic Cemeteries and Populations in the Dnieper Basin*, Oxford, BAR Publishing.

Telegin, D. *et alii*, 2001: *Srednestogovskaya i Novodanilovskaya Kul'tury Eneolita Azovo-Chernomorskogo Regiona* [Culturas Sredne-Stogov y Novo-Danilovskaya del Eneolítico de la región de Azov-Mar Negro], Lugansk, Shlyakh.

Telehin, D., 1973: *Seredn'o-stohivs'ka Kul'tura Epokhy Midi* [Cultura del Stog Medio de la Edad Media], Kíyiv, Naukova Dumka.

Telehin, D., 1982: *Mezolitichny pam'yatki Ukraïny* [Monumentos mesolíticos de Ucrania], Kíyiv, Naukova Dumka.

Thieme, P., 1954: *Die Heimat der indogermanischen Gemeinsprache*, Wiesbaden, Verlag der Akademie der Wissenschaften und der Literatur in Mainz in Kommission bei Franz Steiner.

Thorsø, R. *et alii*, 2023: «Word mining: Metal names and the Indo-European dispersal», en K. Kristiansen *et alii* (eds.), *The Indo-European Puzzle Revisited: Integrating Archaeology, Genetics, and Linguistics*, Cambridge, Cambridge University Press, 105-126.

Tilak, L. B. G., 1903: *The Arctic Home in the Vedas: Being also a new key to the interpretation of many Vedic texts and legends*, Pune, Arktos [ed. en esp.: *El hogar Ártico en los Vedas. Una nueva clave para la interpretación de textos y leyendas védicos*, (VV. TT.), Alicante, EAS, 2020].

Tischler, J., 1973: *Glottochronologie und Lexikostatistik*, Innsbruck, Inst. f. Sprachwiss.

Topinard, P., 1878: «Sur un crâne galtchar de Pendjakend (région de Tashkend, Turkestan oriental)», *Bulletins de la Société d'Anthropologie de Paris, 3rd ser., 2*, 247-251.

Tovkailo, M., 2020: «The Neolithic period in Ukraine», en L. Lillie e I. Potekhina (eds.), *Prehistoric Ukraine: From the First Hunters to the First Farmers*, Oxford, Oxbow Books, 110-153.

Trager, G. y Smith jr, H., 1950: «A chronology of Indo-Hittite», *Studies in Linguistics 8*, 61-70.

Trautmann, M. *et alii*, 2023: «First bioanthropological evidence for Yamnaya horsemanship», *Science Advances 9*, eade2451, 1-13.

Trautmann, T., 1997: *Aryans and British India*, Berkeley/Los Angeles/London, University of California Press.

Tremblay, X., 2005: «Grammaire compare et grammaire historique: quelle réalité est recontruite par la grammaire compare?», en G. Fussman *et alii* (eds.), *Āryas, aryens et Iraniens en Asie Centrale*, Paris, Collège de France, 21-195.

Triveda, D., 1938-1939: «The original home of the Aryas», *Annals of the Bhandarkar Oriental Research Institute 20*, 49-68.

Trubetzkoy, N., 1939: «Gedanken über das Indogermanenproblem», *Acta Linguistica 1*, 81-89.

Tuite, K., 2004: «Early Georgian», en R. Woodward (ed.), *The Cambridge Encyclopedia of the World's Ancient Languages*, Cambridge, Cambridge University Press, 967-987.

Udolph, J., 2017: «Heimat und Ausbreitung indogermanischer Stämme im Lichte der Namenforschung», *Acta Lingüística Lithuanica 76*, 173-249.

Uesson, A.-M., 1970: *On Linguistic Affinity: The Indo-Uralic Problem*, Malmö, Förlags AB Eesti Post.
Uhlenbeck, C. C., 1935: «Oerindogermaansch en oerindogermanen», *Mededeelingen der koninklijke Akademie van Wetenschappen Afdeeling Letterkunde 77, ser. A, n.º 4*, 125-148.
Uhlenbeck, C. C., 1937: «The Indogermanic mother language and mother tribes complex», *AA 39*, 385-393.
Van den Gheyn, J., 1881: *Le Berceau des Aryas*, Bruxelles, A. Vromant.
Vander Linden, M., 2016: «Population history in third-millennium-bc Europe: Assessing the contribution of genetics», *World Archaeology 48 (5)*, 714-728.
Vasiliev, I., 1981: *Eneolit Povolzhya* [Eneolítico de la región del Volga], Kuybyshev, Kuybyshevskiy pedinstitut.
Vennemann, T., 2003: *Europa Vasconica-Europa Semitica (Trends in Linguistics: Studies and Monographs, 138)*, Berlin, De Gruyter.
Vicent García, J. y Martínez-Navarrete, M. I., 2022: «Paleogenomics and archaeology: Recent debates about the spread of steppe ancestry in westernmost Europe», *Arkheologiya Evraziyskikh Stepey 2* [Arqueología de las estepas euroasiáticas 2], 290-301.
Wagner, H., 1969: «The origin of the Celts in the light of linguistic geography», *Transactions of the Philological Society*, 203-250.
Wallach, E., 2019: «Inference from absence: the case of archaeology», *Palgrave Communications 5*, 94.
Wang, C. *et alii*, 2019: «Ancient human genome-wide data from a 3000-year interval in the Caucasus corresponds with eco-geographic regions», *Nat Commun 10*, 590 [https://doi.org/10.1038/s41467-018-08220-8].
Watkins, C., 1995: *How to Kill a Dragon*, New York/Oxford, Oxford University Press.
Watkins, C., 2004: «Hittite», en R. Woodward (ed.), *The Cambridge Encyclopedia of the World's Ancient Languages*, Cambridge, Cambridge University Press, 551-575.
Wells, S. *et alii*, 2001: «The Eurasian heartland: A continental perspective on Y-chromosome diversity», *PNAS 98 (18)*, 10244-10249.
West, M., 2007: *Indo-European Poetry and Myth*, Oxford, Oxford University Press.
Whatmough, J., 1928: «Review: The Aryans: A study of Indo-European origins by V. Gordon Childe», *Language 4*, 130-135.
White, N. y Parsons, P., 1973: «Genetic and socio-cultural differentiation in the aborigines of Arnhem Land, Australia», *American Journal of Physical Anthropology 38*, 5-14.
Wichmann, S. *et alii*, 2010: «Homelands of the world's language families: A quantitative approach», *Diachronica 27 (2)*, 247-276.
Wilke, G., 1918: *Archäologie und Indogermanenproblem*, Halle, Gebauer-Schwetschke in Komm.
Wilser, L., 1899: *Herkunft und Urgeschichte der Arier*, Heidelberg, J. Horning.
Wittmann, H., 1969: «A lexical-statistic inquiry into the diachrony of Hittite», *Indogermanische Forschung 74*, 1-10.
Witzel, M., 2000: «The Home of the Aryans», *Münchener Studien zur Sprachwissenschaft*, 283-338.
Witzel, M., 2006: «South Asian agricultural vocabulary», en T. Osada (ed.), *Proceedings of the Pre-Symposium of RHIN and 7th ESCA Harvard-Kyoto Round Table*, Kyōto, Research Institute for Humanity and Nature, 96-120.

Wodtko, D. S. *et alii*, 2008: *Nomina im indogermanischen Lexikon*, Heidelberg, Carl Winter.

Wolff, K., 1914: «Die Urheimat der Indogermanen», *Mannus 6*, 309-321.

Wolzogen, H. von, 1875: «Der Ursitz des Indogermanen», *Zeitschrift für Völkerpschologie und Sprachwissenschaft 8*, 1-14.

Woodward, R. (ed.), 2004: *The Cambridge Encyclopedia of the World's Ancient Languages*, Cambridge, Cambridge University Press.

Yang, M., 2022: «A genetic history of migration, diversification, and admixture in Asia», *Human Population Genetics and Genomics 2 (1), 0001* [https://doi.org/10.47248/hpgg2202010001].

Yang, S. *et alii*, 2024: «Inferring language Appendix dispersal patterns with velocity field estimation», *Nat Commun 15*, 190 [https://doi.org/10.1038/s41467-023-44430-5].

Young, T., 1813: «Review of Mithradates, oder allgemeine Sprachenkunde», *The Quarterly Review 10*, 250-292.

Zaliznyak, L., 2016: «Mesolithic origins of the first Indo-European cultures in Europe according to the archaeological data», *Ukrainian Archaeology*, 26-42.

Zaliznyak, L., 2020: «Landscape change, human-landscape interactions and societal developments in the Mesolithic period», en M. Lillie e I. Potekhina (eds.), *Prehistoric Ukraine: From the First Hunters to the First Farmers*, Oxford, Oxbow Books, 87-110.

Zang, F. *et alii*, 2021: «The genomic origins of the Bronze Age Tarim Basin mummies», *Nature 599*, 256-261.

Zavalii, O., 2023: «Development of Indo-European hypotheses in Europe of the 19th-20th centuries: From Aryan ideas to the Renaissance of the Trypillian Culture», *Open Journal of Philosophy 13*, 544-564.

Zerjal, T. *et alii*, 1999: «The use of Y-chromosomal DNA variation to investigate population history», en S. Papiha *et alii* (eds.), *Genomic Diversity*, Boston, Springer, 91-101.

Zschaetzsch, K., 1922: *Atlantis die Urheimat der Arier*, Berlin, Arier.

Zvelebil, M., 1995: «At the interface of archaeology, linguistics and genetics: Indo-European dispersals and the agricultural transition in Europe», *Journal of European Archaeology 3 (1)*, 33-70.

Créditos de las ilustraciones

Todas las figuras y mapas se han rediseñado, y a menudo simplificado, traducido o creado, a partir de varias fuentes. A continuación, se indican las fuentes primarias principales:

1.4 Mallory, J. P. y Adams, D. Q., 2006, 8, mapa 1.1; **4.5** Devoto, G., 1962, 342, fig. 70; **4.7** Kennedy, V., 1828, 221; **4.8** Schleicher, A., 1853, 787; **4.9** Schleicher, A., 1861, 7; **4.10** Kroeber, A. L., 1960, 4, fig. 1; **4.11** Förstemann, E., 1854, 61; **4.12** Pereltsvaig, A. y Lewis, M., 2015, fig. 4; **4.13A** Chang, W. *et alii*, 2015, 200, fig. 2; **B** Kassian, A. S. *et alii*, 2021, 956, fig. 2; **C** Heggarty, P. *et alii*, 2023, anexo 57, fig. S6.1; **4.15** Gamkrelidze, T. e Ivanov, V., 1984, 415; **4.16** Wilke, G., 1918, 18, fig. 4; **4.17** Anttila, R., 1989 (1972), 305, fig. 15.2; **4.19** Poljakov, O., 2015, 203; **4.20** Poljakov, O., 2015, 206; **5.1** Schmid, W. P., 1972, 11; **6.8** Bomhard, A., 1996, 22, tabla 1; **7.2** Olander, T., 2023, 97, fig. 7.3; **9.1** Wilke, G., 1918, 18, fig. 3; **9.3** Zaliznyak, L., 2016, 33, fig. 8; **9.10** Telegin, D. *et alii*, 2001, 31, fig. 1 y 78, fig. 30; **9.16** Sagona, A., 2018, 87, fig. 3.1; **9.18** Shishlina, N., 2008, 158, fig. 108A y 160, fig. 109A; **10.1** Sieglin, W., 1935, 136-137; **10.2** Taylor, G., 1921, 107, tabla. vii; **10.3** Menk, R., 1980, 373, fig. 2; **10.4** Barbujani, G. y Sokal, R., 1990, fig. 1; **10.5** Cavalli-Sforza, L. *et alii*, 1994, 292-293, figs 5.11.1-3; **11.2** Allentoft, M. *et alii*, 2015, fig. 1; **12.2** Blažek, V., 1999b, 53; **14.3** Gamkrelidze, T. e Ivanov, V., 1984, 957; **14.4** Heggarty, P. *et alii*, 2023, fig. 1D; **15.1** Tovkailo, M., 2020, 113, fig. 4.1; **15.3** Lazaridis, I. *et alii*, 2024, fig. del resumen.

Índice analítico

La **negrita** hace referencia a ilustraciones

शङ्कावज्ञानुत्वनुज्ञावकाशं याने नद्यामुग्रमुद्याननेया ।
याने नद्यामुग्रमुद्याननेया शंकावज्ञानुत्वनुज्ञावकाशम् ॥
Rāmakṛṣṇavilomakāvyaṃ, *śloka* 31

El *Rāmakṛṣṇavilomakāvyaṃ* (रामकृष्णविलोमाकाव्यं), una maravilla lingüística, es un breve poema sánscrito de naturaleza palíndroma compuesto por Sūryadasa. La lectura de las *ślokas* (estrofas) del poema de izquierda a derecha narra la historia de Rāma y en la dirección opuesta narra la historia de Kṛṣṇa.